भारत का संविधान–एक पुनर्दृष्टि

भारत का संविधान–
एक पुनर्दृष्टि

डा. जय कुमार मिश्रा

KALPAZ

भारत का संविधान–एक पुनर्दृष्टि

रुपये 850

ISBN: 979-81-7835-789-9

प्रकाशन वर्ष 2010
कल्पज़ पब्लिकेशन्स
सी–30, सत्यवती नगर, दिल्ली–110052
ई–मेल: kalpaz@hotmail.com
अक्षर मुद्रांकन: क्विक मीडिया, दिल्ली
सिंगल प्रिन्ट मीडिया, दिल्ली

विषय-सूची

भूमिका

व्यक्ति, समाज और राज्य के बीच एक सुविचारित सम्बन्ध और अनुशासनबद्ध समीकरण बना रहे इसका प्रयास सदियों से चलता आ रहा है। रीतियों, कानूनों, संस्थाओं आदि की उपस्थिति एवं इनके स्वरूप में आए सामयिक परिवर्तन इस बात के प्रमाण हैं कि मनुष्य में स्वयं के व्यवहार को मर्यादित कर सभ्य जीवन जीने की प्रबल इच्छा होती है। राजनीतिक चेतना के विकास के साथ-साथ राज्य और इसकी परिधि में आने वाले व्यक्तियों/संस्थाओं को सुव्यवस्थित एवं सुसंगठित ढंग से संचालित करने के लिए संविधान की अवधारणा सामने आयी। राज्य के परिप्रेक्ष्य में जब संविधान शब्द का प्रयोग किया जाता है तो उसका अर्थ होता है- एक विश्वास या प्रपत्र जो राज्य का कार्य-व्यवहार निर्धारित करे। चूँकि राज्य मनुष्य एवं मनुष्यों से बने समाज का प्रतिनिधि होता है अतः संविधान मानवीय सम्बन्धों का निर्धारक-प्रेरक भी बन जाता है। संविधान किसी भी देश का ऐसा प्रलेख होता है जिसमें नागरिकों की आकांक्षाओं को ध्वनि मिलने के साथ-साथ नागरिकों के पारस्परिक सम्बन्धों, नागरिकों का राज्य के साथ सम्बन्धों और शासन के विभिन्न अंगों के बीच पारस्परिक सम्बन्धों का विशद् विवेचन होता है। यद्यपि 'संविधान' शब्द की अनेक परिभाषाएं हैं, सभी इस बात से सहमत हैं कि "यह शासन का ढाँचा या उसका आधार है, इसमें नियमों अथवा उच्च स्तरीय सूझबूझों एवं परम्पराओं को समाहित किया जाता है जो शासन की विभिन्न संरचनाओं के बीच शक्तियों के वितरण का निर्धारण करते हैं। लगभग सभी लोकतांत्रिक संविधानों में कुछ अतिरिक्त प्रावधान भी होते हैं जो शासन पर कुछ दायित्व एवं कतिपय प्रतिबन्धों का आरोपण करते हैं और इस प्रकार नागरिकों के अधिकारों एवं उनकी स्वतंत्रता की सुरक्षा करते हैं। यहाँ तक कि अधिनायकवादी राज्यों में भी संविधान होता है, जो कम से कम दिखावे के लिए ही सही, लेकिन नागरिकों के अधिकारों

की सुरक्षा व्यवस्था करते हैं।" आज यह सर्वमान्य विचार बन गया है कि प्रत्येक राज्य का कोई न कोई संविधान अवश्य होना चाहिए, क्योंकि एक सुव्यवस्थित राज्य का मार्ग संविधान से होकर ही जाता है। संभवतः इस तथ्य की प्रतीति जेलीनेक को बहुत पहले ही हो गई थी तभी तो उन्होंने लिखा कि कोई भी राज्य बिना संविधान के रह ही नहीं सकता, ठीक उसी प्रकार जैसे कोई व्यक्ति बिना कपड़े के नहीं रह सकता। यह बात दूसरी है कि शरीर निर्बल है या सबल, ठीक उसी प्रकार संविधान चाहे प्रारम्भिक अवस्था में है या विकसित दशा में, उसका होना अनिवार्य है। संविधान शासन के निरंकुश कार्यों को मर्यादित करता है, जनता के अधिकारों एवं स्वतंत्रता की रक्षा करता है और प्रभुसत्ता के कार्यक्षेत्र का निर्धारण करता है– यही संविधान का सामान्य लक्ष्य होता है। इन लक्ष्यों की प्राप्ति तभी सम्भव है जब संविधान सामाजिक दशाओं एवं जनता की माँगों के अनुरूप स्वयं को समायोजित करता रहे। संविधान के अस्तित्व और उपयोगिता का आधार उसकी प्रासंगिकता होती है। पूर्व अमेरिकी राष्ट्रपति विल्सन ने संविधान को राष्ट्र का जीवनचक्र कहा था, उनके अनुसार, किसी राष्ट्र का विचार और व्यवहार उसके संविधान से ही उत्पन्न होता है..................जीवंत संविधान को अपनी संरचना एवं कार्य–व्यवहार में डार्विन के विकासवादी सिद्धान्त का अनुसरण करना चाहिए। यदि संविधान में निरन्तर चैतन्य विकास की क्षमता/प्रावधान नहीं है तो उसकी उपेक्षा सुनिश्चित है। भारतीय संविधान निर्माता इन सभी तथ्यों से भली–भाँति परिचित थे। संविधान के विभिन्न प्रावधान इसके प्रमाण हैं।

अपने निर्माण काल से ही भारत का संविधान आकर्षण एवं विमर्श का केन्द्र रहा है। एक ऐसे समाज के लिए जो सदियों से परम्परागत प्रथाओं एवं समस्याओं में रत और आधुनिक अर्थों में राजनीतिक सहभागिता से विरत था, उसे अचानक आधुनिक संवैधानिक संस्थाओं में आबद्ध कर राजनीतिक चेतना के प्रवाह में धकेल देना और फिर आगे चलकर इन सबको सफलतापूर्वक आत्मसात कर लेना, किसी कौतुहल से कम नहीं है। भारत का संविधान श्रेष्ठ सामाजिक परिवर्तनों का प्रतीक है, एक लम्बी यात्रा के क्रम से गुजरते हुए इसने स्वयं को युग की आवश्यकताओं तथा जन–आकांक्षाओं के प्रभाव (दबाव) में काफी परिमार्जित कर लिया है। संविधान निर्माण के दौरान जिस भारत का स्वप्न संविधान निर्माताओं के मन में था, आने वाला भारत कई सन्दर्भों में उससे भिन्न एवं सर्वथा नवीन सिद्ध हुआ। निरन्तर बढ़ती राजनीतिक

सहभागिता के कारण भारत में हुआ राजनीतिक विकास एवं तद्जनित राजनीतिक संस्कृति ने संविधान को तथा इसकी परिधि में कार्यरत संस्थाओं को एक नया स्वरूप प्रदान कर दिया है। इन सामाजिक परिवर्तनों को संविधान में समाहित करने हेतु संविधान को 110 बार (जून 2010 तक) संशोधित किया गया है और बदलती हुई सामाजिक आवश्यकताओं को पूरा करके भारत का संविधान पूरे विश्व में सम्मानजनक प्रेरणास्रोत के रूप में स्वयं को स्थापित कर चुका है।

भारतीय राजनीतिक व्यवस्था में कुछ अभिनव परिवर्तन भी दिखाई दे रहे हैं। आज हमारी अर्थव्यवस्था समाज के ऊपरी वर्ग के हित साधन में लगी है तो राजनीति समाज के निचले वर्ग में प्रवेश कर रही है। विगत छः दशकों में लोकतांत्रिक सहभागिता के परिणामस्वरूप समाज के निचले वर्ग में जिस अनुपात में राजनीतिक सक्रियता बढ़ी है उस अनुपात में उन्हें आर्थिक संसाधनों के उपभोग में सहभागिता नहीं मिल सकी है। यह एक ऐसा 'गैप' है जो इस वैश्वीकरण के युग में निरन्तर बढ़ता जा रहा है। यह स्थितियाँ भारतीय संविधान के सामने एक नवीन चुनौती बनकर प्रस्तुत हुई हैं। प्रस्तुत पुस्तक में इन सभी समसामयिक परिवर्तनों एवं नूतन प्रवृत्तियों का आवश्यकतानुसार विभिन्न अध्यायों में उल्लेख किया गया है।

प्रस्तुत पुस्तक में भारतीय संविधान की प्रस्तावना में वर्णित संवैधानिक मूल्यों पर व्यापक प्रकाश डाला गया है तथा उसकी महत्ता को वर्तमान राजनीतिक यथार्थताओं के परिप्रेक्ष्य में विश्लेषित करने का प्रयास किया गया है।

भारतीय संविधान की प्रकृति सदैव से विवादों के घेरे में रही है, किसी ने इसे 'संघात्मक' माना तो किसी ने 'अर्द्धसंघीय', किसी ने इसे 'सौदेबाजी वाली संघीय व्यवस्था' कहा तो किसी ने 'सहयोगी'। सबके अपने–अपने गम्भीर तर्क और तत्सम्बन्धी तथ्य हैं। इन सभी विचारों का परीक्षण करते हुए भारतीय संविधान की 'वास्तविक प्रकृति' को संवैधानिक प्रावधानों और राजनीतिक यथार्थता के परिप्रेक्ष्य में प्रस्तुत किया गया है। भारत में केन्द्र व राज्य दोनों की संयुक्त जिम्मेदारियाँ हैं और भारतीय संविधान के स्वरूप और प्रकृति को इसी रूप में समझा जाना चाहिए।

मौलिक अधिकार और नीति निदेशक तत्वों के बीच का द्वन्द स्वातंत्र्योत्तर

भारतीय संविधान एवं राजनीति के प्रमुख प्रश्न रहे हैं। सर्वोच्च न्यायालय ने अपने विभिन्न निर्णयों से इन दोनों को आज एक नया आयाम प्रदान कर दिया है। मौलिक कर्तव्य भी आज बौद्धिक विमर्श के केन्द्र में आ गए हैं। सर्वोच्च न्यायालय के दबाव में नीति निदेशक तत्वों के क्रियान्वयन का प्रयास आज 'राज्य' के सक्रिय दायित्व के सूची में स्थान बना रहा है। इन सभी बिन्दुओं पर आधुनिक न्यायिक दृष्टिकोंण तथा संवैधानिक प्रावधानों की चर्चा की गयी है।

संघीय कार्यपालिका के अन्तर्गत भारतीय राजनीतिक व्यवस्था में राष्ट्रपति की शक्ति और स्थिति आदि पर पर्याप्त प्रकाश डाला गया है। भारत में राष्ट्रपति एक ऐसा पद है जो व्यवस्थापिका, कार्यपालिका और न्यायपालिका से सीधे जुड़ा हुआ है। संविधान निर्माताओं ने भले ही भारत में संसदीय प्रणाली निर्धारित की लेकिन भारत के राष्ट्रपति को आवश्यकता पड़ने पर सक्रिय संवैधानिक भूमिका निभाने का दायित्व भी सौंपा है। सर्वोच्च न्यायालय के बाद 'राष्ट्रपति' दूसरी सबसे महत्वपूर्ण संवैधानिक संस्था है और इस रूप में इसका महत्व निरन्तर बढ़ता जा रहा है। संघात्मक व्यवस्था और संविद सरकारों के युग में राष्ट्रपति की प्रत्याशित भूमिका और उसके कुछ गम्भीर संवैधानिक दायित्वों पर विमर्श पुस्तक में उपलब्ध है। संघीय व्यवस्थापिका के अन्तर्गत संसद की शक्तियों पर चर्चा की गई है। संघीय न्यायपालिका वाले अध्याय में सर्वोच्च न्यायालय की शक्तियों, उसकी स्थिति आदि का विवेचन है। संविधान के संरक्षक के रूप में सर्वोच्च न्यायालय की भूमिका तथा लोक कल्याणकारी राज्य में उसके दायित्वों पर जनहित याचिकाओं के सन्दर्भ में प्रकाश डाला गया है और इसके साथ ही न्यायिक सक्रियता के भविष्य का आंकलन भी पुस्तक में उपलब्ध है। राज्यों की कार्यपालिका, व्यवस्थापिका और न्यायपालिका का विवेचन भी पुस्तक में किया गया है।

संघात्मक व्यवस्था भारतीय संविधान की मौलिक संरचना है। प्रस्तुत पुस्तक में केन्द्र और राज्यों के बीच प्रशासनिक, विधायी और वित्तीय सम्बन्धों का समग्र वर्णन उपलब्ध है। भारतीय संघात्मक व्यवस्था के निरन्तर परिवर्तित होते प्रतिमानों की चर्चा की गई है, साथ ही उन कारणों पर भी दृष्टिपात किया गया है जिनके कारण ये परिवर्तन उदभूत और स्वीकार होते चले गए। वैश्वीकरण की प्रक्रिया और क्षेत्रीय दलों के आविर्भाव ने भारत की संघीय व्यवस्था को कैसे प्रभावित किया है, साथ ही हमारी संघीय व्यवस्था आज

किन नए दबावों तथा अवसरों से साक्षात्कार कर रही है, इस पर भी व्यापक विचार–विमर्श पुस्तक में उपलब्ध है।

भारतीय समाज की विशिष्ट परिस्थितियों को देखते हुए हमारे संविधान निर्माताओं ने अनेक ऐसे प्रावधानों एवं संस्थाओं की व्यवस्था संविधान में ही कर दिया है जो अन्य देशों के संविधान में उपलब्ध नहीं हैं। प्रस्तुत पुस्तक में लोक सेवा आयोग, निर्वाचन आयोग, अनुसूचित जाति आयोग, अनुसूचित जनजाति आयोग, पिछड़ा वर्ग आयोग तथा राजभाषा आयोग के संगठन, शक्ति, कार्य, दायित्व और भूमिका आदि की विस्तृत विवेचना की गयी है। निर्वाचन आयोग की उभरती हुई भूमिका तथा चुनाव सुधार सम्बन्धी उसके प्रयासों का उल्लेख किया गया है। चुनाव सुधार भारतीय लोकतंत्र की सबसे बड़ी सामयिक आवश्यकता बन गए हैं। इस सन्दर्भ में सर्वोच्च न्यायालय के निर्णयों पर भी आवश्यकतानुसार विमर्श किया गया है। संघ की राजभाषा हिन्दी से जुड़े हुए संवैधानिक प्रावधानों तथा संविधान निर्माताओं के वक्तव्यों के परिप्रेक्ष्य में हिन्दी की वर्तमान स्थिति का विवेचन किया गया है। 'हिन्दी' को प्रतिष्ठित होने के लिए उसके द्वारा किये जा रहे संघर्ष पर भी प्रकाश डाला गया है।

आपातकालीन उपबन्धों के अन्तर्गत संविधान निर्माताओं के बीच हुई बहस तथा संवैधानिक प्रावधानों का विवेचन किया गया है तथा इनके सम्भावित दुरुपयोग की भी चर्चा की गयी है और इसे रोकने हेतु कुछ विचार प्रस्तुत किए गए हैं।

संविधान का संशोधन लिखित संविधान का एक महत्वपूर्ण अंग होता है संविधान को निरन्तरता और जीवन्तता इसी से प्राप्त होती है। पुस्तक भारतीय संविधान के संशोधन की प्रक्रिया में निहित कुछ अस्पष्टताओं की ओर ध्यान आकृष्ट करने के साथ ही संविधान संशोधन की सीमाओं और उसके औचित्य पर भी व्यापक चर्चा प्रस्तुत करती है। संविधान के मौलिक ढाँचे का सिद्धान्त प्रस्तुत करना सर्वोच्च न्यायालय की बड़ी उपलब्धि रही है, इसके अभाव में संविधान के नष्ट होने का खतरा विद्यमान हो जाता– ऐसा अनुभव बताता है। विधि निर्माता तथा जनप्रतिनिधि संस्था होने के कारण संसद की संविधान संशोधन करने की अधिकारिता और भारतीय संविधान का संरक्षक होने के दायित्व से बँधा सर्वोच्च न्यायालय – इन दोनों पक्षों के तर्कों एवं विचारों का संविधान संशोधन के परिप्रेक्ष्य में सम्यक विवेचन पुस्तक में उपलब्ध है।

पुस्तक के अन्तिम अध्याय में उन अनुच्छेदों का वर्णन है जो 26 नवम्बर, 1949 को लागू किए गए तथा साथ ही संविधान के अन्तिम प्रावधानों की चर्चा की गई है। निरन्तर परिवर्तित हो रही परिस्थितियों और भविष्य में उभरती जन आकांक्षाओं की कसौटी पर संवैधानिक प्रावधानों का अर्थबोध बदलता रहता है, कभी–कभी शब्द भी अपने प्रयोग की पृष्ठभूमि से नूतन अर्थ ग्रहण कर लेते हैं। पाठक सभ्य शब्दों में संविधान की मौलिक व्याख्याओं का आस्वादन कर सकें, साथ ही युग के प्रवाह एवं तत्सम्बन्धी माँगों का भी ध्यान रखें, ऐसे आग्रह के साथ वैचारिक विन्यास का यह प्रयास पाठकों के समक्ष प्रस्तुत किया जा रहा है।

डॉ. जयकुमार मिश्र

डॉ. अखिलेश्वर शुक्ला

आभार

किसी भी ग्रंथ का प्रणयन व्यक्तिगत नहीं सामूहिक कार्य होता है, इसमें विभिन्न व्यक्तियों एवं संस्थाओं के सहयोग और ईश्वरीय कृपा की आवश्यकता होती है, इस पुस्तक के साथ भी ऐसा ही है। राजनीति विज्ञान के अन्तर्गत सभी विश्वविद्यालयों तथा महाविद्यालयों में किसी न किसी स्तर पर भारत का संविधान पाठ्यक्रम में अवश्य होता है साथ ही सभी प्रतियोगी परीक्षाओं में भारतीय राजनीतिक व्यवस्था से सम्बन्धित प्रश्न अवश्य पूछे जाते हैं। अतः अपने विचारों को परिष्कृत करने के लिए और साथ ही विद्यार्थियों की सुविधा की दृष्टि से प्रस्तुत पुस्तक लिखने को मैं प्रेरित हुआ हूँ। एक लम्बे समय से कक्षाओं में तथा विद्यार्थियों से संवाद की विभिन्न प्रक्रियाओं में मुझे यह अनुभूति हुई कि विद्यार्थियों में अपने संवैधानिक व्यवस्था से जुड़े प्रावधानों को समझने की गहरी जिज्ञासा होती है यह पुस्तक इसी की पूर्ति का एक छोटा सा प्रयास है।

प्रस्तुत पुस्तक के लेखन में मैं सर्वप्रथम अपने माता–पिता, आध्यात्मिक गुरू और ईश्वर के प्रति कृतज्ञता ज्ञापित करता हूँ जिनकी कृपा–दृष्टि और आशीष–वृष्टि से मैं इस स्थान तक पहुँच सका हूँ। मैं उन सभी लेखकों, विद्वानों तथा विश्लेषकों के प्रति आभार व्यक्त करता हूँ जिनकी रचनाओं ने भारतीय संविधान के बारे में मेरी समझ को विस्तृत करने में मुझे आशातीत सहायता प्रदान की है। प्रो. आर.आर. झा, प्रो. श्रीप्रकाश मणि त्रिपाठी, प्रो. गोपाल कृष्ण शर्मा और प्रो. एस.के. द्विवेदी का मैं आभारी हूँ जिनका मार्गदर्शन मुझे अनवरत मिलता रहा है।

परम् श्रद्धेय गुरुवर डॉ. जयप्रकाश राय जी के प्रति मैं श्रद्धा से विनयावनत हूँ जिनके मार्गदर्शन से यह पुस्तक इस रूप में सामने आ सकी है। इसके अतिरिक्त डॉ. हर्ष सिन्हा, डॉ. सुधीर श्रीवास्तव, डॉ. विश्वनाथ मिश्रा, डॉ. अमित सिंह, डॉ. सुधांशु त्रिपाठी, डॉ. मुकुल अस्थाना, डॉ. ब्रजेश

त्रिपाठी आदि के प्रति भी मैं कृतज्ञ हूँ जिनके साथ हुए संवाद ने इस विषय पर मेरी समझ को गहराई प्रदान की।

डॉ. एस.के. सिंह, डॉ. बिजेन्द्र सिंह, डॉ. अरविन्द कुमार सिंह, डॉ. राजेश सिंह, डॉ. शम्भूराम चौहान, डॉ. राकेश सिंह, डॉ. नरेन्द्र सिंह, डॉ. अभय प्रताप सिंह, डॉ. गिरीश पाण्डेय, डॉ. हरेराम सिंह, डॉ. बाबूलाल यादव, डॉ. सीमादास, डॉ. विजय प्रताप मल्ल, डॉ. शैलेन्द्र पाण्डेय, डॉ आलोक सिंह, डॉ विपिन कौशिक, डॉ अजित राय आदि के प्रति भी मैं कृतज्ञता ज्ञापित करता हूँ जिनकी उत्सुकता पुस्तक की पूर्णता के सन्दर्भ में निरन्तर बनी रही है। पुस्तक लेखन में अभिन्न सहयोग तथा अमूल्य सुझावों के लिए विद्वान सह लेखक डॉ. अखिलेश्वर शुक्ला जी के प्रति भी मैं ह्रदय से आभारी हूँ।

आभार के इस क्रम में मैं अपनी पत्नी और पुत्र के प्रति भी कृतज्ञता ज्ञापित करता हूँ जो अध्ययन के लिए मेरे बाह्य प्रवास को निरन्तर अनुमति देते रहे एवं उत्साह बढ़ाते रहे।

पुस्तक को इस रूप में आलेखबद्ध करने के लिए मैं कल्पज़ पब्लिकेशन, नई दिल्ली के प्रति भी ह्रदय से आभार व्यक्त करता हूँ।

कोई भी विचार–संयोजन और इसकी प्रक्रिया पूर्ण नहीं होती है अतः मैं सुधी पाठकों, विद्यार्थियों एवं शिक्षाविदों से विनम्र निवेदन करता हूँ कि इस पुस्तक में यदि किसी प्रकार की न्यूनता रह गई हो तो उसकी ओर मेरा ध्यान आकृष्ट करने की कृपा करें जिससे मैं पुस्तक के आगामी संस्करणों में अपेक्षित परिमार्जन कर सकूँ।

इस पुस्तक को अद्यतन (जून 2010) प्रस्तुत करने का प्रयास किया गया है तथापि प्रत्येक कृति की अपनी सीमाएं होती हैं यह कृति भी अपनी सीमाओं से बँधी है और यह सीमाएं नितान्त मेरी हैं। मेरी यह पुस्तक पाठकों के मन में भारतीय संविधान और राजनीतिक व्यवस्था के प्रति किंचित मात्र भी जिज्ञासा उत्पन्न करने में समर्थ होती है तो मैं अपने प्रयास को सार्थक समझकर उसकी सफलता का श्रेय ईश्वर को दूँगा।

चैत्र शुक्ल प्रतिपदा, संवत् 2067,
(16 मार्च, 2010)
जौनपुर (उ.प्र.)

डॉ. जयकुमार मिश्र
विभागाध्यक्ष, राजनीति विज्ञान
राजा हरपाल सिंह पी.जी. कालेज,
सिंगरामऊ, जौनपुर

संविधान की प्रस्तावना

भारत का संविधान स्वतंत्रता प्राप्ति के बाद हुए किसी आकस्मिक वैचारिक विमर्श का परिणाम नहीं है, वरन् इसके मूल्य हमारे स्वतंत्रता आंदोलन के साथ-साथ विकसित हुए हैं। माँगों, घोषणाओं एवं योजनाओं के क्रम से होता हुआ यह, औपचारिक रूप से 1928 ई. में मोतीलाल नेहरू द्वारा प्रस्तुत 'नेहरू रिपोर्ट' में सर्वप्रथम हमारी संवैधानिक प्रतिभा और राजनीतिक-लोकतांत्रिक मूल्यों के प्रति निष्ठा के रूप में प्रकट हुआ। स्वतंत्रता के बाद बने संविधान ने भारत को अभिनव राजनीतिक स्वरूप प्रदान किया है। **नेहरू ने ठीक ही कहा था कि, हम अँधेरी घाटियों से निकलकर स्वतंत्रता के सूर्योदय तक पहुँचे हैं।**[1]

किसी भी संविधान के निर्माण के पीछे एक समग्र दार्शनिक विचारधारा काम करती है। यह विचारधारा उस देश की ऐतिहासिक परम्पराओं, तत्कालीन राजनीतिक परिवेश और भविष्य के प्रति उसकी दृष्टि का द्योतक होती है। इसी दार्शनिक विचारधारा का सूक्ष्म स्वरूप किसी देश के संविधान की प्रस्तावना में उपस्थित होता है। प्रस्तावना में संविधान के सारतत्व और लक्ष्यों का स्पष्ट संकेत मिलता है। यदि संविधान किसी संविधान सभा द्वारा निर्मित या लिखित है तो प्रस्तावना संविधान निर्माताओं की आकांक्षाओं को अभिव्यक्त करने का एक माध्यम भी बन जाती है। प्रस्तावना न केवल सामाजिक-राजनीतिक लक्ष्यों को प्रकट करती है, वरन् यह भी बताती है कि, इन लक्ष्यों को हम कैसे प्राप्त कर सकते हैं। भारतीय संविधान की प्रस्तावना भी इसका अपवाद नहीं है।

संविधान निर्मात्री सभा ने प्रस्तावना पर कार्य करना तब शुरू किया जब उन्होनें संविधान निर्माण का कार्य लगभग पूरा कर लिया था,[2]

यह संविधान सभा का अंतिम कार्य था। संविधान की प्रस्तावना में, संविधान निर्माताओं के राजनीतिक मूल्य, संवैधानिक आदर्श और लोकतात्रिक प्रतिबद्धता की स्पष्ट झलक देखी जा सकती है। भारतीय संविधान की प्रस्तावना का स्पष्ट विवेचन-विश्लेषण करने हेतु आवश्यक है कि, आज उसका जो स्वरूप विद्यमान है, उसका समग्र वर्णन किया जाय–

"हम भारत के लोग भारत को एक सम्पूर्ण प्रभुत्वसम्पन्न, समाजवादी, पंथ निरपेक्ष, लोकतंत्रात्मक गणराज्य बनाने के लिए तथा इसके सभी नागरिकों को सामाजिक, आर्थिक तथा राजनीतिक न्याय, विचार अभिव्यक्ति, विश्वास धर्म और उपासना की स्वतंत्रता, प्रतिष्ठा और अवसर की समता प्राप्त कराने के लिए तथा उन सबमें व्यक्ति की गरिमा तथा राष्ट्र की एकता और अखण्डता को सुनिश्चित करने वाली बंधुता बढ़ाने के उद्देश्य से दृढ़-संकल्प होकर अपनी इस संविधान सभा में आज दिनांक 26 नवम्बर, 1949 ई. (तदनुसार मिति मार्गशीर्ष, शुक्ल सप्तमी, संवत 2006 विक्रमी) को एतद् द्वारा इस संविधान को अंगीकृत, अधिनियमित और आत्मार्पित करते हैं।"

1976 ई. में तत्कालीन इंदिरा गाँधी सरकार ने 42 वाँ संविधान संशोधन करके प्रस्तावना में तीन नए शब्दों का समावेश किया, जो इस प्रकार है - 'समाजवादी', 'पंथनिरपेक्ष' तथा 'और अखण्डता'।

भारत के संविधान की प्रस्तावना में जो दर्शन समाहित है उसकी अर्नेस्ट बार्कर ने भूरि-भूरि प्रशंसा की है। उन्होनें अपनी पुस्तक **'प्रिन्सिपल्स ऑफ सोशल एण्ड पोलिटिकल थियरी'** के प्रारंभिक भाग में इस प्रस्तावना को उद्धृत करते हुए यह सम्प्रेक्षण किया है कि, **"भारत के संविधान की प्रस्तावना में इस पुस्तक के सम्पूर्ण तर्क संक्षेप में समाहित है और वह (प्रस्तावना) इस पुस्तक (अर्थात् भारतीय संविधान) की कुंजी के रूप में कार्य कर सकती है।"**[3]

प्रस्तावना का अवलोकन करने पर मुख्य रूप से चार बातें उभरकर सामने आती हैं–

1. संविधान अपना प्राधिकार कहाँ से प्राप्त करता है अर्थात् उसकी शक्ति का स्रोत क्या है?
2. संविधान के अनुसार भावी सरकार का स्वरूप कैसा होगा?
3. सरकार किन लक्ष्यों के लिए कार्य करेगी? और

4. संविधान को स्वीकार करने की तिथि क्या है अर्थात् किस तिथि से इसे लागू किया गया?

प्रस्तावना में वर्णित-प्रारंभिक शब्दावली 'हम भारत के लोग....' तथा अंतिम शब्दावली '.....एतद् द्वारा इस संविधान को अंगीकृत, अधिनियमित और आत्मार्पित करते हैं'....'ये शब्द स्पष्ट संकेत हैं कि संविधान को भारत की जनता ने बनाया है और वही इसे बनाने के बाद स्वीकार कर रही है, अर्थात् सत्ता का स्रोत जनता है और सत्ता ने अपना प्राधिकार जनता से प्राप्त किया है। समूचे देश की सम्प्रभुता जनता में है। यह घोषणा इसलिए भी है कि, स्वतंत्रता के पूर्व देश के सभी कानूनों का निर्माण ब्रिटिश पार्लियामेन्ट द्वारा होता था किन्तु स्वातंत्र्योत्तर भारत ने संविधान द्वारा यह घोषित कर दिया कि, कानून निर्माण की शक्ति अब भारत की जनता के पास होगी या उसके द्वारा निर्वाचित प्रतिनिधियों के पास और भावी राजनीतिक जीवन का निर्धारण इनके द्वारा ही होगा। इसी प्राधिकार के द्वारा संविधान निर्माता (क्योंकि संविधान निर्मात्री सभा में जनता द्वारा चुने गए प्रतिनिधि थे) हमारे लिए संविधान का निर्माण करने में सक्षम हो सके थे।

संविधान की प्रस्तावना से हमें इस बात का भी पता चल जाता है कि संविधान ने भावी सरकारों का क्या स्वरूप और प्रकार सुनिश्चित किया है। संविधान के अनुसार भावी सरकारें सम्पूर्ण प्रभुत्वसम्पन्न, समाजवादी, एवं पंथनिरपेक्ष प्रकृति की होंगी और एक लोकतंत्रात्मक-गणराज्य स्थापित करने हेतु कार्य करेंगी। यदि किसी सरकार का स्वरूप उपरोक्त मूल्यों के साथ मेल नहीं खाता या वह उपरोक्त आदर्शों से पीछे हट रही है तो उस सरकार की मंशा पर प्रश्नचिन्ह लगाया जा सकता है। इससे सरकार की वैधता खतरें में पड़ जाएगी।[4] अब हम इन सभी पर पृथक-पृथक विचार करेंगे।

सम्पूर्ण प्रभुत्वसम्पन्न -

भारत एक लम्बे समय तक पराधीनता का दंश झेलता रहा है अत: स्वतन्त्रता के बाद यह घोषणा आवश्यक थी कि, अब हम सम्पूर्ण प्रभुत्वसम्पन्न हैं। परतन्त्रता के समय हमारी सम्प्रभुता ब्रिटिश संसद में थी। किन्तु अब स्वतंत्रता के बाद हमनें स्वयं को संप्रभु देश[5] घोषित कर लिया है अर्थात् ब्रिटेन का आधिपत्य समाप्त हो गया है और भारत किसी अन्य बाहरी शक्ति के प्रति संवैधानिक रूप से उत्तरदायी नहीं है, किन्तु इसका यह अर्थ नहीं है

कि हम अन्तर्राष्ट्रीय प्रतिबद्धताओं के प्रति सजग नहीं हैं, इसका प्रमाण हमें संविधान के अनु 51[6] से मिलता है। **भारत ने संविधान बनाकर स्वयं को एक गणराज्य घोषित कर दिया जो ब्रिटिश राजतंत्र से उसके पृथक्करण एवं स्वतंत्रता का प्रतीक है। ध्यातव्य रहे कि पाकिस्तान 1956 ई. तक ब्रिटिश डोमिनियन बना रहा।** संपूर्ण प्रभुत्वसम्पन्नता की घोषणा के बाद भी भारत ब्रिटिश राष्ट्रकुल[7] का सदस्य देश बना रहा किन्तु सम्राट के प्रति निष्ठा को स्वीकार नहीं किया। हमारे **शासन की सम्पूर्ण प्रतिबद्धता और जवाबदेही केवल 'भारत की जनता' के प्रति ही है।**

समाजवादी

समाजवाद शब्द को संविधान की प्रस्तावना में शामिल किए जाने की माँग को सविधान निर्मात्री सभा ने ठुकरा दिया था[8]। समाजवादी शब्द संविधान की प्रस्तावना में 42वें संविधान संशोधन द्वारा समाविष्ट किया गया।[9] समाजवाद का भारत के परिप्रेक्ष्य में जो अर्थ है वह मार्क्सवाद से भिन्न है[10] समाजवाद की कोई सुनिश्चित परिभाषा नहीं दी जा सकती, किन्तु सभी परिभाषाएँ इस लक्षण को स्वीकार करती हैं कि समाजवादी राज्य में उत्पादन और वितरण के साधनों पर राज्य का एकाधिकार होता है और वह इसका प्रयोग करके लोगों को सामाजिक-आर्थिक न्याय प्रदान करता है। संविधान ने यह दायित्व सरकारों को सोया किया है कि वे इस दिशा में कार्य करें। समाजवाद ही वह मार्ग है जिस पर चलकर सदियों से पीड़ित एवं दबे-कुचले वर्ग को समाज व राष्ट्र की मुख्य धारा में लाया जा सकता है। 8 जनवरी 2008 ई. को सर्वोच्च न्यायालय की पीठ ने (जिसमें 3 न्यायाधीश थे- मुख्य न्यायाधीश के. जी. बालाकृष्णन, आर.बी रविन्द्रन तथा जे. एम.पंचाल) एक गैर-सरकारी संगठन गुड गवर्नेंस इंडिया फाउन्डेशन की ओर से दाखिल याचिका पर सुनवाई के दौरान कहा कि, समाजवाद यद्यपि एक राजनीतिक विचारधारा है किन्तु इसे वामपंथ की सीमित परिभाषा से जोड़कर नहीं देखा जाना चाहिए, इसका व्यापक निहितार्थ है। यह लोकतंत्र का एक पहलू है जो कि आम लोगों की भलाई से जुड़ा है। भारत में परिकल्पित समाजवादी विचारधारा **निजी सम्पत्ति को समाप्त नहीं करती, अपितु राष्ट्रीय हित में उसका उपयोग सुनिश्चित करने हेतु उस पर कतिपय प्रतिबन्ध लगाती है। हमारे यहाँ सभी सम्पत्तियों तथा उद्योगों का राष्ट्रीयकरण करने के स्थान पर 'मिश्रित अर्थव्यवस्था'[11] को स्वीकार**

किया गया है। एक तरफ N.T.P.C.(नेशनल थर्मल पॉवर कॉरपोरेशन) और B.H.E.L. (भारत हैवी इलेक्ट्रिकल्स लिमिटेड) जैसी सरकारी स्वामित्व वाली कम्पनियाँ हैं तो दूसरी ओर रिलायंस और विप्रो जैसी निजी क्षेत्र की विशाल कम्पनियाँ हैं। आज हम वैश्वीकरण के क्षेत्र में प्रवेश कर चुके हैं और भारत खुदरा व्यापार क्षेत्र भी विदेशी व निजी कम्पनियों के लिए खोल रहा है, मुक्त आर्थिक प्रतियोगिता का वातावरण तैयार किया जा रहा है। बाजारीकरण और उपभोक्तावाद इसमें उत्प्रेरक की भूमिका निभा रहे हैं। राज्य का कार्य अब व्यापार न होकर 'व्यापार का प्रशासन' तक सीमित होकर रह गया है। सार्वजनिक क्षेत्र की कम्पनियों में सरकार अपनी हिस्सेदारी क्रमशः कम करती जा रही है और निजी क्षेत्र एक बड़ा आकार धारण कर चुका है। अर्थव्यवस्था के उपरोक्त रुझान समाजवाद से मेल नहीं खाते, तथापि हमारी संवैधानिक प्रतिबद्धता समाजवाद के प्रति बनी हुई है। देखा जाए तो साठ-सत्तर का दशक जहाँ राष्ट्रीयकरण का युग था वहीं आज का दौर निजीकरण का है। इन परिस्थितियों में समाजवाद का विचार अपना गंभीर अस्तित्व एवं प्रासंगिकता कब तक और कहाँ तक अर्थात् किस सीमा तक बनाए रखेगा-यह आगामी भविष्य का निर्धारक प्रश्न है।

पंथनिरपेक्ष

संविधान निर्मात्री सभा में प्रो.के.टी.शाह ने 'धर्मनिरपेक्ष' शब्द को जोड़ने का दो बार आग्रह किया था, किन्तु दोनो बार डा. अम्बेडकर ने यह कहते हुए ठुकरा दिया कि इससे सम्बन्धित पर्याप्त प्रावधान हैं, किंतु आगे चलकर 42वें संविधान संशोधन (1976 ई.) द्वारा यह शब्द प्रस्तावना में जोड़ दिया गया। इसका अर्थ है कि राज्य किसी विशेष धर्म को 'राजधर्म' के रूप में स्वीकार नहीं करेगा। भारत में भिन्न-भिन्न धर्मों के लोग निवास करते हैं, कहीं बहुसंख्यकों की भीड़ अल्पसंख्यकों के मन में भय का संचार न करे, सभी धर्म के लोग परस्पर न केवल हिल-मिलकर रहे, बल्कि एक-दूसरे की धार्मिक भावनाओं का सम्मान करें- इसी उद्देश्य से यह शब्द संविधान की प्रस्तावना में शामिल किया गया। प्रस्तावना में जिस '....विश्वास धर्म और उपासना की स्वतंत्रता' की बात कही गयी है और संविधान के भाग 3 में मौलिक अधिकारों के रूप में अनु. 25-28 तक के प्रावधान, राज्य के निवासियों को मिलने वाले धार्मिक अधिकार व स्वतंत्रता से सम्बद्ध हैं, लेकिन प्रस्तावना में वर्णित 'पंथनिरपेक्ष' शब्द राज्य का चरित्र व स्वरूप

निर्धारित करता है। व्यक्ति पंथसापेक्ष (अर्थात् किसी भी धर्म में वह आस्था रख सकता है, वह चाहे तो किसी भी धर्म में अपना विश्वास नहीं भी रख सकता है) हो सकता है लेकिन भारत राज्य को सदैव पंथनिरपेक्ष चरित्र ही रखना होगा। धर्मनिरपेक्षता को परिभाषित करते हुए डा. राधाकृष्णन ने कहा था कि, "मैं यह अधिकृत रूप से कहना चाहता हूँ कि धर्मनिरपेक्षता का अर्थ अधर्म नहीं है। इसका अर्थ यह है कि, हम सभी धर्मों व विश्वासों का सम्मान करते हैं और हमारा राज्य किसी धर्म विशेष के साथ जुड़ा हुआ नहीं है।"[11]

लोकतांत्रिक गणराज्य

लोकतांत्रिक-गणराज्य दो शब्दों से मिलकर बना है, जिसका अर्थ है कि भारत एक गणतंत्र है जिसमें शासकों के चुनाव की प्रक्रिया लोकतांत्रिक होगी। लोकतंत्र की बहुचर्चित परिभाषा जिसे **वलिऑन** ने लगभग ढाई हजार वर्ष पूर्व दिया था और जिसे बाद में अमेरिका के लोकप्रिय राष्ट्रपति लिंकन ने गेट्सवर्ग (USA) में दोहराया था– 'वही शासन लोकतांत्रिक होगा, जो जनता का होगा, जनता के लिए होगा और जनता द्वारा होगा– लोकतंत्र की सही अभिव्यक्ति है। लोकतंत्र अंग्रेजी भाषा के 'Dmocracy' शब्द का अनुवाद है जो लैटिन भाषा के 'Demos' 'शासन' और cratia/Kratas. से मिलकर बना है जिसका क्रमशः अर्थ 'जनता' और 'शासन' है अर्थात् इसका संयुक्त अर्थ 'जनता का शासन' हुआ,। लोकतंत्र अथवा जनतंत्र अथवा प्रजातंत्र परस्पर पर्यायवाची हैं। लोकतंत्र शासन की वह प्रणाली है जिसमें तंत्र (शासन) में ने केवल लोक (जनता) की सहभागिता होती है, वरन् तंत्र अपनें कार्यों, नीतियों तथा निर्णयों के लिए लोक के प्रति उत्तरदायी भी होता है। भारत के संविधान में अनु. 326 द्वारा वयस्क मताधिकार प्रदान कर सभी नागरिकों को, जिनकी आयु 18 वर्ष हो[13] शासन में भागीदार बनाया गया है। यद्यपि नागरिक प्रत्यक्ष रूप से शासन की नीति निर्माण या निर्णय-निर्धारण प्रक्रिया में शामिल नहीं होते, वे अपने जनप्रतिनिधियों (प्रदेश में MLAs तथा केन्द्र में MPs) के माध्यम से सम्मिलित होते हैं। भारत में जनप्रतिनिधि के रूप में निर्वाचित होने के लिए संविधान द्वारा किसी विशेष योग्यता का न होना एक नवजात लोकतंत्र की दृष्टि से जिसमें जनता का एक बड़ा भाग निरक्षर हो, उचित था। किन्तु स्वतंत्रता के 62 वर्ष बाद आज जिस प्रकार से राजनीतिक क्षरण हो रहा है, उसे देखते हुए आज योग्यता

और उसके मापदंड का निर्धारण महत्वपूर्ण आवश्यकता हो गई है। संविधान निर्माताओं ने हमारे यहाँ लोकतंत्र की संसदीय प्रणाली सुनिश्चित की है, जिसमें कार्यपालिका अपने कार्यों के लिए संसद (व्यवहार में लोकसभा, क्योंकि वह जनता द्वारा निर्वाचित प्रतिनिधियों का सदन है) के प्रति उत्तरदायी है। संसद की विचारधारा युगों से लोकतंत्र के उन सिद्धान्तों का चिरस्थायी स्मारक रही है जिसका हम सभी समर्थन करते हैं। **संविधान की भावना का झुकाव जितना अधिक जनता के प्रति होगा, संविधान के प्रति निष्ठा जनता के मन में उतनी ही अधिक होगी। भारत में जनता ने संविधान को देश के सर्वोच्च कानून के रूप में मान्यता दी है और संविधान ने जनता को सर्वोच्च माना है, क्योंकि संविधान अपनी शक्ति जनता से प्राप्त करता है। इस प्रकार भारत में संप्रभुता समन्वयवादी है, एकतत्ववादी नहीं।** संविधान के विभिन्न उपबंधों द्वारा नागरिकों की मिली स्वतंत्रताएँ तथा समानता के अधिकार और नीति निदेशक तत्वों में वर्णित राज्य के लोककल्याणकारी स्वरूप के आधार पर हम भारतीय संविधान की लोकतंत्र के प्रति निष्ठा एवं वचनबद्धता प्रदर्शित कर सकते हैं।

गणतंत्र शासन की वह प्रणाली है जिसमें शासन के संवैधानिक प्रधान का जनता द्वारा प्रत्यक्ष या अप्रत्यक्ष रूप से चुनाव होता है। संवैधानिक प्रधान का पद वंशानुगत नहीं होता, जैसा कि राजतंत्र में पाया जाता है। हमारे देश में राष्ट्रपति का प्रति 5 वर्ष बाद चुनाव होता[13] है।

संविधान निर्माताओं ने प्रस्तावना के माध्यम से यह भी बताने का प्रयास किया है कि, सरकार किन लक्ष्यों की प्राप्ति के लिए कार्य करेगी। राज्य का लक्ष्य होगा कि, वह प्रत्येक व्यक्ति को न्याय, (जिसका स्वरूप सामाजिक आर्थिक और राजनीतिक होगा) स्वतंत्रता (विचार अभिव्यक्ति, विश्वास धर्म और उपासना की स्वतंत्रता) और समानता (प्रतिष्ठा और अवसर की समानता) प्रदान करने का प्रयास करे तथा साथ ही समाज में भाईचारे (बंधुता) को स्थापित एक समरसतापूर्ण समाज का निर्माण करे, जिससे भारत की एकता और अंखड़ता सुदृढ़ स्वरूप धारण कर सके।

सामाजिक न्याय

सामाजिक, आर्थिक और राजनीतिक न्याय की स्थापना राज्य का सर्वोपरि लक्ष्य होगा। इसमें एक क्रम है और वह इसलिए कि, बिना सामाजिक व

आर्थिक न्याय के राजनीतिक न्याय का लक्ष्य प्राप्त नहीं किया जा सकता। सामाजिक न्याय के महत्व को डा. भीमराव अम्बेडकर ने संविधान सभा की अंतिम बैठक में इस प्रकार अभिव्यक्त किया था–"यदि राजनीतिक लोकतंत्र का आधार सामाजिक लोकतंत्र नहीं है तो वह नष्ट हो जाएगा.....।" सामाजिक न्याय की स्थापना के लिए संविधान में अनेक उपबन्ध किए गए हैं; जैसे- अनु. 14, कानून के सामने सभी समान हैं, अनु. 15, किसी भी व्यक्ति के साथ उसके धर्म, मूलवंश, जाति, लिंग या जन्मस्थान के आधार पर भेदभाव नहीं किया जाएगा, अनु. 17, छुआछूत का अंत किया जाता है और उससे उपजी किसी भी अयोग्यता का क्रियान्वयन दंडनीय अपराध घोषित किया जाता है। मौलिक अधिकारों के अंतर्गत वर्णित इन प्रावधानों का उल्लंघन होने पर पीड़ित व्यक्ति न्यायपालिका की शरण ले सकता है। वस्तुतः भारतीय सामाजिक संरचना प्राचीनकाल से ही भेदभाव पर आधारित रही है। उसके उन्मूलन का प्रयास करके संविधान निर्माताओं ने एक नया सामाजिक परिवेश सृजित करने का काम किया है, तथापि स्वतंत्रता के 62 वर्ष बाद भी आप समाचार-पत्रों में यह पढ़कर दुःख होता है कि, किसी मंदिर में दलितों को जाने से रोका जा रहा है या किसी दलित व्यक्ति को मात्र इसलिए पीटा गया क्योंकि उसने किसी व्यक्ति की जातीय श्रेष्ठता को चुनौती दी। इन सब कभी-कभी दिखने वाली घटनाओं के समूलोन्मूलन के लिए शिक्षा के प्रचार प्रसार की आवश्यकता है तथा साथ ही समाज में प्रगति की सीढ़ी पर ऊँचे खड़े लोगों की मानसिक संरचनाओं के परिमार्जन–परिष्कार का भी प्रयास करना होगा, संभव हो तो कड़े कदम भी उठाए जांए।

आर्थिक न्याय

आर्थिक न्याय का तात्पर्य है कि समाज में सभी की न्यूनतम आवश्यकताएँ पूरी होती रहे। कोई इतना गरीब या आर्थिक रूप से दुर्बल न हो जाय कि, वह अपना अस्तित्व एवं गरिमा ही भुला बैठे। पं. नेहरु के शब्दों में, भूख से मर रहे व्यक्ति के लिए लोकतंत्र का कोई अर्थ एवं महत्व नहीं है। आर्थिक न्याय का प्रत्येक व्यक्ति को सुलभ होना कितना आवश्यक है, इसे डा. राधाकृष्णन ने इस प्रकार व्यक्त किया था- जो गरीब लोग इधर-उधर भटकते हैं, जिनके पास कोई काम नहीं है, जिन्हें कोई मजदूरी नहीं मिलती और जो भूख से मर रहे हैं, जो निरंतर कचोटने वाली गरीबी के शिकार हैं,

वे संविधान या उसकी विधि पर गर्व नहीं कर सकते। संविधान निर्माताओं ने फ्रैंकलिन डी. राजवेल्ट के थे राज कहीं भौतिवाद के मि. "आर्थिक सुरक्षा एवं आर्थिक स्वतंत्रता के बिना कोई भी व्यक्ति सच्ची स्वतंत्रता प्राप्त नहीं कर सकता।[14]" आर्थिक न्याय की संकल्पना को सार्थक बनाने के लिए संविधान में ढेर सारे प्रावधान है। अनु. 16 के अनुसार राज्य द्वारा प्रदान की जाने वाली नौकरियों के सम्बन्ध में समाज के सभी व्यक्तियों को समान अवसर उपलब्ध होगा। इसी प्रकार अनु. 19(1) छ में प्रावधान है कि, सभी नागरिकों को कोई भी वृत्ति, व्यापार या आजीविका प्राप्त करने का अधिकार होगा, अर्थात् अर्थ संचित करने हेतु कोई भी व्यक्ति कृषि कर सकता है, या व्यापार कर सकता है या नौकरी कर सकता है। नीति निदेशक तत्वों के अंतर्गत भी आर्थिक न्याय के लिए पर्याप्त प्रावधान हैं। अनु. 39, समान न्याय और निःशुल्क विधिक सहायता-जो गरीब हैं या किसी कारण से मुकदमें के दौरान अपना पक्ष न्ययालय में नहीं रख सकते, सरकार का कर्त्तव्य है कि उन्हें अपने खर्चे पर वकील मुहैया कराए। अनु. 39(क) तथा 39(ख) भी आर्थिक न्याय के प्रावधानों से सम्बद्ध हैं और ये इतने महत्वपूर्ण हैं कि इनकी प्राप्ति के लिए मौलिक अधिकारों में कटौती की जा सकती है। समाज में आर्थिक न्याय की स्थापना के लिए ही स्वतंत्र भारत में जमींदारी प्रथा का उन्मूलन किया गया, बाद में देशी राजाओं को केन्द्र सरकार द्वारा मिलने वाली धन की वार्षिक थैली (प्रीवी पर्स) को बंद कर दिया गया। **इन संवैधानिक प्रावधानों के बावजूद भी आज किसान आत्महत्या कर रहे हैं, उड़ीसा में लोगों की भूख से मौतें हो रही हैं और कई बार तो यह भी समाचार-पत्रों में आता है कि आर्थिक तंगी या बेरोजगारी के कारण किसी व्यक्ति ने समूचे परिवार के साथ आत्महत्या कर ली........निस्संदेह ये खबरें विचलित करने वाली हैं जो बताती हैं कि आर्थिक न्याय के लक्ष्य को अबतक प्राप्त नहीं किया जा सका है, इस दिशा में काफी कुछ करना बाकी है।**

राजनीतिक न्याय

राजनीतिक न्याय का तात्पर्य यह है कि, प्रत्येक व्यक्ति को शासन प्रणाली में सहभागिता का अवसर उपलब्ध होगा। व्यक्ति केवल मतदाता ही नहीं, निर्वाचित होकर जनप्रतिनिधि के रूप में भी शासन प्रणाली में सहभागी

बन सकते हैं और इस संदर्भ में किसी के साथ कोई भेदभाव नहीं किया जाएगा। **राजनीतिक न्याय हमारे लोकतंत्र को सार्थक बनाता है। वस्तुतः राजनीतिक न्याय के बिना लोकतंत्र सफल नहीं हो सकता और लोकतंत्र के अभाव में राजनीतिक न्याय की संकल्पना ही नहीं की जा सकती, दोनों एक-दूसरे के पूरक हैं। राजनीतिक न्याय जनता से मतदान में सक्रिय सहभागिता की अपेक्षा भी करता है, बिना इसके निर्वाचन सफल व सार्थक नहीं कहला सकता।**

भारतीय संविधान का अनु. 326 लोकसभा और राज्यों की विधानसभाओं को होने वाले किसी भी चुनाव में 18 वर्ष की आयु प्राप्त प्रत्येक नागरिक को मतदाता घोषित करता है। अनेक यूरोपीय देशों में लोगों की राजनीतिक सहभागति एवं मताधिकार प्राप्त करने के लिए लम्बा संघर्ष करना पड़ा जबकि भारत के लोगों को यह स्वतंत्रता प्राप्त होने पर राजनीतिक अधिकार के रूप में स्वयं प्राप्त हो गई। सबको समान रूप से मताधिकार प्राप्त होने का था।

विचार अभिव्यक्ति की स्वतंत्रता

विचार अभिव्यक्ति की स्वतंत्रता का तात्पर्य है कि, किसी भी व्यक्ति को अपने विचारों को समाज के सामने प्रकट करने से रोका न जाय, उसकी बात को सुना जाय। पराधीन भारत में यह स्वतंत्रता नहीं थी, क्योंकि ब्रिटिश शासन अपनी आलोचना नहीं सुनता था, जबकि स्वाधीन भारत ने मौलिक अधिकार मानते हुए अनु. 19(1) के द्वारा नागरिकों को बोलने या विचार व्यक्त करने की स्वतंत्रता प्रदान कर दी है। यद्यपि नागरिकों को अपनी बात कहने के लिए कुछ मर्यादाओं का ध्यान रखना पड़ेगा, जिनका वर्णन अनु. 19 मे ही है। लोकतंत्र तभी सफल हो सकता है जब लोगों को अपने-अपने विचार समाज के सामने प्रस्तुत करने का अधिकार हो। भारतीय परम्परा भी रही है –'वादे-वादे जायते तत्वबोधः', या 'आ नो भद्रा कृतवो यन्तु विश्वतः', या 'मुण्डे मुण्डे मतिर्भिन्ना' आदि। राजनीतिक विचारक जॉन स्टुअर्ट मिल ने भी लिखा है कि यदि किसी एक व्यक्ति का समाज के सभी व्यक्तियों के विपरीत कोई विचार या मत हो, तो भी उसे अपनी बात कहने से रोका न जाय। व्यक्ति अपने विचार को व्यक्त करने के लिए रेडियो, टी.वी., समाचार-पत्र आदि का सहारा ले सकते हैं। विचार अभिव्यक्ति की स्वतंत्रता को और भी

अधिक पुष्ट करने हेतु ही 'सूचना का अधिकार' प्रदान किया गया है, लोकतंत्र में सत्ता पक्ष और विपक्षी दल दोनों का अस्तित्व साथ-साथ होता है, यदि विचार अभिव्यक्ति की स्वतंत्रता न हो तो विपक्ष अपनी राजनीतिक भूमिका ठीक ढंग से नहीं निभा सकता।

विश्वास, धर्म और उपासना की स्वतंत्रता

इसका तात्पर्य यह है कि, भारत में रहने वाले प्रत्येक व्यक्ति को अपने मतों/विचारों को माननें या उसमें आस्था रखनें, किसी भी धर्म में अपना विश्वास प्रकट करने तथा किसी भी प्रकार से ईश्वर की उपासना करने का अधिकार होगा। यदि कोई व्यक्ति ईश्वर का अस्तित्व नहीं मानता, तो उसे भी अपना विश्वास बनाए रखने की स्वतंत्रता होगी। इन स्वतंत्रताओं को मूल अधिकारों के अध्याय में वर्णित अनु. 25-28 तक के उपबंधों के परिप्रेक्ष्य में और भी व्यापक ढंग से देखा जा सकता है। इन स्वतंत्रताओं का उपयोग प्रत्येक व्यक्ति तभी कर सकेगा जब वह अन्य व्यक्तियों की धार्मिक आस्थाओं को भी सम्मान दे, अर्थात् सह अस्तिव ही इस स्वतंत्रता के उपयोग की नीवं है, किसी भी प्रकार के टकराव राज्य को कड़े कदम उठाने हेतु विवश कर सकते हैं।

प्रतिष्ठा और अवसर की समानता

प्रतिष्ठा की समानता का तात्पर्य यह है कि, समाज में सभी व्यक्तियों को अपने कार्यों से सम्मान अर्जित करने का समान अवसर होगा। राज्य किसी भी व्यक्ति को अधिक प्रतिष्ठित या कम प्रतिष्ठित के तराजू पर तौलकर नहीं देख सकता। स्वतंत्रता के पूर्व ब्रिटिश सरकार द्वारा विभिन्न प्रकार की पदवियाँ (राय बहादुर, सर, अर्ल, नाइट आदि) दी जाती थी और इन पदवियों के धारकों को समाज के अन्य व्यक्तियों की तुलना में वरीयता मिलती थी, इससे समाज में भेदभाव बढ़ता था। स्वतंत्र भारत ने इन भेदभाव परक पदवियों को समाप्त करके सभी नागरिकों को एक समान धरातल पर खड़ा कर दिया है। अनु. 18, उपाधियों के इसी अंत से संबन्धित है। आज राज्य व्यक्ति-व्यक्ति के बीच कोई भेदभाव नहीं बरत सकता। यद्यपि आज भी पुरस्कार व पदवियाँ प्रदान की जाती हैं किन्तु ये सेना और विद्या सम्बन्धी ही हैं। और इनके आधार पर किसी व्यक्ति को अन्य व्यक्तियों के ऊपर कोई वरीयता नहीं मिल जाती।

अवसर की समानता का वर्णन संविधान के अनु. 16 में है, जो सभी व्यक्तियों को समानता के धरातल पर रखनें में मदद करता है और उन्हें मुक्त प्रतियोगिता द्वारा प्रगति के बेहतर अवसर सुलभ कराना राज्य का दायित्व घोषित करता है।

व्यक्ति की गरिमा

व्यक्ति की गरिमा का तात्पर्य है कि, प्रत्येक व्यक्ति को उसके समग्र व्यक्तित्व के साथ मान्यता दी जाय। व्यक्ति को यह स्वयं भी प्रतीत होना चाहिए कि वह पशुवत जीवन की तुलना में बेहतर ढंग से जीवन निर्वाह कर रहा है। व्यक्ति का व्यक्ति या किसी संस्था द्वारा शोषण न हो, प्रत्येक व्यक्ति के पास जीविकोपार्जन के साधन उपलब्ध हों और वह न्यूनतम जीवन स्तर के साथ भी अपने भविष्य के प्रति आशान्वित हो-व्यक्ति की गरिमा का यही अर्थ है। मौलिक अधिकार और नीति निदेशक तत्व गरिमामय जीवन प्रदान करनें के साधन हैं।

बंधुता

बंधुता का तात्पर्य यह है कि, समाज के सभी व्यक्ति आपस में भातृत्व–भाव बनाए रखें। इस भातृत्व भाव का एक निश्चित लक्ष्य संविधान निर्माताओं ने तय किया है और वह लक्ष्य है, राष्ट्र की एकता और अखण्डता में सहायक होना। 'बंधुता' ही वह संयोजक चिन्ह है जो देश के समस्त निवासियों (नागरिक और अनागरिक दोनों) को परस्पर सहजीवन तथा सहअस्तित्व के सूत्र में बाँधे रखता है और यह 'राष्ट्र–निर्माण' का मूलमंत्र है। हमारे प्राचीन शास्त्रों में 'वसुधैव कुटुम्बकम' का जो भाव अभिव्यक्त है, बंधुता वस्तुतः उसी से निःसृत विचार है। एक नवस्वाधीन देश के लिए अपनी एकता को बनाए रखना एक बड़ी चुनौती थी और वह भी तब, जब देश में सैकड़ों रियासतें थी और उनमें से भी कुछ (कश्मीर, जूनागढ़ तथा हैदराबाद) स्वतंत्र अस्तित्व के लिए प्रयास कर रही थीं। यह घोषणा करके संविधान निर्माताओं ने एक स्पष्ट संदेश देने का कार्य किया है। हमारे पड़ोसी पाकिस्तान का 1971 ई. में एक और विभाजन एकता के तत्वों में पड़ी फूट का परिणाम था। सौभाग्यवश अब तक हम इससे बचे हुए हैं और भविष्य में भी हम एकता में बँधे रहने हेतु संवैधानिक रूप से वचनबद्ध हैं।

दृढ़संकल्प

दृढ़संकल्प का तात्पर्य है कि, हम प्रतिज्ञा करते हैं कि हम उपरोक्त वर्णित मूल्यों एवं आकांक्षाओं के प्रति प्रतिबद्ध रहेंगे –मन, वचन एवं कर्म

तीनों से। यह निश्चय या दृढ़संकल्प भारत की सम्पूर्ण जनता और उसके प्रतिनिधियों-दोनों ने किया है।

संविधान के लागू होने की तिथि का उल्लेख

प्रस्तावना के अंतिम चरणों में उस तिथि का वर्णन है जिस दिन भारत का संविधान स्वीकार किया गया है अर्थात् जिस दिन संविधान के प्रावधानों को लागू किया गया-26 नवंबर, 1949 ई.। इस तिथि के बाद हमने स्वयं को संविधान के प्रावधानों से आबद्ध कर लिया है और संविधान की भावना के अनुकूल राष्ट्र के जीवन तथा संस्थाओं के चरित्र से स्वयं को प्रतिबद्ध भी कर लिया है। इस सम्बन्ध में अनु. 394 महत्वपूर्ण है, जिसके अनुसार, अनु. 5, 6, 7, 8, 9, 60, 324, 366, 367, 379, 380, 388, 391, 392, 393 और 394 तुरंत (अर्थात् 26 नवंबर 1949 को जिस दिन यह अनुच्छेद संविधान में शामिल किया गया। प्रस्तावना भी इसी दिन से लागू मानी गई थी) लागू होंगे और इस संविधान के शेष उपबन्ध 26 जनवरी, 1950 ई. को लागू होगें।

अंगीकृत, अंधिनियमित और आत्मार्पित

इन शब्दों के पृथक-पृथक अर्थ हैं। अंगीकृत का तात्पर्य है कि हम इस संविधान के प्रावधानों को स्वीकार करते हैं। अधिनियमित का अर्थ है कि, इस संविधान के प्रावधानों या नियमों का क्रियान्वयन प्रारंभ होता हैं अर्थात् हम अपनी जीवन शैली तथा क्रियाकलापों को संविधान के नियमों से सुसंगत बनाते हैं और आत्मार्पित का अर्थ है कि, हमनें स्वयं को संविधान के प्रति अर्पित-समर्पित कर दिया है अर्थात् हम सम्पूर्ण रूप से वचनबद्ध हैं संविधान के प्रावधानों के अनुपालन के प्रति।

एक प्रश्न उठता है कि, संविधान की प्रस्तावना, संविधान का भाग है या नहीं। इस सम्बन्ध में सर्वोच्च न्यायालय ने सर्वप्रथम इन री बेहबारी यूनियन नामक वाद[15] में विचार व्यक्त करते हुए कहा कि प्रस्तावना संविधान के प्रेरणास्रोत के रूप में मान्य हो सकती है, किन्तु उसे संविधान का अंग नहीं कहा जा सकता। यह सरकार को न तो कोई शक्ति प्रदान करती है और न ही सरकार की शक्तियों पर कोई सीमा लगाती है। प्रस्तावना उस समय मार्गदर्शक का काम करती है जब संविधान की भाषा या उसके प्रावधानों को लेकर भ्रम की स्थिति उत्पन्न हो, ऐसी स्थिति में संविधान का

सही अर्थान्वयन करने हेतु हम प्रस्तावना का सहारा ले सकते हैं।

किन्तु केशवानन्द भारती वाद[16] में सर्वोच्च न्यायालय ने अपनें पूर्ववर्ती (उपरोक्त वर्णित) निर्णय को अस्वीकार करते हुए कहा कि, प्रस्तावना संविधान का एक अभिन्न अंग/भाग है और उसमें वैसे ही संशोधन किया जा सकता है जैसे कि संविधान के अन्य प्रावधानों में,[17] अर्थात् प्रस्तावना में कुछ जोड़ा जा सकता है या उसमें से कोई शब्द या वाक्य निकाला जा सकता है या उसमें कोई परिवर्तन किया जा सकता है, लेकिन संविधान के वे भाग या मूल्य, जिसे सर्वोच्च न्यायालय नें 'संविधान की मौलिक संरचना' घोषित कर दिया है, उसे संसद संशोधित नहीं कर सकती।

वस्तुतः संविधान की प्रस्तावना में जिन आदर्शों और मूल्यों का उल्लेख है, वे भारत में व्यापक सामाजिक-आर्थिक-राजनीतिक परिवर्तन के सूत्रधार है। इनकी प्राप्ति पर ही भारत का भविष्य और अस्तित्व निर्भर करेगा। नेहरू ने संविधान निर्मात्री सभा में कुछ इसी प्रकार के मनोभाव व्यक्त करते हुए कहा था– संविधान बनाने के हमारे सभी प्रयास व्यर्थ हो जाएंगे, यदि हम अपने संवैधानिक मूल्यों एवं आदर्शों को प्राप्त करने में असफल हो जाते हैं, भारत का उत्थान, प्रगति एवं जीवन इन्हें प्राप्त करने मे ही है।[18]

सदंर्भ

1. ग्रेनविल ऑस्टिन "इन्डियन कान्स्टीट्यूशन, कार्नस्टोन ऑप ए नेशन", ऑक्स्फोर्ड यूनिवर्सिटी प्रेस, नई दिल्ली, 2009 पृ. 314)
2. पं जवाहर लाल नेहरू द्वारा प्रस्तावित उद्देश्य संकल्प -जिसे संविधान सभा ने 22 जनवरी, 1947 को स्वीकार किया था और जिसनें संविधान का स्वरूप निर्धारित करने में भी काफी मदद की-को ही 17 अक्टूबर, 1949 ई. को संविधान की प्रस्तावना के रूप में मतदान के बाद स्वीकार कर लिया गया।
3. अर्नेस्ट बार्कर 'प्रिंसिपल्स ऑफ सोशल एण्ड पोलिटिकल थियरी,' 1957, प्रीफेस, पृष्ठ 6-9।
4. पंथनिरपेक्षता का पालन न किए जाने के कारण ही 1992 ई. में राजस्थान, उत्तर प्रदेश, मध्य प्रदेश और हिमाचल प्रदेश की भाजपा सरकारों को राष्ट्रपति ने बरखास्त करके राष्ट्रपति शासन (अनु. 356) लगा दिया था। इस बरखास्तगी को सर्वोच्च न्यायालय नें भी अपने एक पश्चातवर्ती निर्णय में सही ठहराया है।
5. एक ऐसा देश जो स्वयं द्वारा बनाए गए कानूनों से अनुशासित हो और

नीतियों का निर्माण या निर्णय करते समय विधिक रूप से आंतरिक एवं बाह्य नियंत्रणों से मुक्त हो-संप्रभु देश है।

6. इसका वर्णन नीति निदेशक तत्व वाले अध्याय में है।
7. यह उन देशों का संगठन है जो कभी ब्रिटेन के उपनिवेश रह चुके हैं। ये सभी देश (अर्थात् राष्ट्रकुल के सदस्य राष्ट्र) आज भी ब्रिटेन के प्रभाव में माने जाते हैं।
8. एन. ए. पालखीवाला, 'वी. द. पीपुल', स्ट्रेन्ड बुक स्टाल, बॉम्बे, 1984, पृ. 196।
9. समाजवाद में निहित मूल्यों एवं आदर्शों के प्रति निष्ठा संविधान निर्मात्री सभा में बहस के दौरान देखी गई थी, किन्तु इस शब्द को संविधान में उस समय स्थान नहीं दिया गया। ऐतिहासिक और परम्परागत रूप से विषमता से भरे हुए भारतीय समाज में समानता को प्रतिष्ठित करने के लिए अनेक संवैधानिक उपबन्ध किए गए हैं। संविधान का भाग 4(नीति निदेशक सिद्धान्त) इसका प्रमाण है, जो कल्याणकारी राज्य की स्थापना को अपना आदर्श लक्ष्य मानता है। कांग्रेस पार्टी में शुरू से ही समाजवादी विचारों के प्रति झुकाव देखा गया है, बाद में 1955 ई. के आवाड़ी अधिवेशन में एक संकल्प द्वारा कांग्रेस ने 'समाज का समाजवादी ढाँचा' स्थापित करने का लक्ष्य सुनिश्चित किया। कांग्रेस ने बाद में 1970 ई. के मध्यावधि चुनाव में 'गरीबी हटाओ' का नारा दिया और 1976 ई. में सामाजिक-आर्थिक न्याय के प्रति प्रतिबद्धता प्रदर्शित करते हुए 'समाजवाद' शब्द प्रस्तावना में जोड़ दिया, यद्यपि इसके पीछे अपने राजनीतिक हितों की प्रेरणा भी काम कर रही थी।
10. डी. एस. नकारा बनाम् भारत संघ (ए. आई. आर. 1983, एस.सी. 130) के वाद में सर्वोच्च न्यायालय ने कहा कि, समाजवाद का मूल मंतव्य गरीबों एवं दुर्बल वर्गों को निम्न आर्थिक स्तर से ऊपर उठाना और उनके जीवन को समुन्नत बनाना है साथ ही इसका अर्थ आर्थिक समानता एवं आय का समान वितरण करना भी है। वस्तुत: यह गाँधीवादी समाजवाद है जिसे हम भारत में लागू करना चाहते हैं और जिसमें हिंसा का कोई स्थान नहीं है।
11. एक ऐसी अर्थव्यवस्था जिसमें सार्वजनिक (सरकार के द्वारा संचालित) और निजी क्षेत्र के प्रतिष्ठान एक साथ काम कर सकें-मिश्रित अर्थव्यवस्था है।
12. इकबाल नारायण द्वारा सम्पादित "भारतीय सरकार एवं राजनीति" एक लेख संकलन, खण्ड 1, पृष्ठ 102-103, राजस्थान हिन्दी ग्रन्थ अकादमी, जयपुर, 1974।

13. संविधान निर्मात्री सभा में के. टी. शाह का वक्तव्य, देखे ग्रेनविल ऑस्टिन, बही पृ. सं.।

14. 61 वें संविधान संशोधन द्वारा भारत में मतदाता बनने हेतु 18 वर्ष की आयु निर्धारित की गई। इसके पूर्व यह आयु 21 वर्ष थी।

15. देखें, अनु 53-54, राष्ट्रपति के निर्वाचन में संसद के दोनों सदनों (लोकसभा तथा राज्यसभा) तथा प्रत्येक राज्यों की विधानसभाओं (दिल्ली व पांडिचेरी की भी) के निर्वाचित सदस्य भाग लेते हैं। कोई भी मनोनीत सदस्य राष्ट्रपति के चुनाव में भाग नहीं लेता, क्योंकि इससे निष्पक्षता प्रभावित हो सकती है।

16. ए. आई. आर. 1960 एस. सी. 845।

17. केशवानंद भारती बनाम केरल राज्य, ए. आई. आर. 1973, एस. सी. 1461।

18. भारतीय संविधान में संशोधन की प्रक्रिया का वर्णन अनु. 368 (भाग 20) में है।

19. ग्रेनविलऑक्टिन, वही, संविधान निर्मात्री सभा, वाद-विवाद, खण्ड 2, पृ. 317–18, वहीं, ग्रेनबिल ऑक्टिन, पृ. 27।

1

संविधान की प्रकृति

संविधान की प्रकृति का आशय इस बात से है कि, संविधान के प्रावधान एकात्मक राज्य की स्थापना करते हैं या संघात्मक राज्य की। एकात्मक राज्य या शासन, शासन का वह स्वरूप है जिसमें शासन की समस्त शक्तियाँ एक केन्द्र में निहित होती हैं और इन शक्तियों को आवश्यकता पड़ने पर, प्रशासनिक सुविधा की दृष्टि से कानून के द्वारा किसी भी प्रकार (या तो केन्द्र द्वारा स्वयं या भौगोलिक क्षेत्रों में बँटें हुए प्रशासनिक विभागों द्वारा) प्रयोग किया जा सकता है। संघात्मक शासन[1] में राज्य को संवैधानिक रूप से (मात्र कानूनी नहीं) केन्द्र व इकाई राज्यों में बाँट दिया जाता है और संविधान में ही यह लिख दिया जाता है कि, किन विषयों पर कानून का निर्माण केन्द्र करेगा और किन विषयों पर राज्य कानून बनाएँगे। इसे हम 'शक्तियों का विभाजन' (Division of power) कहते हैं।

प्राचीन भारत में लगभग सभी राज्य, कुछ को छोड़कर, एकात्मक थे, फिर सल्तनत और मुग़लकाल में भी एकात्मक शासन की प्रवृत्तियाँ ही प्रचलित रहीं। अंग्रेजों ने प्रथम बार प्रशासन की सुविधा की दृष्टि से गवर्नर-जनरल के शासन और गवर्नर के शासन की संकल्पना प्रस्तुत कर संघात्मक शासन का आरंभ किया। क्रिप्स मिशन (1942 ई.) तथा कैबिनेट मिशन (1946 ई.) नें जो सिफारिशें की उससे भी भारत में संघात्मक शासन प्रणाली लागू करने की बात कही गई थी। क्षेत्रीय आवश्यकताओं, सांस्कृतिक विविधताओं तथा ऐतिहासिक अनुभवों को ध्यान में रखकर ही भारत में संविधान बनाते समय, संविधान के प्रथम अनुच्छेद में ही यह स्पष्ट कर दिया गया कि, "इंडिया अर्थात् भारत राज्यों का एक संघ होगा।" 'राज्यों के संघ' शब्द के लिए हमनें संविधान में 'Union of states' शब्द का प्रयोग अंग्रेजी में किया है, 'Federation' शब्द का नहीं।

'यूनियन ऑफ स्टेट्स' शब्दावली 'फेडरेशन' से भिन्न अर्थ रखती है, जिसें संविधान में रखने के कारणों को डा. भीमराव अम्बेडकर ने इस प्रकार स्पष्ट किया है-

1. भारत संघ, का निर्माण इकाई राज्यों के बीच हुए किसी समझौते से नहीं हुआ है, और
2. भारत संघ से कोई भी इकाई राज्य पृथक नहीं हो सकता।

अनेक विद्वानों ने 'संघ' शब्द को अपने-अपने ढंग से परिभाषित किया है। किसी एक परिभाषा पर सर्वस्वीकृति का अभाव है। अधिकांश विद्वान अमेरिका के संविधान को 'संघ' का एक आदर्श प्रतिरूप मानकर चलते हैं, जबकि **हमें लिविंगस्टोन की यह बात ध्यान में रखनी चाहिए कि, "संघ एक कृत्यआधारित संकल्पना है, न कि संस्था आधारित, और कोई भी सिद्धान्त जो यह कहता है कि, कुछ ऐसे अनिवार्य लक्षण हैं, जिनके बिना कोई राजनीतिक प्रणाली संघ नहीं हो सकती, तो वह इस तथ्य की उपेक्षा करता है कि, विभिन्न सामाजिक और सांस्कृतिक पर्यावरण में संस्थाएँ एक जैसी नहीं हो सकती।"**[2] संघात्मक शासन की सर्वस्वीकृत परिभाषा के अभाव के बावजूद भी संघात्मक शासन के लक्षणों के मुद्दे पर एक आम सहमति पाई जाती है। ये लक्षण इस प्रकार हैं-

1. दोहरा शासन
2. लिखित संविधान और उसकी सर्वोच्चता
3. शक्तियों का विभाजन
4. स्वतंत्र एवं निष्पक्ष सर्वोच्च न्यायालय
5. केन्द्रीय व्यवस्थापिका के द्वितीय सदन में राज्यों का प्रतिनिधित्व
6. संविधान-संशोधन में राज्यों की सहभागिता

(1) दोहरा शासन

संघात्मक शासन में सत्ता के दो स्तर या सोपान होते हैं। एक-राष्ट्रीय या केन्द्रीय सत्ता/शासन और दो-स्थानीय या इकाई राज्य द्वारा शासन। चूँकि संघात्मक राज्य दो या दो से अधिक इकाई राज्यों के पारस्परिक सम्मिलन से बनता है, अतः समझौते के बाद एक केंद्रीय सत्ता का निर्माण होता है जिसमें

विधिक सम्प्रभुता निवास करती है और दूसरी ओर इकाई राज्य भी अपनी सत्ता बनाए रखते हैं, इसी केन्द्रीय सत्ता के अधीन। जनता पर दोहरा शासन होता है केन्द्र और इकाई राज्य, दोनों का।

भारत का संविधान भी दोहरी सरकारों की स्थापना करता है। भारत का नागरिक एक ओर तो भारत सरकार के नियंत्रणाधीन है तो दूसरी ओर उसे उस राज्य की सरकार के आदेशों का भी पालन करना पड़ता है जिस राज्य में वह रह रहा हो। संविधान का अनु. 1 कहता है कि, 'भारत राज्यों का एक संघ होगा अर्थात् हमारे यहाँ इकाई राज्य और संघ दोनों पृथक किन्तु स्वंतत्र सत्ता रखते हैं और दोनों की शक्तियों का स्रोत भारत का संविधान है। नागरिक दोनों के ही अधीन हैं।

(2) लिखित संविधान और उसकी सर्वोच्चता

संघात्मक शासन के लिए लिखित संविधान का होना अनिवार्य है, क्योंकि संघ और इकाई राज्य दोनों अपनी सत्ता संविधान से ही प्राप्त करते हैं। संघ किन शर्तों पर बना है, केन्द्रीय सत्ता और इकाई राज्यों की सत्ता के पास कौन-कौन से अधिकार व शक्तियाँ होंगी, संसद की शक्तियाँ क्या होंगी, न्यायपालिका किन शक्तियों का प्रयोग करेगी आदि बातें संविधान में लिख दी जाती हैं। संघात्मक शासन में संविधान देश की सर्वोच्च विधि होता है, जिसका उल्लंघन कोई नहीं कर सकता। यह शासन की सभी शक्तियों का स्रोत होता है, कोई भी विधि संविधान सम्मत न होने पर अवैध घोषित कर दी जाएगी।

भारत का संविधान भी इन उपरोक्त कसौटियों पर खरा उतरता है। व्यवस्थापिका, कार्यपालिका और न्यायपालिका तथा भारत की आम जनता सभी अपने अधिकार तथा शक्तियाँ देश के संविधान से ही प्राप्त करते हैं। संविधान देश के लोकतांत्रिक जीवन की दशा-दिशा तय करता है।

(3) शक्तियों का विभाजन

संघात्मक शासन में केन्द्रीय सत्ता और इकाई राज्यों की सत्ता के बीच इस बात का समझौता या सहमति होती है कि, वे किन-किन अधिकारों और शक्तियों का प्रयोग करेंगे अर्थात् किन-किन विषयों पर वे कानून बनाएँगे, इसे ही शक्तियों का विभाजन कहते हैं। संविधान में ही उन विषयों का वर्णन कर दिया जाता है जिन पर केन्द्र व इकाई राज्य कानून बनाएंगे।

भारत के संविधान में भी इस बात का स्पष्ट उल्लेख है कि, संघ और राज्य किन-किन विषयों पर कानून बनाएंगे। भारतीय संविधान की 8वीं अनुसूची शक्तियों के विभाजन से ही संबंधित है। इस अनुसूची में शक्तियों का जिस प्रकार वितरण किया गया है, वह कनाडा के संविधान से मिलता-जुलता है, **वस्तुतः हमारी संघात्मक व्यवस्था ब्रिटिश नॉर्थ अमेरिका ऐक्ट (कनाडा) से ही प्रेरित है।** संविधान में संघ, राज्य, समवर्ती और अवशिष्ट शक्तियों के अन्तर्गत संघीय व्यवस्था से सम्बद्ध सभी विषयों का वर्गीकरण किया गया है।

संघ सूची में 97 विषय हैं। ये सभी राष्ट्रीय महत्व के हैं अर्थात् इन 97 विषयों पर कानून निर्माण केन्द्रीय सरकार द्वारा किया जाएगा और संसद कानून निर्मात्री संस्था की भूमिका निभाएगी। मुद्रा, बैंकिग, विदेश, जहाजरानी, उड्डयन, प्रतिरक्षा, रेलवे, परमाणु ऊर्जा, दूरसंचार, आयकर तथा विदेशी ऋण आदि इस विषय के अन्तर्गत आते हैं। **संघ सूची के अंतर्गत वे सारे विषय आते हैं जिनके लिए 'संघ राज्य' का वास्तव में अस्तित्व होता है और जो 'सम्प्रभुता' से प्रत्यक्षतः सम्बन्धित होते हैं।**

राज्य सूची में सम्प्रति, 61 विषय हैं, इन विषयों पर कानून निर्माण का अधिकार प्रत्येक इकाई राज्य के विधानमंडल (जहाँ एक सदन है वहाँ विधानसभा को तथा जहाँ दो सदन है वहाँ विधानसभा, एवं विधानपरिषद दोनों को) को होगा। पुलिस, सिंचाई, पेयजल, आदि इसमें शामिल हैं।

समवर्ती सूची में वे विषय आते हैं जिन पर केन्द्र और इकाई राज्यों दोनों को ही कानून निर्माण का अधिकार है। इन विषयों का महत्व स्थानीय और संघीय दोनों दृष्टियों से है। **सम्प्रति, इसमें 52 विषय हैं।** पर्यावरण, शिक्षा, वन, सामाजिक सुरक्षा, बीमा, आदि इसके अन्तर्गत आते हैं। **समवर्ती सूची का विचार हमने आस्ट्रेलिया के संविधान से ग्रहण किया है, यह सहयोगी संघवाद का एक प्रतिरूप है।**

अवशिष्ट शक्तियों के अंतर्गत वे विषय आते हैं जिनका उपरोक्त वर्णित केंन्द्र या संघ, राज्य और समवर्ती सूचियों के विषयों के अतंर्गत कोई वर्णन या उल्लेख नहीं है। **अवशिष्ट शक्तियों के विषयों पर कानून निर्माण का अधि कार संघ की संसद को संविधान ने दिया है (अनु 248) अर्थात् ऐसे विषय संघ सूची के अंतर्गत माने जाएगें। कनाडा का अनुसरण करते हुए भारतीय संविधान निर्माताओं ने भी अवशिष्ट शंक्तियाँ केंद्र को दी है,**

जबकि अमेरिका में अवशिष्ट शक्तियों पर कानून निर्माण का अधिकार राज्यों को है।

(4) स्वतंत्र एवं निष्पक्ष सर्वोच्च न्यायालय

संघात्मक शासन में सर्वोच्च न्यायालय न्यायिक सोपान में शीर्षस्थ स्तर पर होता है, जिसे स्वतंत्र एवं निष्पक्ष भूमिका निभाना होता है। संघात्मक शासन में संविधान लिखित होने के कारण सर्वोच्च न्यायालय का यह दायित्व होता है कि, वह सर्वोच्च संविधान के प्रावधानों का अर्थ अस्पष्ट होने पर उसकी व्याख्या करे है। संघ, और राज्य तथा जनता तीनों से संविधान के प्रावधानों का अनुपालन सुनिश्चित करे, वह किसी भी ऐसी विधि को अवैध घोषित करने का अधिकार रखता है तो संविधान के प्रावधानों का उल्लंघन कर बनाए गए हों।[3] इस प्रकार, वह संविधान के संरक्षक की भूमिका निभाता है। केन्द्र व इकाई राज्य या राज्यों के बीच अथवा इकाई राज्यों के बीच उठने वाले किसी भी विवाद का एकमात्र निर्णयकर्ता सर्वोच्च न्यायालय ही होता है, इस प्रकार वह 'संघ' का भी संरक्षक बन जाता है। सर्वोच्च न्यायालय की स्वतन्त्रता और निष्पक्षता को सुनिश्चित करने हेतु संविधान में अनेक प्रावधान किए जाते हैं।

उपरोक्त प्रावधानों का भारतीय संविधान अक्षरश: पालन करता है। 'विधि द्वारा स्थापित प्रक्रिया' का पालन सुनिश्चित कराना देश के सर्वोच्च न्यायालय का कार्य है। भारत में जब भी संविधान के प्रावधानों की उपेक्षा करते हुए संसद या राज्यों के विधानमंडल ने कानून का निर्माण किया है, तब सर्वोच्च न्यायालय नें उन कानूनों को असंवैधानिक ठहराकर अवैध घोषित कर दिया है। 39वें संविधान संशोधन का रद्द होना इसका प्रमाण है।

(5) केन्द्रीय व्यवस्थापिका के द्वितीय सदन में राज्यों का प्रतिनिधित्व

संघात्मक शासन प्रणाली में केंद्र या संघ की व्यवस्थापिका द्विसदनीय होती है। प्रथम सदन[4] या लोकसदन[5] या निम्न सदन[6] (तीनों परस्पर पर्यायवाची हैं) जनता द्वारा प्रत्यक्ष रूप से चुनकर आए प्रतिनिधियों का सदन होता है तथा द्वितीय या उच्च सदन राज्यों का सदन है जिसमें प्रत्येक राज्य से अप्रत्यक्ष रूप से कुछ व्यक्ति चुनकर आते हैं। इकाई राज्यों की माँगों और आवश्यकताओं को पूरा करने के लिए इस सदन की स्थापना की जाती है, जिससे कि केन्द्र, इकाई राज्यों की आवश्यकताओं को जान सके। केन्द्रीय व्यवस्थापिका के इस द्वितीय सदन में राज्यों को दो आधार पर प्रतिनिधित्व देने की प्रणाली प्रचलित है। एक समानता

के आधार पर तथा दो इकाई राज्य की जनसंख्या के आधार पर। अमेरिकी संघ की केन्द्रीय व्यवस्थापिका अर्थात् कांग्रेस के द्वितीय सदन (सीनेट) में प्रत्येक इकाई राज्य को एक समान प्रतिनिधित्व दिया गया है, चाहे इकाई राज्य की जनसंख्या कम हो या अधिक। वहाँ प्रत्येक राज्य अपने दो प्रतिनिधियों को सीनेट में भेजता है और ये प्रतिनिधि जनता द्वारा प्रत्यक्षतः निर्वाचित होते हैं। भारत में संसद (केन्द्रीय व्यवस्थापिका) के द्वितीय सदन अर्थात् राज्य सभा में प्रतिनिधित्व देने के लिए इकाई राज्य की जनसंख्या को आधार बनाया गया है। यहाँ जिस इकाई राज्य की जनसंख्या अधिक है उसे राज्यसभा में अधिक प्रतिनिधि भेजने का अधिकार है तथा जिस राज्य की जनसंख्या कम है वहाँ से कम प्रतिनिधि भेजे जाते हैं। भारत में संसद के द्वितीय सदन के सदस्यों का चुनाव अमेरिका के विपरीत, जनता द्वारा अप्रत्यक्ष रूप से होता है।

6. संविधान के संशोधन में राज्यों की सहभागिता

संघात्मक शासन में संविधान में संशोधन करने की शक्ति केन्द्र के साथ-साथ इकाई राज्यों को भी प्रदान की जाती है।

अनु. 368 के अनुसार, भारत के संविधान में संशोधन तीन पद्धतियों से होता है (i) संसद सदस्यों के सामान्य बहुमत से, (ii) संसद सदस्यों के दो-तिहाई बहुमत से (उपस्थित एवं मतदान में भाग लेने वाले सदस्यों के दो-तिहाई बहुमत से) तथा (iii) संसद में उपस्थित एवं मतदान में भाग लेने वाले दो-तिहाई सदस्यों के बहुमत से एवं आधे राज्यों के विधानमंडलों के अनुमोदन से। भारत में इकाई राज्यों को संविधान संशोधन की प्रक्रिया आरंभ करने का अधिकार नहीं है। जिन संशोधनों के संदर्भ में इकाई राज्यों को सहभागी बनाया गया है, वे हमारी संघात्मक व्यवस्था से सम्बद्ध हैं, अर्थात् संघीय व्यवस्था में कोई भी परिवर्तन या संशोधन इकाई राज्यों की सहमति के बिना नहीं किया जा सकता।

7. दोहरी नागरिकता

संघात्मक शासन व्यवस्था में नागरिकों पर दोहरा शासन होता है। वह सदैव संघीय सरकार तथा इकाई राज्य की सरकार, दोनों के ही अधीन होता है। इसी कारण नागरिकों के पास दोहरी नागरिकता होती है। एक संघ सरकार की तथा द्वितीय उस राज्य सरकार की, जिसमें वह निवास कर रहा है। अमेरिकी संघ में नागरिकों को दोहरी नागरिकता प्राप्त है।

किन्तु भारत का संविधान अपने नागरिकों को एकल नागरिकता प्रदान करता है। केवल संघ सरकार की, राज्य सरकार की नहीं।

उपरोक्त लक्षणों की कसौटी पर यह प्रतीत होता है कि भारत की संवैधानिक व्यवस्था संघीय है, किन्तु संविधान में अनेक प्रावधान ऐसे हैं जो यह प्रदर्शित करते हैं कि, भारत पूर्णरूपेण संघात्मक व्यवस्था वाला देश नहीं है। ऐसे प्रावधान हमारे देश को एकात्मक स्वरूप की ओर ले जाते हैं। वे प्रावधान इस प्रकार हैं जिनके आधार पर हम भारत की संवैधानिक व्यवस्था को एकात्मक प्रावधानों से युक्त कह सकते हैं।

(1) इकहरी नागरिकता

संघात्मक शासन में नागरिकों के पास दोहरी नागरिकता होती है. जैसे– अमेरिका में, किन्तु भारत में नागरिक केवल एक ही नागरिकता रखते हैं। यहाँ प्रत्येक नागरिक भारत संघ की नागरिकता रखता है राज्य की नहीं।

(2) शक्तियों का विभाजन, केन्द्र के पक्ष में-

भारतीय संविधान में केन्द्र व इकाई राज्यों के बीच शक्तियों का विभाजन पाया जाता है, लेकिन ध्यान से देखने पर दूसरी ही तस्वीर उभरेगी। केन्द्र 97 विषयों पर कानून का निर्माण करता है और वे सभी महत्वपूर्ण विषय हैं। सभी प्रमुख कर (केन्द्रीय उत्पाद कर तथा आयकर आदि), जो कि आय की प्रमुख व बड़ी मदें हैं, केन्द्र के अधीन हैं। राज्यों के पास केवल 61 विषय हैं और इन विषयों का प्रबंधन आर्थिक रूप से लाभकारी नहीं है। राज्य सूची के विषयों पर केन्द्र सरकार सामान्यतः कानून नहीं बना सकती, किन्तु यदि राज्यसभा उपस्थित एवं मत देने वाले दो-तिहाई सदस्यों के बहुमत से प्रस्ताव पारित कर यह घोषणा कर दे कि, राज्य सूची का कोई विषय 'राष्ट्रीय महत्व' का है तो उस दशा में उस विषय पर संसद को विधि निर्माण की शक्ति मिल जाती है **(अनु. 249)** ऐसी विधि पूरे भारत में या कुछ राज्यों में (जैसी आवश्यकता हो) प्रभावी हो सकती है। राज्य सभा द्वारा इस प्रकार प्रस्ताव पारित करके बनाए गए कानून एक वर्ष तक मान्य रहेंगे किंतु राज्यसभा एक एक वर्ष करके इसे लम्बे समय तक अनवरत बढ़ाती रह सकती है। सामान्य परिस्थितियों के अतिरिक्त जब देश में आपातकाल लागू हो तो भी संसद को राज्य सूची के विषयों पर कानून बनाने का अधिकार मिल जाता है, **(अनु. 250)**। संसद द्वारा अनु. 249 तथा 250 के अधीन बनाई गई विधियों और राज्यों के विधानमण्डलों द्वारा बनाई गई

विधियों में विरोध या असंगति होने की दशा में केन्द्र द्वारा बनाई गई विधि मान्य होगी, **(अनु. 251)**। भारत में राज्य सूची के विषयों पर राज्य कानून बना सकते हैं, किन्तु इकाई राज्यों के कानून निर्माण की शक्ति पर कुछ प्रतिबंध भी हैं। वे कोई ऐसा कानून नहीं बना सकते जो उच्च न्यायालय की शक्तियों में कमी करते हों तथा साथ ही उनके द्वारा पारित विधेयकों को राज्यपाल स्वविवेक से राष्ट्रपति के विचार के लिए आरक्षित कर सकता है **(अनु. 201)**। यह सभी प्रावधान कष्ट की संघीय व्यवस्था में शक्ति संतुलन को केन्द्र की ओर झुका देते हैं। अमेरिका में इस प्रकार के प्रावधान नहीं हैं, किन्तु कनाडा के संविधान में हैं।

समवर्ती सूची के विषयों पर कानून निर्माण करने के लिए केन्द्र और राज्य दोनों ही अधिकृत हैं। लेकिन केन्द्र व इकाई राज्य यदि समवर्ती सूची के किसी एक ही विषय पर कानून बनाते हैं और वे कानून एक-दूसरे के प्रतिकूल हैं, तो ऐसी दशा में केन्द्र द्वारा बनाया गया कानून मान्य होगा तथा राज्य सरकार द्वारा बनाए गए कानून अविधिमान्य होंगे **(अनु. 254)**, किन्तु यदि कोई इकाई राज्य समवर्ती सूची के किसी विषय पर केन्द्र द्वारा कानून निर्माण किए जाने के बावजूद भी कानून बनाना आवश्यक समझता है तथा उसके द्वारा बनाया गया यह कानून केन्द्र द्वारा पहले बनाए गए कानून के प्रतिकूल है या उससे भिन्न प्रावधान रखता है तो ऐसी दशा में यदि उस इकाई राज्य नें कानून बनाने के पूर्व राष्ट्रपति से स्वीकृति ले ली हो तो वह कानून बना सकता है, भले ही उसके प्रावधान केंद्र द्वारा बनाए गए कानूनों के विरूद्ध हों **(अनु. 254(2))**, किन्तु केन्द्रीय संसद बाद में कानून बनाकर इकाई राज्य के कानून को निरस्त कर सकती है। इस प्रकार समवर्ती सूची के विषयों पर विधायन की मुख्य अधिकारिता केंद्र के पास ही है, राज्य उसकी सहमति के बिना कुछ नहीं कर सकते।

अवशिष्ट शक्तियों के अंतर्गत वे विषय आते हैं जिनका वर्णन न तो संघ सूची में है, न तो राज्य सूची में है और न ही समवर्ती सूची में। इन विषयों पर कानून निर्माण की अधिकारिता संसद के पास है, राज्यों को कोई अधिकार नहीं है (अनु. 248), लेकिन केन्द्र इतना अवश्य कर सकता है कि वह अपने विवेक से अवशिष्ट शक्तियों के अंतर्गत आने वाले विषयों को राज्य सूची या समवर्ती सूची में डाल दे। अमेरिका में अवशिष्ट शक्तियाँ राज्यों के पास है।

इस प्रकार देखा जाय तो केंद्र न केवल संघ सूची पर विधायन करने हेतु अर्ह है वरन् उसे राज्य सूची और समवर्ती सूची के विषयों पर भी आवश्यकता पड़ने पर कानून बनाने की पूरी अधिकारिता प्राप्त है। संघात्मक शासन में इकाई

राज्य पूरी तरह स्वतंत्र, स्वायत्त एवं अधिकारिता सम्पन्न होते हैं, किन्तु भारतीय संविधान में उनकी स्वतन्त्रता काफी सीमित कर दी गई है, शक्तियों का विभाजन पूरी तरह केन्द्र के पक्ष में झुका हुआ है। **वस्तुतः केन्द्रीकरण की इन प्रवृत्तियों के लिए ऐतिहासिक अनुभव और समकालीन परिस्थितियाँ अधिक उत्तरदायी थीं। इतिहास से हमें ज्ञात होता है कि जब भी केन्द्रीय सत्ता कमजोर हुई है, देश की शक्तियाँ कम हुई हैं और आदेशों के प्रति अवज्ञा का भाव बढ़ा है। भारत की समकालीन दशाएँ भी काफी असमतल थीं, नवस्वाधीन देश में अनेक रियासतें थीं जो पृथक होकर स्वतंत्र अस्तित्व बनाए रखना चाहती थी। इन परिस्थितियों में संविधान निर्माताओं ने एक मजबूत राष्ट्र के निर्माण को अपना लक्ष्य बनाया, फलतः केन्द्रीकरण की प्रवृत्तियाँ संविधान में अधिक हैं।**

(3) इकाई राज्यों के क्षेत्र, सीमा या नाम में परिवर्तन की केन्द्रीय व्यवस्थापिका की शक्ति–

भारत में संसद को यह शक्ति दी गई है कि, वह किसी भी इकाई राज्य के क्षेत्र, सीमा या नाम में परिवर्तन कर दे। संविधान के अनु. 3 के अनुसार संसद विधि द्वारा

(क) किसी राज्य में से उसका राज्यक्षेत्र पृथक करके अथवा दो या दो से अधिक राज्यों को मिलाकर या उनके किन्हीं भागों को मिलाकर अथवा किसी राज्यक्षेत्र को किसी राज्य के भाग से मिलाकर नये राज्य का निर्माण कर सकेगी।

(ख) किसी राज्य के क्षेत्र में वृद्धि कर सकेगी।

(ग) किसी राज्य का क्षेत्र घटा सकेगी।

(घ) किसी राज्य की सीमाओं में परिवर्तन कर सकेगी।

(ड.) किसी राज्य के नाम में परिवर्तन कर सकेगी।

किन्तु उपरोक्त से सम्बन्धित कोई भी विधेयक राष्ट्रपति की पूर्व अनुमति से ही संसद में प्रस्तुत किया जा सकेगा और राष्ट्रपति इस विधेयक से प्रभावित होने वाले राज्य या राज्यों के विचार एक निश्चित समय के भीतर जानने के बाद ही अनुमति देगा, किन्तु राज्यों द्वारा दी गई सलाह को मानना या न मानना राष्ट्रपति के विवेकाधीन है।

उपरोक्त विधेयक संसद में सामान्य बहुमत से पारित किया जा सकता है (अनु. 4), इसे संविधान का संशोधन नहीं माना जाएगा। वस्तुतः भारतीय संघ में इकाई राज्यों का अस्तित्व संसद की इच्छा पर निर्भर है, **भारतीय संविधान इकाई राज्यों की भौगोलिक अखण्डता की गारंटी नही देता। इससे संघीय सिद्धान्त पर एक प्रबल प्रहार होता है किन्तु इस संदर्भ में संसद की शक्ति का वास्तविक मूल्यांकन ऐतिहासिक पृष्ठभूमि और तत्कालीन राजनीतिक परिवेश को ध्यान में रखकर ही किया जा सकता है।** वस्तुतः संविधान निर्माता उन दशाओं से भलीभाँति परिचित थे जिनके कारण इकाई राज्यों की स्थापना की गई थी और ऐसा लग रहा था कि भविष्य में भी राज्यों की सीमाओं में परिवर्तन वांछनीय होगा। आज भारत में 28 राज्य हैं।, यदि हमारी संवैधानिक व्यवस्था लचीली नहीं रहती तो हम क्षेत्रीय जनता की आकांक्षाओं के अनुरूप नए-नए राज्यों का निर्माण नहीं कर पाते। भारतीय संविधान में **राज्यों की क्षेत्रीय अखण्डता की गांरटी इसलिए भी नहीं दी गयी, क्योंकि भारतीय संघ इकाई राज्यों के बीच समझौते का परिणाम नहीं है।**

(4) प्रत्येक इकाई राज्य में संवैधानिक प्रमुख (राज्यपाल) के पद पर केन्द्र द्वारा नियुक्ति

जिस प्रकार संघीय व्यवस्था में संवैधानिक प्रमुख राष्ट्रपति है, उसी प्रकार इकाई राज्यों में संवैधानिक प्रमुख के रूप में राज्यपाल होता है। भारतीय संविधान के अनु. 154 के अनुसार, प्रत्येक राज्य की कार्यपालिका शक्ति राज्यपाल में निहित होगी और अनु. 155 यह उपबंध करता है कि, राज्यपाल को राष्ट्रपति नियुक्त करेंगे और वह सामान्यतः 5 वर्ष की अवधि तक पद ग्रहण करेगा (अनु. 156(3)) तथा राज्यपाल राष्ट्रपति के प्रसादपर्यन्त पद धारण करेगा। वह राज्य के विधानमंडल के प्रति नहीं, वरन भारत के राष्ट्रपति के प्रति उत्तरदायी होता है। वह विधानमंडल का आवश्यक अंग है और कोई भी विधेयक तब तक विधि (कानून) का रूप धारण नहीं कर सकता, जबतक कि राज्यपाल ने उस पर अपनी स्वीकृति न दे दी हो। कुछ विषयों में राज्यपाल 'स्वविवेक' से कार्य कर सकता है, आवश्यक नहीं कि वह राज्य मंत्रिमंडल की सलाह को स्वीकार करे (अनु. 116)। कुछ ऐसे विषय भी हैं **जिनसे सम्बन्धित विधेयकों को राज्यपाल, राष्ट्रपति की सलाह के लिए आरक्षित कर सकता है; जैसे- अनु. 201, 288(2)[7] 304(ख)[8]।** ऐसा प्रतीत होता है कि भारतीय संविधान के उपरोक्त प्रावधान संघीय व्यवस्था से मेल नहीं खाते, इससे राज्यों की स्वायत्तता एवं संवैधानिक स्थिति अत्यंत निम्न हो जाती है। राज्यपालों ने अब तक के संवैधानिक इतिहास में प्रायः केन्द्रीय एजेन्ट की ही भूमिका निभाई है,

फलतः इस पद पर प्रायः उंगली उठती रही है।

(5) राज्यों में राष्ट्रपति शासन लागू करने के उपबंध (अनु. 356)

अनु. 356 के अनुसार, यदि किसी समय राष्ट्रपति का किसी राज्य के राज्यपाल से प्रतिवेदन मिलने पर या अन्यथा[9] यह समाधान हो जाता है कि राज्य का शासन इस संविधान के उपबंधों के अनुसार नहीं चलाया जा रहा है तो, राष्ट्रपति उस राज्य की कार्यपालिका शक्ति राज्यपाल में और विधायी शक्तियाँ संसद में स्थानांतरित कर सकता है, सामान्यतः इसे हम 'राष्ट्रपति शासन' के नाम से जानते हैं क्योंकि ऐसे समय में राज्यपाल सीधे राष्ट्रपति द्वारा निर्देशित होता है। और राज्य की कार्यपालिका (सरकार) और व्यवस्यलिमा (विधानमंडल) दोनो ही शान्तिविहीन हो जाते हैं। **भारतीय संविधान द्वारा प्रदत्त यह शक्ति केन्द्र को इसलिए दी गई है कि यदि कभी कोई राज्य संघीय सिद्धान्तों के विरूद्ध या संविधान के विरूद्ध चलनें का प्रयास करें तो उसे रोका जाय या दंडित किया जाय। किन्तु स्वतंत्रता के बाद से अबतक इस उपबंध का 110 से अधिक बार प्रयोग हो चुका है और जब भी इसका प्रयोग किया गया, विवादों ने जन्म लिया। इसका कारण यह है कि अनेक बार केंद्र में सत्तारूढ़ दल ने अन्य दलों की राज्य सरकारों को 'सबक सिखाने' के लिए भी इसका प्रयोग किया।[9] केन्द्र को मिला हुआ यह अधिकार एक प्रकार का 'प्रशासनिक दंड' है किन्तु इसका प्रयोग राजनीतिक अस्त्र के रूप में प्रायः किया गया है, इसीलिए राजमन्नार समिति[10] ने अनु. 356 को समाप्त करने की सिफारिश की थी।**

(6) केन्द्रीय व्यवस्थापिका में राज्यों का प्रतिनिधित्व समानता के आधार पर नहीं:

भारतीय संघ की केन्द्रीय व्यवस्थापिका के द्वितीय सदन में इकाई राज्यों को प्रतिनिधित्व देने में समानता का अमेरिकी सिद्धान्त नहीं अपनाया गया है। संविधान की चौथी अनुसूची राज्यसभा में इकाई राज्यों के प्रतिनिधित्व से सम्बन्धित है। इसके अनुसार जिस राज्य की जनसंख्या अधिक होगी, वह राज्य राज्यसभा में अधिक प्रतिनिधि भेजेगा और जिस राज्य की जनसंख्या कम है, वह कम प्रतिनिधि भेजेगा। **इससे इस बात का भय सदा बना रहेगा कि अधिक प्रतिनिधि भेजने वाले बड़े राज्यों द्वारा कहीं छोटे राज्यों के हितों की अनदेखी न कर दी जाय। वास्तविक संघ तो तब होता जब राज्यसभा में सभी इकाई राज्यों को एक समान प्रतिनिधित्व मिलता, जैसा कि अमेरिका में है।**

(7) आपाताकालीन उद्घोषणा होने पर संघ का एकात्मक प्रतिरूप में परिणित हो जाना

जब अनु. 352 के अन्तर्गत आपातकाल की उद्घोषणा की जाती है तो संघ की कार्यपालिका शक्ति अत्यंत विस्तृत हो जाती है। वह राज्यों को अपनी कार्यपालिका शक्ति के प्रयोग करने सम्बन्धी आवश्यक दिशा निर्देश जारी कर सकता है (अनु. 353)। यही नहीं, इस अवधि में केन्द्र व राज्यों के बीच राजस्व वितरण के प्रावधानों को भी स्थगित किया जा सकता है, जिससे कि केन्द्र के पास आपात परिस्थितियों से निबटने के लिए अधिक वित्तीय स्रोत एकत्र हो सके (अनु. 354)। ऐसी घोषणा होने पर संघ की संसद को राज्यसूची के विषयों पर कानून बनाने का अधिकार भी मिल जाता है (अनु. 250)।

(8) संघ द्वारा दिए गए निर्देशों का पालन आवश्यक

भारतीय संविधान केन्द्र को यह अधिकार देता है कि वह इकाई राज्यों को आवश्यकता पड़ने पर कतिपय आदेश-निर्देश दे। इनका पालन करना राज्यों के लिए अत्यन्त अनिवार्य है क्योंकि अनु. 365 इस सन्दर्भ में एक महत्वपूर्ण व्यवस्था देता है कि जहाँ इस संविधान के किसी भी उपबंध के अधीन केन्द्र की कार्यपालिका शक्ति का प्रयोग करते हुए दिए गए किन्ही निर्देशों का अनुपालन करनें में या उनको क्रियान्वित करने में कोई राज्य असफल रहता है, वहाँ राष्ट्रपति के लिए यह मानना विधिपूर्ण (उचित) होगा कि, ऐसी स्थिति उत्पन्न हो गई है जिसमें उस राज्य का शासन इस संविधान के प्रावधानों के अनुसार नहीं चलाया जा सकता या नहीं चलाया जा रहा है, जब राष्ट्रपति इस निष्कर्ष तक पहुँच जाय तो उसके पास एक ही विकल्प बचता है कि वह अनु. 356 का प्रयोग करके उस राज्य में राष्ट्रपति शासन लागू करने की घोषणा कर दे। ये निर्देश इस प्रकार हैं-

संविधान के अनु. 256 के अनुसार, प्रत्येक राज्य को अपनी कार्यपालिका शक्ति का इस प्रकार प्रयोग करना होगा, जिससे संसद द्वारा बनाए गए कानूनों का और ऐसे विद्यमान कानूनों का, जो उस राज्य में लागू हो, का अनुपालन सुनिश्चित रहे। इस संदर्भ में भारत सरकार किसी भी राज्य सरकार को आवश्यक दिशा-निर्देश दे सकती है जिसका पालन उस राज्य को अवश्य करना होगा।

अनु. 257 के अनुसार, प्रत्येक राज्य को अपनी कार्यपालिका शक्ति का इस प्रकार प्रयोग करना है जिससे कि, संघ को अपनी कार्यपालिका शक्ति के प्रयोग में कोई अड़चन न हो। इस संदर्भ में केन्द्र किसी भी राज्य को आवश्यक दिशा निर्देश दे सकता है जिसका अनुपालन उस राज्य के लिए आवश्यक होगा।

अनु. 253 के अनुसार, अन्तर्राष्ट्रीय समझौतों या संधियों को लागू कराना केन्द्र की जिम्मेदारी है और इस सन्दर्भ में केन्द्र किसी भी राज्य को आवश्यक दिशा-निर्देश दे सकता है जिसका पालन राज्य को करना होगा।

अनु. 258 (2) के अनुसार संसद कानून बनाकर किसी भी राज्य के अधिकारियों या प्राधिकारियों को शक्तियाँ प्रदान कर सकती है और उनसे कुछ कार्य करने की अपेक्षा कर सकती है। इस सम्बन्ध में दिए गए कार्य या दायित्व को सम्पन्न कराना उस राज्य सरकार की जिम्मेदारी होगी।

उपरोक्त अधिकार संघात्मक शासन के सिद्धान्तों के प्रतिकूल हैं, क्योंकि इन प्रावधानों का प्रयोग कर केन्द्र कभी भी किसी भी इकाई राज्य की सरकार को बरखास्त कर सकता है। **ये प्रावधान राज्यों को केन्द्र सरकार के अधीनस्थ बना देते हैं।**

संविधान के उपरोक्त लक्षणों या प्रावधानों का सम्यक विश्लेषण करने पर ज्ञात होता है कि, भारत का संविधान संघात्मक संविधान की कसौटी पर खरा नहीं उतरता। संविधान में संघात्मक शासन सदृश प्रावधान तो हैं किंतु उनका प्रयोग एकात्मक शासन के सिद्धान्तों की भाँति किया जा सकता है। प्रो. के.सी. व्हेयर ने अपनी आरंभिक रचना में भारत के संविधान को 'अर्द्ध संघीय' (क्वासी फेडरल) माना किन्तु अपनी पश्चातवर्ती पुस्तक 'मॉडर्न कान्स्टीट्यूशन' (1966 ई.) में भारत के संविधान को संघात्मक मानने से इनकार कर दिया। प्रो. एलेक्जेन्ड्रोविच ने के.सी.व्हेयर के विपरीत यह स्थापित करने का प्रयास किया कि, 'भारत का संविधान परिसंघीय है।'[12] डी.डी. बसु भी भारत के संविधान को अनोखा संविधान कहते हैं। उनका कथन है कि, "भारत का संविधान न तो शुद्ध रूप से संघीय है और न शुद्ध रूप से एकात्मक। यह दोनों का संयोजन है। यह एक नए प्रकार का संघ या सम्मलित राज्य है। इसमें यह सिद्धान्त अन्तर्विष्ट है कि, परिसंघ होते हुए भी राष्ट्रीय हित सर्वोच्च होना चाहिए।"[13]

वस्तुतः संघ के जो लक्षण बताए जाते हैं, वे सभी भारत के संविधान में उपलब्ध हैं। **परिसंघ या संघ के सिद्धान्तों पर एक सामान्य सहमति बनाई जा सकती है किन्तु उन सिद्धान्तों का अक्षरशः पालन हर देश, काल एवं परिस्थिति में शास्वत और अक्षरशः होता रहे, यह कोई आवश्यक नहीं है। प्रत्येक देश की ऐतिहासिक दशाएँ, समकालीन परिस्थितियाँ, लोकतांत्रिक परिवेश और जनता की राजनीतिक चेतना, अलग-अलग प्रकार की होती है, फलतः प्रत्येक देश में संघीय सिद्धान्तों का स्वरूप भी भिन्न-भिन्न हो सकता है।**

यदि व्यावहारिक राजनीतिक प्रतिमान की बात की जाय तो ज्ञात होगा कि, भारतीय राजनीतिक–परिदृश्य में परिवर्तन के साथ भारतीय संघवाद के स्वरूप में भी परिवर्तन आता रहा है। **देखा गया है कि जब देश में केन्द्र और राज्यों में एक ही राजनीतिक दल की सरकार रहती है तो हमारी संघात्मक व्यवस्था 'केन्द्रीयकृत संघवाद' के प्रतिमान जैसी प्रतीत होती है।** 1950 से 1967 ई. तक का युग ऐसा ही था, जब केन्द्र और इकाई राज्यों में एक ही राजनीतिक दल 'कांग्रेस' का शासन था, फलतः केंद्र व राज्यों के सम्बन्ध मध ुर एवं सामंजस्यपूर्ण बने रहते थे, इकाई राज्य केन्द्र के आदेशों को चुपचाप स्वीकार कर लेते थे। केन्द्र का विरोध नहीं होता था। 1990 ई. के बाद 'क्षेत्रीय राजनीतिक अस्तित्व' की चेतना ने पाँव फैलाना शुरू किया और लगभग सभी राज्यों में क्षेत्रीय राजनीतिक दलों का वर्चस्व बढ़ा फलतः किसी एक राजनीतिक दल के लिए अकेले अपने बहुमत के बल पर सत्ता में बने रहना कठिन हो गया और मिली–जुली सरकारों के युग की शुरूआत हुई, तब **हमारी संघात्मक व्यवस्था का प्रतिमान 'सौदेबाजी वाली संघीय व्यवस्था' में बदलता नजर आ रहा है**, यद्यपि मॉरिस जोन्स नें 1967 के बाद ही यह आहट जान ली थी कि भारत में अब केन्द्र व राज्यों में एक ही राजनीतिक दल की सरकार का युग समाप्त हो रहा है और अब 'सौदबाजी वाली संघीय व्यवस्था'[14] प्रांरभ हो रही है। ऐसी व्यवस्था में क्षेत्रीय राजनीतिक दल, जिनकी कि किसी राज्य में सरकार है और वे केन्द्र में मिली–जुली सरकार में या तो शामिल हैं या उसे बाहर से समर्थन दे रहे हैं, केन्द्र सरकार से राजनीतिक सौदबाजी करते रहते हैं और ऐसा करके वे अपने राज्य के लिए केन्द्रीय वित्तीय मदद की राशि बढ़ाने में प्रायः सफल हो जाते हैं। वैट को लेकर 2008 में गैर–कांग्रेसी दलों ने कांग्रेस पार्टी के नेतृत्व में बनी केन्द्र सरकार से जिस प्रकार सौदेबाजी की, उससे यह संकेत साफ हो गया है कि अभी आने वाले एक–दो दशकों तक ऐसी सौदेबाजी चलती रहेगी और केन्द्र को कोई भी निर्णय लेने के पूर्व इकाई राज्यों को भी विश्वास में रखना होगा। **क्षेत्रीय राजनीतिक दलों ने संघवाद को एक यथार्थपरक ध रातल पर ला खड़ा किया है। लेकिन संविधान निर्माता प्रतिस्पर्द्धा और सौदेबाजी पर आधारित संघात्मक व्यवस्था की जगह केन्द्र व राज्यों के बीच परस्पर सहयोग पर आधारित संघात्मक व्यवस्था चाहते थे। केंद्र और राज्यों के बीच पर्याप्त आदान–प्रदान होता रहे, दोनों पृथक–पृथक द्वीप–समूहों की भाँति न रहें, इसलिए संविधान के अनेक अनुच्छेदों में 'सहकारी परिसंघ' के लक्षण व प्रावधान भी रखे गए हैं।** वित्त आयोग (अनु.ख्र180), अंतर्राज्यीय परिषद (अनु. 263), अनु. 252, अनु. 355, क्षेत्रीय परिषद तथा राष्ट्रीय विकास परिषद आदि इसके प्रमाण हैं। **इसी आधार पर**

ग्रेनविल ऑस्टिन ने भारतीय संविधान को 'सहयोगी संघवाद' के प्रावधानों से युक्त बताया है।[15]

निश्चित रूप से भारतीय संविधान एकात्मकता की ओर झुका हुआ संघीय संविधान है, फलतः कभी-कभी राज्यों के माध्यम से यह माँग उठायी जाती है कि राज्यों को और अधिक अधिकार (मुख्यतः वित्तीय अधिकार व शक्तियाँ) दिए जाएँ, किन्तु कभी भी केन्द्र की शक्तियों को कम करने की माँग नहीं उठाई गई। राज्य भी समझ चुके हैं कि मजबूत केन्द्र से युक्त संघ ही उनके भविष्य और अस्तित्व का आधार बन सकता है। वस्तुतः अन्तर्राष्ट्रीय युद्धों, परमाणु हथियारों का भय, वैज्ञानिक प्रगति, तकनीकी विकास और एक लोककल्याणकारी संस्था के रूप में राज्य का उदय आदि तथ्यों ने संघ के स्वरूप और उसके अधिकार आदि के प्रति जनता के विचारों में एक बड़ा परिवर्तन कर दिया है। इन सभी कारणों से आज राज्य की शक्तियों में काफी वृद्धि हो रही है और यह वृद्धि राज्य को केन्द्रीयकरण की ओर ले जा रही है। पूरे विश्व के संघात्मक संविधानों पर दृष्टिपात करें तो पता चलेगा कि, स्विटजरलैण्ड, आस्ट्रेलिया, अमेरिका, कनाडा, आदि देशों में भी केन्द्र की शक्तियाँ इकाई राज्यों की तुलना में अत्यधिक बढ़ गई हैं। भारत भी इसका अपवाद नहीं है। हमारे यहाँ संविधान निर्माण के दौरान राष्ट्रीय एकता व अखंडता सबसे बड़ी समस्या के रूप में सामने आयी थी, इसका समाधान अम्बेडकर और नेहरू दोनों को एक मजबूत केन्द्र के रूप में दिखाई दिया, लेकिन साथ ही वे इस तथ्य के प्रति भी सचेष्ट थे कि, एक बहुभाषायी, बहुसांस्कृतिक एवं बहुधर्मी समाज में इकाई राज्यों की स्वतंत्रता, सत्ता एवं गरिमा ही संघात्मक शासन का आधार बन सकता है। इन्हीं दोनों कारणों से उन्होंने एक ऐसे संघात्मक राज्य की स्थापना की जिसमें एकात्मकता के तत्व अधिक हैं।

आज जिस प्रकार भारत की विभिन्न उप संस्कृतियाँ और नृजातीय तत्व अपनी पृथक राजनीतिक पहचान स्थापित करने हेतु (शांतिपूर्ण और हिंसात्मक दोनों ही साधनों से लैस होकर) आन्दोलन कर रहे हैं और जिस प्रकार विदर्भ, तेलंगाना, जैसे अविकसित या पिछड़े क्षेत्र स्वयं को एक पृथक राजनीतिक अस्तित्व देने हेत प्रयास कर रहे हैं, इन सभी समस्याओं (जनआकांक्षाओं) का समाधान 'और अधिक संघात्मक' बनकर ही किया जा सकता है, किन्तु बाह्य विदेशी दबाव, दिन-प्रतिदिन सिमटती-सिकुड़ती दुनिया तथा एक धुव्रीय विश्व में निरंतर बढ़ रहे खतरे का सामना करने के लिए केन्द्र के पास ऐसे अधिकार व शक्तियाँ होने चाहिए जो सम्प्रभुता की रक्षा के लिए परम आवश्यक हैं क्योंकि हमारे पास आने के ऐसे उदाहरण भी हैं जिसे यूगोस्लोविया चेकोस्लोवाकिया,

सोवियत संघ, जहाँ कि कोई राष्ट्र अपने भीतर पल रहे उपराष्ट्रीय आकांक्षाओं को नियंत्रित करने में असफल हो गया और इसके परिणामस्वरूप उस राष्ट्र को पंडित होना पड़ा।

एस.आर. बोम्मई बनाम भारत संघ के वाद में सर्वोच्च न्यायालय के बहुमत के न्यायाधीशों ने भी संविधान को संघात्मक मानते हुए इसे संविधान की मौलिक संरचना घोषित किया है, जिसे संसद परिवर्तित नहीं कर सकती।

अन्त में कुल मिलाकर इतना कहा जा सकता है कि, भारत के संविधान में संघात्मक शासन के सभी लक्षण विद्यमान हैं किंतु आवश्यकता पड़ने पर संघात्मक शासन में परिस्थितिजन्य परिवर्तन कर उसे एकात्मक रूप दिया जा सकता है और जब परिस्थिति सामान्य हो जाए तो इसे पुनः संघात्मक कर दिया जाएगा। ऐसा राष्ट्रीय सुरक्षा व सम्प्रभुता हेतु अपरिहार्य है।

संदर्भ

1. 'संघात्मक' शब्द अंग्रेजी भाषा के 'Federalism' शब्द का हिंन्दी अनुवाद है जो स्वय लैटिन भाषा के 'Foedus' शब्द से निकला है, जिसका अर्थ है संधि या समझौता। संघात्मक राज्य उस परिस्थिति में निर्मित होता है जब दो या दो से अधिक राज्य आपस में समझौता करके एक बड़े राज्य का निर्माण करें। समझौते की शर्तें (जैसे- नागरिकता कैसी होगी-एकल या दुहरी, शक्तियों के विभाजन का क्या स्वरूप होगा, आदि) संविधान में ही लिख दी जाती है तथा संविधान देश का सर्वोच्च कानून होता है।
2. लिविंगस्टोन कृत, 'फेडरेशन ऐण्ड कॉन्स्टीट्यूशनल चेन्ज', 1956 पृष्ठ 6-7
3. इसे ही न्यायिक पुनरावलोकन का अधिकार कहते हैं। इसका वर्णन भारतीय संविधान के अनु. 137 में किया गया है।
4. 'प्रथम सदन' इसे इसलिए कहते हैं क्योंकि प्रायः सभी विधेयक यही सर्वप्रथम प्रस्तुत किए जाते हैं।
5. 'लोक सदन' इसे इसलिए कहते हैं क्योंकि यह जनता द्वारा प्रत्यक्ष रूप से चुनकर आए प्रतिनिधियों का सदन है।
6. 'निम्न सदन' इसे इसलिए कहते हैं, क्योंकि इसमें लोकप्रिय व्यक्ति तो होते हैं किन्तु यह आवश्यक नहीं कि वे ज्ञान एवं योग्यता में भी आगे हों।
7. अन्तर्राज्यीय नदियों के जल तथा विद्युत उत्पादन की केन्द्रीय इकाइयों के ऊपर राज्य कोई कर नहीं लगाएगा, यदि इस प्रकार का कर लगाने वाला कोई विधेयक विधानमंडल से पारित होकर राज्यपाल के पास आता है तो राज्यपाल

उस विधेयक को राष्ट्रपति के विचारार्थ प्रेषित कर सकता है।

8. कोई भी इकाई राज्य, किसी अन्य इकाई राज्य या संघ राज्य क्षेत्र के साथ हो रहे व्यापार, वाणिज्य और समागम की स्वतंत्रता पर ऐसे उचित प्रतिबंध लगा सकेगा जो लोकहित में हो, किन्तु इस प्रकार का कोई विधेयक तब तक राज्य के विधानमंडल में प्रस्तुत नहीं किया जाएगा, जब तक कि राज्यपाल के द्वारा राष्ट्रपति से पूर्वानुमति न ले ली जाय।

9. मिडिया में आ रही खबरों के आधार पर या स्वविवेक के आधार पर (मंत्रिमंडल की सिफारिश पर भी) राष्ट्रपति ऐसा कर सकता है। स्वविवेक का आधार अनु. 365 हो सकता है जिसमें कहा गया है कि केन्द्र द्वारा दिए गए आदेशों या संवैधानिक निर्देशों के अनुपालन में असफल रहने पर राष्ट्रपति का इस निष्कर्ष पर पहुँचना न्यायपूर्ण होगा (बिना राज्यपाल की सलाह या परामर्श) कि राज्य की संवैधानिक मशीनरी पूरी तरह फेल हो गई है और फिर अनु. 356 लागू किया जा सकता है।

10. 1977 ई. तथा 1980 ई. में भी एक साथ 9 राज्यों की विधानसभाओं को भंग कर राष्ट्रपति शासन लगा दिया गया और दोनो ही बार यह तर्क (कुतर्क) दिया गया कि इन राज्यों में सत्तारूढ़ दल को वहाँ हुए लोकसभा चुनावों में जनता ने बहुमत नही दिया है, उन्हें नकार दिया है अतः इन राज्य सरकारों को पद पर बने रहने का कोई नैतिक औचित्य नहीं है। लेकिन वास्तव में इसके पीछे राजनीतिक विद्वेष था।

11. 1970 ई. में तमिलनाडु ने केन्द्र और राज्य के बीच सम्बन्धों के निर्धारण हेतु मद्रास उच्च न्यायलय के भूतपूर्व मुख्य न्यायाधीश राजमन्नार जी की अध्यक्षता में 3 सदस्यीय समिति का गठन किया जिसमें दो अन्य सदस्य थे - लक्ष्मण स्वामी मुदालियर तथा डॉ. पी. चन्द्ररेड्डी। इस समिति ने अपनी रिपोर्ट 1979 ई. में दी, जिसमें योजना आयोग तथा के अतिरिक्त अन्य सिफारिशें भी प्रस्तुत की थी।

12. सी. एच. एलेक्जेन्ड्रोविच, "कान्सीट्यूशनल डेवलपमेंट इन इंडिया", 1957, पृष्ठ 157-70।

13. डी.डी. बसु, "कमेन्टरी ऑन दि कॉन्स्टीट्यूशन ऑफ इंडिया', पृष्ठ 40।

14. मॉरिस जोन्स, "गवर्नमेन्ट एण्ड पॉलिटिक्स ऑफ इंडिया," 1971, पृष्ठ 150।

15. ग्रेनविल ऑस्टिन, 'दि इण्डियन कॉन्सटीट्यूशन', पृष्ठ 185।

2

मौलिक अधिकार-व्यक्ति की गरिमा का आधार

लोकतंत्र का आशय ही एक ऐसी प्रणाली से है जिसमें तंत्र (सरकार) द्वारा लोक (जनता) से शक्ति ग्रहण की जाय और तंत्र, लोक के हित में काम करता रहे। इस बात की संभावना किसी भी प्रकार की शासन प्रणाली में बनी रहती है कि कहीं सरकार/राज्य जनता के हितों या उन अधिकारों एवं स्वतंत्रताओं को ही नष्ट न कर दे, जिनकी रक्षा करना उसका परम दायित्व है। नागरिकों की स्वतंत्रता एवं उनके अधिकारों की प्रत्याभूति देकर ही कोई राज्य अपनी उपयोगिता सिद्ध कर सकता है, इसलिए संविधान में इस बात का स्पष्ट वर्णन होता है कि, नागरिक अपने अधिकारों का किस प्रकार और कैसे उपयोग कर सकते हैं। –ये ही मूल अधिकार होते हैं। इन अधिकारों को 'मूल' कहने के पीछे कुछ सामान्य कारण हैं-

(1) इनके अभाव में व्यक्ति अपने व्यक्तित्व का विकास नहीं कर पाएगा।

(2) इन्हें सभी नागरिकों को बिना किसी भेदभाव के प्रदान किया जाता है।

(3) इन अधिकारों को देश की सर्वोच्च विधि, अर्थात् संविधान में लिपिबद्ध कर दिया जाता है।

(4) इन अधिकारों को कार्यपालिका और व्यवस्थापिका, विशेष परिस्थितियों में (जैसे-आपातकाल में) ही स्थगित कर सकती है।

(5) इन अधिकारों में कोई भी संशोधन संसद/व्यवस्थापिका विशेष बहुमत से ही कर सकती है।

(6) इन अधिकारों का उल्लंघन करने पर (उल्लंघन या तो कार्यपालिका के आदेश से हो या व्यवस्थापिका द्वारा बनाए गए किसी कानून से) व्यक्ति न्यायालय की शरण ले सकता है।

मूल अधिकारों का इतिहास

व्यक्ति के अधिकारों के विकास का इतिहास राजाओं राजकुमारों तथा सामंतवादियों के निरंकुश शासन और अनियंत्रित सत्ता के प्रति जन आक्रोश एवं विरोध के रूप में मिलता है। ये लोग व्यक्तियों की स्वतंत्रता एवं अधिकार को दबाकर स्वेच्छाचारी व्यवहार करते थे। इस शोषण एवं अनाचार के विरुद्ध जो चेतना आयी उसनें लोगों को अपने 'अधिकार' की माँग के लिए प्रोत्साहित किया। इतिहास में ऐसे अनेक उदाहरण मिलते हैं जब जनता ने संगठित होकर अपने अधिकारों की माँग उठायी और जो राजा या शासक इन माँगों को स्वीकार नहीं किए, उन्हें न केवल जनता के विरोध का सामना करना पड़ा, बल्कि कभी–कभी तो उन्हें शासन से भी हाथ धोना पड़ता था। विश्व में इस प्रकार का प्रथम उदाहरण इंग्लैण्ड में 1215 ई. का **मैग्नाकार्टा** या वृहत अधिकार पत्र है। 1191 ई. में जॉन इंग्लैण्ड की गद्दी पर बैठा, वह बहुत ही अयोग्य शासक था। जनता ने उसके विरुद्ध विद्रोह कर दिया और 15 जून, 1215 ई. को सीनेड नामक स्थान पर उसे एक अधिकार पत्र पर हस्ताक्षर करने हेतु विवश कर दिया। यह अधिकार पत्र ही 'मैग्नाकार्टा' के नाम से जाना जाता है। मैग्नाकार्टा ने किसी नए अधिकार को जन्म नहीं दिया वरन् सामतों के उन्हीं अधिकारों को मान्यता[1] दी थी, जिनका कि वे परम्परागत रूप से प्रयोग करते थे। ये अधिकार कालांतर में सामन्तों के साथ-साथ जनता को भी प्राप्त हो गए। मैग्नाकार्टा को ब्रिटेन के इतिहास में ही नहीं, वरन पूरे विश्व के इतिहास में निरंकुश सत्ता के स्थान पर नियंत्रित/मर्यादित राजतंत्र की स्थापना तथा 'कानून के शासन' की स्थापना के लिए जाना जाता है, इसने सामान्य जनता की स्वतन्त्रता व अधिकारों को प्रथम बार किसी शासक या राजा द्वारा स्वीकार कराया था।

इग्लैण्ड में जेम्स प्रथम की मृत्यु के बाद 1625 ई में उसका पुत्र चार्ल्स प्रथम गद्दी पर बैठा, उसने जनता की प्रतिनिधि संस्था संसद की बातों को मानने से इनकार कर दिया और स्वेच्छाचारी व्यवहार करने लगा। उसने राजा के उन विशेषाधिकारों तथा 'दैवीय' अधिकारों पर बल देना शुरु कर दिया जो कि इंग्लैण्ड में अब मान्य या प्रतिष्ठित नहीं रह गए थे। ऐसी दशा में उसका संसद

से विवाद हुआ और 1628 ई. में संसद, चार्ल्स प्रथम से उस 'अधिकार याचना पत्र' (पेटीशन ऑफ राइट्स) को मनवाने में सफल हो गई, जिसके द्वारा राजा की निरंकुश शक्तियों पर संसदीय नियंत्रण लगाया जा सके।

इंग्लैण्ड में 1688 ई. की रक्तहीन या गौरवपूर्ण क्रान्ति के बाद विलियम और मेरी को सत्ता सौंपी गई, तब भी राजा से जनता के उन अधिकारों को अक्षुण्ण बनाए रखने का आश्वासन लिया गया, जिनके अभाव में व्यक्ति अपनें व्यक्तित्व का विकास नहीं कर पाता है या जिनके अभाव में व्यक्ति का जीवन गरिमापूर्ण नहीं हो सकता। इन अधिकारों को 'बिल ऑफ राइट्स' कहा जाता है।

1789 ई. में फ्रांस की क्रांति हुई जिसने व्यक्तियों के अधिकार के रूप में 'समानता, स्वतंत्रता और बन्धुत्व' की घोषणा की और यह माना कि व्यक्ति के कुछ प्राकृतिक और अदेय अधिकार होते हैं जिनका उल्लंघन कोई भी सरकार नहीं कर सकती। फ्रांस की क्रांति ने न केवल जनता को अधिकार दिए, वरन उसने राजा की शक्ति का स्वरूप भी बदल कर रख दिया। क्रांति के पूर्व फ्रांस के राजा को 'रोए डि फ्रान्स' की उपाधि से सम्बोधित किया जाता था, जिसका अर्थ था कि, फ्रांस के राजा को जनता के जीवन, स्वतंत्रता एवं सम्पत्ति पर पूरा अधिकार है। क्रांति के बाद राजा की उपाधि बदलकर 'रोए डि-फ्रान्कालिस' हो गयी जिसका अर्थ है कि जनता ने फ्रांस के राजा को शासन करने का अधिकार सौंपा है तथा जनता के जीवन पर राजा का असीम नियंत्रण नहीं है। यह एक महत्वपूर्ण सीमाचिन्ह है जिसने राजा की शक्तियों को निरंकुश या दैवीय के स्थान पर 'जनता से प्राप्त' घोषित कर दिया।

फ्रांस में व्यक्तियों के मन में अपने अधिकारों को लेकर जो चेतना आयी, उसने अमेरिका को भी प्रभावित किया। 1789. ई. में लागू अमेरिका के संविधान में सर्वप्रथम जनता के अधिकारों को संविधान में सम्मानजनक ढंग से स्थान देते हुए प्रथम 10 संशोधन किए गए तथा अधिकारों को संवैधानिक मान्यता देते हुए उन्हें 'मूल अधिकार' का स्तर प्रदान किया गया। संविधान में अधिकारों को लिपिबद्ध करने का यह प्रथम उदाहरण है। यह इसलिए भी महत्वपूर्ण है क्योंकि राज्यों ने (मूलत: और प्रारंभिक 13 राज्य) दबाव डालकर यह मांग की, कि संघवाद तभी सफल होगा जब संघीय संविधान में नागरिकों के अधिकारों को स्थान दिया जाय अर्थात् संघ किसी भी इकाई राज्य में रहने वाला नागरिक अधिकारों की दृष्टि से समान समझा जाय।

उपरोक्त वैधानिक तथ्यों के अतिरिक्त ऐतिहासिक साक्ष्य भी उपलब्ध हैं जिनसे ज्ञात होता है कि शासकों के मन में 'जनता के अधिकार' जैसी किसी न–किसी संकल्पना का अस्तित्व सदैव रहा है। रोम के लोगों ने अनेक देशों पर विजय प्राप्त की, उनके अपने नियम थे। उनके साम्राज्य के विस्तार के साथ ही यह प्रश्न भी उठा कि, गैर–रोमन लोगों पर कौन–से नियम लागू होने चाहिए। उन्होने यह महसूस किया कि, कुछ नियम ऐसे हैं जो सार्वजनिक होते हैं और सभी स्थानों के सभी लोगों पर लागू होते हैं जिन्हें 'जनता के नियम' की संज्ञा दी गई[2]। इसके फलस्वरूप, सर्वप्रथम एक 'सार्वदेशिक अधिकार' की संकल्पना उभर कर सामने आई।

यूरोप में इसाई धर्म के प्रचार के साथ–साथ इसाई अन्तःकरण के नियम की कल्पना की गई, जो प्राकृतिक नियम की तरह प्रत्येक मानव हृदय में अन्तःस्थापित होता है। इससे व्यक्ति की स्वतंत्रता और उसके अधिकार का विचार उत्पन्न हुआ। जब तक मनुष्य अपने अन्तःकरण की आवाज के अनुसार कार्य करता है तबतक उसे राज्य के अन्य नियमों को मानने की आवश्यकता नहीं है।[3]

आधुनिक युग के प्रारंभ में जब राजतंत्र से लोकतंत्र की ओर राजनीतिक रुचि बढ़ने लगी तो इसके पीछे यही कारण था कि, जनता ने इस बात को स्वीकार कर लिया कि लोकतंत्र की विचारधारा ने न केवल राजाओं के दैवीय अधिकारों को अस्वीकार किया है, वरन् व्यक्ति के विचार, व्यक्तित्व तथा गरिमामय जीवन को भी प्रतिष्ठित किया है और साथ ही सत्ता का उत्तरदायित्व भी सुनिश्चित कर दिया है।

आधुनिक भारत में 19वीं सदी के अंत में ही यह माँग उठायी जाने लगी कि भारतीयों को भी अंग्रेजों के समान ही कानूनी व नागरिक अधिकार प्राप्त हों। 1895 ई. के 'द कान्स्टीट्यूशन ऑफ इण्डिया विल' के माध्यम से प्रथम बार यह स्पष्ट माँग की गई कि, वाक अभिव्यक्ति, की स्वतंत्रता प्रदान की जाय, राज्य सूची व्यक्तियों को मुफ्त शिक्षा की व्यवस्था करे और दंड देने या कारावास भेजने का कार्य एक 'उचित सत्ता' द्वारा किया जाय।[3] 1917–19 के बीच कांग्रेस ने अनेक प्रस्ताव पारित करके इस माँग को एक राजनीतिक स्वरूप प्रदान किया। 1919 ई. के अधिनियम से भारतीयों को बड़ी निराशा हुई। प्रथम विश्व युद्ध ने भारत के लोगों को प्रथम बार 'भारतीय' होने का अनुभव कराया क्योंकि ब्रिटिश सरकार लोगों की तुलना में अंग्रेजों के हितों को अधिक महत्वपूर्ण मानती रहीं

अन्तर्राष्ट्रीय वातावरण में बुडरो विलसन के 'राष्ट्रों के आत्मनिर्णय के सिद्धान्त' की अनुगूँज सुनाई देने लगी और इसी सबके बीच भारतीय राजनीति के क्षितिज पर मोहनदास कर्मचन्द गाँधी का अभ्युदय हुआ जो सामाजिक भेदभाव तथा राजनीतिक भेदभाव-दोनों को ही दूर करना चाहते थे, कुल मिलाकर तत्कालीन वातावरण स्वतंत्रता और अधिकारों की माँग करने का उचित अवसर प्रस्तुत कर रहा था। इसके बाद 1925 ई. में एनी बेंसेन्ट ने कॉमलवेल्थ ऑफ इण्डिया बिल के माध्यम से भारतीयों के लिए 7 मौलिक अधिकारों की माँग की जिसमें व्यक्तिगत स्वतंत्रता, विचार करने या सोचने की स्वतंत्रता, अभिव्यक्ति की स्वतंत्रता, संगठन की स्वतंत्रता, कानून के समक्ष समानता, लिंग आधारित भेदभावों का अंत करने तथा सभी व्यक्तियों को प्राथमिक शिक्षा प्राप्त करने की स्वतंत्रता एवं तत्सम्बन्धित अधिकार शामिल थे। 1928 ई. में मोतीलाल नेहरु कमेटी की रिपोर्ट के द्वारा माँग की गई कि भारतीयों को भी मौलिक अधिकार दिए जाएं। इसके पश्चात् 1930 ई. के कराची अधिवेशन में भी कांग्रेस पार्टी ने इस माँग को दोहराया कि, भारत में कोई भी सामाजिक या आर्थिक परिवर्तन बिना जनता को मौलिक अधिकार दिए सभव नहीं है। इस अधिवेशन में मौलिक अधिकारों का घोषणापत्र प्रस्तुत किया गया था जिसे ग्रैनविल ऑस्टिन ने 'अधिकारों के घोषणापत्र के साथ ही मानवतावाद पर आधारित समाजवादी दस्तावेज' कहा है।[4] द्वितीय गोलमेज कांफ्रेस (1931 ई) में महात्मा गाँधी ने भी भारतीयों के साथ भी अंग्रेजों जैसा व्यवहार करने की माँग की और नागरिक अधिकारों की समानता का मुद्दा उठाया। परंतु 1934 ई. में अंग्रेजों के इशारे पर बनी संयुक्त संसदीय समिति ने इस माँग को स्वीकार करने से इनकार कर दिया। इस कारण मौलिक अधिकारों को 1935 ई. के भारत सरकार अधिनियम में स्थान ही नहीं दिया गया। 1935 ई. के बाद द्वितीय विश्व युद्ध की समाप्ति तक (लगभग 1945 ई. तक) मौलिक अधिकारों की माँग का स्वर धीमा पड़ गया, किंतु पुनः 1945 ई. में टी.पी. सप्रू की अध्यक्षता में एक गैर-दलीय समिति ने मौलिक अधिकारों की आवश्यकता पर बल दिया। इस समिति ने कहा कि, अल्पसंख्यकों को आश्वस्त करने के लिए ही नहीं, बल्कि विधानमण्डल, सरकार और न्यायपालिका के आचरण का स्तर निर्धारित करने के लिए भी ये अधिकार आवश्यक है। सत्र् रिपोर्ट इसलिए भी महत्वपूर्ण थी कि इसमें प्रथम बार नागरिकों के मौलिक अधिकारों को दो भागों में बाँटा गया था, एक बार योग्य मौलिक अधिकार तथा दो वादविहीन मौलिक अधिकार। 1945 ई. में जब शिमला में कांग्रेस व मुस्लिम लीग के नेता कैबिनेट मिशन के सदस्यों से मिलने

गए, तब भी जवाहरलाल नेहरु ने इस बात पर बल दिया था कि, रक्षा, विदेश और संचार के अलावा नागरिकों के मौलिक अधिकार भी केन्द्रीय सरकार के अधीन होने चाहिए। 1940 ई. के बाद अपने प्रत्येक सम्मेलन में कांग्रेस कार्यसमिति ने भी प्रत्येक नागरिक को मौलिक अधिकारों की गारंटी दिए जाने की आवश्यकता पर बल दिया।, जिससे उसे विकास करने का पूर्ण और समान अवसर प्राप्त हो सके।[4]

जीवन का एक बड़ा भाग जेल में बिताने के बाद तथा साम्प्रदायिकता से विषाक्त देश के तत्कालीन वातावरण को देखते हुए संविधान निर्मात्री सभा के अधिकांश सदस्यों को यह विश्वास हो गया कि जनता के मौलिक अधिकारों की रक्षा करने के लिए तथा विशेषकर अल्पसंख्यकों को यह विश्वास दिलाने के लिए कि उनके अधिकारों की रक्षा की जाएगी, संविधान में मौलिक अधिकारों की प्रत्याभूति या गारंटी आवश्यक है। कैबिनेट मिशन योजना में भी यह सुझाव दिया गया था कि, संविधान सभा अल्पसंख्यकों के अधिकारों के सम्बन्ध में सिफारिश करने वाली एक समिति का गठन करेगी। इसलिए मिशन की योजना को ध्यान में रखते हुए संविधान सभा नें एक समिति का गठन किया, जिसे नागरिकों के मौलिक अधिकारों के सम्बन्ध में अपनी रिपोर्ट देनी थी, इस समिति के अध्यक्ष सरदार बल्लभ भाई पटेल जी थे। इस समिति ने अल्पसंख्यकों के अधिकारों के सम्बन्ध में विस्तृत रिपोर्ट तैयार करने के लिए एक उपसमिति का गठन किया, जिसके अध्यक्ष आचार्य जे. बी. कृपलानी जी थे इस समिति में कुल 12 सदस्य थे, दो महिलाएं थी-राजकुमारी अमृत कौर और हंसा मेहता, अन्य सदस्य थे– आचार्य कृपलानी, मीनू मसानी, के.टी. शाह, ए.के. अय्यर, के.एम. मुंशी, सरदार हरनाम सिहं मौलाना आजाद, बी. आर. अम्बेडकर, जैंरामदास दौलतराम और के. एम. पणिक्कर।[5] इस उपसमिति ने अपनी सिफारिशें सरदार पटेल को दी। एक उपसमिति और बनाई गई थी जो जनजातीय क्षेत्रों और जनजातियों से जुड़े अधिकारों पर काम कर रही थी।[2] सभी उपसमितियों की सिफारिशों को पटेल ने अपनी रिपोर्ट तैयार करते समय अपनाया और तत्पश्चात जो रिपोर्ट सामनें आयी, उसे पटेल ने संविधान सभा में प्रस्तुत किया, जिसे कुछ संशोधनों के बाद मौलिक अधिकार के रूप में संविधान में शामिल कर लिया गया।[7] जिस समय भारत की संविधान निर्मात्री सभा मौलिक अधिकारों सहित संविधान के अन्य उपबंधों पर विचार विमर्श कर रही थी, उस समय का अन्तर्राष्ट्रीय वातावरण की स्वतंत्रता एवं अधिकारों पर बल देते हुए शांतिपूर्ण ढ़ंग

से प्रगति का प्रयास करने वाले पक्ष में था। 1945 ई. में संयुक्त राष्ट्र संघ की स्थापना हो चुकी थी और भारत इससे संस्थापक सदस्य देशों में से एक था। सयुंक्त राष्ट्र संघ राष्ट्रों के लिए जिस स्वतंत्रता, समानता एवं अधिकार की माँग कर रहा था उससे वह उन राष्ट्रों में रहने वाले नागरिकों को कैसे वंचित कर सकता था, अत: नागरिकों के व्यक्तिगत ने विकास के लिए की इन सबको आवश्यक मान किया गया तथा इनकी प्राप्ति सुनिश्चित कराना 'राज्य' का अस्तित्व घोषित कर दिया गया। संयुक्त राष्ट्र संघ के सभी सदस्य राष्ट्र नैतिक रूप से इसमें बँध गए 10 दिसंबर, 1948 को संयुक्त राष्ट्रमंच विश्व के सभी देशों में रहने वाले व्यक्तियों को मानवाधिकार सुनिश्चित कराने हेतु मानवाधिकारों का अन्तर्राष्ट्रीय घोषणापत्र जारी किया जिसका प्रभाव संविधान निमोत्री सभा पर अवश्य पड़ा क्योंकि इनका उल्लेख संविधान निमोत्री सभा के सदस्य अपने-अपने वक्तव्य में प्राय: करने रहते थे।

मौलिक अधिकारों पर जब संविधान निर्मात्री सभा में चर्चा हो रही थी तो उस समय देश का आतंरिक वातावरण भी काफी धुंधला और अस्त-व्यस्त था। वैमनस्यता 'खूनी जंग' का रूप धारण कर चुकी थी। देश के सभी बड़े शहरों में या तो कफ्र्यू लगा था या क्फ्र्यू जैसी परिस्थितियां थी नई सदस्य कर्फ्यू के कारण संविधान सभा की बैठक में उपस्थित होने में असमर्थ थे। सभी लोग डरे-भटकें हुए को यह एक ऐसी स्थिति थी, जिसके बारे में संविधान निर्माताओं ने कभी सोचा भी न था। लोगों को संविधान निर्मात्री सभी 'अधिकार' प्रदान करने पर चर्चा कर रही थी और लोग एक-दूसरे के अधिकारों को भंग करने पर डटे हुए थे। ग्रैनबिल ऑस्टिन ने किया है कि "मौलिक अधिकार इस समय बनाए गए जब देश में लोग एक-दूसरे का नरसंहार कर रहे थे अर्थात् दूसरे के मौलिक अधिकारों का नष्ट करने की मौलिक गलती कर रहे थे।" इन सभी प्रत्याभूति सुनिश्चित कराने वाली कोई संस्था अवश्य होनी चाहिए। जिसमें कि लोगों को दूसरे व्यक्तियों के द्वारा लिए जाने वाले अन्याय तथा राज्य द्वारा किए जाने वाले अन्याय से बचाया जा सके।

मौलिक अधिकारों की प्रत्याभूति देने के पीछे केवल अल्पसंख्यकों को भयमुक्त करना ही नहीं था, वरन् यह कारण भी था कि, देश बहुत विशाल था और अनेक राज्यों में विभाजित था। प्रत्येक छोटे-छोटे राज्यों में रहने वाले लोग अपने क्षेत्रीय राज्य से अत्यधिक प्रेम करते थे, इन क्षेत्रीय निष्ठाओं को एक व्यापक राष्ट्र के प्रति निष्ठा में बदलना था, इसलिए देश के सभी नागरिकों को

ऐसे अधिकार प्रदान किए गए जिनका उपयोग वह पूरे देश में कर सकता है और यदि कोई इकाई-राज्य उस पर प्रतिबंध लगाता है तो पीड़ित व्यक्ति न्यायालय द्वारा इन अधिकारों को लागू करा सकता है। संविधान निर्मात्री सभा के सदस्यों का विश्वास था कि, ऐसे मौलिक अधिकार, जिन्हें न्यायालय द्वारा लागू कराया जा सकता है, देश में उपस्थित पृथकतावादी शक्तियों को रोक देंगे।

संविधान निर्माताओं ने मौलिक अधिकारों को संविधान में ही लिपिबद्ध कर दिया है, क्योंकि उन्हें इस बारे में पूर्ण विश्वास था कि औसत मानव स्वभाव सही और तर्कसंगत मार्ग नहीं अपनाएगा, वह भी तब, जब वह सत्ता के मद में चूर हो। जैसा कि लार्ड ऐक्टन ने कहा है कि, "सत्ता भ्रष्ट करती है और पूर्ण सत्ता पूर्णत: भ्रष्ट कर देती है।" सत्ता को उसकी सीमाओं में बाँधनें के लिए तथा व्यक्ति की गरिमा को स्थापित रखने हेतु मौलिक अधिकार महत्वपूर्ण हैं। वस्तुत: भारत में स्वतंत्रता आंदोलन का लक्ष्य केवल राजनीतिक क्षमता से मुक्ति मात्र ही नहीं था, उसका एक व्यापक एवं समग्र लक्ष्य था-सामाजिक; आर्थिक एवं राजनीतिक संरचना में परिवर्तन मौलिक अधिकार इसी को ध्वनि प्रदान करते हैं। संविधान में मौलिक अधिकारों को इसी आश एवं विश्वास के साथ शामिल किया गया था कि एक दिन भारत में 'वास्तविक स्वतंत्रता' का वृक्ष पल्लवित-पुष्पित होगा। मौलिक अधिकार भारत के अतीत, वर्तमान एवं भविष्य को एक-दूसरे से गूँथ देते हैं और सामाजिक क्रांति जो कि सामाजिक परिवर्तन की सूत्रधार बनेगी– को शक्ति प्रदान करते हैं।

मौलिक अधिकारों का वर्गीकरण

भारतीय संविधान में वर्णित मूल अधिकारों का यदि वर्गीकरण किया जाए तो उसे निम्नलिखित 6 वर्गों में बाँटा जा सकता है–

1. समानता का अधिकार (अनु. 14 से 18 तक)
2. स्वतन्त्रता का अधिकार (अनु. 19 से 22 तक)
3. शोषण के विरुद्ध अधिकार (अनु. 23-24 तक)
4. धार्मिक स्वतंत्रता का अधिकार (अनु. 25 से 28)
5. संस्कृति एवं शिक्षा का अधिकार (अनु. 29 से 30), और
6. संवैधानिक उपचारों का अधिकार (अनु. 32)

भारत के संविधान में मौलिक अधिकारों का वर्णन संविधान के भाग 3 में

अनु. 12–35 तक किया गया है। अनु. 12 में यह कहा गया है कि, मौलिक अधिकारों के अंतर्गत जब कभी 'राज्य' शब्द आएगा, तो उसका क्या अर्थ लिया जाएगा। 'राज्य' से आशय है–

(A) भारत की सरकार और संसद

(B) प्रत्येक इकाई राज्य की सरकार और विधानमंडल[7]

(C) भारत के राज्यक्षेत्र के भीतर या भारत सरकार के नियंत्रण के अधीन सभी स्थानीय प्राधिकारी, और

(D) अन्य प्राधिकारी।

अनु. 12 के परिप्रेक्ष्य में, 'प्राधिकारी' शब्द का अर्थ है, जिन्हें कोई भी कानून, आदेश, अधिसूचना आदि को बनाने या जारी करने तथा उसका पालन सुनिश्चित कराने की शक्ति है यह शक्तियाँ किसी भी व्यक्ति को 'राज्य' की ओर से ही प्रदान की जाती है अत: वह भी 'राज्य' की परिभाषा के अन्तर्गत आएगा। 'स्थानीय प्राधिकारी' का आशय ग्राम पंचायत, ब्लाक पंचायत, जिला पंचायत, टाउन एरिया, नगर पालिका, नगर महापालिका, केन्टोनमेन्ट बोर्ड नोटीफाइड एरिया कमेटी आदि है। इसमें स्थानीय स्वायत्त शासन से जुड़ी सभी संस्थाएँ आती हैं।

'अन्य प्राधिकारी' के अन्तर्गत वे सभी संस्थाएँ या संगठन आते हैं जो संविधान या किसी संसदीय अधिनियम के परिणामस्वरूप स्थापित किए जाते हैं और जिन्हें विधि बनाने या वैसा ही कोई आदेश जारी करने की शक्ति है; जैसे सार्वजनिक रूप से क्षेत्र में काम कर रही इकाइयाँ (N.T.P.C., B.H.E.L. आदि), विश्वविद्यालय, एयरपोर्ट प्रशासन, विद्युत बोर्ड, जलकल बोर्ड, बन्दरगाह प्रशासन, रेलवे, आदि।

इस बात के निर्धारण हेतु कि क्या कोई निकाय 'राज्य' का अभिकर्ता अथवा अभिकरण है, उच्चतम न्यायालय ने निम्नलिखित कसौटियाँ विहित की हैं :

(1) क्या निकाय की सम्पूर्ण पूँजी राज्य द्वारा प्रदत्त है?

(2) क्या निकाय के सम्पूर्ण प्रशासन पर राज्य का नियंत्रण है?

(3) क्या निकाय के कार्य की प्रकृति सार्वजनिक महत्व की है?

(4) क्या निकाय को जो कार्य राज्य द्वारा प्रदत्त है, उसमें उसका एकाधिकार है?

सामान्यत: राज्य के तीन अंग माने जाते हैं–व्यवस्थापिका, कार्यपालिका और न्यायपालिका। प्रथम दोनों को तो राज्य का अंग मानने से किसी को आपत्ति नहीं हैं लेकिन न्यायपालिका को 'राज्य' की परिभाषा के अंतर्गत माना जाय या नहीं, इस पर भिन्न-भिन्न मत हैं। अमेरिका में यह सिद्धान्त संवैधानिक रूप से स्थापित है कि, यदि न्यायालयों के किसी आदेश के फलस्वरूप किसी व्यक्ति के मूल अधिकारों का उल्लंघन होता है तो वह आदेश अवैध घोषित किया जा सकता है[8], अर्थात् अमेरिका में न्यायपालिका 'राज्य' की परिभाषा के अन्तर्गत है किन्तु भारतीय संविधान इस बात पर मौन है कि, न्यायपालिका 'राज्य' की परिभाषा के अंतर्गत आती है अथवा नहीं, कुछ संविधान विशेषज्ञों ने इसे राज्य के अन्तर्गत माना है। प्रख्यात कानूनविद् सिरवई का मत है कि, न्यायपालिका 'राज्य' शब्द की परिभाषा के अन्तर्गत आती है। एक न्यायाधीश, न्यायाधीश के रूप में संविध ान द्वारा प्रदत्त शक्तियों की परिधि में ही काम कर सकता है। सरकार के अन्य अंगों की भाँति न्यायालय की शक्ति भी संविधान के आदेशात्मक उपबंधों द्वारा सीमित है। न्यायालय भी 'राज्य' के ही समान नागरिकों के मौलिक अधिकारों का उल्लंघन नहीं कर सकते। उच्चतम न्यायालय की एक संविधान पीठ[8] नें भी यह अभिनिर्धारित किया है कि, न्यायालय ऐसा कोई आदेश या निर्देश नहीं दे सकते जो नागरिकों के मूल अधिकारों का उल्लंघन करते हैं। इसका तात्पर्य यह है कि, भारत में भी अमेरिका की ही भाँति 'राज्य' शब्द में न्यायपालिका शामिल की जा सकती है।

मूल अधिकारों को कम करने वाली, या उन्हें छीनने वाली या उन्हें समाप्त करने वाली विधियाँ (अनु. 13)–

भारतीय संविधान के अनु. 13(1) के अनुसार, इस संविधान के प्रारंभ होने के ठीक पूर्व भारतीय राज्यक्षेत्र में प्रचलित वे सभी कानून उस सीमा तक अवैध माने जाएंगे जिस सीमा तक वे मौलिक अधिकारों के प्रतिकूल होगें या असंगत होंगे। यह बात परतंत्रता के समय बनाए गए कानूनों के सम्बन्ध में है, किन्तु अनु. 13(2) स्वतंत्र भारत की सरकार से भी यह अपेक्षा करता है कि, राज्य कोई ऐसी विधि नहीं बनाएगा जो इस भाग के अधिकारों को छीनती है या न्यून/कम करती है और यदि कोई ऐसी विधि बनती है तो वह उस मात्रा तक शून्य या अवैध होगी, जिस सीमा तक उसका मौलिक अधिकारों से विरोध हो। अनु. 13(1) तथा 13(2) में जहाँ कहीं भी 'विधि' या 'कानून' शब्द आया है

उसके अर्थ की व्याख्या अनु. 13(3) में की गई है – भारतीय राज्यक्षेत्र में कोई भी ऐसा अध्यादेश, आदेश, उपविधि, नियम, विनियम, अधिसूचना रूढ़ि या प्रथा, जिसे कानून के ही समान शक्ति प्राप्त है, 'कानून' या 'विधि' के अन्तर्गत आएगा। अनु. 13(4) में कहा गया है कि, इस अनुच्छेद की कोई बात अनु. 368 के अधीन किए गए इस संविधान के किसी भी संशोधन को लागू नहीं होगी। इसका तात्पर्य यह है कि, भारत के संविधान में संशोधन करके हम किसी भी मूल अधिकार को परिवर्तित कर सकते हैं, किन्तु सामान्य कानून निर्माण की प्रक्रिया से मौलिक अधिकारों में कोई परिवर्तन नहीं किया जा सकता।

अनु. 13 में यह तो कहा गया है कि, मूल अधिकारों से असंगत कोई भी कानून (संविधान संशोधन को छोड़कर) अवैध होगा, लेकिन वह यह नहीं बताता कि कौन उसे अवैध घोषित करेगा? इस प्रश्न का उत्तर हमें अनु. 32 देता है कि यदि नागरिकों और उन व्यक्तियों को जो भारत के नागरिक नहीं हैं, किन्तु उन्हें भी कुछ मूलाधिकार प्राप्त हैं, के मूल अधिकारों का उल्लघंन होता है तो वे सर्वोच्च न्यायालय में आवेदन देकर समुचित उपचार प्राप्त कर सकते हैं। 'समुचित उपचार प्राप्त करना' अपने आप में ही एक मूलाधिकार है जो नागरिकों और अनागरिकों दोनों को ही प्राप्त है।

(1) समानता का अधिकार (अनु. 14-18)

समानता के अधिकार का वर्णन अनु. 14-18 तक किया गया है। इसमें निम्नलिखित समानताएँ आती हैं–

विधि के समक्ष समता (अनु. 14) :

अनु. 14 के अनुसार, राज्य भारत के राज्यक्षेत्र में किसी व्यक्ति[9] को विधि के समक्ष समता से या विधियों के समान संरक्षण से वंचित नहीं करेगा।

'विधि के समक्ष समानता' का तात्पर्य है कि, कानून के सामनें सभी व्यक्ति समान हैं। यह संकल्पना हमनें ब्रिटेन के संविधान से ली है। इसके अधिकृत व्याख्याता डायसी ने अपनी पुस्तक 'लॉ ऑफ दि कॉन्स्सीट्यूशन' में लिखा है कि, हमारे देश में सफाई कर्मचारी से लेकर प्रधानमंत्री तक सभी कानून के सामने समान हैं अर्थात् प्रधानमंत्री और एक मामूली आदमी दोनों ने यदि एक ही परिस्थिति में एक समान अपराध किया है तो दोनों को दंड समान मिलेगा। उनके पद को लेकर कोई रियायत नहीं बरती जाएगी। किसी भी व्यक्ति को कोई

विशेषाधिकार नहीं है और कोई भी कानून से ऊपर नहीं है[11] यही कानून के समक्ष समानता का सिद्धान्त है।

'विधि का समान संरक्षण' शब्दावली हमनें अमेरिका के संविधान से ग्रहण की है, जिसका तात्पर्य यह है कि, समान परिस्थितियों में प्रत्येक व्यक्ति के साथ समान व्यवहार किया जाएगा। कानून के प्रावधानों की व्याख्या तथा कानून के उल्लंघन पर दंड, सभी के लिए एक समान होंगे, अर्थात् कानून किसी भी पक्ष का समर्थन नहीं करेगा, वह निरपेक्ष रहेगा और न ही कानून किसी व्यक्ति को लाभकर स्थिति में रखेगा, जब तक कि ऐसा करने का पर्याप्त औचित्य न हो। इसका यह अर्थ नहीं है कि प्रत्येक व्यक्ति पर समान रूप से कर लगाया जाएगा, अपितु यह अर्थ है कि, समान व्यक्तियों पर समान मानक से कर लगाया जाएगा। यदि भेदभाव करने के लिए पर्याप्त एवं उचित आधार है तो संसद को यह अधिकार है कि, वह भेदभावपूर्ण व्यवहार करे, जैसे (1) समाज के कुछ वर्गों की सम्पत्ति को कर मुक्त घोषित कर दिया जाए, जैसे पुस्तकालय, सार्वजनिक सेवा कर रहा चिकित्सालय, स्वयंसेवी संस्थाएँ आदि (2) विभिन्न व्यवसाय करने वाले व्यक्तियों पर भिन्न–भिन्न अनुपात में कर लगाया जा सकता है (3) व्यापक जनकल्याण हेतु लेकिन समान मापदंड बनाकर भूमिहीन श्रमिकों के लिए कोई विशेष व्यवस्था की जा सकती है।

अनु. 14 में प्रदत्त समता का अधिकार मनमानेपन के विरुद्ध संरक्षण प्रदान करता है। स्वेच्छाचारिता सदैव समता का उल्लंघन करती है। ऐसा प्रत्येक कार्य जो विषेकर हित, अनुचित एवं कानून के विरुद्ध हों, वे अनु. 14 के भी विरुद्ध होंगे। प्राकृतिक न्याय अनु. 14 का आवश्यक अंग है।

धर्म, मूलवंश, जाति, लिंग या जन्मस्थान के आधार पर विभेद का प्रतिषेध (अनु. 15)

अनु. 15 धर्म, मूलवंश, जाति, लिंग या जन्मस्थान के आधार पर किए जाने वाले भेदभाव पर प्रतिबंध लगाता है।[12] इस प्रकार का कोई भी भेदभाव ने केवल 'राज्य' के लिए प्रतिबंधित है (अनु. 15(1)), वरन् ऐसा विभेद करना किसी नागरिक के लिए भी प्रतिबंधित है (अनु. 15(2))। किसी भी सार्वजनिक स्थान पर ऐसा भेदभाव करना दंडनीय होगा। अनु. 15(3) में उपबंधित है कि, इस अनुच्छेद की कोई बात राज्य को स्त्रियों एवं बालकों के पक्ष में किसी विशेष

विषय पर कानून बनाने से नहीं रोकेगी। समाज के निचले पायदान पर खड़े व्यक्तियों को मुख्यधारा में लाने के लिए सरकार विशेष उपबंध कर सकती है, अनु. 15 (4) के अनुसार, इस अनुच्छेद की या अनु. 29 के खण्ड (2) की कोई बात राज्य को सामाजिक व शैक्षिक दृष्टि से पिछड़े हुए नागरिकों के किन्हीं वर्गों की प्रगति के लिए या अनुसूचित जातियों और अनुसूचित जनजातियों के लिए कोई विशेष उपबन्ध करने से मना नहीं करेगी। अनु. 15(4) को प्रथम संविधान संशोधन के द्वारा जोड़ा गया। सरकार द्वारा दी जाने वाली और अब निजी क्षेत्र में दी जा रही नौकरियों में आरक्षण का आधार यही अनुच्छेद है (अनु. 15(4)। आरक्षण का संवैधानिक प्रावधान इसलिए है कि, समाज में जो कमजोर वर्ग है, वह भी विकास की मुख्य धारा में शामिल हो सकें। वस्तुत: किसी भी समाज में (विश्व का कोई भी समाज हो) दो वर्ग होते हैं, पहला विकसित वर्ग तथा दूसरा विकासशील या पिछड़े वर्ग। जो पिछड़े हैं उनके प्रति सरकार का दायित्व है कि उसे सामजिक-आर्थिक रूप से सशक्त बनाएँ। भारत में राज्य का स्वरूप लोककल्याणकारी है तथा हमने संविधान की प्रस्तावना में गणतंत्र का लक्ष्य सामाजिक-आर्थिक न्याय की प्राप्ति घोषित किया है अत: इस लक्ष्य की प्राप्ति हेतु आरक्षण अपरिहार्य है। लेकिन इसके साथ ही यह भी सत्य/तथ्य है कि, आरक्षण लंबे समय तक नहीं रहना चाहिए। सरकार के सामनें एक स्पष्ट लक्ष्य होना चाहिए कि वह एक निश्चित समय सीमा के भीतर समाज के कमजोर वर्गों को आरक्षण देकर सशक्त बनाए, फिर उनके पुत्रों हेतु आरक्षण समाप्त कर दे, क्योंकि आरक्षण स्वयं में साध्य/लक्ष्य नहीं है, बल्कि एक साधन है। आरक्षण एक बीमार समाज का परिचायक है और इस बीमार समाज का शीघ्रातिशीघ्र निदान कर आरक्षण की बैसाखी फेंक देनी चाहिए।

लोक नियोजन के विषय में अवसर की समानता (अनु. 16)

अनु. 15 और 16 एक-दूसरे से जुडे हुए हैं और दोनों एक ही लक्ष्य की प्राप्ति के लिए प्रयासरत हैं। अनु. 15 जहाँ कतिपय आधार पर भेदभाव रोकने हेतु उपबंध करता है, इसकी भाषा नकारात्मक है, वहीं अनु. 16 समाज में समानता स्थापित करता है इसकी भाषा सकारात्मक है किन्तु दोनों का लक्ष्य एक ही है-सामाजिक-आर्थिक न्याय की स्थापना करना।

अनु. 16(4) के अनुसार, राज्य के अधीन किसी पद पर नियोजन या नियुक्ति से सम्बन्धित विषयों में सभी नागरिकों के लिए अवसर की समानता होगी।

अनु. 16(2) के अनुसार, राज्य के अधीन किसी नियोजन या पद के सम्बन्ध में केवल धर्म, मूलवंश, जाति, लिंग, उदभव, जन्मस्थान, निवास या इनमें से किसी के आधार पर न तो कोई नागरिक अपात्र होगा और न ही उसके साथ कोई भेदभाव किया जाएगा।

परंतु राज्यों की आवश्यकताओं को देखते हुए संसद उस राज्य में निवास स्थान की अर्हता से सम्बन्धित विधेयक पारित करके निवास स्थान को आवश्यक योग्यता बना सकती है (अनु. 16(3))।

अनु. 16(4) में वर्णित है कि, इस अनुच्छेद की कोई बात राज्य को पिछड़े हुए नागरिकों के किसी वर्ग के पक्ष में, जिनका प्रतिनिधित्व, राज्य की दृष्टि में, राज्य के अधीन सेवाओं में पर्याप्त नहीं है, नियुक्तियों या पदों के आरक्षण का उपबन्ध करनें से निवारित नहीं करेगी।

अनु. 16(5) के अनुसार, किसी धार्मिक या साम्प्रदायिक संस्था के कार्य से सम्बन्धित कोई पद उस विशिष्ट धर्म या सम्प्रदाय के व्यक्ति के लिए आरक्षित किया जा सकता है, जिससे वह संस्था सम्बद्ध है।

अनु. 15(4) तथा 16(4) दोनों ही आरक्षण का प्रावधान करते हैं। निश्चित रूप से आरक्षण एक ऐसी प्रक्रिया है जिसके द्वारा समाज की परंपरागत संरचना का आमूलचूल परिवर्तन कर उसे एक नए, विकसित एवं परिपक्व समाज में बदला जा सकता है, किन्तु इस संदर्भ में संविधान का अनु. 335 भी ध्यातव्य रहे, जिसमें कहा गया है कि, संघ या राज्य के क्रियाकलापों से सम्बंधित सेवाओं एवं पदों के लिए नियुक्तियाँ करने में अनुसूचित जातियों और जनजातियों के सदस्यों के दावों का, प्रशासन की दक्षता बनाए रखने के परिप्रेक्ष्य में ध्यान रखा जाएगा। उच्चतम न्यायालय ने अनेक निर्णयों में[13] यह विचार व्यक्त किया है कि, अनु. 15(4) तथा 16(4) का क्रियान्वयन कर आरक्षण करते समय अनु. 335 का भी अनुपालन सुनिश्चित बनाए रखना होगा। आरक्षण करते समय इस बात पर ध्यान दिया जाना चाहिए कि अनुचित, अत्यधिक, या राजनीतिक स्वार्थवश आरक्षण का दायरा व्यापक ने बनाया जाय, क्योंकि यदि ऐसा हुआ तो इससे सामान्यवर्ग का हित आहत होगा।

अस्पृश्यता का अंत (अनु. 17)

अनु. 17 भारतीय समाज की एक पुरानी और बीमार मानसिकता से

उपजी छुआछूत (अश्पृश्यता) की परम्परा का निषेध करता है। इससे जुड़ा हुआ कोई भी व्यक्ति को किसी जाति या वर्ग विशेष में जन्म लेने के कारण हेय दृष्टि से देखना उस व्यक्ति को कोई रोग हो जिसका फैलाव शारीरिक स्पर्श के कारण हो सकता है। तो उस व्यक्ति को अन्य व्यक्तियों से पृथक रखना सामाजिक छुआछूत के अंतर्गत नहीं आएगा, क्योंकि ऐसा करने के पीछे मानसिक प्रतिबद्धता या घृणा न होकर, उस रोगी व समाज दोनों के हित के लिए उठाया गया कदम होगा)। वस्तुत: किसी व्यक्ति को उसकी जाति के कारण अछूत मानना गलत है– यही अस्पृश्यता का अर्थ है यद्यपि संविधान में इसकी व्याख्या नहीं की गई है। संसद को यह अधिकार है कि, वह अस्पृश्यता से सम्बन्धित सामाजिक बुराई का अंत करने के लिए कानून बनाए, ऐसा करने का अधिकार उसे अनु 35 से भी प्राप्त होता है जिसमें कहा गया है कि, संसद मौलिक अधिकारों के क्रियान्वयन के लिए कानून बना सकती है। इस शक्ति का प्रयोग करते हुए संसद ने अस्पृश्यता (अपराध) अधिनियम, 1955 बनाया था, जिसके अनुसार, अस्पृश्यता के अपराध के लिए अधिकतम 500 रुपये का दंड या 6 माह के कारावास की सजा या दोनों दंड के प्रावधान को और भी कठोर कर दिया गया। दंड के नए प्रावधानों के अंतर्गत यदि कोई व्यक्ति एक बार अस्पृश्यता का व्यवहार करता है तो उसे दंड दिया जाना चाहिए, किन्तु यदि वह बार-बार या जानबूझकर ऐसा आचरण कर रहा है तो उसे राजनीतिक मतदान प्रक्रिया से ही बाहर किया जा सकता है और कठोर दंड (कारावास और आर्थिक दंड दोनों) भी दिया जा सकता है। राजनीतिक मतदान प्रक्रिया से बाहर रखनें का तात्पर्य यह है कि, वह न तो मतदान में भाग लेगा और न ही कभी प्रत्याशी बन सकेगा।

उपाधियों का अंत (अनु. 18)–

अनु. 18(1) के अनुसार, राज्य, सेवा या विद्या सम्बन्धी सम्मान के सिवाय और कोई उपाधि प्रदान नहीं करेगा।[13] अनु. 18(2) के अनुसार, भारत का कोई भी नागरिक, किसी विदेशी राज्य से कोई उपाधि स्वीकार नहीं करेगा।

कोई भी व्यक्ति, चाहे वह भारत का नागरिक हो या कोई विदेशी, यदि राज्य के अधीन काम या विश्वास का पद धारण किए हुए है, तो वह किसी विदेशी राज्य से कोई उपाधि, भेंट, उपलब्धि या पद, राष्ट्रपति की सहमति के बिना स्वीकार नहीं करेगा (अनु. 18(3) और (4))।

1954 ई. में भारत सरकार द्वारा चार प्रकार के सम्मान (भारत रत्न, पदम विभूषण, पद्म भूषण तथा पदमश्री[14]) प्रारंभ किए गए। इनका उद्देश्य विशिष्ट प्रतिभाओं को सम्मानित करना था, किंतु कुछ लोगों ने इन्हें समाज में भेदभाव फैलाने वाला माना और कहा कि जिस प्रकार ब्रिटिश सरकार अर्ल, नाइट, सर आदि की उपाधियां देकर लोगों को उपकृत करती थी तथा उनका समाज में एक विशेष दर्जा मानती थी, भारत सरकार भी ऐसा ही कर रही है। चूँकि नेहरू सरकार ने इसे शुरू किया था, तो देश में जब तक कांग्रेस की सरकार थी, तब तक इस प्रकार के आरोपों को अनसुना कर दिया जाता रहा, किन्तु जब देश में जनता पार्टी की सरकार 1977 ई. में आयी तो उसने उपरोक्त आधार पर इन पुरस्कारों को देने की प्रथा समाप्त कर दी, किन्तु जब 1980 श्रीमती इंदिरा गाँधी जी पुनः सत्ता में आई तो यह पुरस्कार देने की प्रथा पुनः शुरू कर दी गई।

1787 ई. में अमेरिका में संविधान बनने के बाद ब्रिटिश सम्राट द्वारा अमेरिकियों को दी जाने वाली उपाधियाँ इस आधार पर बन्द कर दी गयी कि ये सामाजिक समानता के स्थान पर एक प्रकार की 'राज्य प्रायोजित कुलीनता' का निर्माण करती है जो लोकतंत्र के विरुद्ध हैं फ्रांस आयरलैण्ड, बर्मा तथा भारत ने इन्हीं कारणों से राज्य द्वारा उपाधियों के वितरण पर प्रतिबंध लगा दिया।

सर्वोच्च न्यायालय का विचार है कि, इन अंलकरणों की गरिमा से खिलवाड़ न किया जाए तथा ये केवल उन्हें ही दिए जाए, जो इसके योग्य हों। राजनीतिक लाभ एंव लोभ के लिए इनका वितरण असंवैधानिक है। न्यायालय ने सुझाव दिया है कि, प्रधानमंत्री, राष्ट्रपति की सलाह से राष्ट्रीय स्तर पर एक समिति की स्थापना करें जिसमें लोकसभा का अध्यक्ष, भारत का मुख्य न्यायाधीश तथा विपक्ष का नेता हो, इसी प्रकार राज्य स्तर पर भी समिति बनाई जाए। राज्य स्तरीय समितियाँ उन व्यक्तियों का नाम सुझाए जिन्हें वह पुरस्कार के योग्य मानती है, फिर राष्ट्रीय स्तर की समिति इन नामों का निरीक्षण कर, उनमें से यथोचित व्यक्तियों का अनुमोदन करे। फिर राष्ट्रीय समिति द्वारा चुने गए नामों पर प्रधानमंत्री एवं राष्ट्रपति की सहमति ली जाय, और पुरस्कारों के प्राप्तकर्ता का निर्णय हो। इससे पारदर्शिता बढ़ेगी और कोई संदेह नहीं फैलेगा। इस प्रकार पुरस्कारों का अवमूल्यन रोकनें में मदद मिलेगी।

(2) स्वतंत्रता का अधिकार (अनु. 19-22)

भारतीय संविधान में स्वतंत्रता विषयक अधिकारों का वर्णन अनु. 19 से 22 तक किया गया है। जो इस प्रकार है–

वाक् अभिव्यक्ति आदि विषयक कुछ अधिकारों का संरक्षण (अनु. 19)

भारतीय संविधान की प्रस्तावना में ही विचार अभिव्यक्ति, विश्वास, धर्म और उपासना की स्वतन्त्रता सुनिश्चित करना संविधान का लक्ष्य घोषित किया गया है। इसी के संविधान लागू होने के समय इन स्वतंत्रताओं की संख्या 7 थी, किन्तु जनता पार्टी की सरकार ने 1978 ई. में 44वें संविधान संशोधन द्वारा 'सम्पत्ति को अर्जित करनें, उसे रखनें तथा व्यय करने की स्वतंत्रता' को समाप्त कर दिया। अब भारतीय नागरिकों को केवल 6 प्रकार की ही स्वतंत्रता प्राप्त है, जो इस प्रकार है-

(क) वाक् अभिव्यक्ति और विचार अभिव्यक्ति की स्वतंत्रता,

(ख) शांतिपूर्वक और निरायुद्ध सम्मेलन की स्वतंत्रता,

(ग) संगम या संघ बनाने की स्वतंत्रता,

(घ) भारत के राज्यक्षेत्र में सर्वत्र अबाध संचरण की स्वतंत्रता,

(ङ) भारत के राज्यक्षेत्र के किसी भाग में निवास करने या बस जाने की स्वतंत्रता, और

(च) कोई भी वृत्ति, उपजीविका, व्यापार या कारोबार करने की स्वतंत्रता।

(क) वाक अभिव्यक्ति और विचार अभिव्यक्ति की स्वतंत्रता का अधिकार

लोकतंत्र का अस्तित्व, सार्थकता एवं भविष्य नागरिकों की सक्रिय सहभागिता पर निर्भर होता है। यह सहभागिता तभी संभव है जब नागरिकों को अपनी बात कहने या विचारों को प्रकट करनें का अधिकार हो, बिना नागरिकों के विचारों तथा आकांक्षाओं को जाने, राज्य द्वारा नीतियाँ बनाने की कल्पना तो केवल स्वेच्छाचारी तंत्र में ही संभव है, लोकतंत्र में नहीं। इन्हीं कारणों से भारतीय संविधान भी नागरिकों को यह अधिकार देता है कि वे अपने विचारों को प्रकट करें, इसके लिए वे रेडियो, समाचार-पत्र या टेलीविजन का सहारा ले सकते हैं। इस स्वतंत्रता के अंतर्गत ही प्रेस की स्वतंत्रता सम्मिलित है, **क्योंकि प्रेस/मीडिया विचारों को प्रेषित करने को सशक्तम माध्यम है। प्रजातंत्र में इसे चौथा स्तंभ कहा जाता है अन्य तीन स्तंभ व्यवस्थापिका, कार्यपालिका तथा न्यायपालिका माने जाते हैं।**

भारतीय संविधान, अनु. 19(1) क पर कतिपय सीमाएँ भी आरोपित करता हैं; जिनका वर्णन अनु. 19 (2) में है, वे इस प्रकार हैं–

(a) भारत की प्रभुता और अखण्डता,

(b) राज्य की सुरक्षा,

(c) विदेशी राज्यों के साथ मैत्रीपूर्ण सम्बन्ध,

(d) लोक व्यवस्था,

(e) शिष्टाचार या सदाचार,

(f) न्यायालय अवमान,

(g) मानहानि,

(h) अपराध उद्दीपन,

यदि किसी नागरिक द्वारा अपने विचारों को प्रकट करने से उपरोक्त सीमाओं का उल्लंघन होता है तो उस व्यक्ति के बोलने या विचारों को प्रकट करनें की स्वतंत्रता पर प्रतिबंध लगाया जा सकता है।

(ख) शांतिपूर्वक और निरायुद्ध (बिना हथियारों के) सम्मेलन की स्वतंत्रता का अधिकार

अनु. 19(4) ख के द्वारा भारतीय नागरिकों को बिना हथियारों के, शांतिपूर्ण ढंग से सम्मेलन या सभा करने की स्वतंत्रता प्राप्त है। विचार अभिव्यक्ति की स्वतंत्रता तब तक सार्थक नहीं होगी, जब तक कि उसे किसी सभा या समूह के समक्ष प्रकट न किया जाए। कोई भी नागरिक यह अधिकार रखता है कि, वह एक सभा या सम्मेलन बुलाकर समान विचार रखने वालों को एक मंच पर एकत्रित करे और अपने पक्ष में जनमत तैयार करे, इस प्रकार की स्वतंत्रता राजनीतिक अधिकारों की पूरक है। इस स्वतंत्रता पर जो सीमाएँ हैं; उसका वर्णन अनु. 19(3) में इस प्रकार है–

(a) भारत की प्रभुता और अखण्डता, तथा

(b) लोक व्यवस्था

यदि कोई व्यक्ति सम्मेलन आहूत कर भारत को खण्डित करने या उसकी सम्प्रभुता को चुनौती देने सम्बन्धी कोई कार्य करता है या उसके सम्मेलन से सार्वजनिक व्यवस्था के भंग होने का खतरा है, तो सरकार उस सम्मेलन को रोक सकती है, भले ही वह सम्मेलन शांतिपूर्ण व निरायुद्ध (बिना हथियारों के) ही क्यों न हो।

(ग) संगम या संघ बनाने की स्वतंत्रता का अधिकार

अनु. 19(1) ग के द्वारा संविधान भारत के सभी नागरिकों को यह अधिकार देता है कि, वे एकजुट होकर अपने हितों की रक्षा के लिए कोई भी संघ या संस्था बना सकते हैं। यह अत्यंत महत्वपूर्ण अधिकार है क्योंकि इसके बिना कोई भी राजनीतिक दल, मजदूर संघ, औद्योगिक संघ और अन्य कोई भी संगठन नहीं बनाया जा सकता। इस स्वतंत्रता पर जो सीमाएँ हैं उसका वर्णन अनु. 19(4) में इस प्रकार है:

(a) भारत की प्रभुता और अखण्डता

(b) लोक व्यवस्था, और

(c) सदाचार

कोई भी नागरिक संगठन बनाकर भारत की सम्प्रभुता को न तो चुनौती दे सकता है और न ही उसके विभाजन की माँग कर सकता है। संस्था या संगठन बनाकर अनैतिक बातों का प्रचार करना या कानून-व्यवस्था को ही ध्वस्त करने जैसी कोई बात इस अधिकार पर राज्य को रोक लगाने की शक्ति देती है।

(घ) एवं (ङ) भारत राज्य क्षेत्र में अबाध भ्रमण करने निवास करने और बस जाने की स्वतंत्रता

भारत भूमि पर प्रत्येक नागरिक का अधिकार है अत: उसे सम्पूर्ण भारतभूमि पर बिना किसी रोकटोक के निर्बाध रूप से घूमने की स्वतंत्रता एवं निवास बनाकर कहीं भी रहने और बस जाने की स्वतंत्रता मिली हुई है। इस प्रकार की स्वतंत्रता देने के पीछे कारण यह है कि, प्रत्येक नागरिक को यह लगे कि यह सम्पूर्ण भारत भूमि उसकी अपनी है। लेकिन नागरिकों के इस प्रकार घूमने-फिरने एवं निवास करने की स्वतंत्रता के अधिकार पर कतिपय प्रतिबंध भी हैं जो अनु. 19(5) में इस प्रकार वर्णित हैं :

(a) सामान्य जनता के हित में इस पर रोक लगायी जा सकती है और

(b) अनुसूचित जनजातियों के हितों को देखते हुए प्रतिबंध लगाया जा सकता है।

अनेक बार देखा गया है कि, कोई उग्र विचारों वाला नेता या व्यक्ति किसी क्षेत्र-विशेष में जाना चाहता है किन्तु राज्य को ऐसा प्रतीत होता है कि उसके वहाँ जाने से जनता उद्वेलित हो सकती है तो उसे जाने से रोका जाता है, यह उपरोक्त भ्रमण की स्वतंत्रता के अधिकार का उल्लंघन नहीं है। अनुसूचित

जनजातियों की अपनी पृथक संस्कृति एवं सभ्यता को देखते हुए यह उचित प्रतीत होता है कि, सामान्य जन-प्रवाह से उसकी रक्षा की जाय। लेखक के विचार से प्रतिबंध का एक और उचित कारण हो सकता है और वह है 'भारत की सुरक्षा'। यदि कोई व्यक्ति यह कहे कि मुझे उन क्षेत्रों में भ्रमण का अधिकार है जो सैन्य कार्रवाई या गतिविधि की दृष्टि से संवेदनशील है, तो ऐसे व्यक्ति की भ्रमण एवं निवास की स्वतंत्रता पर प्रतिबंध लगाने हेतु 'भारत की सुरक्षा' एक मजबूत आधार होगा।

(च) वृत्ति, उपजीविका या कारोबार की स्वतंत्रता का अधिकार

अनु. 19(1) च के अन्तर्गत भारत के प्रत्येक नागरिक को यह अधिकार है कि, वह अपनी रोजी-रोटी जुटाने के लिए कोई भी व्यापार करे, या नौकरी करे, या दुकान करे, या खेती करे। यह नागरिक की योग्यता व क्षमता पर निर्भर है कि, वह क्या करता है, किन्तु इस अधिकार की भी अपनी सीमाएँ हैं जिसका वर्णन अनु. 19(6) के अंतर्गत इस प्रकार है–

(a) जनता के हित में किसी नागरिक की व्यापार या वाणिज्य की स्वतंत्रता पर प्रतिबंध लगाए जा सकते हैं

यदि किसी व्यक्ति के व्यापार करने से जनता का हित व्यापक पैमाने पर प्रभावित हो रहा हो तो राज्य प्रतिबंध लगा सकता है **जैसे व्यापार करने की स्वतंत्रता में अनैतिक व्यापार शामिल नहीं है।** इसके अतिरिक्त राज्य को यह भी अधिकार है कि वह किसी विशेष कार्य हेतु तकनीकी योग्यताओं का निधारण करे। राज्य स्वयं उद्योग या कारोबार को सम्पूर्ण या आंशिक रूप से अपने हाथ में भी ले सकता है।

संविधान द्वारा प्रदत्त स्वतंत्रताओं के संदर्भ में यह ध्यान रखना चाहिए कि ये स्वतंत्रताए आत्यंतिक (निर्बाध) नहीं हैं, अपितु इन पर प्रतिबंध भी संविधान के भीतर ही प्रावधानित हैं। अनेक आलोचकों ने प्रतिबंधो को अलोकतांत्रिक बताया और कहा कि भारतीय नागरिकों को स्वतंत्रता का अधिकार एक हाथ से देकर दूसरे हाथ से ले लिया गया है किन्तु इस प्रकार के तर्क अनुचित हैं। 'नागरिक' कोई अकेली इकाई नहीं हैं, उसे एक 'मानव समाज' मे रहना है, जहाँ अन्य नागरिकों के भी वैसे ही और उतने ही अधिकार होंगे जितना कि इस अकेले नागरिक के। व्यक्ति की स्वतंत्रता और सामाजिक नियंत्रण के बीच संतुलन बना रहे, इसलिए

आवश्यक है कि व्यक्ति की स्वतंत्रता की परिसीमाएं स्पष्ट हों। अनु. 19(2) से 19(6) तक इन सीमाओं की ही चर्चा है जो उचित, तार्किक एवं न्यायसंगत है। इन प्रतिबंधों को लगाने के लिए वे सभी अर्ह हैं जो अनु. 12 के अंतर्गत 'राज्य' की परिभाषा में आते हैं।

अपराधों के लिए दोषसिद्धि के सम्बन्ध में संरक्षण (अनु. 20)

अनु. 20(1) के अनुसार, किसी व्यक्ति को उस समय तक अपराधी नहीं ठहराया जाएगा जब तक कि उसने उस अपराध के समय लागू किसी कानून का उल्लंघन नहीं किया हो। ऐसे व्यक्ति को उस अपराध के लिए वही दंड दिया जाएगा जो उस अपराध के करते समय कानून द्वारा प्रावधानित हो।

अुन. 20(1) केवल दांडिक विधि को अतीत काल (बीत चुकी तिथि) से प्रभावी बनाने का निषेध करता है, नागरिक कानूनों (सिविल लॉ) को अतीत की तिथि (Back date) से लागू किया जा सकता है अर्थात् उन्हें भूतलक्षी प्रभाव दिया जा सकता है जैसे कोई कर पिछले समय से लागू किया जा सकता है किन्तु ऐसा करने का पर्याप्त व समुचित आधार होना चाहिए। किसी भी व्यक्ति को केवल उस समय लागू कानून के उल्लंघन पर ही दंडित किया जा सकता है, ऐसा कोई कार्य जो किसी समय दंडनीय अपराध न रहा हो, किन्तु उस कार्य के लिए बाद में कानून बनाकर उसे दंडनीय अपराध घोषित कर दिया गया हो तो ऐसी दशा में पूर्ववर्ती कार्य के लिए बाद में लागू किया गया दंड क्रियान्वित नहीं होगा। क्योंकि दांडिक विधि को भूतलक्षी प्रभाव नहीं दिया जा सकता। इसी अनुच्छेद में यह भी उपबंधित है कि, किसी व्यक्ति को उससे अधिक दंड नहीं मिलेगा जितना कि उस समय उस अपराध के लिए सुनिश्चित था। जैसे कि, मान लीजिए यदि किसी व्यक्ति ने 01 जनवरी, 2009 को कोई अपराध किया और उस समय उस अपराध के लिए 5 वर्ष के कारावास की सजा प्रावधानित है, किन्तु बाद में 20 मार्च, 2009 को कानून बना कर दंड की मात्रा में वृद्धि करते हुए उसे 10 वर्ष कर दिया गया हो तो वह व्यक्ति, जिसने 01 जनवरी 2009 का अपराध किया है उसे 5 वर्ष से अधिक के कारावास की सजा नहीं दी जा सकती, किन्तु यदि कानून बनाकर उस अपराध के लिए के लिए कारावास की सजा 2 वर्ष कर दी जाय तो अपराधी को इसका लाभ मिल सकता है, क्योंकि संविधान बाद में बढ़ायी गयी सजा का निषेध करता है, कम की गई दंड व्यवस्था का नहीं।

अनु. 20(2) के अनुसार, किसी व्यक्ति को एक ही अपराध के लिए एक से अधिक बार अभियोजित एवं दंडित नहीं किया जाएगा।

यद्यपि किसी व्यक्ति पर एक ही अपराध के लिए दो बार कार्यवाही नहीं की जा सकती, किन्तु व्यक्ति को न्यायालय द्वारा दंड मिलने के बाद वह जिस संस्था में कार्य कर रहा है, उस संस्था द्वारा भी दंडित करना दोहरे दंड के अंतर्गत नहीं आएगा, जैसे किसी बैंक कर्मचारी ने कोई दंडनीय अपराध किया हो तो ऐसी दशा में न्यायालय तो अपराध के लिए दंडित करेगा ही, बैंक भी विभागीय कार्यवाही कर सकता है, वह वैंक से अस्थायी रूप से (सस्पेंड) या स्थायी रूप से (टर्मिनेट) हटाया जा सकता है। इसे दोहरा दंड नहीं माना जाएगा।

अनु. 20(3) के अनुसार, किसी अपराध के लिए, किसी अभियुक्त को, स्वयं अपने विरुद्ध गवाही देने या साक्ष्य प्रस्तुत करने हेतु बाध्य नहीं किया जाएगा।

किन्तु उपरोक्त अभियुक्त को सही जानकारी देने या अपनी गलती स्वीकार करने हेतु प्रेरित अवश्य किया जा सकता है, जैसे, किसी छापे के दौरान किसी व्यक्ति के घर से अवैध वस्तुएँ बरामद होने पर उस व्यक्ति की स्वीकारोक्ति को 'अपने विरुद्ध साक्ष्य' नहीं माना जाएगा।

अनु. 20, अनु. 21 (जीवन का अधिकार) की पृष्ठभूमि तैयार करता है, यह अत्यंत महत्वपूर्ण अधिकार है जो जीवन की सुरक्षा तथा व्यक्ति की गरिमा से जुड़ा हुआ है। अनु. 20 का निलंबन आपातकाल (अनु. 352) में भी नहीं हो सकता।

प्राण और दैहिक स्वतन्त्रता का संरक्षण (अनु. 21)

अनु. 21 जीवन की सुरक्षा एवं सार्थकता से सम्बन्धित है। इसमें प्रावधान है कि, किसी भी व्यक्ति (नागरिक और अनागरिक दोनों को) को उसके प्राण या दैहिक स्वातन्त्रय से विधि द्वारा स्थापित प्रक्रिया के अनुसार ही वंचित किया जाएगा अन्यथा नहीं।

यह अधिकार इतना महत्वपूर्ण है कि इसे आपातकाल में भी स्थगित नहीं किया जा सकता।[15] दैहिक स्वतंत्रता का तात्पर्य उच्चतम न्यायालय ने यह लगाया है कि, जीवन जीने के लिए जितनी भी मूलभूत आवश्यकताएँ हैं, वे सभी इसकी परिधि में आ जाती हैं। इसके अंतर्गत अनु. 19 द्वारा प्रदत्त सभी स्वतंत्रताएँ भी

शामिल हैं। **'विधि द्वारा स्थापित प्रक्रिया' का तात्पर्य पहले संसद द्वारा बनायी गयी विधियाँ ही माना जाता था, किन्तु अब उसे 'प्राकृतिक न्याय' से जोड़कर अत्यंत व्यापक कर दिया गया है। अब यह माना जाता है कि, विधि संसद की कानून निर्माण की सीमाओं के अधीन होगी और विधि निर्माण की प्रक्रिया** उचित एवं न्यायसंगत होगी अर्थात् **प्राण या दैहिक स्वातन्त्रय से वंचित करने वाली विधि के औचित्य का निर्णय न्यायालय कर सकता है। देखा जाय तो अब सर्वोच्च न्यायालय स्वयं कानून द्वारा स्थापित प्रक्रिया (यह शब्दावली जापान के संविधान से ली गई है) से कानून की उचित प्रक्रिया (यह शब्दावली अमेरिका के संविधान में है) की ओर बढ़ रहा है। वर्तमान न्यायिक सक्रियता के पीछे यह एक बड़ा कारण है।** अब तक विभिन्न वादों में सर्वोच्च न्यायालय नें निम्नलिखित को भी जीवन के अधिकार हेतु आवश्यक माना है अर्थात् इसके अभाव में जीवन का अधिकार ठीक ढंग से प्रयोग नहीं किया जा सकता :

(1) विदेश भ्रमण करने का अधिकार,

(2) मानव गरिमा के साथ जीने का अधिकार,

(3) प्रदूषण मुक्त जल एवं वायु के उपभोग का अधिकार,

(4) जीवकोपार्जन का अधिकार,

(5) शिक्षा का अधिकार,

(6) नि:शुल्क कानूनी सहायता,

(7) एकान्त कारावास के विरुद्ध संरक्षण,

(8) कारागार में बंद व्यक्ति के कतिपय अधिकार,

(9) शीघ्र न्यायिक परीक्षण का अधिकार,

(10) चिकित्सा सहायता पाने का अधिकार,

(11) आश्रय पाने का अधिकार,

(12) किसी भी प्रकार के शारीरिक-मानसिक शोषण से मुक्ति का अधिकार,

(13) अमानवीय व्यवहार के विरुद्ध संरक्षण, तथा

(14) जनता के सामने फँासी देने के विरुद्ध संरक्षण आदि।,

इस प्रकार स्पष्ट है कि, जीवन जीने के अधिकार का न्यायिक निर्वचनों के

माध्यम से बहुआयामी विस्तार हुआ है। उपरोक्त वर्णित अन्य अनुषंगी अधिकार भी इस अधिकार से ही उद्भूत हैं और इसी के समान महत्वपूर्ण हैं। इनमें से शिक्षा के अधिकार को अब संविधान में 86वाँ संशोधन (2002 ई.) करके शामिल कर लिया गया है और उसे अनु. 21(A) में स्थान दिया गया है जो इस प्रकार है

शिक्षा का अधिकार (21 क)

राज्य 6 से 14 वर्ष के सभी बच्चों को नि:शुल्क और अनिवार्य शिक्षा प्रदान करेगा जैसा कि वह उचित रीति से विधि द्वारा अवधारित करे।

कुछ दशाओं में गिरफ्तारी और निरोध से संरक्षण (अनु. 22)

संविधान जीवन के अधिकार को व्यक्ति की गरिमा के साथ जोड़कर देखता है। यदि किसी व्यक्ति को किसी कारणवश गिरफ्तार किया गया हो तो उसके अधिकार क्या होंगे, संविधान निर्माता इस बारे में सचेष्ट थे। **अनु. 22(1)** के अनुसार, किसी व्यक्ति को जो गिरफ्तार किया गया हो, उसे गिरफ्तारी के कारणों से यथाशीघ्र अवगत कराए बिना जेल या अभिरक्षा में नहीं रखा जाएगा। उस गिरफ्तार व्यक्ति को अपनी पसंद के वकील से परामर्श करने तथा अपना बचाव करने का अधिकार होगा।

अनु. 22(2) के अनुसार, गिरफ्तार व्यक्ति को 24 घंटे के भीतर निकटतम मजिस्ट्रेट के सामने प्रस्तुत किया जाएगा, परंतु इस अवधि में वह समय शामिल नहीं है जो गिरफ्तारी करने के स्थान से निकटतम मजिस्ट्रेट के न्यायालय तक जाने मे लगेगा। यदि पुलिस को ऐसा प्रतीत हो कि उस गिरफ्तार व्यक्ति को अभी कुछ दिन और रोककर पूछताछ करना आवश्यक है तो इसके लिए मजिस्ट्रेट की अनुमति लेनी होगी और बिना उसके आदेश के पुलिस ऐसा नहीं कर सकेगी।

अनु. 22(3) के अनुसार उपरोक्त (1) और (2) की कोई बात किसी ऐसे गिरफ्तार व्यक्ति के ऊपर लागू नहीं होगी, जो

(क) उस समय किसी अन्य शत्रु देश का निवासी हो, या

(ख) जिसे निवारक निरोध कानून के अन्तर्गत गिरफ्तार किया गया है।

निवारक निरोध कानून वह है जिसके द्वारा पुलिस को यह अधिकार दिया गया है कि, किसी भी ऐसे व्यक्ति को वह गिरफ्तार कर ले, जिसके बारे में यह संदेह है कि, वह कोई अपराध कर सकता है। उसे अपराध करने से रोकने

हेतु गिरफ्तारी की जाती है। इसमें व्यक्ति को पुलिस किसी अपराध के आरोप में नहीं, वरन् केवल संदेह के आधार पर गिरफ्तार करती है।

अनु. 22(4) के अनुसार, निवारक निरोध के अधीन गिरफ्तार व्यक्ति को 3 माह तक अभिरक्षा में रखा जा सकता है किन्तु यदि 3 माह से अधिक समय तक अभिरक्षा में निरुद्ध रखना पुलिस आवश्यक समझे तो उसे सलाहकार बोर्ड से अनुमति लेनी होगी। इस सलाहकार बोर्ड में 3 सदस्य होंगे जो या तो उच्च न्यायालय में कार्यरत न्यायाधीश हों या उच्च न्यायालय के पूर्व न्यायाधीश रहे हों या उच्च न्यायालय का न्यायाधीश नियुक्त होने की योग्यता रखते हों। यह सलाहकार बोर्ड ही निर्णय करेगा कि समय सीमा (3माह की) आगे बढ़ाने के पर्याप्त आधार हैं या नहीं।

अनु. 22(5) के अनुसार, सलाहकार बोर्ड की अनुमति लेने के बाद ही निवारक निरोध के अंतर्गत गिरफ्तार व्यक्ति को उसकी गिरफ्तारी के कारणों से अवगत कराया जाएगा और उसे अपनी पसंद के वकील से परामर्श लेने का अधिकार दिया जाएगा।

अनु. 22(6) के अनुसार, निवारक निरोध के अंतर्गत गिरफ्तार व्यक्ति को गिरफ्तारी का कारण उन स्थितियों में नहीं बताया जाएगा, जब ऐसा करना सलाहकारी बोर्ड की राय में लोकहित के विरुद्ध हो।

अनु. 22(7) (क) संसद को यह अधिकार देता है कि, वह कानून बनाकर यह प्रावधान कर सकती है कि किन्हीं विशेष परिस्थितियों में या किसी विशेष प्रकार के मामलों में सलाहकार बोर्ड की सिफारिश के बिना भी गिरफ्तार व्यक्तियों को 3 माह से अधिक समय तक अभिरक्षा में निरुद्ध रखा जाय।

अनु. 22 (7) (ख) में प्रावधान है कि, संसद उपरोक्त 22(7)(क) के मामले में अभिरक्षा में रखे जाने की अधिकतम समय सीमा का निर्धारण करे।

इसका अर्थ यह हुआ कि निवारक निरोध कानून 3 प्रकार का है–

1. 3 माह तक किसी व्यक्ति को सलाहकार बोर्ड की सिफारिश के बिना अभिरक्षा में रखा जा सकता है (अनु. 22(4))।
2. 3 माह से अधिक की अवधि के लिए किसी व्यक्ति को तभी अभिरक्षा में रखा जा सकेगा जब सलाहकार बोर्ड ने ऐसा करने का आदेश दिया हो, (अनु. 22(4))।

3. कुछ विशेष परिस्थितियों में या कुछ विशेष मामलों में किसी व्यक्ति को संसद द्वारा पारित कानून के अनुसार 3 माह से अधिक समय तक, सलाहकार बोर्ड की सिफारिश के बिना भी निरुद्ध रखा जा सकता है।

संविधान निर्माण के दौरान जब इस प्रावधान पर बहस हो रही थी तभी अनेक सदस्यों ने इस प्रावधान में तानाशाही का दर्शन किया था। क्योंकि यह प्रावधान सरकार और प्रशासन को किसी व्यक्ति के बारे में व्यक्तिगत निर्णय लेने का अधिकार देता है, किन्तु इस प्रकार के आरोपों को यह कहते हुए ठुकरा दिया गया कि राष्ट्र विरोधी व समाज विरोधी तत्वों से निपटने के लिए यह एक आवश्यक कदम होगा। निवारक निरोध जैसे कानून अन्य लोकतांत्रिक देशों ने भी बनाए हैं; **जैसे- अमेरिका, ब्रिटेन आदि, किन्तु भारत में निवारक निरोध कानून और ब्रिटेन व अमेरिका में बने इस प्रकार के कानूनों में कुछ भिन्नताए हैं; जैसे- प्रथम, भारत में निवारक निरोध कानून संविधान (देश की सर्वोच्च विधि) का अंश है जबकि अन्य देशों में ये सामान्य कानून के अंतर्गत रखे गए हैं और द्वितीय, भारत के निवारक निरोध कानून का क्रियान्वन सामान्य समय में और आपातकाल दोनो में हो सकता है जबकि अन्य देशों में इसे केवल आपातकाल में ही लगाया जाता है।**

भारत में निवारक निरोध कानून केन्द्र व राज्य दोनों की कानून निर्माण शक्ति (समवर्ती सूची) के अंतर्गत है। 1950 ई. में प्रथम बार संसद ने निवारक निरोध कानून पारित किया, फिर 1971 ई. में MISA (मेन्टीनेन्स ऑफ इन्टरनल सिक्योरिटी ऐक्ट), 1974 ई. में COFEPOSA, 1980 ई. में रा. सु. का., 1985 ई. में TADA तथा वाजपेयी सरकार द्वारा POTA बनाया गया। राज्यों ने भी इस पर कानून बनाए हैं; जैसे- महाराष्ट्र ने म. को. का. (MACOCA) बनाया। ये सभी निवारक निरोध से जुड़े कानून हैं।

(3) शोषण के विरुद्ध अधिकार (अनु. 23-24)

संविधान के अनुच्छेद 23 और 24 में शोषण के विरुद्ध व्यक्तियों को अधिकार दिए गए हैं। इनका वर्णन इस प्रकार है

मानव का दुर्व्यापार और बलातश्रम का प्रतिषेध (अनु. 23)

अनु. 23(1), मानव का दुर्व्यापार और बेगार तथा इसी प्रकार का अन्य बलातश्रम दंडनीय-अपराध घोषित करता है।

दुर्व्यापार का अर्थ स्त्रियों, बच्चों और पुरुषों का केवल वस्तुओं की भाँति क्रय-विक्रय ही नहीं है, वरन् उनसे अनैतिक तथा घृणित व्यापार कराना भी है। **शोषणविहीन तथा गरिमामय जीवन जीने के अधिकार को इसके माध्यम से स्थापित किया गया है। बलातश्रम का अर्थ बलपूर्वक काम कराना या किसी की इच्छा के विरुद्ध उससे जबरदस्ती कोई काम कराना या काम कराकर उसे मजदूरी न देना है। इन अमानवीय दशाओं को अब इस संवैधानिक प्रावधान द्वारा दूर करने का प्रयास किया गया है। मनुष्य अपने शरीर का स्वामी है, वह किसी के भय या दबाव में आकर कोई काम न करे इसलिए इस अनुच्छेद को दैहिक स्वतंत्रता के पूरक के रूप में देखना चाहिए। यह अधिकार नागरिकों तथा अनागरिकों दोनों को प्राप्त है। अनु. 23 द्वारा प्रदत्त अधिकार राज्य और सामान्य व्यक्तियों दोनों के विरुद्ध प्राप्त है।**

अनु. 23(2) के अनुसार, इस अनुच्छेद की कोई बात, राज्य को सार्वजनिक प्रयोजनों के लिए अनिवार्य सेवा लागू करनें से नहीं रोकेगी, लेकिन राज्य ऐसी सेवा लेने में केवल धर्म, मूलवंश, जाति या वर्ग या इनमें से किसी व

आधार पर भेदभाव नहीं करेगा। जैसे यदि कभी बाढ़ आ जाय तो राज्य गाँव के सभी स्वस्थ लोगों को यह आदेश दे सकता है कि, वे बाँध की रक्षा के लिए पत्थरों को बाँध पर रखें जिससे की कटान न हो पाए। यह बेगार या बलात श्रम नहीं होगा, क्योंकि यह सार्वजनिक प्रयोजन के लिए किया जाने वाला कार्य है, ऐसे किसी कार्य में राज्य लिंग, स्वास्थ्य एवं अन्य उचित व न्यायसंगत आधार पर भेद कर सकता है।

कारखानों आदि में बालकों के नियोजन का प्रतिषेध (अनु. 24)

अनु. 24 के अनुसार, 14 वर्ष से कम आयु के किसी बालक को निजी कारखाने या खान में काम करने के लिए नहीं लगाया जाएगा या किसी अन्य परिसंकटमय या संकटापन्न परिस्थितियों में काम नहीं करने दिया जाएगा।

इस अनुच्छेद में वर्णित प्रावधानों का आज तक पूरी तरह से क्रियान्वयन नहीं हो पाया है। बालश्रम आज भी जारी है। सरकार ने बच्चों को उनके अधिकारों के बारे में जागरूक बनाने के लिए तथा उन्हें शोषण से बचाने के लिए अनेक कानून बनाए हैं तथापि इनके उज्ज्वल भविष्य का प्रयास करना सम्पूर्ण समाज का दायित्व है क्योंकि बच्चे राष्ट्र की धरोहर हैं।

बच्चों के अधिकारों के प्रति संविधान निर्माता अत्यंत सजग थे और आज विश्व की सरकारें भी संवेदनशील हैं। भारत सरकार ने बच्चों का शोषण रोकने तथा उनके अधिकारों की रक्षा करने के लिए संसद से कानून बनाकर 'राष्ट्रीय बाल अधिकार संरक्षण आयोग' (2007 ई.) का गठन किया है। यह एक संवैधानिक आयोग है। इसमें एक अध्यक्ष तथा 6 अन्य सदस्य हैं। इसकी प्रथम अध्यक्षा शांता सिन्हा जी हैं। इस आयोग का मुख्यालय नई दिल्ली में है।

(4) धर्म की स्वतंत्रता का अधिकार (अनु. 25-28)

आस्था, मानव के साथ सर्वदा जुड़ी रही है। व्यक्ति आदि काल से ही पारलौकिक सत्ता में विश्वास करता चला आ रहा है। सभ्यता के विकास के साथ-साथ धर्म और धार्मिक नियमों का स्वरूप सामने आया और आज यह व्यक्तित्व के अनिवार्य अंग के रूप में मान्यता प्राप्त कर चुका है। भारतीय संविधान अनु. 25-28 तक धर्म की स्वतंत्रता के बारे में प्रावधान करता है, जो इस प्रकार है:

अन्तःकरण की और धर्म के अबाध रूप से मानने, आचरण करने और प्रचार करने की स्वतन्त्रता (अनु. 25)–

अनु. 25(1) के अनुसार, लोकव्यवस्था, सदाचार और स्वास्थ्य तथा मौलिक अधिकारों से सम्बंधित अन्य उपबंधों के अधीन रहते हुए सभी व्यक्तियों को (अर्थात् नागरिक, अनागरिक दोनों को) अन्तःकरण की स्वतंत्रता का और धर्म के अबाध रूप से मानने, आचरण करने और प्रचार करने का समान अधिकार होगा।

राज्य को यह अधिकार है कि, वह धार्मिक आचरण से सम्बद्ध किसी भी आर्थिक, वित्तीय, राजनीतिक या अन्य लौकिक क्रियाकलाप का विनियमन और नियंत्रण करें (अनु. 25(2)(क))।

राज्य को यह भी अधिकार है कि, सामाजिक कल्याण व सुधार के लिए सार्वजनिक प्रकार की हिन्दुओं की धार्मिक संस्थाओं को हिन्दुओं के सभी वर्गों तथा अनुभागों के लिए खोलने का उपबंध करने वाला कोई कानून बनाए (अनु. 25 (2)(ख)। **वस्तुतः यह अनुच्छेद भारत में प्रचलित उस सामाजिक**

बुराई/कुप्रथा का अंत करता है जिसके अंतगर्त हिंदू धर्म के दलित वर्गों को मंदिर में जाने से रोका जाता था। यह सामाजिक छुआछूत का धार्मिक रूपान्तरण था। इस प्रकार अनु. 25(2)(ख), अनु. 17 (अस्पृश्यता का अन्त) के अनुषंगी के रूप में विद्यमान है।

धार्मिक कार्यों के प्रबन्ध की स्वतंत्रता (अनु. 26)–

अनु. 26 के अनुसार लोकव्यवस्था, सदाचार और स्वास्थ्य के अधीन रहते हुए, प्रत्येक धार्मिक सम्प्रदाय या उसके किसी अनुभाग (अर्थात् उसके किसी वर्ग को) धार्मिक संस्थानों की स्थापना करने, धार्मिक कार्यों का प्रबन्ध करने और उसके लिए सम्पत्ति अर्जित करने तथा उस संपत्ति के प्रशासन का अधिकार होगा।

किसी विशिष्ट धर्म की अभिवृद्धि के लिए करों के संदाय के बारें में स्वतंत्रता (अनु. 27)–

किसी भी व्यक्ति को ऐसे करों का संदाय करने के लिए विवश नहीं किया जाएगा जो किसी विशिष्ट धर्म या धार्मिक सम्प्रदाय को पोषित करने हेतु दिए जा रहे हों।

करारोपण राज्य करता है अत: राज्य के लिए यह आवश्यक है कि वह जनता से कर लेकर उसे किसी विशिष्ट धर्म की अभिवृद्धि हेतु खर्च न करे। यह प्रावधान व्यक्तियों पर भी लागू होता है कि वे किसी अन्य व्यक्ति से जबरन धार्मिक चंदा वसूली न करें। प्राय: धार्मिक त्यौहारों पर देखा जाता है कि लोग राजमार्गों पर बैरियर लगाकर लक्ष्मी पूजा, दुर्गा पूजा, रामलीला आदि के नाम पर जबरन पैसा लेते हैं। यह चंदा वसूली ऐच्छिक होनी चाहिए, जबरदस्ती नहीं, ऐसा करना इस प्रावधान (अनु. 27) का उल्लंघन मानना चाहिए।

कुछ शिक्षा संस्थाओं में धार्मिक शिक्षा या धार्मिक उपासना में उपस्थित होने के बारे में स्वतंत्रता (अनु. 28)–

अनु. 28(1) के अनुसार, राज्य निधि से पूर्णत:पोषित किसी शिक्षा संस्था में कोई धार्मिक शिक्षा नहीं दी जाएगी। किन्तु यह बात किसी ऐसी शिक्षा संस्था पर लागू नहीं होगी जिसका प्रशासन राज्य करता है लेकिन जो किसी ऐसे न्यास (ट्रस्ट) के अधीन स्थापित हुई है जिसके अनुसार उस संस्था में धार्मिक शिक्षा देना आवश्यक है **(अनु. 28(2))**।

अनु. 28(3) के अनुसार, राज्य से मान्यता प्राप्त या राज्य निधि से सहायता पाने वाली शिक्षा संस्था में दी जाने वाली धार्मिक शिक्षा में भाग लेने के लिए या उससे संलग्न स्थान में की जाने वाली उपासना में उपस्थित होने के लिए बच्चे या किसी व्यक्ति को उसकी इच्छा के विरुद्ध बाध्य नहीं किया जाएगा। यदि विद्यार्थी अवयस्क है तो उसके संरक्षक की अनुमति के बिना उसे धार्मिक शिक्षा या उपासना में उपस्थित होने के लिए बाध्य नहीं किया जा सकता।

वस्तुतः अनु. 25–28 तक के प्रावधान एक पंथनिरपेक्ष राज्य तथा धार्मिक रूप से पूरी तरह स्वतंत्र समाज की स्थापना करते हैं। व्यक्ति अपनें धर्म की मान्यता के अनुसार जीवन व्यतीत कर सकता है और यह उसका मूलाधिकार है किन्तु इस अधिकार की भी अपनी सीमाएं हैं जिनका वर्णन उपरोक्त अनुच्छेदों में किया गया है। संविधान के अनुसार कोई भी व्यक्ति अपने धार्मिक विश्वास के अनुसार किसी भी देवी-देवता की पूजा कर सकता है, ईश्वर पर विश्वास रख सकता है और यदि वह चाहे तो ईश्वर पर विश्वास नहीं भी कर सकता है–कोई रोक–टोक नहीं है। राज्य केवल तभी हस्तक्षेप करेगा जब लोकव्यवस्था, सदाचार या स्वास्थ्य पर संकट आए। एक प्रकार से देखा जाय तो धर्म का पारलौकिक पक्ष राज्य के नियंत्रणाधीन नहीं है किन्तु इसके लौकिक पक्ष पर राज्य का पूरा नियंत्रण है। संविधान में कहीं भी 'धर्म' की परिभाषा नहीं दी गयी है, किन्तु संविधान के संरक्षक एवं व्याख्याता के रूप में सर्वोच्च न्यायालय में अपने अनके निर्णयों में इस शब्द की विस्तुत व्याख्या की है "धार्मिक स्वातंत्रय की भूमिका निभाते हुए सर्वोच्च न्यायालय ने सैद्धान्तिक विश्वासों तक ही सीमित नहीं है। इसके अंतर्गत धर्म के अनुसरण में किए गए कार्य, कर्मकांड, धार्मिक कार्य, संस्कृति और उपासना की पद्धतियाँ शामिल हैं। धर्म या धार्मिक परिपाटी का आवश्यक भाग क्या है, इसका निर्धारण न्यायालयों द्वारा विशिष्ट ध र्म के सिद्धान्तों के प्रति निर्देश से किया जाएगा और इसके अन्तर्गत ऐसी परिपाटियाँ आती हैं जिन्हें समुदाय द्वारा धर्म का भाग समझा जाता है।"

(5) संस्कृति और शिक्षा सम्बन्धी अधिकार (अनु. 29–30)–

संस्कृति और शिक्षा सम्बन्धी हितों की पूर्ति के लिए संविधान निम्नलिखित प्रावधान करता है

अल्पसंख्यक वर्गों के हितों का संरक्षण (अनु. 29)–

अनु. 29(1) के अनुसार, भारत के राज्यक्षेत्र या उसके किसी भाग के

निवासी नागरिकों के किसी अनुभाग को, जिसकी अपनी विशेष भाषा, लिपि या संस्कृति है, उसे बनाए रखने का अधिकार होगा।

अनु. 29(2) के अनुसार, राज्य द्वारा पोषित या राज्य निधि से सहायता प्राप्त किसी शिक्षा संस्था में प्रवेश से किसी भी नागरिक को केवल धर्म, मूलवंश, जाति, भाषा या इनमें से किसी आधार पर वंचित नहीं किया जाएगा।

वस्तुतः कोई भी भाषा, लिपि या संस्कृति किसी भी राष्ट्र की अमूल्य धरोहर होती है, इससे वह राष्ट्र सांस्कृतिक चेतना ग्रहण करता है। यदि कोई 10-5 लोगों का समूह है, जिसकी अपनी विशेष भाषा, लिपि या संस्कृति है तो भी उसे संरक्षित करना राज्य का दायित्व है और उन व्यक्तियों का मौलिक अधिकार भी। इसमें अल्पसंख्यकों के सांस्कृतिक पहचान को बचाए व बनाए रखनें की मंशा झलकती है, अल्पसंख्यक होने का आधार भाषायी और धार्मिक हो सकता है। इस अनुच्छेद में यही भाव निहित है। जैसे-तेलगू भाषी व्यक्ति उ. प्र. में भाषायी अल्पसंख्यक माने जा सकते हैं। उसी प्रकार गुजरात में बंगाली भाषा-भाषी लोग अल्पसंख्यक माने जा सकते हैं। धार्मिक, अल्पसंख्यकों का जहाँ तक प्रश्न है, कश्मीर में हिन्दू अल्पसंख्यक माने जा सकते हैं, उ.प्र में सिक्ख लोग अल्पसंख्यक हैं तथा जैन, इसाई, बौद्ध एवं मुसलमान पूरे देश के संदर्भ में अल्पसंख्यक मानें जा सकते हैं।

शिक्षा संस्थाओं की स्थापना और प्रशासन करने का अल्पसंख्यक वर्गों का अधिकार (अनु. 30)

अनु. 30(1) के अनुसार, धर्म या भाषा पर आधारित सभी अल्पसंख्यक वर्गों को अपनी रुचि की शिक्षा संस्थाओं की स्थापना और प्रशासन का अधिकार होगा।

अनु. 30 (2) के अनुसार, शिक्षा संस्थाओं को सहायता देने में राज्य किसी शिक्षा संस्था के साथ इस आधार पर विभेद नहीं करेगा कि वह धर्म या भाषा पर आधारित किसी अल्पसंख्यक वर्ग के प्रबन्धन में है।

44वें संविधान संशोधन द्वारा संविधान में शामिल किया गया अनु. 30(1)(क) एक महत्वपूर्ण प्रस्थापना प्रस्तुत करता है, जिसके अनुसार सरकार को यदि किसी अल्पसंख्यक वर्ग द्वारा प्रशासित शिक्षा संस्था की सम्पत्ति का अर्जन करना है तो उसे उस जमीन या सम्पत्ति का बाजार-मूल्य देना होगा। संविधान यह नहीं कहता कि बहुसंख्यक वर्ग के प्रबंधाधीन शिक्षण संस्थाओं की

जमीन के अधिग्रहण पर भी यह बात लागू होगी, अर्थात् सरकार यदि बहुसंख्यक वर्ग के प्रबंधाधीन शिक्षण संस्थाओं की जमीन का या सम्पत्ति का अधिग्रहण करती है तो उसके लिए यह बाध्यकारी नहीं होगा कि, वह बाजार मूल्य के बराबर क्षतिपूर्ति करे। इस भेदभाव पर टिप्पणी करते हुए डी.डी. बसु ने लिखा है कि, "अल्पसंख्यकों की शिक्षा संस्थाओं को दी गई रियायत को देखकर यह समझ में नहीं आता कि बहुसंख्यक वर्ग के प्रबंधाधीन शिक्षा संस्थाओं को इस प्रकार की प्रत्याभूति क्यों नहीं दी गई है। विद्या तो वैसी ही शुद्ध व पूज्य होगी, वह गंगा से आए या बोल्गा से। अल्पसंख्यकों के लिए विशेष प्रत्याभूति जोड़ने के उत्साह में 44वें संविधान संशोधन के निर्माताओं ने वह कार्य कर दिया, जो संविधान निर्माताओं ने सोचा भी नहीं था।" इसे पंथनिरपेक्षता पर प्रहार व प्रश्नचिन्ह के रूप में देखा जा सकता है।

संपत्ति के अधिकार की वर्तमान स्थिति

संविधान लागू होने के समय नागरिकों के पास अनु. 31 के अन्तर्गत सम्पत्ति के अनिवार्य अर्जन का अधिकार था, किन्तु नागरिकों का सम्पत्ति का मूल अधिकार राज्य के लिए उस स्थिति में बाधक बनने लगा, जब राज्य सार्वजनिक प्रयोजनों के लिए (अस्पताल खोलने, पार्क बनाने, रेलवे स्टेशन बनाने, सड़क बनाने आदि जैसे कार्यों हेतु) भू-सम्पति का अधिग्रहण करता था। राज्य को प्रायः बाजार-मूल्य के बराबर 'मुआवजा' देना पड़ता था और अनेक बार ऐसी स्थिति आ जाती थी कि 'व्यक्ति समूह के हित बनाम् राज्य के दायित्व' का यह संघर्ष न्यायिक पेंचीदगियों का शिकार हो जाता था। 1977 ई. में जब जनता पार्टी सत्ता में आयी तो उसने 44वें संविधान संशोधन द्वारा अनु. 31 द्वारा प्रदत्त सम्पत्ति के अर्जन् सम्बन्धी अधिकार को मूल अधिकारों की श्रेणी से हटाकर अनु. 300 (क) में स्थान दे दिया और इस प्रकार सम्पत्ति का अधिकार अब मूल अधिकार नहीं रह गया है। इसका यह अर्थ है कि, नागरिक अपनी सम्पत्ति के राज्य द्वारा अधिग्रहण की स्थिति में अब सीधे अनु. 32 द्वारा उपचार प्राप्त नहीं कर सकते, वरन् उन्हें केवल सामान्य कानूनी उपचार ही प्राप्त होगा, अर्थात् सम्पत्ति का अधिकार अब केवल कानूनी अधिकार रह गया है। केवल संपत्ति के अधिकार ही नहीं; वरन् भाग 3 के अतिरिक्त संविधान के अन्य भागों से मिलने वाले अधिकार का भी यदि उल्लंघन होता है तो व्यक्ति सीधे अनु. 226 द्वारा संबंधित राज्य के उच्च न्यायालय में अपील कर सकता है।

वर्तमान समय में अनु. 31 में तीन खण्ड हैं, जिसमें से अनु. 31(ग) अत्यंत महत्वपूर्ण है, जो इस प्रकार है:

अनु. 13 में किसी बात के होते हुए भी कोई विधि, जो भाग 4 में वर्णित सभी या किन्हीं तत्वों की प्राप्ति को सुनिश्चित करने हेतु राज्य की नीति को प्रभावी करने वाली है, इस आधार पर शून्य नहीं समझी जाएगी कि वह अनु. 14 या अनु. 19 द्वारा प्रदत्त अधिकारों में से किसी के प्रतिकूल है या उसे छीनती है या न्यून करती है और कोई विधि जिसमें यह घोषणा है कि, वह ऐसी नीति को प्रभावी करने के लिए है उसे किसी न्यायालय में इस आधार पर प्रश्नगत नहीं किया जाएगा कि वह ऐसी नीति को प्रभावी नहीं करती है।

परंतु जहाँ ऐसी विधि किसी राज्य के विधानमंडल द्वारा बनायी जाती है, वहाँ इस अनुच्छेद के उपबंध उस विधि को तबतक लागू नहीं होंगे जबतक ऐसी विधि को, जो राष्ट्रपति के विचार के लिए आरक्षित रखी गई है, उसकी अनुमति प्राप्त नहीं हो गई है।

सांविधानिक उपचारों का अधिकार (अनु. 32)–

मूल अधिकारों की प्राप्ति ही महत्वपूर्ण नहीं है, वरन् उससे भी महत्वपूर्ण तथ्य यह है कि, उन्हें लागू करने की व्यवस्था हो। भारत में इन अधिकारों की क्रियान्विति या प्राप्ति को सुनिश्चित करने के लिए तथा किसी भी प्रकार के अतिक्रमण से मूलाधिकारों की रक्षा करने के लिए, संविधान निर्माताओं ने सर्वोच्च न्यायालय को अधिकृत किया है **(अनु. 32(1))**। भारतीय नागरिकों को यह अधिकार अनु. 32 के अन्तर्गत एक मूल अधिकार के रूप में प्राप्त है कि वे अपने किसी भी मूलाधिकार के उल्लंघन पर सर्वोच्च न्यायालय में अपील करें। अनु. 32, मूल अधिकारों में सबसे महत्वपूर्ण है। डा. अम्बेडकर ने कहा था कि, "यदि मुझसे पूछा जाय कि संविधान में कौन-सा अनुच्छेद सबसे महत्वपूर्ण है, जिसके बिना यह संविधान शून्य हो जाएगा, तो मैं इसके सिवाय किसी दूसरे अनुच्छेद का नाम नहीं लूँगा, यह संविधान की आत्मा है।"

अनु. 32(2) के अनुसार, भाग 3 द्वारा प्रदत्त अधिकारों में से किसी को लागू कराने के लिए उच्चतम न्यायालय को ऐसे आदेश या निर्देश या रिट, (जिनके अंतर्गत बन्दी प्रत्यक्षीकरण, परमादेश प्रतिषेध, अधिकार पृच्छा और उत्प्रेषण की रिट है) जो भी समुचित हो, निकालने की शक्ति होगी।

अनु. 32(3) के अनुसार, संसद उच्चतम न्यायालय द्वारा अनु. 32(2) के

B. न्यायालय द्वारा कारावास की सजा पाए व्यक्तियों के लिए भी यह रिट जारी नहीं की जा सकती तथा

C. संसद या विधानमंडल की अवमानना के लिए की जाने वाली कार्यवाहियों में हस्तक्षेप के लिए यह रिट जारी नहीं की जाएगी।

(2) परमादेश

यह शब्द अंग्रेजी भाषा के 'मैन्डेमस' का हिन्दी रूपान्तर है, इसका अर्थ है 'हम आदेश देते हैं' (क्योंकि हमारा आदेश परम आदेश है और आपको उसे स्वीकार करना पड़ेगा)। यह रिट उस समय जारी की जाती है जब किसी सार्वजनिक कर्त्तव्य करने वाले अधिकारी ने या जनता से जुड़े हुए कार्य करने का दायित्व संभालने वाले किसी अधिकारी ने अपना कार्य करने से इंकार कर दिया हो और इससे किसी व्यक्ति के मूलाधिकारों का उल्लंघन होता हो, लेकिन शर्त यह है कि अधिकारी का पद कानूनी या सांविधानिक हो। यह रिट उस समय भी जारी की जा सकती है जब कोई अवर न्यायालय या न्यायिक निकाय अपनी अधिकारिता का प्रयोग करने से इनकार कर दे।

परमादेश इन स्थितियों में जारी नहीं किया जाएगा–

A. राष्ट्रपति या राज्यपाल को अपने पद की शक्तियों के प्रयोग एवं कर्त्तव्यों के पालन हेतु बाध्य करने के लिए या उन शक्तियों का प्रयोग तथा कर्त्तव्यों का पालन करते हुए किए जा चुके या किए जाने वाले किसी कार्य के लिए (अनु. 361)

B. कोई व्यक्ति कानूनी या संवैधानिक नियमों का उल्लंघन कर रहा हो तो भी परमादेश की रिट जारी नहीं होगी यदि परमादेश जारी करने के अतिरिक्त भी न्यायालय के पास कोई अन्य उपचारात्मक उपाय है और

C. प्राइवेट व्यक्ति तथा संस्थाओं के विरुद्ध भी 'परमादेश' जारी नहीं किया जा सकता।

(3) प्रतिषेध

यह शब्द 'प्रोहिविशन' का हिन्दी अनुवाद है। इसका अर्थ है 'मना करना'। यह रिट और आगे वर्णित उत्प्रेषण की रिट भी केवल न्यायिक अधिकारियों या न्यायिक व्यवस्था से जुड़े निर्णयकर्ताओं के लिए ही होती है। कार्यपालिका के

अधिकारियों से इसका कोई सम्बन्ध नहीं होता। प्रतिषेध की रिट तब जारी की जाती है जब कोई निम्न न्यायालय अपनी अधिकारिता के बाहर जाकर कोई कार्यवाही करे या निर्णय दे अर्थात् यह रिट निम्न न्यायालयों को अपनी सीमा में बने रहने के लिए जारी की जाती है। सर्वोच्च न्यायालय यह रिट तभी जारी करेगा जब उच्च या निम्न न्यायालयों के निर्णय करने से मौलिक अधिकारों के उल्लंघन की संभावना हो, जबकि उच्च न्यायालय प्रतिषेध की रिट अपने से निम्न न्यायालयों के विरुद्ध तब जारी कर सकेगा जब ऐसा करने से या तो मूल अधिकार का उल्लंघन हो रहा हो या निम्न न्यायालयों द्वारा अपनी सीमा का उल्लंघन करने से किसी भी प्रकार के अन्य विवाद उत्पन्न होने की संभावना हो।

(4) उत्प्रेषण

यह शब्द 'सरटियोरैटी' का हिन्दी अनुवाद है। इसका अर्थ है 'उत्प्रेषित किया जाय' अर्थात् 'भेजा जाय'। यह रिट न्यायालय द्वारा जब जारी की जाती है जब निम्न न्यायालय अपनी अधिकारिता से बाहर जाकर कोई निर्णय दे चुका हो। इसमें निम्न न्यायालय से मुकद्दमें के सभी कागजात उच्च न्यायालय अपने पास मँगा लेता है और फिर नए सिरे से उसकी सुनवाई करता है। उच्चतम न्यायालय भी अधीनस्थ न्यायालय से सभी कागजात और मुकद्दमें अपने पास मँगा सकता है बर्शेतें उस वाद के निर्णय से मौलिक अधिकारों का उल्लंघन हुआ हो। इस रिट को केवल न्यायिक उपयोग है।

प्रतिषेध और उत्प्रेषण दोनों न्यायिक प्रणाली से जुड़ी रिटें हैं, कार्यपालिका या सामान्य प्रशासनिक प्रणाली से इनका कोई सम्बन्ध नहीं है। प्रतिषेध और उत्प्रेषण में अन्तर है। प्रतिषेध तभी जारी किया जाएगा जब निचले न्यायालयों में कार्यवाही चल रही हो अर्थात् निर्णय आने के पूर्व। जबकि उत्प्रेसण की रिटें तब जारी की जाएगी जब निम्न न्यायालय ने निर्णय दे दिया हो और अब उस निर्णय के क्रियान्वयन की बारी हो।

(5) अधिकार पृच्छा

यह शब्द अंग्रेजी के 'को-वारण्टो' का हिन्दी अनुवाद है, जिसका अर्थ है 'किस अधिकार से'। इस रिट द्वारा न्यायालय किसी सार्वजनिक पद पर बैठे व्यक्ति की योग्यता व क्षमता तथा पद ग्रहण करने की अधिकारिता का परीक्षण

करता है। यदि वह व्यक्ति पद पर बैठने के योग्य नहीं है तो उसे पद से हटा देता है। इस रिट को जारी करने के लिए यह आवश्यक नहीं है कि वाद दायर करने वाले व्यक्ति के मौलिक अधिकारों का उल्लंघन हुआ हो। इस रिट से अयोग्य लोगों द्वारा सार्वजनिक पद हथिया लेने की दशा में अंकुश लगाया जा सकता है।

अधिकार पृच्छा की रिट निकालने के लिए निम्नलिखित शर्तें आवश्यक हैं-

A. पद की प्रकृति सार्वजनिक होनी चाहिए और वह किसी कानून द्वारा या संविधान द्वारा निर्मित होना चाहिए,

B. पद किसी की इच्छा पर या प्रसाद या कृपा पर आधारित नहीं होना चाहिए,

C. पद पर व्यक्ति को नियुक्त करनें से संविधान या कानून का उल्लंघन हुआ हो।

मौलिक अधिकारों से सुरक्षा बलों आदि को वंचित करनें की संसद की शक्ति (अनु. 33)

संविधान का भाग 3, भारत के सभी नागरिकों को (कुछ मौलिक अधिकार अनागरिकों को भी प्राप्त हैं) मौलिक अधिकार प्रदान करता है, लेकिन देश की सुरक्षा और गोपनीयता को ध्यान में रखते हुए संसद को यह शक्ति दी गई है कि, वह निम्नलिखित सेवा में लगे हुए नागरिकों के मौलिक अधिकारों पर आवश्यकता पड़ने पर कानून बनाकर प्रतिबंध लगाए-

A. सशस्त्र बलों के सदस्यों को, या

B. सार्वजनिक व्यवस्था को बनाए रखने वाले सुरक्षा बलों के सदस्यों को, या

C. राज्य द्वारा स्थापित ब्यूरो या किसी ऐसे अन्य संगठन में काम कर रहे लोगों को, जो महत्वपूर्ण सूचनाओं का आदान-प्रदान करने के काम में लगे हों, या

D. उपरोक्त संगठनों में काम कर रहे ऐसे लोगों को, जो उस विभाग की दूरसंचार प्रणाली में काम कर रहे हों, जिनके पास अति गोपनीय सूचनाएँ प्रसारित करने की जिम्मेदारी होती हो।

वस्तुतः अनु. 33 के अन्तर्गत संसद को कानून बनाने की यह शक्ति

इसलिए मिली हुई है कि देश की सुरक्षा बनी रहे और किसी भी गोपनीय जानकारी को 'वाक अभिव्यक्ति की स्वतंत्रता' के द्वारा उजागर न किया जा सके, क्योंकि इसका लाभ राष्ट्र विरोधी तत्व उठा सकते हैं। इससे किसी के मौलिक अधिकारों का उल्लंघन नहीं होता, वरन् उनके कर्त्तव्यों का उचित पालन तथा अनुशासन का बने रहना संभव होता है।

सेना-विधि के लागू होने की दशा में मौलिक अधिकारों पर निर्बन्धन (अनु. 34)–

जब किसी क्षेत्र में या भारत राज्य के किसी भू-भाग में मार्शल ला या सैन्य कानून लागू है तो संसद कानून द्वारा संघ या राज्य की सेवा में किसी व्यक्ति की, किसी ऐसे कार्य के सम्बन्ध में क्षतिपूर्ति कर सकेगी जो उसने उस क्षेत्र में व्यवस्था बनाए रखने या पुनःस्थापन के सम्बन्ध में किया है। संसद सैन्य कानून लागू रहने के दौरान दिए गए किसी दंडादेश या किए गए किसी कार्य को विधिकर सकेगी अर्थात् संसद को कानून द्वारा, सैन्य विधि के अधीन किए गए कार्यों को भी विधिमान्य कर अधिनियम बनाकर विधिमान्य करनें की शक्ति प्रदान की गई है, किन्तु इस प्रकार निर्मित कानूनों को मौलिक अधिकारों के उल्लंघन के आधार पर सर्वोच्च न्यायालय में चुनौती दी जा सकती है।

सम्पूर्ण भारतीय संविधान में यही एकमात्र ऐसा अनुच्छेद है जहाँ मार्शल लॉ की संकल्पना है

मौलिक अधिकारों को प्रभावी करने हेतु विधायन की शक्ति (अनु. 35)

मौलिक अधिकारों को लागू कराने के लिए संघ की संसद और राज्यों के विधानमंडल दोनों को कानून बनाने की शक्ति होगी, लेकिन निम्न विषयों पर राज्यों के विधानमंडल को कानून-निर्माण की शक्ति नहीं होगी, इनपर केवल संसद ही कानून बना सकेगी

A. अनु. 16(3),

B. अनु. 32(3),

C. अनु. 33 तथा,

D. अनु. 34।

ऐसे कार्य जो भाग 3 के अधीन अपराध घोषित किए गए हैं, दंड का सुनिश्चयन करने हेतु संसद कानून बना सकती है।

आपातकाल (अनु. 352) लागू होने पर मौलिक अधिकारों की स्थिति में परिवर्तन

भारत के राष्ट्रपति को यह अधिकार है कि, वह मंत्रिमंडल की लिखित सूचना पर (मौखिक नहीं) युद्ध या बाह्य आक्रमण या सशस्त्र विद्रोह उपस्थित होने या इसकी आशंका/संभावना पर आपातकाल (अनु. 352) की घोषणा करे। आपातकाल लागू करने की घोषणा पूरे भारत में एक साथ या उसके किसी क्षेत्र-विशेष में की जा सकती है। जब आपातकाल युद्ध या बाह्य आक्रमण के आधार पर लगाया जाता है तो जैसे ही आपातकाल की घोषणा की जाती है, अनु. 358 तुरंत स्वत: ही अस्तित्व में आ जाता है, परिणामत: अनु. 19 द्वारा प्रदत्त स्वतंत्रताएं तत्काल निरस्त हो जाती हैं। किन्तु यदि सशस्त्र विद्रोह के आधार पर आपातकाल लागू किया जाता है तो अनु. 358 स्वत: प्रभावी नहीं होगा। इसको प्रभावी करने (अर्थात् अनु. 19 द्वारा प्रदत्त सभी स्वतंत्रताओं को निरस्त करना) के लिए राष्ट्रपति को अनु. 359 का सहारा लेना होगा और अनु. 359 के अंतर्गत मिले अधिकारों से आदेश द्वारा बताना होगा कि आपातकाल के लागू रहने के दौरान नागरिकों के कौन-कौन से मूल अधिकार निरस्त रहेंगे। लेकिन अनु. 359 के द्वारा भी अनु. 20 और 21 द्वारा प्रदत्त अधिकार निरस्त नहीं किए जा सकते। ये आपातकाल में भी बने रहेंगे। राष्ट्रपति आदेश द्वारा अनु. 20-21 को छोड़कर चाहे तो समूचे मूलाअधिकार को निरस्त कर दे या किन्ही-किन्हीं को। जैसे राष्ट्रपति या घोषित कर सकता है कि आपातकाल के दौरान शोषण के विरुद्ध अधिकार (अनु. 23-24) तथा धार्मिक अधिकार (अनु. 25-28) बने रहेंगे इनके विरुद्ध यदि राज्य द्वारा कार्रवाई आपातकाल में की जाती है तो नागरिक अनु. 32 के अंतर्गत सर्वोच्च न्यायालय से उपचार प्राप्त कर सकते हैं, अन्य मूलाधिकारों (अनु. 20-21 को छोड़कर) के उल्लंघन पर यह उपचार प्राप्त नहीं होगा।

संदर्भ

1. किसी भी व्यक्ति या व्यक्ति समूह के परम्परागत अधिकार को राजा या राज्य द्वारा मान्यता देने या स्वीकार करने का यह प्रथम उदाहरण है, इससे ये अधिकार विधि का स्वरूप धारण कर लिए, फलत: बाद में आने वाले राजा भी इन अधिकारों से बँध गए।
2. श्यामलाल शकधर द्वारा सम्पादित, 'संविधान और संसद' पुस्तक में जे. बी. कृपलानी का लेख 'मौलिक अधिकार', पृष्ठ 54, नेशनल पब्लिशिंग हाऊस नई

दिल्ली, 1975, पृष्ट 54।

3. ग्रैनविल ऑक्टिन, 'द इन्डियन कान्स्टीट्यूशन-कार्नरस्टोन ऑफ ए नेशन', ऑक्सफोर्ड युनिवर्सिटी प्रेस, नई दिल्ली : 2008, पृ. 53।
4. ग्रैनविल ऑक्टिन, वहीं पृ. 56।
5. वहीं, ग्रैनविक ऑस्टिनख पृ. 62
6. वहीं, गैनविल ऑस्टिन, पृ. 62
7. जे. आर सीवाच कृत 'भारत की राजनीतिक व्यवस्था', हरियाणा साहित्य अकादमी, चंडीगढ़, 1992, पृष्ठ 49-50
8. जिन राज्यों में विधानमंडल एकसदनीय है वहाँ उसका आशय केवल विधानसभा से है और जहाँ दो सदनीय है, वहाँ उसका आशय विधानसभा तथा विधानपरिषद दोनों से है।
9. वर्जीनिया बनाम राइब्स (1880), 100, एस.सी., 313 -318।
10. संविधान पीठ, न्यायाधीशों की वह पीठ होती है, जो किसी महत्वपूर्ण संवैधाानिक विवाद के निपटारे के लिए (जिसमें विधि का कोई सारवान प्रश्न निहित हो) बनाई जाती है इसमें कम-से-कम 5 न्यायाधीश होते हैं। यह संस्था 7, 9, 11 आदि के क्रम में बढ़ायी जा सकती है। कोई प्रश्न संविधान पीठ को सौंपा जाएगा या नहीं, यह निर्धारित करना मुख्य न्यायाधीश का काम है।
11. इस अनुच्छेद में 'व्यक्ति' से आशय यह है कि, यह अधिकार नागरिकों और उन विदेशियों को भी प्राप्त है, जो भारत में रह रहे हैं।
12. भारत में राष्ट्रपति और राज्यपालों को विशेष रियायतें मिली हुई हैं; जैसे- उक्त पदों पर बैठे व्यक्तियों के विरुद्ध उनके कार्यकाल के दौरान किसी भी न्यायालय में किसी भी प्रकार की दांडिक कार्यवाही न तो संस्थित की जाएगी और न ही ऐसी कोई कार्यवाही चालू रखी जाएगी। भारत में किसी भी राज्य सरकार या केन्द्र सरकार के विरुद्ध मुकद्दमा दायर या संस्थित किया जा सकता है किन्तु राष्ट्रपति या राज्यपाल के विरुद्ध नहीं, क्योंकि इनके द्वारा जो भी कार्य किया जाता है, उसके पीछे मंत्रिमंडल की सलाह होती है। किन्तु इनके द्वारा वैयक्तिक हैसियत से किए जाने वाले कार्यों के विरुद्ध कार्यवाही की जा सकती है। इसके लिए इन्हें दो माह पूर्व सूचना देनी होगी। (देखें अनु 361 और 367)।
13. इस अनुच्छेद द्वारा प्रदत्त अधिकार केवल नागरिकों को ही प्राप्त है। विदेशी लोगों के साथ इन आधारों में से किसी भी आधार पर विभेद किया जा सकता है।
14. जनरल मैनेजर बनाम रंगचारी, ए. आई. आर. 1962, एस. सी. 36 (42-44),

कुंज बिहारी बनाम भारत संघ, ए. आई. आर. 1963, एस. सी. 519 (527), बालाजी बनाम मैसूर राज्य, ए. आई. आर. 1963, एस. सी. 647 (664)।

15. सेना सम्बन्धी उपाधियाँ राज्य की ओर से प्रतिवर्ष दी जाती हैं जैसे- वीर चक्र, शौर्य चक्र, परमवीर चक्र। विद्या सम्बन्धी उपाधियाँ कालेजों और विश्वविद्यालयों द्वारा दी जाती है, जैसे- डी. लिट्, पी.एच.डी आदि। ये उपाधियाँ तथा सम्मान पूरी तरह से वैधानिक है, इन पर प्रतिबन्ध नहीं है।

16. भारत रत्न केवल कला, विज्ञान तथा साहित्य के क्षेत्र में विशेष योगदान देने वालों को दिया जाता है, जबकि पद्म विभूषण, पद्म भूषण तथा पद्मश्री किसी भी क्षेत्र में विशेष सेवा करने वालों (जिसमें सरकारी सेवा भी शामिल है) को मिलता है। भारत रत्न सरकारी सेवा करने वालों को तब तक नहीं मिलता जब तक कि उन्होंने कला, विज्ञान या साहित्य के क्षेत्र में कोई विशिष्टतम योगदान नहीं किया है। इस प्रकार, भारत रत्न पाने वालों का कार्यक्षेत्र निर्धारित है, जबकि अन्य का नहीं, लेकिन इन मानदंडों का पालन प्राय: नहीं किया जाता है।

17. 44वें संविधान संशोधन द्वारा अनु. 359 में संशोधन करके यह प्रावधान किया गया।

3

नीति निदेशक तत्व

संविधान के भाग 3 में वर्णित मौलिक अधिकारों की व्यवस्था यदि राजनीतिक लोकतंत्र को स्थापित करने के लिए प्रयासरत है, तो भाग 4 में वर्णित नीति निदेशक तत्व (अनु. 36-51) हमें सामाजिक-आर्थिक लोकतंत्र की ओर ले जाते हैं। जब संविधान बना तो भारत एक नवजात लोकतंत्र था, आर्थिक संसाधनों का अभाव था और समाज का एक बड़ा भाग अभावों से जूझ रहा था। इन दशाओं में संविधान निर्माताओं ने देश के भावी शासकों के लिए एक 'आदर्श' स्थापित करने तथा उसकी प्राप्ति का प्रयास करने का लक्ष्य सुनिश्चित किया। ये लक्ष्य प्राप्त करने के लिए न्यायालय राज्य को बाध्य नहीं करेंगे किन्तु निदेशक सिद्धान्त देश के शासन में मूलभूत हैं और कानून बनाने में इन सिद्धान्तों को लागू करना 'राज्य'[1] का कर्त्तव्य होगा (अनु. 37)। यह व्यवस्था इसलिए की गई कि भविष्य में जब राज्य के पास आर्थिक संसाधन प्रचुर मात्रा में हो जाएँगे तो हमारे शासक स्वयं इन लक्ष्यों को प्राप्त करने का प्रयास करेंगे। इन लक्ष्यों की प्राप्ति ही शासन व्यवस्था के सफल संचालन का मापदंड कही जाएगी। अम्बेडकर के शब्दों में जो शासक इन लक्ष्यों की प्राप्ति में असफल रहेंगे, उन्हें जनता के सामने चुनाव के समय उत्तर देना होगा। एक प्रकार से अम्बेडकर यह कहना चाहते थे कि ये तत्व 'सुशासन' और 'कुशासन' का निर्धारण करेंगे। संविधान निर्मात्री सभा में एच.बी. कामथ ने कहा था कि, "राज्य सामान्य व्यक्ति का कल्याण कहाँ तक कर जा रहा है, इसका मूल्यांकन इस बात में किया जायगा कि वह कहाँ तक निदेशक तत्वों का क्रियान्वित कर पा रहा है।[1] ये तत्व निसन्देह रूप से राज्य के दायित्व को सर्वोपरि घोषित करते हैं।[2]

'राज्य के दायित्व' को उद्धत करते हुए अन्य देशों के भी उदाहरण संविधान निर्मात्री सभा में दिए गए थे, अनेक सदस्यों ने नीति निदेशक तत्वों का पक्ष लेते

हुए कहा कि, अमेरिका ने भी संविधान लागू होने के बाद संघीय और राज्य सरकारों की भूमिका, राष्ट्र के सामाजिक आलोक जीवन में काफी बढ़ गयी है। यूरोप और विशेषतः जर्मनी तथा पूर्वी यूरोप के देशा में वहाँ प्रथम विश्व युद्ध के बाद संविधान बनाया गया है, वहाँ नए संविधान का मुख्य लक्षण राज्य को इस दायित्व से बँधा हुआ घोषित करता है कि उसका मुख्य कार्य नागरिकों के सामाजिक–आर्थिक जीवन की सुरक्षा तथा औधोगिक समृद्धि की रक्षा करना है। अधिकांश सदस्यो को आचार लैण्ड में संविधान में पाए जाने वाले 'संवैधानिक समाजवाद' (जिसकी अभिव्यक्ति हमें आयरिस संविधान में निदेशक तत्व में मिलती है) का उल्लेख करते हुए उसे राज्य के दायित्व के रूप में स्वीकार करने की प्रबल माँग की, जिसे अन्ततः स्वीकार कर किया गया। **वस्तुतः संविधान की प्रस्तावना में जिस सामाजिक–आर्थिक न्याय की बात कही गई है, ये तत्व उसी की प्राप्ति का मार्ग तैयार कर लोककल्याणकारी राज्य की स्थापना सुनिश्चित करते हैं। आइवर जेनिंग्स ने अपनी पुस्तक 'सम कैरेक्टरस्टिक्स ऑफ इन्डियन कॉन्सटीट्यूशन' में लिखा है कि, नीति निदेशक तत्वों के अधिकांश मामलों के पीछे जो दर्शन है वह 'फेबियन समाजवाद' है, जिसमें से समाजवाद निकाल दिया गया है, क्योंकि उत्पादन वितरण और विनिमय के साधनों के राष्ट्रीयकरण का अभाव है। वास्तव में, संविधान में मिश्रित अर्थव्यवस्था की संकल्पना की गई है जिसमें निजी और सार्वजनिक क्षेत्र दोनों की भागीदारी है, लेकिन इसके बाद भी हमारी संवैधानिक प्रतिबद्धता समाजवादी व्यवस्था के प्रति ही है। निदेशक तत्वों के सिद्धान्त का पालन करते हुए, देश को विकास के पथ पर तेजी से बढ़ाने के लिए और सभी राज्यों को विकास का लाभ समान रूप से पहुँचाने के लिए ही 15 मार्च, 1950 ई. को योजना आयोग की स्थापना की गई। 1955 ई. में कांग्रेस पार्टी के आवाड़ी अधिवेशन में बोलते हुए प्रधानमंत्री जवाहर लाल नेहरू ने पंचवर्षीय योजनाओं का उद्देश्य "समाज का समाजवादी ढाँचा" स्थापित करना घोषित किया था। उनके अनुसार समाजवाद वह है जिसमें प्रत्येक व्यक्ति को प्रगति के समान अवसर उपलब्ध हों।**

राज्य के नीति के निदेशक तत्वों का सिद्धान्त 1935 के अधिनियम में जारी किए गए अनुदेश पत्रों के समान ही है। उस समय गवर्नरों तथा गवर्नर जनरल को आदेश–निर्देश जारी करते समय इन अनुदेश–पत्रों का ध्यान रखना होता था।

उसी प्रकार स्वतंत्र भारत में भी राज्य को यह निर्देश दिया गया है कि वह कानून बनाते समय इन तत्वों को लागू करने का प्रयास करें। भारतीय संविधान में नीति के निदेशक तत्वों का विचार आयरलैण्ड के संविधान से लिया गया है।

मूल अधिकार और निदेशक तत्वों में अंतर

मौलिक अधिकार और नीति के निदेशक सिद्धान्त हमारे संविधान की संजीवनी व्यवस्थाएँ हैं जिनसे हमारे लोकतंत्र को शक्ति मिलती है। ग्लेडहिल ने लिखा है कि, मौलिक अधिकार राज्य के लिए कुछ निषेध आज्ञाएँ हैं। इनके द्वारा राज्य को कुछ कार्यों को करने से इस आधार पर रोका जाता है कि, ऐसा करनें से नागरिकों के मौलिक अधिकारों को क्षति पहुँचेगी या उसमें अनुचित हस्तक्षेप होगा, जबकि नीति के निदेशक सिद्धान्त कुछ सकारात्मक आदेश हैं जो बताते हैं कि राज्य को क्या करना चाहिए। दोनों में कुछ प्रमुख अंतर इस प्रकार हैं

1. यदि मौलिक अधिकार का उल्लंघन राज्य या कोई व्यक्ति करता है तो पीड़ित व्यक्ति सर्वोच्च न्यायालय से अनु. 32 के अंतर्गत तथा उच्च न्यायालय से अनु. 226 के अंतर्गत उपचार प्राप्त कर सकता है। लेकिन निदेशक तत्वों को क्रियान्वित करने के लिए वह न्यायालय से गुहार नहीं लगा सकता। अर्थात् मौलिक अधिकार वाद योग्य हैं और निदेशक तत्व वाद योग्य नहीं है।[3]

2. निदेशक तत्वों को कानून बनाकर ही लागू किया जा सकता है। जब तक अनु. 36–51 में वर्णित किसी नीति को क्रियान्वित करने वाला कोई कानून नहीं बनता, तब तक निदेशक तत्वों का अनुपालन करने के नाम पर राज्य या कोई व्यक्ति किसी प्रचलित कानून या कानूनी अधिकार का उल्लंघन नहीं कर सकता, जबकि मूल अधिकारों को प्राप्त करने के लिए किसी कानूनी प्रावधान का होना आवश्यक नहीं है क्योंकि ये देश की सर्वोच्च विधि अर्थात् संविधान द्वारा प्रदत्त अधिकार हैं।

3. मौलिक अधिकारों को (अनु. 20 तथा 21 को छोड़कर) आपातकाल (अनु. 352) लागू होने पर स्थगित किया जा सकता है, लेकिन निदेशक तत्वों के अनुसार कानूनों के निर्माण का प्रयास करना आपातकाल में भी राज्य का दायित्व बना रहता है, राज्य इससे मुक्त

नहीं होता।

4. मौलिक अधिकार राजनीतिक लोकतंत्र की आधारशिला रखते हैं, ये व्यक्ति के व्यक्तित्व को उसकी 'गरिमा' के साथ स्थापित करते हैं, जबकि निदेशक तत्व राज्य को लोककल्याणकारी स्वरूप में प्रतिष्ठित कर उसे सामाजिक-आर्थिक न्याय की प्राप्ति हेतु सशक्त बनाते हैं।

अनु. 39 (ख)[4] तथा (ग)[5] को मूल अधिकारों के संदर्भ में विशेष स्थिति प्राप्त है।

मूल अधिकारों को न्यायालयों के माध्यम से (अनु. 32 तथा 226) क्रियान्वित किया जा सकता है और न्यायालयों के लिए यह आवश्यक है कि, वे मूल अधिकारों का उल्लंघन करने वाली विधियों को असंवैधानिक घोषित कर दे (अनु. 13(2)), किन्तु न्यायालय किसी भी कानून को इस आधार पर अवैध या असंवैधानिक घोषित नहीं कर सकते कि वह नीति निदेशक तत्वों का उल्लंघन कर रहा है क्योंकि निदेशों को न्यायालय द्वारा लागू नहीं कराया जा सकता (अनु. 37), अर्थात् संविधान के मौलिक अधिकार और नीति निदेशक तत्वों के बीच विवाद उठने पर न्यायालय मौलिक अधिकारों को महत्व देगा, निदेशक तत्वों को नहीं। 25 वें संविधान संशोधन 1971 द्वारा अनु. 31 में एक नया प्रावधान 31(ग) जोड़कर यह व्यवस्था की गयी कि, अनु. 39 (ख)[6] तथा (ग)[4] को क्रियान्वित करने के लिए बनाए गए किसी भी कानून को इस आधार पर अवैध नहीं ठहराया जाएगा कि वह अनु. 14, 19 तथा 31 में दिए गए मौलिक अधिकारों का उल्लंघन कर रहा है। 42वें संविधान संशोधन, 1976 ई. द्वारा इस प्रावधान को विस्तृत कर यह व्यवस्था स्थापित की गई कि यदि संविधान के भाग 4 में वर्णित किसी भी निदेशक सिद्धान्त को लागू करने के लिए कोई कानून बनाया जाता है तो उसे अनु. 14, 19 तथा 31 द्वारा प्रदत्त मूलाधिकारों के उल्लंघन के आधार पर अवैध या अंसवैधानिक घोषित नहीं किया जाएगा, किन्तु 42 वें संविधान संशोधन द्वारा बढ़ाए गए इस प्रावधान को सर्वोच्च न्यायालय नें मिनर्वा मिल्स वाद (1980 ई.) में अवैध घोषित कर दिया। परिणामत: अब वर्तमान में केवल दो ही प्रावधान ऐसे हैं, **अनु. 39 (ख) तथा (ग), जिनको क्रियान्वित करने के लिए बनाए गए कानूनों की विधि मान्यता पर इस आधार पर रोक नहीं लगाई जा सकती है कि वे अनु. 14 तथा 19 का उल्लंघन कर रहे हैं। यदि किसी राज्य के विधानमण्डल द्वारा**

अनु. 39(ख) तथा (ग) को क्रियान्वित करनें के लिए कोई विधि बनाई जाती है और उससे अनु. 14 तथा 19, जो कि मूलाधिकार हैं, प्रभावित होते हैं तो ऐसी विधि को राष्ट्रपति के विचार के लिए आरक्षित किया जाएगा और उसकी अनुमति के बाद ही राज्य द्वारा बनाई गई ऐसी विधि प्रभावी हो सकेगी।

क्या केन्द्र नीति निदेशक तत्वों तथा संविधान के अन्य भागों में दिए गए निदेशों को संवैधानिक दवाब द्वारा इकाई राज्यों में लागू कराया जा सकता है?–

संविधान के भाग 17 के अध्याय 4 में अनु. 350[7], 350(क)[8] 350(ख)[9] तथा 351[10] में कुछ विशेष निर्देश दिए गए हैं तथा अनु. 335[11] में भी निदेश है। इसके अतिरिक्त संविधान के अन्य भागों मे भी कतिपय निदेश दिए गए हैं। ये निदेश भी न्यायालय में वाद योग्य नहीं हैं। केन्द्र तथा इकाई राज्यों की सरकारें इन आदर्शों को प्राप्त करने में यदि विफल रहती है तो न्यायालय कुछ नहीं कर सकता, किन्तु अनु. 355 की शब्दावली ध्यान देने योग्य है, जिसके अनुसार, "संघ का यह कर्त्तव्य होगा कि वह बाह्य आक्रमण तथा आंतरिक अशांति से प्रत्येक राज्य की रक्षा करे और प्रत्येक राज्य की सरकार का इस संविधान के उपबंधों के अनुसार चलाया जाना सुनिश्चित करे।" इस अनुच्छेद का अंतिम वाक्य संविधान के जिन उपबंधों की बात करता है उनमें नीति निदेशक तत्वों के साथ-साथ वे निदेश भी शामिल हैं जिनका वर्णन ऊपर किया गया है। केन्द्र सरकार इस आधार पर किसी भी इकाई राज्य को कोई भी आदेश दे सकती है या चेतावनी दे सकती है कि **वह इन निदेशों को लागू करें और ऐसा आदेश देना संवैधानिक होगा और यदि कोई राज्य इन आदेशों को पालन नहीं करता है या किसी कारण से उसनें निदेशक तत्वों के सिद्धान्त या संविधान के अन्य भागों में दिए गए निदेशों का अनुपालन करने में असमर्थता व्यक्त की या वह असफल रहा तो केन्द्र सरकार द्वारा यह निष्कर्ष निकालना दुर्भावनापूर्ण नहीं होगा कि उस इकाई राज्य की सरकार संविधान के प्रावधानों के अनुसार नहीं चल रही है क्योंकि वह निदेशों के अनुपालन में असफल रही है और ऐसी दशा में उस इकाई राज्य में अनु. 356 के अन्तर्गत राष्ट्रपति शासन लागू किया जा सकता है क्योंकि ऐसा निष्कर्ष अनु. 365 द्वारा समर्थित व संतुष्ट है, जिसमें अधिकथित है कि, निदेशों को क्रियान्वित करनें में असफल रहने की दशा में राज्यों में**

राष्ट्रपति शासन लागू किया जा सकता है।

अनु. 355 का दूसरा भाग और अनु. 365, वस्तुतः निदेशक तत्वों को राज्यों द्वारा क्रियान्वित कराने के लिए केन्द्र को विशेष अधिकार देते हैं, किन्तु संघ को इस प्रकार किसी भी ढंग से दवाब में नहीं रखा गया है। संविधान का स्वरूप संघीय है और इस संदर्भ में संघीय व्यवस्था का पूरी तरह केंन्द्र की ओर झुका होना स्पष्ट रूप से देखा जा सकता है।

नीति निदेशक तत्वों का औचित्य–

बहुत सारे विद्धानों ने निदेशक तत्वों के पीछे वैधानिक शक्ति के अभाव के कारण इनकी उपयोगिता तथा औचित्य पर प्रश्न उठाया है। के.टी. शाह ने संविधान निर्मात्री सभा में कहा कि, "यह एक ऐसा चेक है जिसका भुगतान बैंक की इच्छा पर छोड़ दिया गया है" क्योंकि इनको न्यायालय द्वारा लागू नहीं कराया जा सकता। आइवर जेनिंग्स ने अपनी पुस्तक 'सम कैरेक्टरिस्टिक्स ऑफ इण्डियन कॉन्स्टीट्यूशन' में कहा कि "नीति निदेशक तत्व पुण्यात्मा लोगों की महत्वाकांक्षाएं हैं और आने वाले समय में ये तत्व निस्संदेह निरर्थक हो जाएँगे।"[11] प्रो. के. सी. व्हीयर ने अपनी पुस्तक 'मॉर्डन कॉन्स्टीट्यूशन में लिखा है कि, ".....इन विषयों को न्यायालयों पर छोड़ना मूर्खता होगी......ये संविधान निर्माताओं के उद्देश्यों तथा आकांक्षाओं का घोषणापत्र है, लेकिन यदि इन घोषणाओं को केवल शब्द ही मानना है तो इससे संविधान की विश्वसनीयता कम होगी।" लेकिन इस प्रकार के आरोपों का उत्तर संविधान निर्मात्री सभा के पास था। वस्तुतः वे भारत के लिए एक व्यावहारिक संविधान बनाना चाहते थे, किन्तु संसाधनों की कमी और नवसृजित राष्ट्र की तत्कालीन दशाएँ उन्हें तुरंत ऐसा करने से रोक रही थी फलतः भविष्य की सरकारों के लिए दिशानिर्देश के रूप में उन्होंनें नीति निदेशक तत्वों का प्रावधान किया, जो कानून बनाने के समय व्यवस्थापिका और कार्यपालिका दोनों का मार्गदर्शन करेगा। नीति के निदेशक सिद्धान्त न केवल सामाजिक-आर्थिक न्याय हेतु प्रतिबद्ध हैं, वरन् उनमें एक लोककल्याणकारी राज्य का विचार भी समाहित है। ग्रेनविल ऑस्टिन ने अपनी पुस्तक 'दि इन्डियन कॉन्स्टीट्यूशन' में लिखा है कि, "नीति निदेशक तत्वों का लक्ष्य सामाजिक क्रान्ति के लक्ष्यों की प्राप्ति है, वे उन परिस्थितियों का निर्माण करते हैं जिसके माध्यम से इस क्रान्ति को सफल बनाया जा सकता है और उसे आगे भी बढ़ाया जा सकता है।"

नीति निदेशक तत्वों में उपस्थित सिद्धान्तों को स्वतंत्रता के बाद आने वाली सरकारों ने केवल शब्दाडंबर ही नहीं माना है, वरन् उसके क्रियान्वयन का प्रयास भी किया है। न्यायालयों ने भी विभिन्न वादों में सरकार से निदेशक सिद्धान्तों का अनुपालन करने को कहा है या उनके क्रियान्वयन में अबतक हुई प्रगति का विवरण देने को कहा है। नीति निदेशक तत्वों की उपयोगिता एवं उनका औचित्य इस प्रकार समझा जा सकता है–

1. अब यह निष्कर्ष न्यायालय द्वारा स्थापित किया जा चुका है कि अनु. 39(ख) तथा (ग) -जो कि निदेशक तत्वों के अन्तर्गत है-को क्रियान्वित करने के लिए बनाई गई विधियों को इस आधार पर असंवैधानिक नहीं ठहराया जा सकता कि वे अनु. 14 तथा 19 में वर्णित मूल अधिकारों का उल्लंघन करते हैं।

2. मूलाधिकारों की व्याख्या करते समय न्यायालय नीति निदेशक तत्वों की उपेक्षा नहीं कर सकते जैसे अनु. 19(1) (द) सभी नागरिकों को कोई भी वृत्ति, उपजीविका, व्यापार या कारोबार करने का अधिकार देता है, लेकिन अनु. 42 (जो कि निदेशक तत्व है) काम की न्यायसंगत एवं मानवोचित दशाओं का उपबंध करना राज्य का दायित्व घोषित करता है। ऐसे में न्यायालय कह सकता है कि, किसी नागरिक के व्यापार करने की स्वतंत्रता या कहीं भी नौकरी करने की स्वतंत्रता इस आधार पर प्रतिबंधित की जा सकती है कि वहाँ मानवोचित या न्यायसंगत दशाओं का अभाव है। हास्काट बनाम् महाराष्ट्र राज्य[12] के वाद में सर्वोच्च न्यायालय ने अनु. 21 के अधीन किसी व्यक्ति को उसकी दैहिक स्वतंत्रता से वंचित करने के लिए कानून बनाते समय राज्य के कर्त्तव्य का अवधारण करते हुए अनु. 39(क) का सहारा लिया और यह कहा कि, जहाँ बन्दी को अपील का अधिकार है, वहाँ राज्य उसे निर्णय की प्रति निःशुल्क देगा और राज्य के खर्चे पर उसके लिए अधिवक्ता की व्यवस्था करेगा।

3. राज्य पर नीति निदेशक तत्वों के क्रियान्वयन का दायित्व है किन्तु देखा जाए तो इन नीति निदेशक तत्वों में कुछ ऐसे सिद्धान्त भी हैं जिनका पालन नागरिकों से भी अपेक्षित है और इस कारण कहा जा सकता है कि, संविधान में यद्यपि मौलिक कर्त्तव्यों (अनु. 51(क)[13] का उल्लेख है किन्तु निदेशक सिद्धान्त भी कतिपय नागरिक कर्त्तव्यों

का अवधारण करते हैं। जैसे प्रत्येक नागरिक अपने यहाँ काम करने वाले मजदूरों को न्यूनतम मजदूरी प्रदान करें (अनु. 43), या प्रत्येक नागरिक पर्यावरण का संरक्षण व संवर्द्धन करें तथा वन एवं वन्य जीवों की रक्षा करें (अनु. 48(क) आदि।

4. नीति के निदेशक सिद्धान्तों का पालन करने के लिए न्यायालय द्वारा राज्य को बाध्य नहीं किया जा सकता, किन्तु हाल के बर्षों में सर्वोच्च न्यायालय ने विभिन्न मामलों में सरकार से यह अपेक्षा की है कि, वह निदेशक तत्वों को लागू करने का प्रयास करे। एक समान नागरिक संहिता (अनु. 44) लागू करने में सरकारों की असफलता पर न्यायालय ने कई बार टिप्पणी की है। **वस्तुतः न्यायाधीशों को जनता की आकांक्षाओं, समाज की आवश्यकताओं एवं समय की गति व दिशा को ध्यान में रखना होता है। ऐसा करते समय वे संविधान द्वारा निर्धारित स्वतंत्रता की सीमाओं को समयानुसार व्यापक बनाते हैं। जस्टिस पी. एन. भगवती के लिए न्याय की प्रक्रिया और स्वतन्त्रता का तात्पर्य "गरीबी और पर निर्भरता से मुक्ति" है। ये बातें स्वयमेव ही हमें निदेशक तत्वों के क्रियान्वयन के प्रति सजग बनाती हैं और साथ ही सामाजिक-आर्थिक न्याय की प्राप्ति के लिए संवेदनशील भी। इसमें लाखों लोगों का उद्धार शामिल है। न्यायाधीशों को इसका ध्यान रखना चाहिए। आज न्यायालय मौलिक अधिकारों तथा निदेशक तत्वों पर साथ-साथ विचार करने लगा है, जिससे संविधान के भाग ४ को एक नयी दिशा मिल गयी है।**

संदर्भ

1. संविधान निर्मात्री सभा, वाद विवाद, खंड, 2, 221
2. संविधान निर्मात्री सभा में दिए गए, नेहरू, अम्बेडकर, बनर्जी आदि के वक्तव्य, देखें, ग्रेविथिक ऑस्टिन, वहीं, पृ. 60
3. इस भाग में भी 'राज्य' का वही अर्थ है जो भाग 3 में है (अनु. 36)। अर्थात् भारत की सरकार और संसद, प्रत्येक इकाई राज्य की सरकार और विधानमंडल अन्य प्राधिकारी तथा स्थानीय प्राधिकारी।
4. यहाँ यह बात ध्यान में रखना रूचिकर होगा कि संविधान निर्मात्री सभा ने मूल अधिकारों के सम्बन्ध में जो उपसमिति बनाई थी, उसनें मूल अधिकारों को दो

वर्गों में विभाजित किया था-

A. ऐसे अधिकार जिन्हें न्यायालय के माध्यम से बलपूर्वक लागू कराया जा सकता है, अर्थात् जिनके उल्लंघन पर व्यक्ति न्यायालय की शरण ले सकता है और,

B. ऐसे अधिकार जिन्हें न्यायालय के माध्यम से लागू नहीं कराया जा सकता।

उपरोक्त संदर्भ में विचार करने पर स्पष्ट हो जाता है कि संविधान निर्माताओं का उद्देश्य निदेशक सिद्धान्तों को भी मौलिक अधिकारों का ही एक भाग समझना था। निदेशक तत्वों की भाषा पर ध्यान देने से यह बात और अधिक स्पष्ट हो जाएगी तथा यह ज्ञात हो जाएगा कि, इनमें अनेक प्रकार के अधिकार सूक्ष्म रूप से दिए गए हैं, जैसे अनु. 41 में काम, शिक्षा और लोक सहायता पाने का अधिकार और इसी प्रकार अनु. 42 में काम करने की मानवीय एवं उचित परिस्थितियों तथा प्रसूति सहायता प्राप्त करनें का अधिकार आदि। ये अधिकार नागरिकों के पक्ष मे है। निदेशक तत्वों में कहीं-कहीं 'कर्त्तव्य' शब्द का भी उल्लेख है। यदि इनकी गहराई से छान-बीन की जाय तो ज्ञात होगा कि, ये 'कर्त्तव्य' राज्य से और कहीं-कहीं नागरिकों से भी अपेक्षित हैं जैसे, अनु. 47 में वर्णित है कि, पोषाहार स्तर और जीवन स्तर को ऊँचा करने तथा लोक स्वास्थ्य का सुधार करना राज्य का कर्त्तव्य होगा तो वहीं अनु. 48(क) (पर्यावरण संरक्षण, संवर्द्धन और वन एवं वन्य जीवों की रक्षा) तथा अनु. 49 में वर्णित बातें (राष्ट्रीय महत्व के स्मारकों, स्थानों और वस्तुओं का संरक्षण) न केवल राज्य पर 'कर्त्तव्य' आरोपित करती हैं, वरन् नागरिकों पर भी कर्त्तव्य आरोपित करती हैं कि वे पर्यावरण का संरक्षण करे तथा राष्ट्रीय धरोहरों का संरक्षण करें। इकबाल नारायण का मत है कि अधिकार और कर्त्तव्य के बीच इस भेद के कई महत्वपूर्ण संवैधानिक परिणाम हो सकते हैं।

5. समुदाय के भौतिक संसाधनों का स्वामित्व और नियंत्रण इस प्रकार बँटा हो जिससे सामूहिक हित का सर्वोत्तम रूप से साधन हो (अनु. 39(ख))।

6. आर्थिक व्यवस्था इस प्रकार चले कि धन और उत्पादन के साधनों का सर्वसाधारण के लिए अहितकारी (अलाभकारी) संकेन्द्रण न हो अर्थात्, पूँजी समाज के किसी एक या कुछ ही भाग में केन्द्रित न हो (अनु. 39(ग))।

7. कोई भी पीड़ित व्यक्ति अपने कष्टों के निवारण के लिए राज्य के किसी भी अधिकारी या प्राधिकारी को संघ या राज्य में प्रयोग होने वाली किसी भी भाषा में आवेदन देने का हकदार होगा।

8. प्रत्येक राज्य भाषाई-अल्पसंख्यक वर्गों के बालकों को प्राथमिक शिक्षा मातृभाषा में देने की व्यवस्था करेगा।

9. भाषाई अल्पसंख्यक वर्गों के लिए एक विशेष अधिकारी होगा जिसकी नियुक्ति

राष्ट्रपति करेगा और वह अपनी रिपोर्ट राष्ट्रपति को देगा।

10. संघ का यह कर्त्तव्य होगा कि वह हिन्दी का प्रसार बढ़ाए, उसका विकास करे जिससे वह भारत की सामासिक संस्कृति के सभी तत्वों की अभिव्यक्ति का माध्यम बन सके....हिन्दी के शब्द भंडार को मुख्यत: संस्कृत के शब्दों से और गौणत: अन्य भाषाओं से शब्द ग्रहण करते हुए उसकी समृद्धि सुनिश्चित करे।
11. संघ एवं राज्य द्वारा विभिन्न पदों पर नियुक्तियाँ करते समय अनुसूचित जातियों, जनजातियों के सदस्यों के दावों का, प्रशासन की दक्षता बनाए रखने की संगति के अनुसार ध्यान रखा जाएगा।
12. आइवर जेनिंग्स, "सम कैरेक्टरिस्टिक्स ऑफ इन्डियन कॉन्स्टीट्यूशन," पृष्ठ 31–33।
13. हास्काट बनाम महाराष्ट्र राज्य, ए. आई, आर 1978, एस. सी. 1548 (पैरा 24)।
14. संविधान में मौलिक कर्त्तव्यों का समावेश 42वें संविधान संशोधन द्वारा 1976 ई. में किया गया। इसके पीछे तत्कालीन सोवियत संघ के संविधान की प्रेरणा थी।

4

मूल कर्तव्य

संविधान निर्मात्री सभा ने भारत के लोगों के लिए जिस संविधान का निर्माण किया, उसमें मौलिक अधिकारों का व्यापक प्रावधान (अनु. 12-35 तक) किया गया था, लेकिन उस समय इन अधिकारों के साथ मौलिक कर्त्तव्यों का समावेश संविधान में नहीं किया जा सका। बाद में स्वर्ण सिंह समिति ने व्यापक संवैधानिक सुधारों से सम्बंधित अपनी रिपोर्ट प्रस्तुत की, तो उसमें जनता के लिए कतिपय कर्त्तव्यों का भी निर्धारण किया गया। इस रिर्पोर्ट के आधार पर ही जब संविधान में 42वाँ संशोधन (1976 ई.) किया गया तो अनु. 51(क) में भारत के सभी नागरिकों के लिए 10 मौलिक कर्त्तव्य भी जोड़ दिए गए, जिनका अनुपालन प्रत्येक भारतीय नागरिक का दायित्व सुनिश्चित किया गया। भूतपूर्व सोवियत संघ के संविधान में नागरिकों के लिए कर्तव्यों का प्रावधान था और भारतीय संविधान यहीं से प्रेरणा लेकर अपने नागरिकों के लिए निम्नलिखित मौलिक कर्त्तव्यों की व्यवस्था करता है-

अनु. 51 (क) के अनुसार, भारत के प्रत्येक नागरिक का यह कर्त्तव्य होगा कि,

1. संविधान का पालन करे और उसके आदेशों, संस्थाओं, राष्ट्रध्वज और राष्ट्रगान का सम्मान करे
2. स्वतंत्रता के लिए हुए हमारे राष्ट्रीय आन्दोलन को प्रेरित करने वाले उच्च आदर्शों को हृदय में संजोए रखे और उनका पालन करें,
3. भारत की प्रभुता, एकता और अंखडता की रक्षा करे और उसे अक्षुण्ण रखे,
4. देश की रक्षा करे तथा आवाहन किए जाने पर राष्ट्र की सेवा करे,

5. भारत के सभी लोगों में समरसता और समान भातृत्व की भावना का निर्माण करे, जो धर्म, भाषा, प्रदेश या वर्ग पर आधारित सभी भेदभाव से परे हो, ऐसी प्रथाओं का त्याग करे जो स्त्रियों के सम्मान/मर्यादा के विरुद्ध हो,
6. हमारी सामासिक/समन्वयकारी संस्कृति की गौरवशाली परंपरा का महत्व समझे और उसका परिरक्षण करे,
7. प्राकृतिक वातावरण/पर्यावरण की, जिसके अन्तर्गत वन, झील, नदी और वन्य जीव भी शामिल हैं, रक्षा करे, उनका संवर्द्धन करे तथा प्राणिमात्र के प्रति दयाभाव रखे,
8. वैज्ञानिक दृष्टिकोण, मानववाद, ज्ञानार्जन तथा सुधार की भावना का विकास करे,
9. सार्वजनिक सम्पति को सुरक्षित रखे तथा हिंसा से दूर रहे, और
10. व्यक्तिगत एवं सामूहिक गतिविधियों के सभी क्षेत्रों में उत्कर्ष की ओर बढ़ने का निरन्तर प्रयास करे, जिससे राष्ट्र निरन्तर बढ़ते हुए, प्रयत्न और उपलब्धियों की नई ऊँचाइयों को छू ले।
11. माता-पिता या संरक्षक, जैसी भी स्थिति हो, अपने उस बच्चे की, जिसकी आयु 6–14 वर्ष के बीच है, शिक्षा देने का अवसर प्रदान करेगा।

मौलिक कर्त्तव्यों का समावेश मौलिक अधिकारों वाले अध्याय (संविधान का भाग 3) में न होकर नीति निदेशक तत्वों (भाग 4) के अन्तर्गत संविधान में एक नया भाग जोड़कर (भाग 4 (क) के अन्तर्गत) किया गया है। नीति निदेशक तत्वों से सम्बंधित अनु. 37 में ही यह स्पष्ट कर दिया गया था कि प्रावधानों को न्यायालय के माध्यम से दबाव डालकर लागू नहीं किया जा सकता, ये भावी सरकारों से की जाने वाली अपेक्षाएँ मात्र हैं, उसी प्रकार मौलिक कर्त्तव्य (यह भी संविधान के भाग-4 अंतर्गत ही आता है, अत: अनु. 37 उस पर भी लागू होता है) नागरिकों से की जाने वाली अपेक्षाएँ हैं, जिनका पालन प्रत्येक नागरिक को करना चाहिए। लेकिन यदि कोई पालन नहीं करता तो उसे इस आधार पर दंडित नहीं कराया जा सकता कि उसने मौलिक कर्त्तव्यों का अनुपालन नहीं किया है।

यदि ध्यान से देखा जाय तो संविधान के अन्य प्रावधानों में भी

नागरिकों के कतिपय कर्त्तव्यों की झलक देखी जा सकती है। नीति निदेशक तत्वों के अन्तर्गत आने वाले कुछ प्रावधान भी नागरिकों से उनके कर्त्तव्य के रूप में पालन की अपेक्षा रखते हैं, जैसे–

अनु. 49: राष्ट्रीय या कलात्मक महत्व के स्थानों, स्मारकों, धरोहरों का संरक्षण एवं परिरक्षण करना - यदि यह राज्य का दायित्व है, तो नागरिकों का भी कर्त्तव्य है कि ऐसे स्थानों आदि को सुरक्षित रखे जो राष्ट्रीय सांस्कृति धरोहर हैं।

अनु. 48 (क) : पर्यावरण का संरक्षण तथा वन एवं वन्य जीवों आदि का संरक्षण करना- यह राज्य के साथ-साथ नागरिकों का कर्त्तव्य है कि वह इनका संरक्षण करे।

अनु. 46: दुर्बल वर्गों की सामाजिक अन्याय से रक्षा करना राज्य के साथ-साथ नागरिकों का भी कर्त्तव्य है।

अनु. 48 : दुधारु पशुओं का वध न करना, उनका संरक्षण करना, यह राज्य के साथ-साथ नागरिकों का भी दायित्व है।

अनु. 47: मादक पेयों का सेवन न करना, इनका प्रतिषेध करना राज्य के साथ-साथ नागरिकों का भी दायित्व है।

इसी प्रकार मौलिक अधिकारों वाले अध्याय से यदि नागरिकों को अधिकार मिलते हैं तो साथ ही उन्हें कुछ कर्त्तव्यों का भी संकेत मिलता है; जैसे-

अनु. 15: प्रत्येक नागरिक को चाहिए कि वह किसी अन्य नागरिक के साथ धर्म, मूलवंश, जाति, लिंग या जन्मस्थान के आधार पर किसी भी अन्य नागरिक के साथ कोई भेदभाव न करे। यद्यपि यह अधिकार के रूप में वर्णित है, लेकिन इसमें 'कर्त्तव्य' भी अन्तर्निहित है।

अनु. 17: अधिकार के साथ-साथ प्रत्येक नागरिक का यह कर्त्तव्य भी है कि वह पारस्परिक अस्पृश्यता को व्यवहार न करे,

धार्मिक अधिकारों (अनु. 25-28) से यह ध्वनि निःसृत होती है कि नागरिकों का यह कर्त्तव्य है कि वे परस्पर धार्मिक सहिष्णुता के साथ जीवन यापन करें।

वस्तुतः मौलिक कर्त्तव्यों की विधिक स्थिति तथा गंभीरता को और भी अधिक स्पष्ट करने की आवश्यकता है, क्योंकि उपरोक्त वर्णन से यह स्पष्ट हो

जाता है, कि वे कर्तव्य जो मौलिक अधिकारों के अन्तर्गत वर्णित हैं उनका पालन बाध्यकारी है, तथा वे कर्त्तव्य जो मौलिक कर्त्तव्यों (भाग 4 क) के अंतर्गत वर्णित है उनका पालन न करना दण्डनीय नहीं बनाया गया है। **देखा जाय तो जिस प्रकार नीति निदेशक तत्व सरकार से की जाने वाली अपेक्षाएँ है, और उनका पालन सरकार के पास आर्थिक संसाधनों की सुलभता पर निर्भर है, ठीक उसी प्रकार नीति निदेशक तत्वों वाले अध्याय में वर्णित मूल कर्त्तव्य, नागरिकों से की जाने वाली अपेक्षाएँ हैं, जिनका पालन नागरिकों की चेतना एवं विवेक पर निर्भर करता है। लेकिन प्रश्न उठता है कि जिन नागरिकों को हमारे संविधान निर्माता 1949 ई. में विवेकशील मानते हुए कतिपय मौलिक अधिकार देते हैं तथा यह भी अधिकार देते हैं कि उनको लागू कराने के लिए नागरिक अनु. 32 के अंतर्गत सर्वोच्च न्यायालय की शरण ले सकता है तथा उस व्यक्ति या संस्था को दंडित करा सकता है जो मौलिक अधिकारों का हनन करती हो, उसी नागरिक को 1976 ई. में मौलिक कर्त्तव्यों का पालन करने को कहा जाता है तथा इसे केवल उनकी इच्छा पर छोड़ दिया जाता है, यह ठीक नहीं है। भारत के विभिन्न भागों में प्रायः लोग अपनी माँगों को मनवाने के लिए चक्का जाम कर देते हैं, तोड़-फोड़ करते हुए व्यापक हिंसा पर उतर आते हैं (राजस्थान मे हुए गुर्जर आन्दोलन को देखे) कहीं-कहीं गणंतत्र दिवस तथा स्वतंत्रता दिवस का बहिष्कार किया जाता है, और कभी-कभी राष्ट्र गान के समय लोग खड़े नहीं होते या कभी-कहीं राष्ट्रीय ध्वज जलाया जाता है (कश्मीर में) -ये सभी बातें मौलिक कर्त्तव्यों का खुलेआम उल्लंघन है। इन्हें केवल इसलिए अनदेखा नहीं किया जा सकता कि ये नागरिकों के ऊपर निर्भर हैं कि वे इनका पालन करें। वस्तुतः मौलिक कर्त्तव्य एक राष्ट्रीय नैतिक अपील के साथ-साथ हमारी संवैधानिक एवं लोकतांत्रिक निष्ठा से जुड़ी हुई चीज भी है। मौलिक कर्त्तव्य संविधान का ही एक भाग है जिसका पालन करना नागरिकों का परम कर्त्तव्य है, जो पालन नहीं करता वह संविधान का पालन नहीं कर रहा है, ऐसे नागरिकों को न्यायालय के माध्यम से दंडित कराए जाने की आवश्यकता है, इसके अभाव में संविधान की गरिमा धूल धूसरित होने का खतरा विद्यमान रहेगा।**

5

संघीय कार्यपालिका

भारत में सर्वोच्च संवैधानिक पद राष्ट्रपति का है, क्योंकि वह संघ की कार्यपालिका के शीर्ष पर है। संविधान के भाग 5 का अध्याय 1, संघीय कार्यपालिका के प्रावधानों का वर्णन करता है। अनु. 52 में कहा गया है कि भारत का एक राष्ट्रपति होगा। अनु. 53 राष्ट्रपति की शक्तियों का वर्णन करते हुए कहता है कि, संघ की कार्यपालिका शक्ति राष्ट्रपति में निहित होगी और वह इसका प्रयोग इस संविधान के अनुसार स्वयं या अपने अधीनस्थ अधिकारियों के द्वारा करेगा (अनु. 53(1))। संघ के रक्षा बलों का सर्वोच्च समादेश राष्ट्रपति में निहित होगा और उसका प्रयोग विधि के द्वारा विनियमित होगा, (अनु. 53(2))। अनु. 53(2) राष्ट्रपति को तीनों सेवाओं के अध्यक्ष (अर्थात् सुप्रीम कमाण्डर) के रूप में प्रतिष्ठित करता है।

राष्ट्रपति का निर्वाचन

भारत में संसदीय सरकार की स्थापना की गई है और हमनें संसदीय प्रणाली के लगभग वही प्रतिमान संविधान में अपनाए हैं जो ब्रिटेन में हैं। केवल एक मामले में हमारी संसदीय प्रणाली ब्रिटेन से भिन्न है। ब्रिटेन में राजतंत्रात्मक-लोकतंत्र को स्वीकृति दी गई है, ब्रिटिश राज्य का प्रमुख वंश-परम्परा द्वारा निर्धारित होता है। जबकि भारत में गणतंत्रीय लोकतंत्र को अपनाया गया है। गणतंत्र का अर्थ है, वह शासन जहाँ कार्यपालिका का प्रमुख जनता द्वारा प्रत्यक्ष या अप्रत्यक्ष रूप से निर्वाचित होता हो, किसी वंश परम्परा पर आधारित शासक का अभाव हो। भारत में संसदीय प्रणाली स्थापित है, जिसमें एक व्यक्ति कार्यपालिका का वास्तविक प्रधान होता है और दूसरा व्यक्ति नाममात्र का प्रधान होता है। राष्ट्रपति नाममात्र का ही प्रधान है, वास्तविक शक्ति तो प्रधानमंत्री और उसके मंत्रिमंडल में निहित है। नाममात्र के प्रधान को जनता द्वारा प्रत्यक्ष रूप से न चुनकर उसे

जनता के प्रतिनिधियों (विधायकों तथा सांसदों) द्वारा चुना जाता है। इसीलिए राष्ट्रपति के चुनाव की प्रक्रिया अप्रत्यक्ष निर्वाचन पद्धति की है। अप्रत्यक्ष निर्वाचन पद्धति अपनाने का सबसे बड़ा कारण हमारी संसदीय प्रणाली ही है। संविधान निर्मात्री सभा में जवाहर लाल नेहरू ने कहा था कि राष्ट्रपति के निर्वाचन के लिए प्रत्यक्ष निर्वाचन का प्रावधान इसलिए नहीं किया गया है क्योंकि हम मंत्रिमंडलीय पद्धति की सरकार बना रहे हैं जहाँ वास्तविक शक्ति मंत्रियों के समूह और व्यवस्थापिका में है, न कि राष्ट्रपति में। राष्ट्रपति संवैधानिक प्रमुख है उसके बाद में राष्ट्र की शक्ति और गरिमा निहित है लेकिन उसे वास्तविक शक्ति का प्रयोग नहीं करना है। भारत के राष्ट्रपति पद हेतु चुनाव का होना उसके स्वरूप को गणतांत्रिक बनाता है। **संविधान का अनु. 54 और 55 राष्ट्रपति के पद के लिए होने वाली चुनाव प्रक्रिया से सम्बन्धित है।** अनु. 54, राष्ट्रपति के चुनाव में भाग लेने वाले लोगों से संम्बधित है। अनु. 54 के अनुसार राष्ट्रपति का निर्वाचन ऐसे निर्वाचक मंडल के सदस्य करेंगे, जिसमें

(क) संसद के दोनों सदनों के निर्वाचित सदस्य और

(ख) राज्यों की विधानसभाओं के निर्वाचित सदस्य, होंगे।

70वें संविधान संशोधन (1992) के द्वारा राज्यों की विधानसभाओं में दिल्ली व पांडिचेरी संघ शासित क्षेत्रों की विधानसभाओं को भी शामिल कर लिया गया है। राष्ट्रपति के चुनाव में किसी भी प्रकार से मनोनीत या नामांकित सदस्य भाग नहीं ले सकते क्योंकि उन्हें किसी भी अर्थ में जनता का प्रतिनिधि नहीं कहा जा सकता। विधानपरिषद के सदस्य इसलिए शामिल नहीं किए जाते, क्योंकि रचना की दृष्टि से विधानपरिषद स्थायी या शास्वत सदन नहीं है, जैसे कि राज्यसभा है, क्योंकि उसे कभी भी समाप्त किया जा सकता है (अनु. 169)।

अनु. 55, राष्ट्रपति के निर्वाचन की पद्धति या रीति से सम्बंधित है। जिसमें कहा गया है कि, जहाँ तक संभव हो राष्ट्रपति के निर्वाचन में भिन्न-भिन्न राज्यों के प्रतिनिधित्व के संदर्भ में समानता रखी जाएगी। राज्यों में आपस में ऐसी एकरूपता तथा समस्त राज्यों और संघ में समतुल्यता प्राप्त कराने के लिए एक निश्चित सूत्र की स्थापना की गई है। संसद और प्रत्येक राज्य की विधानसभा का प्रत्येक निर्वाचित सदस्य ऐसे निर्वाचन में मत तो एक ही देगा किन्तु उसके एक मत को 'मत-मूल्य' के परिप्रेक्ष्य में देखा जाएगा। मत-मूल्य निकालनें की पद्धति इसलिए अपनाई गई क्योंकि राष्ट्रपति को जनता का वास्तविक

प्रतिनिधि बनाया जा सके। मत मूल्य निम्नलिखित पद्धति से अवधारित किया जाता है–

(क) किसी राज्य की विधानसभा के प्रत्येक निर्वाचित सदस्य का मत

$$\text{मूल्य} = \frac{\text{राज्य की जनसंख्या}^{1}}{\text{राज्य की विधानसभा के निर्वाचित सदस्यों की संख्या}} \div 1000$$

उपरोक्त सूत्र में यदि शेष 500 से कम है तो उसे छोड़ दिया जाएगा और यदि 500 से अधिक है तो उसे 1 मानकर भागफल में जोड़ दिया जाएगा।

(ख) संसद के प्रत्येक सदन के प्रत्येक निर्वाचित सदस्य के मतों की संख्या वह होगी जो उपरोक्त सूत्रानुसार सभी राज्यों की विधानसभाओं के सदस्यों के लिए नियत कुल मतों की संख्या को, संसद के दोनों सदनों के निर्वाचित सदस्यों की कुल संख्या से भाग देने पर आए, जिसमें आधे से अधिक भिन्न को एक गिना जाएगा और अन्य भिन्नों की उपेक्षा कर दी जाएगी, अर्थात्

संसद के प्रत्येक सदस्य के मत का मूल्य

$$= \frac{\text{राज्य विधानसभाओं के सदस्यों के मतों की कुल मूल्य}}{\text{संसद के निर्वाचित सदस्यों की कुल संख्या}}$$

इस सूत्र में राज्य विधानसभाओं के सभी 28 राज्य तथा दो केंद्रशासित प्रदेश प्रदेश दिल्ली एवं पांडिचेरी की विधानसभाएं शामिल हैं। अनु. 55(3) के अनुसार, राष्ट्रपति का निर्वाचन आनुपातिक प्रतिनिधित्व पद्धति के अनुसार एकल संक्रमणीय मत द्वारा होगा और ऐसे निर्वाचन में मतदान गुप्त होगा।

आनुपातिक प्रतिनिधत्व प्रणाली[2] में विजयी व्यक्ति को मतों का निश्चित कोटा प्राप्त करना आवश्यक होता है। चूँकि यह प्रणाली बहुसदस्यीय निर्वाचन क्षेत्रों के लिए होती है, किन्तु भारत के राष्ट्रपति का पद बहुसदस्यीय नहीं है, लेकिन फिर भी इसके लिए आनुपातिक निर्वाचन पद्धति रखने का कारण यह था कि, जो भी व्यक्ति राष्ट्रपति बने उसे सम्पूर्ण मतदाताओं के मतों का बहुमत अवश्य प्राप्त हो। इस पद्धति में मतदाताओं को प्रत्याशियों के नाम के आगे अपनी रुचि के अनुसार वरीयता अंकित करनी होती है और यह वरीयता प्रथम, द्वितीय और तृतीय आदि के रूप में देनी होती है। ऐसा इसलिए किया जाता है कि, यदि उनकी रुचि का प्रथम वरीयता वाला उम्मीदवार चुनाव न जीत पाए तो उनका मत व्यर्थ न चला जाए, वह द्वितीय वरीयता वाले उम्मीदवार को स्थानांतरित हो जाए।

कोटा निर्धारित करने का सूत्र इस प्रकार है-

$$\frac{\text{दिए गए वैध मतों की संख्या}}{\text{चुने जाने वाले प्रत्याशियों की संख्या} +1}+1$$

मान लीजिए राष्ट्रपति के निर्वाचन में दिए गए वैध मतों की संख्या 20,000 है, चुने जाने वाले व्यक्ति कोई एक ही होंगे क्योंकि राष्ट्रपति किसी एक व्यक्ति को ही बनना है, और चुनाव लड़ने वाले प्रत्याशियों की संख्या 4 है, अतः कोटा इस प्रकार निर्धारित होगा

$$\frac{20,000}{1+1}+1 = 10001$$

अर्थात् उपरोक्त चारों प्रत्याशियों में से किसी भी व्यक्ति को राष्ट्रपति बनने के लिए कम-से-कम 10001 मत प्राप्त करना आवश्यक होगा, अर्थात् कुल वैध मतों का 50% +1। कल्पना करें कि चारों प्रत्याशियों नें निम्नलिखित प्रकार से प्रथम वरीयता का मत प्राप्त किया है-

A – 7000

B – 6000

C – 4000

D – 3000

उपरोक्त मतदान से स्पष्ट है कि, किसी भी उम्मीदवार को बहुमत अर्थात् 10001 मत नहीं मिला है। ऐसी दशा में **D**, जिसे सबसे कम मत मिले हैं, उसे पराजित घोषित कर उसके 3000 मतों पर दिए गए द्वितीय वरीयता वाले मतों को शेष तीनों प्रत्याशियों में बाँट दिया जाएगा। मान लीजिए, **D**, के द्वितीय वरीयता मत इस प्रकार हैं -

A – 1000

B – 1200

C – 800

ये सभी मत A, B तथा C के प्रथम वरीयता मतों में जोड़ दिए जाएँगे, तब उन्हें प्राप्त मतों की संख्या इस प्रकार हो जाएगी।

A – 7000 + 1000 = 8000

B – 6000 + 1200 = 7200

C – 4000 + 800 = 4800

किन्तु द्वितीय वरीयता के मत प्राप्त होने पर भी किसी भी प्रत्याशी को बहुमत नहीं मिल पाया, अत: C को, जिसे सबसे कम मत मिले है; उसे पराजित घोषित कर उसके 4800 मतों पर अंकित तृतीय वरीयता वाले मतों को शेष बचे दोनों उम्मीदवारों में बाँट दिया जाएगा। अब मान लीजिए कि ऐसे हस्तानांतरण से A को 2400 एवं B को 2400 मत मिल जाय तो उन्हें प्राप्त मतों का विवरण इस प्रकार हो जाएगा-

$$A - 8000 + 2400 = 10400$$

$$B - 7200 + 2400 = 9600$$

अब यहाँ आकर 'A' को मतों का निर्धारित कोटा मिल जा रहा है, अत: उसे विजयी घोषित कर दिया जाएगा। यह प्रक्रिया तब तक चलती रहेगी, जब तक कि किसी उम्मीदवार को बहुमत अर्थात् आधे से अधिक मत, अर्थात् कोटा प्राप्त न हो जाए।

1969 ई. में हुए राष्ट्रपति के चुनाव में जब वी.वी. गिरि ने नीलम संजीव रेड्डी को हराकर चुनाव जीता था, तब द्वितीय वरीयता वाले मतों की गिनती की गई और वी.वी. गिरि को विजयी घोषित किया गया। ऐसा अब तक केवल एक ही बार हुआ है और शेष अन्य सभी राष्ट्रपति प्रथम वरीयता के मतों की गणना में बहुमत प्राप्त कर विजयी घोषित हुए हैं।

संविधान के अनु. 71 के अनुसार राष्ट्रपति या उपराष्ट्रपति के निर्वाचन से उत्पन्न या सम्बंधित सभी शंकाओं और विवादों की जाँच और विनिश्चिय सर्वोच्च न्यायालय करेगा। इस मामलें में किसी अन्य न्यायालय को अधिकारिता नहीं है और सर्वोच्च न्यायालय का निर्णय अंतिम होगा। 1957 ई. में जब राष्ट्रपति चुनाव होने वाला था तो उस चुनाव को इस आधार पर चुनौती दी गई[3] कि, निर्वाचक मंडल के कुछ स्थान (पंजाब और हिमाचल प्रदेश के विधानसभाओं में कुछ स्थान रिक्त थे) खाली थे, अर्थात् निर्वाचक मण्डल अपूर्ण था, अत: चुनाव स्थगित कर देना चाहिए। उच्चतम न्यायालय ने निर्णय दिया कि, राष्ट्रपति के चुनाव पर आपत्ति करने वाली कोई भी याचिका केवल उस चुनाव के पूरा हो जाने के बाद ही स्वीकार की जा सकती है, अर्थात् जब कोई प्रत्याशी चुनाव जीत चुका हो। यदि ऐसा नहीं किया जाएगा तो राष्ट्रपति का चुनाव अनेक वर्षों तक मुकद्दमों के कारण रुका ही रह जाएगा और अनु. 62 का यह उल्लंघन होगा। 1961 ई. में संविधान में 11वाँ संशोधन करके यह स्थापित कर दिया गया कि,

राष्ट्रपति या उपराष्ट्रपति के रूप में किसी व्यक्ति के निर्वाचन को उसे निर्वाचित करने वाले निर्वाचक गण के सदस्यों में किसी भी कारण विद्यमान किसी भी रिक्ति के आधार पर प्रश्नगत नहीं किया जाएगा (अनु. 71(4))। चुनाव पूर्ण हो जाने पर डा. खरे ने पुनः राष्ट्रपति के निर्वाचन को चुनौती देते हुए मुकद्मा दायर किया, जिसे उच्चतम न्यायालय ने खारिज कर दिया। न्यायालय ने यह भी कहा कि राष्ट्रपति या उपराष्ट्रपति के निर्वाचन के सम्बन्ध में आपत्ति 10 या 10 से अधिक मतदाता संयुक्त रूप से ही कर सकते हैं। मार्च 1974 के समय राष्ट्रपति के चुनाव के समय गुजरात विधानसभा भंग थी और इसे आधार बनाकर, कि निर्वाचक मंडल अपूर्ण है, राष्ट्रपति के चुनाव को स्थगित करने का आदेश जारी करने हेतु सर्वोच्च न्यायालय में एक याचिका दायर की गई[4]। उच्चतम न्यायालय ने यह निर्णय दिया कि चुनाव स्थगित नहीं होगा और विधानसभा भंग होने या निर्वाचक मंडल में हुई किसी रिक्ति के आधार पर चुनाव को चुनौती नहीं दी जा सकेगी और ऐसा निर्वाचन वैध होगा। न्यायालय ने यह भी कहा कि, राष्ट्रपति के चुनाव में ऐसे सांसदो तथा विधायकों को शामिल किया जाएगा जो निवारक-निरोध कानून के अन्तर्गत गिरफ्तार हों या ऐसे विधायक भी मतदान में शामिल होंगे जो किसी निलंबित विधानसभा के सदस्य हों।

लेकिन आज जिस प्रकार से राजनीतिक क्षरण हो रहा है और सत्तारूढ़ दल तथा विपक्षी दलों के बीच वैचारिक मतभेद जिस प्रकार शत्रुता का रूप लेता जा रहा है, उससे यह आशंका निराधार नहीं है कि, भविष्य में केन्द्र में सत्तारूढ़ दल (जिसका कि लोकसभा तथा राज्यसभा, दोनों में बहुमत हो) राज्यों में स्थित विपक्षी दलों की सरकार को भंग कर, वहाँ राष्ट्रपति शासन लगाकर, राष्ट्रपति के चुनाव परिणाम को प्रभावित कर दे। यदि ऐसा कुछ हुआ तो यह संविधान के प्रति निष्ठा की शपथ का उल्लंघन होगा तथा संविधान के प्रावधानों का दुरुपयोग भी। ऐसे में उच्चतम न्यायालय क्या केन्द्र की मंशा पर उंगली उठाएगा? यह एक महत्वपूर्ण संवैधानिक प्रश्न है। मेरा विचार है कि, संसद एवं सर्वोच्च न्यायालय को इस प्रश्न का अतिशीघ्र समाधान खोजना चाहिए क्योंकि यह प्रश्न न केवल राष्ट्रपति चुनाव के 'मैनिपुलेशन' से जुड़ा है, अपितु केन्द्र-राज्य सम्बन्धों से भी जुड़ा हुआ है।

राष्ट्रपति निर्वाचित होने के लिए अर्हता

संविधान सभा ने राष्ट्रपति बनने के लिए अत्यंत सामान्य प्रावधान किया था,

जिससे कि भारत का कोई भी नागरिक इस सर्वोच्च संवैधानिक पद पर आसीन हो सके। कोई भी व्यक्ति राष्ट्रपति के रूप में निर्वाचित होने का पात्र तभी होगा, जब वह अनु. 58(1) के अनुसार

(क) भारत का नागरिक हो,

(ख) 35 वर्ष की आयु पूरी कर चुका हो और

(ग) लोकसभा का सदस्य निर्वाचित होने के लिए अर्हित हो।

अनु. 58(2) के अनुसार, कोई व्यक्ति जो भारत सरकार के या किसी राज्य सरकार के अधीन अथवा उक्त सरकारों में से किसी के नियंत्रण में किसी स्थानीय या अन्य प्राधिकारी के अधीन कोई लाभ का पद धारण करता है, राष्ट्रपति निर्वाचित होने का पात्र नहीं होगा। इस अनुच्छेद के प्रयोजनों के लिए कोई व्यक्ति केवल इस कारण कोई लाभ का पद[6] धारण करने वाला नहीं समझा जाएगा कि वह संघ का राष्ट्रपति या उपराष्ट्रपति या किसी राज्य का राज्यपाल है, अथवा संघ का या किसी राज्य का मंत्री है। राष्ट्रपति जैसे सर्वोच्च पद पर पहुँचने के लिए किसी विशिष्ट प्रावधान या योग्यता के अभाव में ऐसे अगंभीर लोग भी चुनाव लड़ने लगे जो केवल समाचारों में स्थान बनाने के लिए चुनाव-मैदान में आते थे। अत: संसद ने राष्ट्रपति और उपराष्ट्रपति निर्वाचन (संशोधन) अधिनियम, 1997 पारित करके दुरुपयोग को रोकने का प्रावधान किया है। अब राष्ट्रपति पद के लिए किसी व्यक्ति के नाम को कम-से-कम 50 मतदाताओं द्वारा प्रस्तावित तथा 50 मतदाताओं द्वारा समर्थित होना चाहिए। उपराष्ट्रपति पद के लिए व्यक्ति के नाम को 20 मतदाताओं द्वारा प्रस्तावित और 20 मतदाताओं द्वारा समर्थित होना चाहिए। इसके अतिरिक्ति इन पदों पर चुनाव लड़ने वाले व्यक्तियों को 15000 रुपये जमानत के रूप में जमा करना होगा। चुनाव में यदि किसी प्रत्याशी को मतदान में डाले गए वैध मतों का $\frac{1}{6}$ भाग प्राप्त न हो तो उसकी जमानत राशि जब्त कर ली जाती है। इन सभी प्रावधानों का उद्देश्य अंगभीर व्यक्तियों को चुनाव लड़ने से रोकना है।

अनु. 57 के अनुसार कोई भी व्यक्ति जो राष्ट्रपति के रूप में पद धारण कर रहा है या पद धारण कर चुका है, वह उस पद के लिए पुनर्निवाचन का पात्र होगा। अमेरिका के संविधान में किसी भी व्यक्ति को दो कार्यकाल (8 वर्ष) से अधिक राष्ट्रपति का पद धारण करने की अनुमति नहीं दी गई है। लेकिन भारत का संविधान इस प्रकार का कोई बंधन नहीं लगाता।

राष्ट्रपति पद के लिए शर्तें (अनु. 59)

अनु. 59, राष्ट्रपति के पद के लिए कतिपय शर्तें[7] निर्धारित करता है

अनु. 59(1) के अनुसार, राष्ट्रपति संसद के किसी सदन का या किसी राज्य के विधानमंडल के किसी भी सदन का सदस्य नहीं होगा और यदि संसद या किसी राज्य के विधानमंडल का कोई सदस्य राष्ट्रपति चुन लिया जाता है तो यह समझा जाएगा कि, उसने अपना स्थान राष्ट्रपति के रूप में अपने पद ग्रहण की तिथि से रिक्त कर दिया है। अर्थात् उसे त्यागपत्र देने की आवश्यकता नहीं है। अनु. 59(1) से स्पष्ट है कि विधायक या सांसद राष्ट्रपति का चुनाव लड़ सकते हैं और ये पद 'लाभ के पद' के अंतर्गत नहीं समझे जाएँगे। अनु. 59(2) के अनुसार राष्ट्रपति कोई भी लाभ का पद धारण नहीं करेगा।

अनु. 59(3) राष्ट्रपति बिना किराया दिए, अपने शासकीय निकासों के उपयोग का हकदार होगा और ऐसी उपलब्धियों, भत्तों और विशेषाधिकारों का भी (जो संसद विधि द्वारा अवधारित करे और जब तक इस निमित्त इस प्रकार उपबंध नहीं किया जाता, तब तक ऐसी उपलब्धियों, भत्तों एवं विशेषाधिकारों का, जो दूसरी अनुसूची में विनिर्दिष्ट हैं) हकदार होगा।

अनु. 59(4) के अनुसार, राष्ट्रपति की उपलब्धियाँ और वेतन, उसकी पदावधि के दौरान कम नहीं किए जाएँगें।

राष्ट्रपति द्वारा शपथ या प्रतिज्ञान

अनु. 60 के अनुसार, कोई भी व्यक्ति जो राष्ट्रपति के रूप में निर्वाचित घोषित हुआ है, या जिसे राष्ट्रपति के रूप में काम करना है, वह अपना पद ग्रहण करने के पूर्व भारत के मुख्य न्यायमूर्ति या उसकी अनुपस्थिति में उच्चतम न्यायालय के उपलब्ध वरिष्ठतम न्यायाधीश के समक्ष शपथ लेगा या प्रतिज्ञान करेगा तथा उसपर अपने हस्ताक्षर करेगा।

राष्ट्रपति का कार्यकाल और पद से हटाया जाना–

अनु. 56(1) के अनुसार, राष्ट्रपति अपने पद ग्रहण की तिथि से[8] 5 वर्ष की अवधि तक पद धारण करेगा, परन्तु

(क) राष्ट्रपति, उपराष्ट्रपति को सम्बोधित अपने हस्ताक्षर सहित लेख द्वारा अपना पद त्याग सकेगा,

(ख) संविधान का अतिक्रमण करने के आधार पर, राष्ट्रपति को अनु.

61 में वर्णित महाभियोग की प्रक्रिया द्वारा अपने पद से हटाया जा सकेगा,

(ग) राष्ट्रपति अपने पद की अवधि समाप्त हो जाने पर भी तब तक पद धारण करेगा जब तक इसका उत्तराधिकारी अपना पद ग्रहण नहीं कर लेता है[9]।

अनु. 56(2) के अनुसार, राष्ट्रपति ने अपना त्यागपत्र दे दिया है इसकी सूचना उपराष्ट्रपति द्वारा लोकसभा के अध्यक्ष को अविलंब दी जाएगी।

अनु. 56(2) में वर्णित प्रावधान इसलिए रखा गया है कि जब राष्ट्रपति अपना त्यागपत्र उपराष्ट्रपति को देगा, तो उपराष्ट्रपति को तुरंत राष्ट्रपति का दायित्व ग्रहण करना पड़ेगा और जब उपराष्ट्रपति, राष्ट्रपति बन जाएगा तो राज्यसभा के पदेन सभापति के दायित्व से वह मुक्त हो जाएगा, तब उपसभापति ही, सभापति के दायित्वों का निर्वहन करेगा। अतः लोकसभाध्यक्ष को यह जानना आवश्यक है कि राज्यसभा के कामकाज को कौन देख रहा है, क्योंकि सदन से विधेयक के पारित होने का प्रमाणपत्र सभापति के द्वारा ही दिया जाता है।

अनु. 56(1)ख राष्ट्रपति पर महाभियोग चलाने का प्रावधान करता है, किन्तु इस महाभियोग की प्रक्रिया या पद्धति का वर्णन अनु. 61 में है। अनु. 61 के अनुसार राष्ट्रपति पर महाभियोग केवल एक आधार पर चलाया जा सकता है– संविधान का अतिक्रमण।

अनु. 61(1) के अनुसार, जब संविधान के अतिक्रमण के आधार पर राष्ट्रपति पर महाभियोग चलाना हो, तब संसद का कोई सदन (या तो लोकसभा या राज्यसभा) आरोप लगाएगा। ऐसा कोई आरोप तब तक नहीं लगाया जाएगा जब तक कि अनु. 61(2) के अनुसार निम्नलिखित शर्तें पूरी न हों–

(क) प्रस्तावित आरोप एक संकल्प प्रस्ताव के रूप में होना चाहिए जिसे कि कम-से-कम 14 दिन पूर्व की लिखित सूचना देने के बाद प्रस्तुत किया गया हो। इस प्रस्तुत संकल्प पर उस सदन के कम-से-कम एक चौथाई सदस्यों का हस्ताक्षर होना चाहिए, तथा

(ख) उस सदन की कम-से-कम कुल सदस्य संख्या के दो-तिहाई बहुमत द्वारा इस संकल्प को पारित होना चाहिए।

अनु. 61(3) के अनुसार, जब आरोप संसद के किसी सदन द्वारा इस प्रकार

लगाया गया है तब दूसरा सदन इन आरोपों की जाँच करेगा या कराएगा (**ऐसी जाँच वह सदन या तो स्वयं कर सकता है या किसी न्यायाधीश द्वारा करा सकता है या कोई न्यायाधिकरण स्थापित करके भी यह जाँच करायी जा सकती है**) और ऐसी किसी जाँच में राष्ट्रपति को यह अधिकार होगा कि वह या तो स्वयं उपस्थित होकर या अपने किसी प्रतिनिधि के माध्यम से या अपने किसी वकील के माध्यम से अपना पक्ष प्रस्तुत करे।

अनु. 61(4) के अनुसार यदि उपरोक्त जाँच के परिणामस्वरुप दूसरा सदन यह पाता है कि राष्ट्रपति के विरुद्ध लगाए गए आरोप सही हैं और इस आधार पर वह सदन अपने कुल सदस्य संख्या के दो-तिहाई बहुमत से संकल्प पारित कर देता है तो राष्ट्रपति को संकल्प पारित होने के तत्काल बाद अपने पद से हटना होगा।

अब तक भारत में किसी भी राष्ट्रपति को महाभियोग की प्रक्रिया द्वारा नहीं हटाया गया है।

राष्ट्रपति को पद से हटाने के लिए जो महाभियोग की प्रक्रिया है उसमें निम्नलिखित अस्पष्टताएं हैं:

(1) संसद के मनोनीत सदस्यों को राष्ट्रपति के चुनाव में भाग लेने का अधिकार नहीं है परंतु उन्हें राष्ट्रपति के महाभियोग की प्रक्रिया में भाग लेने का अधिकार मिला हुआ है। जिन कारणों के आधार पर उन्हें राष्ट्रपति के चुनाव में भाग लेने से रोका जाता है, वे ही कारण पर्याप्त हैं कि उन्हें महाभियोग की प्रक्रिया में शामिल होने से रोक दिया जाए। एक संदेह और समस्या उस समय उठ सकती है जब राष्ट्रपति पर महाभियोग चलने वाला हो और उसी समय मंत्रिमंडल लोक सभा में मनोनीत होने वाले ऐंग्लो-इण्डियन समुदाय के व्यक्ति या व्यक्तियों तथा राज्यसभा में मनोनीत होने वाले व्यक्तियों की सूची राष्ट्रपति के पास भेजे।

1. चूँकि मनोनीत सदस्यों को महाभियोग की प्रक्रिया में भाग लेने का अधिकार है अतः संभव है कि राष्ट्रपति भावी महाभियोग को आंशिक रूप से प्रभावित करने हेतु इन नामों की सूची पर तुरंत विचार करनें से मना कर दे। इससे महाभियोग की प्रक्रिया में पड़ने वाले मतों की संख्या को प्रभावित किया जा सकता है।

2. चूँकि राष्ट्रपति के चुनाव में राज्यों की विधानसभा के निर्वाचित सदस्य

भी भाग लेते हैं अतः महाभियोग में भी उन्हें शामिल किया जाना चाहिए। इससे महाभियोग का व्यापक स्वीकृति मिलेगी तथा 'न्याय' की संभावना भी बढ़ जाएगी।

3. जिस तिथि को राष्ट्रपति को हटाए जाने से सम्बंधित महाभियोग का प्रस्ताव किसी एक सदन द्वारा पारित होता है, उस दिन और दिनांक को राष्ट्रपति द्वारा जो भी कार्यवाही की जाए, वह विधिमान्य नहीं होनी चाहिए। चूँकि राष्ट्रपति को हटाए जाने से सम्बन्धित महाभियोग का प्रस्ताव किसी निश्चित तिथि के किसी निश्चित समय पर पास होगा और यह संभव है कि राष्ट्रपति ने उस तिथि को, महाभियोग का प्रस्ताव पारित होने के समय तक कुछ अति महत्वपूर्ण दस्तावेजों पर हस्ताक्षर किए हों। बेहतर होगा कि एक ऐसे राष्ट्रपति को जिसका भविष्य अनिश्चित हो चुका हो उसे महत्वपूर्ण दस्तावेजों पर हस्ताक्षर करने से रोका जाएं। मेरे विचार से जैसे ही महाभियोग की प्रक्रिया शुरू हो (अर्थात् 14 दिन की पूर्व सूचना मिलने वाले दिन से), वैसे ही उपराष्ट्रपति को 'राष्ट्रपति' का कार्यभार दे देना चाहिए और यदि महाभियोग पारित हो जाए तो राष्ट्रपति को पद से हट जाना चाहिए और यदि वह पारित न हो तो राष्ट्रपति को पुनः उसका पद देकर उपराष्ट्रपति को उसकी पूर्व जगह भेज दिया जाए।

4. महाभियोग द्वारा पद से हटाए जाने वाले राष्ट्रपति भविष्य में क्या पुनः राष्ट्रपति का चुनाव लड़ सकेंगे या कोई सार्वजनिक पद धारण कर सकेंगे अथवा नहीं इस पर संविधान मौन है।

5. संविधान में इस बारे में कुछ नहीं कहा गया है कि, संसद के किसी एक सदन में महाभियोग का प्रस्ताव प्रस्तुत होने के बाद यदि राष्ट्रपति अपना त्यागपत्र दे दे तो इसका महाभियोग की कार्यवाही पर क्या प्रभाव पड़ेगा। अमेरिका तथा ब्रिटेन में यह संवैधानिक व्यवस्था है कि, यदि एक बार महाभियोग की प्रक्रिया प्रारंभ हो जाए तो यह पूरी होकर ही रहेगी, भले ही उस व्यक्ति नें त्यागपत्र दे दिया हो।

6. राष्ट्रपति पर महाभियोग चलाने का आधार है– 'संविधान का उल्लंघन' लेकिन इस बात का निर्णय राजनीतिक दल लेते हैं कि संविधान का उल्लंघन हुआ है या नहीं। जिस प्रकार से राजनीतिक क्षरण हुआ है और जिस प्रकार के चरित्र संसद में पहुँचने लगे हैं उसे देखते हुए इस बात से भी इनकार नहीं किया जा सकता कि, राष्ट्रपति पर महाभियोग राजनीतिक दुर्भावनावश भी लगाया जा

सकता है, भले ही उसनें संविधान का उल्लंघन किया हो या न किया हो। इससे बचने के लिए यह उचित होगा कि, सर्वोच्च न्यायालय को या किसी उच्च पदस्थ समिति को यह अधिकार दिया जाए कि वह यह देखे कि, राष्ट्रपति ने संविधान का उल्लंघन किया है या नहीं और यदि यह सिद्ध हो जाए कि राष्ट्रपति दोषी है तो फिर संसद उसे महाभियोग द्वारा हटा दे। **महाभियोग अर्द्धन्यायिक स्वरूप का होने के बावजूद भी एक राजनीतिक हथियार के रूप में कार्य कर सकता है**

एक संभावना यह भी है कि महाभियोग के प्रस्ताव को पारित होने से रोकने के लिए राष्ट्रपति लोकसभा को भंग कर आम चुनावों की घोषणा कर दे, अथवा राष्ट्रपति जब यह देखे कि उसके ऊपर महाभियोग की तलवार लटक रही है तो वह प्रधानमंत्री से ही कह सकता है कि वह लोकसभा में विश्वास का मत प्राप्त करे और इस प्रकार महाभियोग की कार्यवाही को कुछ समय के लिए टाल दे। राष्ट्रपति यह सब 14 दिन की सूचना दिए जाने की बाद कभी भी कर सकता है या जब राज्यसभा में यह (यदि पहले पारित कर दिया जाय तब) पारित कर दिया जाय तो उसके बाद भी कर सकता है।

राष्ट्रपति पद का खाली होना–

अनु. 62(1) के अनुसार, राष्ट्रपति का कार्यकाल (5वर्ष) पूरा हो जाने के कारण होने वाली रिक्ति को भरने के लिए निर्वाचन, कार्यकाल की समाप्ति के पूर्व ही कर लेना चाहिए।

अनु. 62(2) के अनुसार, राष्ट्रपति की मृत्यु, पदत्याग या पद से हटाए जाने या अन्य कारण से हुई रिक्ति को भरने के लिए निर्वाचन, रिक्ति होने की तिथि के पश्चात् यथाशीघ्र और किसी भी दशा में 6 माह के भीतर कर लिया जाएगा और उस पद पर आरुढ़ होने वाला व्यक्ति अनु. 56 के उपबन्धों के अधीन रहते हुए अपने पद ग्रहण की तिथि से 5 वर्ष की पूरी अवधि तक पद धारण करने का अधिकारी होगा।

अनु. 65(1) के अनुसार राष्ट्रपति की मृत्यु, पदत्याग या पद से हटाए जाने या अन्य कारण से उसके पद में हुई रिक्ति की दशा में उपराष्ट्रपति उस तिथि तक राष्ट्रपति के रूप में कार्य करेगा जब तक कि नया निर्वाचित राष्ट्रपति अपना पद ग्रहण न कर ले।

अनु. 65(2) के अनुसार जब राष्ट्रपति, अनुपस्थिति (जैसे लम्बे समय के लिए विदेश यात्रा पर हो) बीमारी या अन्य किसी कारण से अपने कृत्यों का निर्वहन करने में असमर्थ है तब उपराष्ट्रपति उस तिथि तक राष्ट्रपति के कृत्यों का दायित्व सँभालेगा, जब तक कि राष्ट्रपति अपने कार्यों को आकर पुनः न सँभाल ले।

अनु. 65(3) के अनुसार उपराष्ट्रपति जितने समय तक राष्ट्रपति के दायित्वों को निर्वहन करेगा, उसके पास न केवल राष्ट्रपति पद की सम्पूर्ण शक्तियाँ व उन्मुक्तियाँ होंगी, वरन वह ऐसी उपलब्धियों, भत्तों एवं विशेषाधिकारों का भी हकदार होगा जो दूसरी अनुसूची में राष्ट्रपति हेतु अनुमन्य हैं।

राष्ट्रपति के विशेषाधिकार और उन्मुक्तियाँ

भारतीय संविधान के अनु. 361 में राष्ट्रपति को संघ का कार्यपालिका प्रमुख होने के कारण मिलने वाले संरक्षणों का वर्णन किया गया है, जो इस प्रकार है

अनु. 361(1) के अनुसार, राष्ट्रपति अपने पद की शक्तियों के प्रयोग और कर्त्तव्यों के पालन के लिए या उन शक्तियों का प्रयोग व पालन करते हुए अपने द्वारा किए गए या किए जाने के लिए तात्पर्यित किसी कार्य के लिए किसी न्यायालय में उत्तरदायी नहीं होगा, परंतु अनु. 61 (महाभियोग) के अधीन आरोप के अन्वेषण के लिए संसद के किसी सदन द्वारा नियुक्त या अभिहित किसी न्यायालय, अधिकरण या निकाय द्वारा राष्ट्रपति के आचरण का पुनः विलोकन किया जा सकेगा। राष्ट्रपति को जो उपरोक्त उन्मुक्ति मिली है, वह व्यक्तिगत है। किसी भी व्यक्ति के भारत सरकार या राज्य सरकार के विरूद्ध कोई वाद दायर करने या कार्यवाही करने के अधिकार का इससे निलंबन नहीं होता और वह अधिकार बना रहता है।

अनु. 361(2) के अनुसार राष्ट्रपति के विरुद्ध उसके कार्यकाल के दौरान किसी न्यायालय में किसी भी प्रकार की दांडिक कार्यवाही न तो नए सिरे से शुरू की जाएगी और न ही चालू रखी जाएगी (यदि वह पहले से चल रही हो तो)।

अनु. 361(3) के अनुसार राष्ट्रपति के रूप में अपना पद ग्रहण करने के पूर्व या उसके पश्चात् उसके द्वारा अपनी वैयक्तिक हैसियत से किए गए या किए जाने के लिए तात्पर्यित किसी कार्य के सम्बन्ध में कोई सिविल

कार्यवाहियाँ, जिनमें राष्ट्रपति के विरुद्ध अनुतोष का दावा किया जाता है, उसकी पदावधि के दौरान किसी न्यायालय में तबतक संस्थित नहीं की जाएगी, जबतक कार्यवाही की प्रकृति, कार्यवाही का कारण, कार्यवाही करने वाले पक्षकार का नाम, निवास स्थान तथा माँग किए जाने वाले अनुतोष का विवरण देने वाली लिखित सूचना, यथास्थिति राष्ट्रपति को भेजे जाने या उसके कार्यालय में छोड़े जाने के पश्चात् दो मास का समय समाप्त न हो गया हो अर्थात् राष्ट्रपति जब अपने पद की शक्तियों के अंतर्गत काम करता है तो न्यायालय में उसे प्रत्यक्ष रूप से उत्तरदायी नहीं ठहराया जा सकता, किन्तु जहाँ तक उसके व्यक्तिगत कार्यों का सम्बन्ध है उसे केवल दो मास की उन्मुक्ति प्राप्त है, दो माह के बाद कार्यवाही शुरू की जा सकती है।

उपराष्ट्रपति

संविधान के अनु. 63 के अनुसार भारत का एक उपराष्ट्रपति होगा।

निर्वाचन और योग्यता

उपराष्ट्रपति का निर्वाचन संसद के दोनों सदनों के सदस्यों से मिलकर बनने वाले निर्वाचक मण्डल के सदस्यों द्वारा आनुपातिक प्रतिनिधित्व की एकल संक्रमणीय मत पद्धति द्वारा होगा और ऐसे निर्वाचन में मतदान गुप्त होगा अनु. 66(1)।

उपराष्ट्रपति संसद के किसी सदन का या विधानमंडल के किसी सदन का सदस्य नहीं होगा और यदि संसद या विधानमंडल के किसी भी सदन का कोई सदस्य उपराष्ट्रपति निर्वाचित हो जाता है तो यह समझा जाएगा कि, उसने उस सदन में अपना स्थान उपराष्ट्रपति के रूप में अपने पद ग्रहण की तिथि से रिक्त कर दिया है, (अनु. 66(2))।

अनु. 66(3) के अनुसार, कोई व्यक्ति उपराष्ट्रपति निर्वाचित होने का पात्र तभी होगा जब वह

(क) भारत का नागरिक हो

(ख) 35 वर्ष की आयु पूरी कर चुका हो

(ग) राज्य सभा का सदस्य निर्वाचित होने हेतु अर्हित हो।

अनु. 66(4) के अनुसार कोई व्यक्ति, जो भारत सरकार के या किसी राज्य

की सरकार के अधीन अथवा उक्त सरकारों में से किसी के नियंत्रण में किसी स्थानीय या अन्य प्राधिकारी के अधीन कोई लाभ का पद यदि धारण करता है तो वह उपराष्ट्रपति निर्वाचित होने का पात्र नहीं होगा (इस अनुच्छेद के परिप्रेक्ष्य में यह ध्यातव्य है कि, कोई व्यक्ति केवल इस कारण कोई लाभ का पद धारण करने वाला नहीं समझा जाएगा, कि वह संघ का राष्ट्रपति या उपराष्ट्रपति या किसी राज्य का राज्यपाल है अथवा संघ का या किसी राज्य का मंत्री है)।

शपथ और कार्यकाल अथवा पदावधि

अनु. 69 के अनुसार, प्रत्येक उपराष्ट्रपति अपना पद ग्रहण करने से पूर्व राष्ट्रपति अथवा उसके द्वारा इस निमित्त नियुक्त किसी व्यक्ति के समक्ष शपथ ग्रहण करेगा और उस पर अपने हस्ताक्षर करेगा। **शपथ ग्रहण कराने के लिए यदि राष्ट्रपति उपलब्ध न हो (जैसे शपथ ग्रहण समारोह के ठीक पूर्व राष्ट्रपति का स्वास्थ्य खराब हो जाय आदि) तो वह किसी व्यक्ति को नियुक्त कर सकता है। इस हेतु नियुक्त व्यक्ति की क्या योग्यता होगी, इस पर संविधान में कुछ नहीं कहा गया है, तथापि मेरी मान्यता है कि वह व्यक्ति ऐसा होना चाहिए जिसकी योग्यता उच्चतम न्यायालय के न्यायाधीश के बराबर हो अधिक अच्छा होगा कि ऐसी दशा में शपथ उच्चतम न्यायालय के मुख्य न्यायाधीश से दिलाई जाए।**

अनु. 67 के अनुसार, उपराष्ट्रपति अपने पद ग्रहण की तिथि से 5 वर्ष की अवधि तक पद धारण करेगा, परंतु

अनु. 67(क) उपराष्ट्रपति, राष्ट्रपति को सम्बोधित अपने हस्ताक्षर सहित लेख द्वारा अपना पद त्याग सकेगा।

अनु. 67(ख) उपराष्ट्रपति राज्यसभा के ऐसे संकल्प द्वारा अपने पद से हटाया जा सकेगा जिसे राज्यसभा के तत्कालीन समस्त सदस्यों के बहुमत ने पारित किया है और जिससे लोकसभा सहमत है, किन्तु ऐसा कोई संकल्प तबतक प्रस्तुत नहीं किया जाएगा जब तक कि उस संकल्प को प्रस्तुत करने के आशय की सूचना कम-से-कम 14 दिन पूर्व न दे दी गई हो।

अनु. 67(ग) के अनुसार, उपराष्ट्रपति अपने पद की अवधि समाप्त हो जाने के बाद भी तब तक पद धारण करता रहेगा जब तक कि उसका उत्तराधिकारी अपना पद ग्रहण न कर ले।

अनु0 67(ख) से स्पष्ट हो जाता है कि, उपराष्ट्रपति को हटाने वाला

संकल्प सर्वप्रथम राज्यसभा में ही प्रस्तुत किया जाएगा, लोकसभा में वह राज्यसभा से पारित होकर जाएगा। लोकसभा की सहमति भी मतदान द्वारा ही ली जाएगी। उपराष्ट्रपति को हटाने के संदर्भ में यदि राज्यसभा द्वारा पारित किए गए संकल्प से लोकसभा सहमत नहीं है तो राज्यसभा द्वारा उसे हटाने की इच्छा के बावजूद भी उसे पद से हटाया नहीं जा सकेगा। राष्ट्रपति को हटाने का आधार संविधान में वर्णित है (संविधान के अतिक्रमण के आधार पर) किन्तु उपराष्ट्रपति को पद से हटाने का आधार संविधान में वर्णित नहीं है। ऐसा माना जा सकता है कि, राज्यसभा के सभापति के रूप में ही उसकी मुख्य भूमिका है अतः उसे पद से हटाने का आधार पद के दायित्वों का ठीक ढंग से निर्वहन न करना या पद की गरिमा के अनुकूल व्यवहार न करना हो सकता है।

अनु. 68 के अनुसार, उपराष्ट्रपति का कार्यकाल समाप्त होने के पूर्व ही उसके उत्तराधिकारी का चुनाव कर लेना चाहिए। उपराष्ट्रपति की मृत्यु पदत्याग या पद से हटाए जाने या अन्य कारण से हुई उसके पद में रिक्ति को भरने के लिए निर्वाचित व्यक्ति, अनु. 67 के प्रावधानों के अधीन रहते हुए अपने पद ग्रहण की तिथि से पाँच वर्ष की पूरी अवधि तक पद धारण करेगा।

उपराष्ट्रपति का कार्य

उपराष्ट्रपति पद पर आसीन व्यक्ति को उपराष्ट्रपति के रूप में तो अपनी सेवाए देनी ही होती हैं, उसे राज्यसभा के पदेन सभापति के रूप में भी दायित्व सँभालना पड़ता है। उपराष्ट्रपति का निर्वाचन उपराष्ट्रपति के रूप में होता है, न कि सभापति के रूप में, किन्तु उसे वेतन उपराष्ट्रपति होने के नाते नहीं, वरन् राज्य सभा के सभापति होने के कारण और उसी आधार पर मिलता है (अनु. 97)। उसका कार्य आवश्यकता पड़ने पर राष्ट्रपति के रूप में कार्य सँभालना भी है (अनु. 65)। जब उपराष्ट्रपति इस प्रकार कार्य करेगा तो वह ऐसे विशेषाधिकारों, उपलब्धियों तथा भत्तों का हकदार होगा जो कि राष्ट्रपति के लिए अनुमन्य है। **जब कभी उपराष्ट्रपति, राष्ट्रपति का पद ग्रहण करेगा, तो वह इसकी सूचना तुरंत एवं सर्वप्रथम लोकसभा के अध्यक्ष को देगा और वह उपराष्ट्रपति का कार्यभार नहीं देखेगा (अनु. 64)। अनु. 64 के अनुसार उपराष्ट्रपति राज्यसभा का पदेन सभापति है और वह किसी अन्य लाभ के पद को धारण नहीं करेगा। अमेरिका में भी उपराष्ट्रपति सीनेट का पदेन सभापति होता है और वहीं से हमने यह प्रावधान लिया है।**

जब उपराष्ट्रपति, राष्ट्रपति के रूप में कार्य कर रहा हो और उस अवधि में उसने यदि संविधान का अतिक्रमण किया हो तो उसे पद से हटाने की वही प्रक्रिया अपनायी जाएगी जो राष्ट्रपति को पद से हटाने के लिए संविधान में वर्णित है, अर्थात् महाभियोग (अनु. 61)।

अनु. 70, किसी भी अन्य विशेष आकस्मिकता में राष्ट्रपति के कृत्यों का निर्वहन करने का प्रावधान करता है। इसके अनुसार राष्ट्रपति के पद पर किसी कारणवश रिक्ति हो जाने के साथ ही यदि उस समय उपराष्ट्रपति का पद भी रिक्त हो तो कौन राष्ट्रपति के कार्यभार को देखेगा- यह प्रावधान करने का अधिकार संसद को मिला हुआ है। इसी उद्देश्य से संसद ने राष्ट्रपति उत्तराधिकार अधिनियम -1969 ई., पारित किया है, जिसके अनुसार यदि उपराष्ट्रपति भी किसी कारण से राष्ट्रपति का पद ग्रहण नहीं कर सकता हो तो ऐसे मे उच्चतम न्यायालय के न्यायाधीश या उनकी भी अनुपस्थिति में उच्चतम न्यायालय का वरिष्ठतम न्यायाधीश, राष्ट्रपति के कृत्यों को सम्पादित करेगा।

राष्ट्रपति या उपराष्ट्रपति के निर्वाचन के बारे में उठने वाले विवादों/शंकाओं का समाधान–

संविधान के अनु 71 (1) के अनुसार, राष्ट्रपति या उपराष्ट्रपति के निर्वाचन से उत्पन्न या उससे जुड़ी सभी शंकाओं और विवादों की जाँच एवं उनका निराकरण उच्चतम न्यायालय द्वारा किया जाएगा और उसका निर्णय अंतिम होगा।

अनु. 71(2) के अनुसार यदि उच्चतम न्यायालय द्वारा किसी व्यक्ति के राष्ट्रपति या उपराष्ट्रपति के रूप में निर्वाचन को शून्य घोषित कर दिया जाता है तो उसके द्वारा, यथास्थिति राष्ट्रपति या उपराष्ट्रपति के पद पर रहते हुए, पद के दायित्वों के पालन में किए गए कार्य (जो निर्णय आने की तिथि से पहले किए गए हो) अवैध नहीं माने जाएंगें।

अनु. 71(3) के अनुसार, राष्ट्रपति या उपराष्ट्रपति के निर्वाचन से सम्बन्धित किसी विषय पर कानून निर्माण या नियम निर्माण संसद कर सकती है।

अनु. 71(4) के अनुसार, राष्ट्रपति या उपराष्ट्रपति के रूप में किसी व्यक्ति के निर्वाचन को उसे निर्वाचित करने वाले निर्वाचकगण के सदस्यों में किसी भी

कारण से विद्यमान किसी रिक्ति के आधार पर प्रश्नगत नहीं किया जाएगा

राष्ट्रपति की शक्तियाँ और कार्य

संविधान द्वारा राष्ट्रपति को प्रदत्त शक्तियाँ और कार्य निम्नलिखित शीषर्क के अंतर्गत वर्णित किए जा सकते हैं–

(1) कार्यपालिका शक्तियाँ,

(2) विधायी शक्तियाँ,

(3) न्यायिक शक्तियाँ,

(4) सैन्य शक्तियाँ,

(5) आपातकाल प्राख्यापित करने की शक्ति

(1) कार्यपालिका शक्ति

भारत का राष्ट्रपति राज्य में निहित सम्पूर्ण कार्यपालिका शक्तियों को धारण करने वाला है, (अनु. 53)। गणतंत्र का प्रधान होने के कारण समस्त कार्यपालिका कार्यवाही राष्ट्रपति के नाम से की हुई कही जाएगी (अनु. 77(1))। कार्यपालिका शक्ति के अन्तर्गत राष्ट्रपति को विभिन्न पदाधिकारियों को पद पर नियुक्त करने का अधिकार है, उसे यह भी अधिकार है कि वह कतिपय परिस्थितियों में इन अधिकारियों को पदमुक्त कर दे। राष्ट्रपति को निम्नलिखित पदों पर नियुक्तियाँ करने का संवैधानिक अधिकार है–

1. भारत के प्रधानमंत्री की नियुक्ति और प्रधानमंत्री की सलाह पर अन्य मंत्रियों की नियुक्ति (अनु. 75(1)),
2. सर्वोच्य न्यायालय तथा उच्च न्यायालय के न्यायाधीशों की नियुक्तियाँ (क्रमशः अनु. 124 तथा 217 के अंतर्गत),
3. राज्य के राज्यपाल (अनु. 155),
4. भारत के महान्यायवादी (अनु. 76),
5. भारत के नियंत्रक तथा महालेखापरीक्षक (अनु. 148),
6. संघ लोक सेवा आयोग तथा दो या दो से अधिक राज्यों के संयुक्त राज्य लोक सेवा आयोग के अध्यक्ष तथा सदस्यों की नियुक्ति (अनु. 316),
7. निर्वाचन आयोग में मुख्य निर्वाचन आयुक्त तथा अन्य सदस्य आयुक्तों की नियुक्ति (अनु. 324(2),

8. अनुसूचित जाति तथा अनुसूचित जन जातियों के लिए राष्ट्रीय आयोग के अध्यक्ष तथा सदस्यों की नियुक्ति (अनु. 338),
9. पिछड़े वर्गों की दशाओं के अन्वेषण हेतु बनने वाले आयोग के सदस्यों की नियुक्ति (अनु. 340),
10. अनुसूचित क्षेत्रों के प्रशासन और अनुसूचित जनजातियों के कल्याण के बारे में प्रतिवेदन देने के लिए आयोग की नियुक्ति (अनु. 339),
11. राजभाषा आयोग के अध्यक्ष तथा सदस्यों की नियुक्ति (अनु. 344),
12. वित्त आयोग के अध्यक्ष तथा सदस्यों की नियुक्ति (अनु. 280),
13. अन्तर्राज्यीय परिषद की स्थापना (अनु. 263),
14. भाषाई अल्पसंख्यक वर्गों के लिए विशेष अधिकारी की नियुक्ति (अनु. 350 (ख)),
15. सेनाओं के अध्यक्षों की नियुक्ति,
16. विदेशों में राजदूतों तथा वाणिज्य दूतों की नियुक्तियाँ, आदि,

राष्ट्रपति द्वारा की जाने वाली नियुक्तियों के संदर्भ में यह महत्वपूर्ण है कि, इन सभी नियुक्तियों के पीछे मंत्रिपरिषद की सलाह काम करती है। राष्ट्रपति को यह अधिकार है कि, यदि उसे प्रतीत/विश्वास हो कि मंत्रिपरिषद नें जिस व्यक्ति के नाम की सिफारिश की है, वह व्यक्ति उस पद की योग्यता एवं गरिमा के उपयुक्त नहीं है तो वह उस व्यक्ति की नियुक्ति को एक बार रोक कर मंत्रिपरिषद से पुनर्विचार के लिए कह सकता है, किन्तु यदि मंत्रिपरिषद उक्त पद पर उस व्यक्ति की नियुक्ति की पुनः सिफारिश करता है तो राष्ट्रपति को अनिवार्य रूप से उस व्यक्ति की नियुक्ति करनी पड़ेगी (अनु. 74)। **राष्ट्रपति यद्यपि कार्यपालिका का प्रधान है किन्तु संसदीय प्रणाली होने के कारण उसे प्रधानमंत्री की सिफारिश या सलाह माननी पड़ती है।** जहाँ तक मंत्रियों की नियुक्ति का प्रश्न है 91वाँ संविधान संशोधन 2003 के अनुसार अब केन्द्र और राज्यों में मंत्रिपरिषद की सदस्य संख्या सुनिश्चित कर दी गई है। इस संशोधन द्वारा संविधान में अनु. 75 (1-क) तथा (1-ख) जोड़े गए हैं

75 (1-क) के अनुसारः मंत्रिपरिषद में प्रधानमंत्री सहित मंत्रियों की कुल संख्या, लोकसभा के सदस्यों की कुल संख्या के 15 प्रतिशत से अधिक नहीं होगी,

75 (1-ख) के अनुसार: संसद के किसी भी सदन का किसी राजनीतिक दल का ऐसा सदस्य, जो दसवी अनुसूची के पैरा 2 के अधीन उस सदन के सदस्य होने के लिए अयोग्य है, उस अवधि के दौरान, जो उसकी अयोग्यता की तिथि से प्रारंभ होकर उस तिथि तक होगा, जिस तिथि पर उसका ऐसे सदस्य के रूप में पदावधि समाप्त होगी या उस तिथि तक होगा जिस तिथि पर उसे निर्वाचित घोषित कर दिया जाता है, जहाँ वह ऐसी तिथि पर उसे निर्वाचित घोषित कर दिया जाता है, जहाँ वह ऐसी अवधि समाप्त होने के पूर्व संसद के किसी सदन के निर्वाचन हेतु लड़ता है, जो भी पहले हो, मंत्री के रूप में नियुक्त किए जाने हेतु अयोग्य होगा।

(2) विधायी शक्तियाँ (राष्ट्रपति का संसद से सम्बन्ध)

भारत का राष्ट्रपति संसद का एक अंग है (अनु. 79)। राष्ट्रपति को, जो विधायी शक्तियाँ मिली हुई हैं, इनका प्रयोग वह मंत्रिपरिषद द्वारा दिए गए परामर्श के अनुसार ही करता है। राष्ट्रपति को प्राप्त विधायी शक्तियों का वर्णन निम्नलिखित शीर्षकों के अन्तर्गत किया जा सकता है

(A) संसद का सत्र आहूत करना, सत्रावसान करना तथा लोकसभा का विघटन करने की शक्ति

अनु. 85(1) के अनुसार राष्ट्रपति समय-समय पर, संसद के प्रत्येक सदन को ऐसे समय और स्थान पर, जो वह ठीक समझे, अधिवेशन के लिए आहूत करेगा, किन्तु उनके एक सत्र की अंतिम बैठक तथा आगामी सत्र की प्रथम बैठक के बीच 6 माह से अधिक का अन्तराल नहीं होना चाहिए। **इस अनुच्छेद में जो 'समय एवं स्थान' शब्द है, उससे यह ज्ञात होता है कि यदि राष्ट्रपति किसी कारण संसद की बैठक दिल्ली के संसद भवन से बाहर देश के किसी अन्य स्थान पर आहूत करना चाहे, तो वह ऐसा कर सकता है।**

अनु. 85(2) के अनुसार, राष्ट्रपति समय-समय पर

(क) दोनों सदनों का एक साथ या किसी एक सदन का सत्रावसान कर सकेगा,

(ख) लोकसभा का विघटन कर सकेगा।

लोकसभा के विघटन का अर्थ आम चुनावों की घोषणा है।

(B) सदनों में अभिभाषण का और उनको संदेश भेजने का और विशेष अभिभाषण देने का राष्ट्रपति का अधिकार–

अनु. 86(1) के अनुसार, राष्ट्रपति संसद के किसी एक सदन में या एक साथ समवेत दोनों सदनों में अभिभाषण कर सकेगा और इस प्रयोजन के लिए सदस्यों की उपस्थिति की अपेक्षा कर सकेगा,

अनु. 86 (2) के अनुसार, राष्ट्रपति संसद में उस समय लंबित किसी विधेयक के सम्बन्ध में संदेश या कोई अन्य संदेश, संसद के किसी भी सदन को भेज सकेगा। राष्ट्रपति द्वारा इस प्रकार भेजे गए संदेश में इस बात का उल्लेख हो सकता है कि, वह विधेयक के सम्बन्ध में क्या विचार रखता है। **1951-52 में भारत में प्रथम आम चुनाव के अवसर पर तत्कालीन राष्ट्रपति डा. राजेन्द्र प्रसाद ने हिन्दू संहिता विधेयक पर संसद को एक संदेश भेजकर अपनें विचारों से अवगत कराते हुए कहा था कि, व्यक्तिगत रूप से मैं उक्त विधेयक पारित करने के विरुद्ध हूँ; परंतु यदि संसद ने उसे पारित कर दिया तो मैं उसपर अपनी अनुमति प्रदान कर दूँगा।** चूँकि विधेयक प्राय: मंत्रियों द्वारा ही प्रस्तुत किए जाते हैं और ये मंत्री राष्ट्रपति के ही प्रतिनिधि होते हैं अत: राष्ट्रपति मंत्रियों के माध्यम से भी अपनी बात सदन तक पहुँचा सकता है। राष्ट्रपति अपने विचारों को अभिभाषण के माध्यम से भी सदन तक प्रेषित कर सकता है। **ध्यान रहे, राष्ट्रपति अपनी शक्तियों का सम्पादन मंत्रिपरिषद के परामर्श पर ही करता है अतः उसकी विधायन के संदर्भ में निजी राय का कोई विधिक और बाध्यकारी अर्थ नहीं हो सकता, केवल नैतिक अर्थ ही हो सकता है**

अनु. 87 के अनुसार, राष्ट्रपति लोकसभा के प्रत्येक सामान्य निर्वाजन (आम चुनाव) के बाद प्रथम सत्र के आरंभ में और प्रत्येक वर्ष के प्रथम सत्र के आरंभ में एक साथ संसद के दोनो सदनों को बताकर समवेत अभिभाषण करेगा और संसद को उसके आह्वान का कारण बताएगा। सदन का कार्य होगा कि अभिभाषण में उल्लिखित विषयों पर चर्चा के लिए वह समय निर्धारित करे।

(C) लोकसभा और राज्यसभा में सदस्यों का मनोनयन करना

संविधान निर्माताओं का मत था कि संसद के दोनों सदनों के सदस्य जनता द्वारा प्रत्यक्ष या अप्रत्यक्ष रूप से चुने जाने के बाद भी समाज में कुछ ऐसे समूह या हित बचे रहेंगे, जिनका प्रतिनिधित्व देश की सर्वोच्च पंचायत (संसद) में नहीं हो पाएगा, क्योंकि वे बिखरे हुए तथा अल्पसंख्या में हैं, इसलिए उन्होंने लोकसभा

तथा राज्यसभा में कतिपय सदस्यों के मनोनयन की प्रणाली स्थापित की। **संघीय कार्यपालिका का प्रमुख होने के कारण सदस्यों को मनोनीत करने की यह शक्ति राष्ट्रपति को दी गयी है।**

अनु. 331 के अनुसार, भारत के राष्ट्रपति को लोकसभा में ऐंग्लों इण्डियन समुदाय के दो व्यक्तियों को मनोनीत करने का अधिकार है, यदि उसकी राय में (वास्तव में, मंत्रिमंडल की राय में) उस समुदाय का पर्याप्त प्रतिनिधित्व लोकसभा में नहीं है। ऐग्लों -इण्डियन में **वे अंग्रेज या यूरोप वासी आते हैं जो स्वतंत्रता के बाद इंग्लैण्ड या यूरोप नहीं गए और भारत में ही बस गए। इनकी संख्या मुख्यतः गोआ, पांडिचेरी तथा दिल्ली में है। इनकी संख्या लगभग दो लाख बतायी जाती है। ऐग्लों-इण्डियन समुदाय को लोकसभा में प्रतिनिधित्व देने के पीछे ब्रिटिश सरकार का दबाव था।**

अनु. 80(3) के अनुसार, राष्ट्रपति राज्यसभा में 12 ऐसे व्यक्तियों को मनोनीत करेगा जो साहित्य, विज्ञान, कला तथा समाजसेवा के क्षेत्र में विशेष ज्ञान या अनुभव रखते हैं। संसद के द्वितीय सदन में **इन विशिष्ट व्यक्तियों के मनोनयन की यह प्रणाली हमने आयरलैण्ड के संविधान से प्रेरित होकर स्वीकार की है।**

अनु. 80(3) और अनु. 331, दोनों ही राष्ट्रपति को क्रमशः लोकसभा तथा राज्यसभा में सदस्यों को मनोनीत करने का अधिकार देते हैं किन्तु दोनों में एक अंतर है। अनु. 331 के अनुसार, दो ऐग्लों-इण्डियन सदस्यों के मनोनयन के पीछे राष्ट्रपति का ऐच्छिक आधार है, अर्थात् यदि उसकी राय में ऐंग्लो-इण्डियन समुदाय के लोग सामान्य निर्वाचन द्वारा ही चुनकर आ गए हैं; तो यह आवश्यक नहीं कि वह इस समुदाय के दो लोगों को मनोनीत ही करे, वह उन्हें प्रतिनिधित्व मिल जाने के कारण मनोनीत करनें से इनकार भी कर सकता है, वह चाहे तो केवल एक सदस्य ही ऐगलो-इंडियन समुदाय से मनोनीत करे, किन्तु अनु. 80(3) के अन्तर्गत राज्यसभा में 12 व्यक्तियों का मनोनयन उसे करना ही होगा, यहाँ उसे कोई विवेकाधीन अधिकार नहीं मिला हुआ है।

(D) कुछ विधेयकों को प्रस्तुत करने के पूर्व राष्ट्रपति की अनुमति अपेक्षित

संविधान में यह उल्लिखित है कि, वे कौन से विधेयक हैं जिन्हें संसद में

प्रस्तुत करने के पूर्व राष्ट्रपति की अनुमति लेना अपेक्षित होगा। **'अपेक्षित' शब्द इसलिए है कि, यदि विधेयक प्रस्तुत करने के पूर्व राष्ट्रपति की अनुमति नहीं ली गयी हो किन्तु विधेयक पारित होने के बाद यदि राष्ट्रपति ने उसपर हस्ताक्षर कर दिए हों तो न्यायालय उस विधेयक को इस आधार पर अवैध घोषित नहीं कर सकेगे कि, पूर्व अनुमति नहीं ली गई थी (अनु. 255)।** राष्ट्रपति की पूर्व अनुमति से संसद में प्रस्तुत होने वाले विधेयक इस प्रकार है

1. नए राज्य का निर्माण (ऐसा राज्य जिसके बनने से वर्तमान में विद्यमान किसी राज्य की सीमाएं प्रभावित हों), राज्य की सीमाओं में वृद्धि, कमी या परिवर्तन और राज्य के नाम में परिवर्तन करने वाला कोई विधेयक (अनु. 3),
2. धन विधेयक (अनु. 117),
3. भारत की संचित निधि से धन व्यय करने की सिफारिश करने वाला कोई विधेयक (अनु. 117),
4. कोई विधेयक जो ऐसे कराधान को प्रभावित करता है जिनसे राज्य हितबद्ध हैं या उन सिद्धान्तों या नियमों के प्रभावित करता है जिनके आधार पर राज्यों को धन का वितरण होता है या आयकर के प्रयोजनों के लिए 'कृषि आय' की परिभाषा में परिवर्तन करता है या संविधान के भाग 12 के अध्याय 1 के अंतर्गत संघ के लिए 'अधिभार' (सरचार्च या सेश) का प्रावधान करता है, (अनु. 274(1)),
5. व्यापार की स्वतंत्रता पर प्रतिबंध आरोपित करने वाला कोई राज्य का विधेयक (अनु. 301 तथा 304 का अपवाद)।

(E) संसद के पटल पर विभिन्न आयोगों की रिपोर्ट प्रस्तुत करना

विभिन्न ऐसे संवैधानिक आयोग है जो अपनी रिपोर्ट राष्ट्रपति को देते हैं, इन आयोगों द्वारा मिलने वाली रिपोर्ट या प्रतिवेदन को राष्ट्रपति संसद के पटल पर रखता है जिससे कि संसद को इस रिपोर्ट पर कार्यवाही करने का अवसर मिल सके। वह निम्नलिखित आयोगों की रिपोर्ट को प्रस्तुत करता है-(1) नियंत्रक एवं महालेखापरीक्षक का प्रतिवेदन (2) वित्त आयोग की रिपोर्ट (3) संघ लोक सेवा आयोग की रिपोर्ट (4) अनुसूचित जातियों एवं जनजातियों के लिए विशेष अधिकारी की रिपोर्ट (5) पिछड़ा वर्ग आयोग की रिपोर्ट (6) राजभाषा आयोग की रिपोर्ट आदि-आदि।

(F) विधेयकों पर अनुमति देने या अनुमति न देने की शक्ति

राष्ट्रपति संसद का अभिन्न अंग हैं। संसद के दोनों सदनों से पारित होने के बाद कोई भी विधेयक राष्ट्रपति की अनुमति के लिए प्रेषित किया जाता है, जब राष्ट्रपति के हस्ताक्षर के बाद ही कोई विधेयक विधि या कानून का रूप धारण करता है। **दोनों सदनों द्वारा पारित कोई विधेयक राष्ट्रपति के सम्मुख प्रस्तुत किए जाने पर राष्ट्रपति निम्नलिखित में से कोई एक कदम उठा सकता है–**

(1) वह विधेयक पर अपनी अनुमति दे सकता है,

(2) वह यदि विधेयक के प्रावधानों से असहमत है तो वह उसे उस सदन को पुनर्विचार के लिए वापस लौटा सकता है जहाँ से वह आरंभ हुआ था अर्थात् जहाँ वह प्रथम बार प्रस्तुत हुआ था,

(3) कतिपय विधेयकों पर वह अनुमति देने से इनकार कर सकता है,

उपरोक्त (1) के सन्दर्भ में यह बतानें की आवश्यकता नहीं है कि राष्ट्रपति जब विधेयक को अपनी अनुमति दे देता है तो वह विधेयक कानून का स्वरूप धारण कर लेता है।

उपरोक्त (2) का प्रावधान इसलिए है कि सदन द्वारा यदि शीघ्रता में कोई ऐसा विधेयक पारित कर दिया गया हो, जिसके तकनीकी प्रावधानों पर संसद में कोई विशेष चर्चा नहीं हुई हो या सदन ने ध्यान न दिया हो जिससे भविष्य में समस्याएं उत्पन्न हो सकती हैं तो राष्ट्रपति ऐसे विधेयकों को पुनर्विचार के लिए भेजकर भावी संकट को टाल सकते हैं। किन्तु यदि वह विधेयक दोनों सदनों द्वारा राष्ट्रपति द्वारा दिए गए सलाह के अनुसार पारित कर दिया जाता है या उसके द्वारा दिए गए सलाह के बिना भी पारित कर दिया जाता है तो राष्ट्रपति को भेजे जाने पर उसे अपनी स्वीकृति अनिवार्य रूप से देनी ही पड़ेगी, अर्थात् राष्ट्रपति किसी एक ही विधेयक पर दोबारा हस्ताक्षर से इनकार नहीं कर सकता है।

राष्ट्रपति सदन से सम्पूर्ण विधेयक पर या उसके किसी प्रावधान विशेष पर भी पुनर्विचार की सिफारिश कर सकता है। यह स्थिति राष्ट्रपति को विलंबकारी वीटो का अधिकार प्रदान करती है। क्योंकि पुनर्विचार के कारण विधेयक लंबित रहेगा और क्रियान्वयन में विलंब होगा।

उपरोक्त (3) के संदर्भ में-राष्ट्रपति मंत्रिमंडल की सलाह पर किसी भी

विधेयक पर अनुमति देने से इनकार कर सकता है यदि वह प्राइवेट बिल **(मंत्रियों के अतिरिक्त किसी भी संसद सदस्य द्वारा प्रस्तुत विधेयक प्राइवेट बिल या निजी विधेयक कहलाता है)** है। मंत्रियों द्वारा प्रस्तुत सरकारी विधेयक के सन्दर्भ में भी ऐसी स्थिति आ सकती है। मान लीजिए कि संसद के दोनों सदनों द्वारा पारित कोई विधेयक पर अनुमति न दे जिसे पिछले मंत्रिमंडल के किसी मंत्री ने प्रस्तुत व पारित कराया हो तो राष्ट्रपति नए मंत्रिमंडल की सलाह पर वह उस विधेयक पर अपनी अनुमति नहीं देगा, फलतः वह विधेयक कानून नहीं बन पाएगा। राज्य विधानमंडल द्वारा पारित विधेयक यदि राज्यपाल के द्वारा राष्ट्रपति के विचार के लिए आरक्षित कर लिए जाते हैं तो राष्ट्रपति स्वयं विचार करने के बाद उस विधेयक पर विधानमंडल को पुनर्विचार करने हेतु कह सकता है। यदि विधानमंडल द्वारा पुनर्विचार करने के बाद वह विधेयक राष्ट्रपति के पास अनुमति हेतु भेजा जाता है और वह यदि राष्ट्रपति पुनः अपनी अनुमति नहीं देता है तो वह विधेयक नहीं समाप्त हो जाता है। **इन दोनों मामलों में राष्ट्रपति को जो वीटो की शक्ति प्राप्त है, वह आत्यंतिक या पूर्ण या ऐब्सोल्यूट वीटो है।**

राष्ट्रपति के पास जेबी वीटो भी है। जैसे कोई विधेयक संसद के दोनों सदनों द्वारा सम्यक रूप से पारित होने के बाद जब राष्ट्रपति के पास भेजा जाता है तो संविधान में यह प्रावधान नहीं है कि, राष्ट्रपति कितने दिन के भीतर उस विधेयक पर अपनी अनुमति देगा, इसके कारण राष्ट्रपति चाहे तो उस विधेयक पर लम्बे समय तक अपनी अनुमति रोके रखे। संभव है कि इस बीच लोकसभा का विघटन हो जाने के कारण विधेयक ही रदद् हो जाय! इसे राष्ट्रपति का जेबी वीटो कहते हैं। **ज्ञानी जैल सिंह ने भारतीय डाकघर संशोधन अधिनियम 1986[8] पर इसी वीटो का प्रयोग करके सबको चौका दिया था।**

इस प्रकार भारत के राष्ट्रपति के पास विलंबकारी (Suspensiv veto) पूर्ण या आत्यंतिक (Absolute veto) तथा जेबी वीटो (Pocket veto) की शक्ति है। राष्ट्रपति को विधेयकों की स्वीकृति से इस कारण जोड़ा गया है कि वह संसद का एक अंग है। साथ ही उसे विधेयकों की स्वीकृति का अधिकार इसलिए भी मिला हुआ है कि राष्ट्रपति संघीय कार्यपालिका का प्रमुख है, फलतः कानूनों का क्रियान्वयन भी उसका दायित्व है। अतः कानून बनने के बाद उसे यह देखने का संवैधानिक अधिकार है कि कहीं इन कानूनों के क्रियान्वयन में कोई अड़चन या दिक्कत न आए।

(G) अध्यादेश जारी करने की शक्ति

अध्यादेश जारी करने की शक्ति राष्ट्रपति की कार्यपालिका शक्ति है, किन्तु विधायन से जुड़े होने के कारण इसका वर्णन विधायी शक्ति के अंतर्गत किया जा रहा है।

संविधान के अनु. 123 के अनुसार, जब संसद के दोनों सदन सत्र में न हों और उस समय यदि राष्ट्रपति को विश्वास हो जाय कि, ऐसी परिस्थितियाँ विद्यमान हैं जिनके कारण तुरंत विधायी कार्यवाही करना अपरिहार्य हो गया है तो वह ऐसे अध्यादेश जारी कर सकेगा। बस अध्यादेश द्वारा बने कानूनों का सही प्रभाव होगा जो संसद द्वारा बनाए गए अधिनियम का होता है, अर्थात् जिन विषयों पर संसद को कानून बनाने की शक्ति मिली हुई है उन सभी विषयों पर राष्ट्रपति अध्यादेश जारी कर सकता है। अध्यादेश संसदीय अधिनियम की तरह भूतलक्षी प्रभाव वाला हो सकता है। अध्यादेश के ऊपर वह सभी मर्यादाएं आरोपित हैं जो उस विषय पर कानून बनाते समय संसद पर आरोपित होती हैं जैसे अध्यादेश द्वारा मूलाधिकार छीन या कम नहीं किए जा सकते। **इस संदर्भ में अनु. 13(3) महत्वपूर्ण है जिसमें कहा गया है कि 'विधि' शब्द में 'अध्यादेश' सम्मलित है। ऐसा कोई भी अध्यादेश राष्ट्रपति जारी नहीं कर सकता, जिसे अधि नियमित करने हेतु संसद इस संविधान के अधीन सक्षम नहीं है।**

राष्ट्रपति द्वारा जारी किए गए कोई अध्यादेश, को संसद की की आगामी बैठक शुरू होने के 6 सप्ताह के भीतर संसद के दोनों सदनों के समक्ष प्रस्तुत कर उसे अनुमोदित कराना होगा। यदि दोनों सदन 6 सप्ताह के भीतर अध्यादेश का अनुमोदन कर देते हैं तो वह कानून बन जाएगा और यदि 6 सप्ताह के भीतर उस अध्यादेश का अनुमोदन नहीं हुआ तो वह अध्यादेश रद्द हो जाएगा, **लेकिन अध्यादेश रद्द होने की स्थिति में, रद्द होने के पूर्व उस अध्यादेश के प्रभाव से किए गए सभी कार्य वैध होंगे।**

राष्ट्रपति अपने द्वारा जारी किए गए अध्यादेश को किसी भी समय वापस ले सकता है।

यदि संसद के दोनों सदन भिन्न-भिन्न तिथियों को आहूत किए जाते हैं तो 6 सप्ताह के अवधि की गणना, उन तिथियों में से पश्चावर्ती तिथि से की जाएगी। राष्ट्रपति द्वारा जारी किए गए अध्यादेश की अवधि अधिकतम साढ़े सात माह ही हो सकती है, क्योंकि संसद के दो सत्रों के

बीच 6 माह से अधिक का अन्तर नहीं हो सकता और जब संसद की बैठक शुरू होगी तो उसके 6 सप्ताह के भीतर अध्यादेश का अनुमोदन करना अपरिहार्य है।

वस्तुतः अध्यादेश कार्यपालिका (सरकार) को आकस्मिक परिस्थितियों से निबटने की शक्ति प्रदान करता है। ऐसी परिस्थितियों की कल्पना करना कठिन नहीं है जब आकस्मिक कानून निर्माण की आवश्यकता पड़ जाए। आकस्मिक परिस्थितियां विद्यमान हैं या नहीं, इसका निर्णय मंत्रिमंडल करता है, क्योंकि उसी की सिफारशि पर राष्ट्रपति अध्यादेश जारी करता है। **न्यायालय भी उन परिस्थितियों तथा कारणों की जाँच नहीं कर सकता जिसमें कि अध्यादेश जारी करना आवश्यक हो गया था, क्योंकि इसे जारी करने की शक्ति राष्ट्रपति के 'विश्वास' पर आधारित है। यदि अध्यादेश जारी करने के उद्देश्य से संसद के सत्र का सत्रावसान या स्थगन कर दिया जाता है तो भी अध्यादेश को अवैध नहीं ठहराया जा सकता। बैंक राष्ट्रीयकरण और प्रीवी पर्स समाप्त करने का कानून जब संसद ने ठुकरा दिया तो तत्कालीन इंदिरा गाँधी सरकार ने राष्ट्रपति के अध्यादेश द्वारा उसे लागू करा दिया। यह अध्यादेश जारी करने की शक्ति का दुरुपयोग था।** संविधान निर्मात्री सभा में राष्ट्रपति को अध्यादेश जारी करने की शक्ति देने के प्रश्न पर काफी वाद-विवाद हुआ था। अनेक सदस्यों ने इसे 'कार्यपालिका का विधायिका में हस्तक्षेप' माना था और कहा कि ऐसा अधिकार देना अलोकतांत्रिक होगा। लेकिन उस समय इन आलोचनाओं को यह कहकर शांत कर दिया गया कि, प्रबुद्ध जनमत द्वारा किसी भी ऐसी संभावना को रोका जा सकता है। **अध्यादेश का दुरुपयोग रोकने हेतु अब संसद ने यह नियम बना दिया है कि, जब कभी अध्यादेश का अनुमोदन संसद से कराने के लिए प्रस्तुत किया जाएगा, तो उन परिस्थितियों पर भी प्रकाश डाला जाएगा, जिसके कारण अध्यादेश जारी करना आवश्यक हो गया था।**

(H) संसद के सदस्यों की अयोग्यता से सम्बंधित प्रश्नों का निर्धारण करने की शक्ति

संविधान के अनु. 103 के अनुसार, राष्ट्रपति को यह शक्ति है कि, यदि संसद के किसी भी सदन का कोई सदस्य अनु. 102(1) में वर्णित किसी अयोग्यता से ग्रस्त हो गया है तो वह उस सदस्य की सदस्यता समाप्त करने का

आदेश जारी करे, लेकिन **ऐसे किसी प्रश्न का निर्णय करने से पूर्व राष्ट्रपति निर्वाचन आयोग की राय लेगा और ऐसी राय के अनुसार ही काम करेगा। इस निर्णय को लेने में मंत्रिपरिषद की सलाह की आवश्यकता नहीं है।** अनु. 102(1) में वर्णित निरर्हता के आधार इस प्रकार हैं- (1) यदि कोई सांसद लाभ का पद धारण कर ले, (2) वह घोषित रूप से पागल हो जाए, (3) वह दिवालिया हो जाए, (4) यदि वह भारत की नागरिकता छोड़ दे, (5) यदि वह किसी संसदीय नियम के कारण अयोग्य हो गया है।

संविधान के अनु. 101(2) के अनुसार, यदि कोई व्यक्ति संसद और किसी राज्य के विधानमंडल के किसी सदन, दोनों का सदस्य चुन लिया जाता है तो राष्ट्रपति उस समय-सीमा (अर्थात् कितने समय के भीतर) का निर्धारण कर सकते हैं, जिसके भीतर यदि उस व्यक्ति ने विधानमंडल की सदस्यता का त्याग नहीं किया तो उसकी संसद की सदस्यता समाप्त हो जाएगी।

(I) संसद के सदस्यों को शपथ ग्रहण कराना

संविधान के अनु. 99 के अंतर्गत राष्ट्रपति को इस बात के लिए अधिकृत किया गया है कि वह संसद के प्रत्येक सदस्य को, अपना स्थान ग्रहण करने के पूर्व, संविधान की तृतीय अनुसूची में दिए गए प्रारूप के अनुसार शपथ-ग्रहण कराए तथा उनसे शपथ पत्र पर हस्ताक्षर कराए। **संसद सदस्यों की शपथ कार्यवाही में भाग लेता है, या मतदान करता है, या संसद में सदस्य के रूप में बैठता है तो वह प्रतिदिन 500 रुपये की अधिशास्ति (दंड) का भागी होगा, जो संघ को देय ऋण के रूप में वसूला जाएगा (अनु. 104)।**

(3) न्यायिक शक्तियाँ

भारत के संविधान में 'राष्ट्रपति' एक ऐसा पद है जो कार्यपालिका, व्यवस्थापिका और न्यायपालिका, तीनों से जुड़ा हुआ है। राष्ट्रपति को न्यायिक शक्ति या अधिकार देने का कारण यह है कि यदि कोई न्यायिक भूल हो जाए तो उसे सुधारा जा सके। **भारत के राष्ट्रपति को प्राप्त कार्यपालिका शक्ति के अंतर्गत ही उसकी न्यायिक शक्ति भी आती है, वह न्यायपालिका का भाग नहीं है। उसे अपराधियों को क्षमादान करने की जो शक्ति मिली हुई है वह कार्यपालिका प्रमुख होने के कारण मिली है।**

संविधान के अनु. 72 के अनुसार, राष्ट्रपति को किसी अपराध के लिए दोषी ठहराए गए किसी व्यक्ति के दंड को क्षमा, उसका प्रविलंबन (दंड के

आदेश को क्रियान्वयन रोक देना), विराम (किसी तथ्य विशेष के कारण या पारिस्थिति विशेष को देखते हुए दंड को रोकना, जैसे किसी स्त्री के मृत्युदंड को उसके गर्भवती होने के कारण रोकना), परिहार (दंडादेश की प्रकृति में परिवर्तन किए बिना उसे कम कर देना जैसे कारावास की 10 वर्ष की सजा को 3 वर्ष कर देना) या लघुकरण (एक प्रकार के दंड के स्थान पर उससे छोटा दंड दे देना, इसमें दंड की प्रकृति भी बदली जा सकती है, जैसे मृत्युदंड के स्थान पर आजीवन कारावास देना या दो वर्ष के कारावास को कठोर जुर्माने में बदलना आदि) की शक्ति है। राष्ट्रपति को उपरोक्त शक्तियाँ निम्नलिखित मामलों में प्राप्त हैं-

(क) यदि दंड या दंडादेश सेना के न्यायालय ने दिया हो,

(ख) दंड या दंडादेश का कारण संघ की कार्यपालिका शक्ति से सम्बंधित विधि के विरुद्ध अपराध हो,

(ग) उन सभी मामलों में, जिनमें मृत्युदंड का आदेश हो।

राष्ट्रपति से उपरोक्त किसी भी कार्यवाही की माँग अनुग्रह या कृपा के रूप में की जा सकती है। इन शक्तियों का प्रयोग राष्ट्रपति के विवेक पर निर्भर करता है। इससे किसी अपराधी या सजा प्राप्त व्यक्ति के पक्ष में किसी अधिकार का सृजन नहीं होता। राष्ट्रपति अनु. 72 के अंतर्गत प्राप्त शक्तियों का प्रयोग मंत्रिमंडल की सलाह पर ही करता है। दिंसबर 2006 ई. दिए गए एक निर्णय में **सर्वोच्च न्यायालय ने कहा है कि राष्ट्पति ने मृत्युदंड को किन कारणों एवं परिस्थितियों से प्रेरित होकर क्षमा किया है, इसकी न्यायिक समीक्षा की जा सकती है।**

(4) सैन्य शक्तियाँ

संविधान के अनु. 53(2) के अनुसार, संघ के रक्षा बलों का सर्वोच्च समादेश (अर्थात् सेनाओं को आदेश देने की सर्वोच्च शक्ति) राष्ट्रपति में निहित हैं और इस शक्ति का प्रयोग वह कानून के अनुसार करेगा। वह तीनों सेनाओं (जल, थल और वायु) का सर्वोच्च कमाण्डर है। राष्ट्रपति को युद्ध की घोषणा करने का अधिकार है (अर्थात् युद्ध शुरू होने की घोषणा का अधिकार) तथा उसे यह भी घोषणा करने का अधिकार है कि युद्ध कब समाप्त माना जाए। **राष्ट्रपति इन शक्तियों का प्रयोग मंत्रिमंडल के परामर्श से ही करता है,**

अतः ये शक्तियाँ राष्ट्रपति की कार्यपालिका शक्तियों के अंतर्गत ही आती हैं।

(5) आपात काल की घोषणा करने का अधिकार–

राष्ट्रपति को आपातकालीन परिस्थितियों से देश को बचाने एवं संकट को दूर करने के लिए आपातकाल लगाने का अधिकार दिया गया है। अनु. 352 (युद्ध, बाह्य आक्रमण तथा सशस्त्र विद्रोह इनमें से किसी के आधार पर), अनु. 356 (राज्यों में संवैधानिक तंत्र के विफल हो जाने की दशा में वहाँ राष्ट्रपति शासन लगाने की शक्ति) तथा अनु. 360 (आर्थिक संकट आने पर वित्तीय आपातकाल की घोषणा करने की शक्ति) के प्रावधान राष्ट्रपति को यह अधिकार देते हैं। इनके आधार पर की गयी उद्घोषणा का अनुमोदन संसद करती है। आपातकालीन अधिकारों का प्रयोग राष्ट्रपति अपनी कार्यपालिका शक्ति के अंतर्गत ही करता है और इनकी घोषणा के पूर्व मंत्रिमंडल की सिफारिश अनिवार्य होती है। इसका विस्तृत वर्णन 'आपातकालीन प्रावधान' वाले अध्याय में किया गया है।

राष्ट्रपति की अन्य शक्तियाँ

उपरोक्त वर्णित शक्तियों के अतिरिक्त भारत के राष्ट्रपति को अन्य शक्तियाँ भी प्राप्त हैं जिनका वर्णन संविधान में विभिन्न स्थानों पर किया गया है, जो इस प्रकार हैं–

A. संसद के दोनों सदनों की संयुक्त अधिवेशन बुलाना और उसकी प्रक्रिया का निर्धारण। प्रक्रिया का निर्धारण राष्ट्रपति लोकसभा के अध्यक्ष तथा राज्यसभा के सभापति के परामर्श से करेगा (अनु. 108),

B. आवश्यकता पड़ने पर किसी राज्य के राज्यपाल को दो या अधिक राज्यों के लिए राज्यपाल नियुक्त करने की शक्ति राष्ट्रपति के पास है (अनु. 153),

C. राज्यपाल किसी एसी आकस्मिक परिस्थिति में, जिसका वर्णन संविधान में नहीं है, राज्य के राज्यपाल के कृत्यों के निर्वहन के लिए ऐसा उपबन्ध कर सकेगा, जो वह ठीक समझे (अनु. 160),

D. संघ लोक सेवा आयोग तथा संयुक्त राज्य लोक सेवा आयोग के सदस्यों की संख्या और उनकी सेवा शर्तों का निर्धारण, आयोग के

कर्मचारी वृन्द के सदस्यों की संख्या और उनकी सेवा शर्तों के सम्बन्ध में नियम बनाने की शक्ति राष्ट्रपति में होगी (अनु. 318),

E. राष्ट्रपति को यह शक्ति है कि, भारत की आकस्मिकता निधि (अनु. 267) से धन व्यय करने की मंजूरी दे, बाद में इसे संसद के समक्ष प्रस्तुत किया जाएगा। राष्ट्रपति आकस्मिकता निधि का संरक्षक है,

F. यदि किसी समय राष्ट्रपति को यह प्रतीत होता है कि, विधि या तथ्य का कोई ऐसा प्रश्न उत्पन्न हो गया है या उत्पन्न होने की संभावना है, जिसके बारे में उच्चतम न्यायालय की राय प्राप्त करना उचित व प्रासंगिक होगा, तो वह उस प्रश्न पर विचार करने हेतु उच्चतम न्यायालय को प्रेषित कर देगा, और वह न्यायालय, ऐसी सुनवाई के पश्चात्, जो वह ठीक समझे, राष्ट्रपति को अपनी राय देगा, (अनु. 143)। **राष्ट्रपति द्वारा माँगी गयी सलाह पर विचार करने के लिए उच्चतम न्यायालय का मुख्य न्यायाधीश 4 अन्य वरिष्ठ न्यायाधीशों का पैनल बनाएगा और इन पाँचों (मुख्य न्यायाधीश सहित) न्यायाधीशों द्वारा बहुमत से यह निर्णय किया जाएगा कि राष्ट्रपति को क्या राय दी जाए। राष्ट्रपति इन न्यायाधीशों द्वारा दी गयी राय मानने हेतु विवश नहीं है, वह चाहे तो दी गयी राय को ठुकरा सकता है। उच्चतम न्यायालय भी राष्ट्रपति को राय देने के लिए बाध्य नहीं है, वह चाहे तो राष्ट्रपति को राय देने से इनकार भी कर सकता है, जैसा कि उसनें रामजन्मभूमि-बाबरी मस्जिद विवाद के प्रकरण में किया था।** जब राष्ट्रपति ने पूछा कि, विवादित स्थान पर मंदिर था या मस्जिद, तो उच्चतम न्यायालय ने इस पर कुछ भी कहने से इनकार कर दिया था। यह एक सराहनीय कदम था क्योंकि न्यायालय के कुछ भी कहने से एक वर्ग की न्यायपालिका के प्रति निष्ठा प्रभावित हो जाती। राष्ट्रपति ने उच्चतम न्यायालय से सर्वप्रथम 'दिल्ली विधि अधिनियम' के सम्बन्ध में राय माँगी थी।

(G) संघ राज्यक्षेत्रों का प्रशासन और राष्ट्रपति

संविधान के भाग 8 में संघ राज्य क्षेत्र के प्रशासन के बारे में प्रावधान है। संविधान के अनु. 239 के अनुसार, प्रत्येक संघ राज्य क्षेत्र का प्रशासन राष्ट्रपति

द्वारा किया जाएगा। राष्ट्रपति किसी राज्य के राज्यपाल को किसी निकटवर्ती संघ राज्य क्षेत्र का प्रशासक नियुक्त कर सकेगा। राज्यपाल प्रशासक नियुक्त किए जाने पर राष्ट्रपति के निर्देशन में कार्य करेगा।

अनु. 239 क(क), दिल्ली के सम्बन्ध में विशेष प्रावधान करता है। अनु. 239 क, क 2(5) के अनुसार, दिल्ली का मुख्यमंत्री राष्ट्रपति द्वारा नियुक्त किया जाएगा और मुख्यमंत्री की सलाह पर अन्य मंत्री राष्ट्रपति द्वारा नियुक्त किए जाएँगे, तथा मंत्री राष्ट्रपति के प्रसादपर्यन्त कार्य करेंगे। दिल्ली का प्रशासन उपराज्यपाल के पदनाम से चलाया जाएगा, (अनु, 239 क, क (1))।

अनु. 239 ख के अनुसार, पांडिचेरी के प्रशासक को विधानमंडल का सत्र न चलने की स्थिति में अध्यादेश जारी करने का अधिकार है, किन्तु राष्ट्रपति को उसे इस निमित्त आदेश-निर्देश देने की शक्ति प्राप्त है।

अनु. 240(1) के अनुसार, राष्ट्रपति को निम्नलिखित संघ राज्यक्षेत्र की शांति, प्रगति और सुशासन के लिए नियम-कानून बनाने की शक्ति प्राप्त है- (A) अण्डमान निकोबार द्वीप, (B) लक्षद्वीप, (C) दादरा और नागर हवेली, (D) दमण और दीव। राष्ट्रपति द्वारा इन क्षेत्रों के लिए बनाया गया कोई विनियम संसद द्वारा बनाए गए किसी अधिनियम या किसी अन्य कानून का (जो उस समय उस संघ राज्य क्षेत्र में लागू है) संशोधन कर सकेगा और राष्ट्रपति द्वारा प्राख्यापित किए जाने पर उसका वही बल और प्रभाव होगा जो संसद के किसी ऐसे अधिनियम का है जो उस समय उस राज्यक्षेत्र को लागू होता है (अनु. 240(2))।

(H) अनुसूचित क्षेत्रों तथा जनजाति क्षेत्रों का प्रशासन और राष्ट्रपति

अनु. 244 (1) के अनुसार, पाँचवी अनुसूची के उपबन्ध असम, मेघालय, त्रिपुरा तथा मिजोरम राज्यों से भिन्न किसी राज्य के अनुसूचित क्षेत्रों और अनुसूचित जन-जातियों के प्रशासन और नियंत्रण के लिए लागू होंगें।

अनु. 244(2)के अनुसार, छठी अनुसूची के उपबंध असम, मेघालय, त्रिपुरा तथा मिजोरम राज्यों के जनजाति क्षेत्रों के प्रशासन के लिए लागू होगें।

उपरोक्त प्रावधान यहाँ रहने वाले लोगों के कमजोर आर्थिक सामाजिक स्थिति को दूर करने, सांस्कृतिक पहिचान कायम रखने तथा उन्हें विशिष्ट राजनीतिक सहभागिता देने हेतु किए गए हैं।

राष्ट्रपति को यह शक्ति दी गयी है कि वह किसी क्षेत्र को पाँचवी अनुसूची के अनुसार संसद द्वारा बनाए गए नियमों कानूनों के अधीन रहते हुए 'अनुसूचित क्षेत्र' घोषित कर सके। राष्ट्रपति ने इस अधिकार के कारण 1950 ई. में 'अनुसूचित क्षेत्र आदेश' निकाला है। यह 'अनुसूचित क्षेत्र' उन जनजातियों के निवास क्षेत्र हैं जो असम, मेघालय, त्रिपुरा तथा मिजोरम के अतिरिक्त अन्य राज्यों में निवास कर रही है। राष्ट्रपति किसी भी समय आदेश द्वारा यह आदेश/निर्देश दे सकेगा कि कोई सम्पूर्ण अनुसूचित क्षेत्र या उसका कोई विनिर्दिष्ट क्षेत्र अनुसूचित क्षेत्र का भाग नहीं रहेगा। राष्ट्रपति किसी अनुसूचित क्षेत्र मे जहां भाग को उस राज्य के राज्यपाल के परामर्श के बाद ही बढ़ा सकेगा। ऐसे प्रत्येक राज्य के अनुसूचित क्षेत्र हैं, प्रतिवर्ष या जब भी राष्ट्रपति इस प्रकार अपेक्षा करे, उस राज्य में अनुसूचित क्षेत्रों के प्रशासन के सम्बन्ध में राष्ट्रपति को प्रतिवेदन देगा और संघ की कार्यपालिका शक्ति का विस्तार राज्य को उक्त क्षेत्रों के प्रशासन के बारे में निर्देश देने तक विस्तृत रहेगा।

राज्यपाल को यह अधिकार दिया गया है कि वह यह आदेश दे सकेगा (लेकिन उसके द्वारा दिए गए इस प्रकार के सभी आदेश पहले राष्ट्रपति के सामने प्रस्तुत होंगे और उसकी अनुमति से ही राज्यपाल आदेश जारी करेगा) कि संसद का या उस राज्य के विधानमंडल का कोई अधिनियम उस राज्य के अनुसूचित क्षेत्र को लागू नहीं होगा या वह किन्हीं परिवर्तनों के साथ लागू होगा। राज्यपाल को यह अधिकार है कि, वह अनुसूचित जनजातियों के सदस्यों द्वारा या उनमें भूमि के अंतरण को प्रतिबंधित या विनियमित कर सके।

पाँचवीं अनुसूची के अनुसार, ऐसे प्रत्येक राज्य में, राज्यपाल द्वारा, जहाँ अनुसूचित क्षेत्र है और यदि राष्ट्रपति ऐसा आदेश दे तो किसी ऐसे राज्य में भी जहाँ अनुसूचित जनजातियाँ तो हैं किन्तु वहाँ अनुसूचित क्षेत्र नहीं है, एक 'जनजाति सलाहकार परिषद' स्थापित की जाएगी जो अधिकतम 20 सदस्यों से मिलकर बनेगी (20 की यह संख्या कम भी हो सकती है, इसका निर्धारण राज्यपाल ही करेगा) जिसमें से $\frac{3}{4}$ सदस्य उस राज्य की विधानसभा में अनुसूचित जनजाति के सदस्य होगे। परंतु यदि उस राज्य की विधानसभा में अनुसूचित जनजाति के सदस्यों की संख्या, उस संख्या से कम है जितने कि जनजाति सलाहकार परिषद में भरे जाएँगे तो शेष स्थान पर जनजातियों के अन्य सदस्यों से भरे जाएंगे। जनजाति सलाहकार परिषद के सदस्यों की संख्या, उनकी

नियुक्ति, योग्यता आदि का निर्धारण राज्यपाल करेगा, क्योंकि वही इसका संस्थापक है।

संविधान के अनु. 342 के अनुसार, राष्ट्रपति किसी संघ राज्य क्षेत्र के सम्बन्ध में स्वयं, और जहाँ कोई राज्य है, वहाँ के राज्यपाल से परामर्श करने के बाद अनुसूचित जनजाति में शामिल समूहों का निर्णय करेगा या किसी समूह को इसमें शामिल कर सकेगा। बाद में इसे संसद में प्रस्तुत किर उसकी स्वीकृति ली जाएगी।

संविधान में अनुसूचित क्षेत्रों के प्रशासन और राज्यों में अनुसूचित जनजातियों के कल्याण के बारे में प्रतिवेदन देने के लिए एक आयोग की व्यवस्था है (अनु. 339(1))। संघ को यह अधिकार है कि अनुसूचित जनजातियों के कल्याण के बारे में राज्यों को आवश्यक निर्देश दे। यह आयोग मुख्यतः अनुसूचित क्षेत्रों के प्रशासन को सुदृढ़ बनाने तथा वहाँ रहने वाली जनजातियों के कल्याण के बारे में अपनी रिर्पोर्ट देता है, जिसे संसद में प्रस्तुत करना बाध्यकारी नहीं है।

एक और आयोग है जो अनु. 338 द्वारा उपबंधित है-अनुसूचित जातियों और अनुसूचित जनजातियों के लिए राष्ट्रीय आयोग। 89वें संविधान संशोधन (2003 ई) द्वारा अनुसूचित जातियों एवं जनजातियों के लिए पृथक-पृथक राष्ट्रीय आयोग का गठन किया गया। अनु- 338 राष्ट्रीय अनुसूचित जाति आयोग तथा अनु 338 (क) राष्ट्रीय अनुसूचित जनजाति आयोग का प्रावधान करता है। राष्ट्रीय अनुसूचित जाति आयोग तथा राष्ट्रीय अनुसूचित जनजाति आयोग, दोनो ही **में एक अध्यक्ष, एक उपाध्यक्ष और 3 अन्य सदस्य होंगे, जिनकी सेवा-शर्तें तथा पद की अवधि संसद द्वारा इस निमित्त बनायी गयी विधि के उपबंधोंके अधीन आयोग का अध्यक्ष तय करेगा। (अनु. 338 (2) तथा अनु. 338 क (2))** इन आयोगों का कार्य होगा कि, वह अनुसूचित जातियों एवं जनजातियों के सुरक्षा के उपायों, उनके अधिकारों के संरक्षण तथा क्रियान्वयन, उन्हें सामाजिक-आर्थिक प्रगति की प्रक्रिया में शामिल करने सम्बन्धी विषयों पर ध्यान केन्द्रित करते हुए अपना प्रतिवेदन राष्ट्रपति को दे और यदि उसके प्रतिवेदन में कोई अपेक्षा किसी राज्य सरकार से हो तो वह अपने प्रतिवेदन की एक प्रति उस राज्य के राज्यपाल को भी दे। राष्ट्रपति इस प्रतिवेदन को संसद में तथा राज्यपाल इसे विधानमंडल में प्रस्तुत करेगा। अपने उपरोक्त दायित्वों का निर्वहन करते हुए इन आयोगों को सभी शक्तियाँ प्राप्त होगी जो किसी वाद के विचारण के समय सिविल न्यायालय को होती हैं, जैसे किसी व्यक्ति को समन

देना, बाध्य करना, शपथ द्वारा उसके कथन का परीक्षण करना, दस्तावेज प्राप्त करना आदि। अनुसूचित जाति एवं जनजाति को प्रभावित करने वाले नीति विषयक मामलों पर प्रत्येक राज्य और संघ का दायित्व होगा कि, वह इन आयोगों से विचार विमर्श कर ले। **अनु. 338(10) के अनुसार, इस अनुच्छेद में अनुसूचित जातियों के प्रति निर्देश का अर्थ पिछड़ा वर्ग और आंग्ल भारतीय समुदायों के प्रति निर्देश भी है।**

पाँचवी अनुसूची के प्रावधानों को संसद सामान्य कानून निर्माण की प्रक्रिया द्वारा परिवर्तित कर सकती है, (अनुसूची 5, पैरा 7(2))।

छठी अनुसूची

चूँकि बात अनुसूचित जाति-जनजाति की जा रही है फलतः सुविधा की दृष्टि से इसे यहीं प्रस्तुत किया जा रहा है, यद्यपि इसका राष्ट्रपति से कोई सम्बन्ध नहीं है।

छठीं अनुसूची के प्रावधान असम, मेघालय, त्रिपुरा तथा मिजोरम के जनजाति क्षेत्रों पर लागू होते हैं। **इन राज्यों के जनजाति क्षेत्र स्वशासी जिलों के रूप में प्रशासित होंगे। राज्यपाल इन स्वशासी जिलों के क्षेत्र, सीमा या नाम में लोक अधिसूचना द्वारा कोई भी परिवर्तन कर सकता है। ये जिले राज्य सरकार की कार्यपालिका शक्ति के बाहर नहीं होंगे किन्तु इन्हें कुछ विधायी और न्यायिक कार्य सम्पादित करने का अधिकार होगा इन कार्यों को करने हेतु जिला परिषद तथा प्रादेशिक परिषद बनायी जाएगी।** विधायी शक्ति के अन्तर्गत इन्हें आरक्षित वनों से भिन्न वनों का प्रबन्धन करने, उत्तराधिकार सम्पत्ति का विनियमन करने, विवाह एवं सामाजिक रीति-रिवाजों से सम्बन्धित कानून बनाने का अधिकार होगा। ये जिला परिषदें अपने अपने जिलों में 'जिला निधि' की स्थापना करेंगी और इन्हें भू-राजस्व का निर्धारण व संग्रहण करने तथा करों का आरोपण करने की शक्तियाँ होंगी। ये खनिजों से सम्बन्धित पट्टे आदि भी दे सकेगी। जनजातियों से भिन्न व्यक्तियों की साहूकारी तथा व्यापार के नियंत्रण के लिए विनियम बनाने की शक्ति भी इन जिला परिषदों में होगी। राज्यपाल इन्हें कुछ मुकद्दमों को देखने या अपराधों से सम्बन्धित निर्णय देने की न्यायिक शक्ति भी प्रदान कर सकता है। इन जिला परिषदों तथा प्रादेशिक परिषदों द्वारा बनाए गए कानून तबतक अप्रभावी रहेंगे जबतक इन पर राज्यपाल अपनी अनुमति प्रदान न करे। प्रत्येक स्वशासी जिलों के लिए **एक**

जिला परिषद होगी जो अधिकतम 30 सदस्यों से मिलकर बनेगी जिनमें से 4 व्यक्ति राज्यपाल द्वारा मनोनीत होंगे और शेष वयस्क मताधिकार के आधार पर उस जिले के नागरिकों द्वारा निर्वाचित किए जाएँगे। जिला परिषद के लिए निर्वाचित सदस्यों का कार्यकाल 5 वर्ष होगा और मनोनीत सदस्य राज्यपाल के प्रसादपर्यन्त पद धारण करेंगे। इस 5 वर्ष की अवधि को राज्यपाल एक बार में (जब आपातकाल लागू हो) एक वर्ष की अवधि तक विस्तारित कर सकेगा और आपातकाल समाप्त होने की दशा में 6 माह के भीतर नए चुनाव कराने होगें। यदि जिला परिषद का कोई सदस्य आकस्मिक मृत्यु को प्राप्त हो जाय तो उसका स्थान ग्रहण करने वाला व्यक्ति जिला परिषद के शेष कार्यकाल तक सदस्य बना रहेगा।

राष्ट्रपति संसद के किसी अधिनियम के सम्बन्ध में, और राज्यपाल राज्य विधानमंडल के किसी अधिनियम के सम्बन्ध में यह घोषणा कर सकेगा कि, इन अधिनियमों के कुछ प्रावधान स्वशासी जिलों और प्रदेशों में लागू नहीं होंगे या कुछ परिवर्तनों के साथ लागू होंगे। इन परिवर्तनों का वर्णन राष्ट्रपति और राज्यपाल की उस घोषणा में होगा।

इन स्वशासी जिलों से सम्बन्धित प्राक्कलित प्राप्तियाँ (जो राज्य की संचित निधि में जमा की जानी है) और व्यय (जो राज्य की संचित निधि में से किए जाने हैं) पहले जिला परिषद के समक्ष विचार-विमर्श के लिए रखे जाएंगें और फिर ऐसे विचार-विमर्श के पश्चात् अनु. 202 के अधीन रहते हुए राज्य विधानमंडल के समक्ष रखे जाने वाले बजट में पृथक रूप से दिखाए जाएंगे।

राज्यपाल, राज्य के स्वशासी जिलों और स्वशासी प्रदेशों के प्रशासन के सम्बन्ध में अपने द्वारा विनिर्दिष्ट विषयों की जाँच करने और यह आयोग इन स्वशासी जिलों एवं प्रदेशों में चिकित्सा, शिक्षा, संचार, जैसी जनकल्याणकारी सुविधाओं या किसी नए कानून की आवश्यकता के सम्बन्ध में अपनी रिपोर्ट देगा। राज्यपाल, यदि चाहे तो इन जिलों व प्रदेशों का कार्य-भार किसी मंत्री को दे दे और वह मंत्री उपरोक्त वर्णित रिपोर्ट को विधानमंडल में प्रस्तुत करे। सरकार को तब विधामंडल में यह बताना पड़ेगा कि वह इस रिपोर्ट पर आगे क्या कार्यवाई करने जा रही है। राज्यपाल उपरोक्त आयोग की रिपोर्ट के आधार पर या किसी समय उसे यह समाधान हो जाता है कि इन स्वशासी जिलों या प्रदेशों का शासन इस अनुसूची के उपबन्धों के अनुसार नहीं चलाया जा रहा है, तो वह

यथास्थिति, लोक अधिसूचना द्वारा किसी जिला परिषद या प्रादेशिक परिषद का विघटन कर सकेगा और निर्देश दे सकेगा कि परिषद के पुर्नगठन हेतु नया चुनाव तुरंत कराया जाए। राज्यपाल, राज्य विधानमंडल के पूर्व अनुमोदन से ऐसी परिषद के प्राधिकार के अधीन आने वाले क्षेत्र का प्रशासन अधिकतम 12 माह[9] की अवधि के लिए अपने हाथ में ले सकेगा अथवा ऐसे क्षेत्र का प्रशासन उपरोक्त वर्णित आयोग को सौंप सकेगा या अन्य ऐसे किसी निकाय को, जिसे वह उपयुक्त समझता है, उक्त 12 माह की अवधि के लिए दे सकेगा। राज्यपाल का उपरोक्त आदेश विधानमंडल की बैठक शुरू होने के 30 दिन के भीतर विधानमंडल से अनुमोदित होना आवश्यक है, अन्यथा राज्यपाल का आदेश निष्प्रभावी हो जाएगा।

यदि राज्यपाल का किसी समय यह समाधान हो जाता है कि, जिला परिषद या प्रादेशिक परिषद के किसी कार्य या संकल्प से भारत की सुरक्षा या लोक-व्यवस्था को खतरा हो सकता है या खतरा पहुँच चुका है तो वह ऐसे कार्य या संकल्प या प्रस्ताव को निंलबित या रद्द कर सकता है। राज्यपाल के इस कार्य को बाद में विधानमंडल का अनुमोदन मिलना आवश्यक है। यदि राज्यपाल उपरोक्त संदर्भ में जिला परिषद या प्रादेशिक परिषद के किसी आदेश या संकल्प या कार्य को निलंबित करता है तो विधानमंडल के अनुमोदन के बावजूद भी उक्त निंलबन की अवधि अधिकतम 12 माह तक होगी।

राष्ट्रपति और मंत्रिपरिषद (संवैधानिक प्रावधान)

संविधान निर्माताओं ने हमारे देश में संसदीय प्रणाली लागू की है, अतः राष्ट्रपति सम्पूर्ण कार्यपालिका शक्तियों का स्वामी होने के बाद भी, एक मंत्रिपरिषद[11] की सलाह मानने हेतु बाध्य है। संविधान के अनु. 74(1) के अनुसार, राष्ट्रपति को सलाह और सहायता देने के लिए एक मंत्रिपरिषद होगी, जिसका प्रधान प्रधानमंत्री होगा और राष्ट्रपति अपने कृत्यों का प्रयोग करने में ऐसी सलाह के अनुसार कार्य करेगा। परंतु राष्ट्रपति मंत्रिपरिषद से ऐसी सलाह पर दुबारा विचार करने की अपेक्षा कर सकेगा और राष्ट्रपति ऐसे पुनर्विचार के पश्चात् दी गई सलाह के अनुसार काम करेगा। अनु. 74(2) के अनुसार इस प्रश्न की किसी न्यायालय में जाँच नहीं की जाएगी कि राष्ट्रपति को मंत्रियों ने सलाह दी या नहीं, और यदि सलाह दी तो क्या दी। न्यायालय यह जाँच कर सकते हैं कि क्या कोई ऐसी सामग्री थी जिसके आधार पर सलाह दी गयी थी, और क्या वह उस सलाह के लिए पर्याप्त अनुकूल थी और राष्ट्रपति उसके

आधार पर कार्यवाही कर सकते थे, फिर भी यह बात साक्ष्य अधिनियम 1872 की धारा 123 के अन्तर्गत विशेषाधिकार के दावे के अधीन है[12]।

अनु. 75(1) के अनुसार प्रधानमंत्री की नियुक्ति, राष्ट्रपति करेगा और अन्य मंत्रियों की नियुक्ति प्रधानमंत्री की सलाह पर राष्ट्रपति द्वारा की जाएगी।

अनु. 75(2) के अनुसार, मंत्री राष्ट्रपति के प्रसादपर्यन्त पद धारण करेंगे, अर्थात् जब मंत्री राष्ट्रपति का विश्वास (व्यवहार में प्रधानमंत्री का विश्वास) जाता है और मंत्रियों को पद से हटाने की शक्ति का प्रयोग राष्ट्रपति प्रधानमंत्री की सिफारिश पर ही करता है। **मंत्री व्यक्तिगत रूप से राष्ट्रपति के प्रति और सामूहिक रूप से लोकसभा के प्रति उत्तरदायी होते हैं।** संविधान में मंत्री बनने हेतु किसी योग्यता का वर्णन नहीं है, केवल अनु. 74(5) यह कहता है कि, यदि कोई व्यक्ति जो निरंतर 6 माह की अवधि तक संसद के किसी सदन का सदस्य नहीं है, उस अवधि (6 माह) की समाप्ति पर, वह मंत्री नहीं रहेगा, अर्थात् मंत्री बनने के 6 माह के भीतर संसद के किसी-न-किसी सदन का सदस्य बन जाना होगा- यही योग्यता है।

अनु. 75 (3) के अनुसार, मंत्रिपरिषद लोकसभा के प्रति सामूहिक रूप से उत्तरदायी होती है। लोकसभा जनता द्वारा निर्वाचित सदन है, उसके प्रति उत्तरदायित्व का अर्थ है जनता के प्रति उत्तरदायित्व। मंत्रिपरिषद के पास अत्यंत विस्तृत एवं व्यापक शक्तियाँ होती हैं, कहीं वह इन शक्तियों का दुरुपयोग न करने लगे, इसीलिए उसे उत्तरदायी बनाया गया है। सामूहिक उत्तरदायित्व का अर्थ है किसी एक मंत्री की असफलता का दंड सम्पूर्ण मंत्रिपरिषद को मिलेगा और यदि एक भी मंत्री के विरुद्ध अविश्वास का प्रस्ताव पारित हो जाए तो सम्पूर्ण मंत्रिपरिषद को पद छोड़ देना पड़ेगा। इसीलिए कहा जाता है कि, मंत्रिपरिषद के सदस्य साथ-साथ तैरते व साथ-साथ डूब जाते हैं।

अनु. 75(4) के अनुसार, किसी मंत्री द्वारा अपना पद ग्रहण करने के पूर्व, राष्ट्रपति, तृतीय अनुसूची में इस प्रयोजन के लिए दिए गए प्रारूप के अनुसार, उसे पद और गोपनीयता की शपथ दिलाएगा। **प्रधानमंत्री को भी उसी शपथ प्रारूप के अनुसार शपथ ग्रहण करनी पड़ती है जिस प्रारूप से मंत्री शपथ ग्रहण करते हैं, क्योंकि प्रधानमंत्री पद हेतु संविधान में अलग से किसी शपथ-प्रारूप का उल्लेख नहीं है।**

अनु. 75(6) के अनुसार, मंत्रियों के वेतन, एवं भत्ते द्वितीय अनुसूची में वर्णित हैं, जिसमें संसद परिवर्तन कर सकती है।

प्रधानमंत्री का कार्य

भारत में संसदीय प्रणाली लागू है जिसे व्यवहार में मंत्रिमण्डल प्रणाली भी कहते हैं क्योंकि सम्पूर्ण व्यवस्था में नीति निर्धारक और निर्णय निर्माता की भूमिका मंत्रिमंडल के पास ही होती है। वह बहुमत के बल पर संसद में कानूनों को प्रस्तुत एवं पारित कराता है तथा उन कानूनों को लागू भी कराता है। मंत्रिमंडल (मंत्रियों का मंडल या समूह) में प्रधानमंत्री की भूमिका अत्यंत महत्वपूर्ण है क्योंकि वह 'मंत्रिपरिषद का प्रधान' है (अनु. 74(1))। उसकी इच्छा तक ही समस्त मंत्री पद पर बने रह सकते हैं। लॉर्ड मार्ले के अनुसार, प्रधानमंत्री 'प्राइमस इंटरपेयर्स' अर्थात् 'समकक्षों में प्रथम' होता है। सिद्धान्ततः सभी मंत्री अपने अपने पद के संदर्भ में समान हैं, सभी राष्ट्रपति को सलाह व सहायता देने हेतु कार्य करते हैं और ये सभी लोकसभा के प्रति उत्तरदायी हैं किन्तु व्यवहार में निम्नलिखित शक्तियाँ केवल प्रधानमंत्री के पास हैं जो उसकी स्थिति को अत्यंत महत्वपूर्ण एवं केन्द्रीय बना देती हैं–

1. प्रधानमंत्री लोकसभा में बहुमत दल का नेता होता है। वह सदन में कार्यपालिका का सर्वोच्च प्रतिनिधि है
2. उसे राष्ट्रपति को सलाह देने का अधिकार है कि, वह किसे मंत्रिमंडल में शामिल करे, किसे कौन सा विभाग दिया जाए, किसका विभाग कब परिवर्तित कर दिया जाय और किसे मंत्रिमंडल से हटा दिया जाय
3. मंत्रिपरिषद का प्रधान होने के कारण वह आवश्यकतानुसार, मंत्रिपरिषद की और आवश्यकतानुसार मंत्रिमंडल की बैठक बुला सकता है। इन बैठकों की वह स्वयं अध्यक्षता करता है। **मंत्रिपरिषद में सभी स्तर के मंत्री जैसे कैबिनेट मंत्री, राज्य मंत्री (स्वतंत्र प्रभार), राज्य मंत्री, उपमंत्री ये सभी, शामिल होते हैं, और मंत्रीमंडल में केवल कैबिनेट स्तर के मंत्री ही शामिल होते हैं। अर्थात् जब मंत्रीपरिषद की बैठक बुलायी जाए तो सभी स्तर के मंत्री उस बैठक में शामिल होंगे और जब मंत्रिमंडल की बैठक बुलायी जाए तो उसमें केवल कैबिनेट स्तर के मंत्री ही शामिल होंगे। किन्तु दोनों ही**

बैठकों में प्रधानमंत्री अवश्य शामिल होगें क्योंकि वही इन बैठकों की अध्यक्षता करेगा। सभी महत्वपूर्ण निर्णय मंत्रिमंडल की बैठकों में ही लिए जाते हैं।

4. प्रधानमंत्री का स्थान मंत्रिपरिषद और राष्ट्रपति के बीच है। इसका उल्लेख अनु. 78 में है जिसमें कहा गया है कि, प्रधानमंत्री का कर्त्तव्य होगा कि, वह संघ के कार्यलाप के प्रशासन सम्बन्धी और कानून विषयक प्रस्थापनाओं सम्बन्धी मंत्रिपरिषद के सभी निर्णयों से राष्ट्रपति को अवगत कराए।
5. सिद्धान्ततः जितनी भी राय और सलाह राष्ट्रपति को दी जाती है उन सबका निर्णय प्रधानमंत्री ही करता है।

राष्ट्रपति की स्थिति

भारत ने अपनी संसदीय व्यवस्था, वेस्टमिनिस्टर प्रणाली (ब्रिटेन) से प्रेरित होकर अपनायी है। लेकिन ब्रिटेन में जहाँ राजतंत्रात्मक लोकतंत्र है तो वहीं भारत में गणतंत्रीय लोकतंत्र। दोनों ही व्यवस्थाओं में कार्यपालिका के प्रधान के रूप में क्रमशः राजा व राष्ट्रपति की भूमिका नाम-मात्र या संवैधानिक प्रमुख की ही होती है। दोनों देशों में जो संवैधानिक प्रमुख हैं, उनके अधिकारों के प्रमुख प्रयोगकर्त्ता के रूप में मंत्रिमंडल अधिकृत है। लकिन ब्रिटेन में 'राजा' की स्थिति को लेकर कभी कोई विवाद नहीं हुआ, लेकिन भारत में 'राष्ट्रपति की स्थिति' अनेक बार राजनीतिक एवं बौद्धिक विचार-विमर्श के केन्द्र में रही है और अब तक इस पद की स्थिति और शक्तियों के बारे में सर्वस्वीकृत मत का अभाव है।

संविधान सभा में राष्ट्रपति की स्थिति पर मत व्यक्त करते हुए प्रारूप समिति के अध्यक्ष डा. भीमराव अम्बेडकर ने कहा था कि, भारत का राष्ट्रपति अमेरिका के राष्ट्रपति से भिन्न है। अमेरिका का राष्ट्रपति कार्यपालिका का प्रमुख है, प्रशासन का कार्य उसे सौंपा गया है, परन्तु भारत का राष्ट्रपति राष्ट्र का प्रमुख है, न कि कार्यपालिका का। वह राष्ट्र का प्रतिनिधित्व करता है, परन्तु राष्ट्र का शासन नहीं चलाता है। वह राष्ट्र का प्रतीक मात्र है।

संविधान का अनु. 53 संघ की सम्पूर्ण कार्यपालिका शक्ति राष्ट्रपति को सौंपता है और अनु. 77(1) में यह उल्लिखित है कि भारत सरकार की समस्त

कार्यपालिका कार्रवाई राष्ट्रपति के नाम से की हुई कही जाएगी। किन्तु संविधान का अनु. 74 यह स्पष्ट रूप से कहता है कि, राष्ट्रपति को सलाह और सहायता देने के लिए एक मंत्रिपरिषद होगी जिसका प्रधान प्रधानमंत्री होगा और राष्ट्रपति अपने कृत्यों का प्रयोग करने में ऐसी सलाह के अनुसार कार्य करेगा। राष्ट्रपति इस सलाह पर पुनर्विचार हेतु मंत्रिपरिषद से कह सकता है किन्तु पुनर्विचार के बाद दी गई सलाह के अनुसार राष्ट्रपति कार्य करेगा। संविधान निर्मात्री सभा में एच. वी. कामथ ने प्रश्न पूछा था कि, यदि किसी विशेष मामले में राष्ट्रपति मंत्रिमंडल की सलाह के अनुसार काम नहीं करता तो क्या इसे 'संविधान का उल्लंघन' माना जाएगा और क्या इस आधार पर उसेमहाभियोग द्वारा हटाया जा सकता है? इसका उत्तर देते हुए **भीमराव अम्बेडकर ने कहा था कि** राष्ट्रपति मंत्रिपरिषद की सलाह मानने हेतू बाध्य होगा क्योंकि ऐसा न करने पर उसे महाभियोग द्वारा हटाया जा सकता है।[13] राष्ट्रपति मंत्रिपरिषद के परामर्श के बिना कुछ भी नहीं कर सकता और न ही उसके परामर्श के विरुद्ध/विपरीत ही कुछ कर सकता है सलाह और सहायता ऐसे शब्द हैं जो केवल राष्ट्रपति के पद की गरिमा बढ़ाने और उस पद के संवैधानिक स्वरूप के समक्ष आने वाली कठिनाइयों को दूर करनें के लिए ही प्रयुक्त हुए हैं। **'सलाह और सहायता' शब्द ग्रेट ब्रिटेन और उसके डोमिनियन राज्यों (उपनिवेशों) के संवैधानिक व्यवहारों से लिया गया है। संविधान सभा में अल्लादि कृष्णास्वामी अय्यर ने यह कहा था कि, यह शब्द एक संवैधानिक प्रयोग है और यह उस सुविख्यात ब्रिटिश अभिसमय पर आधारित है जिसके अन्तर्गत सम्राट हर स्थिति में मंत्रियों की सलाह पर कार्य करता है चाहे उसके पास कानूनी शक्तियाँ कितनी ही अधिक क्यों न हो। 'सलाह और सहायता' शब्द को भारत में इसी अर्थ में ग्रहण किया गया है।**[14]

भारत में संसदीय प्रणाली होने के कारण राष्ट्रपति केवल नाममात्र की ही कार्यपालिका हो सकता है, क्योंकि वह प्रत्यक्ष रूप से कोई कार्य नहीं करता और न ही लोकसभा के प्रति उत्तरदायी है, जबकि मंत्रिपरिषद कार्यपालिका के सभी कार्य करता है और वह लोकसभा के प्रति उत्तरदायी भी है। अर्थात् वास्तविक शक्तियों का वास्तविक स्वामी मंत्रिपरिषद ही है, अत: राष्ट्रपति मंत्रिपरिषद की सलाह नहीं मानता या उसकी सहायता के बिना अपने कार्यों को करता है, या निर्णयों को लेता है तो वह संसदीय प्रणाली के प्रति अवमानना है तथा संविधान के प्रावधानों का उल्लंघन भी है और उसे इस आधार पर राष्ट्रपति के

पद से हटाया जा सकता है। इन्हीं सब कारणों से मार्च 1962 ई. में राज्यसभा के एक कम्यूनिस्ट सदस्य भूपेश गुप्त ने एक विधेयक प्रस्तुत किया, इस विधेयक में संविधान में इस प्रकार का संशोधन करनें की माँग की गई थी जिसमें राष्ट्रपति द्वारा मंत्रिमंडल की सलाह के बिना कार्य करने का स्पष्ट निषेध हो, किन्तु यह विधेयक पारित न हो सका। इस विधेयक पर विचार करते समय नेहरु जी ने कहा था कि, भारत का संविधान मूलतः ब्रिटिश संसदीय प्रणाली पर आधारित है तथा भारत का राष्ट्रपति राजनीतिक तथा संवैधानिक दृष्टि से ब्रिटिश सम्राट के समान है और वह केवल संवैधानिक अध्यक्ष मात्र ही है।

राष्ट्रपति को संवैधानिक प्रधान के रूप में अपनी भूमिका निभानी है और यह भूमिका मंत्रिपरिषद की सलाह व सहायता के साथ ही निभायी जाएगी। लेकिन एक प्रश्न उठता है कि, **क्या राष्ट्रपति हर परिस्थिति में मंत्रिपरिषद की सलाह मानने हेतु विवश है? यदि कोई निर्णय मंत्रिपरिषद के ही विरुद्ध लेना हो तो क्या उस दशा में भी राष्ट्रपति मंत्रिपरिषद की बात मानेंगे?** यदि किसी कारण से मंत्रिपरिषद लोक सभा में विश्वास मत हार जाए और अपना त्यागपत्र देने की बजाय राष्ट्रपति से लोक सभा को भंग कर चुनाव कराने को कहे तो क्या राष्ट्रपति इस 'सलाह' को मानेगा? या वह बिना लोक सभा को भंग किए नई सरकार बनाने का प्रयास करेगा? यदि लोकसभा का बहुमत राष्ट्रपति के सामने नई सरकार बनाने का दावा करता है तो क्या राष्ट्रपति उसे स्वीकार नहीं करेगा? यदि मंत्रिपरिषद के सभी मंत्री प्रधानमंत्री के विरूद्ध हो जाए तो ऐसी स्थिति में राष्ट्रपति प्रधानमंत्री की बात मानेगा या मंत्रियों के बहुमत की? यदि मंत्रिपरिषद/सरकार किसी विधेयक को तो लोकसभा में पारित करा लेती है किन्तु राज्य सभा में बहुमत न होने के कारण वह विधेयक पारित नहीं हो पाता है तो क्या राष्ट्रपति उस विधेयक से सम्बंधित कानून को मंत्रिपरिषद द्वारा कहे जाने पर अध्यादेश के माध्यम से कानून का रूप दे सकता है? यदि मंत्रिपरिषद को लोक सभा में मामुली बहुमत प्राप्त हो और वह संसद का सामना करने से बार-बार कतरा रही है या अविश्वास प्रस्ताव से बचना चाहती है-इन कारणों से मंत्रिपरिषद यदि राष्ट्रपति को सदन का सत्रावसान करने को कहती है तो क्या राष्ट्रपति को इस भयभीत मंत्रिपरिषद की बात मान लेनी चाहिए? क्या उच्च संवैधानिक पदों (राज्यपाल, न्यायाधीश आदि) पर नियुक्ति के मामलों में राष्ट्रपति को मंत्रिपरिषद द्वारा प्रेषित नामों की सूची चुपचाप स्वीकार कर लेनी चाहिए? यदि कोई सरकार देश में आपातकाल इसलिए लगाना

चाहती है क्योंकि वह लोकसभा के चुनाव को अभी टालना चाहती है तो क्या राष्ट्रपति इसे स्वीकृति देंगे? यदि केंद्रीय सरकार किसी इकाई राज्य को अपदस्थ कर राष्ट्रपति शासन लगाना चाहती हो या सेना या सशस्त्र बलों को किसी भी राज्य में कानून व्यवस्था ठीक करने या देश की सम्प्रभुता व सुरक्षा के खतरे के नाम पर जबरन भेजना चाहती है तो क्या राष्ट्रपति को मूकदर्शक बन इसे मौन स्वीकृति दे देनी चाहिए? यदि कोई मंत्रिमंडल सम्पूर्ण रूप से भ्रष्टाचार में लिप्त हो जाए या प्रधानमंत्री पर देशद्रोह या देश की सुरक्षा से समझौता करने के आरोप स्पष्ट दिखाई दे जाए तो क्या ऐसी दशा में भी राष्ट्रपति मौन बने रहेंगें? क्या कोई मंत्रिपरिषद राष्ट्रपति को इस बात के लिए बाध्य कर सकता है कि वह किसी विषय पर सर्वोच्च न्यायालय से परामर्श ले या न ले?

इन उपरोक्त वर्णित दशाओं के अतिरिक्त भी ऐसी अनेक परिस्थितियाँ आ सकती हैं जिनमें यह प्रश्न उठेगा कि, क्या इन स्थितियों में भी राष्ट्रपति को मंत्रिपरिषद की बात माननी चाहिए या स्वयं के विवेक से निर्णय लेना उचित होगा। **उपरोक्त प्रश्नों एवं संभावनाओं के परिप्रेक्ष्य में इसका उत्तर यही हो सकता है कि सदैव और सभी परिस्थितियों में राष्ट्रपति, मंत्रिपरिषद की सलाह मानने हेतु विवश नहीं हो सकता। इन्हीं सब कारणों से संविधान निर्मात्री सभा के सदस्य रह चुके के.एम.मुंशी ने यह विचार व्यक्त किया था कि, राष्ट्रपति की कुछ शक्तियाँ अधिमंत्रिमण्डलीय (Super ministerial) हैं और उनके सम्बन्ध में मंत्रिपरिषद कोई परामर्श नहीं दे सकता[14]। संविधान सभा में ही के. एम. मुशी ने यह भी कहा था कि, राष्ट्रपति सम्पूर्ण संघ का प्रतिनिधित्व करता है तथा स्वतंत्र शक्तियों का प्रयोग करता है क्योंकि उसके निर्वाचन में जनता के प्रांतीय प्रतिनिधि अर्थात् विधायक तथा केंद्रीय प्रतिनिधि अर्थात् सांसद शामिल होते हैं। इस कारण राष्ट्रपति पूरे देश की जनता का प्रतिनिधि है और वह उसके प्रति नैतिक रूप से उत्तरदायी भी है जबकि मंत्रिपरिषद केवल लोक सभा के प्रति ही उत्तरदायी है। इस नैतिक दायित्व का राष्ट्रपति को अवश्य ध्यान रखना होगा क्योंकि तभी इस सर्वोच्च पद की गरिमा बनी रहेगी और जब वह नैतिक दायित्व का ध्यान रखेगा तो वह केवल मूकदर्शक नहीं रह सकता, वरन् आवश्यकता पड़ने पर अपने विवेक से काम लेगा और मंत्रिपरिषद की सलाह को विवेक की कसौटी पर भी कसेगा।**

उत्तर प्रदेश के भूतपूर्व मुख्यमंत्री तथा राजस्थान के राज्यपाल रह चुके डा.

सम्पूर्णानन्द ने भी कहा था कि **"लोकतंत्र को बचाने का एकमात्र विकल्प यह है कि राष्ट्रपति को ऐसी शक्तियाँ दी जाय जिनके अधीन वह अपने विचार से उस समय प्रशासन में हस्तक्षेप कर सके, जब वह यह पाए कि, परिस्थितियाँ ऐसा करने के अनुकूल हैं।**[15]

राष्ट्रपति भारत के सर्वोच्च संवैधानिक पद पर आसीन है। वह अपने विवेक से भी, परिस्थिति-विशेष में निर्णय ले सकता है और संभव है कि वह निर्णय मंत्रिपरिषद के मनोनुकूल न हो। राष्ट्रपति अपना पद ग्रहण करते समय संविधान के प्रति निष्ठा की शपथ लेता है, वह अपने निर्वाचकों तथा अप्रत्यक्ष रूप से पूरे देश की जनता के प्रति भी नैतिक एवं अनौपचारिक रूप से उत्तरदायी है। संविधान के प्रति निष्ठा की शपथ ग्रहण करने के बाद वह किसी की सलाह मात्र से संविधान की भावना के प्रति व्यक्तियों ने अपने 'विवेक' का प्रयोग करते हुए ऐसे निर्णय लिए हैं जो तत्कालीन मंत्रिपरिषद को अच्छे नहीं लगे, लेकिन राष्ट्रपति को पद से हटाने हेतु महाभियोग के बारे में नहीं सोचा गया, क्योंकि राष्ट्रपति को पद से हटाने का एक ही आधार हो सकता है और वह है संविधान का उल्लंघन। यदि मंत्रिपरिषद राष्ट्रपति के विवेक सम्मत निर्णयों से संतुष्ट नहीं है तो इससे न तो संविधान का उल्लंघन होता है और न ही उसे महाभियोग द्वारा हटाने का आधार ही बनता है।

'राष्ट्रपति' भारत में एक ऐसा पद है जो वह व्यवस्थापिका कार्यपालिका और न्यायपालिका तीनों से संबद्ध है। जैसे व्यस्थापिका से इसलिए जुड़ा है क्योंकि संसद का निर्माण राष्ट्रपति, लोकसभा तथा राज्यसभा तीनों से मिलकर होता है (अनु. 79), कार्यपालिका का वह प्रधान है और सभी कार्यपालिका शक्तियाँ उसमें निहित हैं (अनु. 53) तथा न्यायपालिका के न्यायाधीशों की वह नियुक्ति करता है और लोगों के दंड को परिवर्तित एवं क्षमा कर सकता है (अनु. 72)। राष्ट्रपति संविधान के प्रावधानों को सुनिश्चित कराने वाला सर्वोच्च न्यायालय के बाद दूसरी सबसे बड़ी संस्था है और उसे केवल सलाह मानने वाला निकाय कहना और उससे ऐसी अपेक्षा करना उचित नहीं है, क्योंकि उसे अपने पद की गरिमा के संरक्षण तथा अधिकारों के क्रियान्वयन हेतु विवेकसम्मत निर्णय करने का पूरा अधिकार है। ऐसा करना संवैधानिक भी है, क्योंकि अनु. 53 में कहा गया है कि, राष्ट्रपति अपनी कार्यपालिका शक्तियों का प्रयोग इस संविधान के अनुसार या तो स्वयं या अधीनस्त अधिकारियों के द्वारा करेगा। **'स्वयं या अधीनस्थ अधिकारियों' यह शब्दावली मार्मिक महत्व की है।**

'अधीनस्थ अधिकारियों' का तात्पर्य मंत्रिपरिषद और देश की कार्यपालिका के दायित्वों को पूरा करने वाले सभी अधिकारियों तथा कर्मचारियों से है तथा 'स्वयं' शब्द उसे स्वयं विवेकसम्मत निर्णय लेने का अधिकार दे देता है अर्थात् जहाँ अधीनस्थ अधिकारियों से मदद न मिले या ऐसी मदद लेना वह उचित न समझे, राष्ट्रपति स्वयं निर्णय ले सकता है। ऊपर जिन परिस्थितियों की चर्चा की गई है, उसमें राष्ट्रपति द्वारा स्वयं विवेकसम्मत निर्णय लेना कदापि अनुचित नहीं कहा जा सकता है। वह सदैव उचित, सामाजिक प्रासंगिक एवं संवैधानिक ही होगा।

राष्ट्रपति के अधिकारों तथा उसकी सांविधानिक स्थिति पर विचार-विमर्श करते समय प्रायः यह भुला दिया जाता है कि, यह एक कानूनी नहीं, वरन एक राजनीतिक प्रश्न है, जिसका उत्तर कानूनी अथवा संविधान के शब्दों पर उतना नहीं निर्भर करता, जितना कि, निम्नलिखित परिस्थितियों एवं दशाओं पर

A. संसद में विभिन्न राजनीतिक दलों की संख्यात्मक स्थिति, मुख्यतः सत्तारुढ़ दल के समर्थक सांसदों की संख्या,

B. राष्ट्रपति और प्रधानमंत्री के पारस्परिक सम्बन्धों की स्थिति,

C. राष्ट्रपति की महत्वाकांक्षाएं तथा जनता में उसकी छवि।

मान लीजिए कि देश में संकट के घने बादल हो और प्रधानमंत्री एक दुर्बल व्यक्तित्व वाला व्यक्ति हो तथा उसे लोकसभा में अत्यंत मामुली बहुमत प्राप्त है और वह निर्णय लेने की कुशाग्र कला में प्रवीण नहीं है, जबकि राष्ट्रपति एक अत्यंत लोकप्रिय, आर्कषक एवं नेतृत्व की तीव्र क्षमता वाला व्यक्ति हो, अतः ऐसी देशा में संभव है कि जनता देश के नेतृत्व-निर्देशन के लिए राष्ट्रपति की ओर उन्मुख हो, तब जो परिस्थितियाँ बनेगी और उनका जो संवैधानिक महत्व होगा, वह राष्ट्रपति की स्थिति को 'सक्रिय कार्यपालिका प्रमुख' में बदल देगा। निस्संदेह, **राष्ट्रपति की वास्तविक स्थिति का ज्ञान और उसकी संवैधानिक शक्तियों का अर्थ कानूनी शब्दकोष या संविधान में खोजने पर नहीं मिलेगा। यह कई घटकों तथा परिस्थितियों पर निर्भर करता है जिनका अनुमान तो किया जा सकता है किन्तु गणना नहीं की जा सकती।** ऐसी ही काल्पनिक परिस्थितियों की चर्चा करते हुए प्रो. ग्लेडहिल ने भारत के राष्ट्रपति

को मिली संवैधानिक शंक्तियों के आधार पर यह शंका व्यक्त की है कि वह कभी भी तानाशाह बन सकते हैं। उन्होंने परिस्थितियों का वर्णन कुछ इस प्रकार किया है–यदि किसी राष्ट्रपति को संसद महाभियोग द्वारा पद से हटाने की प्रक्रिया शुरू करे (और हो जाय) और 14 दिन की पूर्व सूचना राष्ट्रपति को भेज दे। राष्ट्रपति चूँकि महात्वाकांक्षी है, और पद पर बने रहना चाहता है तो संभव हैकि इस 14 दिन के भीतर ही वह लोकसभा को भंग कर दे, ध्यान रहे महाभियोग प्रस्ताव लोकसभा के भंग हो जाने के कारण रद्द हो जाएगा। अब नयी लोकसभा का चुनाव होगा। राष्ट्रपति संसद के दो भागों के बीच 6 माह का अंतर नहीं होना चाहिए। इस 6 माह के भीतर राष्ट्रपति चाहे तो अपनी संसद के मंत्रियों को मंत्रिमंडल के भीतर शामिल कर ले और संचालित करे। यह स्थिति आपातकाल की तरह होगी जिसमें मंत्रिमंडल और लोकसभा भंग हो जाएंगे और सभी निर्णय राष्ट्रपति के इच्छा पर निर्भर अपने हाथ में ले सकता है। इसमें लोकतंत्र और संविधान सभी कुछ उसके अधीन हो जाएंगे।[16] वस्तुतः प्रो. ग्लेडहिल शक्तियों के ऊपर सैवंधानिक अतिक्रमण का सुन्दर उदाहरण प्रस्तुत करते है लेकिन भारतीय संवैधानिक निरन्तरता को देखते हुए यह असंभव प्रतीत होता है। प्रथम तथ्य तो यह है कि न तो प्रधानमंत्री की सलाह के बिना राष्ट्रपति लोकसभा को भंग कर सकता और न ही उसकी इस प्रकार के प्रयासों को संवैधानिक रूप से उचित कहा जाएगा। इस प्रकार के प्रयास क्रांति की आधार शिला होंगे। ग्रैनविल ऑक्टिन ने किया है कि, यदि संघीय सरकार स्वेच्छाचारी होती है तो इसके लिए संसद और राजनीतिक निकाय का उत्तरदायित्व निभाने में अक्षमता सबसे बड़ा कारण होगी, वे अपनी अधोगति से संतुष्ट हो चुके हैं, ऐसा माना जाएगा और ऐसी स्थितियाँ कुल मिलाकर राजनीतिक और संवैधानिक छल-कपट होंगी।

कुल मिलाकर भारत में राष्ट्रपति की स्थिति संसदीय प्रणाली के कारण संवैधानिक प्रमुख की ही है किन्तु कुछ अवसर ऐसे हैं जहाँ वह संवैधानिक प्रमुख से आगे बढ़कर अपनी भूमिका निभा सकता है और इस भूमिका को स्वीकार किया जाना चाहिए। जिस प्रकार इकाई राज्यों में संकट उत्पन्न हो जाने पर संघ सरकार कार्य करती है, उसी प्रकार केन्द्र में सत्ता का संकेतहोने पर राष्ट्रपति कार्य कर सकता है। आज राजनीति में जिस प्रकार के चरित्र आ रहे हैं उसे देखते हुए देश के इस सर्वोच्च पद पर बैठे व्यक्ति से कुछ सक्रिय किन्तु संविधान सम्मत भूमिका अपेक्षित है। **राष्ट्रपति सरकार के क्षुद्र राजनीतिक कार्यों या गतिविधियों को रोकने हेतु एक फिल्टर की भूमिका निभा सकता**

है। जैसे जब पी. वी. नरसिहंराव ने राज्यसभा में राष्ट्रपति द्वारा मनोनीत किए जाने वाले सदस्यों की सूची भेजी तो राष्ट्रपति शंकरदयाल शर्मा ने उसे यह कहते हुए अस्वीकार कर दिया कि वे व्यक्ति राज्यसभा में मनोनीत होने के लिए वांछनीय योग्यता नहीं रखते। मंत्रिपरिषद ने राष्ट्रपति की बात मानते हुए ऐसे व्यक्तियों का नाम दुबारा इस सूची में नहीं भेजा। राष्ट्रपति के. आर. नारायणन ने बिहार में राष्ट्रपति शासन (अनु. 356) लगाने की मंत्रिपरिषद की सलाह को यह कहकर मानने से इनकार कर दिया कि, कानून-व्यवस्था राज्यसूची का विषय है और इसमें असफल रहने पर राष्ट्रपति-शासन नहीं लगाया जाना चाहिए। भले ही राष्ट्रपति के उपरोक्त कार्य तत्कालीन मंत्रिपरिषद को अच्छे न लगे हो, किन्तु ये कार्य संवैधानिक एवं उचित थे।

संविद सरकारों के इस युग में राष्ट्रपति को इस प्रकार कार्य करना चाहिए जिससे संविधान की भावना का पालन हो और पद की गरिमा बनी रहे। यह सत्य है कि जब संसद के दोनों सदनों में किसी एक राजनीतिक दल को पूर्ण बहुमत प्राप्त हो तो राष्ट्रपति को अत्यधिक अवकाश नहीं रहता कि वह मनचाहे निर्णय ले किन्तु तब भी संविधान सम्मत निर्णय लेना ही उसके लिए उचित होगा, क्योंकि संविधान के प्रति निष्ठा की शपथ लेकरही वह पदारूढ़ होता है। और संविधान के विरुद्ध निर्णय लेने के लिए मंत्रिपरिषद बाध्य नहीं कर सकता।

संदर्भ

1. 84वें संविधान संशोधन अधिनियम (2001) के अनुसार 'राज्य की जनसंख्या' से तात्पर्य 1971 की जनगणना से है और यह 2026 ई. तक लागू रहेगी।
2. प्रतिनिधित्व को व्यापक और पारदर्शी बनाने हेतू इंग्लैण्ड के थामस हेयर ने 19वीं सदी में इस प्रणाली का प्रतिपादन किया। बाद में इस प्रणाली में कोटा निर्धारित करनें की प्रकृति में डूप ने संशोधन किया। भारतीय संविधान हेयर द्वारा प्रतिपादित और डूप द्वारा संशोधित पद्धति को स्वीकार करता है।
3. डा. खरे बनाम भारत का निर्वाचन आयोग, ए. आई. आर. 1957, एस. टी. 694
4. इन री प्रेसीडेन्सियल एलेक्शन, ए.आई.आर. 1974, एस. सी. 1682
5. 'लाभ का पद' निर्धारित करने के लिए निम्नलिखित कसौटियां हैं और निम्न में से कोई भी एक होने पर वह व्यक्ति 'लाभ के पद' के दायरे में आ जाएगा-

   (A) क्या, सरकार को उस पद पर नियुक्ति का अधिकार है?

(B) क्या पदधारक को पद से हटाने का अधिकार सरकार के पास है?

(C) क्या पदधारक को सरकार वेतन देती है?

(D) क्या पदधारक अपने कार्यों का संपादन सरकार के लिए करता है?

(E) क्या सरकार का उस पदधारक के कर्त्तव्यों पर कोई नियन्त्रण है?

6. शर्त का तात्पर्य उन बातों से है जो राष्ट्रपति बनने के बाद किसी व्यक्ति से अपेक्षित है। अर्हता का तात्पर्य उन बातों से है जो राष्ट्रपति का चुनाव लड़ने के पूर्व किसी व्यक्ति से अपेक्षित हैं। अर्हता प्रत्याक्षी को पूरी करनी होती है और शर्त सरकार और प्रत्याक्षी दोनों को मिलकर के को पूरी करनी होती है।

7. जिस दिन कोई व्यक्ति 'राष्ट्रपति' पद की शपथ लेता है, उसके कार्यकाल का आरंभ उसी दिन से माना जाता है।

8. यह प्रावधान इसलिए है कि, यदि किसी कारण से राष्ट्रपति का कार्यकाल पूरा हो जाय और कार्यकाल समाप्त होने के पूर्व नवीन राष्ट्रपति का चुनाव नहीं हो पाया अथवा उस समय की तत्कालीन परिस्थितियां चुनाव के लायक नहीं हों तो ऐसी दशा में कोई संवैधानिक संकट उत्पन्न न हो जाय।

9. आकस्मिक रिक्त का तात्पर्य, मृत्यु, पदत्याग, पद से महाभियोग द्वारा हटाना या बीमारी आदि के कारण पद ग्रहण कर पाने मे अक्षमता है (अनु. 65)।

10. 6 माह के लिए प्रथम बार और आवश्यकता पड़ने पर 6 माह के लिए दूसरी बार, अर्थात कुल 12 माह।

11. मंत्रिपरिषद की सदस्य संख्या निचले सदन (जनता से चुनकर आए प्रतिनिधियों के सदन) अर्थात् लोकसभा की सदस्य संख्या के 82 से अधिक नहीं होनी चाहिए। (91वें संविधान संशोधन के अनुसार)

12. एस. आर. बोम्मई बनाम् भारत संघ 1994, 2 एस. सी 215।

13. संविधान निर्मात्री सभा वाद-विवाद, 10, 7, 269, 14 अक्टूबर, 1949 देखें ग्रैनविल ऑक्टिन, वहीं, पृ, 138।

14. 'सलाह और सहायता' शब्द ब्रिटिश नार्थ अमेरिका ऐक्ट अर्थात् कनाडा (586) तथा कॉमनवेल्थ ऑफ आस्ट्रेलिया ऐक्ट 1900(592) में प्रयुक्त हुआ है। दक्षिण अफ्रीका के संघ के संविधान में केवल 'सलाह' शब्द का ही प्रयोग हुआ है। लेकिन इन सभी स्थानों पर सलाह का अर्थ 'राज्य के नाम पर निर्णय' लेने से है। जापान के नए संविधान को 'सलाह' में नीति सम्बन्धी अस्पष्टता को दूर करनें के उद्देश्य से 'सलाह और स्वीकृति' (धारा 3) का प्रयोग किया गया है।

15. के. एम. मुंशी, "पावर्स ऐण्ड फंक्शन्स ऑफ दि प्रेसीडेन्ट", दि हिन्तुस्तान टाइम्स, (गणतंत्र दिवस परिशिष्ट) 26 जनवरी, 1956, पृष्ठ 4

16. सम्पूर्णानन्द, "मेमोरीज ऐण्ड रिफ्लेक्शन", बम्बई 1962, पृष्ठ 157 58।

17. एलेन ग्लेडहिल, "रिपब्लिक ऑफ इंडिया', स्टीवेन्स, लंदन पृ, 108।

6

भारत का महान्यायवादी (अनु. 76)

भारत में महान्यायवादी का पद ब्रिटेन की नकल होते हुए भी उससे काफी भिन्न है। ब्रिटेन में विधिमंत्री ही महान्यायवादी होता है और वह विधिमंत्री होने के कारण मंत्रिमण्डल का सदस्य भी होता है जब मंत्रिमंडल के विरुद्ध अविश्वास-प्रस्ताव (कॉमन सभा में) पारित हो जाता है या किसी कारण से कॉमन सभा विघटित हो जाती है तो महान्यायवादी (जो पदेन विधिमंत्री होता है लेकिन साथ-साथ महान्यायवादी का भी कार्य करता है) को भी पदत्याग करना पड़ता है। नया मंत्रिमण्डल आने पर पुनः नए विधिमंत्री की नियुक्ति की जाती है जो महान्यायवादी का भी कार्य भार ग्रहण करता है। लेकिन भारत में इससे भिन्न प्रावधान है। भारत में महान्यायवादी एक स्वतंत्र-संवैधानिक व्यक्तित्व है। महान्यायवादी की नियुक्ति राष्ट्रपति द्वारा की जाती है और वह राष्ट्रपति के प्रसादपर्यन्त पद पर बना रहता है। उसे ऐसा पारिश्रमिक मिलता है जिसका निर्धारण राष्ट्रपति करे। महान्यायवादी के पद पर नियुक्त होने वाले व्यक्ति के लिए वही योग्यता अपेक्षित है जो उच्चतम न्यायालय का न्यायाधीश नियुक्त होने के लिए चाहिए। महान्यायवादी का यह कर्त्तव्य है कि वह भारत सरकार को कानून एवं संविधान सम्बन्धी ऐसे विषयों पर परामर्श दे और कानूनी स्वरूप वाले ऐसे अन्य कार्यों/कर्त्तव्यों का पालन करे जो राष्ट्रपति उसको समय-समय पर निर्देशित करे या सौंपे। उसे साथ ही साथ ऐसे दायित्वों का भी निर्वहन करना पड़ेगा जो उसको इस संविधान द्वारा अथवा तत्समय किसी कानून द्वारा सौंपे जांय। महान्यायवादी भारत सरकार का मुख्य विधिक सलाहकार होता है। उसे अपने कर्त्तव्यों के अनुपालन में भारत राज्यक्षेत्र के सभी न्यायालयों में (अधीनस्थ, उच्च तथा उच्चतम) भारत सरकार का पक्ष प्रस्तुत करने का अधिकार होगा। वह संसद के किसी भी सदन में भारत सरकार का पक्ष प्रस्तुत कर सकता है लेकिन

वह किसी भी मतदान में भाग नहीं लेता है (अनु. 88) क्योंकि संसद में मतदान केवल वे व्यक्ति ही करते हैं जो संसद के किसी–न–किसी सदन के सदस्य हों। जब महान्यायवादी संसद में सरकार के पक्ष प्रस्तुत कर रहा होता है तो उसे वे सभी विशेषाधिकार प्राप्त होंगे जो एक सांसद के पास होते हैं।

7

संघीय विधानमंडल (संसद)

'संसद' शब्द अंग्रेजी के 'पार्लियामेंट' का हिन्दी रूपान्तर है। इसकी उत्पत्ति फ्रेंच शब्द 'Parler' (जिसका अर्थ है बोलना या बातचीत करना) और लैटिन शब्द 'Parliamentum' से हुई है। लैटिन भाषा-भाषी लोग इसे भोजन के बाद की जाने वाली वार्ताओं के लिए प्रयोग करते थे। यह वार्ता पादरी लोग अपने-अपने पूजा गृहों में करते थे और इन वार्ताओं को 13वीं सदी की एकलवादी सरकारों ने 'गरिमाविहीन' कहकर निंदा की थी। मैथ्यू पेरिस ऑफ सेन्ट अल्बान्स, वह प्रथम व्यक्ति था जिसनें 1239 और पुन: 1249 ई. में 'Parliament' शब्द को पादरियों अर्लो, और लार्डों की महान परिषद के लिए प्रयोग किया था। तब से यह शब्द विभिन्न मुद्दों एवं समसामयिक विषयों पर बातचीत करने का मंच सुलभ कराने वाली सभाओं के लिए प्रयोग किया जाने लगा।

भारत की संघात्मक व्यवस्था में केन्द्रीय विधानमंडल को संसद कहते हैं। एक विचारधारा और जनता की प्रतिनिधिक संस्था के रूप में संसद युगों से उन सिद्धान्तों को चिरस्थायी स्मारक रही है जिनका हम नैतिक और राजनीतिक रूप से सदैव समर्थन करते रहे हैं। जब तक संसद जनाकांक्षाओं की अभिव्यक्ति तथा उसे पूरा करने वाले निकाय के रूप में कार्य करती रहेगी, तबतक यह देश में अशांति, असंतोष एवं अराजकता को रोकने का सबसे सशक्त माध्यम बनी रहेगी। संभवत: इन्हीं कारणों से महात्मा गाँधी ने कहा था कि, 'संसदीय सरकार के बिना हमारा अस्तित्व कुछ भी नहीं रहेगा।'

भारतीय संविधान के अनु. 79 के अनुसार संघ के लिए एक संसद होगी जो राष्ट्रपति और दो सदनों से मिलकर बनेगी जिनके नाम राज्यसभा और लोकसभा होंगे। राज्यसभा को उच्च सदन या द्वितीय सदन भी कहा जाता है, इसी

प्रकार लोकसभा को निम्न सदन या प्रथम सदन कहते हैं। **राज्यसभा को उच्च सदन तथा लोकसभा को निम्न सदन कहने का कारण उसमें चुनकर आने वाले सदस्यों की तुलनात्मक योग्यता है।** परम्परागत रूप में ऐसा माना जाता है कि लोक सभा में जनता द्वारा चुनकर ऐसे लोग आते हैं जो लोकप्रिय तो होते हैं किन्तु यह आवश्यक नहीं कि वे अत्यंत योग्य एवं विद्वान ही हों। इसमें ऐसे लोग भी प्रायः आते रहे हैं जिनके पास अत्यंत मामूली किताबी ज्ञान भी न रहा हो। जबकि राज्यसभा के सदस्यों का चुनाव जनता द्वारा चुने हुए लोग करते हैं, अतः उसके सदस्य लोकसभा के सदस्यों की तुलना में अधिक योग्य तथा जानकार होंगे। इसीलिए लोकसभा को निम्न सदन तथा राज्यसभा को उच्च सदन कहते हैं। **इसके साथ ही राज्यसभा को द्वितीय सदन तथा लोकसभा को प्रथम सदन कहा जाता है, इसका कारण यह है कि,** प्रायः सभी विधेयक पहले लोकसभा में प्रस्तुत किए जाते हैं और यहाँ से पारित हो जाने के बाद वे राज्यसभा में भेजे जाते हैं। चूँकि अधिकांश विधेयक पहले लोकसभा में आते हैं और बाद में वे राज्यसभा में भेजे जाते हैं। **अतः विधेयकों के प्रस्तुतीकरण की दृष्टि से लोकसभा को प्रथम सदन तथा राज्य सभा को द्वितीय सदन कहा जाता है। प्रथम और द्वितीय सदन कहने का एक आधार और भी है।** लोकतंत्र में जनता सर्वोच्च होती है। चूँकि लोकसभा के सदस्यों का चुनाव जनता द्वारा प्रत्यक्ष होता है और राज्यसभा का चुनाव जनता द्वारा अप्रत्यक्ष अर्थात् जनता के प्रतिनिधियों द्वारा होता है। इसलिए भी लोकसभा को प्रथम सदन तथा राज्यसभा को द्वितीय सदन कहा जाता है।

अनु. 79 में राष्ट्रपति को संसद का अनिवार्य अंग बताया गया है क्योंकि वह संसद के सत्र को आहूत करता है, उसका स्थगन कर सकता है और लोकसभा का विघटन कर सकता है। कोई भी विधेयक, जिसे संसद के दोनों सदनों ने पारित कर दिया है, वह राष्ट्रपति की अनुमति से ही 'विधि' का रूप धारण करता है। संसद से पारित हुए विधेयकों का तबतक कोई अर्थ नहीं है जबतक कि, राष्ट्रपति ने उसपर अपनी अनुमति न दे दी हो।

राज्यसभा का संगठन

अनु. 80 के अनुसार, राज्यसभा की अधिकतम सदस्य संख्या 250 है। इनमें से 238 सदस्य समस्त इकाई राज्यों और संघ शासित प्रदेशों से चुनकर आते हैं और 12 सदस्य राष्ट्रपति द्वारा मनोनीत होंगे। मनोनीत सदस्यों के लिए

निम्नलिखित विषयों में से किसी के भी सम्बन्ध में विशेष ज्ञान या व्यावहारिक अनुभव आवश्यक है

साहित्य, विज्ञान, कला और समाज सेवा

राज्य सभा भारतीय संघ व्यवस्था में राज्यों का प्रतिनिधि सदन है। प्रत्येक राज्य के प्रतिनिधियों का निर्वाचन उस राज्य की विधानसभा के निर्वाचित सदस्यों द्वारा आनुपातिक प्रतिनिधित्व की एकल संक्रमणीय मत–पद्धति द्वारा किया जाएगा, (अनु. 80(4))।

लोकसभा का संगठन

लोकसभा की अधिकतम सदस्य संख्या 552 हो सकती है। 530 सदस्य विभिन्न राज्यों के प्रादेशिक निर्वाचन क्षेत्रों से चुने जाएँगे और 20 सदस्य संघ–शासित प्रदेशों से। दो सदस्य ऐंग्लो इण्डियन समुदाय से मनोनीत किए जाएँगे। वर्तमान समय में लोकसभा के सदस्यों की संख्या 545 है। 543 सदस्य देश के विभिन्न लोकसभा क्षेत्रों से चुनकर आते हैं और 2 सदस्य अनु. 331 के उपबन्धों के अनुसार ऐंग्लो–इण्डियन समुदाय के सदस्यों में से राष्ट्रपति द्वारा मनोनीत किए जाते हैं। लोकसभा की यह सदस्य संख्या 2026 ई. तक अपरिवर्तित रहेगी। यद्यपि संविधान का अनु. 82 यह कहता है कि, प्रत्येक जनगणना की समाप्ति पर राज्यों को लोकसभा में स्थानों के आवंटन और प्रत्येक राज्य के प्रादेशिक निर्वाचन क्षेत्रों में विभाजन का ऐसे प्राधिकारी द्वारा और ऐसी पद्धति से पुनः समायोजन किया जाएगा जो संसद विधि द्वारा निर्धारित करे। 1971 ई. की जनसंख्या के सुंसगत आँकड़े जब प्रकाशित हुए तो लोकसभा की सदस्य संख्या 525 से बढ़ाकर 545 कर दी गई (31वें संविधान संशोधन 1973 द्वारा)। यह भी उपबंध किया गया कि जबतक 2000 ई. के पश्चात् की गई प्रथम जनगणना के सुसंगत आँकडे प्रकाशित नहीं हो जाते हैं तबतक राज्यों को लोकसभा में स्थानों के आवंटन का और इस अनुच्छेद के अधीन प्रत्येक राज्य के प्रादेशिक निर्वाचन क्षेत्रों में विभाजन का पुनः समायोजन आवश्यक नहीं होगा। **परंतु जब 2001 ई. में की गई जनगणना के आँकड़े सामने आ गए तो राजनीतिक दलों ने अनु. 82 की भावना को आहत करते हुए लोकसभा की सीटों का समायोजन नहीं किया और 84वें संविधान संशोधन द्वारा यह व्यवस्था कर दी कि, 31 वें संविधान संशोधन द्वारा सुनिश्चित किए गए लोकसभा के स्थानों की संख्या 2026 ई तक अपरिवर्तित**

रहेगी। इसके पीछे अपने राजनीतिक स्वार्थ थे।

18 वर्ष की आयु प्राप्त प्रत्येक भारतीय नागरिक लोकसभा के सदस्य के निर्वाचन में मतदान कर सकता है (अनु. 326)। बशर्ते वह किसी संसदीय अधिनियम द्वारा 'अयोग्य' न ठहराया गया हो।

संसद के दोनों सदनों का कार्यकाल

अनु. 83(1) के अनुसार, राज्यसभा का विघटन नहीं होगा, यह एक स्थायी सदन है। किन्तु इसके सदस्यों में से यथासंभव, निकटतम $\frac{1}{3}$ सदस्य, प्रत्येक दूसरे वर्ष की समाप्ति पर सेवानिवृत्त होगें। राज्यसभा के सदस्यों का कार्यकाल 6 वर्ष है।

अनु. 83(2) के अनुसार लोकसभा यदि पहले विघटित नहीं कर दी जाती है तो अपने प्रथम अधिवेशन के लिए नियत तारीख से 5 वर्ष तक बनी रहेगी, इससे अधिक नहीं, और 5 वर्ष की उक्त अवधि की समाप्ति का परिणाम लोकसभा का विघटन होगा। लोकसभा के सदस्यों का कार्यकाल 5 वर्ष होगा।

किन्तु यदि आपातकाल (अनु. 352) की उद्घोषणा लागू है तो संसद कानून द्वारा लोकसभा के कार्यकाल को एक बार में अधिकतम 1 वर्ष के लिए बढ़ा सकेगी और जब आपातकाल लागू न हो या उसे समाप्त कर दिया गया हो तो उसके समाप्ति की तिथि के 6 माह से अधिक की अवधि तक लोकसभा का कार्यकाल विस्तारित नहीं होगा (अनु. 352 (4), (5)) अर्थात् 6 माह के भीतर लोकसभा का चुनाव कराना अनिवार्य होगा।

संसद की सदस्यता के लिए योग्यता

अनु. 84 के अनुसार, कोई भी व्यक्ति संसद के किसी भी सदन का सदस्य बनने के लिए तभी योग्य होगा, जब–

(क) वह भारत का नागरिक हो और निर्वाचन आयोग द्वारा इस निमित्त प्राधिकृत किसी व्यक्ति के समक्ष, तीसरी अनुसूची में इस प्रयोजन के लिए दिए गए प्रारूप के अनुसार शपथ लेता है, या प्रतिज्ञान करता है और उसपर अपनें हस्ताक्षर करता है। **बिना शपथ ग्रहण किए और शपथ पत्र पर अपने हस्ताक्षर किए यदि कोई निर्वाचित सदस्य संसद के किसी सदन में बैठता**

है तो उसे आर्थिक दण्ड देना पड़ेगा। अनु. 104 के प्रावधानों के अनुसार ऐसी दशा में उस व्यक्ति को प्रतिदिन की बैठक में भाग लेने हेतु 500 रुपये का दंड देना पड़ेगा, जो संघ का देय ऋण के रूप में वसूल किया जाएगा।

(ख) राज्यसभा का सदस्य बनने के लिए या उसका चुनाव लड़ने के लिए प्रत्याशी की आयु 30 वर्ष तथा लोकसभा का सदस्य बनने के लिए प्रत्याशी की आयु 25 वर्ष होनी चाहिए, और,

(ग) उसके पास ऐसी अन्य अर्हताएँ/योग्यताएँ हों जो संसद द्वारा बनाई गई किसी विधि द्वारा या उसके अधीन इस निमित्त विहित की जाय, जैसे, वह लाभ के पद पर न हो, पागल या दिवालिया न हो, वह किसी गंभीर या निकृष्ट अपराध के आरोप में अपराधी न ठहराया गया हो आदि।

संसद के सत्र, सत्रावसान और विघटन

अनु. 85(1) के अनुसार, भारत का राष्ट्रपति समय-समय पर संसद के प्रत्येक सदन को ऐसे समय और स्थान[1] पर जो वह ठीक समझे, अधिवेशन के लिए आहूत करेगा, किन्तु उसके एक सत्र[2] की अंतिम बैठक और आगामी सत्र की प्रथम बैठक के लिए नियत तारीख के बीच 6 माह का अंतर नहीं होगा।

अनु. 85(2) के अनुसार, राष्ट्रपति समय-समय पर–

(क) सदनों का या किसी एक सदन का सत्रावसान कर सकता है,

(ख) लोकसभा का विघटन कर सकता है।

लोकसभा के विघटन का तात्पर्य नए चुनावों से है।

राज्यसभा के सभापति और उपसभापति

संविधान के अनु. 89(1) के अनुसार, भारत का उपराष्ट्रपति राज्यसभा का पदेन सभापति होगा।

अनु. 89(2) के अनुसार, राज्यसभा यथाशीघ्र अपने किसी सदस्य को अपना उपसभापति चुनेगी और जब-जब, उपसभापति का पद रिक्त होता है, तब-तब राज्यसभा किसी अन्य सदस्य को अपना उपसभापति चुनेगी।

उपसभापति का पद रिक्त होना, पदत्याग और पद से हटाया जाना

अनु. 90 के अनुसार, राज्यसभा के उपसभापति के रूप में पद धारण करने वाला सदस्य–

(क) यदि किसी कारण से वह राज्यसभा का सदस्य नहीं रह जाता है तो वह अपना उपसभापति का पद रिक्त कर देगा,

(ख) वह किसी भी समय सभापति को सम्बोधित, अपने हस्ताक्षर सहित लेख द्वारा अपना पदत्याग सकेगा, और,

(ग) वह राज्यसभा के तत्कालीन समस्त सदस्यों के बहुमत से पारित संकल्प द्वारा अपने पद से हटाया जा सकेगा। परंतु ऐसा कोई संकल्प तबतक प्रस्तुत नहीं किया जाएगा जब तक कि उस संकल्प को प्रस्तुत करने के आशय की कम-से-कम 14 दिन पहले सूचना न दे दी गई हो।[3]

सभापति के पद के कर्त्तव्यों का पालन करने या सभापति के रूप में कार्य करने की उपसभापति या अन्य व्यक्ति की शक्ति

अनु. 91 के अनुसार, जब सभापति का पद रिक्त या खाली है (जैसे सभापति, जो कि उपराष्ट्रपति भी है, यदि किसी कारणवश राष्ट्रपति के पद का दायित्व देख रहा है तो वह उस समय सभापति का कार्य नहीं कर सकता, या वह सभापति का दायित्व निभाने में शारीरिक रूप से अक्षम हो गया है या वह अस्वस्थ है या वह उपलब्ध नहीं है आदि) और उपसभापति का पद भी खाली हो गया है तो ऐसी दशा में **भारत का राष्ट्रपति , राज्यसभा के किसी सदस्य को, जिसको कि वह उचित एंव योग्य समझता है, सभापति के पद का कार्य देखने के लिए नियुक्त करेगा और वह व्यक्ति उस पद के कर्त्तव्यों का पालन करेगा।**

अनु. 91(2) के अनुसार, राज्यसभा की किसी बैठक में यदि सभापति और उपसभापति दोनों ही अनुपस्थित हैं तो ऐसा व्यक्ति, जो राज्यसभा की प्रक्रिया के नियमों द्वारा अवधारित किया गया हो या यदि कोई ऐसा व्यक्ति उपस्थित नहीं है, तो ऐसा अन्य व्यक्ति जो राज्यसभा द्वारा अवधारित किया जाय, सभापति के रूप में कार्य करेगा। **प्रक्रिया के नियमों का निर्धारण करते समय क्रमशः वरिष्ठ सदस्यों को रखा जाता है।**

जब सभापति या उपसभापति को पद से हटाने का कोई संकल्प विचार धीन है तब उसका पीठासीन न होना या पद पर न बैठना–

अनु. 92(1) के अनुसार, राज्यसभा की किसी बैठक में जब सभापति को उसके पद से हटाने का कोई संकल्प विचाराधीन है तब सभापति या जब उपसभापति को उसके पद से हटाने का संकल्प विचाराधीन है, तब उपसभापति उपस्थित रहनें पर भी पद पर नहीं बैठेगा और ऐसा माना जाएगा कि वह अनुपस्थित है।

अनु. 92(2) के अनुसार, जब सभापति को उसके पद से हटाने का कोई संकल्प राज्यसभा में विचाराधीन है, तब सभापति को राज्य सभा में बोलने और उसकी कार्यवाही में भाग लेने का अधिकार होगा **(यह अधिकार इसलिए दिया गया है कि, सभापति भी अपना पक्ष प्रस्तुत कर अपना बचाव कर सके)** किन्तु वह उसे हटाने के संकल्प पर किए जाने वाले मतदान में भाग नहीं लेगा।

लोकसभा का अध्यक्ष और उपाध्यक्ष

अनु. 93 के अनुसार, लोकसभा अपने सामान्य निर्वाचन के बाद यथाशीघ्र अपने दो सदस्यों को अपना अध्यक्ष और उपाध्यक्ष चुनेगी और जब-जब अध्यक्ष या उपाध्यक्ष के पद खाली होंगे, तब-तब लोकसभा किसी अन्य सदस्य को, यथास्थिति अध्यक्ष या उपाध्यक्ष चुनेगी। लोकसभा के अध्यक्ष तथा उपाध्यक्ष अपने-अपने पद की शपथ नहीं लेते, वे केवल संसद सदस्य के रूप में ही शपथ लेते हैं।

अध्यक्ष और उपाध्यक्ष का पद रिक्त होना, पदत्याग और पद से हटाया जाना–

अनु. 94 के अनुसार, लोकसभा के अध्यक्ष या उपाध्यक्ष के रूप में पद धारण करने वाला सदस्यए

(क) यदि लोकसभा का सदस्य नहीं रहता है तो अपना पद रिक्त कर देगा,

(ख) वह किसी भी समय यदि वह अध्यक्ष है, तो उपाध्यक्ष को और उपाध्यक्ष है तो अध्यक्ष को सम्बोधित हस्ताक्षर सहित लेख द्वारा अपना पद त्याग कर सकेगा, और

(ग) लोकसभा के तत्कालीन समस्त सदस्यों के बहुमत से पारित संकल्प द्वारा अपने पद से हटाया जा सकेगा। परंतु ऐसा कोई भी संकल्प प्रस्तुत करने के 14 दिन पूर्व लोकसभा के अध्यक्ष को उसकी सूचना दे देनी होगी।

किन्तु यदि लोकसभा का विघटन हो जाता है तो विघटन के बाद होने वाले नवीन लोकसभा (क्योंकि लोकसभा के विघटन के बाद लोकसभा का चुनाव कराना होगा अर्थात् नयी लोकसभा का निर्माण होगा) के प्रथम अधिवेशन के ठीक पूर्व तक अध्यक्ष अपने पद को रिक्त नहीं करेगा। वह तब तक अपने पद पर बना रहेगा जब तक कि नए अध्यक्ष का चुनाव नहीं हो जाता।

अध्यक्ष के पद के कर्त्तव्यों का पालन करने या अध्यक्ष के रूप में कार्य करने की उपाध्यक्ष या अन्य व्यक्ति की शक्ति

अनु. 95(1) के अनुसार, जब अध्यक्ष के पद में रिक्ति हो (**रिक्ति कई कारणों से हो सकती है, जैसे, अध्यक्ष का स्वास्थ्य ठीक न होना, उसका कहीं चला जाना, उसका अनुपस्थित होना आदि**) तब उपाध्यक्ष, और जब उपाध्यक्ष का पद रिक्त हो, तो लोकसभा का ऐसा सदस्य जिसको राष्ट्रपति इस प्रयोजन के लिए नियुक्त करे, उस पद के कर्त्तव्यों का पालन करेगा, ऐसा व्यक्ति तभी तक पद धारण कर सकेगा जब तक कि सदन नए अध्यक्ष का विधिवत् चुनाव नहीं कर लेता या पूर्ववर्ती अध्यक्ष आकर अपना कार्यभार संभाल नहीं लेता।

अनु. 95(2) के अनुसार, लोकसभा की बैठक यदि चल रही हो और अध्यक्ष अनुपस्थित है, तब उपाध्यक्ष और यदि उपाध्यक्ष भी अनुपस्थित है तो ऐसा कोई व्यक्ति जो लोकसभा की प्रक्रिया के नियमों द्वारा अवधारित किया जाय या यदि कोई ऐसा व्यक्ति भी उपस्थित न हो तो ऐसा अन्य व्यक्ति जो लोकसभा के सदस्यों द्वारा तय किया जाय, अध्यक्ष के रूप में काम करेगा।

अर्थात् बैठक जारी रहने के दौरान अध्यक्ष और उपाध्यक्ष की अनुपस्थिति में सदन का कार्यभार कौन सँभालेगा, यह निर्धारित करने का अधिकार सदन को है किन्तु यदि दोनों पद स्थायी रूप से खाली हो गए हैं तो सदन का कामकाज चलाने या उसकी अध्यक्षता के लिए किसी व्यक्ति को नियुक्त करने की शक्ति राष्ट्रपति के पास है। यही स्थिति राज्यसभा के बारे में भी है (देखें, अनु. 91)।

जब अध्यक्ष या उपाध्यक्ष को पद से हटाने का कोई संकल्प विचाराधीन है तब उसका पद पर न बैठना–

अनु. 96(1) के अनुसार, लोकसभा की किसी बैठक में, जब अध्यक्ष को पद से हटाने का कोई संकल्प विचाराधीन है तब अध्यक्ष या जब उपाध्यक्ष को

उसके पद से हटाने का कोई संकल्प विचाराधीन है तो उपाध्यक्ष सदन में उपस्थित रहने पर भी, अपने पद पर नहीं बैठेगा, और यह माना जाएगा कि, ऐसी दशा में यथास्थिति अध्यक्ष या उपाध्यक्ष अनुपस्थित हैं।

अनु. 96(2) के अनुसार, जब अध्यक्ष को पद से हटाने का प्रस्ताव सदन में विचाराधीन है तो लोकसभा का अध्यक्ष सदन की कार्यवाही में भाग लेगा और अपनी बात कहेगा तथा साथ ही वह अपने को पद से हटाने वाले प्रस्ताव पर मतदान भी करेगा किन्तु यदि उसे हटाने के प्रस्ताव पर पक्ष एवं विपक्ष में बराबर-बराबर मत पड़ जाय तो ऐसी दशा में वह मतदान का प्रयोग 'निर्णायक मत' के रूप में नहीं करेगा।

राज्यसभा के सभापति को उसके हटाने के प्रस्ताव पर किसी भी दशा में (न तो प्रथमतः और न ही निर्णायक मत देने का) मतदान का अधिकार नहीं है। उसे प्रथमतः मतदान का अधिकार इसलिए नहीं दिया गया है कि वह राज्यसभा का सदस्य नहीं होता, वह तो उपराष्ट्रपति के रूप में चुनकर आता है और वह राज्यसभा का पदेन सभापति होता है। लोकसभा के अध्यक्ष को अपने को हटाने के संकल्प प्रस्ताव पर प्रथमतः मतदान का अधिकार इसलिए दिया गया है क्योंकि वह लोकसभा का सदस्य भी होता है। लेकिन राज्यसभा के सभापति और लोकसभा के अध्यक्ष, दोनों को निर्णायक मत देने से इसलिए वंचित कर दिया गया है, क्योंकि ऐसी दशा में उनकी स्थिति 'अपने ही मामलों में न्यायाधीश बनने' जैसी हो जाएगी जो संवैधानिक रूप से अन्यापूर्ण होगा और प्राकृतिक न्याय के विपरीत भी।

संसद के सदस्यों द्वारा शपथ या प्रतिज्ञा करना–

संविधान के अनु. 99 के अनुसार, संसद का प्रत्येक सदस्य (अर्थात् राज्यसभा और लोकसभा का प्रत्येक सदस्य चाहे, वह मनोनीत हो या निर्वाचित) अपना स्थान ग्रहण करने के पूर्व राष्ट्रपति या उसके द्वारा इसके लिए नामित व्यक्ति के समक्ष संविधान की तृतीय अनुसूची में दिए गए शपथ-प्रारूप के अनुरूप शपथ ग्रहण करेगा या प्रतिज्ञान करेगा और उस शपथ पत्र पर अपना हस्ताक्षर करेगा। बिना शपथ ग्रहण किए कोई सांसद या अनु. 101 या अनु. 102 के अधीन अयोग्य घोषित हो चुके संसद सदस्य संसद की किसी भी कार्यवाही में भाग नहीं ले सकते लेकिन यदि कभी कोई ऐसा सदस्य जिसने शपथ ग्रहण

किए बिना ही सदन की किसी कार्यवाही में भाग ले लिया है तो भी सदन की कार्यवाही मान्य होगी, किन्तु उस सदस्य को 500 रु. प्रतिदिन की दर से आर्थिक दंड देना पड़ेगा।

सदनों में मतदान, और रिक्तियों (स्थानों का खाली होना) के होते हुए भी सदनों की कार्य करने की शक्ति और गणपूर्ति–

अनु. 100(1) के अनुसार संसद के किसी भी सदन की बैठक या संयुक्त बैठक में किसी भी प्रश्न का निर्धारण उपस्थित और मत देने वाले सदस्यों के बहुमत से किया जाएगा। राज्यसभा का सभापति या लोकसभा का अध्यक्ष अथवा उस रूप में कार्य करने वाले व्यक्ति को किसी विधेयक पर मतदान के दौरान प्रथमतः मत देने का अधिकार नहीं होगा किन्तु किसी विधेयक पर किसी भी सदन में पक्ष और विपक्ष में बराबर-बराबर मत पड़ने की दशा में सभापति और अध्यक्ष को मत देने का अधिकार होगा। **इन्हें इस प्रकार की शक्ति देकर उस विधेयक के सम्बन्ध में 'निर्णायक' बना दिया गया है अतः इस प्रकार मत देने की शक्ति को 'निर्णायक मत देने का अधिकार' कहते हैं।**

अनु. 100(2) के अनुसार यदि संसद के किसी भी सदन में कोई स्थान रिक्त है तो भी उस सदन को अपनी कार्यवाही संचालित करने का अधिकार होगा। यदि कोई ऐसा व्यक्ति जो ऐसा करने का हकदार नहीं था सदन की कार्यवाहियों में उपस्थित रहा है, या उसने मत दिया है या कार्यवाही में भाग लिया है, या किसी ऐसे सदस्य की सदस्यता किसी कारण से रद्द कर दी जाती है जिसने सदन की कार्यवाहियों में भाग लिया है या मतदान किया है तो भी संसद की प्रत्येक कार्यवाही (जो हो चुकी है) मान्य होगी।

प्रत्येक संसदीय व्यवस्था में संसद के किसी भी सदन की कार्यवाही संचालित करने के लिए कुछ न्यूनतम सदस्यों की उपस्थिति आवश्यक होती है। यदि ये न्यूनतम सदस्य उस दिन अनुपस्थित हैं तो सदन के अध्यक्ष का कर्त्तव्य होता है कि उस दिन सदन की बैठक स्थगित कर दे। या सदन की बैठक को तबतक स्थगित रखे जब तक कि सदन में यह न्यूनतम संख्या उपस्थित नहीं हो जाती। **सदन की कार्यवाही संचालित करने हेतु आवश्यक सदस्यों की न्यूनतम संख्या को ही 'गणपूर्ति या कोरम' कहते हैं। संसद के किसी भी सदन के लिए गणपूर्ति उस सदन की कुल सदस्य संख्या का $\frac{1}{10}$ है अर्थात्**

राज्यसभा के लिए 25 तथा लोकसभा के लिए 55 सदस्य (वास्तव में राज्यसभा के लिए 24.5 $\left(250\times\frac{1}{10}\right)$ तथा लोकसभा के लिए 54.5 $\left(545\times\frac{1}{10}\right)$ सदस्य होने चाहिए) होने चाहिए अनु. 100(3) ।

वे कारण जिनसे किसी संसद सदस्य की सदस्यता समाप्त हो सकती है–

संविधान के अनु. 101 के अनुसार, कोई भी व्यक्ति संसद के दोनों सदनों का एक समय या संसद और किसी राज्य के विधानमंडल के किसी सदन का एक साथ सदस्य नहीं बन सकता। यदि कोई व्यक्ति संसद के दोनों सदनों का एक साथ सदस्य चुन लिया जाता है तो संसद कानून बनाकर उस व्यक्ति को कोई एक स्थान छोड़ने को कह सकती है, किन्तु जब कोई व्यक्ति एक साथ संसद और विधानमंडल दोनों की सदस्यता वहन कर रहा हो तो उस व्यक्ति को ऐसा करने से रोकने हेतु नियम बनाने की शक्ति भारत के राष्ट्रपति के पास है।

संसद के दोनों सदनों की सदस्यता एक साथ कोई व्यक्ति न ले पाए, इसके लिए संसद ने कानून बनाए हैं। लोक प्रतिनिधित्व अधिनियम 1951 यह प्रावधान करता है कि, यदि कोई व्यक्ति संसद के दोनों सदनों का सदस्य चुन लिया जाता है तो उसे चुने जाने के घोषणा के दिन से 10 दिन के अंदर यह सूचित करना होगा कि वह किस सदन का सदस्य बने रहना चाहता है। यदि 10 दिन के भीतर उसने यह सूचना नहीं दिया कि वह किस सदन का सदस्य बने रहना चाहता है तो यह माना जाएगा कि उसने उस सदन की सदस्यता छोड़ दी है जिसका कि वह पहले सदस्य था। जैसे यदि वह लोकसभा का सदस्य रहा हो और बाद में राज्यसभा हेतु चुन लिया गया हो अथवा राज्यसभा का पहले सदस्य रहा हो और बाद में लोकसभा हेतु चुन लिया गया हो और उसने 10 दिन के भीतर स्वयं घोषणा नहीं की हो कि वह किस सदन का सदस्य बने रहना चाहता है तो 10 दिन के बाद उपरोक्त दशाओं में उसे क्रमशः लोकसभा और राज्यसभा की सदस्यता से हाथ धोना पड़ेगा।

प्रोहिविशन ऑफ साइमल्टेनियस मेम्बरशिप रुल्स, 1950 के अनुसार यदि कोई व्यक्ति संसद तथा किसी राज्य के विधानमंडल के लिए साथ-साथ चुन लिया जाता है तो 14 दिन के पश्चात् संसद में उसका

स्थान रिक्त हो जाएगा, यदि उसने राज्य विधामंडल में अपने स्थान को पहले ही त्याग न दिया हो। यदि कोई व्यक्ति दो या दो से अधिक राज्यों के विधानमंडलों का सदस्य चुन लिया जाता है तो 10 दिन के पश्चात् ऐसे सभी विधानमंडलों से उसका स्थान रिक्त हो जाएगा, यदि उसने किसी एक को छोड़कर अन्य सभी स्थानों से अपने त्यागपत्र की घोषणा न कर दी हो। इसी प्रकार लोकप्रतिनिधित्व अधिनियम 1951 के धारा 68 के अनुसार, यदि कोई व्यक्ति संसद या विधानमंडल के किसी एक सदन में दो या दो से अधिक स्थानों के लिए चुन लिया जाता है तो उसे एक स्थान को छोड़कर अन्य सभी स्थानों से त्यागपत्र देना होगा।

उपरोक्त प्रावधान इसलिए किए गए हैं क्योंकि कोई भी व्यक्ति अपनी लोकप्रियता का लाभ उठाकर संसदीय व्यवस्था को मजाक न बना डाले।

अनु. 101(3) के अनुसार, यदि कोई लोकसभा सदस्य सदन के अध्यक्ष को या राज्यसभा का सदस्य सभापति को अपने त्यागपत्र, हस्ताक्षर सहित लेख द्वारा भेजता है और उसका त्यागपत्र यथास्थिति अध्यक्ष या सभापति स्वीकार कर लेता है तो उस सदस्य का स्थान रिक्त हो जाएगा लेकिन सदन के अध्यक्ष या सभापति को यह जाँच करने का अधिकार है कि वह त्यागपत्र स्वैच्छिक है या 'दबाव' के कारण दिया जा रहा है। यदि वह त्यागपत्र स्वैच्छिक नहीं है तो वह इस त्यागपत्र को अस्वीकार भी कर सकता है।

अनु. 101 (4) के अनुसार, यदि संसद के किसी सदन का कोई सदस्य 60 दिन की अवधि तक सदन की आज्ञा के बिना या उसे सूचित किए बिना उसके सभी अधिवेशनों से अनुपस्थित रहता है तो सदन उसके स्थान को रिक्त घोषित कर सकता है। इन 60 दिनों की गणना करते समय किसी ऐसी अवधि को नहीं गिना जाएगा, जब सदन 4 या अधिक दिनों के लिए लगातार स्थगित या सत्रावसित रहा हो। यह प्रावधान इसलिए किया गया है कि संसद की गरिमा बनी रहे। सांसद जनता के प्रतिनिधि होते हैं। वे जनभावनाओं तथा जनाकांक्षाओं को संसद के माध्यम से ही सरकार तक पहुँचाते हैं। यदि वे लगातार संसद की बैठकों से अनुपस्थित रहते हैं तो यह माना जाना चाहिए कि वे अपने प्रतिनिधित्व का समुचित उपयोग नहीं कर रहे हैं, और अपनें को निर्वाचित करने वाली जनता से छल कर रहे हैं ऐसी दशा में उन्हें सदस्य बने रहने का कोई अधिकार नहीं है। यदि कोई सांसद शारीरिक अस्वस्थता का शिकार हो गया है तो उसे ऐसा

करने की छूट है। **जनता पार्टी के नेता सुब्रहमण्यम स्वामी की सदस्यता इसी आधार पर समाप्त हो गयी थी। परन्तु यदि कोई सांसद शारीरिक अस्वस्थता का शिकार हो गया है तो उसके ऊपर उपरोक्त प्रावधान लागू नहीं होगें**

यदि कोई सांसद रिश्वत लेकर सदन में प्रश्न पूछता है तो उसे भी ऐसा अपराध प्रमाणित हो जाने पर सदन की सदस्यता से हाथ धोना पड़ेगा। इस सम्बन्ध में सर्वोच्च न्यायालय के संविधान पीठ का निर्णय है कि यदि किसी सांसद (चाहे वह लोकसभा का हो या राज्यसभा का) के आचरण या कार्य-व्यवहार से संसद की गरिमा नष्ट होती है तो संसद को उसे निष्कासित करने का पूरा अधिकार है।

इसी प्रकार यदि कोई सांसद किसी महिला एवं उसके पुत्र को अवैध रूप से अपनी पत्नी या पुत्र बताकर विदेश भिजवाने के (कबूतरबाजी) मामले में पकड़ा जाता है तो उसके इस कार्य को सदन की गरिमा के प्रतिकूल तथा उसके आचरण को असंसदीय कहकर उसकी सदन की सदस्यता समाप्त की जा सकती है। भाजपा के सांसद बाबूभाई कटारा को इसी आधार पर 14वीं लोकसभा (2004-2009) से 2008ई. में निष्कासित कर दिया गया।

इसी प्रकार प्रणव मुखर्जी की अध्यक्षता वाली विशेषाधिकार समिति ने पत्नी के नाम पर किसी अन्य महिला को विदेश दौरे पर ले जाने वाले सांसद राजेश कुमार माँझी को लोक सभा की 30 बैठकों के लिए 30 अगस्त 2007 को निलंबित कर दिया। विशेषाधिकार समिति ने माँझी को अपनी पत्नी या साथी, किसी को भी 14वीं लोकसभा की समाप्ति तक राजकीय दौरे पर ले जाने पर रोक लगा दी। लोकसभाध्यक्ष ने बेहद अफसोस जताते हुए इस समिति की रिपोर्ट प्रस्तुत करने को कहा था, जिसे लोकसभा ने ध्वनिमत से पारित कर दिया।

यदि किसी भी सांसद या विधायक को दो वर्ष से अधिक के कारावास की सजा हो जाय तो उसे अयोग्य घोषित कर संसद की सदस्यता से वंचित कर दिया जाएगा, किन्तु यदि उसकी अपील उच्च न्यायालय (यदि पूर्ववर्ती निर्णय अधीनस्थ न्यायालयों ने दिया है) अथवा उच्चतम न्यायालय (यदि पूर्ववर्ती निर्णय उच्च न्यायालय ने दिया है) विचारार्थ स्वीकार कर ले तो वह अंतिम निर्णय आने तक सदस्य बना रहेगा।

अनु. 102, उन अयोग्यताओं का वर्णन करता है जिनके कारण कोई व्यक्ति सांसद नहीं बन सकता अर्थात् संसद का चुनाव लड़ने के पूर्व उसे ये शर्तें पूरी

करनी होगी। अनु. 102(1) के अनुसार, कोई व्यक्ति संसद के किसी सदन का सदस्य चुने जाने के लिए और संसद का सदस्य बनने के लिए अयोग्य माना जाएगा, यदि वह

(क) भारत सरकार या किसी राज्य की सरकार के अधीन किसी भी लाभ के पद पर[4] काम कर रहा हो,

(ख) विकृतचित्त है और किसी न्यायालय ने उसे विकृतचित्त या पागल करार दिया हो,

(ग) दिवालिया हो,

(घ) भारत का नागरिक न हो या उसने किसी विदेशी राज्य की नागरिकता स्वेच्छा से स्वीकार कर ली हो,

(ड.) संसद द्वारा बनाई गयी किसी विधि द्वारा या उसके अधीन वह अयोग्य ठहरा दिया गया हो।

यदि यह प्रश्न उठता है कि संसद के किसी सदन का कोई वर्तमान सदस्य अनु. 102(1) में वर्णित किसी अयोग्यता से ग्रसित हो गया है या नहीं, तो यह प्रश्न राष्ट्रपति को निर्णय हेतु प्रस्तुत किया जाएगा और उसका निर्णय अंतिम होगा किन्तु ऐसे किसी प्रश्न का निर्धारण करने के पूर्व राष्ट्रपति निर्वाचन आयोग की राय लेगा तथा उस राय के अनुसार कार्य करेगा। राष्ट्रपति यह राय तभी लेगा जब किसी वर्तमान सांसद पर इस प्रकार के आरोप लगे। यदि कोई व्यक्ति सामान्य नागरिक है और वह अनु. 102(1) में वर्णित किसी अयोग्यता से ग्रस्त है तो उसके चुनाव न लड़ने का निर्णय या निर्धारण निर्वाचन आयोग स्वयं करेगा (अनु. 103)।

अनु. 102(2) के अनुसार, कोई सांसद यदि 10वीं अनुसूची (दल-बदल) अधिनियम) के अधीन अयोग्य ठहरा दिया जाय तो भी उसे संसद की सदस्यता से मुक्त होना पड़ेगा।

संसद सदस्यों के विशेषाधिकार–

संसद के भीतर या उसकी समितियों में संसद के किसी सदस्य द्वारा कही गयी किसी बात या दिए गए किसी मत के सम्बन्ध में उसे वाकस्वातंत्र्य के अंतर्गत उन्मुक्ति रहेगी और इस सम्बन्ध में उसके विरुद्ध कोई कार्यवाही नहीं की जाएगी। संसद सदस्यों के विशेषाधिकार, शक्तियाँ और उन्मुक्तियाँ सुनिश्चित

एवं निर्धारित करने का कार्य संसद का है। जिन व्यक्तियों को (जैसे- मंत्री और महान्यायवादी) इस संविधान के अनुसार संसद के किसी सदन या उसकी समितियों में भाग लेने या बोलने का अधिकार है, उन्हें भी वे सभी विशेषाधिकार मिलेंगे जो सांसदों हेतु स्वीकृत हैं (अनु. 105)। संसद सदस्यों के वेतन भत्ते आदि निर्धारित करने का अधिकार भी संसद को ही है (अनु. 106)।

प्रत्येक सदन के विशेषाधिकारों को दो समूहों में विभाजित किया जाना चाहिए[5]-

(क) वे जो सदस्यों द्वारा व्यक्तिगत रूप से उपभोग में लाए जाते हैं, और

(ख) वे जो संसद के प्रत्येक सदन में सामूहिक रूप से विद्यमान हैं।

(क) प्रत्येक सदस्य द्वारा वैयक्तिक रूप से उपभोग किए जाने वाले विशेषाधिकार इस प्रकार हैं-

(1) गिरफ्तारी से उन्मुक्ति

सिविल प्रक्रिया की धारा 135 क, सदस्य को सदन या उसकी किसी समिति के, जिसका वह सदस्य है, अधिवेशन के चलते रहने के दौरान या सदनों या समितियों की संयुक्त बैठक के दौरान तथा बैठक या अधिवेशन के पूर्व या पश्चात् 40 दिन की अवधि के दौरान गिरफ्तारी से छूट देती है। **यह उन्मुक्ति केवल सिविल मामलों में गिरफ्तारी तक ही सीमित है, आपराधिक मामले या निवारक निरोध कानून के अधीन गिरफ्तारी की जा सकती है।**

(2) जब संसद सत्र में हो, तब सदन की अनुमति के बिना किसी सदस्य को साक्ष्य देने के लिए समन जारी नहीं किया जा सकता।

(3) संसद के सदस्यों को संसद या उसकी किसी समिति में कही गई किसी बात के लिए न्यायालय में उत्तरदायी नहीं ठहराया जा सकता । इसका यह अर्थ नहीं कि सदस्य सदन की प्रतिष्ठा की परवाह किए बिना, इच्छानुसार कुछ भी कह सकते हैं। वाक-स्वातंत्र्य सदन द्वारा अपनी आतंरिक प्रक्रिया विनियमित करने हेतु बनाए गए नियमों के अधीन हैं। संविधान भी संसद में वाक-स्वातंत्र्य पर एक मर्यादा आरोपित करता है। उच्च या उच्चतम न्यायालय के किसी न्यायाधीश के अपने कर्त्तव्यों के निर्वहन में किए गए आचरण के विषय में संसद में कोई चर्चा उस न्यायाधीश को पद से हटाने वाले प्रस्ताव (महाभियोग) पर ही होगी अन्यथा नहीं (अनु. 121)।

(ख) सदन के सामूहिक विशेषाधिकार इस प्रकार हैं–

(1) चर्चा और कार्यवाहियाँ स्वयं प्रकाशित करने और अन्य व्यक्तियों को प्रकाशित करनें से रोकने का अधिकार,

(2) अन्य व्यक्तियों को कभी भी दीर्घा से बाहर हटाने की शक्ति,

(3) सदन के आन्तरिक मामलों को विनियमित करने और चारदीवारी के भीतर उत्पन्न होने वाले मामलों को निपटानें का अधिकार,

(4) संसदीय सदाचार को प्रकाशित करने का अधिकार,

(5) सदस्यों को और बाहरी व्यक्तियों को सदन में विशेषाधिकारों को भंग करने के लिए दंड देने का अधिकार।

विधेयकों के प्रस्तुत करनें और पारित किए जाने के बारे में नियम

भारतीय संविधान के अनु. 107 के अनुसार, धन विधेयकों को छोड़कर अन्य सभी सामान्य विधेयक (जिसमें संविधान संशोधन विधेयक भी शामिल हैं) संसद के किसी भी सदन में पहले प्रस्तुत किए जा सकते हैं। कोई भी विधेयक तब तक पारित नहीं समझा जाएगा जब तक कि, उसे दोनों सदन सहमतिपूर्वक (संयुक्त बैठक, (अनु. 108) तथा धन विधेयकों के सम्बन्ध में विशेष प्रक्रिया (अनु. 109) के नियमों के अंतर्गत रहते हुए) पारित न कर दें।

सदन के स्थगन, सत्रावसान तथा लोकसभा के विघटन का विधेयकों पर प्रभाव–

सदन के स्थगन का विधेयकों पर कोई प्रभाव नहीं पड़ता। सदन के सामान्य काम-काज में 'स्थगन' केवल विलंब कर सकता है। स्थगन का आदेश स्पीकर या राज्यसभा का सभापति तब देता है जब सदन में किसी बात पर भारी शोर-शराबा होने के कारण सदन सामान्य रूप से कार्य नहीं कर सकता हो।

सत्रावसान का अर्थ सदन के किसी एक सत्र के समापन की घोषणा से है। राष्ट्रपति को संसद के दोनों सदनों का एक साथ या किसी एक सदन का अकेले भी सत्रावसान करने का अधिकार है (अनु. 85(2)। ऐसा करते समय प्राय: **यह कह दिया जाता है कि सदन अनिश्चिकाल हेतू स्थगित किया जाता है, किन्तु अनिश्चितकाल अंतहीन नहीं हो सकता, क्योंकि सदन के दो सत्रों या अधिवेशनों के बीच अधिकतम 6 माह का अंतर नहीं हो सकता है। 'अनिश्चितकाल' का केवल शाब्दिक अर्थ यही है कि सदन के अगले सत्र या आहूत करने की तिथि तुरंत घोषित नहीं की जा रही है।**

प्रतिवर्ष दोनों सदनों के तीन सत्र आहूत किए जाते हैं- मानसून सत्र, शीतकालीन सत्र तथा बजट सत्र।

अनु. 107(3) के अनुसार, संसद में लंबित विधेयक सदनों के सत्रावसान के कारण समाप्त नहीं होंगे अर्थात् यदि कोई विधेयक जिसे संसद के किसी भी एक सदन में पारित कर दिया गया हो तथा दूसरे सदन में उस विधेयक पर चर्चा हो रही हो या चर्चा होने वाली हो तो सदन के सत्रावसान का उस विध ेयक पर कोई प्रभाव नहीं पड़ेगा और इस विधेयक पर सदन में तब पुनः कार्रवाई या चर्चा प्रारंभ की जाएगी जब सदन का अगला सत्र आरंभ होगा। सत्रावसान के कारण सदन उस विधेयक पर कार्रवाई को अगले सत्र तक केवल 'टाल' सकता है, उस विधेयक को समाप्त नहीं कर सकता।

कोई ऐसा विधेयक जो राज्यसभा में लंबित है अर्थात् उसपर राज्यसभा में चर्चा हो रही है या होने वाली है और जिसको लोकसभा ने पारित नहीं किया है, लोकसभा के विघटन पर वह विधेयक समाप्त नहीं माना जाएगा क्योंकि अभी तो इस सदन में चर्चा शुरु ही नहीं हुई थी (अनु. 107(4))। किन्तु कोई ऐसा विधेयक जिसे लोकसभा ने पारित कर दिया हो और उसे राज्यसभा में प्रस्तुत कर दिया गया है तथा वहाँ उस विधेयक पर बहस चल रही हो तथा यदि इस बीच लोकसभा भंग हो जाती है तो वह विधेयक समाप्त माना जाएगा यदि उस विधेयक को दोनों सदनों की संयुक्त बैठक के अधीन पारित करने की उद्घोषणा लोकसभा के विघटन की घोषणा के पूर्व न कर दी गयी हो।

कुछ दशाओं में दोनों सदनों की संयुक्त बैठक (अनु. 108)–

संविधान के अनु. 108(1) के अनुसार संसद के दोनों सदनों की संयुक्त बैठक निम्नलिखित दशाओं में आहूत की जा सकती है–

(क) कोई विधेयक संसद के किसी एक सदन द्वारा पारित किए जाने और दूसरे सदन को भेजे जाने के पश्चात् दूसरे सदन द्वारा विधेयक अस्वीकार कर दिया जाय, या

(ख) एक सदन द्वारा पारित विधेयक, जब दूसरे सदन में जाय तो दूसरा सदन उसमें कुछ ऐसे संशोधनों का प्रस्ताव रखे, जिससें पूर्ववर्ती सदन (जहाँ विधेयक पहली बार प्रस्तुत व पारित हुआ था) असहमत हो, या

(ग) दूसरे सदन में वह विधेयक छः माह से अधिक समय बीत जाने के बाद भी पारित न हो सका हो,

तो उपरोक्त में से किसी भी एक दशा में (लोकसभा के विघटन के कारण विधेयक समाप्त होने की दशा/शर्त के अतिरिक्त) राष्ट्रपति विधेयक पारित कराने हेतु संयुक्त अधिवेशन आहूत करने की सूचना, यदि संसद के दोनों सदन चल रहे हों तो 'संदेश'[6] द्वारा और यदि संसद के दोनों सदनों की बैठक न हो रही हो तो 'लोक अधिसूचना' द्वारा देगा, परंन्तु धन विधेयकों पर दोनों सदनों में असहमति की दशा में संयुक्त बैठक के प्रावधान लागू नहीं होंगे।

अनु. 108(2) के अनुसार, उपरोक्त संदर्भ में 6 माह की गणना करते समय उस अवधि को शामिल नहीं किया जाएगा जिसमें दूसरा सदन सत्रावसित या निरंतर चार से अधिक दिनों के लिए स्थगित कर दिया गया हो। ऐसा इस कारण है कि हो सकता है कि स्थगन और सत्रावसान दोनों ही दशाओं में सदन को कार्य करनें का अवसर नहीं मिल पाया हो, लेकिन वह सदन उस विधेयक को लेकर गंभीर रहा हो।

अनु. 108(3) के अनुसार, राष्ट्रपति द्वारा संयुक्त बैठक की सूचना जारी होने के बाद कोई भी सदन उस विधेयक पर आगे कार्रवाई नहीं करेगा। संयुक्त बैठक की सूचना जारी होने के बाद राष्ट्रपति कभी भी संयुक्त बैठक की तिथि घोषित कर सकेगा।

अनु. 108(4) के अनुसार, संयुक्त बैठक में कोई विधेयक तभी पारित माना जाएगा जब दोनों सदनों के उपस्थित और मत देने वाले सदस्यों की कुल संख्या के बहुमत द्वारा उसे पारित कर दिया जाय।[7] संयुक्त बैठक में उस विधेयक के बारे में कोई संशोधन तभी प्रस्तुत होगा या उस संशोधन पर तभी चर्चा शुरु की जाएगी जब दूसरे सदन में विधेयक प्राप्त होने के बाद पूर्ववर्ती सदन को कुछ संशोधनों के साथ लौटा दिया गया रहा हो। यदि दूसरे सदन ने विधेयक लौटाया नहीं है, केवल उसे अपने पास पड़ा रहने दिया है तो केवल वे ही संशोधन संयुक्त बैठक में चर्चा के लिए प्रस्तुत होगें जो विधेयक के पारित होने में देरी के कारण आवश्यक हो गए हों। सदन के संयुक्त बैठक में पीठीसीन व्यक्ति (अर्थात् स्पीकर) का इस बारें में निर्णय अंतिम होगा कि किसी नए संशोधन पर चर्चा होगी या केवल वे ही संशोधन रखे जाएँगे जो विधेयक पारित होने में देरी के कारण आवश्यक हो गए हों।

अनु. 108 (5) एक महत्वपूर्ण प्रावधान करता है कि, सदनों की

संयुक्त बैठक आहूत करने की सूचना जारी होने के बाद यदि लोकसभा भंग भी हो जाती है तो इस अनुच्छेद के अधीन संयुक्त बैठक होगी और उसमें विधेयक पर चर्चा होगी।

अनु. 118 के अनुसार राज्यसभा और लोकसभा अपने कार्य संचालन के लिए अपने-अपने नियम स्वयंबनाएगी किन्तु दोनों सदनों की संयुक्त बैठक से सम्बधित प्रक्रिया का निर्धारण राष्ट्रपति करेगा और ऐसा नियम बनाने में वह लोकसभा अध्यक्ष तथा राज्यसभा के सभापति से परामर्श लेगा (अनु. 108 (3))। दोनों सदनों की संयुक्त बैठक की अध्यक्षता स्पीकर (लोकसभाध्यक्ष) करता है किन्तु वह न रहे तो संयुक्त बैठक की अध्यक्षता कौन करेगा, यह नियम बनाने की शक्ति भी राष्ट्रपति के पास ही है (अनु. 118(4))। इस शक्ति का प्रयोग करते हुए राष्ट्रपति ने जो नियम बनाया है, उसके अनुसार, लोकसभाध्यक्ष की अनुपस्थिति में, लोकसभा उपाध्यक्ष संयुक्त बैठक की अध्यक्षता करेगा और यदि वह भी अनुपस्थित है तो राज्यसभा के उपसभापति को यह दायित्व देखना होगा।

धन विधेयक और संविधान संशोधन विधेयकों पर दोनों सदनों में असहमति की दशा में संयुक्त बैठक नहीं होगी। इस प्रकार के विधेयक दोनों सदनों द्वारा पृथक-पृथक पारित करने होंगे।

धन विधेयक

संसद में प्रस्तुत किए जाने वाले विधेयक 3 प्रकार के होते हैं-सामान्य विधेयक, संविधान-संशोधन विधेयक तथा धन विधेयक। सामान्य विधेयक वे होते हैं जो सामान्य कानून के निर्माण या उनमें संशोधन से जुड़े होते हैं जैसे नागरिक प्रक्रिया संहिता (C. P. C) तथा भारतीय दंड प्रक्रिया संहिता (I.P.C) आदि। संविधान संशोधन विधेयक वे होते हैं जो संविधान के प्रावधानों से जुड़े होते हैं और साथ ही वे संविधान के संशोधन से सम्बन्धित होते हैं **(किन्तु संविधान के प्रावधानों से सम्बद्ध कुछ ऐसे विधेयक भी होते हैं जो संविधान से जुड़े होने के बावजूद भी संविधान संशोधन विधेयक नहीं कहे जाते जैसे-नागरिकता के प्रावधानों में या महत्वपूर्ण संवैधानिक पदाधिकारियों के वेतन या शपथ प्रारूप में परिवर्तन करने वाला कोई विधेयक आदि)।** धन विधेयक की परिभाषा संविधान के अनु. 110 में दी गयी है निम्नलिखित सभी या उनमें से किसी भी एक से सम्बद्ध प्रावधान धन विधेयक की श्रेणी

में आएगा-

(क) किसी कर का अधिरोपण (कर का लगाया जाना), उत्सादन (किसी कर को समाप्त करना), परिहार (किसी कर को कुछ समय के लिए स्थगित करना), परिवर्तन (कर की दरों में कमी या वृद्धि करना) या विनियमन,

(ख) भारत सरकार द्वारा धन उधार लेने का या कोई गांरटी देने का नियम बनाना अथवा भारत सरकार द्वारा अपने ऊपर ली गयी या ली जाने वाली आर्थिक जिम्मेदारियों से सम्बन्धित कानून का संशोधन

(ग) भारत की संचित निधि या आकस्मिक निधि की अभिरक्षा ऐसी किसी निधि में धन जमा करना या उसमें से धन का निकालना,

(घ) भारत की संचित निधि में से धन का विनियोग,

(ड.) किसी व्यय को भारत की संचित निधि पर भारित व्यय घोषित करना या ऐसे किसी व्यय की राशि को बढ़ाना,

(च) भारत की संचित निधि या भारत के लोक लेखा के लिए धन प्राप्त करना अथवा ऐसे धन की अभिरक्षा या उसका निर्गमन अथवा संघ या राज्य के लेखाओं की संपरीक्षा, या

(छ) उपंखड (क) से उपखंड (च) में विनिर्दिष्ट किसी विषय का आनुषंगिक कोई लक्षण।

संविधान के अनु. 117 (1) के अनुसार, अनु. 110 के खंड (1) के उपखंड (क) से (च) तक वर्णित किसी विषय के लिए उपबंध करने वाला विधेयक या संशोधन राष्ट्रपति की सिफारिश (अर्थात् राष्ट्रपति की अनुमति) से ही के बाद ही संसद में प्रस्तुत किया जाएगा अन्यथा नहीं और ऐसा उपबन्ध करने वाला कोई भी विधेयक पहले लोकसभा में प्रस्तुत होगा, राज्यसभा में नहीं।

परंतु किसी कर को घटाने या समाप्त करने का उपबंध करने वाले किसी संशोधन के प्रस्ताव के लिए इस खंड के अधीन राष्ट्रपति की सिफारिश की आवश्यकता नहीं होगी।

अनु. 117 (3) के अनुसार, जिस विधेयक को अधिनियमित और लागू किए जाने पर भारत की संचित निधि में से धन व्यय करना पड़े, वह विधेयक संसद के किसी भी सदन द्वारा तब तक पारित नहीं समझा जाएगा जब तक ऐसे विधेयक पर विचार करने हेतु उस सदन ने राष्ट्रपति से सिफारिश नहीं की है

अर्थात् अनुमति नहीं की है।

कोई विधेयक केवल इस कारण धन विधेयक नहीं समझा जाएगा कि वह जुर्मानों या अन्य धन समबन्धी दंड के अधिरोपण का अथवा अनुज्ञप्तियों के लिए फीसों का या की गई सेवाओं के लिए फीसों की माँग का या उसके संदाय का उपबन्ध करता है अथवा इस कारण धन विधेयक नहीं समझा जाएगा कि वह स्थानीय प्राधिकारी या निकाय द्वारा स्थानीय प्रयोजनों के लिए किसी कर के अधिरोपण, उत्सादन, परिवर्तन, परिहार या विनियमन का उपबंध करता है। अर्थात् **आर्थिक दंड की राशि को घटाने या बढ़ाने, किसी विशेष सेवा हेतु वसूली जाने वाली धनराशि को बढ़ाने या घटाने वाले स्थानीय प्राधिकारी या स्थानीय निकायों द्वारा अपने वैयक्तिक आर्थिक क्रियाकलापों से जुड़े विधेयक धन विधेयक नहीं माने जाएँगे, (अनु. 108 (2)।**

वित्त विधेयक और धन विधेयक में अन्तर–

वित्त विधेयक वे होते हैं जो आर्थिक क्रियाकलापों से जुड़ी गतिविधियों को विनियमित करते हैं। धन विधेयकों का स्वरूप भी आर्थिक ही होता है किन्तु इनकी अपनी एक विशिष्ट परिभाषा व पहिचान है जो अनु. 110 में दी गई है और जिसका उल्लेख किया जा चुका है। **प्रत्येक धन विधेयक, वित्त विधेयक होता है किन्तु प्रत्येक वित्त विधेयक धन विधेयक नहीं होता, केवल वे वित्त विधेयक ही धन विधेयक माने जाते हैं जिन्हें लोकसभाध्यक्ष ने इस आशय का प्रमाणपत्र दे दिया हो। धन विधेयकों के पारित होने की एक विशेष प्रक्रिया है,** (जैसे राष्ट्रपति की पूर्व सहमति से उनका अनिवार्य रूप से लोकसभा में पहले प्रस्तुत होना; राज्यसभा द्वारा इसे 14 दिन के भीतर लोकसभा को वापस करना, इस विधेयक पर दोनों सदनों में असहमति की दशा में संयुक्त बैठक का अभाव तथा दोनों सदनों में पारित होने के बाद राष्ट्रपति का अनुमति देने के लिए बाध्य होना) **जबकि वित्त विधेयकों पर ये सारे प्रावधान लागू नहीं होते। वित्त विधेयक सामान्य विधेयकों की तरह ही पारित होते हैं लेकिन कोई भी ऐसा वित्त विधेयक जिसमें व्यय करने के प्रावधान हों, राष्ट्रपति की अनुमति से ही संसद के किसी सदन में प्रस्तुत किया जाएगा। राष्ट्रपति लोक वित्त का संरक्षक होता है अतः कोई भी व्यय उसकी स्वीकृति से ही किया जा सकेगा चाहे वह वह धन विधेयक से जुड़ा हो**

या वित्त विधेयक से। राष्ट्रपति की स्वीकृति के बाद व्यय से जुड़े समस्त वित्त विधेयक सामान्य विधेयकों की ही भाँति पारित होंगे, जैसे उसे संसद के दोनों सदनों में से किसी भी सदन में पहले प्रस्तुत किया जा सकता है, उस पर दोनों सदनों में असहमति की दशा में संयुक्त बैठक बुलायी जा सकती है।

यदि यह विवाद उठता है कि कोई विधेयक धन विधेयक है या नहीं तो उस पर लोकसभा के अध्यक्ष का निर्णय अंतिम होगा (अनु. 108(3))। जब धन विधेयक अनु. 109 के अधीन राज्यसभा को (लोकसभा से पारित होने के बाद) भेजा जाता है और जब वह अनु. 111 के अधीन राष्ट्रपति के पास उसकी अनुमति के लिए (संसद के दोनों सदनों द्वारा पारित होने के बाद) भेजा जाता है तो उस पर लोकसभा के अध्यक्ष का हस्ताक्षर सहित प्रमाणपत्र पृष्ठांकित किया जाता है कि यह धन-विधेयक है।

धन विधेयक पारित करने के सम्बन्ध में विशेष प्रक्रिया–

अनु. 109 के अनुसार, धन विधेयक अनिवार्य रूप से पहले लोकसभा में ही प्रस्तुत होगा, राज्यसभा में नहीं। जब धन विधेयक लोकसभा द्वारा पारित कर दिया जाए तो वह राज्यसभा में भेजा जाता है। राज्यसभा को उस विधेयक को 14 दिन के भीतर लोकसभा को वापस कर देना होगा। यदि राज्यसभा धन विधेयक के प्रावधानों से सहमत है तो वह विधेयक को पारित कर देती है, यदि राज्यसभा विधेयक के कुछ प्रावधानों या सम्पूर्ण विधेयक से असहमत है तो कतिपय संशोधनों के साथ वह इसे लोकसभा को वापस कर देगी यदि लोकसभा, राज्यसभा द्वारा किए गए संशोधनों को स्वीकार करते हुए धन विधेयक पारित कर देती है तो यह दोनों सदनों द्वारा पारित मान लिया जायेगा। यदि लोकसभा विधेयक में किए गए संशोधनों को स्वीकार नहीं करना चाहती तो भी वह विधेयक पारित मान लिया जाएगा, अर्थात् राज्यसभा द्वारा धन विधेयक में किए गए किसी भी संशोधन को मानने हेतु लोकसभा बाध्य नहीं है। यदि राज्य सभा धन विधेयक को 14 दिन के भीतर लोकसभा को वापस नहीं करती है तो भी यह माना जाएगा कि, राज्यसभा विधेयक के प्रावधानों से सहमत है और उसने इसे पारित कर दिया है।

विधेयक और राष्ट्रपति

जब कोई विधेयक संसद के दोनों सदनों द्वारा पारित कर दिया जाता है तब वह राष्ट्रपति के समक्ष प्रस्तुत किया जाएगा और राष्ट्रपति यह घोषित करेगा कि

वह विधेयक पर अनुमति देगा या नहीं। धन विधेयक से भिन्न विधेयक की दशा में राष्ट्रपति यदि विधेयक के प्रावधानों से संतुष्ट नहीं है या उसमें कोई संशोधन चाहता है तो वह उस विधेयक को उस सदन को वापस कर सकता है जिस सदन में उस विधेयक का सूत्रपात हुआ था। राष्ट्रपति विधेयक वापस करते समय 'संदेश' द्वारा यह बता सकता है कि वह विधेयक में किस प्रकार का संशोधन चाहता है। इस प्रकार राष्ट्रपति द्वारा लौटाए गए विधेयक पर दोनों सदन पुनर्विचार करेंगे। इसके बाद वह विधेयक राष्ट्रपति द्वारा सुझाए गए संशोधनों के सहित या संशोधनों के बिना पारित कर दिया जाता है और दुबारा राष्ट्रपति के पास हस्ताक्षर हेतु भेजा जाता है तो राष्ट्रपति उस विधेयक पर अनुमति देने हेतु विवश है। **किसी विधेयक को पुनर्विचार हेतु सदन में वापस भेजने का निर्णय राष्ट्रपति के निजी विवेक का विषय है सामान्यतः मंत्रिमण्डल इसपर कुछ नहीं कहता। किन्तु भारत के इतिहास में एक बार मंत्रिमंडल ने स्वयं राष्ट्रपति से विधेयक पर वीटो करने को कहा था। पेप्सू एप्रोप्रिएशन बिल को राष्ट्रपति ने मंत्रिमण्डल की सलाह पर तकनीकी आधार पर वीटो किया था। चूँकि विधेयक को पारित करने की आवश्यकता ही समाप्त हो चुकी थी अतः मंत्रिमण्डल की सिफारिश को राष्ट्रपति ने मान लिया था।**

वार्षिक वित्तीय विवरण (बजट)–

अनु. 112 (1) के अनुसार, राष्ट्रपति प्रत्येक वित्तीय वर्ष के आरंभ में (1 अप्रैल से 31 मार्च तक वित्तीय वर्ष होता है) संसद के दोनों सदनों के समक्ष भारत सरकार की उस वर्ष के लिए प्राक्कलित (अनुमानित) प्राप्तियों (आय) और व्यय का विवरण रखवाएगा, जिसे इस भाग में 'वार्षिक वित्तीय विवरण' (बजट) कहा गया है। बजट पहले लोकसभा में प्रस्तुत किया जाता है, फिर राज्यसभा में उस पर चर्चा होती है **राज्यसभा को 75 दिन के भीतर बजट पर चर्चा करके इसे पारित करना होता है।**

बजट में जो व्यय दिखाए जाते हैं, वे दो प्रकार के होते हैं:–

112, (2) (क)– भारत की संचित निधि पर भारित व्यय के रूप में वर्णित व्यय की पूर्ति हेतु अपेक्षित राशियाँ अर्थात् वह सेवाएँ जिसके लिए होने वाले खर्च की भरपाई अनिवार्य रूप से संचित निधि से की जाएगी, और

112, (2) (ख)– कुछ अन्य खर्चों हेतु, जिनके लिए राशि संचित निधि से ही ली जाएगी।

उपरोक्त वर्णित 112 (2) (क) के अन्तर्गत किए जाने वाले व्यय (अर्थात् वे व्यय जिनके लिए संचित निधि से व्यय करना आवश्यक है) इस प्रकार हैं–

(क) राष्ट्रपति के वेतन, उपलब्धियाँ और भत्ते तथा उसके पद से सम्बन्धित अन्य व्यय,

(ख) राज्यसभा के सभापति और उपसभापति तथा लोकसभा के अध्यक्ष तथा उपाध्यक्ष के वेतन तथा भत्ते,

(ग) ऐस समस्त ऋण और उन पर लगने वाला व्याज तथा अन्य व्यय, जिसका दायित्व भारत सरकार पर है,

(घ) (i) उच्चतम न्यायालय के न्यायाधीशों को या उनके सम्बन्ध में संदेय वेतन भत्ते तथा पेंशन,

(ii) फेडरल न्यायालय के न्यायाधीशों को या उनके सम्बन्ध में संदेय पेंशन (इस प्रकार के न्यायाधीशों की कोटि अब नहीं रह गई है लेकिन जब संविधान बन रहा था तब इस प्रकार के न्यायाधीश थे, अत: यह प्रावधान किया गया था,

(iii) उच्च न्यायालय के न्यायाधीशों को मिलने वाली पेंशन (ध्यातव्य रहे कि इनके वेतन तथा भत्ते उस राज्य की संचित निधि पर भारित होते हैं जहाँ ये काम करते हैं),

(ड.) भारत के नियंत्रक महालेखापरीक्षक को या उसके सम्बन्ध में संदेय वेतन, भत्ते और पेंशन,

(च) किसी न्यायालय या दो पक्षों के बीच मध्यस्थता करने वाले अभिकरण (जिसका दर्जा न्यायालय के बराबर है) के निर्णय, डिक्री या पंचाट की तुष्टि के लिए अपेक्षित राशियाँ,

(छ) कोई अन्य व्यय, जो इस संविधान द्वारा या संसद द्वारा कानून बनाकर संचित निधि पर भारित घोषित कर दिया गया है।

वह व्यय जिस पर संसद में मतदान होगा या नहीं होगा (अनु. 113)

वह प्रत्येक व्यय जो अनिवार्य रूप से भारत की संचित निधि पर भारित होगा, उसपर सदन में चर्चा तो हो सकती है किन्तु उस पर मतदान नहीं हो सकता, अर्थात् अनु. 112(2) (क) के अतंर्गत किये जाने वाले व्यय। लेकिन संचित निधि पर भारित 'अन्य व्यय' (जिसका प्रावधान अनु. 112(2) (ख)

के अंतर्गत है) की पूर्ति हेतु लोकसभा के समक्ष अनुदान की माँग की जाएगी और लोकसभा को यह अधिकार होगा कि, वह किसी माँग या व्यय को अनुमति दे या न दे या उस व्यय हेतु माँगी गयी राशि को कम कर दे। संचित निधि का संरक्षक चूँकि राष्ट्रपति होता है अतः अनुदान की कोई माँग संसद में प्रस्तुत करने के पूर्व राष्ट्रपति की अनुमति लेनी होगी।

विनियोग विधेयक (अनु. 114)

भारत की संचित निधि में से कोई धन, विनियोग विधेयक के द्वारा ही निकाला जा सकता है, अन्यथा नहीं। विनियोग विधेयक इस प्रकार पारित होता है-

लोकसभा द्वारा अनुदान की माँगों पर मतदान किए जाने के पश्चात् भारत की संचित निधि में से,

(क) लोकसभा द्वारा इस प्रकार किए गए अनुदानों की माँग हेतु

(ख) भारत की संचित निधि पर भारित व्यय की पूर्ति के लिए अपेक्षित और धन के विनियोग का उपबंध करने हेतु विधेयक प्रस्तुत किया जाएगा।

यह विधेयक धन-विधेयक के रूप में प्रस्तुत किया जाएगा किन्तु इस प्रकार माँगे जाने वाली अनुदान की राशि में कमी या वृद्धि करने का या अनुदान के लक्ष्य में परिवर्तन करने का या संचित निधि पर भारित व्यय की राशि में किसी प्रकार का परिवर्तन करने वाला कोई संशोधन विधेयक, संसद के किसी भी सदन में प्रस्तुत नहीं किया जाएगा (अनु. 114)।

सरकार द्वारा की गई व्यय की माँग पर मतदान करने का कार्य केवल लोकसभा ही कर सकती है, राज्यसभा नहीं। लोकसभा में बजट पर सामान्य चर्चा के बाद बजट की प्रत्येक मदों पर सदन मतदान करके ही निर्णय लेता है, चूँकि सदन में सरकार का बहुमत होता है अतः बजट उसी स्वरूप में पारित हो जाता है, जैसा कि सरकार चाहती है।

अनुपूरक, अतिरिक्त अर्थात् अधिक अनुदान (अनु. 115)–

यदि वार्षिक वित्तीय विवरण (बजट) में किसी मद पर व्यय के लिए स्वीकृत धनराशि आगे चलकर किसी कारण से कम पड़ जाती है तो व्यय की पूर्ति के लिए अनुपूरक अनुदान की माँग पारित की जाएगी। यदि किसी वित्तीय

वर्ष के दौरान, किसी सेवा/मद पर बजट में स्वीकृत धनराशि की तुलना में अधिक खर्च हो गया है तो अतिरिक्त या अधिक अनुदान की माँग वाला विधेयक लाकर उस व्यय की स्वीकृति संसद से ली जाएगी।

अनुपूरक और अतिरिक्त या अधिक अनुदान की माँग वाला विधेयक राष्ट्रपति की स्वीकृति से ही लोकसभा में प्रस्तुत किया जाएगा। ऐसा कोई विधेयक अनु. 112, 113 एवं 114 के प्रावधानों का अनुपालन करते हुए पारित किया जाएगा।

लेखानुदान, प्रत्ययानुदान और अपवादानुदान (अनु. 116)–

लेखानुदान विधेयक वह होता है जिसके माध्यम से किसी वित्तीय वर्ष के किसी भाग के लिए (दो माह, तीन माह आदि) खर्च की जाने वाली राशि को लोकसभा की स्वीकृति हेतु प्रस्तुत किया जाता है। लेखानुदान, कार्यपालिका के लिए धन प्राप्त करने का त्वरित तरीका है क्योंकि अनु. 113 और 114 के अधीन प्रक्रिया काफी समय लेती है, यदि और सरकार के पास समय नहीं है और धन की प्राप्ति आवश्यक है, ऐसी दशा में लेखानुदान प्रस्तुत किया जाता है (अनु. 116 (1)(क))

जब किसी सेवा की महत्ता या उसके अनिश्चित स्वरूप के कारण माँग ऐसे ब्यौरे के साथ वर्णित नहीं की जा सकती है जो सामान्यतया बजट में दिया जाता है, तब भारत के सम्पत्ति स्त्रोतों से अप्रत्याशित माँग की पूर्ति के लिए अनुदान करने वाला विधेयक प्रत्यानुदान कहलाता है। इसक अन्तर्गत युद्ध, प्राकृतिक आपदा आदि के समय धन की माँग शामिल की जाती है, (अनु. 116(1) (ख))।

ऐसे अनुदान की माँग, जो किसी वित्तीय वर्ष में चलायी जा रही सेवाओं से सम्बन्धित नहीं है, उस माँग को अपवादानुदान कहते हैं, जैसे पिछले वित्तीय वर्ष की किसी योजना पर किए जाने वाले आकस्मिक व्यय, प्राकृतिक आपदा आदि।

उपरोक्त तीनों प्रकार के अनुदान भारत की संचित निधि पर भारित होंगे। लेकिन इस त्वरित व्यय की पूर्ति 'आकस्मिक निधि' (अनु. 267) से की जाएगी।

कटौती प्रस्ताव–

अनुदान की माँगों पर चर्चा के दौरान मंत्रालयों की नीतियों की सूक्ष्मता से

छानबीन की जाती है। संसद सदस्य सहायक प्रस्ताव प्रस्तुत कर, या मंत्रालय की नीतियों का विरोध करते हुए उसका अनुमोदन न करके या मितव्ययिता का सुझाव लाकर किसी विशिष्ट क्षेत्र में मंत्रालय का ध्यान आकृष्ट कर सकते हैं। ये सहायक प्रस्ताव ही 'कटौती प्रस्ताव' कहलाते हैं। ये 3 प्रकार के हैं।

(1) सांकेतिक कटौती प्रस्ताव

इसका उद्देश्य प्रस्तावक/विपक्ष द्वारा सरकार का उत्तरदायित्व के क्षेत्र में विशिष्ट शिकायत दर्ज कराना होता है। इस कटौती में कहा जाता है कि माँग की संपूर्ण राशि में से 100 रूपये की कटौती की जाय। यह केवल सांकेतिक होती है।

(2) मितव्ययिता कटौती प्रस्ताव

इस प्रकार के कटौती प्रस्ताव का उद्देश्य सार्वजनिक व्यय में मितव्ययिता (कमी) लाने के लिए माँग की राशि में निश्चित (एक उल्लिखित राशि) मात्रा की कमी करना है।

(3) नीतिगत कटौती प्रस्ताव

इस प्रकार के प्रस्ताव उसके प्रस्तावक/विपक्ष द्वारा सरकार की पूरी नीति से असहमति दर्शाते हैं। इसमें सम्पूर्ण व्यय की राशि को घटाकर 1 रु. कर दिया जाता है।

वस्तुत: सभी कटौती प्रस्ताव विपक्ष द्वारा लाया जाता है और लोकसभा में सरकार का बहुमत होता है फलत: कोई भी कटौती प्रस्ताव पारित नहीं होता। यदि ये प्रस्ताव पारित हो जाय तो मानना पड़ेगा कि सरकार ने बहुमत खो दिया है फलत: सरकार को त्यागपत्र देना पड़ेगा।

संसद में प्रयोग की जाने वाली भाषा (अनु. 120)–

अनु. 120(1) के अनुसार, संविधान के भाग 17 (राजभाषा से सम्बन्धित संवैधानिक प्रावधान) में किसी बात के होते हुए भी, किन्तु अनु. 348 के उपबंधों के अधीन रहते हुए संसद में कार्य हिन्दी में या अंग्रेजी में किया जाएगा, परंतु कोई ऐसा सदस्य जो हिन्दी में या अंग्रेजी में अपनी बात नहीं कह सकता वह यथास्थिति राज्यसभा के सभापति या लोकसभा के अध्यक्ष की अनुमति लेकर अपनी मातृभाषा में सदन को सम्बोधित कर सकता है।

संसद में चर्चा पर नियंत्रण (अनु. 121)–

उच्चतम न्यायालय या किसी उच्च न्यायालय के किसी न्यायाधीश के कार्य

और आचरण के विषय में संसद में कोइ चर्चा केवल महाभियोग प्रस्ताव पर बहस के दौरान ही की जा सकती है अन्यथा नहीं।

न्यायालय द्वारा संसद की कार्यवाहियों की जाँच न किया जाना (अनु. 121):–

किसी न्यायालय में इस बात पर चर्चा नहीं की जा सकती है कि कोई कानून बनाते समय या कोई कार्यवाही करते समय सदन ने किसी प्रक्रिया विशेष का पालन नहीं किया (अनु. 122(1)। कोई भी न्यायालय इस बात पर चर्चा नहीं करेंगे कि संसद के भीतर व्यवस्था बनाए रखने या कार्यसंचालन का विनियमन करने के लिए अधिकृत किसी अधिकारी या संसद सदस्य ने अपनी शक्तियों का अनुपालन करते हुए क्या नियम बनाए हैं (अनु. 122 (2))।

राष्ट्रपति की अध्यादेश प्रख्यापित करने की शक्ति (अनु. 123) का वर्णन 'संघ की कार्यपालिका' वाले अध्याय में किया जा चुका है।

क्या राज्यसभा द्वितीय या गौड़ या महत्वहीन या शक्तिहीन सदन है?–

भारत में संसदीय व्यवस्था का कार्यसंचालन जिस प्रकार से प्राय: होता है उसे देखकर कोई भी प्रेक्षक यह कह सकता है कि राज्यसभा का महत्व लोकसभा की तुलना में गौंण या अत्यंत कम है। राज्य सभा, जिसे उच्च सदन (सदस्यों की प्रतिभा, योग्यता एवं गुणों के आधार पर) कहा गया है उसके अधिकार एवं शक्तियाँ काफी कम हैं। **राज्यसभा की शक्ति एवं स्थिति को न्यून करने के लिए निम्नलिखित कारण उत्तरदायी हैं–**

(1) कोई भी विधेयक प्राय: लोकसभा में पहले प्रस्तुत किया जाता है उसके बाद राज्यसभा में भेजा जाता है।

(2) धन विधेयक राष्ट्रपति की अनुमति मिलने के बाद अनिवार्य रूप से पहले लोकसभा में प्रस्तुत किए जाते हैं उसके बाद इसे राज्यसभा में भेजा जाता है। राज्यसभा को केवल 14 दिन के भीतर इस पर विचार कर लोकसभा को वापस भेजना होता है। धन विधेयक उसी रूप में पारित होता है, जिस रूप में लोकसभा चाहती हैं क्योंकि असहमति की दशा में राज्यसभा, लोकसभा से अपनी बात बलपूर्वक नहीं मनवा सकती।

(3) सामान्य विधेयकों पर (इसमें धन विधेयक तथा संविधान संशोधन विधेयक शामिल नहीं हैं) राज्यसभा यदि लोकसभा द्वारा किए गए प्रावधानों से असहमत है तो दोनों सदनों की संयुक्त बैठक (अनु. 108) बुलायी जा सकती

है, किन्तु लोकसभा की सदस्य संख्या अधिक होने के कारण विधेयक उसी रूप में पारित हो जाता है जिस रूप में लोकसभा चाहती है।

(4) लोकसभा में जनता द्वारा प्रत्यक्ष रूप से चुनकर आए प्रतिनिधि होते हैं और मंत्रिपरिषद भी लोकसभा के प्रति ही उत्तरदायी होता है। **मंत्रिपरिषद यदि लोकसभा में पराजित हो जाय तो उसे त्यागपत्र देना पड़ता है किन्तु राज्यसभा में यदि वह पराजित हो जाय तो उसको त्यागपत्र नहीं देना पड़ता।**

(5) राज्यसभा की संरचना इस प्रकार की गई है कि यह संघीय व्यवस्था का प्रतिविम्ब बन सके। राज्यसभा में इकाई राज्यों के प्रतिनिधि होते हैं। इनका चुनाव उस राज्य की विधानसभा के सदस्यों द्वारा होता है, जनता की प्रत्यक्ष रूप से कोई सहभागिता नहीं होती। साथ ही इनका लंबा कार्यकाल (6 वर्ष) भी इन्हें अपने राजनीतिक भविष्य के प्रति निष्क्रिय कर देता है। राज्यसभा के सदस्यों के चुनाव में उस प्रकार शोरगुल नहीं होता और न ही उसे मिडिया में उस प्रकार का कवरेज मिलता है जैसा कि लोकसभा के चुनावों को मिलता है।

इन उपरोक्त प्रावधानों के अतिरिक्त राज्यसभा के पास कुछ ऐसी विशिष्ट शक्तियाँ हैं जो लोकसभा के पास नहीं है और जो इस बात को स्थापित करने में सक्षम है कि राज्यसभा महत्वहीन सदन नहीं है, अपितु वह भी संसदीय व्यवस्था का एक महत्वपूर्ण भाग है, बिना उसके काम नहीं चल सकता–

(1) संविधान के अनु. 249 के अनुसार, यदि राज्यसभा अपने उपस्थित एव मतदान करने वाले दो-तिहाई सदस्यों के बहुमत से यह संकल्प या प्रस्ताव पारित कर दे कि राज्य सूची में वर्णित कोई विषय 'राष्ट्रीय महत्व' का है तो उस विषय पर कानून बनाने का अधिकार केंद्रीय संसद को मिल जाता है। संसद ऐसा कानून पूरे भारत के संदर्भ में एक साथ या इसके कुछ भाग विशेष के लिए भी बना सकती है। ऐसा कानून बनने के बाद एक वर्ष की अवधि तक मान्य रहेगा, लेकिन राज्यसभा यदि चाहे तो इसे एक-एक वर्ष करके अनन्त काल तक बढ़ा सकती है। **अनु. 249 के द्वारा राज्यसभा को मिली शक्ति के अभाव में लोकसभा अकेले ऐसा नहीं कर सकती।**

(2) संविधान के अनु. 312 के अनुसार, राज्यसभा को यह अधिकार है कि वह अपने उपस्थित एवं मतदान करने वाले दो-तिहाई सदस्यों के बहुमत द्वारा

संघ या राज्यों के लिए सम्मिलित रूप से एक या अधिक, अखिल भारतीय सेवाओं/नौकरियों का निर्माण कर सकती है यदि राष्ट्रीय हित में ऐसा करना आवश्यक है।

उपरोक्त दोनों अधिकार यदि केवल लोकसभा के पास होते तो इस बात की संभावना से इनकार नहीं किया जा सकता है कि राज्यों की शक्तियाँ दुर्भावनावश कभी भी कम की जा सकती थी, किन्तु दोनों अधिकार राज्यसभा को दिए गए हैं क्योंकि वह इकाई-राज्यों की प्रतिनिधि है। राज्यों की प्रतिनिधि होने के कारण राज्यसभा को यह अधिकार दिया गया है कि वह राज्यों के अधिकारों/शक्तियों में परिस्थितियों के अनुसारए आवश्यक एवं सामाजिक परिवर्तन कर सके।

(3) संविधान संशोधन विधेयक एक ऐसा विधेयक है जिसे दोनों सदनों में से किसी भी सदन में प्रस्तुत किया जा सकता है[8] किन्तु दोनों सदनों द्वारा पृथक-पृथक बहुमत से इसे पारित करना होगा, किसी भी एक सदन में विधेयक पारित न होने की दशा में वह विधेयक समाप्त या नष्ट या पराजित हो जाएगा। संविधान संशोधन विधेयक पर मतभेद की स्थिति में संयुक्त बैठक की व्यवस्था नहीं है। **अबतक 3 बार संविधान संशोधन के प्रस्ताव पर लोकसभा और राज्यसभा में मतभेद की स्थिति पैदा हुई है–**

सर्वप्रथम 1970 ई. में प्रिवीपर्स समाप्त करने से सम्बन्धित संविधान संशोधन का प्रस्ताव लोकसभा में पारित होकर जब राज्यसभा में गया तो राज्यसभा के द्वारा उसे अस्वीकार कर दिया गया, परिणामतः यह संविधान संशोधन विधेयक पारित न हो सका।

द्वितीय, 1978 ई. में जब लोकसभा द्वारा 45वें संविधान संशोधन विधेयक को पारित कर राज्यसभा में भेजा गया, तो राज्यसभा के द्वारा इस संशोधन विधेयक को 2 संशोधनों सहित पारित करके लोकसभा को भेज दिया गया। ऐसी दशा में लोकसभा के सामने दो ही विकल्प थे, या तो वह उस संविधान-संशोधन विधेयक का परित्याग कर दे या उसे उन संशोधनों के साथ स्वीकार कर ले जो राज्यसभा ने उस विधेयक में किए हैं। **उस समय लोकसभा ने राज्यसभा की इच्छा के अनुरूप संशोधनों को स्वीकार करते हुए विधेयक पारित कर दिया।**

तृतीय, 1989 ई. में 64वें और 65वें संविधान संशोधनों को लोकसभा में पारित किए जाने के बावजूद राज्यसभा में दो-तिहाई समर्थन नहीं मिल सका, फलत: ये दोनों विधेयक पारित न हो सके।

इस प्रकार राज्यसभा ने संविधान संशोधन विधेयकों पर आँख मूँदकर लोकसभा का समर्थन नहीं किया है अपितु अपने विवेक का प्रयोग करके निर्णय लिया है और अपनी संवैधानिक शक्ति एवं दायित्व का परिचय दिया है।

(4) संविधान में महत्वपूर्ण संवैधानिक पदों पर बैठे व्यक्तियों को पद से हटाने के लिए महाभियोग की प्रक्रिया अपनानी पड़ती है **महाभियोग का प्रस्ताव तब तक पारित नहीं समझा जाएगा, जब तक कि संसद के दोनों सदनों ने इसे अपनें बहुमत से पारित न कर दिया हो।** यदि लोकसभा महाभियोग का प्रस्ताव पारित कर देती है और राज्यसभा उसे पारित नहीं करती तो ऐसी दशा में वह व्यक्ति अपने पद से हटाया नहीं जा सकता।

(5) **जहाँ तक धन विधेयकों के सम्बन्ध में राज्यसभा की दुर्बल स्थिति का प्रश्न है, इतिहास में अब तक दो बार राज्यसभा ने अपनी सिफारिशों के साथ धन विधेयक लोकसभा को लौटाया है और दोनों ही बार लोकसभा ने राज्यसभा का सम्मान करते हुए उसकी सिफारिशों को स्वीकार कर लिया। इससे यह सिद्ध होता है कि लोकसभा, राज्यसभा की महत्ता को स्वीकार करती है। ये दोनों विधेयक इस प्रकार थे–**

(1) ट्रावनकोर - कोचीन विनियोग (लेखानुदान) विधेयक, 1956 तथा,

(2) संघ उत्पादन शुल्क (वितरण) विधेयक, 1957।

(6) सामान्य विधेयकों पर असहमति की दशा में संसद के दोनों सदनों का संयुक्त अधिवेशन बुलाया जा सकता है किन्तु किसी विधेयक को जब राज्यसभा अस्वीकार कर देती है या उसमें कोई संशोधन कर देती है तो उसके अपने तर्क होते हैं। यह भी सही है कि संयुक्त अधिवेशन में विधेयक उसी रूप में पारित होता है जिस रूप में लोकसभा चाहती हैं, लेकिन राज्यसभा के तर्कों पर मीडिया में जो बहस होती है उससे प्राय: राज्यसभा की गरिमा ही बढ़ती है। **अब तक कुल 3 बार लोकसभा एवं राज्यसभा की संयुक्त बैठक किसी विधेयक को पारित करनें के सम्बन्ध में हुई है–**

प्रथम, 1961 ई. में दहेज निषेध विधेयक पर,

द्वितीय, 1978 ई. में बैकिंग सेवा आयोग विधेयक पर, और

तृतीय, 2002 ई. में पोटा (P.O.T.A -प्रीवेंशन ऑफ टेररिस्ट ऐक्टिविटीज) पर विचार करने के लिए।

(7) जब अनु. 352 के अधीन (युद्ध या बाह्य आक्रमण या सशस्त्र विद्रोह) आपातकाल की उद्घोषणा की जाती है, या जब अनु. 356 के अधीन राज्यों में संवैधानिक तंत्र की विफलता के कारण राष्ट्रपति शासन लगाया जाता है या जब अनु. 360 के अधीन वित्तीय आपातकाल की उद्घोषणा की जाती है तो इन सभी प्रावधानों का अनुमोदन संसद के दोनों सदनों द्वारा क्रमश: एक माह, दो माह तथा एक माह पर होना आवश्यक है। **यदि आपातकाल से सम्बंधित उपरोक्त प्रावधान लोकसभा से तो पारित हो जाय किन्तु राज्यसभा से पारित न हो तो आपातकाल की उद्घोषणा लंबे समय तक जारी नहीं रह सकती। यदि आपातकाल के उपरोक्त किसी प्रावधान के तहत राष्ट्रपति द्वारा उद्घोषणा जारी होने के 30 दिन के भीतर लोकसभा का विघटन हो जाता है तो राज्य सभा को यह अधिकार है कि वह आपातकाल के प्रावधान का अनुमोदन करे। यदि राज्यसभा अनुमोदन नहीं करेगी तो वह आपातकालीन प्रावधान समाप्त हो जाएगा।**

(8) राष्ट्रपति और उपराष्ट्रपति के निर्वाचन हेतु बनने वाले निर्वाचक मंडल में राज्यसभा के सदस्य शामिल होते हैं और वे लोकसभा के सदस्यों के समान ही मतदान की अधिकार रखते हैं।

उपरोक्त विवेचन से स्पष्ट हो जाता है कि राज्यसभा अनेक मामलों में लोकसभा के बराबर है और अनु. 249 तथा 312 के संदर्भ में उसकी विशिष्ट संवैधानिक स्थिति है। वह द्वितीय सदन भले ही कहा जाय किंतु उसे गौंण या महत्वहीन या शक्तिहीन सदन कहना अनुचित है।

संदर्भ

1. इसका तात्पर्य है कि, यदि दिल्ली स्थित संसद भवन के अतिरिक्त भारत के किसी अन्य भाग में संसद का अधिवेशन आहूत करना है तो ऐसा करने की अनुमति देना राष्ट्रपति के अधिकार में है।
2. भारत में संसद के तीन सत्र प्रति वर्ष आहूत किए जाते हैं - (1) शीतकालीन अधिवेशन, (2) बजट सत्र एवं (3) मानसून सत्र। ब्रिटेन संसदीय प्रणाली का

जनक है वहाँ प्रतिवर्ष संसद के दो सत्र बुलाने की परंपरा है।

3. सभापति अर्थात् उपराष्ट्रपति के पद त्याग और पद से हटाए जाने का उपबंध पिछेले अध्याय (संघीय कार्यपालिका) में वर्णित है।

4. 'लाभ का पद' शब्दावली न तो संविधान में और न ही लोकप्रतिनिधित्व अधिनियम 1951 में परिभाषित की गई है। इसके अर्थ को न्यायिक निर्णयों के प्रकाश में ही समझा जा सकता है। 'लाभ का पद' से तात्पर्य ऐसे पद से है जिससे लाभ मिल सके या जिससे व्यक्ति उचित रूप से लाभ प्राप्त करने की आशा कर सकता हो। सामान्यत: ऐसे पद जिसपर कार्य करने वाले व्यक्ति को कोई वेतन या भत्ते आदि मिले, लाभ का पद होता है। 'लाभ' शब्द से तात्पर्य है -धन या वेतन या पारिश्रमिक सम्बन्धी लाभ। संसद की सदस्यता से अयोग्य ठहराने के लिए केवल लाभ का तत्व र्प्याप्त नहीं है, इसके लिए यह भी आवश्यक है कि, वह लाभ का पद भारत सरकार या राज्य सरकार के अधीन हो। कोई लाभ का पद सरकार के अधीन है या नहीं, इसके निर्धारण हेतु निम्नलिखित कसौटियाँ हैं -

(1) क्या उस पद पर सरकार को नियुक्ति का अधिकार है?

(2) क्या सरकार को उस व्यक्ति को पदच्युत करने का अधिकार है?

(3) क्या पदधारक सरकार से वेतन प्राप्त करता है?

(4) पदधारक के कार्य क्या हैं? और क्या वह उन कार्यों को सरकार के लिए करता है?

(5) क्या सरकार उसके कार्यों के तरीकों पर नियंत्रण रखती है?

यह आवश्यक नहीं है कि उपरोक्त सभी तत्व एक साथ मौजूद ही हों। किसी एक प्रावधान की उपस्थिति भी 'लाभ के पद' के दायरें में आएगी। मंत्री पद (केन्द्र व राज्य दोनों में) लाभ का पद नहीं है।

5. डी.डी. बसु कृत 'भारत का संविधान–एक परिचय', (अनुवादक, ब्रज किशोर शर्मा), प्रेंटिस हाल ऑफ इंडिया लिमिटेड, नई दिल्ली, 1993, पृष्ठ 203।

6. संसद के किसी भी एक सदन या दोनों सदनों को संदेश भेजने का अधिकार राष्ट्रपति को अनु. 86 के अन्तर्गत प्राप्त है।

7. चूँकि लोकसभा की सदस्य संख्या (545) राज्यसभा की तुलना में (250) दोगुने से अधिक है अत: विधेयक उसी रूप में पारित हो जाता है जिस रूप में लोकसभा चाहती है।

8. इस प्रावधान के बावजूद भी अबतक केवल एक संविधान संशोधन विधेयक (41वाँ) को पहले राज्यसभा में प्रस्तुत किया गया, बाद में लोकसभा में वह प्रस्तुत हुआ।

8

संघीय न्यायपालिका (उच्चतम/सर्वोच्च न्यायालय) (अनु 124-147)

संघात्मक प्रावधानों से युक्त होने के बावजूद भी हमारा संविधान केन्द्र व राज्यों के लिए न्यायालयों की दुहरी प्रणाली की व्यवस्था नहीं करता। भारतीय संविधान संघ और राज्यों के लिए एक ही प्रकार की सोपानात्मक न्याय प्रणाली का प्रावधान करता है जिसमें सबसे ऊपर सर्वोच्च या उच्चतम न्यायालय प्रतिष्ठित है और उसके नीचे राज्यों के अपने-अपने उच्च न्यायालय हैं। उच्च न्यायायालय के नीचे के न्यायालयों अर्थात् अधीनस्थ न्यायालयों का गठन अलग-अलग राज्यों में थोड़ी-बहुत भिन्नता लिए हुए है।

संविधान के भाग 5 का अध्याय 4 संघ की न्यायपालिका के प्रावधानों से सुसज्जित है। संसद को सर्वोच्च न्यायालय की स्थापना, संगठन, अधिकार एवं शक्तियों को विनियमित करने हेतु कानून बनाने की शक्ति है। **जब संविधान बना तो सर्वोच्च न्यायालय में एक मुख्य न्यायाधीश तथा 7 अन्य न्यायाधीश थे, किन्तु जनसंख्या और मुकद्दमों की वृद्धि के कारण न्यायाधीशों की संख्या भी बढ़ानी पड़ी। सम्प्रति, सर्वोच्च न्यायालय में 1 मुख्य न्यायाधीश और 25 अन्य न्यायाधीश कार्यरत हैं (अनु. 124(1))।**

न्यायाधीशों के नियुक्ति की प्रक्रिया

अनु. 124(3) के अनुसार, कोई व्यक्ति सर्वोच्च न्यायालय के न्यायाधीश के रूप में तभी नियुक्त होगा जब वह भारत का नागरिक हो और

(क) किसी उच्च न्यायालय का या ऐसे दो या अधिक न्यायालयों का लगातार कम-से-कम 5 वर्ष तक न्यायाधीश रहा हो, अथवा

(ख) किसी उच्च न्यायालय का या ऐसे दो या अधिक न्यायालयों का लगातार कम-से-कम 10 वर्ष तक अधिवक्ता रहा हो, अथवा

(ग) राष्ट्रपति की राय में पारंगत विधिवेत्ता हो।

'पारंगत विधिवेत्ता' का तात्पर्य यह है कि, राष्ट्रपति की दृष्टि में वह कानून और संविधान का अच्छा जानकार हो। **किसी पारंगत विधिवेत्ता को न्यायाधीश के रूप में नियुक्त करने का प्रावधान हमने अमेरिकी संवैधानिक प्रावधानों से ग्रहण किया है।** वहाँ कानून के योग्य अध्यापकों को न्यायालय में स्थान देने की परपंरा रही है। यह प्रावधान अपनाकर हमनें भी योग्यतम लोगों को सम्मान देने तथा उनके गुण एवं ज्ञान का लाभ समाज को देने का प्रयास किया है। **किन्तु भारत में अबतक किसी भी न्यायाधीश को पारंगत विधिवेत्ता होने के आधार पर सर्वोच्च न्यायालय में स्थान नहीं मिला है।**

सर्वोच्च न्यायालय में किसी व्यक्ति को न्यायाधीश नियुक्त करने से पूर्व राष्ट्रपति सर्वोच्च न्यायालय के और राज्यों के उच्च न्यायालयों के ऐसे न्यायाधीशों से परामर्श करेगा जिनसें राष्ट्रपति इस प्रयोजन के लिए परामर्श करना आवश्यक समझे। **परंतु तब भी सर्वोच्च न्यायालय के मुख्य न्यायाधीश से परामर्श करना बाध्यकारी होगा।**

सुप्रीम कोर्ट एडवोकेट्स ऑन रिकार्ड एसोशिएशन बनाम भारत संघ[1] के वाद में 9 न्यायाधीशों की पीठ ने 7 : 2 के बहुमत से यह निर्णय दिया कि, सर्वोच्च न्यायालय में या उच्च न्यायालय में किसी भी न्यायाधीश की नियुक्ति भारत के मुख्य न्यायाधीश की राय से ही की जा सकती है। नियुक्ति के मामले में कोई भी राय देने के पूर्व मुख्य न्यायाधीश अपने वरिष्ठतम सहयोगियों से परामर्श करेगा। यह परामर्श लिखित रूप में होना चाहिए और यदि कोई न्यायाधीश किसी व्यक्ति को न्यायाधीश के रूप में नियुक्त नहीं करना चाहता है तो उसकी इस 'असहमति' को अन्य वरिष्ठ न्यायाधीशों के संज्ञान में लाया जाना चाहिए, किन्तु यदि वरिष्ठतम न्यायाधीशों की सलाह अलग-अलग है तो ऐसी दशा में मुख्य न्यायाधीश की राय को प्रथमिकता दी जानी चाहिए। मुख्य न्यायाधीश एक व्यक्ति के रूप में नहीं, वरन् न्यायपालिका के अध्यक्ष या प्रधान के रूप में निर्णय लेता है अत: उसकी राय का या उसके दृष्टिकोण का महत्वपूर्ण स्थान है, सरकार की राय या दृष्टिकोण का नहीं। इसी वाद में यह निर्णय

भी किया गया कि, मुख्य न्यायाधीश के पद पर सर्वोच्च न्यायालय के वरिष्ठतम न्यायाधीश की ही नियुक्ति की जानी चाहिए।

शपथ–

अनु. 124(6) के अुनसार, सर्वोच्च न्यायालय का न्यायाधीश होने के लिए नियुक्त व्यक्ति, अपना पद ग्रहण करने से पूर्व राष्ट्रपति या उसके द्वारा नियुक्त व्यक्ति के समक्ष, संविधान की तृतीय अनुसूची में इस प्रयोजन के लिए दिए गए प्रारूप के अनुसार शपथ लेगा या प्रतिज्ञान करेगा और उस पर अपने हस्ताक्षर करेगा। **राष्ट्रपति यदि स्वयं व्यस्त है या अस्वस्थ है तो शपथ ग्रहण कराने के लिए वह मुख्य न्यायाधीश या किसी अन्य न्यायाधीश को कह सकता है, जैसे,** 12 जनवरी, 2007 ई. को तत्कालीन मुख्य न्यायाधीश वाई. के. सब्बरवाल ने तीन न्यायाधीशों को शपथ दिलायी-हरजीत सिंह बेदी, विकास श्रीधर सिरपुरकर तथा कुचीरेड्डी सुदर्शन रेड्डी।

पदावधि और पद से हटाया जाना

राष्ट्रपति अपने हस्ताक्षर और मुद्रा सहित अधिपत्र द्वारा सर्वोच्च न्यायालय के प्रत्येक न्यायाधीश की नियुक्त करेगा और वह न्यायाधीश तब तक पद ग्रहण करेगा, जब तक वह 65 वर्ष की आयु का नहीं हो जाता, अर्थात् 65 वर्ष की आयु पूरी होने पर कोई भी न्यायाधीश अपने पद से कार्यमुक्त हो जाएगा। किन्तु इस सन्दर्भ में, अनु. 128 एक अपवाद का सृजन करता है। अनु. 128 के अनुसार भारत का मुख्य न्यायाधीश, किसी भी समय, राष्ट्रपति की पूर्व सहमति से, किसी ऐसे व्यक्ति से जो सर्वोच्च-न्यायालय के न्यायाधीश का पद धारण कर चुका है या जो किसी उच्च न्यायालय के न्यायाधीश का पद धारण कर चुका है और सर्वोच्च न्यायालय के न्यायाधीश नियुक्त होने के लिए सम्यक रूप से अर्हित है, सर्वोच्च न्यायालय के न्यायाधीश के रूप में बैठने एवं कार्य करने का अनुरोध कर सकेगा और प्रत्येक ऐसा व्यक्ति, जिससे इस प्रकार का अनुरोध किया जाता है, इस प्रकार बैठने व कार्य करने के दौरान ऐसे भत्तों का हकदार होगा जो राष्ट्रपति अपने आदेश द्वारा अवधारित करे। उसे उस न्यायालय के न्यायाधीश की सभी अधिकारिता, शक्तियाँ, एवं विशेषाधिकार होंगे, किन्तु उसे अन्यथा उस न्यायालय का न्यायाधीश नहीं समझा जाएगा।

कोई भी न्यायाधीश राष्ट्रपति को सम्बोधित अपने हस्ताक्षर सहित लेख द्वारा पद त्याग सकता है और इसके अतिरिक्त किसी भी न्यायाधीश को अनु. 124 (4) में वर्णित महाभियोग प्रक्रिया द्वारा भी पद से हटाया जा सकता है।

अनु. 124 (1) के अनुसार सर्वोच्च न्यायालय के किसी न्यायाधीश को उसके पद से तबतक नहीं हटाया जाएगा जब तक साबित कदाचार या असमर्थता के आधार पर हटाए जाने के लिए संसद के प्रत्येक सदन द्वारा अपनी कुल सदस्य संख्या के बहुमत द्वारा तथा उपस्थित और मत देने वाले सदस्यों के कम-से-कम दो-तिहाई बहुमत द्वारा समर्थित समावेदन, राष्ट्रपति के समक्ष उसी सत्र में रखे जाने पर राष्ट्रपति ने उसे पद से हटाने का आदेश नहीं दे दिया है। **इस संदर्भ में यह ध्यान रखने योग्य तथ्य है कि किसी न्यायाधीश को पद से हटाने का प्रस्ताव संसद के एक ही सत्र में प्रस्तावित, पारित और स्वीकृत होना चाहिए। संसद के सत्रावसान के कारण महाभियोग प्रस्ताव समाप्त माना जाएगा और उसे संसद के नए सत्र में प्रस्तावित, पारित और स्वीकृत कराना होगा।** किसी असमर्थ एवं भ्रष्ट न्यायाधीश को पद से हटाने के लिए सामान्य बहुमत की जगह दो-तिहाई बहुमत के प्रावधान को संविधान निर्माताओं ने यह सोचकर स्वीकार किया था कि, उससे न्यायाधीश सुरक्षित एवं दवाबमुक्त होकर कार्य कर सकेंगे।

किसी न्यायाधीश के कदाचार या असमर्थता के अन्वेषण एवं उसे सिद्ध करने की प्रक्रिया (अर्थात् महाभियोग प्रक्रिया) का संसद कानून बनाकर विनिमयन कर सकेगी (अनु. 124(5))।

उच्चतम न्यायालय के न्यायाधीश के रूप में पद धारण कर चुके न्यायाधीश कार्यावकाश के बाद भारत के राज्यक्षेत्र के भीतर किसी न्यायालय में या किसी प्राधिकारी के समक्ष अभिवचन या कार्य नहीं करेगें, (अनु. 124 (7)), किन्तु अनु. 128 इसका अपवाद है, जिसका वर्णन ऊपर किया जा चुका है।

वेतन आदि

अनु. 125(1) के अनुसार, सर्वोच्च न्यायालय के न्यायाधीशों को ऐसा वेतन दिया जाएगा, जो संसद कानून द्वारा सुनिश्चित करे। उन्हें जो वेतन दिया जाएगा वह संविधान की द्वितीय अनुसूची में विनिर्दिष्ट है। संसद

न्यायाधीशों के वेतन, भत्तों, विशेषाधिकारों, अनुपस्थिति, छुट्टी एवं पेंशन के सम्बन्ध में कानून बना सकती है, परंतु किसी न्यायाधीश की नियुक्ति के बाद उसके वेतन, भत्ते, विशेषाधिकार, अनुपस्थिति तथा छुट्टी आदि के बारे में कोई अलाभकारी परिवर्तन नहीं किया जाएगा।

सम्प्रति, सर्वोच्च न्यायालय के मुख्य न्यायाधीश को 1,00,000 रु तथा अन्य न्यायाधीशों को 90,000 रू. प्रतिमाह वेतन मिलता है।

विशेष परिस्थितियों में कुछ अन्य न्यायाधीशों की नियुक्ति

अनु. 126 के अनुसार जब सर्वोच्च न्यायालय के मुख्य न्यायाधीश का पद रिक्त है या जब मुख्य न्यायाधीश अनुपस्थिति के कारण या किसी अन्य कारण से अपने पद के कर्त्तव्यों का पालन करनें में असमर्थ है, तब न्यायालय के अन्य न्यायाधीशों में से कोई एक न्यायाधीश, जिसे राष्ट्रपति इस प्रयोजन हेतु नियुक्त करे, उस पद के कर्त्तव्यों का पालन करेगा ऐसा न्यायाधीश **'कार्यकारी मुख्य न्यायाधीश' के रूप में कार्य करेगा।**

अनु. 127 के अनुसार, यदि किसी समय सर्वोच्च न्यायालय के सत्र को आयोजित करने या चालू रखने के लिए उस न्यायालय के न्यायाधीशों की गणपूर्ति प्राप्त न हो (अर्थात् किसी कारण से स्थायी न्यायाधीशों का अभाव हो) तो मुख्य न्यायाधीश राष्ट्रपति की पूर्व सहमति से और सम्बन्धित उच्च न्यायालय के मुख्य न्यायाधीश से परामर्श करने के पश्चात्, उस उच्च न्यायालय के ऐसे न्यायाधीश को, जो सर्वोच्च न्यायालय का न्यायाधीश बनने की योग्यता रखता हो, सर्वोच्च न्यायालय की बैठकों में उतनी अवधि के लिए जितनी आवश्यक हो, **'तदर्थ न्यायाधीश' के रूप में उपस्थित रहने के लिए लिखित रूप से अनुरोध कर सकेगा।** ऐसे न्यायाधीश का कर्त्तव्य होगा कि, वह अपने पद के अन्य कर्त्तव्यों पर प्राथमिकता देकर उस समय एवं उस अवधि के लिए सर्वोच्च न्यायालय की बैठकों में उपस्थित हो और जब वह इस प्रकार उपस्थित होता है तो उसे सर्वोच्च न्यायालय के न्यायाधीश के अधिकार और शक्तियाँ प्राप्त होंगी।

अनु. 128 के अनुसार, सर्वोच्च न्यायालय की बैठकों में सेवानिवृत्त न्यायाधीशों की उपस्थिति का प्रावधान है, जिसका वर्णन ऊपर किया जा चुका है।

सर्वोच्च न्यायालय का स्थान (अनु. 130)–

भारत का सर्वोच्च न्यायालय नई दिल्ली में है। किन्तु यदि **इसकी बैठकें नई दिल्ली के अतिरिक्त भारत में कहीं अन्यत्र आयोजित करनी है तो मुख्य न्यायाधीश, राष्ट्रपति की पूर्व सहमति से स्थान एवं समय तय कर सकता है।**

सर्वोच्च न्यायालय की अधिकारिता–

सर्वोच्च न्यायालय के अधिकार क्षेत्र को निम्नलिखित शीर्षकों में विभाजित किया जा सकता है–

(i) प्रारंभिक अधिकार-क्षेत्र,

(ii) अपीलीय अधिकार-क्षेत्र,

(iii) परामर्शदायी अधिकारिता और

(iv) अभिलेख न्यायालय

(i) प्रारंभिक अधिकारिता –

ऐसे विवाद जिसमें प्रारंभिक (और अंतिम) सुनवाई केवल सर्वोच्च न्यायालय में ही की जा सकती है, किसी अन्य न्यायालय में ऐसे वाद प्रस्तुत नहीं किए जाएँगें, वे सर्वोच्च न्यायालय की प्रारंभिक अधिकारिता से जुड़े माने जाते हैं। **संविधान के अनु. 131 के अनुसार सर्वोच्च न्यायालय को निम्नलिखित प्रकृति के विवाद में प्रारंभिक अधिकारिता प्राप्त है–**

(1) भारत सरकार और एक या अधिक राज्यों के बीच उत्पन्न विवाद,

(2) एक ओर भारत सरकार और किसी राज्य या राज्यों और दूसरी ओर एक या अधिक अन्य राज्यों के बीच उत्पन्न विवाद,

(3) दो या अधिक राज्यों के बीच उत्पन्न विवाद।

इस प्रकार स्पष्ट है कि संघ की विभिन्न इकाइयों के बीच उत्पन्न विवाद सर्वोच्च न्यायालय की प्रारंभिक क्षेत्राधिकारिता में आएंगे। लेकिन यदि किसी व्यक्ति और संघ या संघ की इकाइयों के बीच कोई विवाद उत्पन्न हो तब ऐसा विवाद सर्वोच्च न्यायालय की प्रारंभिक अधिकारिता के अन्तर्गत नहीं आएगा, वरन् वह तो सामान्य कानून के अन्तर्गत सामान्य न्यायालय में लाया जाएगा।

संघ और इकाई राज्य के बीच उत्पन्न विवाद तथा इस संदर्भ में

सर्वोच्च न्यायालय द्वारा आरंभिक अधिकारिता के प्रयोग का सर्वप्रथम उदाहरण 1961 ई. में आया, जब पश्चिम बंगाल सरकार ने भारत सरकार द्वारा बनाए गए कोयला धारक क्षेत्र (अर्जन और विकास) अधिनियम, 1957 को असंवैधानिक घोषित करने की माँग की। सर्वोच्च न्यायालय ने अपने निर्णय में पश्चिम बंगाल सरकार की माँग को ठुकरा दिया।

एक महत्वपूर्ण तथ्य यह भी है कि, भारतीय संविधान केवल सर्वोच्च न्यायालय के प्रारंभिक क्षेत्राधिकार का ही वर्णन नहीं करता, वरन वह यह भी बताता है कि कुछ ऐसे भी विवाद है जो सर्वोच्च न्यायालय के आरंभिक क्षेत्राधिकार में नहीं आएंगें इस प्रकार के विवाद और तत्सम्बन्धी संवैधानिक प्रावधान इस प्रकार हैं-

(1) अनु. 131 के परन्तुक और अनु. 363(1) में विनिर्दिष्ट विवाद, जिसके अनुसार, इस संविधान में किसी बात के होते हुए भी, किन्तु अनु. 143 (राष्ट्रपति द्वारा सर्वोच्च न्यायालय से परामर्श माँगने) के उपबंधों के अधीन रहते हुए सर्वोच्च न्यायालय या किसी अन्य न्यायालय को किसी ऐसी संधि, करार, प्रसंविदा, वचनबन्ध, सनद या वैसी ही अन्य किसी लिखे हुए उपबंध से जो इस संविधान के प्रारंभ के पूर्व किसी देशी राज्य के शासक द्वारा की गयी थी और जिसमें भारत डोमिनियन की सरकार या उसकी पूर्ववर्ती कोई सरकार एक पक्षकार थी और जो संविधान के प्रारंभ होने के पश्चात् लागू है-उत्पन्न किसी विवाद में या ऐसी संधि, करार, प्रसंविदा, वचनबंध, सनद या वैसी ही अन्य लिखत (लिखे हुए प्रावधान) से सम्बंधित इस संविधान के किसी उपबंध के अधीन उत्पन्न किसी अधिकार या उससे उत्पन्न किसी दायित्व या बाध्यता के सम्बन्ध में किसी विवाद में अधिकारिता नहीं होगी, अर्थात् कुल मिलाकर **संविधान निर्माण या लागू होने के पूर्व किए गए संधि, प्रसंविदा, करार, वचनबंध, सनद या वैसे ही अन्य लिखे हुए उपबंधों से उत्पन्न विवाद में सर्वोच्च न्यायालय को कोई अधिकारिता नहीं होगी अर्थात् ऐसे वाद उसकी सुनावाई हेतु प्रस्तुत नहीं किए जाएँगे।**

(2) अनु. 212 के अन्तर्गत संसद, विधि द्वारा किसी अन्तर्राज्यीय नदी या नदी-दूनों के या उसके जल के प्रयोग, वितरण, या नियंत्रण के सम्बन्ध

में किसी विवाद या परिवाद के न्याय निर्णयन का उपबंध कर सकेगी और साथ ही यह उपबंध भी कर सकेगी कि, सर्वोच्च न्यायालय या अन्य कोई न्यायालय इस सम्बन्ध में अपनी अधिकारिता का प्रयोग नहीं करेगा।

(3) अनु. 280 के अधीन बनाए गए वित्त आयोग को सौपें गए विषयों से सम्बन्धित विवाद भी सर्वोच्च न्यायालय की अधिकारिता के बाहर है।

(4) अनु. 290 के अनुसार इस संविधान के उपबंधों के अधीन किसी न्यायालय या आयोग के व्यय अथवा किसी व्यक्ति को या उसके सम्बन्ध में, जिसने इस संविधान के प्रारंभ के पूर्व भारत में क्राउन के अधीन अथवा संविधान लागू होने के पश्चात् संघ या किसी राज्य के क्रियाकलाप के सम्बन्ध में सेवा की है, और उसको संदेय पेंशन भारत या किसी राज्य की संघ या किसी राज्य की संचित निधि पर भारित है (यदि उसको मिलने वाली पेंशन के सम्बंध में करार किया गया हो तो उतना जितना कि करार द्वारा निश्चित है और यदि करार न हो तो पेंशन की राशि सर्वोच्च न्यायालय के मुख्य न्यायाधीश द्वारा नियुक्त मध्यस्थ द्वारा निर्धारित किया जाय) उस व्यक्ति को उतनी राशि संचित निधि में से दी जाएगी। इससे सम्बन्धित या उत्पन्न किसी विवाद में सर्वोच्च न्यायालय या अन्य किसी भी न्यायालय को वाद ग्रहण करने की कोई अधिकारिता नहीं होगी।

(5) अनु. 257 (4) के अनुसार, संघ द्वारा किसी राज्य या राज्यों में संचार साधनों के निर्माण या बनाए रखने के बारे में अथवा रेलों की सुरक्षा के लिए किए जाने वाले उपायों के बारे में, किसी राज्य को दिए गए निर्देश के पालन में किसी इकाई राज्य द्वारा किए जाने वाले व्यय के निर्धारण से उत्पन्न कोई विवाद सर्वोच्च न्यायालय के मुख्य न्यायाधीश द्वारा नियुक्त मध्यस्थ द्वारा सुलझाया जाएगा और व्यय का निर्धारण वही करेगा तथा उसका निर्णय सर्वमान्य होगा। इस सम्बन्ध में किसी भी अन्य न्यायालय या सर्वोच्च न्यायालय को कोई भी अधिकारिता नहीं होगी।

(6) अनु. 258(3) के अनुसार, जब संघीय सरकार किसी राज्य अथवा उसके अधिकारियों को अपनी ओर से कुछ शक्तियाँ प्रदान करके उन्हें कुछ कार्य सौंप देती है तो उन शक्तियों के प्रयोग के सम्बन्ध में अथवा कार्य संपादन में हुए व्यय की राशि के निर्धारण को लेकर यदि कोई वाद-विवाद उत्पन्न हो जाता है तो ऐसी राशि का निर्धारण मुख्य न्यायाधीश (सर्वोच्च न्यायालय) द्वारा नियुक्त मध्यस्थ द्वारा होगा तथा उसका निर्णय

सर्वमान्य होगा। इस सम्बन्ध में सर्वोच्च या किसी अन्य न्यायालय को कोई अधिकारिता नहीं होगी।

मूल अधिकारों के सम्बन्ध में सर्वोच्च न्यायालय की अधिकारिता (अनु. 32)–

आरंभिक अधिकारिता का तात्पर्य यह होता है कि, विवाद उत्पन्न होने पर बिना निचले न्यायालयों में गए सीधे सर्वोच्च न्यायालय में जाकर उपचार प्राप्त किया जाय। यद्यपि संविधान का अनु. 131 सर्वोच्च न्यायालय की आरंभिक अधिकारिता में मूल अधिकारों से जुड़े हुए विवादों को शामिल नहीं करता। इसी कारण डी. डी. बसु मूल अधिकारों के उल्लंघन के विरुद्ध नागरिकों को उपचार प्रदान करने की शक्ति (अनु. 32) को उसकी आरंभिक अधिकारिता स्वीकार नहीं करते। अनु. 32 मूलाधिकारों के उल्लंघन पर त्वरित उपचार की व्यवस्था करता है जिसके अनुसार कोई व्यक्ति अपने मूलाधिकारों के संरक्षण हेतु सीधे सर्वोच्च न्यायालय में जा सकता है। सर्वोच्च न्यायालय नागरिकों के मूलाधिकारों की रक्षा हेतु 5 प्रकार की रिट जारी कर सकता है- बन्दी प्रत्यक्षीकरण, परमादेश, प्रतिषेध, उत्प्रेषण और अधिकार पृच्छा। इसका विस्तृत वर्णन मूल अधिकार वाले अध्याय में किया जा चुका है।

जिस प्रकार मूल अधिकारों के उल्लंघन पर व्यक्ति सीधे सर्वोच्च न्यायालय की शरण ले सकता है ठीक उसी प्रकार राष्ट्रपति और उपराष्ट्रपति के निर्वाचन से जुड़े हुए मुद्दे (अनु. 71) तथा जनहित याचिकाएँ भी सीधे सर्वोच्च न्यायालय के न्याय निर्णय के अधिकार में हैं किन्तु इन दोनों को सर्वोच्च न्यायालय की आरंभिक अधिकारिता (अनु. 131) में शामिल नहीं किया गया है।

(2) अपीलीय अधिकारिता

यद्यपि संघात्मक व्यवस्था में सर्वोच्च न्यायालय सबसे ऊँचे शिखर पर प्रतिष्ठित है, वह सर्वोच्च अपीलीय न्यायालय है क्योंकि उसे संघ के सभी इकाई राज्यों के उच्च न्यायालयों के निर्णयों के विरुद्ध अपील सुनने का अधिकार प्राप्त है। उसकी अपीलीय अधिकारिता 4 शीर्षकों में विभाजित की जा सकती है–

(A) संवैधानिक मामले;

(B) सिविल मामले;

(C) दांडिक मामले तथा

(D) विशेष इजाजत/अनुमति से अपील

(A) संवैधानिक मामलों में अपील (अनु. 132)–

संविधान के अनु. 132(1) के अनुसार भारत के राज्यक्षेत्र में किसी उच्च न्यायालय की सिविल, दांडिक या अन्य कार्यवाही में दिए गए किसी निर्णय, डिक्री या अंतिम आदेश की अपील सर्वोच्च न्यायालय में ही होगी, यदि वह उच्च न्यायालय अनु. 134(क) के अधीन यह प्रमाणित कर देता है कि उस मामले में इस संविधान की व्याख्या के बारे में कानून का कोई सारवान प्रश्न निहित है।

यदि उच्च न्यायालय के एकल न्यायाधीश के निर्णय के विरुद्ध अपील उसी उच्च न्यायालय की बड़ी पीठ में किए जाने की व्यवस्था है तो सर्वोच्च न्यायालय में अपील करने हेतु एकल न्यायाधीश द्वारा प्रमाणपत्र दिया जाना अनुचित है।

सर्वोच्च न्यायालय के समक्ष अपील में अपीलार्थी उच्च न्यायालय के निर्णय के औचित्य पर उस आधार से भिन्न किसी आधार पर चुनौती नहीं दे सकता जिसपर उसे प्रमाणपत्र दिया गया है, किन्तु सर्वोच्च न्यायालय विशेष अनुमति द्वारा अपीलार्थी को दूसरे आधार पर भी चुनौती देने की अनुमति दे सकता है, लेकिन ऐसी अनुमति केवल उन्हीं मामलों में दी जाएगी जहाँ सर्वोच्च न्यायालय को लगे कि अन्याय हुआ है। उच्च न्यायालय द्वारा प्रमाणपत्र दिए जाने के बाद भी सर्वोच्च न्यायालय अपील को ठुकरा सकता है यदि उसे यह विश्वास हो जाय कि मामला अपील के योग्य नहीं है।

यदि उच्च न्यायालय प्रमाणपत्र देने से इनकार कर देता है लेकिन सर्वोच्च न्यायालय को यह विश्वास हो जाता है कि, मामले में संविधान की व्याख्या का कोई सारवान् विधिक प्रश्न समाहित है तो वह ऐसे डिक्री, आदेश, या निर्णय के विरुद्ध अनु. 136 के अधीन सर्वोच्च न्यायालय में 'अपील की विशेष अनुमति' दे सकता है।

(B) सिविल मामलों में अपील (अनु. 133)–

अनु. 133(1) के अनुसार भारत के राज्यक्षेत्र में किसी उच्च न्यायालय की सिविल कार्यवाही में दिए गए किसी निर्णय, डिक्री, या अंतिम आदेश की अपील सर्वोच्च न्यायालय में होगी यदि उच्च न्यायालय अनु. 134(क) के अधीन प्रमाणित कर देता है कि,

(क) उस मामले में विधि के व्यापक महत्व का कोई सारवान प्रश्न समाहित है, और

(ख) उच्च न्यायालय की राय में उस प्रश्न का सर्वोच्च न्यायालय द्वारा विनिश्चय आवश्यक है।

अनु. 133(2) के अनुसार, अनु. 132 में किसी बात के होते हुए भी, सर्वोच्च न्यायालय में खण्ड (1) के अधीन अपील करने वाला कोई पक्षकार ऐसी अपील के आधारों में यह आधार भी बता सकेगा कि, इस संविधान की व्याख्या के बारे में विधि के किसी सारवान् प्रश्न का निर्धारण गलत किया गया है।

अनु. 133(3) के अनुसार, इस अनुच्छेद में किसी बात के होते हुए भी उच्च न्यायालय के एक न्यायाधीश के निर्णय, डिक्री या आदेश की अपील सर्वोच्च न्यायालय में तबतक नहीं होगी जबतक कि संसद कानून द्वारा अन्यथा उपबन्ध न करे।

अनु. 133 के अधीन अपील की शर्तें कठोर हैं क्योंकि अब यही दिखाना पर्याप्त नहीं है कि प्रश्न एक सार्वजनिक महत्व का है और जनसाधारण से जुड़ा हुआ है, बल्कि यह दिखाना भी आवश्यक है कि उच्च न्यायालय की राय में इस प्रश्न का सर्वोच्च न्यायालय द्वारा निपटारा आवश्यक है। किसी ऐसे प्रश्न पर जिसपर दो उच्च न्यायालयों ने पृथक-पृथक मत व्यक्त किया हो, उसे सर्वोच्च न्यायालय द्वारा निपटाया जाना अपेक्षित है।

(C) दांडिक/फौजदारी मामलों में अपील (अनु. 134)–

अनु. 134 (1) के अनुसार किसी उच्च न्यायालय की दांडिक कार्यवाही में दिए गए किसी निर्णय, अंतिम आदेश या दण्डादेश की अपील सर्वोच्च न्यायालय में की जा सकेगी, यदि–

(क) उस उच्च न्यायालय ने अपील में किसी अभियुक्त व्यक्ति की

दोषमुक्ति के आदेश को उलटकर उसे मृत्युदंड दे दिया हो, या

(ख) उस उच्च न्यायालय ने अपने प्राधिकार के अधीनस्थ किसी न्यायालय से किसी मामले को विचार हेतु अपने पास मँगा लिया हो और ऐसे विचार के उपरांत अभियुक्त को मृत्युदंड दे दिया हो।

उपरोक्त दोनों प्रकार के मामलों में उच्च न्यायालय के प्रमाणपत्र के बिना भी सर्वोच्च न्यायालय में अपील की जा सकती है, किन्तु उच्च न्यायालय के प्रमाणपत्र से दांडिक मामलों में अपील तभी की जा सकेगी जब उच्च न्यायालय अनु. 134(क) के अधीन प्रमाणित कर दे कि मामला सर्वोच्च न्यायालय में जाने के योग्य है और यह प्रमाणपत्र तभी दिया जाएगा जब उस मामले में विधि का कोई सारवान प्रश्न हो या व्यापक रूप से सार्वजनिक महत्व का कोई प्रश्न हो या न्याय के किसी सारवान सिद्धान्त का उल्लंघन हुआ हो।

अनु. 134(2) के अनुसार, संसद को यह अधिकार है कि वह दांडिक मामलों में सर्वोच्च न्यायालय की अधिकारिता को बढ़ा सकता है। इस संदर्भ में संसद ने 1970 ई. में एक अधिनियम पारित कर सर्वोच्च न्यायालय की दांडिक अधिकारिता को बढ़ा दिया है। इसके अधीन निम्नलिखित मामलों में उच्च न्यायालय से सर्वोच्च न्यायालय को अपील की जा सकती है, यदि

(क) अपील करने के बाद उच्च न्यायालय ने निचले न्यायालय के रिहाई के आदेश को उलटकर अभियुक्त को 'आजीवन कारावास' का या 10 वर्ष या अधिक के कारावास का दंड दिया है।

(ख) उच्च न्यायालय, अपने अधीनस्थ न्यायालय से किसी मामले को परीक्षण के लिए अपने पास मँगाकर अभियुक्त को आजीवन कारावास या 10 वर्ष से अधिक का दंड दे दिया हो।

सर्वोच्च न्यायालय में अपील के लिए प्रमाणपत्र (अनु. 134 (क))–

44वें संविधान संशोधन (1978) द्वारा अनु. 132, 133 तथा 134 में संशोधन करके सर्वोच्च न्यायालय में उच्च न्यायालयों से अपील के लिए प्रमाणत्र दिए जाने के विषय में विलंब को कम करनें का प्रयास किया गया है। इस संशोधन द्वारा जोड़े गए अनु. 134 (क) के अनुसार प्रत्येक उच्च न्यायालय जो अनु. 132, 133 तथा 134 के खंड (1) के अधीन किसी निर्णय, डिक्री, दंड या अंतिम आदेश को पारित करता है वह–

(क) यदि ऐसा करना ठीक समझता है तो स्वप्रेरणा से या

(ख) यदि ऐसा निर्णय, डिक्री, दंडादेश या अंतिम आदेश पारित किए जाने या दिए जाने के तुरंत पश्चात् व्यथित पक्षकार द्वारा या उसकी ओर से आवेदन किया जाता है

तो वह उच्च न्यायालय यथाशीघ्र विचार करेगा कि उक्त मामलों में सर्वोच्च न्यायालय में अपील का प्रमाणपत्र दिया जाय या नहीं।

कुछ मामलों को अंतरण (अनु. 139 (क))

अनु 139(क), 42वें संविधान संशोधन (1976) द्वारा जोड़ा गया है।

अनु. 139 क(1) के अनुसार, यदि ऐसे मामले, जिनमें विधि के समान या सारतः समान प्रश्न समाहित है, सर्वोच्च न्यायालय के और एक या कुछ या अधिक उच्च न्यायालयों के समक्ष लंबित हैं, सर्वोच्च न्यायालय का स्वप्रेरणा से या भारत के महान्यायवादी द्वारा ऐसे किसी मामले के किसी पक्षकार द्वारा किए गए आवेदन पर यह समाधान हो जाता है कि ऐसा प्रश्न व्यापक महत्व का सारवान् प्रश्न है तो सर्वोच्च न्यायालय उस उच्च न्यायालय या उन उच्च न्यायालयों के समक्ष लंबित मामले या मामलों को अपने पास मँगा सकेगा और उन सभी मामलों को स्वयं निपटा सकेगा।

परंतु सर्वोच्च न्यायालय इस प्रकार मँगाए गए मामलों को उक्त विधि के प्रश्नों का अवधारण करने के पश्चात् ऐसे प्रश्नों पर अपने विचारों/निर्णयों की प्रतिलिपि सहित, उस उच्च न्यायालय को जिससे मामला मँगा लिया है, लौटा सकेगा और वह उच्च न्यायालय उसके प्राप्त होने पर उस मामले को ऐसे निर्णय के अनुरूप निपटाने हेतु आगे कार्यवाही करेगा।

अनु. 139 क (2) के अनुसार, यदि सर्वोच्च न्यायालय न्याय के उद्देश्य की पूर्ति के लिए ऐसा करना समीचीन समझता है तो वह किसी उच्च न्यायालय के समक्ष लंबित किसी मामले, अपील या अन्य कार्यवाही का अन्तरण किसी अन्य उच्च न्यायालय को कर सकेगा। वह मामले को अपने पास भी मँगा सकता है, लेकिन राज्य के भीतर उच्च न्यायालय से निचले स्तर के न्यायालयों में पारस्परिक हस्तांतरण की शक्ति या निम्न न्यायालय से उच्च न्यायालय में हस्तारण की शक्ति सम्बंधित राज्य के उच्च न्यायालय को होगी।

(D) अपील के लिए सर्वोच्च न्यायालय की विशेष अनुमति (अनु. 136)–

अनु. 136(1) के अनुसार, सर्वोच्च न्यायालय अपने विवेकानुसार, भारत के राज्यक्षेत्र में किसी न्यायालय या अधिकरण[2] द्वारा किसी वाद या मामले में पारित किए गए या दिए गए किसी निर्णय, डिक्री, आदेश या दंडादेश की अपील के लिए विशेष अनुमति दे सकेगा।

लेकिन इसका एक अपवाद है। सशस्त्र बलों से सम्बद्ध किसी विधि के अधीन गठित किसी न्यायालय के निर्णय आदि से अपील की विशेष अनुमति नहीं दी जा सकती (अनु. 136(2))।

इस अनुच्छेद द्वारा सर्वोच्च न्यायालय को अत्यंत व्यापक अधिकार मिल गया है। अब सर्वोच्च न्यायालय स्वविवेक से जहाँ आवश्यक हो, वहाँ हस्तक्षेप कर सकता है। **सामान्य अपील प्रक्रिया के अनुसार किसी अधीनस्थ न्यायालय से निर्णय आने के बाद सर्वप्रथम उच्च न्यायालय में अपील कर चुकने और उसका भी निर्णय आ जाने के बाद भी सर्वोच्च न्यायालय में अपील की जा सकती है किन्तु अनु. 136 के अन्तर्गत सर्वोच्च न्यायालय उच्च न्यायालय की उपेक्षा करके अधीनस्थ न्यायालय से सीधे अपील सुनने की विशेष अनुमति दे सकता है। यह अत्यंत विशिष्ट शक्ति है जिसका प्रयोग अत्यंत आपवादिक परिस्थितियों में और बहुत सोच विचार करके ही किया जाना चाहिए।**

(3) परामर्शदात्री अधिकारिता (अनु. 143)–

अनु. 143(1) के अनुसार यदि किसी समय राष्ट्रपति को प्रतीत होता है कि विधि या तथ्य का कोई ऐसा प्रश्न उत्पन्न हुआ है या उत्पन्न होने की संभावना है जो सार्वजनिक महत्व का है तथा उस पर सर्वोच्च न्यायालय की राय प्राप्त करना समीचीन है तो वह उस प्रश्न को विचारार्थ सर्वोच्च न्यायालय को निर्देशित कर सकेगा और वह न्यायालय ऐसी सुनवाई के बाद, जो वह ठीक समझता है राष्ट्रपति को उस पर अपनी राय देगा।

राष्ट्रपति को राय/सलाह देने के पूर्व सर्वोच्च न्यायालय का मुख्य न्यायाधीश अपने 4 वरिष्ठ सहयोगी न्यायाधीशों (अर्थात् कम-से-कम कुल 5 न्यायाधीश, यह संख्या 5 से अधिक भी हो सकती है) के साथ वार्ता करके इसका निर्धारण करेगा कि राष्ट्रपति को क्या सलाह

दी जाय। ऐसी वार्ता में मुख्य न्यायाधीश के अपने व्यक्तिगत विचार महत्वपूर्ण माने जाएँगें। चूँकि सर्वोच्च न्यायालय संविधान का संरक्षक है और संविधान का व्याख्याता भी है अतः महत्वपूर्ण संवैधानिक एवं विधिक मामलों में उसकी राय जान लेना आवश्यक व उपयोगी है जिससे कि बाद में उठने वाले विवादों से बचा जा सके। राष्ट्रपति के लिए सर्वोच्च न्यायालय द्वारा दिए गए सलाह या परामर्श को मानना बाध्यकारी नहीं है और न ही सर्वोच्च न्यायालय ही इस बात के लिए बाध्य है कि वह प्रत्येक मसले पर सरकार को अपनी राय दे। अयोध्या मसले पर सर्वोच्च न्यायालय ने सरकार को कोई भी राय या परामर्श देने से इनकार कर दिया था। **भारत के राष्ट्रपति ने सर्वप्रथम 1951 ई. में सर्वोच्च न्यायालय से दिल्ली विधि अधिनियम, 1912 के सम्बन्ध में परामर्श माँगा था। सर्वोच्च न्यायालय द्वारा दिए गए परामर्श को मानने हेतु राष्ट्रपति विवश नही है किन्तु ऐसे परामर्श में किए गए विनिश्चिय या प्रतिपादित सिद्धान्त अधीनस्थ न्यायालयों के लिए मार्गदर्शक एवं बाध्यकारी होंगे।**

अमेरिका में शक्ति पृथक्करण के सिद्धान्त को अपनाने के कारण न्यायपालिका, कार्यपालिका को किसी भी मामले में परामर्श नहीं देती किन्तु कनाडा के संविधान में सर्वोच्च न्यायालय को ऐसी राय देने का अधिकार है।

(iv) अभिलेख न्यायालय (अनु. 129)–

संविधान के अनु. 129 के अनुसार, सर्वोच्च न्यायालय को अभिलेख न्यायालय (Courts of Record) का दर्जा प्राप्त है। **इसका दो अर्थ होता है – प्रथम,** सर्वोच्च न्यायालय के निर्णय लिखित होते हैं और उसको एक रिकार्ड की भाँति सुरक्षित रखा जाता है तथा इसके निर्णय अधीनस्थ न्यायालयों के लिए बाध्यकारी होते हैं अर्थात् सर्वोच्च न्यायालय के निर्णय को निम्न न्यायालयों की विधिक कार्यवाही में नजीर या उदाहरण के रूप में प्रस्तुत किया जा सकता है तथा **द्वितीय** अभिलेख न्यायालय को अपनी अवमानना के लिए किसी भी व्यक्ति को दंड देने का अधिकार है।

न्यायालय की अवमानना हेतु आर्थिक दंड या कारावास या दोनों भी दिया जा सकता है। न्यायाधीशों को भी न्यायालयों की अवमानना हेतु दंडित किया जा सकता है।

सर्वोच्च न्यायालय की कुछ अन्य शक्तियाँ–

सर्वोच्च न्यायालय को न्यायिक पुनर्विलोकन का अधिकार है (अनु. 137), जिसके अंतर्गत उसे उन कानूनों को रद्द करने का अधिकार है जो संविधान के विरुद्ध हैं।

संसद कानून बनाकर सर्वोच्च न्यायालय को संघ सूची के विषयों के सम्बन्ध में कुछ अतिरिक्त अधिकारिता व शक्तियाँ सौंप सकती है (अनु. 138)।

अनु. 139 के अनुसार, संसद कानून द्वारा सर्वोच्च न्यायालय को मूल अधिकारों से भिन्न किसी अन्य प्रयोजनों के लिए ऐसे निर्देश, आदेश या रिट (जिनके अन्तर्गत बन्दी प्रत्यक्षीकरण, परमादेश, प्रतिषेध, उत्प्रेषण तथा अधिकार पृच्छा की रिट शामिल हैं) निकालने की शक्ति प्रदान कर सकेगी।

अनु. 140 के अनुसार, संसद कानून द्वारा सर्वोच्च न्यायालय को ऐसी अनुपूरक शक्तियाँ प्रदान करने हेतु उपबंध कर सकेगी जो इस संविधान के प्रावधानों से अंसगत न हो और जो उस न्यायालय को कार्यसंपादन में अधिक सक्षम बनाते हों।

अनु. 141 के अनुसार, सर्वोच्च न्यायालय द्वारा घोषित कानून अर्थात् दिया गया निर्णय भारत राज्यक्षेत्र के भीतर स्थित सभी न्यायालयों के लिए बाध्यकारी होगा, लेकिन स्वयं सर्वोच्च न्यायालय किसी अन्य न्यायालय के निर्णय से बँधा हुआ नहीं है। वह न केवल अन्य न्यायालयों के, बल्कि स्वयं के द्वारा अतीत में दिए गए किसी निर्णय को भी बदलकर उसे अधिक प्रासंगिक एवं समयानुकूल बना सकता है।

अनु. 145 के अनुसार, सर्वोच्च न्यायालय को यह अधिकार है कि वह समय-समय पर राष्ट्रपति के अनुमोदन से न्यायालय की प्रक्रिया एवं पद्धति के विनियमन हेतु नियम बना सकता है।

सर्वोच्च न्यायालय संविधान का संरक्षक है–

भारतीय संविधान निर्माताओं नें संविधान को परिवर्तित होती परिस्थितियों में भी समयानुकूल एवं प्रासंगिक बनाए रखने के लिए उसमें संशोधन करने की शक्ति संसद को दे दी है। लेकिन संविधान की व्याख्या करनें का अधिकार तथा संविधान के संरक्षकत्व का दायित्व सर्वोच्च न्यायालय को

सौंपा, संभवत: उन्हें लोक प्रतिनिधियों के बीच होने वाले संवाद की तुलना में न्यायिक विवेक पर अधिक भरोसा था। **संविधान में ऐसे अनेक प्रावधान हैं जो सर्वोच्च न्यायालय को संविधान के संरक्षक के रूप में प्रतिष्ठित करते हैं।**

सर्वप्रथम अनु. 32 के प्रावधान सर्वोच्च न्यायालय को नागरिकों के मूल अधिकारों का संरक्षक घोषित करते हैं। मूलाधिकारों का उपभोग सुनिश्चित करने हेतु सर्वोच्च न्यायालय 5 प्रकार की रिट जारी कर सकता है। सर्वोच्च न्यायालय की इस शक्ति के अभाव में मौलिक अधिकारों की वही स्थिति होगी कि– पक्षी को उड़ाने को प्रयास तो किया जा रहा है लेकिन उसके पंख काट लिए गए हों।

द्वितीय, अनु. 131 सर्वोच्च न्यायालय की आरंभिक अधिकारिता का वर्णन करता है, इसके अनुसार संघ और इकाई राज्यों के बीच होने वाले किसी प्रकार के विवाद को सुलझाने का अधिकार सर्वोच्च न्यायालय के पास है और इस विवाद में उसका निर्णय अंतिम माना जाएगा। **केन्द्र व इकाई** राज्यों के बीच कोई भी टकराव संघात्मक व्यवस्था के विखराव का कारण हो सकता है अत: सर्वोच्च न्यायालय का दायित्व है कि वह उचित, न्यायपूर्ण एवं प्रासंगिक निर्णय देकर इस प्रकार के मामलों को निपटाए जिससे न केवल संघात्मक व्यवस्था सुरक्षित रहे, वरन संविधान की गरिमा भी बनी रहे।

तृतीय, अनु. 137 के प्रावधान सर्वोच्च न्यायालय को न्यायिक पुनर्विलोकन की शक्ति प्रदान करते हैं जिसके अनुसार, सर्वोच्च न्यायालय का यह अधिकार है कि कार्यपालिका द्वारा दिया गया कोई आदेश या व्यवस्थापिका (संसद) द्वारा बनाया गया कोई कानून यदि संविधान के प्रावधानों से असंगत है या उसके प्रतिकूल है तो वह उस आदेश या कानून को रद्द घोषित कर दे। न्यायपालिका के इस अधिकार को 'न्यायिक पुनर्विलोकन का अधिकार' कहते हैं। इंग्लैण्ड में न्यायालयों को यह अधिकार नहीं है कि वे संसद द्वारा बनाए गए किसी कानून को रद्द कर दे, इसके दो कारण हैं, प्रथम वहाँ व्यवस्थापिका, कार्यपालिका तथा न्यायपालिका में व्यवस्थापिका अर्थात् संसद सर्वोच्च है अत: संसदीय सर्वोच्चता का घोषित सिद्धान्त होने के कारण न्यायपालिका को संसदीय विधायन पर रोक लगाने का कोई अधिकार नहीं है तथा द्वितीय, वहाँ संसद सामान्य कानून निर्माण प्रक्रिया (अर्थात् सामान्य

बहुमत) द्वारा संविधान के किसी भी प्रावधान में कोई भी संशोधन कर सकती है। **अमेरिका के संविधान में न्यायिक पुनर्विलोकन की व्यवस्था है और भारत ने न्यायिक पुनर्विलोकन का अधिकार वहीं से ग्रहण किया है लेकिन कुछ बातों में भारत और अमेरिका के न्यायिक पुनर्विलोकन के प्रावधानों में अंतर है।** भारत में सर्वोच्च न्यायालय 'विधि द्वारा स्थापित प्रक्रिया' के सिद्धान्त का पालन करता है। सर्वोच्च न्यायालय किसी भी ऐसे आदेश को तथा किसी भी कानून को इसलिए अवैध ठहरा सकता है कि, वह संविधान के स्थापित प्रावधानों के प्रतिकूल है अर्थात् आदेश देने या कानून बनने के बाद। लेकिन भारत में संसद न्यायिक पुनिर्विलोकन से बचने हेतु अपने दो-तिहाई बहुमत से संविधान में संशोधन कर सकती है और इस प्रकार न्यायापालिका की न्यायिक पुनर्विलोकन से बच सकती है। अमेरिका में 'विधि की उचित प्रक्रिया' का सिद्धान्त होने के कारण सर्वोच्च न्यायालय कार्यपालिका के किसी भी आदेश या व्यवस्थापिका के किसी भी कानून को औचित्य या दुर्भावना के आधार पर भी रद्द घोषित कर सकता है यदि वह संविधान के प्रावधानों के प्रतिकूल है। वहाँ न्यायिक पुनर्विलोकन एक बहुत महत्वपूर्ण साधन है क्योंकि संशोधन संविधान की प्रक्रिया अत्यंत जटिल है। इस प्रकार अमेरिका में न्यायिक पुनर्विलोकन की शक्ति और परिधि भारत की तुलना में व्यापक है। **वस्तुतः भारतीय संविधान निर्माताओं ने न्यायालय की सर्वोच्चता तथा संसदीय प्रणाली के बीच एक समन्वय-सन्तुलन बनाने का काम किया है जबकि अमेरिका में निरपेक्ष रूप से न्यायपालिका को अधिक शक्तियाँ सौंप दी गई हैं।**

न्यायिक पुनर्विलोकन की शक्ति का प्रयोग करके भारत में सर्वोच्च न्यायालय न केवल नागरिकों के मूलाधिकारों का संरक्षण करने में सफल रहा है वरन् उसने इकाई राज्यों के संवैधानिक अधिकारों को भी संरक्षित कर संघवाद को सुदृढ़ बनाने में सफलता प्राप्त की है।

चतुर्थ, भारत में सर्वोच्च न्यायालय को अनु. 143 के अन्तर्गत राष्ट्रपति को परामर्श देने की शक्ति प्राप्त है। जटिल कानूनी प्रश्नों या अस्पष्ट संवैधानिक प्रावधानों पर राष्ट्रपति को अपनी बहुमूल्य राय देकर न्यायालय संविधान के प्रावधानों को न केवल स्पष्ट करता है, बल्कि उसकी व्याख्या भी करता है। जिस मामले में इस संविधान की व्याख्या के बारे में विधि का कोई महत्वपूर्ण प्रश्न समाहित है, उस मामले पर निर्णय के लिए या

राष्ट्रपति को परामर्श देने के लिए विचार करने हेतु बैठने वाले न्यायधीशों की संख्या (मुख्य न्यायाधीश सहित) न्यूनतम 5 होगी। (अनु. 143(3))। **भारत गणतंत्र के सर्वोच्च पदाधिकारी के लिए न्यायपालिका की राय अत्यंत महत्वपूर्ण है। इससे न केवल सरकार का मार्गदर्शन होता है, वरन् उसे न्यायालय के दृष्टिकोण की जानकारी भी पहले हो जाती है जिससे कि बाद में होने वाले विवादों से बचा जा सके।**

पंचम, केशवानंद भारती वाद (1973) में सर्वोच्च न्यायालय नें (किसी वाद का निर्णय करने बैठी यह सर्वोच्च न्यायालय की सबसे बड़ी बेंच थी, यह पूर्ण पीठ थी, क्योंकि तब सर्वोच्च न्यायालय में 14 न्यायाधीश थे तथा 13 न्यायाधीशों ने मिलकर 7 : 6 के बहुमत से) यह निर्णय दिया था कि, संसद संविधान के प्रावधानों में कोई भी संशोधन कर सकती है किंतु वह संविधान की मूल संरचना में कोई भी संशोधन नहीं कर सकती। **संविधान की मूल संरचना को असंशोधनीय बताकर सर्वोच्च न्यायालय ने संसदीय सर्वोच्चता के बहाने नागरिक अधिकारों में निरंतर कटौती करते रहने की प्रवृत्ति पर न केवल अंकुश लगाया, वरन् न्यायपालिका - व्यवस्थापिका के बीच चल रहे द्वन्द में अपनी स्थिति अत्यंत मजबूत कर ली।** मूल संरचना क्या है, इसे व्यवस्थापिका या संसद नहीं जानती, इसका निर्धारण सर्वोच्च न्यायालय करेगा। इसके कारण भारतीय न्यायपालिका पर भी ह्यूम की यह टिप्पणी ठीक बैठती है जो उन्होंने अमेरिकी संविधान के बारे में कहा था कि, संविधान वही है जो न्यायाधीश कहते हैं। **मूल संरचना सिद्धान्त के प्रतिपादन के कारण न्यायपालिका (सर्वोच्च न्यायालय) आज न केवल संविधान की व्याख्याता और संरक्षक है वरन् वह संविधान के भाग्य, भविष्य एवं अस्तित्व का निर्धारक भी बन गया है।**

इन उपर्युक्त संवैधानिक प्रावधानों और न्यायिक व्यवस्थाओं के कारण आज सर्वोच्च न्यायालय महत्वपूर्ण संवैधानिक भूमिका का निर्वाह करने लगा है। भले ही इस भूमिका के बारे में संविधान निर्माताओं ने कभी सोचा भी न रहा हो किन्तु स्वार्थी राजनीतिज्ञों तथा संसदीय उत्शृंखलता पर परिस्थितिजन्य एवं सामयिक नियंत्रण लगाकर न्यायपालिका ने संविधान को सुरक्षित व संरक्षित किया है। जनहित याचिकाओं (1986 ई. में सर्वोच्च न्यायालय के न्यायाधीश पी. एन. भगवती द्वारा शुरू की गयी व्यवस्था) के युग का प्रारंभ कर न्यायपालिका ने आज

लोककल्याणकारी न्यायप्रणाली अपनाकर राजनीतिक व्यवस्था को सुधारने का जो प्रयास किया है वह संवैधानिक इतिहास में अद्वितीय है। जनहित याचिकाओं ने 'जनकेंद्रित लोकतंत्र' को प्रतिष्ठित कर न केवल नागरिक अधिकारों के प्रति लोगों की चेतना बढ़ायी है, वरन् उन्हें आशा की एक किरण भी दिखलायी है। इस रूप में सर्वोच्च न्यायालय की भूमिका महत्वपूर्ण हो गयी है।

न्यायपालिका की स्वतंत्रता को बनाए रखने वाले प्रावधान

भारतीय संविधान में न्यायपालिका को महत्वपूर्ण संवैधानिक दायित्व एवं अधिकार दिए गए हैं। इनको बिना दबाव के समुचित ढंग से निर्वहन हो इसके लिए न्यायपालिका की स्वतंत्रता परम आवश्यक है। न्यायपालिका की स्वतंत्रता व निष्पक्षता न केवल मौलिक अधिकारों की सुरक्षा हेतु आवश्यक है वरन संघात्मक व्यवस्था की दृढ़ता एंव मजबूती के लिए भी आवश्यक है। भारतीय राजनीतिक व्यवस्था में न्यायाधीशों को राजनीतिक दबाव से मुक्त कर उन्हें स्वतंत्र बनाए रखने के लिए निम्नलिखित प्रावधान किए गए हैं–

(A) सर्वोच्च न्यायालय के न्यायाधीशों की नियुक्ति भारत के राष्ट्रपति द्वारा की जाती है और नियुक्ति करने में राष्ट्रपति भारत के मुख्य न्यायाधीश से अवश्य परामर्श करता है और जब मुख्य न्यायाधीश की नियुक्ति करनी हो तो वह उच्च न्यायालयों के न्यायाधीशों एवं सर्वोच्च न्यायालय के वरिष्ठ न्यायाधीशों से मंत्रणा/परामर्श करता है। इस परामर्श द्वारा एक सहमति बनाने का प्रयास होता है जिससे कि बाद में कोई विवाद न हो।

(B) न्यायाधीशों की पद से अवकाश ग्रहण करने की लंबी उम्र (65 वर्ष) तथा पद से हटाने की लिए महाभियोग की जटिल प्रक्रिया उनकी कार्य में स्वतंत्रता बनाए रखने में सहायक है। महाभियोग की प्रक्रिया इसी अध्याय में ऊपर बतायी गयी है।

(C) न्यायाधीशों को निष्पक्ष एवं भयमुक्त बनाए रखने के लिए ही संविधान ने उनका वेतन सुनिश्चित कर रखा है, वह भारत की संचित निधि पर भारित है। न्यायाधीशों के वेतन-भत्ते में कोई कटौती वित्तीय आपातकाल को छोड़कर नहीं की जा सकती है। उनके वेतन-भत्ते में उनके कार्यकाल के दौरान कोई अलाभकारी परिवर्तन भी नहीं किया जा सकता है।

(D) अनु. 146(3) के अनुसार, सर्वोच्च न्यायालय के प्रशासनिक व्यय एवं न्यायाधीशों और अन्य कर्मचारियों के वेतन, भत्ते आदि भी भारत की संचित निधि पर ही भारित होते हैं जिसमें कटौती नहीं की जा सकती है और न ही संसद में इस पर मतदान हो सकता है।

(E) सर्वोच्च न्यायालय के किसी न्यायाधीश के आचरण के सम्बन्ध में कोई भी चर्चा या वाद-विवाद संसद में उस न्यायाधीश को हटाने के प्रस्ताव को प्रस्तुत करने के बाद ही होगी अर्थात् महाभियोग के समय, अन्यथा नहीं।

(F) सेवानिवृत्त होने के बाद सर्वोच्च न्यायालय का न्यायाधीश किसी भी न्यायालय में या किसी अन्य अधिकारी के समक्ष अभिवचन या कार्य नहीं करेगा। **यह प्रावधान सेवानिवृत्ति के निकट पहुँच चुके न्यायाधीशों को राजकीय प्रलोभन से बचाने हेतु किया गया है। प्रायः यह देखा गया है कि, सेवानिवृत्त न्यायाधीशों को सरकारी पदों पर नियुक्त किया जाता रहा है, जैसे किसी आयोग का अध्यक्ष या राजदूत आदि। मेरी दृष्टि से यह भी एक प्रलोभन है। संवैधानिक प्रावधान यह होना चाहिए कि न्यायाधीशगण सेवानिवृत्त होने के बाद किसी भी प्रकार की राजकीय नियुक्ति नहीं पा सकते। अनुचित दबाव और प्रलोभन से बचाव हेतु यह एक बेहतर कदम होगा। संविधान में जो सेवानिवृत्त न्यायाधीशों को सर्वोच्च न्यायालय के बैठकों में बुलाने की व्यवस्था है (अनु. 128), उस पर भी न्यायाधीशों की स्वतंत्रता एवं निष्पक्षता के परिप्रेक्ष्य में चिंतन की आवश्यकता है। यह अनुच्छेद भी अनुचित प्रलोभन का कारण व आधार बन सकता है।**

(G) संविधान के अनु. 50 में कार्यपालिका और न्यायपालिका के पृथक्करण का प्रावधान न्यायपालिका की स्वतंत्रता बनाए रखने का ही एक प्रयास है।

(H) संसद सर्वोच्च न्यायालय की अधिकारिता को बढ़ा सकती है (जैसे, वह अपील करने वाले वादों की प्रकृति में परिवर्तन कर सकती है, इसकी आपराधिक सीमा का विस्तार कर सकती है, इसे अनु. 32 के प्रयोजनों अर्थात् मूल अधिकारों से भिन्न विषयों में भी निर्देश, आदेश या रिट निकालनें की शक्ति दे सकती है) किन्तु किसी भी दशा में इसकी शक्तियों को कम नहीं किया जा सकता।

उपरोक्त संवैधानिक उपबन्धों के अतिरिक्त अनेक न्यायिक निर्णयों द्वारा भी सर्वोच्च न्यायालय ने अपनी गरिमा व स्वतंत्रता को बनाने का प्रयास किया है।

सुप्रीम कोर्ट एडवोकेट्स ऑन रिकार्ड ऐसोसियशन बनाम भारत संघ[3] के वाद में सर्वोच्च न्यायालय ने यह निर्णय दिया कि उच्च तथा सर्वोच्च न्यायालय के न्यायाधीशों की नियुक्ति तथा उच्च न्यायालय के न्यायाधीशों के स्थानांतरण के मामले में सर्वोच्च न्यायालय के मुख्य न्यायाधीश का निर्णय ही मान्य होगा जो वह अपने वरिष्ठ सहयोगियों से विचार-विमर्श करके देगा, सरकार को केवल त्रुटिपूर्ण नियुक्तियाँ ही रोकने का अधिकार है।

एक अन्य वाद में सर्वोच्च न्यायालय ने कहा कि, सर्वोच्च न्यायालय में मुख्य न्यायाधीश की नियुक्ति केवल वरिष्ठता के आधार पर ही की जा सकती है।

न्यायपालिका की स्वतंत्रता व निष्पक्षता हेतु उपरोक्त प्रावधान आवश्यक हैं किन्तु उपरोक्त वर्णित 'F' पर विशेष ध्यान देना चाहिए। सर्वोच्च न्यायालय ने अपने एक निर्णय में[4] न्यायपालिका की स्वतंत्रता को संविधान का आधारभूत ढाँचा माना है जिसे संसद संशोधित नहीं कर सकती।

संदर्भ

1. (1993) 4 एस. सी. सी. 44।
2. 'अधिकरण' से तात्पर्य उन सभी निकायों या संस्थाओं से है जिनमें न्यायिक शक्तियाँ निहित हैं और जिनके दिए गए निर्णय नागरिकों के अधिकारों को प्रभावित करते हैं किन्तु इसके अंतर्गत वे अधिकरण नहीं आते जो विशुद्ध रूप से प्रशासनिक अर्थात् कार्यपालिका या विधायी काम करते हैं; जैसे-चुनाव आयोग रेलवे अधिकरण, आयकर अधिकरण आदि न्यायिक अधिकरण हैं क्योंकि ये कुछ न्यायिक कार्य संपादित करते हैं।
3. (1993) 4 एस. सी. सी. 441।
4. एस. पी. गुप्ता बनाम भारत संघ और अन्य, ए. आई. आर. 1982, एस. सी. 149।

9

भारत का नियंत्रक-महालेखापरीक्षक

राज्य के आय-व्यय का लेखा-जोखा रखने हेतु संविधान में ही एक महत्वपूर्ण अधिकारी का प्रावधान किया गया है, जिसे नियंत्रक एवं महालेखापरीक्षक कहते हैं जिसका कार्य संघ और राज्य दोनों की वित्तीय प्रणाली का निरीक्षण एवं नियंत्रण करना है।

इसकी नियुक्ति राष्ट्रपति अपने हस्ताक्षर एवं मुद्रा सहित अधिपत्र द्वारा करेगा और उसे पद से केवल उसी रीति से और उन्हीं आधारों पर हटाया जा सकेगा जिस रीति से और जिन आधारों पर सर्वोच्च न्यायालय के न्यायाधीशों को हटाया जाता है, अर्थात् वह 65 वर्ष की आयु तक अपने पद पर बना रहेगा और उसके पूर्व वह जब चाहे, राष्ट्रपति को सम्बोधित अपने हस्ताक्षर द्वारा पदत्याग कर सकता है। उसे 'साबित कदाचार' या 'असमर्थता' के आधार पर संसद उसी प्रकार (उपस्थित एवं मतदान करने वाले सदस्यों के दो-तिहाई बहुमत से) महाभियोग द्वारा पदच्युत कर सकती है जिस प्रकार वह सर्वोच्च न्यायालय के न्यायाधीश को पदमुक्त कर सकती है (अनु. 148(1))।

नियंत्रक एवं महालेखापरीक्षक को पद की शपथ भारत का राष्ट्रपति या उसके द्वारा इस निमित्त नियुक्त कोई व्यक्ति दिलाता है। संसद उसके वेतन, भत्ते एवं सेवा शर्तों का निर्धारण करती है और उस सम्बन्ध में कोई भी अलाभकारी परिवर्तन उसकी नियुक्ति के पश्चात् नहीं किया जाएगा। नियंत्रक एवं महालेखापरीक्षक अपने पद पर न रह जाने के पश्चात् भारत सरकार के या किसी राज्य सरकार के अधीन किसी और पद का पात्र नहीं होगा। नियंत्रक एवं महालेखापरीक्षक कार्यालय के समस्त व्यय (जिसमें उसका वेतन आदि भी शामिल है) भारत की संचित निधि पर भारित होंगे। **ये सभी प्रावधान सर्वोच्च न्यायालय के न्यायाधीश के ही समान हैं, क्योंकि संविधान निर्माता चाहते थे कि नियत्रंक एवं महालेखापरीक्षक सरकारी**

दबाव से पूरी तरह स्वतंत्र व निष्पक्ष रहकर अपना कार्य करें। जहाँ सरकार की आलोचना करनी हो वहाँ आलोचना की जाय तथा जहाँ प्रशंसा करनी हो वहाँ प्रशंसा की जाय।

अनु. 149 के अनुसार, नियंत्रक एवं महालेखापरीक्षक संघ और राज्य दोनों के आय-व्यय का परीक्षण करता है। इस सम्बन्ध में उसके क्या कार्य व शक्तियाँ होंगी, इसका निर्धारण संसद करती है। संसद ने इस सम्बन्ध में 1971 ई. में नियंत्रक-महालेखापरीक्षक (कर्त्तव्य, शक्तियाँ एवं सेवा की शर्तें:) अधिनियम बनाया था, जिसे 1976 ई. में संशोधित किया गया। **सम्प्रति, नियंत्रक एवं महालेखापरीक्षक के कार्यों के विषय में इस अधिनियम में निम्नलिखित प्रावधान किए गए हैं–**

(1) संघ और प्रत्येक राज्य तथा संघ शासित क्षेत्र द्वारा संचित निधि में से किए गए समस्त व्ययों की जाँच करना तथा यह रिपोर्ट देना कि ये सभी व्यय विधि के अनुसार किए गए हैं या नहीं,

(2) संघ और राज्यों की आकस्मिक निधि और लोक लेखाओं में से किए गए समस्त व्ययों के औचित्य-अनौचित्य का परीक्षण करते हुए अपनी रिपोर्ट देना,

(3) संघ और राज्य सरकारों के विभिन्न विभागों द्वारा किए गए सभी व्यापारों या खरीद-फरोख्त में हुए लाभ-हानि का परीक्षण करना,

(4) संघ और प्रत्येक राज्य द्वारा राजस्व के निर्धारण, संग्रहण तथा वितरण की जाँच करना और इस प्रकार हुए आय-व्यय का परीक्षण करना,

(5) संघ और राज्यों के राजस्वों से पर्याप्त रूप से वित्तपोषित सभी निकायों, प्राधिकारियों, सरकारी कंपनियों तथा अन्य निगमों या निकायों की आय-व्यय का लेखा-जोखा तैयार करना,

अनु. 150 के अनुसार, संघ और राज्यों के लेखाओं को ऐसे प्रारुपों में रखा जाएगा जो राष्ट्रपति भारत के नियंत्रक एवं महालेखापरीक्षक की सलाह से निश्चित करें,

अनु. 151(1) के अनुसार भारत का नियंत्रक एवं महालेखापरीक्षक संघ के लेखाओं सम्बन्धी प्रतिवेदनों को राष्ट्रपति के समक्ष प्रस्तुत करेगा, जो उसे संसद के प्रत्येक सदन के पटल पर रखवाएगा। इसी प्रकार वह राज्य से सम्बन्धित लेखाओं के प्रतिवेदनों को उस राज्य के राज्यपाल के समक्ष

प्रस्तुत करेगा, जो उसे राज्य के विधानमंडल (यदि एक सदनीय है तो विधानसभा तथा दो सदनीय है तो विधानसभा और विधानपरिषद, दोनों) में रखवाएगा।

वस्तुतः नियंत्रक एवं महालेखापरीक्षक संघ और राज्यों के खर्चों पर नियंत्रण करके आर्थिक उत्श्रृंखलता या खर्चीली प्रवृत्तियों पर अंकुश लगाने का काम करता है। इस पद को संवैधानिक जिम्मेदारियाँ अत्यंत महत्वपूर्ण हैं। इसे देखते हुए इस पद की ओर भी अधिक स्वतंत्र व निष्पक्ष बनाने तथा इसे अधिक अधिकार देने की आवश्यकता है।

10

इकाई राज्य की कार्यपालिका

संघीय व्यवस्था के लक्षणों से युक्त हमारा संविधान राज्यों के लिए भी संविधान के भीतर ही स्वतंत्र संवैधानिक व्यवस्था का प्रावधान करता है। भारत में इकाई राज्यों के लिए भी संसदीय व्यवस्था ही अपनाई गई है, जिसे इच्छा या आवश्यकतानुसार एकसदनीय या दो सदनीय बनाया जा सकता है। केन्द्र में राष्ट्रपति की भाँति इकाई राज्यों में भी संवैधानिक प्रधान की व्यवस्था है जिसे 'राज्यपाल' के नाम से जाना जाता है।

अनु. 153 के अनुसार, प्रत्येक राज्य का एक राज्यपाल होगा, किन्तु परिस्थितिवश किसी एक राज्य के राज्यपाल को एक या अधिक राज्यों का भी कार्यभार सौंपा जा सकता है। अनु. 154 के अनुसार, राज्य की कार्यपालिका शक्ति राज्यपाल में निहित होगी और वह इसका प्रयोग इस संविधान के अनुसार स्वयं या अपने अधीनस्थ अधिकारियों द्वारा करेगा। **'अधीनस्थ अधिकारियों' का तात्पर्य मंत्रिमंडल के सदस्य तथा प्रशासनिक अधिकारियों के समूह से है।**

राज्यपाल की नियुक्ति (अनु. 155)–

राज्यपाल की नियुक्ति कैसे की जाय, प्रश्न को लेकर संविधान सभा में अनेक मत उभरकर सामने आए। संविधान सभा की प्रान्तीय समिति ने इस सम्बन्ध में सिफारिश की थी कि, राज्यपाल का चुनाव वयस्क मताधिकार के आधार पर प्रत्यक्ष रूप से जनता द्वारा किया जाना चाहिए। परंतु जब प्रारूप समिति ने इस विषय पर विचार किया तो उसके कुछ सदस्यों ने यह कहा कि यादि राज्यपाल तथा मुख्यमंत्री दोनो को ही प्रत्यक्ष रूप से निर्वाचित किया गया तो उन दोनों में इस बात को लेकर विवाद उत्पन्न होने की संभावना है कि कौन जनता का वास्तविक प्रतिनिधि है और इस कारण कौन सर्वोच्च है? इस विवाद के कारण शासन में गतिरोध पैदा होने की संभावना है।[1] यद्यपि गतिरोध पैदा होने की

संभावना को डा. अम्बेडकर ने यह कहकर खारिज कर दिया था कि, मुख्यमंत्री का चुनाव तो नीति के आधार पर होगा लेकिन राज्यपाल का चुनाव 'नीति' के आधार पर संभव नहीं है क्योंकि उसके पास कोई वास्तविक शक्ति नहीं होगी। अम्बेडकर के अनुसार राज्यपाल का चुनाव उसके व्यक्तित्व के आधार पर होगा, इसलिए यदि हम राज्यपाल को चुनाव द्वारा नियुक्त करें तो भी मुख्यमंत्री व राज्यपाल के बीच झगड़े की कोई संभावना नहीं है।[2] राज्यपाल की नियुक्ति के सन्दर्भ में जो दूसरा सुझाव था, उसके अनुसार, राज्यपाल की नियुक्ति राष्ट्रपति द्वारा उन चार नामों में से की जाय जो विधानसभा तथा विधानपरिषद के सदस्यों की संयुक्त बैठक में आनुपातिक प्रतिनिधित्व की एकल संक्रमणीय मत प्रणाली के आधार पर चुने जाय।[3] इस सुझाव पर यह आपत्ति की गयी थी कि यदि राज्य विधानमंडल द्वारा प्रेषित चार नामों में से प्रथम स्थान के नाम पर राष्ट्रपति ने सहमति नहीं दी और दूसरे, तीसरे या चौथे स्थान के नाम पर सहमति दे दी तो क्या राज्य विधानमंडल उसे उतने ही उत्साह के साथ स्वीकार कर पाएगा जिस उत्साह के साथ वह प्रथम स्थान के नाम को स्वीकार कर लेता? इसमें एक भय यह भी था कि, जिन सदस्यों ने मत दिया है यदि उनकी पंसद के उम्मीदवार को राज्यपाल नहीं बनाया गया तो उनकी राज्यपाल में निष्ठा नहीं रह जाएगी क्योंकि राज्यपाल उनकी पसंद का व्यक्ति नहीं है। इससे केन्द्र-राज्य सम्बन्धों में तनाव की आशंका से इनकार नहीं किया जा सकता। इन सारे विवादों से बचने हेतु राष्ट्रपति के सामने यह विवशता हो जाती कि उसे उस व्यक्ति को ही राज्यपाल नियुक्त करना पड़ता जो कि नामिका में सर्वप्रथम स्थान पर हो।[4]

राज्यपालों की नियुक्ति के सम्बन्ध में तृतीय सुझाव यह था कि वे प्रत्यक्ष रूप से राष्ट्रपति द्वारा नियुक्त किए जाने चाहिए जिससे कि राष्ट्रपति योग्य व्यक्तियों को राज्यपाल बना सके।

उपरोक्त तीनों सुझावों पर व्यापक विचार-विमर्श करनें के पश्चात् संविधान सभा के सदस्यों ने यह निर्णय किया कि, राज्यपाल के प्रत्यक्ष और अप्रत्यक्ष निर्वाचन की प्रणालियों के अपने-अपने दोष हैं अतः राष्ट्रपति द्वारा राज्यपाल के मनोनयन की प्रणाली ही उचित है। जब इस बात पर सहमति बन गई कि राष्ट्रपति केन्द्रीय मंत्रिपरिषद के परामर्श पर राज्यपाल को नियुक्त करेंगे, तो उसी समय अल्लादि कृष्णास्वामी अय्यर तथा जवाहर लाल नेहरू दोनों ने यह विचार व्यक्त किया कि, राज्यपाल की नियुक्ति करते समय केंद्रीय सरकार, राज्य सरकार (मुख्यमंत्री) से भी परामर्श करे।[5]

किन्तु राज्य सरकार से परामर्श करने के सुझाव को यह कहकर ठुकरा दिया गया कि, मुख्यमंत्री से परामर्श करने का कोई विशेष महत्व नहीं है, क्योंकि हो सकता है कि कुछ समय पश्चात् वह व्यक्ति मुख्यमंत्री ही नहीं रहे। राज्यपाल का कार्यकाल 5 वर्ष होता है तथा मुख्यमंत्री का कार्यकाल निश्चित नहीं होता। ऐसा करने से (राज्यपाल जो केंन्द्र का प्रतिनिधि होता है तथा जिसका कार्य यह देखना होता है कि राज्य सरकार संविधान के प्रावधानों का पालन कर रही है या नहीं) राज्यपाल के मुख्यमंत्री के प्रति भी निष्ठावान बन जाने की संभावना है क्योंकि उसके नाम की सहमति मुख्यमंत्री ने भी दी है, परिणामस्वरूप राज्यपाल के निष्ठा संदिग्ध हो जाएगी इसी कारण राज्य सरकार से परामर्श के बाद राज्यपाल को नियुक्त करने की पद्धति त्यागकर उसे पूरी तरह राष्ट्रपति और मंत्रिपरिषद के विचार-विमर्श पर आधारित कर दिया गया, ऐसा ही प्रावधान कनाडा में भी है और यह व्यवस्था वहीं से प्रेरित होकर की गयी।[6]

राज्यपालों की नियुक्ति से सम्बन्धित एक सुझाव भारत के भूतपूर्व मुख्य न्यायाधीश के. सुब्बाराव ने दिया है पूना विश्वविद्यालय में बोलते हुए उन्होंने कहा कि, राज्यपालों की नियुक्ति राष्ट्रपति द्वारा मंत्रिपरिषद के परामर्श से नहीं की जानी चाहिए, बल्कि एक उच्चाधिकार प्राप्त समिति की सलाह से की जानी चाहिए। उन्हें उनके पद से तबतक नहीं हटाना चाहिए, जबतक कि, सर्वोच्च न्यायालय उनके दुराचरण की घोषणा न कर दे और जिस किसी भी राज्यपाल को इस प्रकार पद से हटाया जाय उसे केंद्र व राज्य सरकार में कोई भी अन्य पद नहीं दिया जाना चाहिए।[7]

सम्प्रति, संविधान के अनु. 155 के अनुसार, राज्य के राज्यपाल को राष्ट्रपति अपने हस्ताक्षर और मुद्रा सहित अधिपत्र द्वारा नियुक्त करेगा। व्यवहार में राष्ट्रपति राज्यपाल के पद पर नियुक्ति हेतु उस व्यक्ति के नाम पर सहमति दे देता है जिसे मंत्रिमंडल ने राज्यपाल बनाना सुनिश्चित किया है। लेकिन मंत्रिमंडल ने कई बार राज्यपालों के चयन में इस गंभीरता का परिचय नहीं दिया, जैसा कि संविधान निर्माता चाहते थे। अनेक बार देखा गया है कि लोकसभा में चुनाव हारे हुए नेता को या किसी असंतुष्ट नेता को राज्यपाल बनाकर उसे 'खुश' किया जाता है। पूर्व मुख्य न्यायाधीश जे. एस. वर्मा के अनुसार यह पद्वति अमेरिका के 'लूट प्रणाली' (Spoile systeem) की भाँति हो गयी है, जहाँ राष्ट्रपति बनने पर उन व्यक्तियों को महत्वपूर्ण राजनीतिक पद दे दिया जाता है जो राष्ट्रपति का चुनाव जीतने में उसकी मदद कर चुके होते हैं।[1] वस्तुतः राज्यपाल उस व्यक्ति को

बनाना चाहिए, जो अब 'सक्रिय राजनीति' या 'नौकरशाही' से काफी दूर हो चुका है लेकिन अभी भी अत्यंत सम्मान प्राप्त है।

पदावधि (अनु. 156)–

कोई व्यक्ति जब राज्यपाल के रूप में नियुक्त किया जाता है तो पद ग्रहण की तिथि से उसका कार्यकाल 5 वर्ष तक होता है। राज्यपाल, राष्ट्रपति के प्रसादपर्यन्त (विश्वासपर्यन्त) पद धारण करता है। राष्ट्रपति का विश्वास खोने पर उसे 5 वर्ष के पूर्व भी पद से हटाया जा सकता है। राज्यपाल, राष्ट्रपति को अपने हस्ताक्षर सहित लेख द्वारा त्यागपत्र दे सकता है। परंतु राज्यपाल अपना 5 वर्ष का कार्यकाल समाप्त हो जाने के बाद भी तबतक पद धारण करता रहेगा, जब तक कि उसका उत्तराधिकारी पद ग्रहण न कर ले। ऐसी व्यवस्था इसलिए की गयी है कि मनोनीत राज्यपाल को पद सँभालने के लिए कुछ समय मिल सके। लेकिन इसकी आड़ में यदि केंद्र सरकार अपने किसी 'प्रिय राज्यपाल' का कार्यकाल पूरा हो जाने के बाद भी उसके उत्तराधिकारी की घोषणा न करे, तो यह संविधान के प्रति अन्याय होगा।

संविधान ने राज्यपाल का कार्यकाल 5 वर्ष निर्धारित किया है। कभी-कभी राज्यपालों का एक राज्य से दूसरे राज्य में स्थानान्तरण कर दिया जाता है। और यह स्थानांतरण करते समय उनके द्वारा किसी एक राज्य में बितायी गयी समय सीमा को उनके 5 वर्ष के कार्यकाल में जोड़ दिया जाता है, जैसे किसी राज्यपाल नें उत्तर प्रदेश में ढाई वर्ष का कार्यकाल पूरा किया तथा शेष ढ़ाई वर्ष हेतु उसे किसी अन्य राज्य में राज्यपाल बनाकर भेज दिया गया और इस प्रकार दोनों राज्यों में उसके कार्यकाल को मिलाकर 5 वर्ष की पदावधि पूरी मान की गयी, इस प्रकार के अनेक वास्तविक उदाहरण उपलब्ध हैं। संवैधानिक दृष्टि से राज्यपाल का स्थानांतरण उचित नहीं है क्योंकि वह सरकारी कर्मचारी नहीं है। साथ ही अनु. 159 के अन्तर्गत उसे राज्य का मुख्य न्यायाधीश उस राज्य के राज्यपाल पद की शपथ दिलाता है, जिसके अनुसार वह राज्य की जनता की सेवा करने की प्रतिज्ञा करता है। यह शपथ राज्यपाल अपने 5 वर्ष के कार्यकाल में केवल एक ही बार ले सकता है। जब भी उसका स्थानांतरण किया जाता है तो उसे दुबारा शपथ दिलाई जाती है जिसका सीधा अर्थ है कि उसका यह नया कार्यकाल होगा तथा पदावधि 5 वर्ष होगी। लेकिन केंद्रीय सरकार यह अर्थ ग्रहण नहीं करती। वह उसके पिछले कार्यकाल को जोड़कर 5 वर्ष का निर्धारण करती है जो उचित नहीं है क्योंकि संविधान में उच्च न्यायालय के न्यायाधीशों के समान राज्यपालों के स्थानांतरण की व्यवस्था नहीं है।

योग्यता (अनु. 157)

कोई भी व्यक्ति राज्यपाल नियुक्त होने के लिए तभी योग्य माना जाएगा जब वह

(1) भारत का नागरिक हो, तथा

(2) उसने 35 वर्ष की आयु पूर्ण कर ली हो।

पद की शर्तें (अनु. 158)

पद के लिए योग्यता तथा पद की शर्तें दोनों पूरी होने पर ही कोई व्यक्ति राज्यपाल नियुक्त होगा। पद के लिए योग्यता पद ग्रहण करने के पूर्व ही पूरी कर ली जानी चाहिए, जबकि पद की शर्तें पद ग्रहण के बाद पूरी करनी होती हैं। राज्यपाल के पद हेतु निम्नलिखित शर्तें हैं

(1) राज्यपाल संसद के किसी भी सदन का या किसी राज्य के विधानमंडल के किसी भी सदन का सदस्य नहीं होगा और यदि कोई ऐसा सदस्य राज्यपाल नियुक्त हो जाता है तो यह समझा जाएगा कि उसनें उस सदन में अपना स्थान राज्यपाल के रूप में पद ग्रहण करने की तिथि से रिक्त कर दिया है। इस संदर्भ में उसे पद ग्रहण के बाद औपचारिक रूप से त्यागपत्र देने की कोई आवश्यकता नहीं है,

(2) राज्यपाल कोई अन्य लाभ का पद धारण नहीं करेगा,

(3) राज्यपाल बिना किराया दिए, अपने शासकीय निवासों के उपयोग का हकदार होगा और ऐसी उपलब्धियाँ, भत्तों और विशेषाधिकारों का भी हकदार होगा जो संसद विधि द्वारा सुनिश्चित करे या जो दूसरी अनुसूची में वर्णित हो। सम्प्रति, राज्यपाल को 110000 रू. प्रतिमाह वेतन मिलता है,

(3क) जहाँ किसी एक ही व्यक्ति को दो या दो से अधिक राज्यों का राज्यपाल नियुक्त किया जाता है, वहाँ उस राज्यपाल को संदेय उपलब्धियाँ एवं भत्ते उन राज्यों के बीच ऐसे अनुपात में बाँटे जाएंगे जो राष्ट्रपति अपने आदेश द्वारा निर्धारित करे,

(4) राज्यपाल पद पर बैठे व्यक्ति की उपलब्धियाँ और भत्ते उसकी पदावधि के दौरान कम नहीं किए जाएँगे,

यदि पद की शर्तों को ध्यान से देखा जाय तो स्पष्ट होगा कि उपरोक्त (1) और (2) शर्तें उस व्यक्ति को पूरी करनी है जिसे राज्यपाल नियुक्त किया गया है और शेष (3) तथा (4) ऐसी शर्तें हैं जिसे राज्य को पूरा करना है।

शपथ (अनु. 159):

राज्यपाल के रूप में नियुक्त व्यक्ति तथा ऐसा प्रत्येक व्यक्ति, जिसे राज्यपाल के कृत्यों का निर्वहन करना है, अपना पद ग्रहण करने के पूर्व उस राज्य के उच्च न्यायालय के मुख्य न्यायाधीश या उसकी अनुपस्थिति में उस न्यायालय के वरिष्ठतम न्यायाधीश के समक्ष शपथ लेगा तथा शपथपत्र पर हस्ताक्षर करेगा।

कोई भी राज्यपाल **शपथ लेते समय या तो ईश्वर के नाम की सौगन्ध खा सकता है या सत्यभाव से प्रतिज्ञा कर सकता है। सत्यभाव से प्रतिज्ञा करने की व्यवस्था उनके लिए की गई है जो ईश्वर में विश्वास नहीं करते। लोकतंत्र में किसी भी व्यक्ति को उसकी इच्छा के विरुद्ध ईश्वर के नाम की शपथ हेतु विवश नहीं किया जाना चाहिए, जब तक कि वह स्वयं तैयान न हो। इंग्लैण्ड में ऐसे व्यक्तियों को शपथ लेने के स्थान पर सत्यभाव प्रतिज्ञा करने के अधिकार की प्राप्ति के लिए एक लम्बा संघर्ष करना पड़ा था। यह संघर्ष करने वालों में चार्ल्स ब्राडले प्रमुख थे। अंत में इंग्लैण्ड में उन व्यक्तियों को शपथ लेने के स्थान पर प्रतिज्ञा करने का अधिकार दे दिया गया जो निरीश्वरवादी थे या जिनका ईश्वर में विश्वास नहीं था या जो यह मानते थे कि ईश्वर की शपथ लेना उनके धर्म के विरुद्ध है। भारत में स्वतंत्रता के पहले भारतवासी शपथ लेने की बजाय सत्यभाव से ही प्रतिज्ञा करते थे किन्तु अब वे ईश्वर की शपथ लेने और सत्यभाव से प्रतिज्ञा (Solemnly affirm) करने, दोनो के लिए स्वतंत्र हो गए है।**[8]

विशेषाधिकार

संविधान के अनु. 361 के अनुसार, राज्यपाल को कुछ विशेषाधिकार भी दिए गए हैं, जैसे उसके विरूद्ध न्यायालय में फौजदारी की कार्यवाही आरंभ नहीं की जा सकती और न ही उसकी गिरफ्तारी के वांरट जारी किए जा सकते हैं। उसे संविधान द्वारा जो अधिकार दिए गए हैं उनके प्रयोग के लिए उसके विरूद्ध व्यक्तिगत रूप से कोई कार्यवाही नहीं की जा सकती। यदि कोई व्यक्ति राज्यपाल के पद पर है तो उसके विरुद्ध दीवानी कार्यवाही उस समय तक नहीं की जा सकती जब तक लिखित रूप से दो माह पूर्व नोटिस न दे दी जाय।

राज्यपाल की शक्तियाँ

राज्यपाल की शक्तियों को निम्नलिखित शीर्षक दिया जा सकता है–

(1) कार्यपालिका शक्तियाँ,

(2) व्यवस्थापिका/विधायी शक्तियाँ,

(3) न्यायिक शक्तियाँ,

कार्यपालिका शक्तियाँ–

अनु. 154 के अनुसार राज्य की कार्यपालिका शक्ति राज्यपाल में निहित होगी और वह इसका प्रयोग इस संविधान के अनुसार स्वयं या अधीनस्थ अधिकारियों के द्वारा करेगा। इसी बात का समर्थन अनु. 166 भी करता है जिसमें कहा गया है कि, किसी राज्य सरकार की समस्त कार्यपालिका कार्यवाही राज्यपाल के नाम से की हुई कही जाएगी। राज्यपाल राज्य की कार्यपालिका का प्रधान है, इसीलिए अनु. 167 में प्रावधान है कि प्रत्येक राज्य के मुख्यमंत्री का यह कर्त्तव्य होगा कि वह राज्य के कार्यों के प्रशासन सम्बन्धी और विधि-निर्माण से जुड़े हुए मंत्रिमंडल के सभी प्रस्तावों की जानकारी राज्यपाल को दे।

अनु. 154 में आए 'अधीनस्थ अधिकारियों' पद का तात्पर्य मंत्रिपरिषद से है और अनु. 163 में इसे स्पष्ट कर दिया गया है कि, जिन बातों में संविधान द्वारा या इसके अधीन राज्यपाल से यह अपेक्षित है कि वह अपने कृत्यों या उनमें से किसी को अपने विवेकानुसार करे, उन बातों को छोड़कर राज्यपाल को अपने कृत्यों का प्रयोग करने में सहायता व सलाह देने के लिए एक मंत्रिपरिषद होगी, जिसका प्रधान मुख्यमंत्री होगा। **राज्यपाल द्वारा जब भी कभी अपने 'विवेक' द्वारा निर्णय किया जाएगा तो वह निर्णय अंतिम होगा।** यह प्रश्न उठाया ही नहीं जा सकता कि राज्यपाल को अपने विवेक के अनुसार काम करना चाहिए था या नहीं। राज्यपाल जब मंत्रिमंडल की सलाह से काम करेगा, तब भी यह प्रश्न न्यायालय में नहीं उठाया जाएगा कि राज्यपाल को मंत्रियों ने क्या कोई सलाह दी है और दी है तो क्या दी है (अनु. 163)।

राज्यपाल की कार्यपालिका शक्तियों के अंतर्गत नियुक्तियाँ करने का अधिकार समाहित है। अनु. 164(1) के अनुसार, मुख्यमंत्री की नियुक्ति राज्यपाल करेगा और अन्य मंत्रियों की नियुक्ति मुख्यमंत्री की सलाह पर राज्यपाल करेगा तथा मंत्री राज्यपाल के प्रसादपर्यन्त पद पर बने रहेंगे। परंतु मध्यप्रदेश, उड़ीसा, छत्तीसगढ़ तथा झारखंड में अनुसूचित जनजातियों के

कल्याण के लिए एक मंत्री अवश्य रखा जाएगा, जो अनुसूचित जनजातियों के साथ-साथ अनुसूचित जातियों एवं पिछड़े वर्गों के कल्याण का या किसी अन्य कार्य का भी भारसाधक होगा। **(1.5 वे संविधान संशोधन द्वारा संशोधित)** तात्पर्य यह है कि यह मंत्री अपने उपरोक्त मूल विभाग के साथ-साथ अन्य विभाग भी संभाल सकता है।

(91 वें संविधान संशोधन, 2003 द्वारा अनु. 164 में खंड (1) के बाद निम्नलिखित खंड/प्रावधान जोड़े गए हैं-

(1.क) किसी भी राज्य के मंत्रीपरिषद में मुख्यमंत्री सहित मंत्रियों की कुल संख्या उस राज्य के विधानसभा के कुल सदस्यों की संख्या के पन्द्रह प्रतिशत से अधिक नहीं होगी,

परंतु किसी भी राज्य में मुख्यमंत्री सहित मंत्रियों की कुल संख्या 12 से कम नहीं होगी।

(1.ख) किसी राज्य के विधानसभा का या विधानपरिषद का कोई भी सदस्य, जो किसी राजनीतिक दल से सम्बद्ध है, जो 10वीं अनुसूची के पैरा 2 के अधीन उस सदन का सदस्य होने के लिए अयोग्य है, उस अवधि के दौरान जो उसकी निरर्हता (अयोग्यता) की तिथि से प्रारंभ होकर उस तिथि तक होगा जिस तिथि पर उसका ऐसे सदस्य के रूप में पदावधि समाप्त होगी या उस तिथि तक होगा जिस तिथि पर उसे निर्वाचित घोषित किया जाता है, जहाँ वह ऐसी अवधि के समाप्त होने के पूर्व किसी राज्य के विधान सभा का या विधान परिषद वाले किसी राज्य की विधायिका के किसी भी सदन का चुनाव लड़ता है, जो भी पहले हो, मंत्री के रूप में नियुक्त किए जाने के अयोग्य होगा।

अनु. 164(4) के अनुसार, कोई मंत्री, जो निरंतर 6 माह तक राज्य विधानमंडल के किसी सदन का सदस्य नहीं है, 6 माह की अवधि की समाप्ति पर वह मंत्री नहीं रहेगा। इससे स्पष्ट है कि, राज्यपाल किसी ऐसे व्यक्ति को मंत्री या मुख्यमंत्री बना सकता है जो तत्समय विधानमंडल के किसी सदन का सदस्य न हो, किन्तु ऐसे व्यक्ति को अनिवार्यत: 6 माह के भीतर विधानमंडल के किसी-न-किसी सदन की सदस्यता ग्रहण कर लेनी होगी **उस व्यक्ति को जो 6 माह तक विधानमंडल का सदस्य बने बिना मंत्री रह चुका है या मुख्यमंत्री रह चुका है, यदि एक बार पद से त्यागपत्र देने के तुरंत बाद या कुछ समय बाद, पुनः दूसरी बार विधानमंडल का सदस्य बने बिना**

मंत्री या मुख्यमंत्री बनाया गया तो यह संविधान का उल्लंघन होगा। क्योंकि इसका यह अर्थ होगा कि, वह व्यक्ति प्रत्येक 6 माह के बाद कुछ दिनों तक अपने पद से त्यागपत्र देकर, पुनः विधानमंडल का सदस्य बने बिना मंत्री या मुख्यमंत्री बनता रहेगा। अतः यह परम्परा स्थापित की जानी चाहिए कि कोई व्यक्ति यदि 6 माह तक विधानमंडल का सदस्य बने बिना, मंत्री रह जाय तो उसे उस समय तक दुबारा मंत्री तब तक नहीं बनाया जाना चाहिए, जब तक कि वह विधानमंडल के किसी भी सदन का सदस्य नहीं बन जाय।

संविधान इस बात पर मौन है कि, क्या कोई मनोनीत सदस्य मुख्यमंत्री बन सकता है? मुख्यमंत्री की नियुक्ति के सम्बन्ध में ऐसे भी उदाहरण हैं जबकि राज्यपाल नें बिना किसी की सिफारिश के, एक व्यक्ति को विधान परिषद का सदस्य मनोनीत किया तथा फिर उसे मुख्यमंत्री बना दिया। जैसे, मद्रास में 1952 ई. में श्री प्रकाश नें, जो उस समय वहाँ के राज्यपाल थे, चक्रवर्ती राजगोपालचारी को पहले तो बिना किसी की सिफारिश के विधानपरिषद का सदस्य मनोनीत किया तथा फिर उन्हें मुख्यमंत्री बना दिया। उत्तर प्रदेश में चंद्रभान गुप्ता ने मुख्यमंत्री रहते हुए, स्वयं को विधानपरिषद का सदस्य मनोनीत कराया था। यद्यपि इस सम्बन्ध में कोई संवैधानिक प्रावधान नहीं है किन्तु प्रयास **करना चाहिए कि जो लोग राज्य के दूसरे सर्वोच्च संवैधानिक पद 'मुख्यमंत्री' को ग्रहण करे, वे विधानमंडल के किसी भी सदन के निर्वाचित सदस्य बन जाय। यदि ऐसा नहीं किया गया तो मनोनयन की संवैधानिक व्यवस्था, जिन कारणों से की गयी है, वह मजाक बनकर रह जाएगी, लोग उसका 'लाभ' उठाकर निर्वाचन से बचने का प्रयास करने लगेंगे।**

इलाहाबाद उच्च न्यायालय ने मनोनीत सदस्यों के मंत्री बनाए जाने सम्बन्धी एक याचिका की सुनवाई करते हुए निर्णय दिया था कि, "इन प्रावधानों का जो उद्देश्य है उसे मालूम करना कठिन नहीं है। प्रत्येक राज्य में ऐसे अनेक व्यक्ति हैं जिन्होंने विभिन्न क्षेत्रों में सफलता के उच्चतम शिखर को स्पर्श किया है। ऐसे व्यक्तियों के मूल्यवान अनुभव का विधानमंडल में लाभ उठाया जा सकता है लेकिन समय की कमी तथा राजनीति में रुचि न होने कारण वे चुनाव नहीं लड़ना चाहते। यह सार्वजनिक हित में नहीं है कि उनकी शक्ति राजनीतिक चुनावों में नष्ट कर दी जाय। उदाहरणतया, राष्ट्रपति किसी प्रसिद्ध

वैज्ञानिक को व्यवस्थापिका का सदस्य मनोनीत कर सकता है ताकि अणुशक्ति के उत्पादन से सम्बंधित कानून बनाने के पूर्व उसकी जानकारी का लाभ उठाया जा सके। अनेक ऐसे क्षेत्र हैं जिनमें निपुण व्यक्तियों को सार्वजनिक हित की पूर्ति के लिए बिना चुनाव लड़े विधानमंडल का सदस्य बनाया जाना चाहिए इसी उद्देश्य से मनोनयन की यह प्रणाली है। इसका उद्देश्य यह नहीं है कि एक पराजित मंत्री को मनोनयन के चोरदरवाजे से विधानमंडल का सदस्य बनाया जाय या बहुमत या सत्तारूढ़ दल इसका प्रयोग विधानमंडल में अपने समर्थकों की संख्या बढ़ाने के लिए करे। लेकिन आगे चलकर माननीय न्यायाधीशों ने यह भी कहा कि यदि सत्तारूढ़ दल ऐसा करता है और राज्यपाल ऐसा करने हेतु तैयार है तो वह अनुचित होते हुए भी अवैध नहीं होगा और न्यायालय उसमें कोई हस्तक्षेप नहीं कर सकते।[2] **लेकिन लोकतंत्र नैतिकता से ही संचालित हो तो बेहतर होगा और कोई बात भले ही अवैध न हो, यदि अनुचित है तो अनैतिक भी होगी, अतः इस प्रकार से मनोनीत सदस्य को मंत्री बनाना लोकतंत्र तथा संसदीय राजनीतिक संस्कृति के निर्माण की दृष्टि से उचित नहीं होगा।**

राज्यपाल राज्य के महाधिवक्ता को नियुक्त करता है जो राज्य सरकार को विधिक महत्व के मामलों में परामर्श देता है। महाधिवक्ता, राज्यपाल के प्रसादपर्यन्त पद धारण करता है और ऐसा पारिश्रमिक प्राप्त करता है जो राज्यपाल द्वारा निर्धारित किया जाय।

राज्यपाल राज्य लोक सेवा आयोग के अध्यक्ष तथा सदस्यों को नियुक्त करता है लेकिन आयोग के किसी भी सदस्य या अध्यक्ष को पद से हटाने का अधिकार राज्यपाल को नहीं है। इन्हें कतिपय अयोग्यताओं से ग्रस्त होने पर उच्चतम न्यायालय के प्रतिवेदन पर राष्ट्रपति द्वारा ही हटाया जा सकेगा, अन्यथा नहीं, (अनु. 317)।

यदि राज्यपाल का यह समाधान हो जाता है कि राज्य की विधानसभा में आंग्ल-भारतीय समुदाय का प्रतिनिधित्व पर्याप्त नहीं है और प्रतिनिधित्व की उन्हें आवश्यकता है तो वह उस विधानसभा में एक आंग्लभारतीय को सदस्य के रूप में मनोनीत कर सकता है (अनु. 333)।

जिन राज्यों में द्विसदनीय विधानमंडल है वहाँ के राज्यपाल को विधानमंडल के उच्च या द्वितीय सदन में कुछ विशेष वर्ग के व्यक्तियों को मनोनीत करने की शक्ति होती है। अनु. 171(5) के अनुसार राज्यपाल द्वारा निम्नलिखित क्षेत्रों

में विशेष ज्ञान या व्यावहारिक अनुभव रखने वाले व्यक्ति विधानपरिषद में मनोनीत किए जा सकते हैं

साहित्य, विज्ञान, कला, समाजसेवा, तथा सहकारिता आंदोलन।

उपरोक्त के अतिरिक्त भी राज्यपाल अन्य अनेक नियुक्तियाँ करता है जैसे, राज्य महिला आयोग के अध्यक्ष एवं सदस्य, राज्य सूचना आयोग के अध्यक्ष एवं सदस्य, राज्य अल्पसंख्यक आयोग के अध्यक्ष व सदस्य। इसके अतिरिक्त विभिन्न निगमों तथा बोर्डों के अध्यक्ष तथा सदस्य भी राज्यपाल द्वारा ही नियुक्त किए जाते हैं। राज्यपाल द्वारा की जाने वाली सम्पूर्ण नियुक्तियाँ मंत्रिपरिषद की सलाह पर ही की जाती हैं।

(2) विधायी शक्तियाँ

राज्यपाल विधानमंडल का एक आवश्यक अंग होता है। अनु. 168 के अनुसार, प्रत्येक राज्य के लिए एक विधानमंडल होगा जो राज्यपाल तथा विधानसभा और यदि उस राज्य में विधानपरिषद अस्तित्व में है तो विधानपरिषद से मिलकर बनेगा। विधानमंडल का अंग होने के कारण राज्यपाल को समय-समय पर विधानमंडल के सदन या सदनों का सत्र आहूत करनें का अधिकार होता है किन्तु उसके एक सत्र की अंतिम बैठक तथा दूसरे सत्र की प्रथम बैठक के बीच 6 माह का अंतराल नहीं हो सकता (अनु. 174(1))। अनु. 174(2) के अनुसार, राज्यपाल समय-समय पर विधानमंडल के एक सदन का या दोनों सदनों का (यदि उस राज्य में द्विसदनीय विधानमंडल है) सत्रावसान कर सकेगा। राज्यपाल को यह अधिकार है कि विधानसभा को विघटित कर दे (अनु. 174(3))।

अनु. 175(1) के अनुसार राज्यपाल को यह अधिकार है कि वह विधानसभा में या विधानपरिषद में या दोनों सदनों में समवेत (एक साथ) अभिभाषण कर सकता है। अनु. 175(2) के अनुसार राज्यपाल राज्य के विधानमंडल में उस समय लंबित किसी विधेयक के सम्बन्ध में संदेश या कोई अन्य संदेश उस राज्य के विधानमंडल के किसी भी सदन में भेज सकेगा और वह सदन शीघ्र ही इस संदेश पर विचार करेगा।

अनु. 176 के अनुसार, राज्यपाल विधानसभा के प्रत्येक साधारण निर्वाचन के पश्चात् प्रथम सत्र के आरंभ में और प्रत्येक वर्ष के प्रथम सत्र के आरंभ में विधानसभा में तथा विधानपरिषद वाले राज्य की दशा में, दोनों सदनों में

समवेत अभिभाषण करेगा और विधानमंडल को उसका सत्र बुलाने का कारण बताएगा।

अनु. 202 के अनुसार, राज्यपाल, प्रत्येक वित्तीय वर्ष के सम्बन्ध में राज्य विधानमंडल के सदन या सदनों के समक्ष उस राज्य की उस वर्ष के लिए प्राक्कलित प्राप्तियों तथा व्यय (अर्थात् आय-व्यय) का विवरण रखवाएगा, जिसे 'वार्षिक वित्तीय विवरण' (अर्थात् बजट) कहा जाता है। कोई भी ऐसा विधेयक जो 'धन विधेयक' है अथवा अनुदान की माँगों से सम्बन्धित है, राज्यपाल की पूर्व अनुमति से ही विधानमंडल में प्रस्तुत किया जा सकता है (अनु. 207)।

अनु. 192 के अनुसार, यदि किसी विधानमंडल सदस्य की सदस्यता को इस आधार पर चुनौती दी जाती है कि वह अनु. 191(1) के अधीन सदस्य नहीं रह सकता, तो इस बात का निर्णय राज्यपाल करेगा और उसका निर्णय अंतिम होगा। परंतु वह अपना निर्णय करने के पूर्व निर्वाचन आयोग से परामर्श करेगा और परामर्श के अनुसार निर्णय करेगा। इस संदर्भ में वह मंत्रिपरिषद की सलाह के अधीन नहीं है।

अनु. 187 (3) के अनुसार, जब तक विधानमंडल द्वारा अपने सचिवालय के कर्मचारियों से सम्बंधित कानून नहीं बनाया जाता राज्यपाल विधानसभा के अध्यक्ष तथा विधानपरिषद के सभापति से मंत्रणा करने के बाद उनकी भर्त्ती, तथा सेवा की शर्तों के सम्बन्ध में नियम बना सकता है। इस संदर्भ में भी वह मंत्रिपरिषद के परामर्श से कार्य करने हेतु बाध्य नहीं है।

(3) न्यायिक शक्तियाँ

राज्यपाल की न्यायिक शक्तियों का वर्णन अनु. 161 में किया गया है। अनु. 161 के अनुसार किसी राज्य के राज्यपाल को उस विषय सम्बन्धी, जिस विषय पर उस राज्य की कार्यपालिका शक्ति का विस्तार है, किसी विधि के विरूद्ध किए गए किसी अपराध के लिए दोषी ठहराए गए किसी व्यक्ति के दंड को क्षमा, दंड को स्थगित करने, दंड को विराम देने, (अर्थात् किसी तथ्य विशेष के कारण या परिस्थिति विशेष को देखते हुए दंड को रोकना, जैसे किसी स्त्री के मृत्युदंड को उसके गर्भवती होने के कारण रोकना), दंड का परिहार करने (इसमें दंड की प्रकृति में परिवर्तन किए बिना ही उसको कम कर देना, जैसे कारावास की 5 वर्ष की सजा को घटाकर 2 वर्ष कर देना) की शक्ति है। उसे दंडादेश के निलंबन, परिहार तथा लघुकरण की शक्ति प्राप्त है।

अनु. 233 के अधीन राज्यपाल उच्च न्यायालय से सलाह करके जिला न्यायाधीशों की नियुक्ति करता है। ऐसी नियुक्तियाँ करने तथा तत्सम्बन्धी नियम बनाने के पूर्व वह राज्य लोक सेवा आयोग तथा उच्च न्यायालय से मंत्रणा करेगा। इस सम्बन्ध में भी वह मंत्रिपरिषद की सलाह के अधीन नहीं है।

उपरोक्त के अतिरिक्त राज्यपाल को कुछ अन्य शक्तियाँ भी प्राप्त हैं:

(A) आपातकाल (अनु. 356) से सम्बन्धित शक्ति

राज्यपाल को यह शक्ति है कि वह इस आशय का प्रतिवेदन राष्ट्रपति को उस समय भेजे, जब उसे यह विश्वास हो जाय कि ऐसी स्थिति उत्पन्न हो गयी है कि राज्य का शासन इस संविधान के उपबंधों के अनुसार नहीं चलाया जा सकता। ऐसा प्रतिवेदन मिलने पर केन्द्र द्वारा उस राज्य में 'राष्ट्रपति शासन' की उद्घोषणा की जा सकती है। इस संदर्भ में राज्यपाल अपने 'विवेक' से निर्णय लेगा, क्योंकि मंत्रिमंडल की राय से 'राष्ट्रपति शासन' लगाने का प्रतिवेदन तैयार नहीं किया जा सकता है।

(B) अध्यादेश प्राख्यापित करने का अधिकार (अनु. 213)

अनु. 213(1) के अनुसार, उस समय को छोड़कर जब किसी राज्य की विधानसभा सत्र में है या विधानपरिषद वाले राज्य में विधानमंडल के दोनों सदन सत्र में हैं, यदि किसी समय राज्यपाल को यह विश्वास हो जाता है कि ऐसी परिस्थितियाँ विद्यमान हैं जिनके कारण तुरंत विधायी कार्रवाई करना उसके लिए आवश्यक हो गया है तो वह ऐसे अध्यादेश जारी कर सकेगा जो उसे उन परिस्थितियों में अपेक्षित प्रतीत हों। अध्यादेश का प्रभाव वही होता है जो विधानमंडल द्वारा बनाए गए कानूनों का होता है। अध्यादेश की भी वही सीमाएं होती हैं जो विधानमंडल के कानूनों पर लागू होती है जैसे यदि कोई विधेयक विधानमंडल में तबतक प्रस्तुत नहीं किया जा सकता जबतक कि राष्ट्रपति की पूर्व अनुमति न ली गयी हो तो अध्यादेश द्वारा भी इस विषय पर कानून बनाने के पूर्व राष्ट्रपति की अनुमति आवश्यक होगी।

राज्यपाल का विवेकाधिकार–क्षेत्र एवं सीमाएं

भारत में राज्यपालों को मिली हुई शक्तियाँ तथा उनके नियुक्ति की प्रक्रिया कनाडा एवं आस्ट्रेलिया के ही समान है। राज्यपाल के विवेकाधीन शक्तियों के सम्बन्ध में अनु. 163 स्पष्टतः कहता है कि, जिन बातों में संविधान द्वारा

राज्यपाल से यह अपेक्षित है कि वह अपने विवेक के अनुसार कार्य करे, उस सम्बन्ध में उसका निर्णय अंतिम होगा। प्रश्न उठता है कि राज्यपाल किस स्थिति में या किन विषयों के सम्बन्ध में अपने विवेक का प्रयोग करेगा, यह स्थितियाँ निम्नलिखित हैं–

(1) मुख्यमंत्री की नियुक्ति

अनु. 164(1) के अनुसार, राज्यपाल को यह महत्वपूर्ण शक्ति प्राप्त है कि, वह मुख्यमंत्री की नियुक्ति करे। आम चुनावों के बाद जब किसी एक दल को स्पष्ट बहुमत मिल जाय तो राज्यपाल को उस दल के नेता को मुख्यमंत्री बनाने में कोई कठिनाई नहीं होती। लेकिन यदि चुनावों में किसी भी दल को स्पष्ट बहुमत नहीं मिलता है तो मुख्यमंत्री किसे बनाया जाय, यह प्रश्न उठ खड़ा होता है। अब यहाँ राज्यपाल के विवेक पर निर्भर है कि किस दल के दावे पर विश्वास करता है और उसे सरकार बनाने का निमंत्रण देता है। स्वतंत्रता के बाद यह परंपरा भी स्थापित हुई कि चुनावों में यदि किसी दल को स्पष्ट बहुमत नहीं मिलता है तो राज्यपाल चुनाव में सबसे अधिक स्थान प्राप्त किए दल को सरकार बनाने का आमंत्रण दे, लेकिन यह परंपरा स्थायी नहीं हो पायी। बाद में राज्यपालों ने 'विवेक' का तर्क देकर सबसे बड़े दल के नेता को सरकार बनाने का निमंत्रण देने से इसलिए इनकार कर दिया कि, वह 'स्थायी सरकार' नहीं दे सकता। चुनावों में स्पष्ट बहुमत नहीं मिलने की दशा में राज्यपालों ने प्रायः केन्द्र सरकार की इच्छा को महत्व दिया है।

(2) बहुमत सिद्ध करने हेतु समय-सीमा का निर्धारण

जब चुनावों के बाद राज्यपाल किसी एक दल के नेता को मुख्यमंत्री बनने हेतु आमंत्रित करता है तो उसे एक निश्चित समय के भीतर विधानसभा में अपना बहुमत सिद्ध करना पड़ता है। बहुमत कितनें दिनों के भीतर सिद्ध कर दिया जाना चाहिए, इस समय-सीमा का संविधान में वर्णन नहीं है। अतः यह राज्यपाल के विवेक पर निर्भर है कि वह मुख्यमंत्री को कितना समय देता है। **प्रायः देखा गया है कि राज्यपालों नें अपनी पसंद की सरकार बनाने हेतु ऐसे व्यक्ति को मुख्यमंत्री बनाया जिसका सदन में बहुमत संदिग्ध हो और बहुमत सिद्ध करने हेतु कभी 30 दिन तो कभी 45 दिन तक का समय दिया और कभी राज्यपाल ने इस समय सीमा को 10 दिन तक ही सीमित कर दिया। एक लंबी समय सीमा की अवधि में बहुमत को सिद्ध करने का तरीका राजनीतिक सौदेबाजी को प्रश्रय देता है।**

(3) सत्र आहूत करना

राज्यपाल समय-समय पर विधानमंडल का सत्र आहूत करता है। वर्ष में कम-से-कम दो सत्र अवश्य आहूत होने चाहिए क्योंकि एक सत्र की अंतिम बैठक तथा दूसरे सत्र की प्रथम बैठक के बीच 6 माह का समयान्तराल नहीं होना चाहिए। सामान्यत: 3 सत्र वर्ष में आयोजित होते हैं। राज्यपाल को यदि कभी ऐसा लगे कि सरकार अल्पमत में आ गई है तो वह उसे कभी भी सदन का सत्र बुलाकर, सदन में बहुमत सिद्ध करने का आदेश दे सकता है। यदि ऐसी स्थिति में मुख्यमंत्री अचानक आहूत किए गए सदन की बैठक में बहुमत सिद्ध करनें मे आनाकानी करे तो राज्यपाल का यह निर्णय उचित होगा कि मुख्यमंत्री ने बहुमत खो दिया है तथा फिर नयी राजनीतिक संभावना का पता लगाना उसके 'विवेक' पर निर्भर होगा। 1967 ई. में प. बंगाल के मुख्यमंत्री अजय मुखर्जी को इसलिए बरखास्त कर दिया गया कि, वह राज्यपाल द्वारा निश्चित की गयी अवधि के भीतर विधानसभा में अपना बहुमत सिद्ध करने को तैयार नहीं थे। लेकिन 1970 ई. में उ. प्र. के मुख्यमंत्री चौधरी चरण सिंह को अपना बहुमत सिद्ध करने का अवसर दिए बिना ही बरखास्त कर दिया गया, जबकि वह 24 घंटे के भीतर बहुमत सिद्ध करने को तैयार थे।

(4) विधानसभा का विघटन करना

किसी सरकार नें, जिसने अपना 5 वर्ष का कार्यकाल पूरा नहीं किया है, यदि वह 5 वर्ष के पूर्व अल्पमत में आ गयी है, ऐसी दशा में राज्यपाल या तो विपक्ष को सरकार बनाने का अवसर देकर जनता को आम चुनावों के बोझ से बचाए अथवा विधानसभा का विघटन करके नए चुनावों का आदेश दे। राज्यपाल को इस दशा में स्वविवेक का अधिकार है।

(5) राष्ट्रपति को अनु. 356 के अधीन प्रतिवेदन देना

राज्यपाल का यह कर्त्तव्य है कि वह राष्ट्रपति को राज्य की स्थितियों से अवगत कराए। यदि कभी राज्यपाल को ऐसा प्रतीत होता है कि राज्य का शासन संविधान के उपबंधों के अनुसार नहीं चलाया जा रहा है तो वह राष्ट्रपति से सरकार भंगकर 'राष्ट्रपति शासन' (अनु. 356) लगाने की माँग कर सकता है। **यह कब माना जाएगा कि सरकार संविधान के उपबंधों के अनुसार नहीं चल रही है, इसका संविधान में वर्णन नहीं है। यह राज्यपाल के स्वविवेक पर निर्भर है कि वह इस निर्णय पर कैसे पहुँचता है।**

(6) अनु. 365 के संदर्भ में राज्यपाल की विवेकाधीन शक्तियाँ

अनु. 365 के अनुसार, केंद्र द्वारा अपनी कार्यपालिका शक्ति के अनुपालन में दिए गए निदेशों का पालन राज्य के लिए आवश्यक है। यदि कोई इकाई–राज्य केन्द्र द्वारा दिए गए निर्देशों का पालन नहीं कर रहा है तो केन्द्र का यह निर्णय निकालना उचित होगा कि राज्य सरकार संविधान के प्रावधानों के अनुसार काम नहीं कर रही है। ऐसी दशा में उस राज्य सरकार को हटाकर 'राष्ट्रपति शासन' लगाया जा सकता है। राज्यपाल केन्द्र का प्रतिनिधि भी होता है, उसे केन्द्र को यह बताने का अधिकार है कि राज्य केन्द्र के निर्देशों का अनुपालन कहाँ तक कर रहा है।

(7) कुछ विधेयकों को राष्ट्रपति के विचारार्थ सुरक्षित करना

राज्य विधानमंडल द्वारा पारित कोई भी विधेयक कानून/विधि का रूप तबतक धारण नहीं करेगा जबतक कि राज्यपाल उस विधेयक को अपनी स्वीकृति नहीं दे देता। लेकिन राज्यपाल सभी विधेयकों पर अपनी स्वीकृति दे, यह आवश्यक नहीं। अनु 200 के अनुसार, राज्यपाल का यह संवैधानिक दायित्व है कि वह ऐसे किसी भी विधेयक को जिसके पारित होने पर उच्च न्यायालय की शक्तियों पर प्रतिकूल प्रभाव पड़ेगा अर्थात् उसकी शक्तियों या अधिकारिता कम हो जाएगी, वह राष्ट्रपति के विचार हेतु आरक्षित कर दे। इसी प्रकार अनु. 254 के अनुसार राज्यपाल राज्य विधानमंडल द्वारा पारित ऐसे विधेयकों को भी राष्ट्रपति के विचार हेतु आरक्षित कर सकता है जिसका सम्बन्ध समवर्ती सूची के विषयों से है और वे उसी विषय पर केन्द्र द्वारा बनाए गए किसी पूर्ववर्ती कानून के विरूद्ध हैं। राज्यपाल किसी भी ऐसे विधेयक को अपने विवेक से राष्ट्रपति के विचारार्थ आरक्षित कर सकता है जो संविधान की मौलिक संरचना या संघात्मक व्यवस्था के किसी प्रावधान का उल्लंघन करते हों। यह राज्यपाल के विवेकाधीन है। अनु. 201 के अनुसार, जब कोई विधेयक राज्यपाल द्वारा राष्ट्रपति के विचार के लिए आरक्षित रख लिया जाता है तो राष्ट्रपति ही घोषित करेगा कि वह विधेयक पर अनुमति देगा या नहीं।

(8) किसी विधेयक को पुनर्विचार हेतु विधानमंडल को वापस भेजना

राज्य विधानमंडल द्वारा पारित किसी भी विधेयक के प्रावधानों से यदि राज्यपाल असहमत है या वह चाहता है कि राज्य विधानमंडल विधेयक के प्रावधानों पर एक बार पुनः विचार करें तो वह विवेकपूर्वक ऐसा निर्णय ले सकता है।

राज्यपाल की कुछ अन्य विवेकाधीन शक्तियाँ इस प्रकार हैं

छठी अनुसूची के पैरा 9(2) के अनुसार, असम का राज्यपाल अपने विवेक से वह राशि निर्धारित करेगा जो असम में खनिजों के उत्खनन के फलस्वरूप जिला-परिषद को देना है।

अनु. 239(2) के अनुसार, राष्ट्रपति को यह अधिकार है कि वह किसी राज्य के राज्यपाल को किसी निकटवर्ती संघ राज्यक्षेत्र के प्रशासक के रूप में नियुक्त कर दे। इस प्रकार नियुक्त किया गया राज्यपाल अपने मंत्रिपरिषद से स्वतंत्र होकर अपने कार्यों का संपादन करेगा।

उपरोक्त प्रावधानों के अतिरिक्त महाराष्ट्र, गुजरात, नागालैण्ड, मणिपुर तथा सिक्किम के राज्यपालों को कतिपय विशेष दायित्व या अधिकार दिए गए हैं। इन दायित्वों के निष्पादन में वह मंत्रिपरिषद से परामर्श कर सकता है लेकिन वह परामर्श से बँधा हुआ नहीं है। वह चाहे तो मंत्रिपरिषद के परामर्श के विरुद्ध भी निर्णय ले सकता है। इन मामलों में राज्यपाल का व्यक्तिगत निर्णय ही 'अंतिम निर्णय' होगा। राज्यपाल के निर्णय पर मंत्रिपरिषद या कोई भी न्यायालय आपत्ति नहीं करेगा। ये विशेष दायित्व इस प्रकार हैं–

(1) अनु. 371(2) के अनुसार महाराष्ट्र के राज्यपाल को विदर्भ के सन्दर्भ में तथा गुजरात के राज्यपाल को सौराष्ट्र के संदर्भ में यह विशेष शक्ति होगी कि, वे इन क्षेत्रों के विकास हेतु विशेष कदम उठाएं।

(2) अनु. 371 क (1) ख के अनुसार, नागालैण्ड के राज्यपाल को राज्य के कानून-व्यवस्था के सन्दर्भ में विशेष दायित्व होगा, जबतक कि नागाओं के आन्दोलन के कारण राज्य में अशांति एवं हिंसा बनी रहती है।

(3) अनु. 371 ग(1) के अनुसार, मणिपुर के राज्यपाल का यह विशेष दायित्व होगा कि, वह राज्य के पहाड़ी क्षेत्रों के निर्वाचित सदस्यों से मिलकर बनने वाली राज्य की विधानसभा की समिति का उचित कार्यकाल सुनिश्चित करे।

(4) अनु. 371 च (छ) के अनुसार, सिक्किम के राज्यपाल का यह विशेष दायित्व होगा कि, वह शांति की स्थापना हेतु और सिक्किम की जनता के सामाजिक व आर्थिक विकास को सुनिश्चित करने हेतु कार्य करे।

उपरोक्त **राज्यों के राज्यपालों को विशेष दायित्व के निर्वहन में स्वविवेक के अनुसार निर्णय लेना होगा। इस संदर्भ में वे राष्ट्रपति के निर्देशों के अधीन रहेंगे। वस्तुतः जहाँ कहीं भी राज्यपाल के स्वविवेक की बात कही जाती है, वहाँ वह राष्ट्रपति के दिशा-निर्देशों से ही परिचालित होगा क्योंकि वह राष्ट्रपति के प्रतिनिधि के रूप में ही काम करता है।** राज्यपाल के पास कुछ ऐसी शक्तियाँ भी हैं, जिनका प्रयोग वह मंत्रिमंडल या राष्ट्रपति के परामर्श से न करके अन्य एजेंसियों की सलाह से करता है जैसे अनु. 192 के अनुसार, यदि किसी विधानमंडल के सदस्य की सदस्यता को इस आधार पर चुनौती दी जाय कि वह अनु. 191(1) के अधीन सदस्य नहीं रह सकता तो इस बात का निर्णय राज्यपाल निर्वाचन आयोग के परामर्श से करेगा और उसके द्वारा दिए गए परामर्श को मानेगा।

इस प्रकार देखा जाय तो राज्यपाल 3 आधारों के साथ कार्य करता है। (1) मंत्रिमंडल के परामर्श से, (2) स्वविवेक से (लेकिन राष्ट्रपति के निर्देशों के अधीन तथा (3) अन्य एजेंसियों के परामर्श से जैसे अनु. 192।

सन्दर्भ

1. एन. आर. माधवामेनन द्वारा सम्पादित पुस्तक 'रूल ऑफ लॉ इन ए फ्री सोसाइटी' में; जें. एस. वर्मा का लेख 'रूल ऑफ लॉ ऐन्ड इन्टरस्टेट रिलेशन' पृ. 106.
2. बी. शिवाराव तथा अन्य, 'फ्रेमिंग ऑफ इन्डियाज कॉन्स्टीट्यूशन,' खंड 2, पृष्ठ 667 और 687।)
3. संविधान सभा वाद-विवाद, खण्ड 8, पृष्ठ 468।
4. बी. शिवाराव तथा अन्य, वहीं, पृष्ठ 482–483।
5. संविधान सभा, वाद विवाद, खण्ड 8, पृष्ठ 431।
6. वही, पृष्ठ 455।
7. लेकिन इस संदर्भ में ध्यातव्य रहे कि स्वतंत्रता के बाद राज्यपालों ने केन्द्र के इशारों पर जिस प्रकार से राज्य सरकारों को परेशान किया है, उसे देखते हुए प्रशासनिक सुधार आयोग (1967) तथा राजमन्नार समिति (जो केन्द्र-राज्य सम्बन्धों का अध्ययन करने हेतु बनाई गयी थी) दोनों ने यह सिफारिश की कि, राज्यपाल नियुक्त करने के पूर्व राज्य सरकार से सहमति ले ली जानी चाहिए।
8. दि टाइम्स ऑफ इन्डिया, 3 मार्च, 1969, पृष्ठ 3।
9. डा. जे. आर. सीवाच, 'राज्यपाल का पद,' हरियाणा साहित्य अकादमी, चंडीगढ़, 1991, पृ. 13।

11

राज्य का महाधिवक्ता (अनु. 165)

जिस प्रकार केन्द्र सरकार अपने विधिक सलाहकार के रूप में महाधिवक्ता की नियुक्ति करती है, उसी प्रकार राज्य की सरकार विधि सम्बन्धी विषयों पर सलाह देने तथा विधिक स्वरूप के अन्य कर्त्तव्यों का पालन करने के लिए महाधिवक्ता की नियुक्ति करती है। प्रत्येक राज्य का राज्यपाल उच्च न्यायालय का न्यायाधीश नियुक्त होने के लिए अर्हित किसी व्यक्ति को राज्य का महाधिवक्ता नियुक्त करेगा (अनु. 165(1)। इसका पद राज्यपाल के प्रसादपर्यन्त बना रहेगा और पारिश्रमिक का निर्धारण भी राज्यपाल करेगा, (अनु. 165(3))। महाधिवक्ता को यह अधिकार होगा कि वह राज्य विधानमण्डल के किसी भी सदन में या उसकी किसी भी समिति में, जहाँ उसका नाम सदस्य के रूप में नामित हो, अपनी ओर से सरकार का पक्ष प्रस्तुत करे तथा उसकी कार्यवाहियों में भाग ले, लेकिन वह किसी भी मतदान की प्रक्रिया में भाग नहीं ले सकता (अनु. 177)।

केन्द्र और राज्यों की ओर से नियुक्त महाधिवक्ता की नियुक्ति, पद-अधिकार तथा पदावधि आदि समान हैं, केवल एक बात में अंतर है। **केन्द्र सरकार के महान्यायवादी को अपने कर्त्तव्यों के पालन में भारत राज्यक्षेत्र के सभी न्यायालयों में सुनवाई का अधिकार होगा (अनु. 76 (3)) लेकिन राज्य के महाधिवक्ता को उच्च न्यायालयों या राज्य के अधीनस्थ न्यायालयों में किसी भी प्रकार की सुनवाई का अधिकार नहीं होता। इस प्रकार का उपबंध राज्यों में केन्द्र के समान नहीं है।**

12

राज्य विधानमंडल या व्यवस्थापिका

भारतीय संविधान संघात्मक होने के कारण प्रत्येक इकाई राज्य को अपने राज्य की भौगोलिक सीमाओं के भीतर राज्य सूची और समवर्ती सूची के विषयों पर कानून निर्माण का कार्य राज्य के विधानमंडल को सौंपता है। अनु. 168 में विधानमंडल के संगठन का वर्णन है, जिसमें कहा गया है कि, प्रत्येक राज्य के लिए एक विधानमंडल होगा जो राज्यपाल और विधानसभा तथा विधानपरिषद (यदि विधानपरिषद का गठन उस राज्य में किया गया है तो) से मिलकर बनेगा। सम्प्रति विधानपरिषद का अस्तित्व बिहार, कर्नाटक, कश्मीर, उत्तर-प्रदेश, महाराष्ट्र तथा आन्ध्रप्रदेश में है। शेष सभी राज्यों के विधानमंडल केवल एक सदनीय है अर्थात् वहाँ केवल विधानसभा है।

अनु. 169 के अनुसार, विधानपरिषद का निर्माण और उसका उत्सादन दोनों राज्य की इच्छा पर निर्भर है। विधानपरिषद को **राज्यसभा की भाँति स्थायी सदन इसलिए नहीं बनाया गया क्योंकि जो राज्य संसाधनों तथा अर्थ/वित्त की दृष्टि से दुर्बल हैं वे एक और सदन पर अतिरिक्त धन खर्च न करें। जो राज्य सम्पन्न हैं वे विधानपरिषद रख सकते हैं।** जिन राज्यों में विधानपरिषद नहीं है, वे विधानपरिषद की स्थापना के लिए तथा जिन राज्यों में विधानपरिषद है वे विधान परिषद को समाप्त करने के लिए प्रावधान कर सकते हैं। **ऐसे राज्यों को अपनी विधानसभा से विशेष बहुमत द्वारा (कुल सदस्य संख्या का बहुमत और उपस्थित एवं मतदान में भाग लेने वाले सदस्यों का $\frac{2}{3}$ बहुमत) एक संकल्प पारित करना होगा और उस संकल्प के अनुसरण में संसद एक कानून बनाएगी और तद्नुरूप राज्य में विधानपरिषद की स्थापना या समापन हो सकेगा। यह ध्यान देने योग्य है कि विधानसभा, विधानपरिषद की स्थापना या**

उत्सादन हेतु पहले संकल्प पारित करती है, फिर संसद कानून बनाती है। संकल्प पारित होने की प्रक्रिया और कानून निर्माण की प्रक्रिया में अंतर है। कानून पारित होने के पूर्व विधेयक को 3 वाचन (प्रथम, द्वितीय एवं तृतीय) से गुजरना होता है और प्रत्येक वाचन में मतदान होता है जबकि संकल्प या प्रस्ताव पारित होने में केवल संकल्प को एक बार अक्षरशः पढ़ा जाता है और बहस के बाद बिना किसी वाचन के उसपर तुरंत मतदान हो जाता है। मतदान में उपयुक्त मत मिलनें पर संकल्प पारित माना जाता है अन्यथा उसे पराजित मान लिया जाता है। जब संसद इस संदर्भ में कानून बनाएगी तो उसे विधानपरिषद की स्थापना या उत्सादन हेतु संविधान में जो कुछ भी करना होगा वह करने हेतु या तत्सम्बन्धी कानून बनाने हेतु सक्षम होगी। **विधान परिषद की स्थापना या उत्सादन सम्बन्धी संविधान में होने वाले परिवर्तनों को, अनु. 368 के अधीन संविधान का संशोधन नहीं माना जाएगा।**

विधान परिषद की संरचना (अनु. 170)

अनु. 333 के उपबन्धों के अधीन रहते हुए (इसके अंतर्गत राज्यपाल को ऐग्लों इण्डियन समुदाय से एक सदस्य को विधानसभा में मनोनीत करने का अधिकार है) प्रत्येक राज्य की विधानसभा उस राज्य में प्रादेशिक निर्वाचन क्षेत्रों से प्रत्यक्ष निर्वाचन द्वारा चुने हुए (जिस प्रकार लोकसभा के चुनावों में पूरे देश को 543 लोकसभा क्षेत्रों में बाँट दिया जाता है, उसी प्रकार प्रत्येक राज्य को विधानसभा क्षेत्रों में बाँट दिया जाता है) अधिकतम 500 तथा न्यूनतम 60 सदस्यों से मिलकर बनेगी। राज्य के अन्तर्गत प्रत्येक निर्वाचन क्षेत्र में जनसंख्या का वितरण यथासंभव एक समान होगा। **'जनसख्या' पद का यहाँ तात्पर्य 1971 ई. की जनगणना के अनुसार सुनिश्चित की गयी जनसंख्या से है जो 2026 ई. तक अपरिवर्तित रहेगी। यद्यपि संविधान निर्माताओं की मंशा थी कि, प्रत्येक 10 वर्ष बाद, जनगणना होगी तथा इसके बाद जनसंख्या के अनुसार, विधानसभा की सीटों का पुनर्निर्धारण हो, लेकिन दुर्भाग्य से ऐसा नहीं हो सका है।** ऊपर कहा गया है कि, विधानसभा की न्यूनतम संख्या 60 से कम नहीं होगी, किन्तु इसके अपवाद हैं– जैसे-अरुणाचल प्रदेश, गोवा तथा मिजोरम में

विधानसभा के स्थानों की संख्या 40 है, पांडिचेरी में 30 तथा सिक्किम में 32 है।

विधानपरिषद की संरचना (अनु. 171)–

अनु. 171 (1) के अनुसार, जिन राज्यों में विधानपरिषद होगा, उन राज्यों में विधानपरिषद की अधिकतम सदस्य संख्या, विधानसभा की कुल सदस्य संख्या के $\frac{1}{3}$ से अधिक नहीं होगी तथा किसी भी दशा में 40 से कम नहीं होगी। **राज्य विधानपरिषद में समाज के विभिन्न वर्गों को प्रतिनिधित्व देने की व्यवस्था की गयी है, यह प्रतिनिधित्व कार्यमूलक प्रकृति का है।** विधानपरिषद के सदस्य निर्वाचित और मनोनीत दोनों ही प्रकार के होते हैं। मोटे तौर पर विधानपरिषद की कुल सदस्य संख्या के $\frac{5}{6}$ सदस्य निर्वाचित होते हैं तथा $\frac{1}{6}$ सदस्य राज्यपाल द्वारा मनोनीत किए जाते हैं। निर्वाचन इस प्रकार होता है–

अनु. 171(3) के अनुसार, किसी राज्य के विधानपरिषद के सदस्यों की कुल संख्या का,

(क) $\frac{1}{3}$ भाग, उस राज्य की नगरपालिकाओं, जिला बोर्डों और अन्य ऐसे स्थानीय प्राधिकारियों के (जो संसद विधि द्वारा निर्धारित करे) सदस्यों से मिलकर बनने वाले निर्वाचक मण्डली द्वारा निर्वाचित होगा;

(ख) $\frac{1}{12}$ भाग उस राज्य में निवास करने वाले कम-से-कम 3 वर्ष के स्नातकों से मिलकर बनने वाले निर्वाचक मंडल द्वारा निर्वाचित होगा,

(ग) $\frac{1}{12}$ भाग राज्य के भीतर आने वाले माध्यमिक विद्यालयों से अनिम्न स्तर की शिक्षण संस्थाओं में कम-से-कम 3 वर्ष से अध्यापन के कार्य में लगे हुए व्यक्तियों से मिलकर बनने वाले निर्वाचक मंडल के द्वारा निर्वाचित होगा,

(घ) $\frac{1}{3}$ भाग राज्य के विधानसभा सदस्यों द्वारा ऐसे व्यक्तियों में से चुना जाएगा जो विधानसभा के सदस्य नहीं हैं,

(ड.) शेष सदस्य राज्यपाल द्वारा ऐसे व्यक्तियों में से मनोनीत किए जाएंगे जिन्हें साहित्य, विज्ञान, कला, समाजसेवा तथा सहकारिता आंदोलन के सम्बन्ध में विशेष ज्ञान या अनुभव है।

उपरोक्त (क), (ख) तथा (ग) के अधीन निर्वाचित होने वाले सदस्यों का चुनाव प्रादेशिक-निर्वाचन-क्षेत्रों के आधार पर होगा जो संसद द्वारा बनायी गयी विधि के अनुसार तय किया जाय। उपरोक्त वर्णित (क), (ख) (ग) तथा(घ) के अधीन आने वाले सदस्यों का चुनाव आनुपातिक प्रतिनिधित्व की एकल संक्रमणीय मत प्रणाली द्वारा होगा।

विधानमंडल के सदन/सदनों की अवधि (अनु. 172)–

अनु. 172(1) के अनुसार, विधानसभा का यदि पहले विघटन नहीं होता है तो यह अपने प्रथम अधिवेशन के लिए नियत तिथि से 5 वर्ष तक बनी रहेगी, इससे अधिक नहीं। 5 वर्ष की समाप्ति का परिणाम विधानसभा का विघटन होगा। परंतु **जब आपातकाल (अनु. 352) लागू हो तो संसद विधि बनाकर विधानसभा के कार्यकाल को एक बार में अधिकतम 1 वर्ष के लिए विस्तारित कर (बढ़ा) सकती है। ऐसा 1-1 वर्ष करके तब तक विस्तारित होता रहेगा, जब तक कि आपातकाल लागू हो, किन्तु आपातकाल की उद्घोषणा समाप्त होने के बाद विधानसभा का कार्यकाल किसी भी दशा में 6 मास से अधिक नहीं होगा, और इसी 6 माह के भीतर राज्य विधानसभा के चुनाव कराने होंगे क्योंकि आपातकाल लगने के पूर्व विधानसभा ने 5 वर्ष का कार्यकाल पूर्ण कर लिया था।**

अनु. 172(2) के अनुसार, राज्य की विधानपरिषद का विघटन नहीं होगा, किन्तु उसके सदस्यों में से निकटतम $\frac{1}{3}$ सदस्य प्रति दूसरे वर्ष सेवानिवृत्त होंगे। यह व्यवस्था संसद के द्वितीय सदन राज्य सभा के ही समान है।

विधानमंडल की सदस्यता हेतु योग्यता (अनु. 173)–

राज्य विधानमंडल का सदस्य बनने हेतु किसी व्यक्ति को,

(i) भारत का नागरिक होना चाहिए तथा

(ii) विधानसभा के लिए चुने जाने हेतु कम-से-कम 25 वर्ष तथा विधानपरिषद के लिए चुने जाने हेतु उसकी आयु कम-से-कम 30 वर्ष अवश्य होनी चाहिए।

इसके अतिरिक्त उसके पास ऐसी अन्य योग्यताएँ भी होनी चाहिए जो संसद विधि द्वारा निर्धारित करे। लोक/प्रतिनिधित्व अधिनियम, 1951 द्वारा यह उपबंध किया गया है कि, कोई व्यक्ति किसी विधानसभा या विधानपरिषद के लिए तब तक निर्वाचन के योग्य नहीं माना जाएगा, जब तक कि उसका नाम उस राज्य की किसी विधानसभा की निर्वाचन सूची में मतदाता के रूप में दर्ज न हो।

विधानमंडल का सत्र, सत्रावसान तथा विघटन (अनु. 174)–

अनु. 174(1) के अनुसार, राज्यपाल समय-समय पर राज्य के विधानमंडल के सदन या प्रत्येक सदन को ऐसे समय और स्थान पर, जो वह ठीक समझे, अधिवेशन के लिए आहूत करेगा, किन्तु उसके एक सत्र की अंतिम बैठक तथा अगले सत्र की प्रथम बैठक के लिए निर्धारित तिथि के बीच 6 माह से अधिक का अन्तराल नहीं होगा।

जे. आर. सीवाच ने लिखा है कि, विधानसभा का सत्र बुलाने के सम्बन्ध में यह पूछा जा सकता है कि, जहाँ पर द्विसदनात्मक विधानमंडल है वहाँ पर दोनों सदनों का सत्र एक साथ बुलाया जाय या उन्हें भिन्न-भिन्न तिथियों को भी बुलाया जा सकता है? **ऐसा प्रतीत होता है कि राज्यपाल यदि चाहे तो उसका सत्र भिन्न-भिन्न तिथियों को भी बुला सकता है, क्योंकि अनु. 213(2) में यह स्पष्ट कहा गया है कि, जब विधानमंडल के दोनों सदन अलग-अलग तिथियों पर आहूत हों तो अध्यादेश के अनुमोदन के संदर्भ में 6 सप्ताह की समयावधि की गणना करने में उस तिथि का सहारा लिया जाएगा जो पश्चातवर्ती हो अर्थात् बाद में आती हो। विधानसभा के दोनों सदनों को एक साथ आहूत करना तब परम आवश्यक है, जब आम चुनाव के बाद पहली बार विधानमंडल की बैठक हो तथा प्रत्येक वर्ष के प्रथम सत्र में क्योंकि इन दोनों स्थितियों में राज्यपाल दोनों सदनों की संयुक्त बैठक में अपना 'विशेष अभिभाषण' देता है (अनु. 176), इसके अतिरिक्त अन्य सत्रों में विधानमण्डल के सदनों की बैठक अलग-अलग तिथियों में आहूत की जा सकती है।**

सामान्यतः राज्यपाल मुख्यमंत्री की सलाह पर विधानमंडल का सत्र आहूत करता है, लेकिन उस समय राज्यपाल स्वविवेक से भी विधानमंडल का सत्र बुला सकता है जब उसे लगे कि मुख्यमंत्री का विधानसभा में बहुमत संदिग्ध हो गया है। **एक प्रश्न उठता है कि, जब मुख्यमंत्री अपने बहुमत की संदिग्धता का परीक्षण कराने से बचने हेतु विधानसभा का सत्र न बुलाए और सत्र आहूत न करने में राज्यपाल की भी सहमति हो तो ऐसी दशा में राज्य के विपक्ष के पास क्या उपाय है?** इस संदर्भ में लोकसभा के सदस्य नाथपाई ने 19 नवंबर, 1970 ई. को लोकसभा में एक विधेयक प्रस्तुत किया कि, "यदि विधानसभा या संसद के 50 प्रतिशत से अधिक सदस्य लिखित रूप से सत्र बुलाने की माँग करें तो विधानसभा तथा लोकसभा के अध्यक्ष को 15 दिनों के भीतर सत्र आहूत करना चाहिए।"[1] सीताराम जयपुरिया ने भी राज्यसभा में इसी प्रकार का एक विधेयक प्रस्तुत किया था। प्रशासनिक सुधार आयोग ने भी एक ऐसी ही सिफारिश की है जिससे कि राज्यपाल और मुख्यमंत्री के अलोकतांत्रिक व्यवहार को संभावना से बचा जा सकें[2]।

अनु. 174(2) (क) के अनुसार, राज्यपाल समय-समय पर विधानमंडल के किसी भी सदन का या सदनों का सत्रावसान कर सकेगा। जब मुख्यमंत्री का विधानसभा में बहुमत है तो उस समय सामान्यतः इस अधिकार का प्रयोग मुख्यमंत्री की ही सिफारिश पर किया जाता है, लेकिन मुख्यमंत्री स्वयं अपने या अध्यक्ष के विरुद्ध सदन में अविश्वास प्रस्ताव पर बहस को रोकने के लिए यदि राज्यपाल से सत्रावसान की सिफारिश करे तो उस समय राज्यपाल को स्वविवेक का प्रयोग करते हुए संविधान की गरिमा बनाए रखने वाला निर्णय लेना चाहिए तथा ऐसी दशा में सत्रावसान नहीं करना चाहिए। **इसी प्रकार किसी विवादास्पद विधेयक पर बहस से बचने हेतु विधानमंडल का सत्रावसान करके अध्यादेश द्वारा उस विधेयक पर कानून बनाने के प्रवृत्ति भी असंवैधानिक है। राज्यपाल को ऐसी दशा में भी सदन का सत्रावसान नहीं करना चाहिए।** राज्यपाल किसी असंवैधानिक कार्य हेतु अपने अधिकारों को प्रयोग/दुरुपयोग नहीं कर सकता। विश्वनाथ अग्रवाल बनाम उत्तर प्रदेश राज्य (1956) तथा पंजाब राज्य बनाम सत्यपाल (1969) के वाद में क्रमशः इलाहाबाद उच्च न्यायालय तथा सर्वोच्च न्यायालय का यही मत था। अनु. 174 (2) (ख) के अनुसार, राज्यपाल समय-समय पर विधानसभा का विघटन कर सकेगा। सामान्यतया राज्यपाल संवैधानिक प्रमुख होने के कारण मंत्रिमंडल की सलाह से काम करता है, लेकिन कुछ

अवसरों पर वह अपने विवेक का भी प्रयोग कर सकता है। विधानसभा भंग करके राष्ट्रपति शासन (अनु. 356)। लगाने की सिफारिश करते समय राज्यपाल 'विवेक' के अनुसार काम करेगा। जे. आर. सीवाच. ने लिखा है कि, राज्यपाल विवेक का प्रयोग करते हुए मुख्यमंत्री द्वारा विधानसभा भंग करने की सिफारिश को उस समय नहीं मान सकता जब बजट सत्र के कुछ दिन पूर्व मुख्यमंत्री अपना त्यागपत्र दिए बिना विधानसभा भंग करने की सिफारिश करे। वह उस सिफारिश को इसलिए नहीं मान सकता क्योंकि ऐसा करने का अभिप्राय यह होगा कि, मंत्रिमंडल बजट पारित किए बिना कामचलाऊ सरकार के रूप में चुनाव होने तक पद पर बना रहेगा। जब मुख्यमंत्री का विधानसभा में बहुमत संदेहजनक हो तब राज्यपाल मुख्यमंत्री की सिफारिश पर विधानसभा को भंग कर सकता है और नहीं भी कर सकता है। यदि राज्यपाल को लगे कि मंत्रिमंडल को पदच्युत करनें के बाद राज्य विधानमंडल की दलीय संरचना तथा राजनीतिक स्थितियाँ ऐसी हैं कि किसी भी दल द्वारा मंत्रिमंडल का निर्माण कर विधानसभा में बहुमत सिद्ध करना असंभव है तो वह विधानसभा का विघटन कर सकता है लेकिन यदि इसकी संभावना है कि, इस मंत्रिमंडल के पतन के बाद दूसरा मंत्रिमंडल बन सकता है, तो वह चाहे तो विधानसभा का विघटन करने से इनकार भी कर सकता है। इस संदर्भ में राज्यपाल को चाहिए कि, विधानसभा के 5 वर्ष के कार्यकाल के पूर्व अत्यंत अपरिहार्य दशाओं में ही विधानसभा को भंग करे। यहाँ पर यह चर्चा करना आवश्यक है कि, अनु. 174(2)(ख) की भाँति अनु. 85 (2) (ख) भी है, जिसमें राष्ट्रपति को लोकसभा भंग करने का अधिकार भी दिया गया है। **इस अनु. पर (अनु. 85(2)(ख) पर) बोलते हुए डा. अम्बेडकर ने कहा था कि,** लोकसभा को भंग करने के पूर्व राष्ट्रपति को यह देखना होगा कि, लोकसभा के सदस्य क्या चाहते हैं? यदि लोकसभा के सदस्य किसी अन्य नेता के नेतृत्व में कार्य करने हेतु तैयार हैं, तो राष्ट्रपति को ऐसी दशा में लोकसभा का विघटन नहीं करना चाहिए[3]। **इसका तात्पर्य यह है कि, डा. अम्बेडकर के अनुसार, राष्ट्रपति लोकसभा को भंग करने हेतु प्रधानमंत्री की सिफारिश मानने के लिए विवश नहीं है और यही स्थिति राज्यों में राज्यपाल की भी है।**

एक प्रश्न और उठता है कि विधानसभा में बहुमत खो चुके या अविश्वास प्रस्ताव पर हार चुके मंत्रिमंडल द्वारा (जो अगली सरकार के गठन तक पद धारण किए हुए हैं और जिसे किसी उपयुक्त शब्द के अभाव

में हम 'कामचलाऊ मंत्रिमंडल या सरकार' कहते हैं) यदि राज्यपाल को अध्यादेश जारी करके कोई कानून बनाने हेतु कहा जाए तो राज्यपाल को क्या करना चाहिए? वस्तुतः कामचलाऊ सरकार को भी आवश्यकतानुसार लोकहित को ध्यान में रखकर ही काम करना चाहिए और यदि इस संदर्भ में आवश्यक हो तो निर्णय लेकर राज्यपाल को अध्यादेश जारी करने हेतु कहा जा सकता है किन्तु यह निर्णय लोकहित की कसौटी पर कसा जाना चाहिए। ऐसी संवैधानिक और लोकतांत्रिक अपेक्षा है कि नीति सम्बन्धी निर्णय किसी भी कामचलाऊ सरकार को नहीं लेना चाहिए, किन्तु संविधान में यह कहीं भी नहीं लिखा है कि कामचलाऊ सरकार अध्यादेश जारी नहीं कर सकती या कामचलाऊ मंत्रिमंडल की सलाह राज्यपाल नहीं मानेंगे। वस्तुतः **विधानसभा के भंग हो जाने पर मंत्रिमंडल तो भंग नहीं होता, वह अपने पद पर बना रहता है अतः राज्यपाल को वह 'उचित सलाह दे सकता है।**

सदन या सदनों में अभिभाषण का और उनको संदेश भेजने का राज्यपाल का अधिकार (अनु. 175) तथा राज्यपाल का विशेष अभिभाषण (अनु. 176)–

अनु. 175(1) के अनुसार, राज्यपाल विधानमंडल के किसी भी एक सदन में या दोनों सदनों में एक साथ समवेत अभिभाषण कर सकेगा और उस प्रयोजन के लिए सदस्यों की उपस्थिति की अपेक्षा कर सकेगा।

अनु. 175(2) के अनुसार, राज्यपाल राज्य विधानमंडल में उस समय लंबित किसी विधेयक के सम्बन्ध में संदेश या कोई अन्य संदेश उस राज्य के विधानमंडल के सदन या सदनों को भेज सकेगा और फिर उस सदन या सदनों में संदेश में अभिव्यक्त विषय पर शीघ्रतापूर्वक विचार किया जाएगा। राज्यपाल विधानमंडल का अंग होने के कारण किसी भी विषय पर अपने विचार से सदन को अवगत करा सकता है जिससे कि किसी विध ेयक को सदन को पुनर्विचार हेतु लौटाने से बचा जा सके। कई बार निजी विधेयक भी सदन/सदनों में प्रस्तुत किए जाते हैं तो ऐसी स्थिति में राज्यपाल का संदेश उक्त विधेयक पर सरकार के दृष्टिकोण का भी प्रतीक बन सकता है क्योंकि राज्यपाल कार्यपालिका शक्तियों का स्वामी भी है।

अनु. 176 राज्यपाल के विशेष अभिभाषण का उपबन्ध करता है। अनु. 176(1) के अनुसार, राज्यपाल, विधानसभा के लिए प्रत्येक साधारण निर्वाचन

के पश्चात् प्रथम सत्र के आरंभ में विधान सभा में या विधान परिषद वाले राज्य की दशा में एक साथ समवेत दोनों सदनों में अभिभाषण करेगा और विधानमंडल को उसके आह्वान का कारण बताएगा।

अनु. 176(2) के अनुसार, सदन या प्रत्येक सदन की प्रक्रिया का विनियमन करने वाले नियमों द्वारा ऐसे अभिभाषण में निर्दिशिष्ट विषयों की चर्चा के लिए समय नियत करने हेतु उपबन्ध किया जाएगा **संविधान लागू होने के कुछ ही दिनों के बाद यह प्रश्न उठाया गया कि, सदन का सत्र कब से शुरू हुआ माना जाय-राज्यपाल के अभिभाषण वाले दिन से या सदन के सदस्यों के शपथ-ग्रहण वाले दिन से।** संविधान में प्रथम संशोधन द्वारा यह निश्चित कर दिया गया है कि, राज्यपाल केवल नयी विधानसभा के गठन के समय तथा प्रत्येक वर्ष सत्र आरंभ होने पर (प्रत्येक सत्र आरंभ होने पर नहीं केवल वर्ष का प्रथम सत्र आरंभ होने पर ही) दोनों सदनों को समवेत सम्बोधित करेगा। इसका अर्थ यह है कि विधानमंडल के अन्य सत्र राज्यपाल के अभिभाषण के बिना भी आहूत किए जा सकते हैं अत: जिस दिन शपथ ग्रहण हो, उसी दिन से विधानसभा का कार्यकाल या सदस्यों का कार्यकाल शुरू मान लिया जाना चाहिए।

एक प्रश्न यह उठता है कि राज्यपाल के अभिभाषण के दौरान सदन या सदनों (अनु. 176(1) के अधीन अभिभाषण दोनों सदनों में एक साथ होगा तथा अन्य अवसरों पर राज्यपाल किसी एक सदन को अकेले भी सम्बोधित कर सकता है) की अध्यक्षता कौन करता है? एक विचाराधारा के अनुसार, ऐसी बैठक की अध्यक्षता विधानसभा का अध्यक्ष करता है और दूसरी विचारधारा के अनुसार, उस बैठक की अध्यक्षता राज्यपाल के द्वारा की जाती है। प्रथम विचाराधारा के लोगों का तर्क है कि चूँकि अध्यक्ष उस समय मंच पर बैठा होता है इसलिए वही उस बैठक का सभापति होता है और यदि उस समय कोई भी व्यवधान हो तो उसे रोकना अध्यक्ष का कर्त्तव्य होता है। **1966 में राजस्थान के राज्यपाल ने तथा 1967 में महाराष्ट्र के राज्यपाल ने अभिभाषण पढ़ने के दौरान बाधा पहुँचाने वाले विधायकों को मार्शल से कहकर सदन से बाहर करवा दिया और अपना अभिभाषण पूरा किया।** ऐसे ही उत्तर प्रदेश में जब वी.

वी. गिरि अपना भाषण अंग्रेजी में पढ़ रहे थे तो उस पर राजनारायण ने आपत्ति की और कहा कि राज्यपाल या तो हिन्दी में अभिभाषण पढ़े या तेलुगू में, जो उनकी मातृभाषा है। राज्यपाल ने उनके उत्तर में कहा कि, यदि वह तेलुगू में पढ़ेगे तो उसे कोई भी नहीं समझ पाएगा और विधानसभा की प्रक्रिया के नियम भी इसकी अनुमति नहीं देते और हिंदी में वह पढ़ने में असमर्थ हैं। लेकिन जब राजनारायण इस तर्क को मानने से इनकार कर दिया तब राज्यपाल ने कहा कि, "यदि तुम समझते हो कि तुम गुंडे हो तो तुम्हें मालूम होना चाहिए कि मैं तुमसे भी बड़ा गुंडा हूँ। मैं तुम्हें बाहर फेकनें के लिए मार्शल की प्रतिक्षा नहीं करुँगा।" इस पर राजनारायण की बोलती बंद हो गयी।[4]

उपरोक्त संदर्भ में जब राजस्थान के राज्यपाल के व्यवहार पर संसद में चर्चा हुई तो तत्कालीन गृहमंत्री ने विपक्ष से कहा कि, "राज्यपाल के भाषण के समय बैठक की कार्यवाही पर राज्यपाल का नियंत्रण होता है। जब वह अनु. 176 के अनुसार भाषण देता है (अर्थात् विशेष अभिभाषण) उस समय वह विधानमंडल का अंग होता है। इसलिए वह उस समय सदन की कार्यवाही को सुचारु रूप से चलाने के लिए, सदन की गरिमा को ध्यान में रखते हुए उचित व्यवस्था कर सकता है। **राजस्थान विधानमंडल की विशेषाधिकार समिति एवं तत्कालीन विधि आयोग का भी यही मत है कि राज्यपाल विशेष अभिभाषण के दौरान सदन की व्यवस्था बनाए रखने हेतु आदेश-निर्देश दे सकता है।**[5]

जो विचारधारा यह मानती है कि, जब राज्यपाल अपना भाषण पढ़ता है, उस समय उस बैठक की अध्यक्षता अध्यक्ष करता है, वे लोग ब्रिटिश परम्परा का उल्लेख करते हैं। इंग्लैण्ड में जब महारानी भाषण देने के लिए आती हैं तब लार्ड चांसलर क्लर्क की कुर्सी पर बैठता है। भारत में अध्यक्ष, राज्यपाल के साथ मंच पर बैठता है, अत: हमारे यहाँ ब्रिटिश व्यवस्था लागू नहीं हो सकती। यदि हम यह मान लें कि अध्यक्ष उस बैठक की अध्यक्षता करता है तो एक संभावना यह भी हो सकती है कि, राज्यपाल को अन्य सदस्यों के ही समान अध्यक्ष के आदेशों को मानना पड़ेगा और यदि कोई अध्यक्ष राज्यपाल को अभिभाषण की आज्ञा न दे तो क्या होगा? यह संवैधानिक प्रावधान है तथा कलकत्ता एवं उड़ीसा उच्च न्यायालयों का भी यही मत है कि, राज्यपाल के अभिभाषण के बिना चुनावोपरान्त प्रथम सत्र तथा प्रत्येक

वर्ष का प्रथम सत्र प्रारंभ नहीं हो सकता। यदि हम यह मान भी लें कि, अध्यक्ष उस बैठक की अध्यक्षता करता है तो एक संभावना यह भी हो सकती है कि, अध्यक्ष, राज्यपाल के अभिभाषण को यदि कार्यवाही से निकाल दे तो क्या होगा? इसके अतिरिक्त जिन राज्यों में द्वि-सदनात्मक विधानमंडल हो, वहाँ पर विधानसभा का अध्यक्ष तथा विधानपरिषद का सभापति दोनों ही राज्य के राज्यपाल के साथ मंच पर बैठते हैं तो उस समय यह प्रश्न उठेगा कि वह संयुक्त बैठक है और इसमें अध्यक्ष सदन की अध्यक्षता कर रहा है यद्यपि विधानमंडल में संयुक्त बैठक का प्रावधान ही नहीं है अतः ऐसी बैठकों की अध्यक्षता या सभापतित्व का प्रश्न अनिर्णित है। संयुक्त बैठक के संदर्भ में संसद का प्रावधान महत्वपूर्ण संकेत देता है। अनु. 108 के अनुसार संसद के दोनों सदनों की संयुक्त बैठक होती है जिसकी अध्यक्षता लोकसभा का अध्यक्ष करता है लेकिन संयुक्त बैठक में राष्ट्रपति का अभिभाषण नहीं होता। जब अनु. 87 के अधीन राष्ट्रपति अभिभाषण करता है तो अनु. 108 के समय संविधान में यह कहीं भी नहीं लिखा है कि, इस बैठक की अध्यक्षता लोकसभा का अध्यक्ष करेगा।[6] ऐसी स्थिति में यह माना जाना चाहिए कि राष्ट्रपति स्वयं निर्देश देने की शक्ति रखता है।

इसलिए कहा जा सकता है कि, जब राज्यपाल विधानमंडल के सामने अपना भाषण पढ़ता है तो उस समय वही उसकी अध्यक्षता भी करता है। कलकत्ता उच्च न्यायालय[7] तथा लोकसभा की एक समिति[8] का भी यही मत है।

क्या राज्यपाल मंत्रिमंडल द्वारा तैयार किए गए अभिभाषण को पढ़ने हेतु विवश है–

सामान्यतः राज्यपाल का भाषण मंत्रिमंडल द्वारा तैयार किया जाता है, फिर भी इस सम्बन्ध में प्रश्न पूछा जा सकता है कि, वे कौन सी संवैधानिक सीमाएँ हैं जिनके भीतर रहकर मंत्रिमंडल राज्यपाल के भाषण को तैयार करता है। इसमें कोई संदेह नहीं कि, राज्यपाल का भाषण सरकारी वक्तव्य होता है और सामान्यतः इसे राज्यपाल को वैसे ही पढ़ना चाहिए, जैसे कि इसे तैयार किया गया है। **लेकिन कुछ संवैधानिक विशेषज्ञों ने यह माना है कि, कुछ विशेष परिस्थितियों में राज्यपाल मंत्रिमंडल द्वारा तैयार भाषण के कुछ अंशों को अपने विवेकानुसार, संवैधानिक दायित्वों**

तथा पद की गरिमा को देखते हुए पढ़ने से इनकार भी कर सकता है। राज्यपाल केवल मंत्रिमंडल का ही प्रतिनिधि नहीं है, उसके ऊपर संविधान के संरक्षण का दायित्व भी है। इस संदर्भ में ब्रिटेन का एक उदाहरण भी द्रष्टव्य है। 1841 ई. मे महारानी विक्टोरिया, मंत्रिमंडल द्वारा तैयार किए गए भाषण के कुछ अंशो से सहमत नहीं थीं, उन्होनें उन अंशों को भाषण से निकाल देने का सुझाव भी दिया था, लेकिन मंत्रिमंडल ने उस सुझाव को मानने से इंकार कर दिया और अन्त में उन्हें वही भाषण अक्षरशः पढ़ना पड़ा। इसका अर्थ यह है कि जो कुछ मंत्रिमंडल का निर्णय था, महारानी को उसे मानना पड़ा। लेकिन इस सम्बन्ध में हमें यह ध्यान में रखना चाहिए कि जो कुछ वह भाषण में पढ़ती है उसका उत्तरदायित्व मंत्रिमंडल पर होता है। वहाँ परंपरा और मान्यता है कि, "राजा कोई गलती नहीं करता," लेकिन भारत में यह स्थिति नहीं है। भारत में संवैधानिक दृष्टिकोण से मंत्री राष्ट्रपति या राज्यपाल को दी गयी 'सलाह' के लिए उत्तरदायी नहीं है और मंत्रियों द्वारा दी गयी 'सलाह' की जाँच न्यायालय के दायरे में भी नहीं आती। यदि मंत्रिमंडल की सलाह पर राष्ट्रपति संविधान का उल्लंघन करे तो उसपर महाभियोग लगाया जा सकता है। इसलिए यदि मंत्रिमंडल राष्ट्रपति या राज्यपाल को अपने अभिभाषण में संविधान के प्रतिकूल टिप्पणियाँ करनें को कहे तो राष्ट्रपति या राज्यपाल का यह संवैधानिक कर्त्तव्य हो जाता है कि, वह उसका पालन न करे अर्थात् अपने अभिभाषण में उसका उल्लेख न करे क्योंकि वह संविधान के प्रति निष्ठा की शपथ लेकर ही पद ग्रहण करता है। केन्द्र में जिस प्रकार राष्ट्रपति को संविधान के उल्लंघन पर महाभियोग द्वारा पद से हटा दिया जाता है, उसी प्रकार यदि राज्यपाल संविधान के प्रति निष्ठा की शपथ का उल्लंघन करे तो उसे भी राष्ट्रपति इसी आधार पर पद से हटा सकता है। इस सम्बन्ध में राज्यपाल को इस बात का ध्यान रखना चाहिए कि, "यदि किसी विषय पर यह प्रश्न उठे कि क्या उस विषय पर राज्यपाल को अपने विवेक का प्रयोग करना चाहिए या नहीं तो उस पर राज्यपाल का निर्णय अंतिम होगा और उस निर्णय को न्यायालय में चुनौती नहीं दी जा सकती है।"

वस्तुतः संविधान निर्माण के दौरान इस बात पर बहस हुई थी कि, क्या राज्यपाल मंत्रिमंडल की सलाह को मानने के लिए बाध्य होगा? इसपर डा. अम्बेडकर ने यह कहा था कि, राज्यपाल के पास विवेकाधिकार का विस्तृत फलक है। संविधान सभा में हुए वाद-विवाद

से यह स्पष्ट होता है कि, संविधान निर्माताओं ने संविधान में यह लिखने से स्पष्टतः इनकार किया था कि, राज्यपाल मंत्रिमंडल की सलाह मानने हेतु बाध्य होगा, इससे यह परिणाम निकलता है कि राज्यपाल मंत्रिमंडल द्वारा तैयार किए गए भाषण को अक्षरशः पढ़ने हेतु विवश नहीं है[9]।

इसमें कोई संदेह नहीं है कि, कुछ सीमाओं में रहते हुए राज्य सरकार राज्यपाल के अभिभाषण के माध्यम से केन्द्रीय सरकार की आलोचना कर सकती है। यदि राज्य को विकास सम्बन्धी कार्यों के लिए केंद्र से पर्याप्त धन न मिले तो वह उसकी आलोचना कर सकती है। कुछ सीमा तक केन्द्र तथा राज्यों के वित्तीय तथा प्रशासनिक सम्बन्धों की भी आलोचना की जा सकती है लेकिन केन्द्र-राज्य सम्बन्धों के कुछ ऐसे पक्ष भी हैं जिनकी विधानसभा में संवैधानिक दृष्टि से कोई चर्चा नहीं की जा सकती। जैसे यदि चुनाव के बाद उसी दल की सरकार फिर बन जाय, जिसे राज्यपाल ने चुनाव के पूर्व बरखास्त कर दिया था। यदि ऐसी सरकार चुनाव के बाद होने वाली विधानमंडल की प्रथम बैठक में राज्यपाल के अभिभाषण के माध्यम से इस बरखास्तगी को अप्रजातांत्रिक, अंसवैधानिक तथा अवैध ठहराने का प्रयास करे तो राज्यपाल के पास भाषण के उन अंशों को न पढ़ने के अतिरिक्त और कोई चारा नहीं होगा।[10]

इसी प्रकार राज्यपाल की रिपोर्ट पर या स्वंय यदि केंद्र सरकार अनु. 356 के अधीन राष्ट्रपति शासन लागू कर दे या राज्यपाल द्वारा राष्ट्रपति के पास भेजे गए बिल पर राष्ट्रपति द्वारा अनुमति न दिए जाने पर उसे अनुचित मनमाना, या अवैध कहकर राज्यपाल के अभिभाषण के माध्यम से राष्ट्रपति या केन्द्र सरकार की आलोचना राज्य सरकार नहीं कर सकती और यदि मंत्रिमंडल राज्यपाल के भाषण में ऐसे अंश को डाल भी दे तो भी राज्यपाल को यह अधिकार है कि अभिभाषण के ऐसे अंशों को वह न पढ़े। राज्यपाल के अभिभाषण में उन विषयों पर भी चर्चा नहीं हो सकती जिनपर संवैधानिक दृष्टि से विधानसभा में बहस नहीं हो सकती जैसे उच्च या सर्वोच्च न्यायालय के न्यायाधीश के व्यवहार के बारे में विधानसभा में कोई बहस नहीं हो सकती। इससे यह सिद्ध होता है कि यदि राज्यपाल के भाषण का विषय संवैधानिक औचित्य की सीमा में नहीं है तो वह आपत्तिजनक वाक्यों को पढ़ने से इनकार कर सकता है।[11]

जब राज्यपाल के **भाषण में कुछ आपत्तिजनक वाक्य हों तो क्या राज्यपाल उन अंशों को पढ़ने के स्थान पर भाषण के कुछ वाक्य पढ़कर शेष को सभा के पटल पर रखकर अपने संवैधानिक कर्त्तव्यों को पूरा नहीं कर सकता?** ऐसे कई उदाहरण मिलते हैं जहाँ पर भाषण विधानसभा के पटल पर रखे जाने के पश्चात् पढ़ा हुआ मान लिया गया है। उदाहरणार्थ- पश्चिम बंगाल के राज्यपाल धर्मवीर जब शोरगुल के कारण अपना अभिभाषण नहीं पढ़ सके तो उन्होंने अपना भाषण विधानसभा के पटल पर रख दिया और वह पढ़ा हुआ मान लिया गया था। उससे पूर्व पश्चिम बंगाल में ही पद्मजा नायडू भी एक बार अपना पूरा भाषण अस्वस्थता के कारण नहीं पढ़ सकी थीं, उन्होंने अपने भाषण के केवल कुछ ही अंश या शब्द बोले थे, लेकिन कलकत्ता उच्च न्यायालय ने उस भाषण को पूरा पढ़ा हुआ मान लिया था। इसमें कोई संदेह नहीं है कि, राज्यपाल के लिए पूरा भाषण अक्षरश: पढ़ना अनिवार्य नहीं है और वह कुछ अंश पढने के बाद उसे सभा के पटल पर रखकर अपनें संवैधानिक कर्त्तव्य को पूरा कर सकता है, और ऐसी दशा में सम्पूर्ण अभिभाषण पढ़ा हुआ मान लिया जाएगा। **इसलिए यदि वह आपत्तिजनक अंशो को न पढ़कर भी उसे सभा के पटल पर रख दे तो उससे भी उसकी शपथ का तथा संविधान का उल्लघन नहीं होता, और यही बेहतर विकल्प है उस दशा में अपने बचाव का जब मंत्रिमंडल अभिभाषण के माध्यम से राजनीतिक चालें चले और संविधान के प्रावधानों का दुरुपयोग करे।**[12]

राज्य विधानसभा के अधिकारी

प्रत्येक राज्य की विधानसभा को अपने निर्वाचन के तुरंत बाद यथाशीघ्र, अपना अध्यक्ष तथा उपाध्यक्ष चुनना होता है और जब कभी अध्यक्ष या उपाध्यक्ष का पद रिक्त होता है तब विधानसभा किसी अन्य सदस्य को यथाशीघ्र अध्यक्ष या उपाध्यक्ष चुनेगी (अनु. 178)।

अध्यक्ष एवं उपाध्यक्ष का पद रिक्त होना, पद त्याग करना और पद से हटाया जाना (अनु. 179)–

विधानसभा के अध्यक्ष या उपाध्यक्ष के रूप में पद धारण करने वाला सदस्य

(क) यदि किसी समय विधानसभा का सदस्य नहीं रहता है तो वह अपना पद रिक्त कर देगा या वह रिक्त माना जाएगा क्योंकि अध्यक्ष या

उपाध्यक्ष होने के लिए विधानसभा की सदस्यता आवश्यक है।

(ख) किसी भी समय, यदि वह अध्यक्ष है तो उपाध्यक्ष को और यदि वह उपाध्यक्ष है तो अध्यक्ष को सम्बोधित अपने हस्ताक्षर सहित लेख द्वारा अपना पदत्याग कर सकेगा और

(ग) अध्यक्ष या उपाध्यक्ष को विधानसभा के तत्कालीन समस्त सदस्यों के बहुमत से पारित संकल्प द्वारा अपने पद से हटाया जा सकेगा। परंतु इस प्रयोजन के लिए कोई संकल्प तबतक प्रस्तावित नहीं किया जाएगा जब तक कि, उस संकल्प को प्रस्तावित करने के आशय की कम-से-कम 14 दिन पूर्व सूचना न दे दी गई हो। लेकिन जब कभी विधानसभा का विघटन किया जाता है तो विघटन के पश्चात् होने वाली विधानसभा की प्रथम बैठक तक अध्यक्ष अपने पद पर बना रहेगा, जब तक की नए अध्यक्ष का विधानसभा चुनाव नहीं कर लेती।

अनु. 180 के अनुसार, जब अध्यक्ष का पद 'रिक्त' है तो उपाध्यक्ष और यदि उपाध्यक्ष की पद भी 'रिक्त' है तो ऐसा कोई सदस्य जिसे राज्यपाल इस निमित्त नियुक्त करे, वह 'अध्यक्ष' पद के कर्त्तव्यों का संपादन करेगा। जहाँ 'रिक्ति' स्थायी न होकर अस्थायी हो अर्थात् विधानसभा की बैठक के दौरान अध्यक्ष एवं उपाध्यक्ष दोनों अनुपस्थित हों तब विधानसभा की अध्यक्षता का निर्णय विधानसभा संचालन की प्रक्रिया के नियमों द्वारा होगा अर्थात ऐसी दशा में राज्यपाल द्वारा निर्णय न लिया जाकर विधानसभा द्वारा लिया जाएगा।

अनु. 181(1) के अनुसार, विधानसभा की किसी बैठक में, जब अध्यक्ष को हटाने का संकल्प विचाराधीन हो तो अध्यक्ष तथा उपाध्यक्ष को पद से हटाने का संकल्प विचाराधीन हो तो उपाध्यक्ष अपने पद पर नहीं बैठेगा। ऐसी दशा में इन्हें बैठक में उपस्थित रहने और सदन में बोलने एवं कार्यवाही में भाग लेने का अधिकार तो होगा और विधानसभा का सदस्य होने के कारण मत देने का अधिकार भी होगा लेकिन मत बराबर होने की दशा में उसे मत देने का अधिकार नहीं होगा। **तात्पर्य यह है कि, जब कभी अध्यक्ष या उपाध्यक्ष को पद से हटाने का संकल्प प्रस्तुत होगा तब तुरंत ही अध्यक्ष या उपाध्यक्ष को मिले विशेषाधिकार भी समाप्त हो जाएँगे और ये लोग मात्र सदन के सदस्य बनकर रह जाएँगे।**

विधान परिषद के अधिकारी

जिन राज्यों में विधानपरिषद है, वहाँ की विधानपरिषद अपने दो सदस्यों

को अपना सभापति एवं उपसभापति चुनती है और जब कभी सभापति और उपसभापति के पद रिक्त होंगे तो किसी अन्य सदस्य को सभापति या उपसभापति चुना जाएगा।

सभापति एवं उपसभापति का पद रिक्त होना, पदत्याग करना और पद से हटाया जाना (अनु. 183)।

विधानपरिषद के सभापति या उपसभापति के रूप में पद धारण करने वाला सदस्य,

(क) यदि किसी कारण से विधानपरिषद की सदस्यता खो देता है या विधानपरिषद का सदस्य नहीं रह जाता है तो वह अपना पद (सभापति या उपसभापति) छोड़ देगा अर्थात् पद रिक्त कर देगा,

(ख) किसी भी समय यदि सभापति है तो उपसभापति को और यदि उपसभापति हो तो सभापति को सम्बोधित अपने हस्ताक्षर सहित लेख द्वारा अपना पद त्याग कर सकेगा, और

(ग) विधानपरिषद के सभापति या उपसभापति को, विधानपरिषद के तत्कालीन समस्त सदस्यों के बहुमत से पारित संकल्प द्वारा पद से हटाया जा सकेगा, परंतु इस प्रयोजन के लिए कोई संकल्प तबतक प्रस्तुत नहीं किया जाएगा, जबतक कि, उस संकल्प को प्रस्तावित करने के आशय की सूचना कम-से-कम 14 दिन पूर्व न दे दी गई हो।

अनु. 184 के अनुसार, जब सभापति का पद 'रिक्त' है तो उप सभापति या यदि उपसभापति का पद भी 'रिक्त' हो तो कोई ऐसा सदस्य जिसको राज्यपाल इस निमित्त नियुक्त करे, वह 'सभापति' पद के कर्त्तव्यों का संपादन करेगा। यहाँ 'रिक्त' शब्द का तात्पर्य पद में स्थायी रिक्ति से है। लेकिन जब सभापति या उपसभापति सदन की बैठकों के दौरान अनुपस्थित हों (अर्थात् पद में रिक्ति अस्थायी हो) तो विधानपरिषद के सभापति का निर्णय विधानपरिषद के सदस्यों द्वारा किया जाएगा, प्राय: वरिष्ठतम: सदस्य को ही सभापति पद पर तब तक बैठाया जाता है जब तक कि, स्थायी सभापति या उपसभापति आकर सभापतित्व न करने लगे।

अनु. 185(1) के अनुसार, विधानपरिषद की किसी बैठक में जब सभापति को पद से हटाने का संकल्प विचाराधीन हो तो सभापति, या जब उपसभापति को पद से हटाने का संकल्प विचाराधीन है तो उपसभापति

अपने पद पर नहीं बैठेगा। ऐसी दशा में उसे बैठक में उपस्थित रहने, अपनी बात कहने तथा सदन की कार्यवाही में भाग लेने का अधिकार तो होगा, और विधानपरिषद का सदस्य होने के कारण उसे मत देने का भी अधिकार होगा, लेकिन मत बराबर होने की दशा में उसे मत देने का अधिकार नहीं होगा क्योंकि ऐसी बैठक में वह पदासीन नहीं रहता अर्थात् जब कभी सभापति या उपसभापति को पद से हटाने का संकल्प प्रस्तुत होगा तब तुरंत ही सभापति या उपसभापति को मिले विशेषाधिकार समाप्त हो जाएँगे और वे केवल सदन के सदस्य मात्र बनकर रह जाएँगे।

सदनों के कार्य संचालन के नियम (अनु. 189)

अनु. 189(1) के अनुसार, किसी राज्य विधानमंडल में किसी सदन की बैठक में सभी प्रश्नों का निर्धारण करने वाले अध्यक्ष या सभापति के रूप में कार्य करता रहे व्यक्ति को छोड़कर उपस्थित एवं मत देने वाले सदस्यों के बहुमत से किया जाएगा।

अध्यक्ष या सभापति या उस रूप में कार्य करने वाला व्यक्ति प्रथम बार मत नहीं देगा लेकिन यदि किसी विधेयक, प्रस्ताव या संकल्प पर पक्ष एवं विपक्ष में बराबर-बराबर मत पड़ते हैं तो यथास्थिति अध्यक्ष या सभापति को मत देने का अधिकार होगा, इसे 'निर्णायक मत' (Casting vote) कहते हैं क्योंकि बराबर मत पड़ने के बाद अध्यक्ष या सभापति का मत ही निर्णय करेगा कि वह विधेयक, संकल्प या प्रस्ताव पारित होगा या नहीं।

अनु. 189(2) के अनुसार, राज्य विधानमंडल के किसी भी सदन की सदस्यता में कोई रिक्ति होने पर भी, उस सदन को कार्य करने की शक्ति होगी, **और यदि बाद में यह पता चलता है कि, कोई व्यक्ति, जो सदन की कार्यवाही में भाग लेने का हकदार नहीं था, वह भी सदन में उपस्थित रहा है और मतदान किया है या कार्रवाई में भाग लिया है तो भी राज्य विधानमंडल की कार्यवाही मान्य होगी।**

अनु. 189 (3) के अनुसार, राज्य विधानमंडल के किसी सदन का अधिवेशन चलने हेतु सदस्यों की न्यूनतम संख्या अर्थात् गणपूर्ति सदन की कुल सदस्य संख्या का $\frac{1}{10}$ या 10 सदस्य, जो भी अधिक हो, होगी। यदि इतने सदस्य भी सदन की बैठक में उपस्थित नहीं रहते हों तो अध्यक्ष या

सभापति का यह कर्त्तव्य होगा कि, वह सदन की बैठक को स्थगित कर दे या अधिवेशन को तबतक के लिए निलंबित कर दे जबतक कि गणपूर्ति नहीं हो जाती हो।

वे दशाएँ, जिनमें विधानमण्डल की सदस्यता त्यागनी पड़ेगी (अनु. 190)–

अनु. 190(1) के अनुसार, कोई भी व्यक्ति राज्य के विधानमंडल के दोनों सदनों का सदस्य नहीं होगा और जो व्यक्ति दोनों सदनों का सदस्य चुन लिया जाता है, उसे एक सदन की सदस्यता का त्याग करना होगा, इसके लिए विधानमंडल उस समय सीमा का निर्धारण कर सकता है जिसमें दोनों सदनों हेतु चुने गए व्यक्ति को एक सदन की सदस्यता त्याग देनी होगी।

अनु. 190(2) के अनुसार, कोई भी व्यक्ति दो या अधिक राज्यों के विधानमंडल का सदस्य नहीं होगा और यदि ऐसा हो जाता है तो राष्ट्रपति को यह अधिकार है कि वह नियम बनाकर उस अवधि की (समय-सीमा) घोषणा कर सकेगा जिसके भीतर उस व्यक्ति को किसी एक राज्य के विधानमंडल की सदस्यता ग्रहण करके शेष की सदस्यता त्याग देनी होगी, यदि वह व्यक्ति राष्ट्रपति द्वारा निर्धारित समय सीमा के भीतर ऐसा नहीं कर पाता है तो उस व्यक्ति का दोनों या सभी राज्यों के विधानमंडल में स्थान रिक्त घोषित कर दिया जाएगा।

उपरोक्त अनु. 190(1) और 190(2) के संदर्भ में लोकप्रतिनिधित्व अधिनियम (1950) में व्यवस्था की गयी है। प्रोहिबिशन ऑफ साइमल्टेनियस मेम्बरशिप रुल्स, 1950 के अनुसार, यदि कोई व्यक्ति राज्य विधानमंडल के दोनों सदनों का सदस्य चुन लिया जाता है तो उसे 10 दिन के भीतर किसी एक सदन की सदस्यता का त्याग करना होगा। यदि वह अपने एक सदन की सदस्यता का त्याग नहीं करता या इस प्रकार की कोई सूचना नहीं देता तो उसका उस सदन में स्थान खाली माना जाएगा जिसका कि वह पहले सदस्य रहा हो। इसी प्रकार यदि कोई व्यक्ति दो या दो से अधिक राज्यों के विधानमंडल में सदस्य चुने जाने पर 10 दिन के भीतर यह सूचना नहीं दे देता कि वह किस राज्य के विधानमंडल का सदस्य बने रहना चाहता है

तो 10 दिन के बाद उसका सभी राज्यों के (जहाँ विधानमंडल का वह सदस्यत चुना गया है) विधानमंडल में रिक्त स्थान घोषित कर दिया जाएगा।

अनु. 190(3) के अनुसार, यदि राज्य के विधानमंडल के किसी सदन का सदस्य–

(क) अनु. 191 के खंण्ड (1) या खण्ड (2) में वर्णित किसी अयोग्यता से ग्रस्त हो जाय या,

(ख) अध्यक्ष या सभापति को सम्बोधित (विधानसभा का सदस्य है तो अध्यक्ष को, यदि विधानपरिषद का सदस्य है तो सभापति को) अपने हस्ताक्षर सहित लेख द्वारा अपनी सदस्यता को त्याग देता है और उसका त्यागपत्र स्वीकार कर लिया जाता है, तो ऐसी दशा में उसका स्थान रिक्त हो जाएगा, लेकिन यदि त्यागपत्र स्वैच्छिक नहीं है या फर्जी होने की संभावना दिखाई दे तो यथास्थिति, अध्यक्ष या सभापति उस त्यागपत्र को स्वीकार नहीं करेगा।

अनु. 190(4) के अनुसार, यदि किसी राज्य के विधानमंडल के किसी सदन का सदस्य 60 दिन की अवधि तक सदन की आज्ञा के बिना उसके सभी अधिवेशनों से अनुपस्थित रहता है तो सदन उसके स्थान को रिक्त घोषित कर सकेगा, परंतु 60 दिन की उक्त अवधि की गणना करने में किसी ऐसी अवधि को गणना में शामिल नहीं किया जाएगा जिसके दौरान सदन का सत्रावसान रहा हो या सदन निरंतर 4 या अधिक दिनों के लिए स्थगित रहा हो।

कुछ अन्य दशाएँ, जिनमें विधानमंडल के सदस्य सदस्यता खो देंगें (अनु. 191)

अनु. 190 में उन स्थितियों का वर्णन है जिनमें कोई वर्तमान विधानमंडल सदस्य अपनी सदस्यता खो देगा, और इस अनुच्छेद में आने वाली दशाओं के सम्बन्ध में विधानमंडल को कानून बनाने या निर्णय करने का अधिकार है। लेकिन अनु. 191 में उन स्थितियों का वर्णन है जिनसे ग्रस्त होने पर कोई भी व्यक्ति विधानमंडल के किसी भी सदन का चुनाव ही नहीं लड़ सकता और यदि कोई वर्तमान विधानमंडल सदस्य भी इन दशाओं से ग्रस्त हो जाय तो उसे सदन की

सदस्यता त्याग देनी होगी। अनु. 191 में वर्णित अयोग्यता/निरर्हता से ग्रस्त होने या न होने का निर्णय राज्यपाल करता है।

अनु. 191 में वर्णित दशाएँ इस प्रकार हैं–

अनु. 191(1) के अनुसार, यदि विधानमंडल का कोई सदस्य,

(क) भारत सरकार या किसी राज्य सरकार द्वारा दिए गए किसी ऐसे पद को ग्रहण कर लिया है जिसे राज्य विधानमंडल नें 'लाभ का पद' घोषित कर रखा है,

(ख) पागल है, या ऐसी घोषणा किसी सक्षम न्यायालय ने उसके सम्बन्ध में की हो,

(ग) दिवालिया हो जाय,

(घ) भारत का नागरिक नहीं रह जाता या उसनें किसी विदेशी राज्य की नागरिकता स्वेच्छा से ग्रहण कर ली हो या किसी विदेशी राज्य के प्रति निष्ठा का वचन दे दिया हो,

(ङ.) संसद द्वारा बनाई गयी किसी विधि द्वारा या उसके अधीन इस प्रकार अयोग्य घोषित कर दिया गया हो,

तो वह विधानमंडल का सदस्य नहीं रह जाएगा।

अनु. 191(2) के अनुसार, कोई व्यक्ति राज्य विधानमंडल के किसी सदन का सदस्य होने के लिए अयोग्य माना जाएगा यदि वह संविधान की 10वीं अनुसूची में वर्णित दल-बदल कानून द्वारा दोषी ठहरा दिया जाय।

अनु. 191(1) में वर्णित किसी अयोग्यता से ग्रस्त होने या न होन का निर्णय राज्यपाल करेगा और ऐसा करते समय उसे निर्वाचन आयोग की सलाह लेनी होगी तथा वह ऐसी सलाह के अनुसार काम करेगा। राज्यपाल का इस संदर्भ में निर्णय अंतिम होगा (अनु. 192)।

अनु. 191(2) में वर्णित अयोग्यता के प्रश्न का निर्धारण विधान सभा का अध्यक्ष करेगा।

बिना शपथ लिए विधानमंडल की कार्यवाही में भाग लेने पर प्रतिबन्ध

अनु. 188 के अनुसार विधानमंडल के किसी सदन हेतु निर्वाचित या मनोनीत हो जाने के बाद भी कोई व्यक्ति सम्बंधित सदन में अपना स्थान तब तक ग्रहण नहीं करेगा जबतक कि वह राज्यपाल या उनकी अनुपस्थिति

में इस निमित्त नियुक्त प्राधिकारी से शपथग्रहण न कर ले।

यदि कोई सदस्य शपथ ग्रहण किए बिना या यह जानते हुए भी कि वह सदन की सदस्यता से वंचित कर दिया गया है या उसे राज्य विधानमंडल या संसद द्वारा बनाए गए किसी कानून द्वारा सदन की कार्यवाही में भाग लेने से वंचित कर दिया गया है, फिर भी ऐसा कोई व्यक्ति सदन के सदस्य के रूप में बैठता है, या मतदान करता है तो वह **प्रतिदिन के लिए, जबतक वह इस प्रकार बैठता है या मत देता है, 500रु. प्रतिदिन के दंड का भागी होगा जो राज्य को देय ऋण के रूप में वसूला जाएगा। (अनु. 193)। इस संदर्भ में संसद में भी 500 रु. प्रतिदिन का ही दंड निर्धारित है। वास्तव में इस राशि को बढ़ाने या दंड को कठोर करने की आवश्यकता है अन्यथा कभी भी किसी महत्वपूर्ण विधेयक के भाग्य को प्रभावित किया जा सकता है।**

विधानमंडल में सामान्य विधेयकों के प्रस्तुत और पारित होने की प्रक्रिया

सामान्य विधेयक विधानमण्डल के किसी भी सदन में प्रस्तुत किया जा सकता है। यदि कोई सामान्य विधेयक विधानसभा से पारित होने के बाद विधान परिषद में भेजा जाता है और विधानपरिषद को भेजे जाने के पश्चात्

(क) विधानपरिषद द्वारा विधेयक अस्वीकार कर दिया जाता है, या

(ख) विधानपरिषद के समक्ष विधेयक रखे जाने की तिथि से 3 माह का समय बीत चुका है और विधेयक पारित नहीं हुआ है **(3 माह के समय की गणना उस दिन से की जाएगी, जब विधेयक को विधानपरिषद में प्रस्तुत किया गया था, उस दिन से नहीं की जाएगी जब विधानसभा ने भेजा था),**

(ग) विधान परिषद ने विधानसभा द्वारा भेजे गए विधेयक में कतिपय संशोधन कर दिए हों,

तो उपरोक्त तीनों ही स्थितियों में विधान परिषद उस विधेयक को पुनः विधानसभा को भेज देगी। यदि विधानसभा उसी सत्र में या अगले सत्र में विधानपरिषद द्वारा सुझाए गए या किए गए संशोधनों के बिना उस विधेयक को पुनः पारित कर देती है तो इस प्रकार दुबारा पारित विधेयक पुनः विधानपरिषद की स्वीकृति हेतु भेजा जाएगा और यदि पुनः

(क) विधानपरिषद द्वारा विधेयक अस्वीकार कर दिया जाता है, या

(ख) विधानपरिषद में विधेयक रखे जाने की तिथि से, 1 मास का समय बीत गया है और विधेयक पारित नहीं हुआ है,

(ग) विधानपरिषद ने उसमें पुनः कुछ ऐसे संशोधन सुझाएँ हो जिनसे विधानसभा असहमत हो,

तो उपरोक्त तीनों ही दशाओं में विधेयक राज्य विधानमंडल के दोनों सदनों द्वारा पारित समझा जाएगा जिस रूप में दूसरी बार विधानसभा ने पारित किया था **अर्थात् विधानपरिषद किसी विधेयक के पारित होने में अधिकतम 4 माह का विलम्ब कर सकती है और विधेयक प्रायः विधानसभा द्वारा तैयार किए गए या स्वीकार किए गए प्रारूप में ही पारित हो जाता है राज्य विधानमंडल के दोनों सदनों में असहमति की दशा में संयुक्त बैठक का प्रावधान नहीं है अतः विधानसभा ही विधेयकों के जीवन का निर्णय करती है।**

यदि कोई विधेयक पहले विधानपरिषद में प्रस्तुत किया गया है और वहाँ से पारित होने के बाद वह विधानसभा में पहुँचता है और यदि विधानसभा उस विधेयक को पारित कर देती है तो वह विधेयक राज्यपाल के पास भेजा जाएगा और पुनः उसकी स्वीकृति के बाद वह विधेयक विधि/कानून बन जाएगा। लेकिन यदि विधानपरिषद द्वारा पारित विधेयक को विधानसभा अस्वीकार कर दे या उसमें कोई ऐसा संशोधन करे जिससे विधानपरिषद असहमत हो जाय तो वह विधेयक तुरंत समाप्त हो जाएगा। विधानपरिषद में प्रारंभ हुए विधेयक पर क्रमशः 3 माह और 1 माह के प्रावधान लागू नहीं होते। राज्यसभा के विधेयक से असहमति की दशा में संसद के दोनों सदनों की संयुक्त बैठक आहूत की जाती है, लेकिन राज्यों के विधानमंडल के सम्बन्ध में यह प्रावधान नहीं है, क्योंकि विधानपरिषद राज्यसभा की भाँति कोई स्थायी सदन नहीं है उसका उत्सादन व सृजन किया जा सकता है।

वस्तुतः संविधान निर्माताओं ने विधानपरिषद को केवल एक सलाहकारी सदन माना था। संविधान निर्माताओं ने राज्य विधानमंडल को शक्तियाँ देने में ब्रिटिश पार्लियामेन्ट ऐक्ट, 1911 का प्रारूप अपनाया, जिसमें द्वितीय या उच्च सदन को जनता के प्रतिनिधि सदन के सामने झुकना ही पड़ता है। इस ऐक्ट के अनुसार उच्च सदन विधेयक को पारित करने में केवल कुछ विलंब कर सकता है, वह

निम्न या प्रथम सदन के कार्य में बाधा नहीं डाल सकता।

धन विधेयकों के सम्बन्ध में विशेष प्रक्रिया (अनु. 198)

धन विधेयक पहले विधानसभा में ही प्रस्तुत किया जाएगा, विधान परिषद में नहीं। यदि विधानमण्डल दो सदनीय है तो विधानसभा द्वारा पारित किए जाने के बाद धन विधेयक विधानपरिषद को भेजा जाएगा और विधानपरिषद धन विधेयक प्राप्त होने के बाद 14 दिन के भीतर या तो विधेयक से सहमत होकर उसे पारित कर देगी और यदि वह उसमें कुछ संशोधन चाहती है तो उन संशोधनों के साथ विधेयक को पारित करेगी या यदि वह विधेयक से पूरी तरह असहमत है तो विधेयक को अस्वीकार कर देगी।

विधानपरिषद द्वारा पारित होकर धन विधेयक पुनः विधानसभा में जाएगा। यदि विधानपरिषद द्वारा किए गए संशोधन से विधानसभा सहमत है तो विधेयक उस रूप में पारित समझा जाएगा जिस रूप में विधानपरिषद ने पारित किया था। यदि विधानसभा, धन विधेयक में विधानपरिषद द्वारा किए गए संशोधन से सहमत नहीं है तो विधेयक उस रूप में पारित समझा जाएगा जिस रूप में पहली बार विधानसभा ने पारित किया था। यदि विधानपरिषद ने धन विधेयक को 14 दिन के भीतर न तो पारित किया और न ही लौटाया, तो ऐसी दशा में 14 दिन के बाद, वह धन विधेयक दोनों सदनों द्वारा उसी रूप में पारित हुआ मान लिया जाएगा, जिस रूप में वह विधानसभा द्वारा पारित हुआ था।

धन विधेयक की परिभाषा और तत्सम्बन्धी प्रावधान

अनु. 199(1) के अनुसार, निम्नलिखित सभी या किन्हीं विषयों से सम्बन्धित उपबन्ध वाले विधेयक धन विधेयक होंगे:

(क) किसी कर का अधिरोपण (कर लगाना), उत्सादन (कर को समाप्त करना) परिहार (किसी कर का कुछ समय के लिए स्थगित करना), परिवर्तन (कर में कमी या वृद्धि) या विनियमन,

(ख) राज्य द्वारा धन उधार लेने का या कोई गारंटी देने का नियम बनाना अथवा राज्य द्वारा अपने ऊपर ली गयी वित्तीय जिम्मेदारियों से सम्बंधित कानून का संशोधन,

(ग) राज्य की संचित निधि या आकस्मिक निधि की रक्षा, ऐसी किसी

निधि में धन जमा करना, या उसमें से धन निकालना,

(घ) राज्य की संचित निधि में से धन का विनियोग,

(ड.) किसी व्यय को राज्य की संचित निधि पर भारित घोषित करना, या ऐसे किसी व्यय की राशि को बढ़ाना,

(च) राज्य की संचित निधि या राज्य के लोक लेखों के लिए धन प्राप्त करना अथवा ऐसे धन की अभिरक्षा या उसका निर्गमन, या

(छ) उपरोक्त खण्ड (क) से (च) तक में वर्णित किसी विषय का आनुषंगिक कोई विषय।

उपरोक्त वर्णित (क) से (च) तक के प्रावधानों से सम्बंधित कोई विधेयक राज्यपाल की सिफारिश से ही विधानसभा में प्रस्तुत किया जाएगा। परंतु किसी कर को घटाने या समाप्त करने का उपबंध करने वाले किसी संशोधन के प्रस्ताव हेतु इस खण्ड के अधीन राज्यपाल की पूर्व अनुमति की आवश्यकता नहीं होती।

कोई भी विधेयक केवल इस कारण धन विधेयक नहीं समझा जाएगा कि वह जुर्मानों या अन्य, धन सम्बन्धी दंड के आरोपण का या अनुज्ञाप्तियों के लिए फीसों का या ली गयी सेवाओं के लिए फीसों की माँग का या उनके संदाय का उपबंध करता है अथवा केवल इस कारण धन विधेयक नहीं समझा जाएगा कि वह किसी स्थानीय प्राधिकारी या निकाय द्वारा स्थानीय प्रयोजनों के लिए किसी कर का अधिरोपण, उत्सादन, परिहार, परिवर्तन या विनियमन का उपबंध करता है (अनु. 199(2))।

यदि यह प्रश्न उठता है कि विधेयक धन विधेयक है या नहीं तो इसका निर्धारण विधानसभा का अध्यक्ष करेगा और उसका निर्णय अंतिम होगा। जब धन विधेयक विधानसभा से पारित होकर विधानपरिषद में भेजा जाता है या जब दोनों सदनों द्वारा पारित होकर वह राज्यपाल के पास भेजा जाता है तो दोनों ही बार विधेयक के साथ विधानसभा के अध्यक्ष का हस्ताक्षर सहित प्रमाणपत्र संलग्न होता है कि यह धन विधेयक है।

सदन के सत्रावसान या विघटन का विधेयकों पर प्रभाव (अनु. 196)

किसी राज्य के विधानमंडल (विधानसभा एवं विधानपरिषद दोनों में) में लंबित विधेयक सदन या सदनों के सत्रावसान के कारण व्यगत/समाप्त नहीं होंगें।

किसी राज्य के विधानपरिषद में लंबित विधेयक, जिसको विधानसभा ने पारित नहीं किया है, विधानसभा के विघटन पर व्यगत/समाप्त नहीं होगा।

कोई भी विधेयक जो राज्य की विधानसभा में लंबित है या जो विधानसभा द्वारा पारित कर दिया गया है और विधानपरिषद में लंबित है, विधानसभा के विघटन पर समाप्त हो जाएगा।

विधेयक और राज्यपाल (अनु. 200)

जब कोई विधेयक राज्य विधानमंडल द्वारा (यदि एक सदनीय है तो विधानसभा द्वारा तथा यदि दो सदनीय है तो विधानसभा एवं विधानपरिषद द्वारा) पारित कर दिया जाता है तो उसे राज्यपाल के समक्ष प्रस्तुत किया जाता है क्योंकि राज्यपाल भी विधानमण्डल का एक हिस्सा है। यदि राज्यपाल विधेयक के प्रावधानों से संतुष्ट है तो वह उस विधेयक पर अपनी अनुमति दे देता है और वह विधेयक विधि/कानून बन जाता है। यदि वह विधेयक के प्रावधानों से असहमत है तो वह उसे उस सदन को लौटा देता है जहाँ वह विधेयक प्रथम बार प्रस्तुत किया गया था। विधानमंडल को विधेयक लौटाते समय (पुनर्विचार हेतु लौटाते समय) राज्यपाल यदि चाहे तो उस विधेयक में जिन बिन्दुओं पर वह परिवर्तन चाहता है, उसका उल्लेख भी कर सकता है। यदि विधानमंडल उसके द्वारा संकेत किए गए संशोधनों की वांछनीयता पर विचार करके उस विधेयक को पुनः पारित कर देता है तो राज्यपाल को इस प्रकार दुबारा पारित किए विधेयक पर अपनी अनिवार्य सहमति देनी पड़ेगी। परंतु एक तीसरी स्थिति यह है कि, जिस विधेयक के विधि बनने पर राज्यपाल की दृष्टि में, उच्च न्यायालय की शक्तियाँ कम होंगी या उसके अधिकारों में ऐसी कमी होगी, जिससे कि वह अपनी संविधान सम्मत भूमिका का निर्वाह नहीं कर पाएगा, उस विधेयक पर राज्यपाल अपनी स्वीकृति नहीं देगा और उसे राष्ट्रपति के विचार हेतु आरक्षित कर देगा।

विधेयक और राष्ट्रपति (अनु. 201) :

जब कोई विधेयक राज्यपाल द्वारा राष्ट्रपति के विचारार्थ आरक्षित कर दिया जाता है तो उस विधेयक पर राज्यपाल की भूमिका वहीं समाप्त हो जाती है, फिर राष्ट्रपति ही यह निर्णय लेता है कि, उस विधेयक पर अनुमति दी जाय या नहीं।

राज्य विधानमंडल द्वारा पारित होकर जब कोई विधेयक राष्ट्रपति के

पास पहुँचता है तो वह या तो उसे स्वीकृति दे देगा जिससे वह विधेयक कानून का रूप धारण कर लेता है। राष्ट्रपति यदि विधेयक के प्रावधानों से असहमत है तो वह राज्यपाल को यह निर्देश दे सकेगा कि राज्य विधानमण्डल विधेयक पर पुनर्विचार करे। राष्ट्रपति चाहे तो विधेयक के उन प्रावधानों के बारे में स्पष्ट संकेत या उल्लेख कर दे जिसमें वह परिवर्तन चाहता है। जब कोई विधेयक राष्ट्रपति द्वारा इस प्रकार पुनर्विचार हेतु लौटा दिया जाता है तो 6 माह के भीतर विधानमण्डल विचार-विमर्श करके उस विधेयक को राष्ट्रपति द्वारा सुझाए गए संशोधनों के साथ या बिना उसके पारित करेगा जैसा कि वह उचित समझेगा (**ध्यान रहे जब राज्यपाल किसी विधेयक को पुनर्विचार हेतु वापस करता है तो इस बात की समय सीमा नहीं है कि विधानमंडल कितने समय के भीतर विधेयक पर पुनर्विचार करेगी, लेकिन जब राष्ट्रपति किसी विधेयक को विधानमंडल में पुनर्विचार हेतु भेजता है तो विधानमण्ल को 6 माह के भीतर ही पुनर्विचार करके उसे पारित करना होगा, तथा राष्ट्रपति के पास भेज देना होगा। यदि 6 माह के भीतर ऐसा नहीं होता तो वह विधेयक समाप्त मान लिया जाएगा**)। पुनर्विचारोपरान्त पारित विधेयक राष्ट्रपति के समक्ष प्रस्तुत किया जाएगा। यदि राष्ट्रपति उस विधेयक पर अनुमति दे देता है तो वह कानून बन जाता है और यदि अनुमति नहीं देता है तो वह विधेयक वहीं समाप्त हो जाएगा। **इस प्रकार, भारत के राष्ट्रपति को राज्य विधानमण्डल द्वारा पारित विधेयक के संदर्भ में पूर्ण निषेधाधिकार की शक्ति (Absolute veto) प्राप्त है।**

प्राय: जब राष्ट्रपति किसी विधानमंडल को कोई विधेयक पुनर्विचार हेतु वापस लौटाता है तो वह विधानमंडल उसके सुझावों का स्वागत करते हुए उक्त विधेयक में यथोचित परिवर्तन कर लेता है, लेकिन यदि परिवर्तन नहीं हुआ रहता है तो राष्ट्रपति ऐसे विधेयकों पर अपनी स्वीकृति देने हेतु बाध्य नहीं है। जब राष्ट्रपति ऐसे विधेयकों को स्पष्ट शब्दों में अपनी अनुमति देने से इनकार कर देता है तो वह 'पूर्ण निषेधाधिकार' कहलाता है।

कभी-कभी ऐसे उदाहरण भी मिलते हैं। जहाँ पर राज्यपाल द्वारा राष्ट्रपति के विचारों हेतु आरक्षित विधेयकों को राष्ट्रपति ने निरंतर अपने पास रोके रखा और ऐसा करके उन्होनें '**पॉकेट वीटो**' का प्रयोग किया। उदाहरणतया पश्चिम बंगाल विधानसभा ने 1969 में औद्योगिक मजदूरों से सम्बंधित

विधेयक पास किया था। उसे राष्ट्रपति ने लगभग 12 वर्षों तक अपनी अनुमति नहीं दी। इसी प्रकार पश्चिम बंगाल भूमि सुधार संशोधन विधेयक 1981 को भी राष्ट्रपति ने 4 वर्ष तक अपनी अनुमति नहीं दी। इससे यह सिद्ध होता है कि, संघीय सरकार ने इस अनुच्छेद का प्रयोग करके उन राज्य सरकारों को, जहाँ पर विपक्ष की सरकार है, किसी भी विधेयक के पास होने में रुकावट डाल सकती है। इसी कारण से राजमन्नार समिति ने अनु. 200 या 201 को (राष्ट्रपति द्वारा राज्य विधानमण्डल द्वारा पारित विधेयकों को अनुमति देने वाले प्रावधान) संविधान से निकाल देने की माँग की थी। लेकिन सरकारिया आयोग ने यह सिफारिश की है कि, इन अनुच्छेदों को संविधान में तो रखा जाय, परन्तु जब कभी राष्ट्रपति किसी एक विधेयक को अनुमति नहीं देना चाहता तो वह उसकी सूचना राज्यों को दे दे।[13]

राज्य की संचित निधि पर भारित होने वाले व्यय (अनु. 202):

अनु. 202(3) के अनुसार, निम्नलिखित व्यय प्रत्येक राज्य की संचित निधि पर भारित व्यय होगा-

(क) राज्यपाल की उपलब्धियाँ, भत्ते तथा उसके पद से सम्बंधित अन्य, व्यय,

(ख) विधानसभा के अध्यक्ष तथा उपाध्यक्ष एवं विधानपरिषद के सभापति एवं उपसभापति (यदि विधानपरिषद हो तब),

(ग) ऐसे ऋण एवं उससे जुड़े ब्याज आदि, जिसका भार राज्य सरकार पर है,

(घ) उच्च न्यायालय के न्यायाधीशों के वेतन, भत्ते एवं अन्य व्यय (इस संदर्भ में यह ध्यातव्य रहे कि इनकी पेंशन केंद्र की संचित निधि पर भारित है),

(ङ.) किसी न्यायालय के या माध्यस्थम् अधिकरण के निर्णय, डिक्री या पंचाट की तुष्टि के लिए अपेक्षित राशियाँ,

(च) कोई ऐसा अन्य व्यय जो इस संविधान द्वारा या राज्य के विधानमण्डल द्वारा कानून बनाकर राज्य की संचित निधि पर भारित घोषित किया गया हो।

उपरोक्त वर्णित संचित निधि पर भारित व्यय से सम्बंधित विधेयक राज्य की विधानसभा में प्रस्तुत होंगे तथा उन पर चर्चा भी होगी, लेकिन उस व्यय पर मतदान नहीं होगा (अनु. 203(1))।

विधानमण्डल में बजट पारित होने की प्रक्रिया:

अनु. 202(1) के अनुसार, राज्यपाल प्रत्येक वित्तीय वर्ष के सम्बन्ध में राज्य के विधानमण्डल के सदन या सदनों के समक्ष उस राज्य का बजट (उस वर्ष के लिए प्राक्कलित/संभावित आय और व्यय का विवरण) अर्थात् 'वार्षिक वित्तीय विवरण' प्रस्तुत कराएगा।

प्रत्येक वित्तीय वर्ष की आय-व्यय का लेखा-जोखा अर्थात् बजट जब प्रस्तुत किया जाता है तो उसमें दो प्रकार के व्ययों का वर्णन होता है-

(क) संविधान द्वारा राज्य की संचित निधि पर भारित व्यय के रूप में वर्णित व्यय की पूर्ति हेतु अपेक्षित धन राशियाँ,

(ख) राज्य की संचित निधि से किए जाने वाले 'अन्य व्यय' की पूर्ति हेतु अपेक्षित धनराशि,

ये दोनों बजट में पृथक-पृथक दिखाए जाएंगे।

जो व्यय संचित निधि पर संविधान द्वारा भारित व्यय घोषित किया गया है, उस पर विधानसभा में चर्चा तो होगी, लेकिन मतदान नहीं होगा। लेकिन 'अन्य व्यय' (यद्यपि यह व्यय भी संचित निधि से ही किया जाएगा), से सम्बन्धित या उस शीर्षक के अन्तर्गत वर्णित किसी माँग को अनुमति देने या देने से इनकार करने की शक्ति या उस व्यय हेतु माँगी गयी राशि में कटौती करने का अधिकार विधानमंडल को होगा। 'अन्य व्यय' शीर्षक के अन्तर्गत आने वाली माँग 'अनुदान की माँग' के रूप में तथा संचित निधि में से किए जाने वाले व्यय भी 'अनुदान की माँग' के रूप में प्रस्तुत होंगे। कोई भी 'अनुदान की माँग' राज्यपाल की अनुमति से ही विधानसभा में प्रस्तुत की जाएगी।

संचित निधि से लिए जाने वाले धन को 'विनियोग विधेयक' के द्वारा ही आहरित या निकाला जा सकता है। विनियोग विधेयक द्वारा ही अनु. 205 (अनुपूरक, अतिरिक्त तथा अधिक अनुदान)[14] तथा 206 (लेखानुदान, प्रत्ययानुदान एवं अपवादानुदान)[15] में आने वाले व्यय की राशि भी प्राप्त की जाएगी। यदि विनियोग विधेयक पारित होने में विलंब हो रहा है तो धन का त्वरित प्रबंधन करने हेतु सदन या सदनों द्वारा लेखानुदान पारित किया जा सकता है।

राज्यपाल की अध्यादेश निकालने की शक्ति (अनु. 213)

जब विधानसभा का सत्र नहीं चल रहा हो, या द्वि-सदनीय विधानमण्डल वाले राज्य में कोई एक सदन का सत्र चल रहा हो तथा दूसरा सदन नहीं चल रहा हो, या दोनों सदनों का सत्र नहीं चल रहा हो तो ऐसे समय में यदि किसी परिस्थितिवश किसी कानून की तुरंत आवश्यकता पड़ जाय तो राज्यपाल अध्यादेश प्राख्यापित कर सकता है जिससे कि उस कानून की पूर्ति हो सके। अध्यादेश किसी आकस्मिक कानून निर्माण की आवश्यकता का त्वरित उपचार है लेकिन कोई भी अध्यादेश तभी जारी किया जाता है जब विधानमण्डल का सत्र न चल रहा हो (द्वि-सदनीय विधानमंडल वाले राज्य में यदि किसी एक सदन का सत्र नहीं चल रहा हो तथा दूसरे सदन का सत्र चल रहा हो तो भी कानून का निर्माण नहीं हो सकता, क्योंकि कोई भी विधेयक, विधि का रूप तभी धारण करता है जब वह दोनों सदनों द्वारा पारित कर दिया जाय अतः ऐसी दशा में जब केवल एक सदन का सत्र चल रहा हो तब भी राज्यपाल अध्यादेश जारी कर सकता है (अनु. 213(1))।

अध्यादेश जारी होने के पश्चात् जब कभी विधानमंडल का सत्र बुलाया जाएगा तो 6 सप्ताह के भीतर उस अध्यादेश द्वारा बनाए गए कानून का अनुमोदन सदन या सदनों में कराना होगा, यदि किसी भी कारण से 6 सप्ताह के भीतर अनुमोदन नहीं होता है तो वह अध्यादेश निष्प्रभावी हो जाएगा। चूँकि विधानमण्डल के दो सत्र के बीच 6 माह से अधिक का अंतराल नहीं होना चाहिए, अतः कोई भी अध्यादेश अधिकतम साढ़े सात माह तक ही प्रभावी रह सकता है यदि विधानमंडल से उसका अनुमोदन न हो तब। राज्यपाल अपने द्वारा जारी किसी भी अध्यादेश को साढ़े सात माह के भीतर कभी भी वापस ले सकते हैं। **द्वि-सदनीय विधानमण्डल वाले राज्यों में यदि दोनों सदन भिन्न-भिन्न तिथियों को आहूत किए जाते हैं तो 6 सप्ताह के अवधि की गणना बाद में आहूत किए गए सदन की तिथि से की जाएगी।**

राज्यपाल की अध्यादेश निकालने की शक्ति पर निम्नलिखित सीमाएँ भी हैं

अनु. 213 (1) (क)के अनुसार, राष्ट्रपति के आदेश के बिना, राज्यपाल कोई भी ऐसा अध्यादेश नहीं निकाल सकता, जिससे संबंधित उपबन्धों वाले विधेयक को विधानमण्डल में प्रस्तुत किए जाने के पूर्व राष्ट्रपति की मंजूरी/स्वीकृति आवश्यक हो।

अनु. 213(1) (ख) के अनुसार, राज्यपाल ऐसा कोई भी अध्यादेश नहीं निकाल सकता, जिसके प्रावधानों से युक्त विधेयक राष्ट्रपति के विचार के लिए आरक्षित करना वह आवश्यक समझे।

अनु. 213(1) (ग) के अनुसार, राज्यपाल ऐसा कोई अध्यादेश जारी नहीं कर सकता है जिसके प्रावधान वाले विधेयक विधानमंडल द्वारा पारित होने पर भी राष्ट्रपति की अनुमति के बिना पारित नहीं समझे जाते हों।

सन्दर्भ

1. लोकसभा डिबेट्स वॉल्यूम 45, नंबर 1–10, 19 नवंबर 1970, कॉलम 390
2. प्रशासनिक सुधार आयोग ने यह सिफारिश की है कि यदि विधानसभा के 40 प्रतिशत सदस्य राज्यपाल से लिखित रूप से सत्र बुलाने की माँग करें तो उसे यह अधिकार होना चाहिए कि वह मंत्रिमंडल की सिफारिश के बिना भी सत्र बुलाए। दि हिन्दुस्तान टाइम्स, 29 जून, 1968, पृ. 14 है)।
3. संविधान सभा वाद-विवाद, खण्ड, 8, पृ. 107।
4. सीवाच, वही, पृ. 162–163।
5. सीवाच, वही, पृ. 163।
6. सीवाच, वही, पृ. 163–164।
7. सईद अब्दुल बनाम पश्चिम बंगाल विधानमंडल, ए. आई. आर. 1966, कलकत्ता, 363।
8. दि स्टेट्समैन, 15 अप्रैल 1972, पृ. 9।
9. सीवाच, वही, पृ. 168–69।
10. सीवाच, वही, पृ. 172–73।
11. सीवाच, वही, पृ. 173।
12. सीवाच, वही, पृ. 174।
13. सीवाच, भारत की राजनीतिक व्यवस्था, हरियाणा साहित्य अकादमी, चंडीगढ़, 1992, पृष्ठ 298।
14. '14' तथा '15' का वर्णन पीछे संघीय व्यवस्थापिका (संसद) वाले अध्याय में किया गया है।

13

राज्यों में न्यायपालिका (उच्च न्यायालय)

संविधान के अनु. 214 के अनुसार, प्रत्येक राज्य का एक उच्च न्यायालय होता है, जिसे इकाई राज्य की न्यायिक प्रणाली में शीर्ष स्थान प्राप्त है। संसद को यह अधिकार होगा कि वह कानून द्वारा दो या दो से अधिक राज्यों के लिए और किसी केन्द्र शासित प्रदेश के लिए एक ही उच्च न्यायालय की स्थापना कर सकेगी (अनु. 231(1))। ऐसा इसलिए किया गया है कि, जिन प्रदेशों की जनसंख्या कम है या भौगोलिक क्षेत्रफल कम है वहाँ इस प्रकार के दो छोटे प्रदेशों या केंद्र शासित प्रदेशों के लिए एक ही उच्च न्यायालय स्थापित करके धन के अपव्यय से बचा जा सके।

उच्च न्यायालय के न्यायाधीशों की संख्या संविधान में सुनिश्चित नहीं की गयी है। संविधान के अनु. 216 में लिखा है कि प्रत्येक उच्च न्यायालय मुख्य न्यायाधीश और ऐसे अन्य न्यायाधीशों से मिलकर बनेगा जिन्हें राष्ट्रपति समय-समय पर नियुक्त करना आवश्यक समझे अर्थात् न्यायाधीशों की संख्या में परिवर्तन राष्ट्रपति के विवेक पर निर्भर है। **राष्ट्रपति स्थायी एवं अस्थायी दोनों ही प्रकार के न्यायाधीशों की नियुक्ति उच्च न्यायालय में कर सकता है।**

यदि किसी उच्च न्यायालय के कार्य में आकस्मिक रूप से वृद्धि हो जाय, या उसके पास बहुत सारे बकाया कार्य लंबे समय से पड़े हो जो न्यायाधीशों की कमी के कारण निपटाए नहीं जा पा रहे हैं तो राष्ट्रपति ऐसी दशा में उस उच्च न्यायालय में अस्थायी रूप से न्यायाधीशों की संख्या बढ़ा सकता है। इस प्रकार जो भी व्यक्ति न्यायाधीश बनाया जाएगा, उसकी योग्यता उच्च न्यायालय में न्यायाधीश बनने की अवश्य होगी। **ऐसे न्यायाधीश 'अपर न्यायाधीश' कहे जाते हैं, इनकी नियुक्ति दो वर्ष हेतु ही की जाएगी (अनु. 224(1))।**

जब कभी कोई न्यायाधीश अनुपस्थिति के कारण या ऐसी दशा में जब वह अपने कर्त्तव्यों का पालन करने में किसी भी कारणवश असमर्थ है या मुख्य न्यायाधीश के रूप में अस्थायी रूप से कार्य करने के कारण जब किसी न्यायाधीश का पद खाली है और इससे न्यायालय का सामान्य कार्य प्रभावित हो रहा है तो ऐसी दशा में राष्ट्रपति सम्यक रूप से अर्हित किसी व्यक्ति को तबतक के लिए उस उच्च न्यायालय में न्यायाधीश के रूप में कार्य करने हेतु नियुक्त कर सकेगा जब तक कि स्थायी न्यायाधीश अपने कार्यभार को पुनः ग्रहण न कर ले (अनु. 224(2)। **इनका कार्यकाल अपर न्यायाधीश की भाँति (2वर्ष) निश्चित नहीं है लेकिन इस प्रकार के 'कार्यकारी न्यायाधीशों' तथा उपरोक्त वर्णित 'अपर न्यायाधीश' किसी भी दशा में 62 वर्ष की आयु तक ही पद धारण कर सकेंगे (अनु. 224(3)।**

राष्ट्रपति को उच्च न्यायालयों में 'कार्यकारी मुख्य न्यायाधीश' की भी नियुक्ति का अधिकार है। अनु. 223 में उल्लिखित है कि, जब किसी उच्च न्यायालय के मुख्य न्यायाधीश का पद रिक्त है या जब कोई मुख्य न्यायाधीश अनुपस्थिति के कारण या किसी अन्य कारण से अपना कार्यभार ग्रहण करने में असमर्थ है तो राष्ट्रपति उच्च न्यायालय के न्यायाधीशों में से किसी एक न्यायाधीश को (प्रायः वरिष्ठतम न्यायाधीश को) 'कार्यकारी मुख्य न्यायाधीश' के रूप में नियुक्त कर सकेगा।

अनु. 223 तथा 224 के अधीन की जाने वाली नियुक्तियाँ (अर्थात् कार्यकारी मुख्य न्यायाधीश की नियुक्ति एवं अपर तथा कार्यकारी न्यायाधीश की नियुक्ति) भारत के राष्ट्रपति द्वारा की जाती है, किन्तु किसी उच्च न्यायालय के सेवानिवृत्त न्यायाधीश को उच्च न्यायालय की बैठकों में शामिल करने हेतु बुलाने का अधिकार उच्च न्यायालय के मुख्य न्यायाधीश को होगा। अनु. 224 (क) के अनुसार, किसी राज्य के उच्च न्यायालय का मुख्य न्यायाधीश, किसी भी समय राष्ट्रपति की सहमति से, उसी राज्य के या किसी अन्य राज्य के उच्च न्यायालय के न्यायाधीश के रूप में कार्य कर चुके व्यक्ति से, उच्च न्यायालय में न्यायाधीश के रूप में बैठने तथा कार्य करने का अनुरोध कर सकेगा। ऐसे न्यायाधीशों की वही शक्तियाँ, अधिकारिता एवं विशेषाधिकार होंगे जो उच्च न्यायालय के अन्य न्यायाधीशों को प्राप्त हैं। लेकिन इनकी गिनती स्थायी न्यायाधीश के रूप में

नहीं की जाएगी। सेवानिवृत्त न्यायाधीशों की उच्च न्यायालय के न्यायाधीश के रूप में नियुक्ति तभी की जाएगी जब वे अपनी सहमति दे देगें।

उच्च न्यायालय में न्यायाधीश बनने के लिए योग्यता

अनु. 217 (2) के अनुसार, कोई व्यक्ति किसी उच्च न्यायालय में न्यायाधीश के रूप में नियुक्ति के लिए तभी अर्हित होगा जब वह, भारत का नागरिक हो और,

(क) भारत के राज्यक्षेत्र में कम-से-कम 10 वर्ष तक न्यायिक पद धारण कर चुका है, अथवा,

(ख) किसी उच्च न्यायालय का या ऐसे दो या अधिक न्यायालयों का लगातार कम-से-कम 10 वर्ष तक अधिवक्ता रहा हो।

कोई भी भारतीय नागरिक उपरोक्त (क) अथवा (ख) में कोई भी एक योग्यता रखने पर भारत में किसी भी उच्च न्यायालय का न्यायाधीश नियुक्त किया जा सकता है।

उपरोक्त (क) को स्पष्ट करते हुए यह कहा गया है कि भारत के राज्यक्षेत्र में न्यायिक पद धारण करनें की अवधि की गणना करते समय वह अवधि भी शामिल की जाएगी जिसके दौरान कोई व्यक्ति न्यायिक पद धारण करने के पश्चात् किसी उच्च न्यायालय का अधिवक्ता रहा हो अथवा उसने किसी अधिकरण के सदस्य के रूप में पद धारण किया है अथवा संघ या राज्य के अधीन कोई ऐसा पद धारण किया है जिसके लिए विधि का विशेष ज्ञान अपेक्षित है।

उपरोक्त (ख) को स्पष्ट करते हुए यह कहा गया है कि, भारत में किसी उच्च न्यायालय का अधिवक्ता रहने की अवधि की गणना करते समय वह अवधि भी शामिल की जाएगी जिसके दौरान कोई व्यक्ति अधिवक्ता रहने के पश्चात न्यायिक पद धारण किया है, अथवा किसी अधिकरण के सदस्य का पद धारण किया है, अथवा संघ या राज्य के अधीन कोई ऐसा पद धारण किया है, जिसके लिए विधि का विशेष ज्ञान अपेक्षित है।

न्यायाधीशों के नियुक्ति की प्रक्रिया

अनु. 217(1) के अनुसार, उच्च न्यायालय का प्रत्येक न्यायाधीश राष्ट्रपति द्वारा अपने हस्ताक्षर और मुद्रा सहित अधिपत्र द्वारा नियुक्त किया

जाएगा, ऐसा करने में राष्ट्रपति सर्वोच्च न्यायालय के मुख्य न्यायाधीश से, उस राज्य के राज्यपाल से तथा उस उच्च न्यायालय के मुख्य न्यायाधीश से परामर्श करेगा। राष्ट्रपति द्वारा नियुक्त कोई भी न्यायाधीश 62 वर्ष की आयु में सेवानिवृत्त हो जाएगा। मुख्य न्यायाधीश को निप्रन्त करने में राष्ट्रपति को राज्यपाल द्वारा दिए जाने वाले परामर्श का निर्धारण राज्य का मंत्रिमंडल करेगा या स्वयं राज्यपाल अपने विवेक से करेगा इस पर संविधान मौन है। यदि राज्यपाल राज्यमंत्रिमंडल थी सलाह के अनुसार राष्ट्रपति को परामर्श देगा तो यह उच्चन्यायालय अपने विवेक से परामर्श देगा तो सामान्यत: यह माना जाएगा कि उसने केन्द्र सरकार की इच्छा के अनुरूप काम किया है। यहाँ पूरा अवकाश पा सके। ध्यान रहे सर्वोच्च न्यायालय में किसी भी न्यायाधीश की नियुक्ति में राज्यपालया कार्यपालिका के किसी भी प्राधिकारी का हाथ नहीं है लेकिन राज्यों उच्चन्यायालयों के मुख्य न्यायाधीश को नियुक्त करने की प्रक्रिया के 'राजनीतिक दबाब' का शिकार होने की पर्याप्त संभावना है। संविधान का अनु. 50 कार्यपालिका में पृथक्करण की बात करता है, लेकिन मुख्यन्यायाधीश के नियुक्ति की प्रक्रिया में राज्यपाल के परामर्श को शामिल करने का प्रावधानइस अनुच्छेद की भावना के अनुकूल नहीं प्रतीत होता। इन्टरनेशनल कमीशन ऑफ ज्यूरिस्ट्स को भी हुई थी और विधिा आयोग की 14वीं रिपोर्ट में तो उच्च न्यायलय के न्यायाधीश के चयन की प्रक्रिया में कार्यपालिका के बढते अनुचित हस्तक्षेप को लेकर प्रश्न खड़े किए गए थे।

न्यायाधीशों द्वारा पदत्याग या उन्हें पद से हटाने की रीति

अनु. 217(1) (क) के अनुसार, उच्च न्यायालय का कोई भी न्यायाधीश राष्ट्रपति को सम्बोधित अपने हस्ताक्षर सहित लेख द्वारा अपना पद त्याग सकेगा। अनु. 217(1) (ख) के अनुसार, किसी भी उच्च न्यायालय के न्यायाधीशों को पद से हटाने की वही प्रक्रिया है जो सर्वोच्च न्यायालय के न्याय्राधीश को पद से हटाने के लिए वर्णित है। यह प्रक्रिया इस प्रकार है:

सर्वोच्च न्यायालय (इस संदर्भ में यहाँ इसे उच्च न्यायालय समझा जाना चाहिए) के किसी भी न्यायाधीश को उसके पद से तबतक नहीं हटाया जाएगा, जबतक 'सिद्ध कदाचार' या 'असमर्थता' के आधार पर संसद के प्रत्येक सदन द्वारा अपनी कुल सदस्य संख्या के बहुमत तथा उपस्थित एवं मतदान में भाग लेने वाले सदस्यों के दो-तिहाई बहुमत द्वारा समर्थित समावेदन

राष्ट्रपति के समक्ष उसी सत्र में रखे जाने पर राष्ट्रपति ने आदेश नहीं दे दिया है।

त्यागपत्र एवं महाभियोग द्वारा हटाए जाने पर कोई भी न्यायाधीश पद छोड़ देगा। न्यायाधीश का पद उस दशा में भी रिक्त माना जाएगा, जब राष्ट्रपति द्वारा किसी न्यायाधीश को किसी अन्य राज्य के उच्च न्यायालय में या सर्वोच्च न्यायालय में नियुक्त कर दिया जाता है (अनु. 217(1) (ग)। किसी न्यायाधीश का एक उच्च न्यायालय से किसी दूसरे राज्य के उच्च न्यायालय में स्थानांतरित करने के पूर्व राष्ट्रपति को सर्वोच्च न्यायालय के मुख्य न्यायाधीश से परामर्श करना होगा (अनु. 222(1)। त्यागपत्र एवं पद से हटाए जाने के प्रावधान स्थायी, अपर या कार्यकारी न्यायाधीश, सभी पर समान रूप से लागू होते हैं।

आयु के सम्बन्ध में विवाद (अनु. 217(3))

अनु. 217(3) के अनुसार, यदि उच्च न्यायालय के किसी न्यायाधीश की आयु के बारे में कोई प्रश्न उठता है या कोई विवाद उत्पन्न होता है **तो ऐसे प्रश्न या विवाद का निपटारा भारत का राष्ट्रपति सर्वोच्च न्यायालय के मुख्य न्यायाधीश से विचार-विमर्श करनें के पश्चात् करेगा और राष्ट्रपति का निर्णय अंतिम होगा। इस संबंध में उसे मंत्रिमंडल के परामर्श के अनुसार काम करने की आवश्यकता नहीं है।** यदि सर्वोच्च न्यायालय के न्यायाधीश की आयु के बारे में कोई प्रश्न उठता है तो उसका निर्णय संसद करेगी। **राष्ट्रपति के यह कार्य न्यायिक प्रकृति के हैं।**

शपथ या प्रतिज्ञान (अनु. 219)

अनु. 219 के अनुसार, उच्च न्यायालय का न्यायाधीश नियुक्त होने वाला प्रत्येक व्यक्ति अपना पद ग्रहण करने के पूर्व उस राज्य के राज्यपाल द्वारा या उसके द्वारा इस हेतु नामित व्यक्ति के समक्ष संविधान की तृतीय अनुसूची में इस प्रयोजन के लिए दिए गए प्रारूप के अनुसार, शपथ लेगा या प्रतिज्ञान करेगा और उस पर अपने हस्ताक्षर करेगा।

स्थायी न्यायाधीश रहने के बाद विधि व्यवसाय पर कुछ प्रतिबंध (अनु. 220):

किसी उच्च न्यायालय के स्थायी न्यायाधीश के रूप में पद धारण करनें के पश्चात् कोई भी न्यायाधीश सर्वोच्च न्यायालय तथा अन्य राज्यों के

उच्च न्यायालयों के अतिरिक्त भारत में कहीं भी किसी न्यायालय या किसी प्राधिकारी के समक्ष अभिवचन या कार्य (वकालत) नहीं करेगा। **ऐसा इसलिए किया गया है कि कोई न्यायाधीश अपने किसी पूर्व मित्र न्यायाधीश की मदद कर न्याय को प्रभावित न कर सके। किन्तु यह प्रतिबंध अपर तथा कार्यकारी न्यायाधीशों पर लागू नहीं होता है। सेवानिवृत्त न्यायाधीशों को विशेष दशाओं में उसी उच्च न्यायालय में न्यायाधीश के रूप में कार्य करने हेतु बुलाया जा सकता है (अनु. 224(क)।**

वेतन, भत्ते आदि (अनु. 221)

प्रत्येक उच्च न्यायालय के न्यायाधीशों के वेतन, भत्तों, अनुपस्थिति, छुट्टी, और पेंशन आदि के बारे में कानून संसद बनाएगी। इसका वर्णन द्वितीय अनुसूची में किया गया है। **सम्प्रति, उच्च न्यायालय के मुख्य न्यायाधीश को 90000 रू. तथा अन्य न्यायाधीशों को 80000 रू. प्रतिमाह वेतन मिलता है। वेतन-भत्ते उस राज्य की संचित निधि पर भारित होते हैं लेकिन सेवानिवृत्त होने के बाद उच्च न्यायालयों के न्यायाधीशों को मिलने वाली पेंशन केंद्र (भारत सरकार) की संचित निधि पर भारित होता है।** किसी भी न्यायाधीश के वेतन-भत्तों में, अनुपस्थिति, छुट्टी, और पेंशन आदि के सम्बन्ध में उसके अधिकारों में उसकी नियुक्ति के पश्चात् उसके लिए कोई अलाभकारी परिवर्तन नहीं किया जाएगा।

अभिलेख न्यायालय (अनु. 215)

भारत का प्रत्येक उच्च न्यायालय अभिलेख न्यायालय होता है जिसे अपने अपमान/अवमान हेतु दंड देने की शक्ति होती है। अभिलेख न्यायालय का यह तात्पर्य भी होता है कि, उसके निर्णय निचले न्यायालयों में उदाहरण स्वरूप प्रस्तुत किए जा सकते हैं तथा इसकी समस्त कार्यवाही लिखित रूप से होगी।

रिट निकालने की उच्च न्यायालय की शक्ति (अनु. 226)

अनु. 226, अनु. 32 के ही समान अधिकारिता प्रदान करता है **लेकिन अनु. 226 की अधिकारिता व्यापक है। जहाँ सर्वोच्च न्यायालय किसी व्यक्ति के केवल मूल अधिकारों के उल्लंघन पर ही अनु. 32 के अंतर्गत रिट जारी कर सकता है, वही उच्च न्यायालय मूल अधिकारों के उल्लंघन पर तो रिट जारी करेगा ही, वह संविधान के अन्य**

भागों/अनुच्छेदों से मिलने वाले विधिक/संवैधानिक अधिकारों का राज्य या किसी व्यक्ति द्वारा उल्लंघन होने पर भी ऐसे आदेश, निर्देश या रिट (जिसके अन्तर्गत बन्दी प्रत्यक्षीकरण, परमादेश प्रतिषेध, अधिकार पृच्छा तथा उत्प्रेषण की रिट शामिल है या उनमें से कोई) निकालने की शक्ति रखता है। अनु. 32 के अन्तर्गत सर्वोच्च न्यायालय सम्पूर्ण भारत में स्थित किसी भी प्राधिकारी या व्यक्ति के विरुद्ध इस प्रकार की रिट जारी कर सकता है जबकि उच्च न्यायालय अपनी भौगोलिक अधिकारिता के भीतर ही रिट जारी करेगा। उच्च न्यायालय उस परिस्थिति में भी रिट निकालने की शक्ति रखता है जब किसी प्राधिकारी के कार्य या आदेश का परिणाम उस उच्च न्यायालय की अधिकारिता सीमा के भीतर रहने वाले व्यक्ति को प्रभावित करता है, भले ही उस प्राधिकारी का निवास स्थान उस राज्य के उच्च न्यायालय की भौगोलिक सीमा के बाहर है।

उच्च न्यायालय का अधीनस्थ न्यायालयों पर नियंत्रण

भारतीय संघीय व्यवस्था में इकाई राज्यों की न्यायिक प्रणाली में शीर्षस्थ स्थान पर होने के कारण उच्च न्यायालय को अधीनस्थ न्यायालयों पर कतिपय प्रशासनिक नियंत्रण प्राप्त है। यह उच्च न्यायालय की अपीलीय अधिकारिता के अतिरिक्त है जैसे, अनु. 227 के अनुसार, प्रत्येक उच्च न्यायालय अपनी अधिकारिता शक्ति के अन्तर्गत आने वाले राज्य या राज्य क्षेत्रों के सभी न्यायालयों (सशस्त्र बलों से सम्बन्धित किसी न्यायालय या अधिकरण को छोड़कर) और अधिकरणों (न्यायिक अधि करणों) का अधीक्षण करेगा। ऐसा करने में उच्च न्यायालय अन्य न्यायालयों से विवरण मँगा सकेगा तथा उनकी सामान्य कार्यवाही के संचालन हेतु नियम बना सकेगा। वह अधीनस्थ न्यायालयों की फीसें भी निर्धारित कर सकता है। सर्वोच्च न्यायालय के एक निर्णय के अनुसार, **अनु. 227 के अधीन उच्च न्यायालयों को जो अधीक्षण की शक्ति मिली हुई है वह संविधान की मूल संरचना है जिसे संविधान में संशोधन करके भी नहीं छीना जा सकता है।**

अनु. 228 के अनुसार, यदि उच्च न्यायालय का यह समाधान हो जाता है कि उसके अधीनस्थ किसी न्यायालय में लंबित किसी मामलें में इस संविधान की व्याख्या के बारे में विधि का कोई सारवान प्रश्न निहित है जिसका समाधान उक्त मामले के निपटारे हेतु आवश्यक है तो वह उस मामले को अपने पास मँगा सकेगा। अपने पास मामले को मंगा लेने के बाद

या तो उच्च न्यायालय सम्पूर्ण मामले को स्वयं निपटा देगा या विधि के सारवान प्रश्न का समाधान करके अपने समाधान के निर्णय के प्रति सहित उस न्यायालय को लौटा सकेगा जहाँ से उसने वह मामला मँगा लिया था। फिर वह अधीनस्थ न्यायालय, उच्च न्यायालय के निर्णय के अनुरूप आगे कार्यवाही करेगा तथा मामले को निपटाएगा।

अधीनस्थ न्यायालयों के अधीक्षण की शक्ति केवल यह सुनिश्चित करने के लिए प्रदान की गयी है कि अधीनस्थ न्यायालय व न्यायाधिकरण अपनी अधिकारिता सीमा का उल्लंघन न करें।

अनु. 233 के अनुसार, किसी राज्य में जिला न्यायाधीश के पद की स्थापना, इस पद पर नियुक्ति एवं पदोन्नति, उस राज्य के राज्यपाल द्वारा संबंधित उच्च न्यायालय के परामर्श पर किया जाएगा।

अनु. 234 के अनुसार, राज्यपाल सम्बन्धित उच्च न्यायालय तथा राज्य लोक सेवा आयोग को परामर्श करने के पश्चात्, जिला न्यायाधीश के पद से भिन्न पदों पर नियुक्तियाँ कर सकेगा। ये नियुक्तियाँ राज्य की न्यायिक सेवा के अन्तर्गत आती हैं।

अनु. 235 के अनुसार, जिला न्यायालयों और उनके अधीनस्थ न्यायालयों का नियंत्रण (जिसके अन्तर्गत राज्य की न्यायिक सेवा के व्यक्तियों और जिला न्यायाधीश के पद से अवर (निम्न) किसी पद को धारण करने वाले व्यक्तियों की पदस्थापना, प्रोन्नति एवं उनको छुट्टी देना शामिल है) उच्च न्यायालय में निहित है।

उपरोक्त अनु. 233, 234 तथा 235 के संदर्भ में आए 'जिला न्यायाधीश' पद के अन्तर्गत निम्नलिखित शामिल हैं-

नगर सिविल न्यायालय का न्यायाधीश, अपर जिला न्यायाधीश, संयुक्त जिला न्यायाधीश, सहायक जिला न्यायाधीश, लघुवाद न्यायालय का मुख्य न्यायाधीश, मुख्य प्रेसीडेन्सी मजिस्ट्रेट, अपर मुख्य प्रेसीडेन्सी मजिस्ट्रेट, सेशन न्यायाधीश, अपर सेशन न्यायाधीश, और सहायक सेशन न्यायाधीश (अनु. 236 (क))।

उपरोक्त अनु. 234 तथा 235 में आए 'न्यायिक सेवा' पद में ऐसी सेवा शामिल है जो ऐसे व्यक्तियों से मिलकर बनती है जिनके द्वारा जिला न्यायाधीश के पद का और जिला न्यायाधीश के पद से अवर (निम्न) पदों का भरा जाना आशयित (तात्पर्यित) है, (अनु. 236(ख))।

उच्च न्यायालयों के न्यायाधीशों की स्वतंत्रता एवं निष्पक्षता बनाए रखने

हेतु सर्वोच्च न्यायालय ने अनेक बार आदेश-निर्देश सरकारों को (राज्यों की सरकारों तथा केन्द्र सरकार को) जारी किए हैं। इस संदर्भ में एक महत्वपूर्ण आदेश यह भी है कि उच्च न्यायालयों के न्यायाधीशों को जाँच आयोगों की अध्यक्षता न सौंपी जाए, क्योंकि इससे उनके ऊपर अनावश्यक दबाव पड़ सकता है, जिससे जाँच प्रभावित हो सकती है। इस बात की संभावना से इनकार नहीं किया जा सकता है कि सरकारें अपने पसंद की जाँच रिपोर्ट तैयार करने के लिए न्यायाधीश को प्रलोभन (पदोन्नति) दें।

देश में उच्च न्यायालयों में बढ़ते हुए मुकदमों की संख्या को देखते हुए 2002 ई. मे ही सर्वोच्च न्यायालय ने उच्च न्यायालयों के न्यायाधीशों की संख्या बढ़ाने को कहा था, लेकिन अब तक कोई कार्यवाही नहीं की जा सकी है। सम्प्रति, उच्च न्यायालयों में लंबित मुकदमों की कुल संख्या लगभग 38 लाख है। जबकि उच्च न्यायालयों में वर्तमान में कुल 887 न्यायाधीशों के पद है जिसमें से केवल 593 पद ही जनवरी 08 के अन्त तक भरे थे, शेष खाली ही हैं। इस सन्बन्ध में त्वरित कार्यवाही आवश्यक है।

14

संघात्मक व्यवस्था

संघवाद एक सामाजिक तथा राजनीतिक सिद्धान्त है जो अपनी वैयक्तिक पहचान को खोए बिना, पारस्परिक सहमति एवं विश्वास के आधार पर व्यक्तियों एवं संस्थाओं को संगठित करने पर बल देता है। ब्रिटेन तथा न्यू इंग्लैण्ड में, धर्मशास्त्रियों ने 17वीं सदी में (जिस सदी में यह शब्द अस्तित्व में आया) इसी धारणा को ग्रहण किया था। **वस्तुतः 'फेडरल' शब्द 1645 ई. में लैटिन शब्द 'फोएड्स (Foedus) से उद्भूत हुआ है जिसका अर्थ है 'संधि' या 'समझौता' या 'संविदा'।** इस शब्द के आरंभिक प्रयोगकर्ताओं (धर्मशास्त्रियों) के अनुसार, यह समझौता ईश्वर तथा मनुष्य के बीच हुआ है, जिसमें यह निर्धारित हुआ कि, मनुष्य ईश्वर द्वारा बताए गए मार्ग पर चलते हुए उसके आदेशों को स्वीकार करे और आपस में सहयोग व सामंजस्य के साथ जीवन बिताए। इस शब्द (फेडरल) को जर्मन तथा फ्रेंच समाजशास्त्रियों ने जब 19वीं सदी में प्रयोग किया तो इसे एक नया अर्थ प्रदान करते हुए कहा कि, समाज की रचना 'अधीनतापरक' के बजाय 'समन्वयकारी सिद्धान्तों' के आधार पर ही की जा सकती है। आधुनिक संघवाद की धारणा का उदय अपने राष्ट्रीयता के सिद्धान्तों को अक्षुण्ण बनाए रखने की लालसा के साथ ही अन्तर्राष्ट्रीय परिदृश्य पर मजबूत भूमिका निभाने की इच्छा के कारण हुआ।

भारतीय संविधान की रचना इस धारणा के साथ आरंभ हुई थी कि, एक ऐसी संघीय व्यवस्था का निर्माण किया जाए जिसमें इकाई राज्यों को व्यापक स्वायत्तता हो और केन्द्र केवल कुछ महत्वपूर्ण विषयों का प्रशासन करे, वे 'न्यूनतम संघ' चाहते थे, इसलिए जुलाई 1947 ई. में संविधान सभा ने प्रान्तों के लिए एक पृथक संविधान निर्मात्री सभा बनाया जिसका काम प्रान्तों के लिए संविधान बनाना था।[1] लेकिन कुछ ही दिन बाद 'पाकिस्तान'

के उदय और राष्ट्रीय पहचान के समक्ष उभरते हुए नए व अपरिचित खतरे को देखकर पूरी संविधान सभा के विचार ही बदल गए और उसने एक ऐसी संघात्मक व्यवस्था का समर्थन शुरू कर दिया जिसमें केन्द्र अत्यधिक मजबूत हो।[2] इसी कारण भारतीय संविधान में डा. भीमराव अम्बेडकर ने 'फेडरल' शब्द की जगह 'यूनियन' शब्द का प्रयोग किया है। (**भारतीय संविधान मूलतः अंग्रेजी में लिखा गया था, अंग्रेजी भाषा में सामान्य अर्थ की दृष्टि से 'यूनियन' एवं 'फेडरल' शब्द दोनों भिन्न-भिन्न हैं लेकिन दोनों का हिन्दी में सामान्य व प्रचिलत अर्थ 'संघ' ही होता है**) 'यूनियन' शब्द भारतीय संविधान में डा. अम्बेडकर के अनुसार निम्न कारणों से रखा गया है।

(1) भारतीय संघ राज्यों के बीच किसी लिखित समझौते के कारण अस्तित्व में नहीं आया है तथा

(2) भारतीय संघ में सम्मिलित इकाई राज्यों को, संघ को छोड़कर पृथक होने का अधिकार नहीं है।[3]

संघात्मक शासन/संविधान का एक सामान्य लक्षण यह है कि, उसमें केन्द्र व इकाई राज्यों के बीच उन विषयों/क्षेत्रों का बँटवारा होता है जिसके सम्बन्ध में उन्हें कानून बनाने व उनका प्रशासन करने का अधिकार होता है। केन्द्र व राज्य के बीच सामान्यतः तीन प्रकार के सम्बन्ध हैं–

(1) विधायी सम्बन्ध,

(2) प्रशासनिक/कार्यपालिका सम्बन्ध और

(3) वित्तीय सम्बन्ध।

भारतीय संविधान के भाग 11, तथा भाग 12 में इनका विस्तार से वर्णन किया गया है।

संघ और राज्यों के बीच विधायी सम्बन्ध

संविधान के भाग 11 के अध्याय 1 में संघ और राज्यों के बीच विधायी शक्तियों के बँटवारे की व्यवस्था की गई है।

भारतीय संविधान में स्पष्ट रूप से संघीय सरकार और प्रत्येक इकाई-राज्य द्वारा बनाए गए कानूनों की क्षेत्राधिकार सीमा निर्धारित कर दी गई है। अनु. 245 के अनुसार, इस संविधान के अन्य उपबंधों के अधीन रहते हुए संसद

(केंद्रीय व्यवस्थापिका) सम्पूर्ण भारतीय राज्य-क्षेत्र या उसके किसी भाग के लिए तथा राज्य का विधानमंडल (इकाई राज्य की व्यवस्थापिका) उस राज्य क्षेत्र के सम्पूर्ण या उसके किसी भाग के लिए कानून बना सकता है।

इसका तात्पर्य यह है कि, भारतीय संसद द्वारा बनाए गए कानून सम्पूर्ण भारत भूमि पर निवास कर रहे व्यक्तियों, संस्थाओं तथा उनकी सम्पत्ति पर लागू होंगे। संसद विदेशों में रह रहे अनिवासी भारतीय NRIs तथा भारतीय मूल के लोगों P.I.O दोनों के लिए कानून बना सकती है लेकिन राज्यों द्वारा बनाए गए कानून केवल उस राज्य की भौगोलिक सीमाओं में ही लागू होंगे, उसके प्रभाव का विस्तार कभी भी राज्य की भौगोलिक सीमा के बाहर तभी होगा जब संसद ऐसा विस्तार करनें की अनुमति कानून बनाकर दे।

भारत सामाजिक विभिन्नताओं का देश है, इन विभिन्नताओं के कारण कुछ विशिष्ट राजनीतिक/संवैधानिक प्रावधानों का निर्माण करना पड़ा है। इन विशिष्ट संवैधानिक प्रावधानों के कारण संसद द्वारा बनाए गए कानूनों की भौगोलिक अधिकारिता संविधान के कुछ प्रावधानों द्वारा मर्यादित है, जो इस प्रकार है।

(1) अंडमान एवं निकोबार द्वीप, लक्षद्वीप, दादरा व नगर हवेली तथा दमण व दीव में राष्ट्रपति द्वारा बनाए गए विनियमों का वही प्रभाव होगा जो संसद द्वारा बनाए गए कानूनों का होता है। राष्ट्रपति अपने विनियम (आदेश) से संसद द्वारा बनाए गए किसी भी कानून को इन क्षेत्रों में लागू होने से रोक सकते हैं या उसे कुछ संशोधनों के साथ लागू कर सकते हैं (अनु. 240(2))।

(2) ऐसा कोई इकाई राज्य, जहाँ कोई 'अनुसूचित क्षेत्र' है वहाँ का राज्यपाल संसद के किसी कानून को किसी भी अनुसूचित क्षेत्र में लागू होने से अधिसूचना द्वारा रोक सकता है या उस कानून में संशोधन कर सकता है, (पाँचवी अनुसूची का पैरा 5)।

(3) असोम के राज्यपाल को यह अधिकार है कि वह लोक अधिसूचना द्वारा यह निर्देश दे कि संसद का कोई अधिनियम असम राज्य के किसी स्वशासी जिले को या किसी स्वशासी क्षेत्र को लागू नहीं होगा या ऐसे जिले या क्षेत्र या उसके किसी भाग को ऐसे परिवर्तनों के साथ लागू होगा, जिसका वह अधिसूचना में उल्लेख करे, (छठी अनुसूची का पैरा 12(1)(ख))।

(4) राष्ट्रपति को यह अधिकार है कि, वह संसद द्वारा बनाए गए कानूनों को मेघालय, त्रिपुरा तथा मिजोरम के स्वशासी जिलों को या क्षेत्रों में लागू होने से रोक दे या उस कानून को संशोधनों के साथ लागू करे। (छठी अनुसूची के पैरा 12 क, 12 क(क), तथा 12 ख द्वारा यह अधिकार राष्ट्रपति को दिया गया है)।

संसद द्वारा बनाए गए कानूनों को कतिपय क्षेत्रों में लागू होने से रोकने की उपरोक्त व्यवस्था इसलिए की गई है कि, ये क्षेत्र अत्यंत पिछड़े हैं, जिससे सामान्य कानून लागू करनें में यहाँ कठिनाई आएगी या उसके कुछ दुष्परिणाम भी निकल सकते हैं।

संसद द्वारा बनाई गई विधियाँ भारत के सभी इकाई राज्यों तथा केन्द्र शासित प्रदेशों में लागू होंगी। संसद और राज्य विधानमंडलों को किन विषयों पर कानून बनाना है, इसका स्पष्ट उल्लेख संविधान के अनु. 246 में है।

अनु. 246(1) के अनुसार, संसद को 'संघ सूची' के विषयों (जिसका विस्तार के वर्णन संविधान की 7वीं अनुसूची में सूची 1 के अन्तर्गत किया गया है) पर कानून बनाने का अधिकार है। सम्प्रति, इसमें 97 विषय हैं। **संघ सूची में उन विषयों को रखा गया है जो सम्प्रभुता से जुड़ी हैं और जिनके लिए पूरे देश में एकसमान कानूनों की आवश्यकता है।**

अनु. 246(2) के अनुसार संसद और प्रत्येक राज्य के विधानमंडल को (दोनों को) यह अधिकार है कि वह 'समवर्ती सूची' (सातवीं अनुसूची की सूची 3 में वर्णित) के किसी भी विषय पर कानून बना सकते हैं। **लेकिन यदि कभी संसद और राज्य विधानमंडल समवर्ती सूची के किसी विषय पर दो अलग-अलग प्रकार के कानून बनाएं या राज्य विधानमंडल द्वारा बनाया गया कानून, उसी विषय पर संसद द्वारा पूर्व में बनाए गए कानून के प्रावधानों के विरूद्ध या विपरीत या असंगत हो तो ऐसी दशा में संसद द्वारा उस विषय पर बनाया गया कानून मान्य होगा और राज्य विधानमंडल द्वारा पारित या निर्मित कानून उस सीमा तक अवैध या अमान्य होगा जिस सीमा तक वह संसद द्वारा बनाए गए कानून से अंसगत हो। यदि किसी परिस्थिति में राज्य के लिए यह आवश्यक हो जाय कि, वह ऐसा कानून बनाए जो संसद द्वारा समवर्ती सूची के किसी विषय पर पहले बनाए गए कानून से भिन्न प्रावधान रखता है तो राज्य के पास केवल एक उपाय है। राज्य को ऐसी स्थिति में**

विधानमंडल में ऐसा विधेयक प्रस्तुत करने के पूर्व भारत के राष्ट्रपति से अनुमति लेनी होगी। राष्ट्रपति इस बात पर विचार करेगा कि, क्या उस राज्य में संसदीय प्रावधान से भिन्न प्रावधान वाले कानून की आवश्यकता है? यदि राष्ट्रपति को ऐसी आवश्यकता प्रतीत होती है तो वह अनुमति दे सकता है और वह राज्य समवर्ती सूची के किसी विषय पर ऐसा कानून बना सकता है जो संसद द्वारा उसी विषय पर बनाए गए कानून से भिन्न प्रावधान रखता है। ऐसा कानून केवल उसी राज्य में मान्य होगा जिसनें ऐसी अनुमति राष्ट्रपति से ली है। परन्तु बाद में संसद इस प्रकार राज्य विधानमंडल द्वारा निर्मित विधि में संशोधन कर सकती है। यदि राष्ट्रपति ऐसा कानून बनाने की अनुमति न दे तो राज्य विधानमंडल के पास कोई अन्य विकल्प नहीं है और वह ऐसा कोई कानून नहीं बना पाएगा जिसके प्रावधान संसदीय प्रावधानों से भिन्न हों। राष्ट्रपति की अनुमति विधेयक पारित होने के बाद भी ली जा सकती है, लेकिन तब राज्यपाल ऐसे विधेयक को राष्ट्रपति के विचारार्थ आरक्षित करेगा और उसकी अनुमति मिल जाने पर ही वह विधेयक विधि का रूप धारण करेगा। (अनु. 254(2))। **पूर्व अनुमति लेना बेहतर है क्योंकि यदि विधेयक पारित होने के बाद राष्ट्रपति ने अनुमति देने से इनकार कर दिया तो विधानमंडल का पूरा प्रयास ही व्यर्थ हो जाएगा। समवर्ती सूची का प्रावधान हमनें आस्ट्रेलिया से ग्रहण किया है। सम्प्रति, इसमें 52 विषय हैं।**

अनु. 246(3) के अनुसार, प्रत्येक इकाई राज्य को 'राज्यसूची' (सातवी अनुसूची की सूची 2 में वर्णित) में वर्णित सभी विषयों पर कानून बनाने का अधिकार होगा। सम्प्रति, इसमें 61 विषय हैं।

संघ शासित प्रदेशों के लिए, संघ, राज्य एवं समवर्ती सूची के विषयों पर कानून बनाने का अधिकार भारत की संसद को है (अनु. 246 (4))।

अवशिष्ट विधायी शक्तियाँ (अनु. 248)

ऐसा कोई विषय जिसका वर्णन संघ, राज्य और समवर्ती सूची में न हो, उसे 'अवशिष्ट विषय' कहते हैं। ऐसे विषयों पर कानून बनाने का अधिकार केवल संसद को है। **अवशिष्ट विषयों पर केन्द्रीय संसद को कानून बनाने का अधिकार हमनें कनाडा के संविधान से ग्रहण किया है।**

अमेरिका और आस्ट्रेलिया में अवशिष्ट विधायी शक्तियाँ राज्यों के अधिकार में हैं। अवशिष्ट सूची के विषय वे होंगें जो भविष्य में परिस्थितिवश उत्पन्न होंगे जिनपर कानून बनाने की आवश्यकता होगी। ऐसे सभी विषय प्रारंभिक रूप से संघ के अधीन होंगे लेकिन संघ चाहे तो ऐसे विषयों को कानून बनाकर राज्य या समवर्ती सूची में शामिल कर दे। **यदि यह विवाद उत्पन्न हो जाय कि कोई विषय अवशिष्ट शक्तियों में शामिल है या नहीं, तो इसका निर्णय सर्वोच्च न्यायालय करेगा।**

राष्ट्रीय हित में राज्य सूची के विषयों पर कानून निर्माण की संसद की शक्ति (अनु. 249)

भारत में संघात्मक प्रणाली होने के बावजूद भी संविधान में ऐसे अनेक प्रावधान हैं जो परिस्थिति विशेष में शक्तियों के वितरण की उपर्युक्त प्रणाली को स्थगित कर सकते हैं अर्थात् ऐसी परिस्थितियों में संघीय संसद की कानून बनाने की शक्ति का विस्तार राज्यों की सीमाओं तक हो जाता है जैसे राष्ट्रीय हित में यह आवश्यक हो जाय कि, राज्य सूची में वर्णित किसी विषय पर संसद कानून बनाए तो वह ऐसा कर सकती हैं, लेकिन इसके लिए राज्य सभा को अपने उपस्थित एवं मत देने वाले सदस्यों में से कम-से-कम दो-तिहाई बहुमत द्वारा संकल्प पारित करना होगा। यह राज्यसभा का अनन्य अधिकार है, जिसमें लोकसभा शामिल नहीं है। **राज्य सभा राज्यों का सदन होने के कारण इस अधिकार का प्रयोग करती है।** जब राज्य सभा इस प्रकार का संकल्प पारित कर देगी तो संसद के लिए उस विषय पर सम्पूर्ण भारत या उसके किसी भाग के लिए कानून बनाना संभव हो सकेगा। इस प्रकार, **पारित संकल्प द्वारा राज्य सूची के विषय पर बनाए गए कानून की वैधता का समय 1 वर्ष होगा, लेकिन प्रतिवर्ष संकल्प पारित करके राज्यसभा इस अवधि का विस्तार कर सकती है।**

आपातकाल में राज्यसूची के विषयों पर कानून बनाने की संसद की शक्ति, अनु. 250)

अनु. 250(1) के अनुसार, संसद को राज्यसूची के विषयों पर भारत के सम्पूर्ण राज्यक्षेत्र या उसके क्षेत्र विशेष के लिए उस समय भी कानून बनाने का अधिकार मिल जाता है जब आपातकाल की उद्घोषणा (अनु. 352) लागू हो।

संसद को अनु. 356 के अन्तर्गत किसी राज्य में संवैधानिक तंत्र की विफलता की दशा में भी राज्य विधानमंडल की सम्पूर्ण शक्तियाँ मिल जाने के कारण राज्य सूची के समस्त विषयों पर विधि निर्माण करने का अधिकार मिल जाता है।

अनु. 360 के अन्तर्गत वित्तीय आपातकाल लागू होने पर संसद को राज्य सूची के विषयों पर कानून बनाने का अधिकार तो नहीं मिल पाता, लेकिन संसद को राज्यसूची के विषयों से सम्बद्ध वित्तीय प्रशासन और तत्सम्बन्धी नियंत्रण के सम्बन्ध में राज्यों को आदेश-निर्देश जारी करने का अधिकार मिल जाता है।

आपातकाल में राज्यसूची के विषयों पर संसद द्वारा बनाई गयी विधियों का विस्तार या प्रभाव आपातकाल की उद्घोषणा समाप्त/ वापस होने के 6 माह बाद तक रहेगा, यदि 6 माह से पूर्व इसे निष्प्रभावी न कर दिया गया हो।

अनु. 249 तथा 250 द्वारा प्राप्त शक्ति के अनुपालन में जब संसद कानून बनाती है तो उस विषय पर राज्यों द्वारा पूर्व में बनाए गए कानून उतनी अवधि तक निष्प्रभावी हो जाते हैं (अनु. 251) तथा संघ या संसद द्वारा बनाया गया कानून मान्य रहता है।

अनु. 252 के अनुसार, यदि दो या अधिक राज्यों के विधानमंडल (विधानसभा + विधानपरिषद, यदि विधानपरिषद हो तब) यह संकल्प पारित कर दें कि, राज्यसूची के किसी विषय या विषयों पर संसद को कानून बनाने की आवश्यकता है तो संसद उस विषय पर कानून बना सकती है। इस प्रकार बनाए गए कानून को कोई अन्य राज्य अपने विधानमंडल से संकल्प प्रस्ताव पारित करके स्वीकार/लागू कर सकता है। संसद द्वारा बनाए गए ऐसे कानूनों में केवल तभी संशोधन होगा जब संसद उसे संशोधित करे, राज्य विधानमंडल को इस बारे में कोई अधिकार नहीं होगा। **इस अनुच्छेद के अनुपालन में संसद ने दो बार कानून बनाया है 1953 तथा 1955 ई. में, 1953 ई. में उत्तर प्रदेश, बम्बई, पंजाब, उड़ीसा तथा मध्यप्रदेश आदि राज्यों की सिफारिश पर संसद ने 'संपदा शुल्क अधिनियम' पारित किया था। 1955 ई. में सौराष्ट्र, पेप्सू, आन्ध्रप्रदेश, बम्बई, मद्रास आदि राज्यों की प्रार्थना पर संसद ने 'मूल्य प्रतिस्पर्द्धा अधिनियम'**

पारित किया था। इस प्रकार का प्रावधान आस्ट्रेलिया के संविधान में भी पाया जाता है। यह 'सहयोगी संघवाद का एक उदाहरण है।

अन्तर्राष्ट्रीय समझौतों को लागू करने हेतु कानून बनाने की संसद की शक्ति (अनु. 253)

संसद को किसी अन्य देश या देशों के साथ की गयी किसी संधि या करार या अभिसमय अथवा किसी अन्तर्राष्ट्रीय सम्मेलन, समझौतों अथवा किसी अन्तर्राष्ट्रीय संगठन में किए गए किसी निर्णय को लागू करने के लिय भारत के सम्पूर्ण राज्यक्षेत्र या उसके किसी भाग के लिए विधि बनाने की शक्ति होगी। इस संदर्भ में **संसद या केन्द्र सरकार राज्य सरकारों को आवश्यक दिशा-निर्देश जारी कर सकती है जिसका पालन राज्य सरकारों के लिए आवश्यक होगा, और पालन के अभाव में केन्द्र सरकार का यह मानना उचित होगा कि राज्य सरकार संविधान के उपबंधों के अुनसार नहीं चल रही है और फिर ऐसी दशा में उस राज्य में राष्ट्रपति शासन लागू किया जा सकता है (अनु. 365 तथा 356 देखें)। अन्तर्राष्ट्रीय समझौतों, कानूनों या संधियों को लागू करने की दशा में केन्द्र सरकार या संसद राज्य सूची के विषयों पर भी राज्यों को आवश्यक दिशा-निर्देश जारी कर सकती है जिसका अनुपालन अनिवार्य होगा। कनाडा के संविधान में इस प्रकार का प्रावधान है।**

सिफारिशों और पूर्व अनुमति/सहमति की अपेक्षाओं को केवल प्रक्रिया के विषय मानना (अनु. 255)

यदि संसद के किसी राज्य के विधानमंडल के किसी अधिनियम को राष्ट्रपति या राज्यपाल ने अनुमति या स्वीकृति देकर कानून बना दिया तो ऐसा अधिनियम केवल इसलिए अवैध नहीं ठहराया जाएगा कि राष्ट्रपति या राज्यपाल की उस अधिनियम को बनाने के पूर्व अनुमति नहीं ली गयी थी, जबकि ऐसा करना आवश्यक था। अंतिम स्वीकृति को ही पूर्व स्वीकृति का आधार मान लिया जाएगा।

केन्द्र राज्य प्रशासनिक सम्बन्ध

संविधान के भाग 11 के अध्याय 2 के अन्तर्गत केन्द्र-राज्य प्रशासनिक सम्बन्धों का वर्णन है। भारत में केन्द्र तथा राज्य दोनों को संघीय व्यवस्था के भीतर अपनी-अपनी सीमाओं के बीच ही काम करना है। दोनों एक-दूसरे से द्वीप समूहों की भाँति पृथक-पृथक न

रहें-वरन परस्पर सहयोग के साथ काम करते रहें, इसके लिए संविधान में व्यापक प्रावधान भी हैं। हमारा संविधान प्रतिस्पर्द्धात्मक संघवाद के स्थान पर सहयोगी संघवाद की स्थापना करता है।

प्रत्येक राज्य को अपनी कार्यपालिका शक्ति का इस प्रकार प्रयोग करना है कि उस राज्य में संसद द्वारा बनाई गयी विधियों के लागू होने में कोई बाधा उपस्थित न हो (अनु. 256) तथा साथ ही संघ को भी अपनी कार्यपालिका शक्ति के क्रियान्वयन में कोई अवरोध उत्पन्न न हो (अनु. 257। **संघ अपने द्वारा बनाए गए कानूनों को लागू करने के सन्दर्भ में या अपनी कार्यपालिका शक्ति के प्रयोग के सन्दर्भ में राज्यों को कोई भी आदेश-निर्देश जारी कर सकता है। जिसका पालन अनिवार्य होगा।**

यदि केन्द्र सरकार राष्ट्रीय या सैनिक महत्व के संचार साधनों के निर्माण के बारे में या रेलों के संरक्षण के सन्दर्भ में कोई निर्देश किसी राज्य सरकार को देती है तो राज्य सरकार उस निर्देश के अनुसार काम करेगी। लेकिन **यदि केन्द्र सरकार द्वारा दिए गए निर्देशों के अनुपालन में धन खर्च होता है तो वह राशि केन्द्र सरकार देगी। निर्देश जारी करते समय ही इस राशि का निर्धारण कर लिया जाएगा और यदि निर्देश का अनुपालन राज्य सरकार द्वारा किए जाने के बाद खर्च की गयी गाशि को लेकर कोई विवाद उत्पन्न होता है तो उसका निर्धारण भारत के मुख्य न्यायाधीश द्वारा नियुक्त मध्यस्थ द्वारा किया जाएगा (अनु. 257(4))।**

संविधान के अनुसार, राष्ट्रपति, किसी राज्य सरकार की सहमति/स्वीकृति से उस सरकार को या उसके अधिकारियों को ऐसे किसी विषय से सम्बंधित कार्य, जिसपर संघ की कार्यपालिका शक्ति का विस्तार है, सशर्त या बिना शर्त सौंप सकता है (अनु. 258(1))। **राज्यों की सहमति से राज्यों पर कुछ उत्तरदायित्व डालने का यह प्रावधान 'सहयोगी संघवाद' का एक उदाहरण है, लेकिन भारतीय संविधान में अनु. 258(2) राज्यों की सहमति या स्वीकृति के बिना भी उनके ऊपर कुछ उत्तरदायित्व डालने का उपबंध करता है, जिसका निर्वहन/अनुपालन आवश्यक होगा।** अनु. 258(2) के अनुसार, संसद द्वारा बनाए गए कानूनों के क्रियान्वयन का दायित्व राज्य पर या उसके अधिकारियों -प्राधिकारियों पर डाला जा

सकता है, इसके लिए राज्यों की सहमति आवश्यक नहीं है।

सामान्यतया संविधान में ऐसे प्रावधान नहीं किए जाते कि इकाई राज्य केन्द्र सरकार के पदाधिकारियों को राज्य से सम्बंधित कोई कार्य करने को कह सके। भारतीय संविधान को लागू करते समय भी इस प्रकार का कोई प्रावधान नहीं था, लेकिन 1956 ई. में सातवें संविधान संशोधन द्वारा अनु. 258(क) जोड़कर इस प्रकार का अनोखा प्रावधान कर दिया गया है, जिसके अनुसार, राज्य का राज्यपाल भारत सरकार की सहमति से उसे या उसके पदाधिकारियों को कुछ कार्य सौंप सकता है जो राज्य की कार्यपालिका शक्ति के अन्तर्गत आते हैं।

इस प्रकार भारतीय संविधान के अनुसार, केवल संघ ही राज्यों के ऊपर दायित्व या कार्य आरोपित नहीं कर सकता, वरन् राज्य भी संघ के ऊपर कुछ कार्य आरोपित कर सकता है। इसमें केवल एक ही अंतर है। राज्य सरकारों को केन्द्र द्वारा दिए गए दायित्वों का निर्वहन नहीं करने पर माना जाएगा कि, उस राज्य की सरकार संविधान के उपबंधों के अनुसार नहीं चल रही है और फिर वहाँ राष्ट्रपति शासन लागू करने पर विचार किया जा सकता है (अनु. 365, तथा 356 देखें) लेकिन केन्द्र सरकार, राज्य सरकार द्वारा दिए गए दायित्वों को पूरा करने या मानने हेतु विवश नहीं है। राज्य सरकारें केन्द्र पर केवल कार्यपालिका सम्बन्धी दायित्व ही नहीं डाल सकती, वरन् वे राज्य सूची के विषयों पर भी केन्द्र सरकार से स्वयं के लिए कानून बनाने का आग्रह कर सकती हैं; इसके लिए दो या दो से अधिक राज्यों की संयुक्त प्रार्थना (केन्द्र से, कानून बनाने सम्बन्धी) आवश्यक है (अनु. 252) जबकि केन्द्र राज्यों पर केवल कार्यपालिका सम्बन्धी दायित्व ही डाल सकता है, उनसे अपने लिए, कानून बनाने को नहीं कह सकता।

भारत में केन्द्र व राज्यों के बीच सहयोग को और अधिक प्रगाढ़ बनाने हेतु और केन्द्र व सभी राज्य सरकारों के कार्यों को सम्पूर्ण भारत में मान्यता देने का प्रावधान अनु. 261 करता है, जिसके अनुसार, भारत के राज्यक्षेत्र में सर्वत्र संघ के और प्रत्येक राज्य के संवैधानिक कार्यों, अभिलेखों और न्यायिक कार्यवाहियों को पूरा विश्वास एवं पूरी मान्यता दी जाएगी। **'अनु. 263 द्वारा स्थापित अन्तर्राज्य परिषद भी केन्द्र व राज्यों के बीच**

पारस्परिक सहयोग का ही एक प्रयास है। अनु. 263 के अनुसार, यदि किसी समय राष्ट्रपति को यह प्रतीत हो कि अन्तरराज्य परिषद की स्थापना से लोकहित की सिद्धि होगी तो वह इसकी स्थापना कर सकता है। **अन्तरराज्य परिषद के निम्नलिखित कार्य हो सकते हैं।**

(क) राज्यों के बीच यदि कोई विवाद उत्पन्न हो गए हों तो उनकी जाँच करना और उनपर सलाह देना,

(ख) कुछ या सभी राज्यों के अथवा संघ के और एक या अधिक राज्यों के सामान्य हित से सम्बंधित विषयों का अन्वेषण और उनपर विचार-विमर्श करना या

(ग) सामान्य हित से सम्बंधित किसी विषय पर सिफारिश करना और मुख्यतया उस विषय के सम्बन्ध में नीति एवं कार्यवाही के अधिक अच्छे समन्वय के लिए सिफारिश करना।

अन्तरराज्य परिषद केन्द्र-राज्य सम्बन्धों पर एक संवैधानिक सलाहकारी निकाय है, जो अपनी प्रक्रिया का निर्धारण स्वयं करती है। इस परिषद का अध्यक्ष प्रधानमंत्री होता है, सभी राज्यों के मुख्यमंत्री विधान सभा वाले संघ शासित प्रदेशों के मुख्यमंत्री भी तथा संघ शासित प्रदेशों के प्रशासन और यदि किसी राज्य में राष्ट्रपति शासन लागू है तो वहाँ का राज्यपाल इसकी बैठकों में सदस्य के रूप में शामिल होते हैं। केन्द्र सरकार के अधिकतम 6 मंत्री भी इसके सदस्य के रूप में शामिल हो सकते हैं वस्तुतः भारत शासन अधिनियम 1935 की धारा 135 में इस प्रकार की परिषद् स्थापित थी, जिसमें दो या दो से अधिक प्रान्तों में चल रही योजनाओं के बारे में एक समान नीति बनाने तथा एक समान निर्णय लागू करने के लिए विशेष अधिकारी के रूप में परिषद की स्थापना की गयी थी। अनु. 263 उसी का प्रतिरूप है। **संविधान निर्माताओं का विचार था कि, यह परिषद एक ऐसे प्लेटफार्म का कार्य करेगी जहाँ केन्द्र व राज्य मिल बैठकर अपने पारस्परिक विवादों का निपटारा करेंगे और पारस्परिक सौहार्द्र के साथ संघ को आगे बढ़ाएगें।**

1967 ई. तक जब तक केन्द्र व राज्यों में, दोनों ही जगह कांग्रेस का शासन था तब तक केन्द्र व राज्यों के बीच उत्पन्न होने वाले विवादों को सामान्यतः मुख्यमंत्रियों की बैठक बुलाकर या मुख्यमंत्री-प्रधानमंत्री वार्ता

द्वारा या कांग्रेस हाईकमान के निर्देशानुसार हल कर लिया जाता था, परंतु 1967 ई. में चुनावों के बाद जब 9 राज्यों में गैर कांग्रेसी सरकारें बनी तो उन्होंने राज्यों के पारस्परिक विवादों तथा केन्द्र के साथ होने वाले टकरावों के समाधान हेतु अन्तरराज्य परिषद स्थापित करनें की माँग की। इस प्रकार की माँग सर्वप्रथम केरल के मुख्मंत्री ई. एम. एस, नम्बूदरीपाद ने की। उसके बाद देश के अन्य भागों से भी परिषद की स्थापना की माँग उठने लगी। 1987 ई. में सरकारिया आयोग ने प्रेषित अपनी रिपोर्ट में एक स्थायी अन्तरराज्य परिषद की स्थापना का सुझाव दिया, जिसे 1990 ई. में भूतपूर्व प्रधानमंत्री वी.पी. सिंह ने स्वीकार कर प्रथम अन्तरराज्य परिषद का गठन किया लेकिन आगे चलकर यह भी कोई सक्रिय भूमिका नहीं निभा सकी।

केन्द्र-राज्य वित्तीय सम्बन्ध

वित्तीय रूप से स्वतंत्र एवं आत्मनिर्भर प्रशासन के द्वारा ही किसी संघात्मक व्यवस्था में केन्द्र व राज्य अपने-अपने दायित्वों/कर्त्तव्यों को पूरा करनें में सक्षम हो सकते हैं। संघ एवं राज्यों को अपने विधायी एवं कार्यपालिका शक्तियों के संपादन के लिए वित्तीय स्रोत की अत्यंत आवश्यकता होती है। **संविधान का भाग 12 केन्द्र-राज्य वित्तीय सम्बन्धों का वर्णन करता है।** भारतीय संविधान में केन्द्र व राज्यों के बीच राजस्वों का वितरण भारत शासन अधिनियम, 1935 के आधार पर किया गया है। **संविधान में वित्तीय व्यवस्था इतनी लचीली बनाई गयी है कि भविष्य की आवश्यकताओं को ध्यान में रखकर उसे अनुकूलित किया जा सके।**

केन्द्र और राज्यों की संचित निधियाँ और लोक लेखे (अनु. 266)

आकस्मिकता निधि (अनु. 267) के प्रावधानों तथा कुछ करों एवं शुल्कों के शुद्ध आगम पूर्णतः या अंशतः राज्यों को दिए जाने के सम्बन्ध में बनाए गए प्रावधानों के अधीन रहते हुए, भारत सरकार को प्राप्त सभी राजस्व (जो या तो उधार द्वारा प्राप्त किए गए हों या उधार को चुकाने हेतु कहीं से एकत्र किए गए हों या किसी भी अन्य साधन से प्राप्त धन) की एक निधि या कोष बनेगा जो भारत की 'संचित निधि' के नाम से जाना जाएगा तथा इसपर केन्द्र का अधिकार होगा।

इसी प्रकार, किसी राज्य सरकार को प्राप्त सभी राजस्व (जो या तो उधार द्वारा प्राप्त किए गए हों या उधार को चुकाने के लिए कहीं से एकत्र

किए गए हों या किसी भी अन्य साधन से प्राप्त धन) की एक निधि बनेगी जिसे 'राज्य की संचित निधि' के नाम से जाना जाएगा।

भारत सरकार या किसी राज्य सरकार द्वारा या उसकी ओर से प्राप्त सभी अन्य लोक धनराशियाँ, यथास्थिति भारत के या राज्य के लोक लेखे में जमा की जाएगी (अनु. 266(2))।

भारत की संचित निधि या राज्य की संचित निधि में से कोई धनराशि संविधान द्वारा निर्धारित प्रक्रिया के अनुसार ही निकाली जाएगी। इसके लिए विनियोग विधेयक संसद और राज्य विधानमंडल में पारित किया जाता है, जो धन-विधेयक के रूप में होता है (अनु. 266(3))।

केंद्र और राज्यों की आकस्मिकता निधि (अनु. 267)

संसद की स्वीकृति व सहमति के बाद ही सरकार कोई धन संचित निधि से व्यय कर सकती है लेकिन संसद की स्वीकृति की यह प्रक्रिया लम्बी होने के कारण एक 'आकस्मिकता निधि' बनाई गयी है जिस पर भारत के राष्ट्रपति का नियंत्रण है, जिसमें समय-समय पर राशियाँ (धन) जमा किया जाता है और अनु. 115 (अनुपूरक, अतिरिक्त अर्थात् अधिक अनुदान) तथा अनु. 116 लेखानुदान, प्रत्ययानुदान और अपवादानुदान) के अधीन व्यय की स्वीकृति संसद में विचाराधीन/लंबित रहने तक, ऐसे व्यय हेतु आकस्मिकता निधि से अग्रिम धन देने के लिए राष्ट्रपति को अधिकृत किया गया है।

इसी प्रकार राज्यों में भी आकस्मिकता निधि का प्रावधान है जो राज्यपाल के नियंत्रणाधीन है और जब राज्य विधानमंडल में व्यय की स्वीकृति का विधेयक लंबित है तो अनु. 205 तथा 206 के अधीन निहित व्यय की पूर्ति हेतु राज्यपाल 'राज्य की आकस्मिकता निधि' से धन जारी कर सकता है।

कर लगाने से पूर्व संसद द्वारा पारित कानून की स्वीकृति आवश्यक

अनु. 265 के अनुसार, कोई कर विधि के प्राधिकार से ही अधिरोपित या संग्रहित किया जा सकता है अन्यथा नहीं। विधि संसद बनाती है अत: संसद ही किसी कर को लगाने व वसूलने का अधिकार कार्यपालिका को दे सकती है। कार्यपालिका स्वयं किसी कर को मनमाने ढ़ंग से लागू नहीं कर सकती है।

संघ (केन्द्र) और राज्यों के बीच राजस्व का वितरण

संघात्मक व्यवस्था में कानून बनाने सम्बन्धी विषयों के बँटवारे की व्यवस्था होने के साथ ही करों के विभाजन की भी व्यवस्था रहती है। राज्य सूची के विषयों पर कर लगाने का अधिकार राज्यों को है तथा संघ सूची के विषयों पर करारोपण केन्द्र करता है। **राज्य सूची के विषयों पर कर निर्धारित करने एवं उसे वसूलने का अधिकार राज्यों के पास है जबकि संघ सूची के विषयों पर लगे कुछ कर पूर्णतः या अंशतः राज्यों में वितरित कर देने का प्रावधान है। संविधान में ऐसे चार प्रकार के करों का उल्लेख है जिनमें से राज्यों को पूर्णतः या अंशतः हिस्सा मिलता है।**

(1) संघ द्वारा लगाए जाने वाले किन्तु राज्यों द्वारा एकत्रित एवं उपयोग में लाए जाने वाले कर (अनु. 268)

संघ सूची में वर्णित स्टाम्प शुल्क तथा औषधीय (दवाओं) और प्रसाधन सामग्री पर उत्पाद शुल्क भारत सरकार लगाएगी किन्तु इनका एकत्रीकरण (करों की वसूली) तथा प्रयोग राज्यों द्वारा किया जाएगा। केंद्र शासित प्रदेशों में इसे भारत सरकार द्वारा एकत्रित व प्रयुक्त किया जाएगा। इकाई राज्यों के भीतर एकत्र किए गए ऐसे शुल्क संचित निधि के भाग नहीं होगें, ये राज्यों को सौंपे जाऐंगे।

(2) संघ द्वारा लगाए जाने वाले एवं वसूले जाने वाले तथा राज्यों को सौपें जाने वाले कर (अनु. 269)

अनु. 269(1) के अनुसार, निम्नलिखित शुल्क एवं कर भारत सरकार द्वारा लगाए व एकत्र किए जाएंगे किन्तु उसे अनु. 269(2) के अनुसार राज्यों को सौंपे दिया जाएगा–

(क) कृषि भूमि से भिन्न सम्पत्ति के उत्तराधिकार के सम्बन्ध में शुल्क,

(ख) कृषि भूमि से भिन्न सम्पत्ति के सम्बंन्ध में सम्पदा शुल्क,

(ग) रेल, समुद्र या वायु मार्ग द्वारा ले जाए जाने वाले माल या यात्रियों पर सीमा, कर,

(घ) रेल भाड़ों तथा माल भाड़ों पर कर

(ड.) स्टॉक एक्सचेंजों एवं वायदा बाजारों के कार्य पर लगने वाले स्टांप शुल्क से भिन्न कर,

(च) समाचार पत्रों के क्रय-विक्रय पर और उनमें प्रकाशित विज्ञापनों पर कर,

(छ) समाचार पत्रों से भिन्न माल के क्रय-विक्रय पर उस दशा में कर, जिसमें ऐसा क्रय-विक्रय अन्तरराज्यीय-व्यापार या वाणिज्य के दौरान होता है,

(ज) अन्तरराज्यीय वाणिज्य या व्यापार के दौरान किसी माल के पारेषण पर कर।

संघ राज्य क्षेत्रों से प्राप्त उपरोक्त शुल्क या कर भारत की संचित निधि के भाग होंगे किन्तु इकाई राज्यों से प्राप्त उपरोक्त कर या शुल्क भारत की संचित निधि के भाग नहीं होंगे, वे राज्यों को सौंप दिए जाएंगे। सौपनें के सिद्धान्तों या वितरण के सिद्धान्तों का निर्धारण संसद करेगी। उपरोक्त वर्णित(छ) एवं (ज) के सन्दर्भ में यह निर्धारित करनें तथा तत्सम्बन्धी सिद्धांत या नियम बनाने की शक्ति संसद में होगी कि माल का क्रय-विक्रय या पारेषण कब अन्तरराज्यीय व्यापार या वाणिज्य के दौरान होता है।

(3) संघ द्वारा लगाए जाने एवं एकत्र किए जानें वाले और संघ व राज्यों के बीच बाँटे जाने वाले कर (अनु. 270)

कुछ कर संघ द्वारा लगाए व एकत्र किए जाते हैं किन्तु उन्हें एक निश्चित अनुपात में संघ व राज्यों के बीच बाँट दिया जाता है जिससे कि राज्यों को वित्तीय मदद मिलती रहे। ये कर इस प्रकार हैं

A. कृषि आय से भिन्न आय पर कर (अनु. 270)

B. संघ सूची में सम्मिलित उत्पाद-शुल्क, यदि संसद इस प्रकार का प्रावधान करे तो उत्पाद शुल्क भी वितरित होगा (अनु. 272)। औषधीय एवं प्रसाधन सामग्री पर उत्पाद शुल्क उसके अन्तर्गत नहीं आएगा क्योंकि इसका प्रावधान अनु. 268 में वर्णित है।

करों के ऊपर अधिभार (सरचार्ज) लगाने का अधिकार (अनु. 271)

अनु. 269 तथा 270 में किसी प्रावधान के होते हुए भी, संसद को यह

अधिकार है कि इन अनुच्छेदों में वर्णित शुल्कों या करों में किसी भी समय संघ के हित में अधिभार लगाकर वृद्धि कर सकेगी, ऐसे अधिभार (सरचार्ज) भारत की संचित निधि के भाग होंगे। **सरचार्ज को एक उदाहरण द्वारा इस प्रकार समझा जा सकता है-जैसे,** आय कर पर दो प्रतिशत सरचार्ज देने का कानून संसद बना देती है। आय कर 1 लाख रु., तक शून्य है। लेकिन 1 लाख से ऊपर कमाने वालों को आय कर देना पड़ेगा, इसमें भी विभिन्न आय स्तर के अनुसार कर निर्धारित है। मान लीजिए 1 लाख रु. से ऊपर आय वालों के लिए आय कर की दरें इस प्रकार हैं

1रु, से- 1 लाख रु. तक = शून्य %

1 लाख रु. सें- 1 लाख पचास हजार रु. तक = 10%

150000 - 250000 रु. तक = 20%

यदि किसी व्यक्ति की आय 1 लाख पचास हजार रु. है तो उसपर आयकर लगेगा जिसकी दर 10% है तो उसे आयकर देना पड़ेगा- 50000 × 10% = 5000 रु.। इस आयकर पर उसे 2% सरचार्ज देना है तो सरचार्ज हुआ - 5000 × 2% = 100 रु.। ऐसी दशा में उस व्यक्ति का सरचार्ज सहित आयकर हुआ-

5000 + 100 = 5100 रू.

यह 100 रु. केन्द्र की संचित निधि में चला जाएगा, इस पर राज्यों का अधिकार नहीं होगा।

राज्यों को संघ से अनुदान

केन्द्रीय करों में से पर्याप्त हिस्सा प्राप्त करने के बाद भी यह आवश्यक नहीं है कि राज्यों को अपने दायित्वों-कर्त्तव्यों के निष्पादन हेतु पर्याप्त धनराशि मिल ही जाय। इसलिए इकाई-राज्यों को वित्तीय रूप से सुदृढ़ बनाने के लिए संविधान ने राज्यों को संघ से आवश्यकतानुसार अनुदान प्राप्त करने का प्रावधान किया है। भारतीय संविधान द्वारा राज्यों को केन्द्र से तीन प्रकार के अनुदान दिए जाने का प्रावधान है

(1) अनु. 273 के अनुसार प्रत्येक वर्ष जूट (पटसन), और जूट उत्पादों पर लगने वाले निर्यात शुल्क के शुद्ध आगम का कोई भाग असम,

उड़ीसा, बिहार, और पश्चिम बंगाल राज्यों को सौंपा जाएगा, लेकिन सौंपे जानें वाली राशि का निर्धारण वित्त आयोग के परामर्श से राष्ट्रपति करेगा।

(2) अनु. 275 के अनुसार संसद ऐसे राज्यों को, जिन्हें उसके अनुसार आर्थिक सहायता की आवश्यकता है, सहायक अनुदान-राशि प्रदान कर सकेगी। भिन्न-भिन्न राज्यों को दी जाने वाली यह राशि भी भिन्न-भिन्न होगी, जिस राज्य को जैसी आवश्यकता होगी, उतनी ही राशि उसे मिलेगी। उन राज्यों को 'विशेष अनुदान' दिया जाएगा, जो अनुसूचित जनजातियों के कल्याण में लगे हुए हैं या जो भारत सरकार की अनुमति से ऐसी योजनाओं का संचालन कर रहे हैं, जो अनुसूचित क्षेत्रों में प्रशासन के स्तर की उन्नति से सम्बंधित हैं। इस सम्बन्ध में असम को विशेष अनुदान दिया जाता है।

(3) अनु. 282 के अनुसार, संघ या राज्य, दोनों को ही यह विशेष अधिकार है कि वे किसी सार्वजनिक या लोक प्रयोजन के लिए कोई भी अनुदान दे दें, भले ही उस प्रयोजन के लिए विधि बनाने की शक्ति यथास्थिति संसद या राज्य विधानमंडल के पास न हो। राज्य क्षेत्र के सरकारी चिकित्सालयों, शिक्षण-संस्थाओं एवं सड़कों के निर्माण, रखरखाव आदि के संदर्भ में इस प्रकार के अनुदान की व्यवस्था है।

'शुद्ध आगम' की गणना (अनु. 279)

केन्द्र-राज्य वित्तीय सम्बन्धों से युक्त संविधान के भाग 12 में अनेक जगह 'शुद्ध आगम' शब्द आया है जिसका तात्पर्य यह है कि, किसी कर को एकत्र करनें में जितना धन खर्च करना पड़ता है, उस खर्च धन को एकत्रित कर की राशि में से घटाने के बाद जितना बचता है, वह 'शुद्ध-आगम' है। **किसी कर या शुल्क के किसी भाग का शुद्ध आगम भारत के नियंत्रक महालेखापरीक्षक द्वारा निश्चित व प्रमाणित किया जाएगा और उसका प्रमाणपत्र अन्तिम होगा।**

वित्त आयोग (अनु. 280)

राष्ट्रपति इस संविधान के प्रारंभ से 2 वर्ष के भीतर और तत्पश्चात् प्रत्येक 5 वर्ष की समाप्ति पर आदेश द्वारा वित्त आयोग का गठन करेगा जो राष्ट्रपति द्वारा नियुक्त एक अध्यक्ष और 4 अन्य सदस्यों से मिलकर बनेगा। संसद इन सदस्यों की योग्यताओं का निर्धारण कर सकती है।

वित्त आयोग अधिनियम, 1951 के अनुसार इन सदस्यों की अलग - अलग निम्नलिखित योग्यताएँ होंगी–

(A) एक सदस्य, उच्च न्यायालय का न्यायाधीश रहा हो या इस प्रकार की नियुक्ति के लिए अर्हित हो,

(B) एक व्यक्ति, जिसे सरकार के वित्त एवं लेखाओं का विशेष ज्ञान हों,

(C) एक व्यक्ति, जिसे वित्तीय विषयों तथा प्रशासन के बारे में व्यापक अनुभव हो, और

(D) एक ऐसा व्यक्ति जिसे अर्थशास्त्र का विशिष्ट ज्ञान हो।

वित्त आयोग का निम्नलिखित कार्य होगा-

(A) संघ और राज्यों के बीच करों के शुद्ध आगम के वितरण के लिए नियम बनाना तथा राज्यों के बीच इस शुद्ध आगम के आवंटन के बारे में नियम निर्धारित करना,

(B) भारत की संचित निधि में से राज्यों को दी जाने वाली सहायता अनुदान की राशि को निश्चित करने वाले सिद्धान्तों का निर्धारण (इसका वर्णन अनु. 275 में है),

(C) राज्यों के वित्त आयोग द्वारा की गई सिफारिशों के आधार पर राज्य में पंचायतों तथा नगरपालिकाओं की आर्थिक आवश्यकताओं की पूर्ति के लिए किसी राज्य की संचित निधि से दिए जाने वाले अनुदान की राशि का निर्धारण, (यह अनुदान भी अनु. 275 के अन्तर्गत ही आता है),

(D) वित्तीय स्थिति को सुदृढ़ बनाने के लिए राष्ट्रपति द्वारा आयोग को सौंपे गए किसी अन्य विषय के बारे में अपनी राय देना।

आयोग उपर्युक्त कार्यों को करने में अपनी प्रक्रिया का निर्धारण स्वयं करेगा, उसे ऐसी अन्य शक्तियाँ होंगी, जो संसद विधि द्वारा निर्धारित करे।

वित्त आयोग अपनी सिफारिश राष्ट्रपति को देगा अनु. 281 के अनुसार, राष्ट्रपति इस संविधान के उपबंधों के अधीन वित्त आयोग द्वारा की गयी प्रत्येक सिफारिश को तथा इन सिफारिशों के आधार पर की गई कार्रवाई को स्पष्टीकरण ज्ञापन सहित संसद के प्रत्येक सदन में रखवाएगा।

प्रथम वित्त आयोग का गठन 1951 ई. में किया गया था। इसके अध्यक्ष श्री के. सी. नियोगी थे। अब तक कुल 13 वित्त आयोग गठित किए जा चुके हैं। 13वाँ वित्त आयोग नवंबर, 2007 ई. में डा. विजय एल. केलकर की अध्यक्षता में गठित हुआ है, जिसकी रिपोर्ट आ जाने के बाद उसे 2010-2015 की समयावधि में लागू किया जाएगा।

संघ की सम्मपत्ति को राज्य के करों से छूट (अनु. 285)

अनु. 285(1) के अनुसार संघ की सम्पत्ति को किसी राज्य द्वारा या राज्य के भीतर किसी प्राधिकारी द्वारा अधिरोपित सभी करों से तबतक छूट होगी जबतक कि संसद विधि द्वारा राज्य को कर लगाने का अधिकार न दे दे।

अनु. 285(2) के अनुसार, यदि कोई कर संविधान के प्रारंभ या लागू होने के पूर्व संघ सरकार पर किसी राज्य सरकार द्वारा लगाया जाता रहा है तो वह कर तब तक लगता रहेगा जबतक कि संसद विधि बनाकर इस कर को समाप्त न कर दे अर्थात जबतक वह कर रहेगा, संघ उस कर को देने हेतु बाध्य है।

राज्यों की सम्पत्ति और आय को संघ के कराधान से छूट (अनु. 289)

राज्यों की सम्पत्ति एवं आय को संघ के करों से छूट प्राप्त है (अनु. 289(1), लेकिन संसद राज्य सरकार द्वारा उसकी ओर से किए जाने वाले किसी प्रकार के व्यापार या कारोबार के बारे में कोई कर लगा सकती है (अनु. 289 (2))।

राज्यों की सम्पत्ति एवं आय को संघ के प्रत्यक्ष करों से ही छूट प्राप्त है। संघ द्वारा लिए जाने वाले अप्रत्यक्ष करों से राज्य की सम्पत्ति या आय को छूट प्राप्त नहीं है, जैसे कस्टम एवं उत्पाद शुल्क। राज्य के व्यापारिक हितों, कार्यों एवं उनसे होने वाली आय व सम्पत्ति संघ के कर से मुक्त नहीं है जैसे यदि कोई राज्य परिवहन बसें चलाता है, या कोई इसी प्रकार का व्यापारिक कृत्य करता है तो उसे संघ को कर (आय कर आदि) देना होगा।

महत्वपूर्ण एवं ध्यान देने योग्य बात यह है कि, केन्द्र सरकार की सम्पत्ति को राज्यों द्वारा लिए जाने वाले सभी करों से छूट या उन्मुक्ति

प्राप्त है, चाहे वह व्यावसायिक उपयोग की हो या राजकीय उपयोग की (अनु. 285), लेकिन राज्यों की सम्पत्ति तथा आय को संघ के करों से पूर्ण छूट या उन्मुक्ति प्राप्त नहीं है। संघ सरकार राज्यों की सभी प्रकार की सम्पत्ति व आय पर कर लगा सकती है (अनु. 289)। वस्तुतः करारोपण के मामले में भी संविधान के प्रावधान केन्द्र की ओर झुके हुए हैं या उसके पक्ष में हैं, राज्यों के नहीं।

भारत सरकार द्वारा और राज्यों द्वारा उधार लेना (अनु. 292)

अनु. 292 के अनुसार, भारत की संचित निधि की गारंटी पर केन्द्र सरकार, संसद द्वारा निर्धारित सीमाओं के भीतर कोई भी उधार ले सकती है या ऋण की गांरटी ले सकती है। अनु. 293 के अनुसार, कोई भी इकाई राज्य अपने विधानमंडल द्वारा निर्धारित सीमाओं के भीतर राज्य की संचित निधि की गारंटी पर कोई भी उधार ले सकती है या ऋण की गारंटी ले सकती है।

केन्द्र सरकार के उधार लेने की परिधि व्यापक है लेकिन इकाई राज्यों की ऋण अधिकारिता पर कतिपय निर्बन्धन है, जो इस प्रकार हैं—

(1) कोई भी राज्य सरकार भारत के बाहर किसी संस्था या राज्य से ऋण नहीं ले सकती,

(2) राज्य द्वारा लिए गए पुराने उधार को चुकाने के बाद ही केन्द्र सरकार राज्यों को कोई नया ऋण देगी। यदि पुराने उधार को चुकाए बिना ही कोई राज्य उधार माँग रहा हो तो केन्द्र सरकार उन शर्तों के साथ उधार देगी जो वह लगाना उचित समझे।

कुछ देवस्वम निधियों का वार्षिक संदाय (अनु. 290(क))

अनु. 290(क) के अनुसार, प्रति वर्ष 46 लाख 50 हजार रु. की राशि केरल राज्य की संचित निधि पर भारित की जाएगी और उस निधि में से तिरुवांकुर देवस्वम् निधि को प्रदान की जाएगी और प्रत्येक वर्ष 13 लाख 50 हजार रु. की राशि तमिलनाडु राज्य की संचित निधि पर भारित होगी और उस निधि से 1 नवम्बर, 1956 ई. को उस राज्य को तिरुवांकुर कोचीन राज्य से अन्तरित राज्यक्षेत्रों के हिन्दू मंदिरों व पवित्र स्थानों के अनुरक्षण के लिए उस राज्य में स्थापित देवस्वम निधि को दी जाएगी।

सम्पत्ति का अधिकार (अनु. 300 (क)

किसी व्यक्ति को उसकी सम्पत्ति से विधि के प्राधिकार से ही वंचित किया जाएगा, अन्यथा नहीं। 44वें संविधान संशोधन द्वारा अनु. 31 में मूलाधिकार के रूप में प्रदत्त सम्पत्ति के अधिकार को हटाकर अनु. 300 क में प्रतिस्थापित किया गया है। ऐसा इसलिए किया गया है कि केवल विधायिका की सहमति से ही किसी व्यक्ति की सम्पत्ति का अधिग्रहण किया जा सके और कानूनी विवादों व न्यायिक जटिलताओं से बचा जा सके।

भारत के भीतर व्यापार, वाणिज्य और समागम की स्वतंत्रता

भारतीय संविधान भारतीय राज्यक्षेत्र में सर्वत्र व्यापार, वाणिज्य तथा समागम की अबाध स्वतंत्रता देता है (अनु. 301,) ऐसी किसी स्वतंत्रता पर सीमाएं आरोपित करने या उसे प्रतिबंधित करने का अधिकार संसद को है न कि किसी राज्य सरकार को (अनु. 302)। व्यापार व वाणिज्य की दृष्टि से न तो संसद और न ही राज्य विधानमंडल को यह अधिकार होगा कि वह कोई ऐसी विधि बनाए जिससे एक राज्य को दूसरे राज्य से वरीयता मिले या जो राज्यों में परस्पर भेदभाव पैदा हो **अर्थात् कोई भी राज्य या संघ किसी अन्य इकाई राज्य को 'मोस्ट फेवर्ड स्टेट' का दर्जा नहीं दे सकता। संसद भारत के किसी राज्यक्षेत्र में माल की कमी से उत्पन्न समस्याओं से निबटने के लिए उस क्षेत्र को 'प्राथमिकता' प्रदान करने हेतु कानून बना सकती है। ऐसा कदम उस क्षेत्र की आवश्यकताओं को देखते हुए ही उठाया जा सकेगा (अनु. 303)। भारत राज्य क्षेत्र के बाहर अन्य देशों से सम्बन्ध सुधारने एवं सम्बन्धों को प्रगाढ़ बनाने हेतु भारत सरकार किसी भी देश को 'मोस्ट फेवर्ड नेशन' का दर्जा दे सकती है, कोई इकाई राज्य ऐसा नहीं कर सकता क्योंकि यह विदेश नीति से जुड़ा मुद्दा है और विदेश नीति संघ सूची का विषय है। भारत ने पाक को 'मोस्ट फेवर्ड नेशन' का दर्जा दिया हुआ है लेकिन पाक ने ऐसा नहीं किया है।**

संविधान किसी राज्य के विधानमंडल को यह अधिकार देता है कि वह किसी अन्य इकाई राज्य से या किसी संघ शासित प्रदेश से आए किसी माल पर वैसा ही कर लगाए जैसा कि उसी माल के उत्पादन एवं विनिर्माण पर उस राज्य में लागू है जिससे उस प्रदेश में उत्पादित उसी माल तथा किसी बाहरी राज्य से आए वैसे ही माल के बीच कोई भेदभाव न हो।

लेकिन करारोपण में कोई भेदभाव किए बिना भी कोई राज्य लोकहित की दृष्टि से व्यापार वाणिज्य या समागम की स्वतंत्रता पर उचित प्रतिबंध लगा सकता है। **लेकिन इस प्रकार के प्रतिबंधों वाला विधेयक राज्य विधानमंडल से पारित कराना होगा और इस प्रकार के विधेयक राष्ट्रपति की पूर्व अनुमति से ही राज्य विधानमंडल में प्रस्तुत किए जा सकेंगे (अनु. 304)। संसद को यह अधिकार है कि,** वह विधि द्वारा ऐसे प्राधिकारी को नियुक्त करे जो अनु. 301, 302, 303 और 304 के लक्ष्यों के क्रियान्वयन का निरीक्षण कर सके। ऐसे प्राधिकारी का दायित्व, शक्तियाँ एवं अधिकार संसद निर्धारित करेगी।

भारतीय संघात्मक व्यवस्था का मूल्यांकन

कोई भी राजनीतिक नेतृत्व राष्ट्रीयता के तत्वों के आधार पर अथवा उभरते हुए मतैक्य या सामूहिक राजनीतिक इच्छा के सहारे ही संघवाद का निर्माण करता है। के. सन्थानम ने लिखा है कि, "भारतीय संविधान एक विरोधाभास से शुरु होता है क्योंकि संविधान शासन की संघात्मक व्यवस्था स्थापित करता है जबकि तत्कालीन संविधान सभा में जनता का प्रतिनिधित्व कर रहे सभी राजनीतिक दल एकात्मक और अत्यधिक केन्द्रीकृत थे। यह बात कांग्रेस के साथ और भी कठोर रूप से लागू होती है।" उद्देश्य प्रस्तावों में प्रयुक्त 'संघ' शब्द को हटाकर 'ऐक्य' (यूनियन) शब्द का प्रयोग किया गया। यह बताया भी गया कि ऐसा जानबूझकर किया जा रहा है क्योंकि भारत का संघ स्वतंत्र राज्यों को समझौते द्वारा मिलाकर उनकी स्वीकृति प्राप्त करने के पश्चात् नहीं बनाया गया है और न ही उसका कोई इकाई राज्य उससे पृथक होने का अधिकार ही रखता है। इस प्रकार यह एक अविभाज्य एवं अटूट 'ऐक्य' (यूनियन) बन गया।[4] तत्कालीन संविधान सभा में अनेक सांसद 'यूनियन' का अर्थ ही नहीं समझते थे, वे संविधान पिताओं के भाषण स्कूली बच्चों की तरह सुनते थे। स्वयं संविधान निर्माता अपने आपको किसी विशिष्ट सिद्धान्त या संघवाद विषयक विचारधारा से बँधे हुए नहीं मानते थे। भारत उस समय विश्व के अन्य संघों के लिए अनजान की अनजान अनेक समस्याओं से जूझ रहा था। उन समस्याओं को किसी विशेष विचारधारा से बँधकर सुलझाना भी कठिन कार्य था। संविधान सभा के अध्यक्ष डा. राजेन्द्र प्रसाद ने कहा कि, "व्यक्तिश: मैं किसी लेबल (या ब्राण्ड) को महत्व नहीं देता चाहे आप उसे संघात्मक संविधान या एकात्मक

संविधान या किसी अन्य नाम से क्यों न पुकारें। जबतक वह हमारे उद्देश्य की पूर्ति करता है उसके नाम से कोई अन्तर नहीं पड़ता।" लेकिन जब एक-एक करके भयानक दुर्घटनाएं घटने लगीं जैसे साम्प्रदायिक दंगे, लाखों शरणार्थियों का आना, अनाज संकट, जम्मू कश्मीर, हैदराबाद तथा जूनागढ़ की समस्याएं आदि, तो संविधान निर्मात्री सभा के सभी सदस्य इस बात के लिए सहमत हो गए कि भारतीय संविधान का एकात्मकता प्रधान बनाया जाए। इन सभी घटनाओं/परिस्थितियों को सामूहिक प्रभाव यह पड़ा कि, प्रान्तीय चेतना ठण्ढ़ी पडने लगी और "राष्ट्र संकट में" के पीछे निहित राष्ट्रीय एकता की भावना को पुरजोर समर्थन मिलने लगा। स्वयं भारत का विभाजन ही एक बड़ा भारी पाठ था जिसनें एकात्मक संघ अपनाने को विवश कर दिया। राज्य के अधिकारों के प्रति चिंता जाती रही[5]। भारतीय संविधान में कहीं भी 'संघ' शब्द का प्रयोग नहीं किया गया है लेकिन संघात्मक व्यवस्था के सम्पूर्ण लक्षण भारतीय संविधान में देखे जा सकते हैं। इन प्रावधानों को केवल भारतीय राजनीतिक परिस्थितियों के लिए अनुकूलित करने का कार्य संविधान निर्माताओं ने किया है। भारत में संविधान की सर्वोच्चता स्थापित तथ्य है और केन्द्र या कोई भी इकाई-राज्य संविधान के प्रावधानों के बाहर जाकर कार्य नहीं कर सकता, लेकिन संविधान में कोई भी संशोधन करने का अधिकार केन्द्र के पास है न कि इकाई राज्यों में, और एक ऐसे समय में जब केन्द्र में दो-तिहाई या तीन-चौथाई बहुमत प्राप्त दल सत्ता में है और यदि उसका आधे इकाई राज्यों में शासन है तो उसे व्यापक संवैधानिक परिवर्तन करने का अधिकार मिल जाता है। **इतिहास साक्षी है कि ऐसी दशाओं में भारतीय संघ का प्रतिरूप 'एकात्मक संघवाद' का हो जाता है।** इकाई राज्य भी संविधान से बँधे हैं लेकिन वे स्वयं किसी संविधान संशोधन की पहल कर ही नहीं सकते। संसद की इस निर्बाध संविधान-संशोधन-शक्ति पर संविधान निर्माताओं ने तो कोई प्रतिबंध नहीं लगाया, यह तो न्यायिक निर्णयों के विकास का सुखद व शुभ परिणाम निकला कि, सर्वोच्च न्यायालय ने निर्णय दे दिया है कि, संसद संविधान में कोइ भी संशोधन कर सकती है लेकिन वह संविधान की 'मूल संरचना' में कोई परिवर्तन नहीं कर सकती। **जिस संसदीय शासन को हमने ब्रिटेन से ग्रहण किया था, वह अपनी संवैधानिक विकास-यात्रा में सर्वोच्च न्यायालय के निर्णयों व दिशा-निर्देशों के अधीन हो गया। अब संसदीय सर्वोच्चता**

तो दूर की बात रही, संविधान की भावी दशा-दिशा का निर्धारण भी सर्वोच्च न्यायालय ही कर रहा है। ऐसी स्थिति में न्यायिक सर्वोच्चता और संसदीय सर्वोच्चता के बीच का द्वन्द हमारी संघात्मक व्यवस्था का भविष्य एवं अस्तित्व निर्धारित करने में महत्वपूर्ण भूमिका का निर्वाह करेगा।

संसद के कार्य करने की अवधि का निरंतर कम होते जाना, सांसदों में आधुनिक तकनीकी ज्ञान का अभाव तथा इन सबके कारण होने वाले प्रदत्त व्यवस्थापन ने आज मंत्रिमंडल की शक्तियाँ अत्यंत बढ़ा दी हैं। मंत्रिमंडल में प्रधानमंत्री की स्थिति सर्वमहत्वपूर्ण है। उसके पास प्रदत्त व्यवस्थापन के कारण तथा अन्यान्य कारणों से आज ऐसी अनेक शक्तियाँ आ गयी हैं जो सामान्यतः उसके पास नहीं होती, ऐसी दशाओं में संघ में केन्द्रीकरण तथा एकात्मक प्रवृत्तियों का आना स्वाभाविक है। मंत्रिमंडल, प्रधानमंत्री के व्यक्तिगत नेतृत्व में निम्न सदन या लोकसभा के प्रति उत्तरदायी होता है, न कि इकाई राज्यों का प्रतिनिधित्व कर रहे राज्यसभा के प्रति। राज्यसभा की शक्तियों का संविधान में जिस प्रकार वर्णन है, उसे देखते हुए ही लगता है कि संविधान निर्माताओं ने न केवल उसे द्वितीय सदन बनाया है, वरन् गौंण सदन (महत्वहीन) भी बना दिया है। एक तरफ राज्यसभा के प्रति कोई उत्तरदायित्व नहीं है और दूसरी तरफ लोकसभा में बहुमत होने के कारण उत्तरदायित्व 'प्रभावी' नहीं है। परिणाम यह हो रहा है कि, **संसद की विश्वसनीयता का संकट उठ खड़ा हुआ है। आज व्यवस्थापिका के प्रति कार्यपालिका का उत्तरदायित्व सुनिश्चित रूप से एक विधिक तथ्य भले हो, लेकिन वह कोई व्यावहारिक तथ्य नहीं रह गया है। संघ की कार्यपालिका शक्तियों में हुई इस वृद्धि ने संघ में इकाई राज्यों की भूमिका व महत्ता को कम किया है।**

एस. एल. वर्मा का विचार है कि, भारत के संदर्भ में बहुत कम राजनेता यह स्पष्ट कर पाएं हैं कि प्रभुत्वपूर्ण संसदीय शासन प्रणाली ने केन्द्र में कार्य करते हुए भारतीय संघ को शीर्षविहीन कर दिया है। उसने समस्त इकाई राज्य की सरकारों को संघ की वास्तविक कार्यपालिका के रूप में काम कर रहे प्रधानमंत्री की संविधानेन्तर शक्तियों के समक्ष झुका दिया है। प्रधानमंत्री की बढ़ती हुई शक्तियाँ संसदीय एकात्मवाद की प्रतीक हैं जो अन्ततोगत्वा निरंकुशता एवं एकाधिकारवाद की ओर ले जाती है। एस. एल.

वर्मा का तो यहाँ तक विचार है कि, चाहे जितनी भी समितियाँ, आयोग आदि केन्द्र-राज्य सम्बन्धों को सुधारने के लिए क्यों न गठित किए जाएं, उनसे कुछ बनता-बिगड़ता नहीं।

भारतीय संविधान में कहीं भी 'संसदीय प्रजातंत्र' शब्द का प्रयोग नहीं किया गया है लेकिन भारतीय संविधान निर्विवाद रूप से एक संसदीय लोकतंत्र की स्थापना करता है। इस व्यवस्था में राष्ट्रपति की भूमिका केवल संवैधानिक अध्यक्ष की होती है तथा संघीय व्यवस्था से जुड़े मामलों में वह बहुत कम स्वविवेक की शक्तियाँ रखता है। राष्ट्रपति के लिए आवश्यक है कि वह मंत्रिमंडल (वास्तव में प्रधानमंत्री) की सहायता व परामर्श को मानें। उसके द्वारा विभिन्न संघीय अभिकरणों के अध्यक्ष व सदस्यों की नियुक्ति की जाती है लेकिन इन सदस्यों के नामों का सुझाव केंद्रिय मंत्रिमंडल (प्रधानमंत्री) देता है। संघ लोक सेवा आयोग, वित्त आयोग, निर्वाचन आयोग, राजभाषा आयोग आदि संवैधानिक निकाय तथा योजना आयोग जैसे संविधानेत्तर निकायों का कार्यक्षेत्र केन्द्र व राज्य दोनों ही है लेकिन इनके सदस्यों व अध्यक्षों की नियुक्ति व अधिकारों का निर्धारण करने में राज्यों की कोई भूमिका नहीं है। इसलिए इन अभिकरणों के कार्यों से राज्यों का असंतोष प्रायः व्यक्त होता रहा है। **राष्ट्रपति हमारी संघात्मक व्यवस्था का शीर्षस्थ अधिकारी होने के कारण राज्यों की भावनाओं/आकांक्षाओं को व्यक्त करने का सशक्त माध्यम बन सकता है क्योंकि उसका निर्वाचन इकाई राज्यों का सशक्त माध्यम बन सकता है क्योंकि उसका निर्वाचन इकाई राज्यों की विधानसभाओं के निर्वाचित सदस्यों द्वारा भी होता है अतः उसका अनौपचारिक दायित्व इकाई राज्यों के अधिकारों की रक्षा करना भी है लेकिन वह सम्पूर्ण कार्य केन्द्रीय मंत्रिमंडल से परामर्श के पश्चात ही करता है। एक प्रकार से देखा जाय तो उसे केन्द्रीय मंत्रिमंडल की अधीनता में काम करना पड़ता है। ऐसी स्थिति में भारत के राष्ट्रपति से संघीय व्यवस्था में इकाई-राज्यों के अधिकारों की रक्षा करते हुए संविधान के संरक्षक की भूमिका निभाने की आशा करना ही व्यर्थ है।** ऐसे अनेक उदाहरण हैं जब राष्ट्रपति को न चाहते हुए भी राज्यों में राष्ट्रपति शासन लगाना पड़ा है। राष्ट्रपति की संवैधानिक स्थिति चाहे जो हो, लेकिन अब यह माना जाने लगा है कि 'राष्ट्रपति' प्रधानमंत्री का प्रिय व्यक्ति ही हो सकता है। इंदिरा गाँधी ने जिस प्रकार कांग्रेस के

अधिकृत प्रत्याशी को हराकर अपने 'प्रिय व्यक्ति' को 'अन्तरात्मा की आवाज' पर चुनवाया था और जिस प्रकार मनमोहन सिंह एवं सोनिया गाँधी की मुहिम ने प्रतिभा पाटिल को राष्ट्रपति के पद तक पहुँचाया था, उसे देखते हुए अब यही कहा जाने लगा है कि राष्ट्रपति चुने जाने के लिए प्रधानमंत्री की सहमति एक अनिवार्य सत्य है। यह दशाएं देश के शीर्षस्थ पद की गरिमा को प्रतिकूल रूप से प्रभावित कर रही हैं।

कार्ल जे. फ्रेडरिक ने एक महत्वपूर्ण तथ्य की ओर संकेत किया है। संसदीय प्रणाली और संघीय व्यवस्था दोनों प्रकार की संरचनाओं के पीछे दो भिन्न प्रकार के दर्शन होते हैं। संसदीय प्रणाली केन्द्रीकरण तथा एकात्मक प्रवृत्तियों की द्योतक है तथा संघवाद विकेन्द्रीकरण की बात करता है। संघवाद सांस्कृतिक, भाषायी, क्षेत्रीय तथा उद्भवजन्य ऐतिहासिक भिन्नताओं से सम्बद्ध है जबकि संसदीय प्रणाली समरस समाज एवं संस्कृति से जुड़े लोगों के लिए आदर्श है। **फ्रेडरिक ने दोनों प्रकार की संरचनाओं/सरकारों के मिश्रण से बचने का सुझाव दिया है किन्तु वह विश्लेषण करनें एवं सुझाव देने से आगे नहीं बढ़ पाया है।**

भारत की बहुसांस्कृतिक सामाजिक संरचना में अनेकता के तत्वों की आसानी से उपेक्षा नहीं की जा सकती। बिना उसको उचित महत्व दिए हम एकता भी स्थापित नहीं कर सकते क्योंकि एक गौरवशाली ऐतिहासिक संस्कृति के बावजूद और स्वतंत्रता के 62 वर्ष बीतने के बाद भी आज क्षेत्रीय एवं स्थानीय निष्ठाओं का ज्वार तीव्र उभार पर है। तमिलनाडु, कश्मीर, पंजाब, असम, त्रिपुरा, मिजोरम, सिक्किम, नागालैण्ड आदि राज्यों में आज भी स्थानीय निष्ठा राष्ट्रीय निष्ठा में विलीन नहीं हो पायी है। एस. एल. वर्मा का विचार है कि, यदि भारतीय एकता और अनेकता की तुलना की जाय तो ज्ञात होगा कि, तथाकथित एकता की धारणा अधिक अमूर्त, अस्पष्ट, विवादास्पद तथा आदर्शात्मक है जबकि अनेकता या भिन्नताएं अधिक स्पष्ट, दबावयुक्त, प्रभावी एवं मुखर हैं। अतः आवश्यक है कि इन्हें सही अभिव्यक्ति, समायोजन तथा राजनीतिक मूर्तिकरण प्रदान किया जाए, अन्यथा ये कभी भी ज्वालामुखी की भाँति फट सकते हैं। **संघीय व्यवस्था में राज्यों की ओर से उठने वाली अधिकांश समस्याओं का समाधान 'और अधिक संघात्मक' बनकर किया जा सकता है। विविधताओं वाले देश के लिए संघीय व्यवस्था से बढ़कर और कोई शासन प्रणाली नहीं हो**

सकती है। संविधान निर्माता इस तथ्य से भली-भाँति परिचित थे, तभी तो उन्होंने संविधान निर्माण के प्रारंभिक दिनों में एक 'वास्तविक संघ' का प्रतिरूप तैयार किया था, वह तो तत्कालीन परिस्थितियों का दबाव या प्रभाव था कि हमारा संघ केन्द्र की ओर झुक गया। तभी तो के. सी. व्हीयर जैसे विद्वानों को संविधान 'क्वासी फेडरल' (आभासी संघ, वास्तविक संघ नहीं, आभासी संघ का तात्पर्य यह है कि ऐसा संघ जो मूलतः एकात्मक हो, लेकिन उसमें कुछ संघात्मक प्रावधान भी किए गए हों) प्रतीत होता है। के. सी. व्हीयर ने अपनी पुस्तक 'फेडरल गवर्नमेन्ट' में कनाडा के संविधान को भी 'क्वासी-फेडरल' की ही श्रेणी में रखा है। वे अमेरिका के संविधान को 'आदर्श संघ' (ट्रू फेडरल गवर्नमेन्ट) के रूप में देखते हैं। लेकिन संविधान के पन्नों पर वर्णित तथ्य प्रायः व्यवहार में अक्षरशः सत्य नहीं होते। यदि अमेरिका के संविधान को 'वास्तविक संघ' या 'आर्दश संघ' की कसौटी पर कसते हुए परीक्षण किया जाय तो यह ज्ञात होगा कि अमेरिका में समवर्ती सूची का अभाव (जो केन्द्र व राज्यों के बीच कुछ विषयों के विधायन में परस्पर सहयोग का मंच तैयार करती है), राज्यों के बीच होने वाले व्यापार को विनियमित करनें की कांग्रेस की शक्ति तथा निहित शक्तियों के सिद्धांत के कारण केन्द्र की शक्तियों में उतनी वृद्धि हो गई है जितना कि अमेरिकी संविधान-निर्माताओं ने सोचा भी नहीं था। अमेरिकी संघ में निहित शक्तियों के सिद्धान्त पर यदि ध्यान दिया जाय तो ज्ञात होगा कि यह शक्तियाँ भारत और कनाडा के संविधान में केन्द्र को अवशिष्ट सूची के विषयों पर कानून बनाने की शक्ति के समान हैं। अवशिष्ट शक्तियों के कारण ही भारत में निहित शक्तियों के सिद्धान्त का विकास नहीं हो सका। भारत में आपातकालीन स्थितियों में केन्द्र को राज्य सूची के विषयों पर कानून बनाने की शक्ति है, लेकिन अमेरिका में इस प्रकार का कोई प्रावधान नहीं है, लेकिन अमेरिकी सर्वोच्च न्यायालय ने इस आवश्यकता को समझा है। यदि कोई राज्य युद्ध जैसी संकटकालीन परिस्थितियों में अमेरिकी संघीय सरकार द्वारा बनाए गए कानूनों को लागू करने से मना करता है या उसके आपातकालीन कानूनों का खुलेआम विरोध करता है तो आपातकालीन कानूनों के अनुपालन हेतु और संघ को टूटने से बचाने के लिए संघ (केन्द्र) 'सैन्य कार्रवाई' कर सकता है। इस प्रकार भारत एवं अमेरिका दोनों ही जगह संकट से देश को बचाने के लिए केन्द्र को इकाई राज्यों में हस्तक्षेप करने का समान अधिकार है।[6]

इस प्रकार यह स्पष्ट है कि भारतीय संविधान में कुछ ऐसे संवैधानिक प्रावधान हैं जिनका अमेरिका में विकास न्यायपालिका के हस्तक्षेप से हुआ है। **अतः के. सी. व्हीयर द्वारा भारतीय संविधान को 'आभासी संघ' तथा अमेरिका को 'आदर्श संघ' कहना एक प्रकार से अन्तर्विरोधी कथन है। भारतीय संविधान भी उतना ही संघात्मक है जितना अमेरिका। सी. एफ. स्ट्रांग ने अमेरिकी संघ को 'अत्यधिक संघीकृत माना है तथा कनाडा को उसकी तुलना में 'कम संघीकृत' माना है लेकिन वे कनाडा के संविधान या भारत के संविधान को 'आभासी संघ' नहीं मानते।**[7] और कहना भी नहीं चाहिए क्योंकि कोई भी संघीय व्यवस्था अपने देश-काल, परिस्थितियों, ऐतिहासिक आवश्यकताओं तथा भविष्य के प्रति अपनी दृष्टि से आकार-प्रकार ग्रहण करती है और यह सभी प्रवृत्तियाँ अलग-अलग देशों में भिन्न-भिन्न प्रकार की होंगी, अतः किसी एक देश के संघ के प्रतिरूप को सबके लिए 'आदर्श व उपयुक्त' घोषित नहीं किया जाना चाहिए। भारत नें केन्द्र व राज्यों के लिए एक ही प्रकार के संविधान बनाए, एक नागरिकता निर्धारित की, एक ही प्रकार की राष्ट्रीय सेवाओं का प्रतिरूप बनाया, इन सबके पीछे 150 वर्षो के ब्रिटिश शासन में विकसित हुआ प्रशासनिक ढाँचा जिम्मेदार है। संविधान निर्माताओं को लगता था कि, कोई भी नया प्रयोग हमारे राष्ट्र को दुर्बल करेगा और वे परिस्थितियों को देखते हुए एक शक्तिशाली राष्ट्र बनाना चाहते थे। अनु. 201 (राज्य के विधेयकों को राष्ट्रपति के विचारार्थ आरक्षित करने का प्रावधान)[8] तथा अनु. 356 (राज्यों में संवैधानिक तंत्र की विफलता की दशा में राष्ट्रपति शासन लगाने का प्रावधान) का विचार भी इसीलिए आया क्योंकि राष्ट्र को कोई भी इकाई राज्य कमजोर न कर सके। **भारत नें संघ को दुर्बलता से बचाने के लिए संघीय व्यवस्था को यदि थोड़ा सा केन्द्र की ओर झुका दिया है तो इसे परिस्थितिजन्य निर्णय समझना चाहिए, न कि 'आभासी संघवाद।'**

20वीं सदी में हुए तकनीकी प्रगति, प्रौद्योगिक क्रांति तथा जटिल होती सामाजिक संरचनाओं ने 'संघ' के प्रति परम्परागत सोच को परिवर्तित कर दिया है। वह 'राज्य' जो कभी 'लैसेजफेयर पॉलिसी' (अहस्तक्षेप की नीति) को अपनाता था, उसने अपना दायित्व बदलकर स्वयं को 'वेलफेयर पॉलिसी' (लोककल्याणकारी नीति) से जोड़ दिया।

इससे अमेरिका तथा आस्ट्रेलिया (जो संघ के आदर्श प्रतिरूप माने जाते रहे हैं) में भी 'संघ' की संरचना प्रभावित हुई है। अमेरिका में 1930 ई. में आयी आर्थिक मंदी तथा द्वितीय विश्व युद्ध के बाद यह सामान्य विचार बनना शुरू हुआ कि, लोक कल्याण के मुद्दों से राज्य अपनें को जोड़े, वह जनता के और करीब आए, इसलिए परम्परागत संघ की अवधारणा में परिवर्तन हो गया। इस नवीन अवधारणा ने अमेरिका में इकाई-राज्यों के अधिकारों के प्रति चेतना प्रसारित की। लास्की ने परम्परागत संघ के युग के समाप्त होने की बात की। लेकिन नवीन अवधारणा ने संघवाद के जिस नवीन युग की चर्चा करना शुरू किया था, वह था सहयोगी संघवाद का युग।

1938 ई. में मिस जाने पेरी क्लार्क नें अपनी पुस्तक 'द राइज आफ न्यू फेडरलिज्म' में सहयोगात्मक संघ' की चर्चा की। इस अवधारणा में यह विचार समाहित था कि संघ के भीतर इकाई राज्य स्वायत्तशासी संस्थाओं की भाँति काम करें और राष्ट्रीय एकता के आदर्श को सामने रखें। 1955 ई. में ए. एन. बिर्च ने भी इस धारणा व संज्ञा को स्वीकार किया। 1950 ई. में भारत का संविधान जब बनकर तैयार हुआ तो उसमें बहुत सारे ऐसे प्रावधानों का समावेश था जो केन्द्र व राज्यों के बीच सहयोग के बेहतर माध्यम बन सकते हैं। इनके उदाहरण इस प्रकार हैं-

1. समवर्ती सूची के विषयों पर केन्द्र व राज्य दोनों को कानून बनाने का अधिकार,

2. केन्द्र व राज्यों के बीच उठने वाले विवादों के निपटारे के लिए केवल एक संस्था सर्वोच्च न्यायालय का होना (अनु. 131),

3. केन्द्र व राज्यों की बीच वित्तीय संसाधनों के बटँवारे के लिए अनु. 280 के अन्तर्गत वित्त आयोग के गठन का प्रावधान,

4. राज्यों के बीच उठने वाले पानी के विवादों का निपटारा संसद द्वारा किए जाने तथा इस सम्बन्ध में संसद द्वारा विधि-निर्माण की शक्ति (अनु. 262),

5. केन्द्र व राज्यों के बीच बेहतर सम्बन्ध स्थापित करने तथा समन्वय के नए आधारों का पता लगाने हेतु गठित की जाने वाली अन्तर्राज्यीय परिषद (अनु. 263),

6. दो या दो से अधिक राज्यों के लिए संयुक्त लोक सेवा आयोग के प्रावधान का होना तथा किसी इकाई राज्य द्वारा ली जाने वाली परीक्षाओं का संघ लोक सेवा आयोग द्वारा संचालन व आयोजन

7. केन्द्र व राज्यों के बीच उठने वाले, विधि-निर्माण की अधिकारिता से जुड़े मामलों में केन्द्र की शक्ति का प्रभावी होना,

8. आपातकाल में राज्यों की शक्ति व अधिकारिता का केन्द्र द्वारा प्रयोग

9. राज्यों को वित्तीय सहायता एवं कुछ करों का केन्द्र एक राज्यों के बीच विभाजन सम्बन्धी प्रावधान

10. अन्तर्राज्जीय व्यापार एवं वाणिज्य का विनियमन,

इसके अतिरिक्त भारत के संविधान के बाहर भी केन्द्र व राज्यों के बीच सहयोग के अनेक मंच अब तैयार किए जा चुके हैं जैसे-

1. मुख्यमंत्रियों की बैठकें,

2. राज्य के विभिन्न विभागों के मंत्रियों की केन्द्र के साथ होने वाली बैठकें,

3. राज्यों के बीच पारस्परिक सहयोग के मंच के रूप में क्षेत्रीय परिषदों का गठन,

4. योजना आयोग,

5. राष्ट्रीय विकास परिषद्,

6. केन्द्र द्वारा राज्यों को दी जाने वाली विवेकाधीन आर्थिक सहायता आदि।

भारत में जब संविधान बनकर तैयार हुआ, तभी यह आरोप लगाया गया कि संविधान केन्द्रीकृत है, राज्यों के अधिकार व भूमिका में अपेक्षा से अधिक कमी कर दी गयी है, लेकिन इस प्रकार के आरोप पूर्णत: सुविचारित नहीं हैं। भारतीय संविधान निर्माण के समय की राजनीतिक परिस्थितियों ने भले ही हमारे संविधान को केन्द्र की ओर झुका दिया है तथापि राज्यों के अधिकारों को लेकर संविधान निर्माता अत्यधिक चिन्तित थे, तथा उन्होनें इस सम्बन्ध में अनेक प्रावधान भी किए हैं। केन्द्र की प्रत्यक्ष अधिकारिता केन्द्र शासित प्रदेशों तक ही सीमित हैं, इकाई राज्यों में उसका प्रशासन नहीं है, अत: केन्द्र अपनी अनेक योजनाओं के क्रियान्वयन हेतु (जैसे स्वास्थ्य, शिक्षा, पर्यावरण, रेल, सड़क आदि) राज्यों के ऊपर निर्भर है। अनेक ऐसे

उदाहरण हैं जब इकाई राज्यों ने केन्द्रीय अभिकरणों की बातें नहीं मानी। जैसे, विश्वविद्यालय अनुदान आयोग ने कुछ मानक निर्धारित किए हैं जिनका पालन विश्वविद्यालय की स्थापना करते समय किसी भी राज्य द्वारा किया जाना चाहिए। इस प्रकार की शिकायतें आयोग ने कई बार की है कि, राज्य, विश्वविद्यालय स्थापित करते समय तो आयोग द्वारा निर्धारित मानकों की अवहेलना करते हैं लेकिन विश्वविद्यालय हेतु आर्थिक मदद माँगने के लिए दौड़े चले आते हैं, जब मानकों के पूरा न होने के कारण वित्तीय/आर्थिक मदद नहीं दी जाती है तो वे इस बात का शोर करते हैं कि उनके राज्य के विश्वविद्यालय के साथ केन्द्रीय अभिकरण का व्यवहार खराब है। इसी प्रकार वित्त आयोग तथा योजना आयोग द्वारा दिए गए निर्देशों का पालन इकाई राज्य नहीं करते हैं लेकिन इन आयोगों से अधिक से अधिक वित्तीय मदद माँगते रहते हैं। पॉल एच. एपेलबी द्वारा 1953 में भारतीय प्रशासन सम्बन्धी अपनी रिपोर्ट में कहा गया था कि, "भारत में केन्द्र की निर्भरता इकाई राज्यों पर इतना अधिक है जितना की किसी अन्य संघ में नहीं।"[9] **राज्यों नें अनेक बार इस प्रकार की शिकायतें भी की हैं कि केन्द्र द्वारा योजनाओं के निर्माण के समय तो हमसे कोई विचार-विमर्श नहीं किया जाता, लेकिन योजनाओं का क्रियान्वयन केन्द्र हमसे करवाना चाहता है। वस्तुतः योजनाओं के निर्माण से लेकर योजनाओं के क्रियान्वयन तक केन्द्र द्वारा राज्यों को साथ लेकर चलना चाहिए तभी योजनाएं सफल हो सकती हैं।**

केन्द्र व राज्यों के बीच सहयोग के जितनें अधिक सोपान या स्तर होंगे, उतना ही अच्छा भविष्य 'संघ' का होगा। सहयोग के ये सोपान न केवल केन्द्र व राज्यों को एक-दूसरे के निकट लाते हैं, वरन् इकाई राज्यों के बीच उठने वाले विवादों (विशेषतः सीमा विवाद तथा व्यापारिक प्रतिबंध सम्बन्धी विवाद) के समाधान का अवसर भी देते हैं। राज्यों को कभी भी ऐसा नहीं लगना चाहिए कि केन्द्र उनके साथ सौतेला व्यवहार कर रहा है और न ही केन्द्र को यह अनुभव होना चाहिए कि इकाई-राज्य उसके साथ सहयोग नहीं कर रहे हैं। दोनों को अपने अधिकारों, शक्तियों, सीमाओं तथा पारस्परिक निर्भरता को समझते हुए काम करना चाहिए। **राज्य स्वायत्तशासी निकाय की भाँति रहते हुए भी राष्ट्रीय एकता, अखण्डता तथा संप्रभुता के सरोकारों से स्वयं को जोड़े रहें, तभी संघ गतिशील बना रह सकता है। इकाई राज्यों के अधिकारों के संदर्भ में केंद्र 'संरक्षक' की भूमिका**

निभाए तथा इकाई राज्य भी स्वयं को महत्वपूर्ण विषयों पर केन्द्र द्वारा दिए गए उचित आदेशों से बद्धमूल मानें, तभी संघ शास्वत रहेगा। यह सर्वदा ध्यान रखना चाहिए कि केन्द्र व राज्यों के बीच उठने वाले विवाद पारिवारिक वातावरण में ही सुलझा लिए जाएं, किसी भी 'बाहरी ताकत' का हस्तक्षेप संघ और संप्रभुता दोनों के लिए घातक/खतरनाक हो सकता है। वस्तुतः संघ तभी बना रह सकता है जब भिन्न-भिन्न विचारों के लोग एक साथ मिलजुलकर काम करें। संघ की स्थापना गतिशीलता तथा शास्वतता के लिए राज्य के प्रत्येक व्यक्ति की मनःस्थिति का बहुलवादी तथा संघीय होना आवश्यक है आज अन्तर्राष्ट्रीय परिदृश्य पर अपनी सशक्त आर्थिक उपस्थिति प्रदर्शित करने के लिए विभिन्न देशों द्वारा एशियान, मर्कोसुर, ओपेक, साफ्टा आदि। ये संगठन आर्थिक-संघवाद के द्योतक है इस सम्बन्ध में भारत के प्रधानमंत्री डा. मनमोहन सिंह के विचार द्रष्टतव्य हैं जो उन्होंने संघवाद के बारे में होने वाले चतुर्थ अन्तर्राष्ट्रीय सम्मेलन में कहा था "....वास्तव में, आज हम जिस तरह विश्व को निरंतर वैश्वीकृत होता देख रहे हैं; उससे लगता है कि वह दिन दूर नहीं जब पूर्ण सार्वभौमिकता का प्रश्न उठाया जाय। नियम आधारित अन्तर्राष्ट्रीय व्यवस्थाएं विभिन्न प्रकार के मानव व्यवहार में व्याप्त हो चुकी है, इसलिए यह संभावना दिखने लगी है कि, मानव मात्र के व्यापक हित में राष्ट्र अपने सार्वभौमिक अधिकारों का परित्याग प्रारम्भ करने लगा।"[10]

वैश्वीकरण का भारतीय संघीय व्यवस्था पर प्रभाव

वैश्वीकरण या भूमंडलीकरण राष्ट्रों की भौगोलिक सीमाओं से परे आर्थिक सहयोग की प्रक्रियाओं एवं उनके प्रबंधन का मुक्त प्रवाह है। वैश्वीकरण एक परिवर्तन-बिन्दु है और कोई भी परिवर्तन जो राज्य द्वारा प्रायोजित और समर्थित हो, राजनीति पर प्रभाव डाले बिना नहीं रह सकता। वैश्वीकरण की प्रक्रिया से जुड़ने को लेकर भारत में राज्यों और राजनीतिक दलों की एक राय नहीं थी। कृषि एवं व्यापार सम्बन्धी मुद्दों पर राज्यों की आशंकाओं का समाधान किए बिना ही भारत सरकार ने 14 अप्रैल, 1994 ई. को गैट (GATT– जनरल एग्रीमेंट ऑन टैरिफ ऐण्ड ट्रेड अर्थात् 'व्यापार एवं प्रशुल्कों पर सामान्य सहमति') पर हस्ताक्षर कर दिया और इस प्रकार 1 जनवरी, 1995 ई. को अस्तित्व में आए W.T.O (वर्ल्ड ट्रेड आर्गनाइजेशन- विश्व व्यापार संगठन) का संस्थापक सदस्य भारत बन गया। पंजाब और तमिलनाडु

राज्यों ने भारत सरकार की W.T.O में शामिल होने की एकतरफा नीति (क्योंकि इकाई राज्यों को पूरी तरह विश्वास में नहीं लिया गया था) को 'संघ' की भावना की विपरीत बताकर सर्वोच्च न्यायालय का दरवाजा खटखटाया था लेकिन अभी भी इस पर कोई न्यायिक निर्णय नहीं आया है। वैश्वीकरण (उदारीकरण, निजीकरण और बाजारीकरण, वैश्वीकरण के उप अंग हैं और प्राय: ये सभी शब्द सामान्य बोलचाल में पर्यायवाची के रूप में प्रयुक्त होते हैं) प्रारंभ होने के कुछ वर्ष बाद ही भारतीय संघ के राज्यों में इसको लेकर एक अनौपचारिक आम सहमति कायम हो गयी तथा सभी राज्यों ने इससे जुड़े लाभों तथा अवसरों का दोहन करने के लिए अपनी नीतियों तथा योजनाओं में व्यापक परिवर्तन करना प्रारंभ कर दिया। इन अभिनव परिवर्तनों ने भारतीय संघ के स्वरूप एवं प्रकृति में एक बदलाव की प्रक्रिया आरंभ कर दी।

वैश्वीकरण का एक प्रारंभिक सूत्र है कि सम्पूर्ण विश्व में पूँजी का उन्मुक्त प्रवाह हो अर्थात् पूँजी निवेश के मार्ग में कोई बाधा न खड़ी की जाय। भारत में वैश्वीकरण के कारण विदेशी पूँजी तो आयी किन्तु उसका निवेश केवल उन्हीं राज्यों में हुआ जो पहले से ही एक विकसित आधारभूत ढ़ाँचा रखते थे, अविकसित या आधारभूत ढ़ाँचे की दृष्टि से पिछड़े राज्यों में विदेशी पूँजी का निवेश कम हुआ। इस सम्बन्ध में यह ध्यान देने योग्य तथ्य है कि 1991-2000 ई. के बीच जितना भी पूँजी निवेश भारत में हुआ उसका 25 प्रतिशत अकेले महाराष्ट्र तथा गुजरात में हुआ और बिहार जैसे पिछ्ड़े राज्यों में 0.9 प्रतिशत (अर्थात् एक प्रतिशत से भी कम) निवेश हुआ। पूँजी निवेश के कारण विकसित राज्यों में जो औद्योगिक वातारण एवं राज्य का जो विकास हुआ, उसने विकसित एवं पिछड़े राज्यों के बीच पहले से ही चले आ रहे असमानता की खाई को और चौड़ा कर दिया। भारत में एक ओर तो गुजरात, महाराष्ट्र, कर्नाटक, आन्ध्रप्रदेश, केरल, तमिलनाडु, दिल्ली, गोवा, पंजाब और हरियाणा जैसे विकसित राज्य हैं तो वहीं बिहार, छत्तीसगढ़, उ. प्र., म. प्र., उड़ीसा, झारखण्ड आदि जैसे पिछड़े राज्य भी हैं। पूर्वोत्तर भारत के सातों राज्य भी इसी पिछड़े वर्ग वाले राज्यों की श्रेणी में हैं। इन राज्यों के विकास की व्यवस्था यदि शीघ्र नहीं की गई तो भारतीय संघीय व्यवस्था एक ऐसे मोड़ पर पहुँच जाएगी, जहाँ एक ओर उद्योग प्रधान राज्य होंगे तो दूसरी ओर श्रम या श्रमिक प्रधान राज्य, फलत: दोनों ही वर्ग

के राज्यों के हित भी पृथक-पृथक होंगे। कुछ वर्ष पूर्व चन्द्रबाबू नायडू (आंध्र प्रदेश के तत्कालीन मुख्यमंत्री) ने चेतावनी भरे स्वर में कहा था कि विकसित राज्यों के संसाधनों और टैक्सों (करों) से प्राप्त राजस्व की कीमत पर अविकसित या पिछड़े राज्यों (BIMARU)[11] का विकास करने की केन्द्र की प्रवृत्ति चिन्ताजनक है। आने वाले दिनों में संभव है कि, भारत के विकसित राज्यों में यह सोच पैदा हो कि भारत के अविकसित राज्य उनके ऊपर बोझ हैं, इस प्रकार की प्रवृत्तियाँ 'संघ' के लिए घातक होंगी। देश के भीतर इकाई-राज्यों के बीच निरंतर बढ़ती आर्थिक खाई एवं हितों की पारस्परिक असमानता हमारी संघीय व्यवस्था के लिए खतरनाक है। ध्यान रहे कि अमेरिका में गृहयुद्ध का कारण उत्तरी अमेरिका के राज्यों तथा दक्षिणी अमेरिका के राज्यों के बीच आर्थिक हितों की टकराहट ही थी, जहाँ एक वर्ग कृषि एवं बागानी अर्थव्यवस्था (जो कि श्रम आधारित, श्रमिक प्रधान अर्थव्यवस्था थी) का समर्थक था तो दूसरा वर्ग औद्योगीकरण का समर्थन करता था।

आर्थिक असमानता केवल विभिन्न राज्यों के बीच ही नहीं बढ़ रही है, वरन इकाई राज्य के भीतर एक क्षेत्र तथा दूसरे क्षेत्र के बीच भी बढ़ रही है। प्रदेश के विभिन्न क्षेत्रों के बीच बढ रही असामानता विकसित एवं विकासशील राज्यों दोनों में पाया जा रहा है। यदि हम उत्तर प्रदेश के दो क्षेत्रों को ले तो पाएंगे कि पूर्वी उत्तरप्रदेश (मऊ, बलिया, आजमगढ़, देवरिया, चन्दौली, बस्ती आदि जिले) में उद्योग-धन्धे शून्य हैं तो वहीं पश्चिमी उ. प्र. (मेरठ, गाजियाबाद, नोएडा, आगरा आदि जिले) उद्योग-धन्धों एवं प्रगति की दृष्टि से अधिक सम्पन्न हैं। वैश्वीकरण का भी कोई लाभ पूर्वी उत्तर प्रदेश के लोगों को अब तक नहीं मिल सका है। राज्यों के भीतर इस प्रकार की विषमता आगे चलकर राज्यों के विभाजन के रूप में या छोटे-छोटे राज्यों को बनाने की माँग के रूप में सामने आती है। उत्तर प्रदेश में पूर्वी उत्तर-प्रदेश को पृथक करके पूर्वाञ्चल राज्य बनाने की माँग तथा दक्षिण भारत में विदर्भ या तेलंगाना राज्य बनाने की माँग इसी असंतुलित विकास से पैदा हो रही है। इस प्रकार की माँगों से भारतीय संघ के अनेक छोटे-छोटे राज्यों में बँट जाने का खतरा बढ़ रहा है। विषमता की कोख से जन्म लेने वाले छोटे राज्य संघ व्यवस्था पर एक नए प्रकार का दबाव डाल रहे हैं।

वैश्वीकरण की एक बात के लिए प्राय: आलोचना की जाती है कि उसने पूँजी का प्रवाह तो सुनिश्चित कर दिया है लेकिन श्रम का नहीं, यद्यपि यह आलोचना अन्तर्राष्ट्रीय स्तर पर की जाती है, लेकिन भारत के सन्दर्भ में यह बात भारत के भीतर राज्यों की पारस्परिक राजनीति पर भी लागू होती है। भारत में विकसित राज्यों (कर्नाटक, महाराष्ट्र आदि) में पिछड़े राज्यों (बिहार, उ. प्र. आदि) से मजदूर एवं युवा वर्ग जाकर रोजगार प्राप्त करना चाहता है किन्तु विकसित राज्यों के निवासियों को लगता है कि उनके राज्य में वैश्वीकरण के कारण उत्पन्न हुए नए अवसरों को अन्य राज्यों के लोग आकर हथिया रहे हैं। इस प्रकार की सोच से तनाव बढ़ता है और क्षेत्रवाद की भावनाएं पनपने लगती हैं। महाराष्ट्र से उत्तर भारतीयों को निकालने की घटना तथा असम के चाय बागानों में काम के लिए जाने वाले बिहार के लोगों को निकालने या भगाने की घटना इसी सोच से जन्म ले रही है। फ्रांस, जर्मनी, ब्रिटेन जैसे देशों में कुछ दलों का मुख्य चुनावी एजेण्डा ही विदेशी लोगों को काम के अवसरों से वंचित करते हुए काम के अवसरों को केवल अपने ही देश के निवासियों के लिए सुरक्षित व आरक्षित करना है। भारत में भी शिवसेना सदृश स्थानीय क्षेत्रीय दलों की यही सोच व प्रवृत्ति है। वे भी काम के अवसरों को केवल मराठी लोगों तक ही सीमित रखना चाहते हैं। इस प्रकार की संकीर्ण भावनाएं क्षेत्रवाद को बढ़ाकर देश की 'एकता और अखण्डता' के लिए खतरा पैदा कर देंगी। 'एकता और अखण्डता' - यह शब्द संविधान की प्रस्तावना में वर्णित है और यह शब्द भारतीय शासन, संघवाद तथा संविधान के अस्तित्व एवं भविष्य का आधार है तथा सर्वोच्च न्यायालय के निर्णय के अनुसार संविधान का मौलिक या आधारभूत ढ़ाँचा भी है अत: इस पर प्रहार करने वाली कोई भी घटना या प्रवृत्ति संविधान के लिए चुनौती/खतरा बन सकती है।[11]

वैश्वीकरण ने भारतीय संघात्मक व्यवस्था में केन्द्र-राज्य सम्बन्धों को भी प्रभावित किया है। आज केन्द्र और इकाई राज्यों के स्तर पर 'अर्थ और व्यापार' सभी नीतियों एवं निर्णयों के केन्द्र बिन्दु में है। परिणामत: आज सरकारों की प्राथमिकता में आर्थिक पक्ष अत्यंत महत्वपूर्ण हो गया है जबकि सर्वाधिक संवेदनशील सामाजिक आधारभूत ढ़ाँचा सरकार के एजेण्डे में दूसरे नबंर पर चला/फिसल गया है। वैश्वीकरण के कारण उत्पन्न आर्थिक वातावरण को राज्य के विकास के लिए आवश्यक बताकर अनेक इकाई राज्यों के

मुख्यमंत्री अब पूँजी निवेशकों को आकृष्ट करने के लिए स्वयं विदेश यात्राएं करने लगे हैं। इकाई राज्यों के बीच पारस्परिक प्रतिस्पर्द्धा[12] सी मची हुई है कि वे आर्थिक गतिविधियों तथा औद्योगिक विकास का वातावरण बेहतर बनाकर/प्रदर्शित करके अन्य राज्यों की तुलना में अधिकाधिक मात्रा में विदेशी पूँजी निवेश प्राप्त कर सकें। पारस्परिक प्रतिस्पर्द्धा के कारण ही अनेक बार गुजरात प्रशासन ने पूँजीनिवेश के लिए भारत के अन्य राज्यों में तथा विदेशों में बसे गुजराती समुदाय से आग्रह किया है। इसी प्रकार अपने-अपने राज्यों के मूल निवासी पूँजी निवेशकों को आकृष्ट करने का प्रयास अन्य राज्यों द्वारा भी किया गया है। इन पूँजी निवेशकों को यह समझाया जाता है कि उनका मूल निवास इस राज्य में है तथा उनके पूर्वज इसी राज्य के थे अतः राज्य का विकास करना या पूँजीनिवेश करते समय अन्य राज्यों की तुलना में अपने मूल राज्य को वरीयता देना उनकी नैतिक जिम्मेदारी है। इस प्रकार एक भावनात्मक सूत्र जोड़ने का प्रयास भी राज्यों द्वारा किया जा रहा है।

भारत में आज इकाई राज्य विदेशी पूँजी निवेशकों, विदेशी संस्थागत निवेशकों, विश्व बैंक, अन्तर्राष्ट्रीय मुद्रा कोष तथा विश्व व्यापार संगठन के प्रतिनिधियों तथा इसी प्रकार के अन्य अन्तर्राष्ट्रीय संस्थाओं से सीधे बातचीत कर रहे हैं। इस प्रकार की सीधी बातचीत से राज्य सरकारों तथा निवेशकों दोनों को ही लाभ हुआ है। राज्य सरकार ऐसी बातचीत में पूँजीनिवेशकों को राज्य के सामाजिक-आर्थिक सरोकारों से अवगत कराकर उससे जोड़ने का प्रयास करती है तथा निवेश की राशि को अधिकाधिक बढ़ाने का प्रयास करती है। जबकि निवेशक टैक्स, जमीन, बिजली आदि के मुद्दों पर राज्य सरकार से सौदेबाजी करके अनुकूलतम स्थिति प्राप्त करने का प्रयास करते हैं। कभी-कभी एक ही निवेशक एक साथ एक से अधिक राज्यों में निवेश करता है तो ऐसे में उन सभी राज्यों को एक ही मंच पर, एक साथ बैठकर उस विदेशी संस्था/निवेशक से बातचीत करके अपने सामूहिक हितों को प्राप्त करने तथा इस प्रकार राज्यों के बीच एकजुटता स्थापित करने का अवसर मिल जाता है, इससे राज्यों के बीच सहयोग बढ़ता है। अनेक बार विश्व बैंक जैसी संस्थाएं ऋण देते समय (प्रायः प्राथमिक शिक्षा व्यवस्था के उन्नयन तथा बिजली बोर्डों की दशा सुधारने सम्बन्धी अनुदान देते समय) सीधे उन राज्यों से बात करती है जहाँ योजनाओं का कार्यान्वयन

होना है। इससे केन्द्र की महत्ता कम हो रही है। यह एक नया परिवर्तन है जिसमें राज्यों की भूमिका बढ़ गई है और इससे भारतीय संघ को एक नया स्वरूप प्राप्त हो रहा है। आज इकाई राज्य यह माँग करने लगे हैं कि उन्हें विदेशी पूँजी निवेश सीधे स्वीकार करने (बिना केन्द्र सरकार के हस्तक्षेप के) तथा विदेशी मुद्रा का प्रबंध करने का अधिकार मिले, लेकिन इस प्रकार की कोई भी माँग करते समय इस तथ्य पर ध्यान देने की आवश्यकता है कि विदेशी पूँजी निवेश, विदेश नीति का ही एक भाग है और विदेश नीति का केन्द्र के पास होना संघवाद की प्रमुख शर्त है। आज विदेश नीति सम्बन्धी निर्णय करने का एकमात्र अधिकार केन्द्र के पास तो है, लेकिन इस अधिकार के क्रियान्वयन के प्रश्न पर भी केन्द्र राज्यों के दबाव में आता प्रतीत हो रहा है। संभव है कि आने वाले दिनों में यह 'दबाव' बढ़े तब संघवाद को नयी चुनौती मिलेगी जो वैश्वीकरण से ही उद्भूत है। आज राज्य आर्थिक स्वायत्तता के प्रश्न को लेकर केन्द्र पर दबाव डाल रहे हैं चूँकि केन्द्र में किसी एक दल के शासन का अभाव है तथा राज्यों में क्षेत्रीय दलों का प्रभाव बढ़ रहा है और ये क्षेत्रीय दल केन्द्रीय सरकार को सौदेबाजी के साथ समर्थन दिए हुए हैं, ऐसी दशा में आज केन्द्रीय सरकार की संघवाद के सम्बन्ध में परम्परागत सोच बदल रही है, इससे भी केन्द्र-राज्य सम्बन्ध एक नयी दिशा में बढ़ रहा है।

क्षेत्रीय दलों का अन्तर्राष्ट्रीय राजनीति में प्रवेश-संघात्मक व्यवस्था के विशेष सन्दर्भ में

1990 ई. के बाद भारतीय राजनीतिक व्यवस्था में कभी 'गैर कांग्रेसवाद' के नाम पर तो कभी 'तीसरे मोर्चे' के नाम पर केन्द्र एवं राज्यों में विभिन्न क्षेत्रीय दलों (उसमें से कुछ राष्ट्रीय दल भी थे) ने गठबंधन सरकारों का निर्माण किया है। आज जनता अपने क्षेत्रीय हितों के प्रति अधिक चैतन्य हो गयी है, उसमें निहित जातीयता का पुट राजनीतिक रूप से स्वयं को अभिव्यक्त करने लगा है, इसी कारण छोटे-छोटे तथा बड़े क्षेत्रीय राजनीतिक दल उभर कर सामने आ रहे हैं। वस्तुतः राजनीतिक दलों का प्रवेश समाज में कितनी गहराई तक हुआ है और उसे कहाँ तक या किस सीमा तक जनता की स्वीकृति मिल सकी है, इस पर ही किसी संसदीय लोकतंत्र का भविष्य एवं अस्तित्व निर्भर करता है, लेकिन यदि जनता की क्षेत्रीय भावनाएं राष्ट्रीय भावनाओं के साथ सामन्जस्य नहीं बना पा रही हों या क्षेत्रीय

राजनीतिक दलों की स्थानीय रुचियाँ या क्षुद्र हित/स्वार्थ, संघात्मक ढाँचे के हितों या भारत की अन्तराष्ट्रीय प्राथमिकताओं से अधिक महत्वपूर्ण मानी जाने लगे तो इसके बड़े खतरनाक परिणाम सामने आ सकते हैं। गठबंधन सरकारों के इस युग में एक नयी प्रवृति यह उभरकर समाने आयी है कि भारत में क्षेत्रीय दल भी विभिन्न अन्तर्राष्ट्रीय मुद्दों पर खुलकर अपने विचार प्रकट करने लगे हैं। यह एक अच्छी प्रवृत्ति है कि क्षेत्रीय दल अपने क्षेत्रीय हितों के साथ-साथ अन्तर्राष्ट्रीय परिवेश के प्रति भी जागरूक हैं। यह हमारी विदेश नीति या अन्तर्राष्ट्रीय प्राथमिकताओं के और भी अधिक लोकतांत्रिक बनने के प्रवृत्ति का परिचायक है। लेकिन अनेक ऐसे मुद्दे हैं, जिनपर क्षेत्रीय दलों की राय राष्ट्रीय हितों से पृथक है। जैसे – भारत के सभी राष्ट्रीय राजनीतिक दल आतंकवाद के मुद्दे पर (वह आतंकवाद भारत में हो या विश्व के किसी अन्य देश में) एकमत हैं कि इसका उन्मूलन परम आवश्यक है। आतंकवाद के उन्मूलन हेतु ही भारत ने श्रीलंका में शांति सेना भेजी थी, लेकिन यह बात तमिलनाडु के एक क्षेत्रीय दल द्रविड़ मुनेत्र कड़गम (द्रमुक) की स्थानीय रुचियों एवं प्राथमिकताओं के विपरीत है। द्रमुक सदैव से ही श्रीलंका में बसे तमिलों के हितों को लेकर खतरनाक स्तर तक संवदेनशील एवं सक्रिय रहा है। तमिलनाडु की राजनीति में श्रीलंका में बसे तमिलों के प्रति वैचारिक-व्यावहारिक दृष्टिकोण किसी भी दल के अस्तित्व एवं भविष्य का निर्धारक बन जाता है। वहाँ प्राय: सभी राजनीतिक दल तमिलनाडु में सत्ता पाने के लिए श्रीलंका के तमिल आन्दोलन जिसका स्वरूप पृथकतावादी है का समर्थन करते रहे हैं। तमिलनाडु के एक क्षेत्रीय दल (पट्टालि मक्कल कांँची) ने अपनी क्षेत्रीय राजनीति को जारी रखते हुए भारत की केन्द्रीय, मनमोहन सिंह सरकार से यह माँग की कि, श्रीलंका में पृथक तमिल राष्ट्र को मान्यता दे दी जाय और भारतीय मूल के लोगों के अधिकारों की रक्षा की जाय। कुछ वर्ष पूर्व तमिलनाडु विधानसभा ने एक प्रस्ताव पारित करके भारत सरकार से यह माँग की कि उसे श्रीलंका में बसे तमिलों के हितों को देखते हुए वहाँ सशस्त्र हस्तक्षेप करना चाहिए। इस तरह की माँग करते समय क्षेत्रीय दल अपने क्षेत्र-विशेष की राजनीतिक विवशताओं से प्रेरित होते हैं न कि राष्ट्रीय हितों से। जब क्षेत्रीय दल केन्द्रीय मंत्रिमंडल (गठबन्धन सरकार) में शामिल हों या उसे बाहर से समर्थन दे रहे होते हैं तो ऐसी दशा में क्षेत्रीय दल अपने क्षेत्रीय हितों को लेकर सौदेबाजी करनें की स्थिति में आ जाते हैं। इन दलों के दबाव के आगे

केन्द्रीय गठबंधन सरकार (जो इन क्षेत्रीय दलों के समर्थन पर टिकी हुई है) ने कुछेक बार घुटने भी टेक दिए हैं। द्रमुक नेता करुणानिधि श्रीलंका में जारी गृहयुद्ध में तमिल गुटों के बड़े पक्षधर हैं उन्होंने मनमोहन सिंह सरकार (यह सरकार द्रमुक के समर्थन पर टिकी थी) से श्रीलंका में हस्तक्षेप करने (2008-09 ई.) की माँग की, यह उनके दबाव/सौदेबाजी का ही परिणाम था कि, नवम्बर, 2008 में दिल्ली आने वाले, श्रीलंका के राष्ट्रपति महिन्द्रा राजपक्षे से भारत में गठबंधन सरकार के प्रधानमंत्री मनमोहन सिंह ने जाफना में सदियों से बसे तमिल भाषियों के बचाव एवं सुरक्षा का आग्रह किया। यह विदेश नीति के सन्दर्भ में उभरने वाले एक नए आन्तरिक दबाव का सूचक है। तमिलनाडु के इन नेताओं के प्रायः लिट्टे समर्थक वक्तव्य स्थानीय हितों के अनुकूल भले ही हों, वे राष्ट्रीय हितों के अनुकूल कदापि नहीं कहे जा सकते। दिसंबर, 2008 ई. में एक प्रेस-इन्टरव्यू के दौरान श्रीलंका के सेना प्रमुख जनरल शरत फोसंका ने तमिलनाडू के राजनीतिज्ञों को उनके लिट्टे प्रेम के कारण 'राजनीतिक मसखरा' कह दिया। उन्होंने कहा कि भारत सरकार लिट्टे के साथ संघर्षविराम करने लिए श्रीलंका को कभी विवश नहीं करेगी और न ही तमिलनाडु के राजनीतिक मसखरों की ही बात मानेगी। उन्होनें आग भी कहा कि यदि लिट्टे को श्रीलंका से मिटा दिया जाय तो तमिलनाडु में अनेक नेताओं की कमाई बन्द हो जाएगी। इस वयक्तव्य के बाद तमिलनाडु के एक राजनीतिक दल से सम्बद्ध नेता वाइको ने प्रधानमंत्री को पत्र लिखकर श्रीलंका के राष्ट्रपति से इस वक्तव्य पर स्पष्टीकरण लेने की माँग की तथा सेनाध्यक्ष फोसेंका को बिना शर्त माफी माँगने को कहा। यह क्षेत्रीय दलों का ही दबाव था कि भारत ने इस पूरे प्रकरण पर श्रीलंका के रक्षा सचिव से औपचारिक विरोध दर्ज कराया और उन्होनें इस प्रकारण पर खेद भी व्यक्त किया।

भारत में कुछ ऐसे राजनीतिक दल भी हैं जो अरब-इजरायल संघर्ष के प्रश्न पर अरब जगत का खुला समर्थन करते हैं और इजराइल की आलोचना करते हैं। ऐसा वे किसी अन्तर्राष्ट्रीय राजनीति की विशिष्ट समझ या भारत के राष्ट्रीय हितों के आधार पर नहीं करते, वरन् भारतीय मुसलमानों की अरब जगत के साथ मानसिक तादात्म्य/सामंजस्य के कारण करते हैं। इस प्रकार के राजनीतिक दल मुसलमानों को 'वोट बैंक' के रूप में देखते हैं तथा उनकी 'इस्लामवाद' (या थोड़ा सकारात्मक अर्थ में कहें तो

इस्लामी-भाईचारा की भावना) के हितों के अनुकूल अपने दल की नीति या कार्यक्रम तैयार करते हैं। कई बार इसमें भारत के राष्ट्रीय हित भी प्रभावित हो जाते हैं। अन्तर्राष्ट्रीय परमाणु ऊर्जा एजेंसी (IAEA) में भारत ने जब ईरान के विरूद्ध मतदान किया या अमेरिका के साथ परमाणु समझौता (2008 ई.) किया तो भारत के अनेक राजनीतिक दलों ने बिना अन्तर्राष्ट्रीय यथार्थ को समझे भारत सरकार की आलोचना कर डाली। कुछ क्षेत्रीय दलों ने (जो गंठबंधन सरकार में शामिल रहे हैं) अपनी राजनीतिक विवशताओं के कारण अमेरिका के राष्ट्रपति जार्ज बुश की भारत यात्रा का विरोध भी किया। अन्तर्राष्ट्रीय राजनीति में निहित राष्ट्रीय हित को कुछ क्षेत्रीय दल स्थानीय या साम्प्रदायिक चश्में से देख रहे हैं यह संघात्मक व्यवस्था के लिए कोई शुभ लक्षण नहीं है। वस्तुतः विदेश नीति के संदर्भ में कोई भी निर्णय करते समय सम्पूर्ण राष्ट्रीय हितों के परिप्रेक्ष्य में विचार करना चाहिए। यदि राजनीतिक सौदेबाजी/दबाव द्वारा समाज के प्रत्येक वर्ग के हितों को अन्तर्राष्ट्रीय राजनीति के माध्यम से साधने का प्रयास किया जाएगा तो हमारी विदेश नीति बिखराव का शिकार हो जाएगी। क्षेत्रीय दलों की संघात्मक व्यवस्था में एक सार्थक, सकारात्मक एवं समन्वित राष्ट्रीय भूमिका होनी चाहिए न कि स्वार्थ पर आधारित विघटनकारी भूमिका। गंठबंधन राजनीति उत्श्रृंखलता का शिकार न होने पाए, कोई भी क्षेत्रीय दल सरकार को गिराने का भय दिखाकर अपने क्षेत्रीय हितों के आगे राष्ट्रीय हितों को गौंण बनाने की कोशिश न कर सके– इसके लिए क्षेत्रीय राजनीतिक दलों की क्षुद्र महात्वाकांक्षाओं को नियंत्रित करके 'एक गठबंधन धर्म' बनाने की आवश्यकता है।

सन्दर्भ

1. देखें, 22 जनवरी, 1947 को स्वीकार किया गया उद्देश्य प्रस्ताव, जिसमें भावी संवैधानिक संरचना की स्पष्ट झलक मिलती है।
2. के. सन्थानम, 'यूनियन-स्टेट रिलेशन इन इण्डिया', एशिया पब्लिशिंग हाउस, बम्बई, 1960, पृ. 60
3. संविधान निर्मात्री सभा, वाद-विवाद, खण्ड 7, अंक 1, पृ. 43
4. एलन ग्लेडहिल, "द रिपब्लिक ऑफ इण्डिया", स्टीवेन्स, लंदन 1955, पृष्ठ 92
5. एस. एल. वर्मा, "संघीय व्यवस्था", राजस्थान हिन्दी ग्रन्थ अकादमी, जयपुर, 1988, पृ. 104।

6. इन री डेब्स, (1895) 158, यू. एस. 564, फ्रीहार्न बनाम् द सिप प्राक्टर, बाल 700

7. सी. एफ. स्ट्रांग कृत 'माडर्न कान्स्टीट्यूशन' सिजविक ऐण्ड जैक्शन लि., लंदन पृ, 114–115

8. यह प्रावधान कनाडा के संविधान में है।

9. पॉल एच. एपेलबी, 'पब्लिक एडमिनिस्ट्रेशन इन इंडिया', ए सर्वे रिपोर्ट, पृष्ठ 17–22

10. 05 नवम्बर, 2007 को नई दिल्ली में संघवाद के बारे में चतुर्थ अन्तर्राष्ट्रीय सम्मेलन में प्रधानमंत्री मनमोहन सिहं का वक्तव्य, भारत सरकार के सूचना एवं प्रसारण मंत्रालय द्वारा प्रकाशित।

11. BIMARU– एक संकेत है जिसका तात्पर्य है, बिहार (BI), मध्य प्रदेश (M), राजस्थान (R), उत्तर प्रदेश तथा उड़ीसा (अब ओड़िसा) (U),।

12. जयकुमार मिश्र 'वैश्वीकरण का संविधान, प्रशासन और राजनीति पर प्रभाव', लोकतंत्र समीक्षा खण्ड 40, अंक 1, 2, जनवरी–जून 2008, पृ. 48ए सांविधानिक तथा संसदीय अध्ययन संस्थान, नई दिल्ली

13. सिंगूर (प. बंगाल) से टाटा की नैनो कार की फैक्ट्री हटने के बाद राज्यों में टाटा के इस प्रोजेक्ट को लगाने की होड़ सी मची हुई थी।

15

लोक सेवा आयोग

किसी भी देश की सफलता और भविष्य बहुत कुछ उसके प्रशासनिक तंत्र की योग्यता एवं कार्यकुशलता पर निर्भर करता है। डॉनहम नें ठीक ही लिखा है कि, यदि हमारी सभ्यता असफल होती है तो इसके लिए प्रशासनिक ढाँचे को दोषी ठहराया जाएगा। तात्पर्य यह भी है कि, सभ्यता को सुरक्षित, संरक्षित एवं दीर्घजीवी बनाने के लिए प्रशासनिक तंत्र का स्वस्थ एवं कार्यकुशल होना आवश्यक है। अत: भारतीय संविधान निर्माताओं ने प्रशासन को, योग्यता निर्धारित करने वाले सिद्धान्तों के आधार पर संगठित करनें का निर्णय लिया, फलत: उन्होनें केन्द्रीय व राज्य स्तरों पर लोक सेवा आयोग का जाल बिछा दिया। भारतीय लोक सेवा ब्रिटिश प्रतिमान पर आधारित एक एकीकृत लोक सेवा है और इस कारण केन्द्रीय सेवाओं में नियुक्त व्यक्ति राज्य स्तरीय प्रशासन का भी अंग हो सकता है; जैसे- भारतीय प्रशासनिक सेवा (I.A.S.) में नियुक्त कोई व्यक्ति किसी राज्य सरकार द्वारा जिलाधीश (D.M.) जैसे मुख्य पद पर तैनात किया जा सकता है और प्राय: यही होता है। इस प्रकार हमारी लोक सेवाओं का स्वरूप एकीकृत होने के कारण, लोकसेवकों की भर्ती करने वाला संस्थान, केन्द्रीय लोक सेवा आयोग भारतीय संघीय व्यवस्था में एक महत्वपूर्ण भूमिका का निर्वाह करता है।

संविधान निर्माताओं ने संविधान में ही लोक सेवाओं के सम्बन्ध में व्यापक प्रावधान सुनिश्चित कर दिये हैं जबकि अन्य देशों में प्राय: ऐसे प्रावधान संविधान के भाग नहीं होते। किसी भी लोकतांत्रिक देश में प्रशासन की नीतियों का निर्धारण मंत्रियों का कार्य होता है और वे मंत्री संसद या विधानमंडल के लोकप्रिय सदन के प्रति उत्तरदायी होते हैं, लेकिन व्यवहार में नीतियों का क्रियान्वयन और उनका प्रशासन लोकसेवा वर्ग के अधिकारियों-कर्मचारियों द्वारा ही होता है। मंत्रिगण स्थायी रूप से पदारुढ़ नहीं होते, क्योंकि यदि वे चुनाव में परास्त हो जांय या उनके दल की

सरकार न बने, तो उनका मंत्री बनना कठिन हो जाता है लेकिन प्रशासनिक अधिकारियों का पद सुरक्षित रहता है और मंत्रियों के आने-जाने का नीतियों के क्रियान्वयन पर कोई प्रभाव नहीं पड़ता। इस प्रकार मंत्रिगण अस्थायी कार्यपालिका बनाते हैं तथा प्रशासनिक अधिकारियों का वर्ग स्थायी कार्यपालिका बनाता है। मंत्रियों एवं लोकसेवा अधिकारियों की पारस्परिक निर्भरता के सम्बन्ध में संवैधानिक सुधारों पर बनी संयुक्त प्रवर समिति ने कहा था कि–"व्यवहार में सफल होने के लिए उत्तरदायी शासन प्रणाली में एक सक्षम व स्वतंत्र लोक सेवा का होना आवश्यक है, जिसमें ऐसे व्यक्ति हों जो एक के बाद एक मंत्रिमंण्डलों को अपने दीर्घकालीन प्रशासनिक ज्ञान व अनुभव के आधार पर परामर्श दे सकें। लोक सेवा के इन सदस्यों को सदाचरण करते रहने की दौरान सेवा सुरक्षा मिलती रहेगी। उनसे यह अपेक्षा की जाएगी कि वे सरकार और विधानमंडल द्वारा निर्धारित की गयी नीतियों को दृढ़ता के साथ क्रियान्वित करें।"

1919. ई. में बने भारत शासन अधिनियम के अन्तर्गत जब स्वशासन सम्बन्धी संवैधानिक सुधार आरंभ हुए, उस समय भारत में प्रथम बार लोक सेवा आयोग की स्थापना की गई। इसकी स्थापना प्रशासनिक सुधारों की उसी भावना के साथ प्रारंभ हुई, जैसा कि, ब्रिटेन व अमेरिका में लोक सेवा आयोग की स्थापना के समय देखी गई थी। वस्तुतः लोक सेवा आयोग की स्थापना को प्रशासनिक सुधारों की क्रियान्विति के लिए एक आवश्यक उपाय माना गया था।[1] लेकिन जहाँ पूर्वोक्त दोनों पशिचमी लोकतांत्रिक व्यवस्थाओं में लोकसेवा आयोग की स्थापना का प्रमुख उद्देश्य लोकसेवा को राजनीतिज्ञों की कार्यवाहियों से 'मुक्ति' दिलाना था, वहाँ भारत में इसका मुख्य उद्देश्य प्रशासनतंत्र को राजनीतिज्ञों के 'सन्निकट नियंत्रण' से स्वतंत्र रखना था। भारतीय संवैधानिक सुधारों से सम्बन्धित 15 मार्च, 1919 की प्रथम भारत सरकार विज्ञप्ति के अनु. 55 में यह स्पष्ट किया गया था कि, "उन अधिकांश राष्ट्रमण्डल के देशों में जहाँ उत्तरदायी सरकार की स्थापना हो गयी है, वहाँ इस बात की आवश्यकता अनुभव की जा रही है कि एक स्थायी संस्था के निर्माण द्वारा लोक सेवाओं को राजनीतिक प्रभाव से बचाया जाय। इस संस्था का कार्य सेवा सम्बन्धी विषयों का नियमन करना होना चाहिए...लोक सेवाओं को मंत्रियों के नियंत्रण में जाने से बचाने हेतु एक स्थायी संस्था का गठन अनिवार्य है।"[2] जेम्स वॉटसन का मत है कि लोक

सेवा आयोग को राजनीतिज्ञों के हस्तक्षेप से दूर रखकर ही उसे स्वतंत्र व निष्पक्ष ढंग से काम करने के लायक बनाया जा सकता है। **अमेरिका में लूट प्रणाली के दोषों से मुक्ति हेतु पेण्डलटन अधिनियम बनाया गया एवं पदों के वितरण की प्रणाली को राजनीतिज्ञों के विशेषाधिकार से हटा दिया गया, और इस प्रकार राजनीतिक हस्तक्षेप से मुक्त करके सरकारी सेवाओं में योग्यता के पुट का समावेश किया गया। भारतीय संविधान निर्माताओं के सामने यह अनुभव भी प्रेरणा-स्त्रोत के रूप में कार्य कर रहा था।**

उपरोक्त लक्ष्यों की प्राप्ति हेतु संविधान के भाग 14 में संघ तथा राज्यों/प्रान्तों के अधीन लोक सेवाओं का प्रावधान किया गया है। अनु. 309 के अनुसार, इस संविधान के उपबन्धों के अधीन रहते हुए संघ या किसी राज्य के कार्यकलाप से संबंधित लोक सेवाओं व पदों के लिए भर्ती का और नियुक्त व्यक्तियों की सेवा शर्तों का विनियमन संघ व राज्य के विधानमंडलों द्वारा किया जाएगा, जैसे ब्रिटेन में सभी सेवाएँ सम्राट के प्रसादपर्यन्त होती है, वैसे भारत में भी कोई व्यक्ति जो सिविल या सैन्य पद संघ या राज्य के अधीन धारण करता है, वह: क्रमश: राष्ट्रपति या राज्यपाल के प्रसादपर्यन्त ही पद पर रहेगा अन्यथा नहीं (अनु. 310)। **अनु. 311 के अनुसार,** किसी व्यक्ति को जो संघ की सिविल सेवा का सदस्य है और संघ या राज्य में कोई सिविल पद धारण करता है, उसे उसके पद से उसकी नियुक्ति करने वाले प्राधिकारी के अधीनस्थ किसी प्राधिकारी द्वारा नहीं हटाया जा सकेगा। संघ या राज्य के अधीन सिविल पद धारण करने वाले किसी व्यक्ति को पद से तभी हटाया जा सकेगा, या पद से अवनत तभी किया जाएगा, जब उसके विरूद्ध लगाए गए आरोपों की उसे जानकारी दे दी गयी हो, उसे अपने बचाव का पूरा अवसर दिया गया हो तथा आरोपों की जाँच में उसे दोषी पाया गया हो। **अनु. 312 में** राज्यसभा को अपने दो-तिहाई बहुमत (उपस्थित व मतदान में भाग लेने वाले सदस्यों के) से नयी अखिल भारतीय सेवा सृजित करने का अधिकार दिया गया है।

लोक सेवा आयोग

सिविल पदों पर भर्ती के लिए हमारा संविधान संघ और राज्यों के लिए पृथक-पृथक लोक सेवा आयोग का प्रावधान करता है (अनु. 315(1)), लेकिन यदि दो राज्य आपस में करार करकें अपने लिए एक ही लोक सेवा आयोग की स्थापना को मंजूरी दे दें (इस प्रकार की मंजूरी दोनों राज्यों के

विधानमंडलों द्वारा प्रस्ताव पारित करके ही दी जाएगी) तो संसद उन राज्यों की आवश्यकताओं की पूर्ति के लिए कानून द्वारा **'संयुक्त राज्य लोक सेवा आयोग'** की स्थापना कर सकेगी **(अनु. 315(2)। संयुक्त राज्य लोक सेवा आयोग का प्रावधान इकाई राज्यों को परस्पर सन्निकट बनाए रखने हेतु मददगार तो है ही, साथ ही इससे केन्द्र व इकाइयों के बीच प्रगाढ़ सम्बन्ध भी बनाए रखने में मदद मिलेगी।** यदि किसी राज्य का राज्यपाल, राष्ट्रपति का पूर्व अनुमोदन लेकर, राज्य की सभी या किन्हीं आवश्यकताओं की पूर्ति का अनुरोध करे, तो संघ लोक सेवा आयोग ऐसी आवश्यकताओं को पूरा करेगा (अनु. 315(4))।

आयोग के सदस्यों की नियुक्ति और पदावधि

अनु. 316 (1) के अनुसार, संघ लोक सेवा आयोग तथा संयुक्त लोक सेवा आयोग के अध्यक्ष तथा सदस्यों की नियुक्ति राष्ट्रपति करता है तथा इकाई राज्यों के लोक सेवा आयोग के अध्यक्ष तथा सदस्यों की नियुक्ति राज्यपाल द्वारा की जाती है, लेकिन उपरोक्त वर्णित आयोग (संघ, संयुक्त तथा राज्य लोक सेवा आयोग) में यथासंभव आधे सदस्य (आयोग की कुल सदस्य संख्या का आधा) ऐसे व्यक्ति होंगे जो अपनी नियुक्ति की तिथि पर भारत सरकार या किसी राज्य सरकार के अधीन कम-से-कम 10 वर्ष तक पद धाारण कर चुके हों **संविधान सभा में इस प्रावधान की आवश्यकता पर बल देते हुए डा. अम्बेडकर ने कहा था कि,** लोक सेवाओं में उम्मीदवारों की उपयुक्तता के संदर्भ में उस व्यक्ति से अधिक श्रेष्ठ कोई अन्य व्यक्ति नहीं हो सकता जो स्वयं लोक सेवाओं से सम्बद्ध रहा हो।[3] 10 वर्ष की सरकारी सेवाओं में रहे इन 'आधे सदस्यों' के सम्बन्ध में किसी विशेष योग्यता का उल्लेख संविधान में नहीं किया गया है। मोटे तौर पर कार्यपालिका इस सम्बन्ध में 1924 ई. में प्रवर जन सेवाओं सम्बन्धी राजकीय आयोग **(ली आयोग)** के इस सलाह से निर्देशित होती है कि, सदस्यों का चयन ऐसे व्यक्तियों में से हो जिन्हें अत्यधिक सार्वजनिक सम्मान प्राप्त हों तथा यथासंभव व्यावहारिक राजनीतिक क्षेत्र से दूर हों। संविधान निर्माताओं का विश्वास था कि, आने वाली सरकारें इन पदों पर ऐसे व्यक्तियों को प्रतिष्ठित नहीं करेंगी, जिससे लगे कि ये नियुक्तियाँ 'राजनीतिक नियुक्तियाँ' हैं।[4]

संविधान में लोक सेवा आयोग के सदस्यों की न्यूनतम या अधिकतम

कोई सुनिश्चित संख्या नहीं है। केन्द्र व राज्य समय-समय पर अपनी आवश्यकताओं को ध्यान में रखकर सदस्यों की संख्या निश्चित करते रहे हैं। **26 जनवरी, 1950 को जब संविधान कार्यरूप में परिणत हुआ और संघीय लोक सेवा आयोग का नया स्वरूप संघ लोक सेवा आयोग के रूप में सामने आया तो उस समय आयोग में 4 सदस्य (एक अध्यक्ष, तीन सदस्य) थे, और सम्प्रति इसमें सदस्य हैं।**

संघ लोक सेवा आयोग के सदस्य अपने पद ग्रहण की तिथि से 6 वर्ष की अवधि तक या **65 वर्ष की आयु तक (जो भी पहले हो)** पद धारण कर सकेंगें तथा राज्य लोक सेवा आयोग एवं संयुक्त लोक सेवा आयोग के अध्यक्ष व सदस्य पद ग्रहण की तिथि से **6 वर्ष की अवधि तक या 62 वर्ष की आयु होने तक (जो भी पहले हो) पद धारण कर सकेंगे (अनु. 316(2))।**

अनु. 316(2) क, के अनुसार संघ लोक सेवा आयोग तथा संयुक्त लोक सेवा आयोग के सदस्य अपना **त्यागपत्र राष्ट्रपति को** तथा राज्य लोक सेवा आयोग के सदस्य अपना **त्यागपत्र राज्यपाल कों** देंगे।

राष्ट्रपति लोक सेवा आयोग (संघ, संयुक्त तथा राज्य-तीनों के) के किसी भी सदस्य या अध्यक्ष को निम्नलिखित परिस्थितियों में भी पद से हटा सकता है, जब वह-

(क) किसी सक्षम न्यायालय द्वारा दिवालिया घोषित कर दिया गया हो, या

(ख) अपनी पदावधि के दौरान अपने पद के कर्त्तव्यों के बाहर किसी सवेतन नियोजन में लग गया हो, या

(ग) राष्ट्रपति की राय में मानसिक या शारीरिक दुर्बलता के कारण अपना पद ग्रहण करने योग्य नहीं रह गया हो, **(अनु. 317(3))।**

राष्ट्रपति किसी भी लोक सेवा आयोग (संघ या संयुक्त या राज्य) में काम कर रहे सदस्य को उस स्थिति में भी पद से हटा सकता है जब उच्चतम न्यायालय नें अनु. 145 में विहित प्रक्रिया द्वारा जाँच करके राष्ट्रपति को यह रिपोर्ट दिया हो कि किसी आयोग का कोई सदस्य कदाचार में लिप्त है या कदाचार का दोषी है (अनु. 317(1))। कदाचार का अर्थ अनु. 317(4) में स्पष्ट करते हुए कहा गया है कि, कोई भी कदाचार का दोषी समझा जाएगा, यदि वह,

(1) भारत सरकार या राज्य सरकार की ओर से की गई किसी संविदा में शामिल है, या उससे जुड़ा हुआ है, या

(2) ऐसी संविदा या करार के किसी लाभ में या उससे होने वाले किसी फायदे या उपलब्धियों में भाग लेता है।

राज्य लोक सेवा आयोग के किसी भी सदस्य पर कदाचार के आरोप लग जाने के बाद उसे पद से निलंबित करने की शक्ति राज्यपाल के पास भी है, लेकिन आरोप प्रमाणित हो जाने के बाद (आरोप की सत्यता का प्रमाणपत्र उच्चतम न्यायालय देगा), उसे पद से हटाने का आदेश देने की शक्ति केवल भारत के राष्ट्रपति के ही पास है। राष्ट्रपति राज्य लोक सेवा आयोग के किसी सदस्य पर लगे आरोप की जाँच करवाता है तथा आरोप प्रमाणित होने के बाद राज्यपाल को उस सदस्य को पद से हटाने के लिए कहता है और फिर राज्यपाल राष्ट्रपति के इस आदेश के अनुपालन में उसे पद से हटा देता है।

आयोग के सदस्यों की सेवा-शर्तों का निर्धारण

संघ लोक सेवा आयोग तथा संयुक्त लोक सेवा आयोग की दशा में राष्ट्रपति और राज्य लोक सेवा आयोग की दशा में राज्यपाल नियम बनाकर

(क) आयोग के सदस्यों की संख्या व सेवा-शर्तों का निर्धारण कर सकेगा और

(ख) आयोग के कर्मचारियों की संख्या व उनकी सेवा-शर्तों का निर्धारण कर सकेगा।

परंतु संघ या संयुक्त या राज्य लोक सेवा आयोग के सदस्यों की सेवा-शर्तों में उनकी नियुक्ति के बाद कोई अलाभकारी परिवर्तन नहीं किया जाएगा (अनु. 318)।

आयोग के सदस्यों द्वारा ऐसे सदस्य न रहने पर पद धारण करने के सम्बन्ध में प्रतिबंध (अनु. 319)

अनु. 319 के अनुसार पद पर न रह जाने की दशा में,

(क) संघ लोक सेवा आयोग का अध्यक्ष भारत सरकार या किसी राज्य की सरकार के अधीन किसी भी और नियोजन का पात्र नहीं होगा,

(ख) किसी राज्य लोक सेवा आयोग का अध्यक्ष या संघ लोक सेवा आयोग को अध्यक्ष या सदस्य के रूप में अथवा किसी अन्य राज्य लोक सेवा आयोग के अध्यक्ष के रूप में नियुक्त हो सकेगा, किन्तु भारत सरकार या किसी राज्य की सरकार के अधीन किसी अन्य नियोजन का पात्र नहीं होगा,

(ग) संघ लोक सेवा आयोग के अध्यक्ष से भिन्न कोई अन्य सदस्य संघ लोक सेवा आयोग के अध्यक्ष के रूप में अथवा किसी अन्य राज्य लोक सेवा आयोग के अध्यक्ष के रूप में नियुक्त होने का पात्र होगा, किन्तु भारत सरकार या किसी राज्य सरकार के अधीन किसी अन्य नियोजन का पात्र नहीं होगा,

(घ) किसी राज्य लोक सेवा आयोग के अध्यक्ष से भिन्न कोई अन्य सदस्य संघ लोक सेवा आयोग के अध्यक्ष या किसी अन्य सदस्य के रूप में, अथवा उसी या किसी अन्य राज्य के लोक सेवा आयोग के अध्यक्ष के रूप में नियुक्त हो सकता है, लेकिन भारत सरकार या किसी राज्य सरकार के अधीन किसी अन्य नियोजन का पात्र नहीं होगा।

उपरोक्त तथ्यों से स्पष्ट है कि, पदावधि पूरी होने के बाद राज्य लोक सेवा आयोग के अध्यक्ष तथा सदस्यों की लोक सेवा आयोग के भीतर उच्चतर पदों पर तो नियुक्तियाँ की जा सकती हैं, लेकिन निम्नतर पदों पर नहीं, उन्हें आयोग के बाहर भी नियुक्त नहीं किया जा सकता है। लेकिन संघ लोक सेवा आयोग के अध्यक्ष को न तो आयोग के भीतर ही नियुक्त किया जा सकता है और न ही बाहर। आयोग के भीतर उसे इसलिए नहीं नियुक्त किया जायगा, क्योंकि वह उच्चतम पद पर प्रतिष्ठित हो चुका है और आयोग के बाहर उसे नियुक्त ही नहीं किया जा सकता। क्योंकि अन्य आयोग के पद उसमें निम्नतर हैं।

आयोग के सदस्यों द्वारा ऐसे सदस्य न रहने पर पद धारण करने के सम्बन्ध में ऊपर वर्णित प्रतिबंधों (अनु. 319) का जनता पर गंभीर मनौवैज्ञानिक प्रभाव पड़ा है। आयोग के सदस्यों के प्रति जनता के मन में इसलिए अत्यधिक सम्मान का भाव पैदा हो गया है कि वे जनहित के लिए भावी पदों का त्याग करते हैं। **एम. मुतालिब का मानना है कि,** इस प्रावधान के

कुछ निश्चित परिणामों का पूर्वानुमान नहीं लगाया जा सका है, उदाहरण के लिए, कोई व्यक्ति जो अध्यक्ष पद स्वीकार करता है, अनिवार्यत: या तो सेवाकाल की समाप्ति के निकट होता है, या उस समय ऐसे पद पर होता है कि उसके लिए भावी सरकारी पद रूचि का विषय नहीं रह जाता। अपने सेवा काल के मध्य में कोई व्यक्ति आयोग के सदस्य का पद बड़ी मुश्किल से स्वीकार करना चाहता है, क्योंकि केन्द्रीय व राज्य सरकार के अधीन कोई अन्य कार्य प्राप्त करनें की उसकी संभावनाओं पर वहाँ प्रतिबंध व सीमाएँ लगी होती हैं। इसके अतिरिक्त आयोग के सदस्य के रूप में कार्यरत किसी गैर-सरकारी सदस्य को अपेक्षाकृत अधिक हानि होती है क्योंकि आयोग के सदस्य को वहाँ से अवकाश प्राप्त करने के बाद किसी प्रकार की पेंशन प्राप्त नहीं होती।[5] वस्तुत: आयोग को **कार्यपालिका के हस्तक्षेप से मुक्त करने के प्रयास में सेवा के पश्चात् आजीविका-सुरक्षा की ओर पर्याप्त ध्यान नहीं दिया जा सका है।**

लोक सेवा आयोग के कार्य (अनु. 320)

लोक सेवा आयोग (संघ और राज्य) के निम्नलिखित कार्यों का संविधान में वर्णन है–

(1) संघ और राज्य लोक सेवा आयोग का यह कर्त्तव्य होगा कि, वे क्रमश: संघ की सेवाओं एवं राज्य की सेवाओं में नियुक्तियों के लिए परीक्षाओं का आयोजन व संचालन करे,

(2) यदि दो या दो से अधिक राज्य अपने राज्य की ऐसी सेवाओं के लिए जिनके लिए विशेष अर्हता वाले अभ्यर्थी अपेक्षित हैं, नियम बनाने या परीक्षा प्रणाली तैयार करने तथा उसे क्रियान्वित करने का अनुरोध करे तो संघ लोक सेवा आयोग का कर्तव्य होगा कि वे इस मामले में उन राज्यों की सहायता करे,

(3) संघ लोक सेवा आयोग से सरकार निम्नलिखित विषयों पर परामर्श करती हैं–

(a) सिविल सेवाओं तथा सिविल पदों पर भर्ती की पद्धतियों से जुड़े हुए सभी विषयों पर,

(b) सिविल सेवाओं व पदों पर नियुक्ति करने में, एक सेवा से दूसरी सेवा में पदोन्नति या स्थानांतरण करने वाले सिद्धान्तों तथा अभ्यर्थियों की उपयुक्तता पर,

(c) भारत सरकार या किसी राज्य सरकार की सिविल सेवा कर रहे व्यक्ति पर प्रभाव डालने वाले सभी अनुशासनिक विषयों से सम्बंधित आवेदन या याचिकाओं के बारे में,

(d) भारत सरकार या राज्य सरकार की सिविल सेवा में कार्य कर रहे या कार्य कर चुके व्यक्तियों के पद पर रहते हुए किए गए कार्यों के विरुद्ध दायर विधिक कार्यवाहियों से उस व्यक्ति की प्रतिरक्षा तथा तत्सम्बन्धी खर्च का भारत या राज्य की संचित निधि से संदाय किया जाना,

(e) भारत सरकार या किसी राज्य सरकार के अधीन सिविल सेवा में कार्यरत किसी व्यक्ति को हुई क्षतियों के बारे में पेंशन अधिनिर्णित किए जाने के सम्बन्ध में किए गए किसी दावे या पेंशन की राशि विषयक प्रश्न पर,

इन उपरोक्त वर्णित विषयों के अतिरिक्त राष्ट्रपति या राज्यपाल आयोग से किसी भी अन्य लोक सेवा विषयक प्रश्न पर परामर्श माँग सकते हैं परन्तु अखिल भारतीय सेवाओं के सम्बन्ध में तथा संघ के कार्यकलाप से सम्बन्धित अन्य सेवाओं एवं पदों के सम्बन्ध में राष्ट्रपति तथा राज्य के कार्यकलाप से सम्बन्धित अन्य सेवाओं व पदों के सम्बन्ध में राज्यपाल उन विषयों से सम्बंधित नियम बना सकेगा, जिनमें विशिष्ट परिस्थितियों में या विशेष वर्ग के मामलों में लोक सेवा आयोग से परामर्श करना आवश्यक नहीं होगा, **अर्थात् राष्ट्रपति और राज्यपाल चाहे तो आयोग के कार्य क्षेत्र की परिधि से ही कुछ सेवाओं को बाहर कर सकता है, लेकिन इस प्रकार आयोग की परिधि से बाहर रखने हेतु बनाए गए सभी नियम, यथाशीघ्र, संसद के प्रत्येक सदन में (संघ के संदर्भ में राष्ट्रपति द्वारा) या राज्य के विधानमंडल के (राज्य के संदर्भ में, राज्यपाल द्वारा) प्रत्येक सदन में, उसी सत्र में कम-से-कम 14 दिन के लिए रखे जाएँगे और संसद या राज्य विधानमंडल उन नियमों में कोई भी संशोधन करने के लिए स्वतंत्र व सक्षम होंगे, (अनु. 320(5))। कार्यपालिका की शक्ति का दुरुपयोग रोकने हेतु विधानमंडलों का यह नियंत्रण कार्यपालिका को मर्यादित व अनुशासित रखता है, और इससे आयोग को भी दृढ़ता प्राप्त होती है।**

राज्य को यह अधिकार है कि वह पिछड़े वर्ग (अनु. 16(4)) तथा

अनुसूचित जातियों-जनजातियों (अनु. 335) के व्यक्तियों की नियुक्तियाँ करने में तथा राजकीय सेवाओं में उनकी भर्ती आदि के सम्बन्ध मुें नीतियाँ बनाते समय लोक सेवा आयोग से परामर्श न करे, लेकिन यदि वह चाहे तो परामर्श कर भी सकता है (अनु. 320(4)), अर्थात् **इस वर्ग की नियुक्तियाँ करने में सरकार आयोग के परामर्श से बँधी हुई नहीं है।**

लोक सेवा आयोग (संघ एवं राज्य दोनों) का यह कर्त्तव्य होगा कि वे संघ की या राज्य की सेवाओं के सम्बन्ध में या किसी स्थानीय प्राधिकारी या विधि द्वारा गठित अन्य निगमित निकाय या किसी लोक संस्था की सेवाओं के सम्बन्ध में ऐसे कार्य संपादित करे जो संसद या राज्य विधानमंडल के अधिनियम द्वारा उसे प्रदान किए जाएँ (अनु. 321)।

लोक सेवा आयोग के व्यय (अनु. 322)

संघ या राज्य लोक सेवा आयोग के व्यय, जिनके अन्तर्गत आयोग के सदस्यों या कर्मचारीवृन्द को या उनके सम्बन्ध में संदेय वेतन, भत्ते और पेंशन है- यथास्थिति भारत की संचित निधि या राज्य की संचित निधि पर भारित होंगे।

लोक सेवा आयोगों के प्रतिवेदन (अनु. 323)

अनु. 323(1) के अनुसार, संघ लोक सेवा आयोग का यह कर्त्तव्य होगी कि वह प्रतिवर्ष आयोग द्वारा किए जाने वाले कार्यों के बारे में राष्ट्रपति को प्रतिवेदन दे और राष्ट्रपति ऐसा प्रतिवेदन प्राप्त होने पर–उन मामलों के सम्बन्ध में, जिनमें आयोग की सलाह स्वीकार नहीं की गई थी, उस सलाह की अस्वीकृति के कारणों को स्पष्ट करने वाले ज्ञापन सहित उस प्रतिवेदन की प्रति संसद के प्रत्येक सदन के समक्ष रखवाएगा।

राज्य आयोग और संयुक्त आयोग के सम्बन्ध में यह प्रावधान है कि राज्य लोक सेवा आयोग तथा संयुक्त राज्य लोक सेवा आयोग प्रतिवर्ष अपनें कार्यों के सम्बन्ध में एक रिपोर्ट (प्रतिवेदन) राज्यपाल या राज्यपालों को दें (संयुक्त आयोग की दशा में उन राज्यों के राज्यपालों को प्रतिवेदन दिया जाएगा, जिनमें आयोग के कार्य की अधिकारिता का विस्तार है)। राज्यपाल या राज्यपालों का यह कर्त्तव्य होगा कि वे इस प्रतिवेदन की प्रतियाँ सम्बन्धित विधानमंडल के समक्ष रखें (विधानमण्डल एक सदनीय है तो विधानसभा

के समक्ष तथा विधानमण्डल यदि द्वि-सदनीय है तो विधानसभा एवं विधानपरिषद के समक्ष) तथा यदि प्रतिवेदन में शामिल किसी सलाह को यदि सम्बंधित राज्य की सरकार स्वीकार नहीं कर रही है तो उस सलाह को स्वीकार न करने के कारणों से भी विधानमंडल को अवगत कराया जाएगा, लेकिन तभी जब प्रतिवेदन की प्रतियाँ विधानमण्डल में रखी जाएं।

संविधान इस बात पर मौन है कि आयोग का प्रतिवेदन प्राप्त होने के कितने दिनों के भीतर राष्ट्रपति या राज्यपाल क्रमशः संसद एवं विधानमंडल के समक्ष उसे रखेंगे। वस्तुतः यह कार्य प्रतिवर्ष वार्षिक रिपोर्ट प्राप्त होने के तुरंत बाद (यथाशीघ्र) किया जाना चाहिए। ऐसा नहीं होना चाहिए कि कई वर्षों की रिपोर्ट को इकट्ठा करने के बाद एक साथ संसद या विधानमंडल के समक्ष रखा जाय। यदि राष्ट्रपति या राज्यपाल ऐसा करते हैं या प्रतिवेदनों को काफी समय के बाद संसद/विधानमंडल में रखा जाता है, तो सांसदों एवं विधायकों को सरकार से इस बात का स्पष्टीकरण माँगना चाहिए कि आयोग की रिपोर्ट संसद या विधानमंडल में इतने विलंब से क्यों रखी गयी? यदि इस प्रकार का प्रश्न नहीं उठाया गया तो इन प्रतिवेदनों को संसद या विधानमंडल में रखने के पीछे जो दर्शन है, उसका लक्ष्य ही पीछे छूट जाएगा। यदि जनप्रतिनिधि सरकार की आलोचना नहीं कर सकते तो सरकार उत्तरदायी नहीं रह जाएगी और जब सरकार उत्तरदायी नहीं रहेगी तो लोकतंत्र अपनी गरिमा ही खो देगा और ऐसे में आयोग भटक जाएगा, समाप्त हो जाएगा।

लोक सेवा आयोग की प्रकृति सलाहकारी है, ये सरकार को सलाह या परामर्श दे सकती है जिसे मानना, न मानना सरकार के विवेक का विषय है। चूँकि सरकार अपने कार्यों के लिए संघीय स्तर पर लोकसभा तथा राज्यों में विधानसभा के प्रति उत्तरदायी है। चूँकि लोकसभा एवं विधानसभा में सरकारों का बहुमत होता है अतः सरकार आसानी से अपने सांसदो/विधायकों को आयोग की सलाह न मानने के कारणों से अवगत कराकर संतुष्ट कर देती है। **आयोग विशेषज्ञों का समूह होता है और यदि उसकी सलाह को सरकारें उपेक्षा की दृष्टि से देखेंगी तो उसकी स्थापना का उद्देश्य ही समाप्त हो जाएगा।**

सन्दर्भ

1. एल. डी. एप्सटीन का लेख, 'पॉलिटिकल स्टरलाइजेशन ऑफ सिविल सर्वेन्ट्स दि युनाइटेड स्टेट्स ऐण्ड ग्रेट ब्रिटेन,' पब्लिक ऐडमिनिस्ट्रेशन रिव्यू, खंड 10, पृ. 281-290, 1950।
2. इकबाल नारायण, वहीं, पृ. 308।
3. संविधान निर्मात्री सभा का वाद-विवाद, खण्ड 9, पृ. 592, 1-2 अगस्त, 1949।
4. इकबाल नारायण, वहीं पृ. 309।
5. एम. मुतालिब का लेख, इकबाल नारायण, वहीं, पृ. 311।

16

निर्वाचन आयोग

पारदर्शी, निष्पक्ष एवं निर्धारित समय पर निर्वाचन–प्रजातंत्र का एक अनिवार्य पहलू है। निर्वाचन के माध्यम से सरकार का जनता के प्रति उत्तरदायित्व सुनिश्चित किया जाता है। लोकतंत्र की सफलता के लिए यह अनिवार्य शर्त है कि विधि के शासन पर आधारित संवैधानिक संस्थाओं के प्रति जनता में आस्था निरंतर बनी रहे। निर्वाचन जितना अधिक पवित्रता एवं पारदर्शितापूर्ण होगा, जनता की निष्ठा लोकतंत्र में उतनी ही गहरी होती चली जाएगी। लोकतंत्र रूपी अग्नि को अनवरत प्रज्ज्वलनशील बनाए रखने में निर्वाचन घी का काम करता है। संविधान निर्माताओं को इस बात का भली-भाँति ज्ञान था कि **भारत जैसे विविधतापूर्ण एवं विशाल देश में निर्वाचन एक सतत् चलने वाली प्रक्रिया बन जाएगी, अतः उन्होनें संविधान के भाग 15 में एक निर्वाचन आयोग का प्रावधान किया है।**

संविधान के अनु. 324 के अनुसार, निर्वाचन आयोग मुख्य निर्वाचन आयुक्त और उतने अन्य निर्वाचन आयुक्तों से मिलकर बनेगा जितनें राष्ट्रपति समय-समय पर नियत करे। निर्वाचन आयोग में नियुक्त होने वाले किसी भी आयुक्त की नियुक्ति राष्ट्रपति द्वारा, संसद द्वारा बनाए गए कानून के अनुसार ही की जाएगी (अनु. 324 (2))। **वस्तुतः भारत का निर्वाचन आयोग संविधान निर्माताओं द्वारा एक सदस्यीय ही बनाया गया था, लेकिन साथ ही उन्होनें भावी निर्वाचन सम्बन्धी जटिलताओं का अनुभव कर उसे बहुसदस्यीय बनाने की संभावना एवं आवश्यकता को राष्ट्पति के ऊपर छोड़ दिया था। सम्प्रति, भारत का निर्वाचन आयोग बहुसदस्यीय है और इसमें एक मुख्य निर्वाचन आयुक्त तथा शेष दो निर्वाचन आयुक्त हैं। अनु. 324(3) के अनुसार** जब निर्वाचन आयोग बहुसदस्यीय होगा तो मुख्य निर्वाचन आयुक्त, आयोग के अध्यक्ष तथा शेष व्यक्ति सदस्य के रूप में काम करेंगे। निर्वाचन आयोग के कार्यों में सहायता देने के लिए

उसे राष्ट्रपति और राज्यपाल यथासंभव कर्मचारीवृन्द उपलब्ध कराएंगे (अनु. 324(6))।

भारत के प्रथम निर्वाचन आयुक्त सुकुमार सेन थे। उन्होनें 21 मार्च, 1950 को पदभार ग्रहण किया, और 19 दिसंबर, 1958 तक अपने पद पर बने रहे।

प्रादेशिक निर्वाचन आयुक्त

संविधान में राज्यों के लिए भी समयानुसार प्रादेशिक निर्वाचन आयुक्त नियुक्त करने का प्रावधान है। अनु. 324(4) के अनुसार, लोकसभा के और प्रत्येक राज्य की विधानसभा के साधारण निर्वाचन से पूर्व तथा विधानपरिषद वाले प्रत्येक राज्य की विधान परिषद के लिए प्रथम साधारण निर्वाचन से पूर्व और उसके पश्चात् प्रत्येक द्वि-वार्षिक निर्वाचन से पूर्व भारत का राष्ट्रपति भारत के निर्वाचन आयोग से परामर्श करने के बाद संविधान में निर्वाचन आयोग को सौंपे गए कार्यों के पालन में आयोग को सहायता पहुँचाने के लिए उतने प्रादेशिक आयुक्तों की भी नियुक्ति कर सकेगा, जितने वह आवश्यक समझे।

संसद द्वारा बनाए गए कानूनों के अधीन रहते हुए निर्वाचन आयुक्तों एवं प्रादेशिक निर्वाचन आयुक्तों की सेवा की शर्तें एवं पदावधि ऐसी होगी, जो राष्ट्रपति नियमों द्वारा निर्धारित करे (अनु. 324(5))। उत्तर प्रदेश सरकार ने राज्य निर्वाचन आयुक्त का कार्यकाल 7 वर्ष तथा इस पद पर बने रहने की अधिकतम आयु सीमा 67 वर्ष कर दी है। इस संदर्भ में अलग-अलग राज्यों में पृथक-पृथक नियम हैं।

आयोग के सदस्यों की पदावधि तथा पद से हटाया जाना

संसद द्वारा बनाए गए कानून के अनुसार, मुख्य निर्वाचन आयुक्त 5 वर्ष या 65 वर्ष की आयु पूरी होने तक,–इसमें से जो भी पहले पूरी हो–पद धारण करेगा।

संविधान के अनु. 324(5) के अनुसार, मुख्य निर्वाचन आयुक्त को उसके पद से उसी रीति से और उन्हीं आधारों पर हटाया जाएगा, जिस रीति से और जिन आधारों पर सर्वोच्च न्यायालय के न्यायाधीश को हटाया जाता है, अन्यथा नहीं। **तात्पर्य यह है कि,** मुख्य निर्वाचन आयुक्त को उसके पद

से तबतक नहीं हटाया जाएगा, जब तक कि सिद्ध कदाचार या असमर्थता (शारीरिक या मानसिक) के आधार पर ऐसे हटाए जाने के लिए संसद के प्रत्येक सदन द्वारा अपनी कुल सदस्य संख्या के बहुमत तथा उपस्थित व मत देने वाले सदस्यों के कम-से-कम दो-तिहाई बहुमत द्वारा, समर्थित समावेदन राष्ट्रपति के समक्ष उसी सत्र में रखे जाने पर राष्ट्रपति ने आदेश अर्थात् सहमति नहीं दे दिया हो, अर्थात् **न्यायाधीश के समान ही, मुख्य निर्वाचन आयुक्त को पद से हटाने की प्रक्रिया एक ही सत्र में पूरी हो जानी चाहिए, क्योंकि सत्रावसान के कारण यह व्यपगत हो जाएगा।**

राष्ट्रपति द्वारा किसी अन्य निर्वाचन आयुक्त या किसी प्रादेशिक निर्वाचन आयुक्त को मुख्य निर्वाचन आयुक्त की सिफारिश पर ही पद से हटाया जाएगा, अन्यथा नहीं।

मुख्य निर्वाचन आयुक्त की सेवा-शर्तों में उसकी नियुक्ति के पश्चात् कोई अलाभकारी परिवर्तन नहीं किया जाएगा।

बहुसदस्यीय निर्वाचन आयोग में मुख्य निर्वाचन आयुक्त की स्थिति

निर्वाचन प्रणाली की जटिलता और देश के विशाल भू-भाग को देखते हुए संविधान निर्माताओं ने निर्वाचन आयोग को बहुसदस्यीय बनाने की संभावना को भावी सरकारों पर छोड़ दिया था। पूर्व प्रधानमंत्री स्व. राजीव गाँधी ने अक्टूबर 1989 ई. में निर्वाचन आयोग को बहुसदस्यीय बनाने की घोषणा की तथा दो व्यक्तियों को निर्वाचन आयुक्त नियुक्त कर आयोग को त्रिसदस्यीय बना दिया; लेकिन बाद में वी.पी. सिह के प्रधानमंत्री काल में उन नियुक्तियों को रद्द करते हुए पुनः निर्वाचन आयोग को एक सदस्यीय बना दिया गया था। बाद में जब पुनः कांग्रेस की पी.वी. नरसिंहराव सरकार केन्द्र में बनी तो निर्वाचन आयोग के कुछ निर्णयों से उसे परेशानी हुई और उसे ऐसा लगा कि मुख्य निर्वाचन आयुक्त के रूप में टी. एन. शेषन जैसे व्यक्ति के आचरण को मर्यादित करने की आवश्यकता है, अतः उसने 2 अक्टूबर, 1993 ई. को राष्ट्रपति से एक अध्यादेश जारी कराके तत्कालीन एक सदस्यीय निर्वाचन आयोग को पुनः बहुसदस्यीय बनाते हुए इसमें दो अन्य आयुक्तों की भी नियुक्तियाँ कर दी। उच्चतम न्यायालय ने भी अपने कई पूर्ववर्ती निर्णयों में निर्वाचन आयोग जैसी व्यापक शक्तियों एवं उत्तरदायित्वों से युक्त संस्था को बहुसदस्यीय बनाने के पक्ष में विचार व्यक्त किया था, बाद में राष्ट्रपति द्वारा निर्वाचन आयोग को बहुसदस्यीय बनाने सम्बन्धी

अध्यादेश को संसद ने स्वीकृति देकर अधिनियम का स्थायी रूप दे दिया।

इस अधिनियम (निर्वाचन आयोग अधिनियम-1993) में निर्वाचन आयोग का बहुसदस्यीय बनाया गया तथा आयोग के सभी सदस्यों को एक समान व बराबर अधिकार दे दिए गए तथा यह प्रावधान भी किया गया कि आयोग सभी निर्णय सर्वसम्मति से लेगा, लेकिन यदि किसी विषय पर सभी सदस्य एक समान मत नहीं रखते हैं तो निर्णय बहुमत से किया जाएगा। निर्वाचन आयोग को बहुसदस्यीय बनाने के बाद तत्कालीन निर्वाचन आयुक्त टी. एन. शेषन को यह लगा कि उनकी स्थिति मुख्य निर्वाचन आयुक्त होने के नाते अन्य दो निर्वाचन आयुक्तों की अपेक्षा ऊँची एवं निर्णायक है। इसलिए उन्होनें इस अधिनियम के प्रावधानों को सर्वोच्च न्यायालय में चुनौती दे दी।[1] उनकी इस याचिका पर निर्णय देते हुए सर्वोच्च न्यायालय के तत्कालीन मुख्य न्यायाधीश अहमदी ने कहा कि, आयोग एक बहुसदस्यीय निकाय है अत: सभी सदस्यों को एक समान अधिकार है, उन्हें एक दूसरे के साथ सौजन्यपूर्ण वातावरण में काम करना चाहिए। अपने निर्णय में मुख्य न्यायाधीश ने टी. एन शेषन के उन कार्यों की ओर संकेत भी किया जो पद की गरिमा के अनुकूल नहीं थे या जिन्हें शेषन ने 'अति सक्रियता' का परिचय देते हुए किया था। अपने एक पश्चातवर्ती निर्णय में भी सर्वोच्च न्यायालय ने कहा कि यह आवश्यक नहीं कि आयोग के द्वारा निर्णय लेते समय आयोग के सभी सदस्य उस बैठक में उपस्थित ही हों। बहुसदस्यीय आयोग एक न्यायिक पीठ की भाँति भी बैठक कर सकता है जिसमें यदि सभी निर्णय सर्वसम्मति से लिए जांय तो बेहतर होगा अन्यथा फिर बहुमत का सहारा लेना चाहिए। इस प्रकार मुख्य निर्वाचन आयुक्त को निर्णय लेने की प्रक्रिया में कोई विशेषाधिकार प्राप्त नहीं है लेकिन अन्य निर्वाचन आयुक्त तथा प्रादेशिक निर्वाचन आयुक्त को पद से हटाने में उसे महत्वपूर्ण शक्ति प्राप्त है, बिना उसकी स्वीकृति के राष्ट्रपति उन्हें पद से नहीं हटा सकता।

निर्वाचन आयोग का कार्य

अनु. 324(1) के अनुसार, इस संविधान के अधीन संसद और प्रत्येक राज्य के विधानमंडल के लिए कराए जाने वाले सभी निर्वाचनों के लिए तथा राष्ट्रपति एवं उपराष्ट्रपति के पदों के लिए कराए जाने वाले निर्वाचनों के लिए निर्वाचक-नामावली (मतदाता-सूची को बनाना तथा जनता के अवलोकनार्थ प्रकाशित करना) तैयार कराने का और उन सभी निर्वाचनों के

संचालन का अधीक्षण, नियंत्रण एवं निर्देशन करने का कार्य निर्वाचन आयोग करेगा। निर्वाचन आयोग चुनाव को सकुशल सम्पन्न कराने हेतु कोई भी आदेश-निर्देश जारी कर सकता है। यदि उसे प्रतीत हो कि, चुनाव निष्पक्ष या पारदर्शी नहीं हुए हों या चुनाव में धाँधली की गई हो, तो वह प्रेक्षकों की रिपोर्ट पर (वे प्रेक्षक जिनकी चुनाव में ड्यटी लगाई जाती है) वह चुनाव को रद्द कर नए चुनाव का आदेश दे सकता है। उप चुनावों को सम्पन्न कराने का दायित्व भी निर्वाचन आयोग का ही है। राजनीतिक दलों को चुनाव चिन्ह देना तथा विभिन्न क्षेत्रीय एवं राष्ट्रीय दलों को मान्यता देना भी उसका कार्य है चुनाव की तिथियों की घोषणा हो जाने के बाद राजनीतिज्ञों तथा राजनीतिक दलों के लिए आचार संहिता बनाना, राजनीतिक दलों को दूरदर्शन तथा रेडियो द्वारा मतदाताओं के सामने अपनी आवाज पहुँचाने की व्यवस्था करना, राजनीतिक दलों द्वारा निर्वाचन के समय व्यय होने वाली राशि का निर्धारण करना, किसी सांसद या विधायक के कतिपय अयोग्यताओं से पीड़ित होने के कारण उसकी सदस्यता समाप्त होने के सम्बन्ध में भारत के राष्ट्रपति या राज्यपाल को परामर्श देना तथा चुनाव सम्बन्धी विवादों में सरकार को परामर्श देना आदि निर्वाचन आयोग के कार्य हैं।

वयस्क मताधिकार का सिद्धान्त (अनु. 326)

लोकसभा और विधानसभा के लिए निर्वाचन वयस्क मताधिकार के आधार पर होगा अर्थात् प्रत्येक व्यक्ति, जो भारत का नागरिक है और जिसकी आयु 18 वर्ष (61वें संविधान संशोधन द्वारा लागू) हो चुकी है वह निर्वाचक नामावली में शामिल हो सकेगा तथा इन चुनावों में मतदान कर सकेगा बशर्ते इस संविधान या समुचित विधानमंडल द्वारा बनायी गयी किसी विधि के अधीन अनिवास, पागल, अपराध या भ्रष्ट या कानून विरोधी आचरण के आधार पर उसे अयोग्य न ठहरा दिया गया हो (अनु. 326)। वयस्क मताधिकार प्रदान करके संविधान निर्माताओं ने सामान्य भारतीय जन बाकी निष्पिक्षयता पर जो 'विश्वास' व्यक्त किया है वह अद्भुत है। इससे हमारी लोकतांत्रिक प्रतिबद्धता झलकती है। के. ए. पणिक्कर के अनुसार "वयस्क मताधिकार के राजनीतिक महत्व से अधिक आवश्यक है, इसके मताधिकार प्राप्त हुआ तो अनेक सामाजिक समूहों को उनकी निर्णय क्षमता एवं तत्सम्बन्धी अधिकार का ज्ञान हो गया और वे राजनीतिक रूप से

अधिक चैतन्य हो गए, इससे समाज में एक नयी स्फुर्ति आ गई। लोगों को यह प्रतीत होने लगा कि अब कानून बनाकर वे समाज को एक नयी सरचनात्मक दिशा दे सकते हैं–यह अत्यंत महत्वपूर्ण तथ्य है।"[2]

अनु. 325 के अनुसार, संसद में प्रत्येक सदन या किसी राज्य विधानमंडल के किसी भी सदन के लिए होने वोल निर्वाचन हेतु, प्रत्येक प्रादेशिक निर्वाचन क्षेत्र के लिए, एक साधारण निर्वाचक-नामावली होगी और केवल धर्म, मूलवंश, जाति, लिंग या इसमें से किसी के आधार पर कोई व्यक्ति ऐसी किसी नामावली में शामिल किए जाने के लिए अपात्र नहीं होगा और इन आधारों के कारण कोई व्यक्ति किसी विशेष निर्वाचक-नामावली में अपने को शामिल किए जाने के माँग नही करेगा। इस प्रकार **भारतीय संविधान निर्माताओं ने साम्प्रदायिक और जातीय आधार पर निर्वाचन की पृथक प्रणाली अपनाने से इनकार कर समाज के सभी वर्गों को समान अधिकार प्रदान कर दिया।**

विधानमंडलों के निर्वाचन के सम्बन्ध में उपबंध करनें की संसद की शक्ति (अनु. 327) और किसी राज्य विधानमंडल की शक्ति (अनु. 328)–

अनु. 327 के अनुसार, संसद समय-समय पर, संसद व राज्य विधामंडल के किसी भी सदन के निर्वाचन से जुड़े विषयों पर (जिसके अन्तर्गत निर्वाचक-नामावली तैयार कराना, निर्वाचन क्षेत्रों का परिसीमन (परिसीमन आयोग) और ऐसे सदनों या सदन का सम्यक गठन सुनिश्चित करने हेतु अन्य सभी आवश्यक विषय हैं) कानून बना सकती है।

किसी राज्य के विधानमंडल को भी अपने विधानमंडल से संबंधित निर्वाचन के किसी विषय पर कानून बनाने का अधिकार है, लेकिन उसके द्वारा बनाया गया यह कानून अनु. 327 के अधीन बनाए गए संसद के किसी कानून के प्रतिकूल नहीं होना चाहिए (अनु. 328)। यदि कोई प्रतिकूलता हुई तो अन्ततः संसद द्वारा बनाया गया कानून ही मान्य होगा, अर्थात् अनु. 327 तथा 328 में कोई विसंगति होने पर अनु. 327 अर्थात् संसद द्वारा बनाया गया कानून ही प्रभावी होगा।

निर्वाचन सम्बन्धी मामलों में न्यायालयों के हस्तक्षेप का वर्जन (मनाही) (अनु. 329)–

अनु. 327 तथा अनु. 328 निर्वाचन व्यवस्था से जुड़े हुए अत्यंत महत्वपूर्ण संवैधानिक प्रावधान है, इसका ज्ञान अनु. 329 करा देता है। अनु. 329 के अनुसार, अनु. 327 तथा अनु. 328 के अधीन बनाए गए कानूनों की संवैधानिक विधिमान्यता को (जो निर्वाचन क्षेत्रों के परिसीमन या स्थानों के आंवटन से सम्बन्धित है) किसी भी न्यायालय में चुनौती नहीं दी जाएगी (अनु. 329 (क))। **परिसीमन आयोग का अध्यक्ष मुख्य निर्वाचन आयुक्त होता है तथा इस आयोग में उच्च या सर्वोच्च न्यायालय के दो अवकाशप्राप्त न्यायाधीश होते हैं। आयोग में कुछ सांसदों या विधायकों को भी शामिल किया जाता है। परिसीमन आयोग निर्वाचन क्षेत्रों की सीमाओं का निर्धारण करते समय जनता एवं राजनीतिक दलों से मिलनें वाले सुझावों और आपत्तियों का भी ध्यान रखता है।**

संसद के प्रत्येक सदन या किसी राज्य के विधानमंडल के किसी भी सदन के लिए होने वाले किसी भी निर्वाचन को, ऐसी निर्वाचन अर्जी पर ही प्रश्नगत किया जाएगा, जो ऐसे प्राधिकारी को और ऐसी रीति से प्रस्तुत की गई हो जो रीति विधानमंडल द्वारा निर्धारित हो (अनु. 329(ख)।

चुनाव सुधार–समस्याएँ और समाधान की संभावनाएं

अपने विवेक एवं पसन्द के अनुसार मत देने तथा इसे गोपनीय बनाए रखने का अधिकार ही लोकतंत्र को उत्तरदायी एंव सजग बनाए रखता है। चुनाव प्रक्रिया लोकतंत्र रूपी यज्ञ में घृत रूपी आहुति का काम करता है। वस्तुतः कोई भी लोकतंत्र चुनावों के माध्यम से ही अपनी जीवंतता एवं निरंतर गति को प्राप्त करता है। निष्पक्ष एवं नियमित अवधि के बाद निर्वाचन लोकतंत्र का प्राण है। यदि निर्वाचन के किसी भी पहलू (यथा, चुनाव प्रक्रिया, चुनाव प्रचार, चुनाव परिणाम आदि) के सम्बन्ध में आशंकाएँ एवं प्रश्न उठ रहे हों तो उनका त्वरित एवं न्यायसंगत निराकरण शासन सत्ता का गंभीर दायित्व बन जाता है क्योंकि निर्वाचन की वैधता पर ही 'शासन की आज्ञाकारिता का सिद्धान्त' टिका हुआ है। गरीबों एवं निरक्षरों की भारी संख्या होने के बावजूद भी भारत विश्व का सबसे बड़ा (जनसंख्या की दृष्टि से) तथा काफी सीमा तक सफल लोकतंत्रों की श्रेणी में गिना जाता है।

चुनावों की प्रक्रिया एवं स्वयं चुनाव आयोग के संगठनात्मक ढाँचे तथा

कार्यप्रणाली को लेकर चौथे आम चुनावों के बाद एक बहस प्रारंभ हुई। उस समय निर्वाचन से जुड़ी हुई जो समस्याएँ थीं उनके समाधान के लिए सर्वप्रथम, 1972 ई. में तत्कालीन मुख्य चुनाव आयुक्त एच. पी. सेन वर्मा ने एक कार्यसूची भारत सरकार को प्रस्तुत की, लेकिन संसद ने इसे स्वीकार नहीं किया। लेकिन इस अस्वीकार के बाद भी चुनाव सुधारों की आवश्यकता को अनुभव किया जाता रहा, फलतः अगस्त, 1974 ई. में 'सिटीजन फॉर डेमाक्रेसी' (एक गैर-सरकारी संगठन) की ओर से जयप्रकाश नारायण ने बम्बई उच्च न्यायालय के पूर्व मुख्य न्यायाधीश वी. एम. तारकुंडे की अध्यक्षता में एक 6 सदस्यीय समिति का गठन किया जिसका कार्य निर्वाचन सम्बन्धी तत्कालीन समस्याओं का तर्कसंगत समाधान प्रस्तुत करना था। स्वतंत्र एवं निष्पक्ष चुनाव कराने तथा चुनावों में सरकारी मशीनरी के दुरुपयोग को रोकने के लिए तारकुंडे समिति ने 1975 ई. में निम्नलिखित महत्वपूर्ण सुझाव दिए थे–

(1) निर्वाचन आयोग को बहुसदस्यीय बनाया जाय, इनकी नियुक्ति राष्ट्रपति द्वारा प्रधानमंत्री, लोकसभा में विपक्ष के नेता और सर्वोच्च न्यायालय के मुख्य न्यायाधीश से परामर्श करने के बाद की जाय,

(2) मतदान करने की आयु घटाकर 18 वर्ष कर दिया जाय,

(3) चुनाव लड़ने वाले सभी प्रत्याशियों द्वारा अपने आय-व्यय का लेखा-जोखा प्रस्तुत किया जाय तथा इसकी जाँच कराई जाय,

(4) राजनीतिक दलों द्वारा पिछले चुनावों में पाए गए मतों के आधार पर उन्हें रेडियो तथा टी. वी. में प्रचार का समय दिया जाय,

(5) राजनीतिक दलों द्वारा किए जाने वाले चुनावी खर्च को प्रत्याशियों द्वारा किए गए चुनावी खर्च में शामिल करते हुए चुनाव खर्च की अधिकतम सीमा को निर्धारित किया जाय। चुनावों में किए गए खर्च की ऑडिट करायी जाय तथा खर्च की निश्चित सीमा के उल्लंघन पर दंडित किया जाय,

(6) 'मतदाता परिषदें' बनाई जाय जो नागरिकों की ओर से चुनावों की निष्पक्ष निगरानी करे,

लेकिन उपरोक्त सिफारिशों को क्रियान्वित नहीं किया जा सका। 1990 ई. में वी.पी. सिंह के नेतृत्व वाली राष्ट्रीय मोर्चा सरकार ने चुनाव सुधारों पर

विधि मंत्री दिनेश गोस्वामी की अध्यक्षता में एक समिति की नियुक्ति की, जिसकी कुछ प्रमुख संस्तुतियाँ इस प्रकार थीं–

(1) बूथ कब्जे की घटनाएँ रोकने हेतु व्यापक सुरक्षा की व्यवस्था की जाय तथा यदि ऐसी कोई घटना होती है तो वहाँ पुनर्मतदान कराया जाय,

(2) अनुसूचित जातियों तथा जनजातियों के लिए आरक्षित सीटों को रोटेशन (भ्रमणशील) प्रणाली के अन्तर्गत लाया जाय तथा 1981 की जनगणना के आधार पर लोकसभा की सीटों का परिसीमन किया जाय,

(3) निर्वाचन से जुड़े सभी विवादों तथा मुकदमों को तुरंत निपटाया जाय,

(4) इलेक्ट्रॉनिक वोटिंग मशीन (EVMs) का प्रयोग शुरू किया जाय,

(5) मतदाताओं को फोटोयुक्त मतदाता पहचान पत्र दिया जाय।

1991 ई. में जब टी. एन. शेषन ने चुनाव आयोग की कमान सँभाली तो उनकी कार्यप्रणाली एवं चुनाव-सुधार की उत्कृष्ट अभिलाषा ने चुनाव आयोग को एक वास्तविक संवैधानिक आयोग के रूप में परिवर्तित कर दिया। उनके प्रयासों ने जनता के सामने यह पहली बार सिद्ध कर दिया कि, चुनाव बिना किसी भारी शोरगुल के निष्पक्ष एवं शांतिपूर्ण हो सकते हैं। शेषन ने सरकार को भी 'दबाव' में ले लिया था और सम्पूर्ण प्रशासनिक तंत्र 'शेषन के आदेशों' के क्रियान्वयन में लगा रहा। उन्होंने चुनावों में एक 'आदर्श आचार संहिता' लागू की तथा उसके अंतर्गत दीवारों आदि पर लिखना बंद करा दिया तथा तथा ध्वनि विस्तारक मंत्रों एवं अधिक संख्या में गाड़ी आदि के चलने पर काफी सीमा तक नियंत्रण स्थापित कर दिया। उनके इन प्रयासों तथा दबावों के कारण ही जनप्रतिनिधित्व (संशोधन) अधिनियम, 1998 द्वारा कुछ निम्नलिखित महत्वपूर्ण परिवर्तन किए गए–

(1) दो से अधिक निर्वाचन क्षेत्रों से चुनाव लड़ने पर रोक लगा दी गई,

(2) विधानसभा तथा लोकसभा के चुनावों में प्रत्याशियों का नामांकन उस विधानसभा तथा लोकसभा के 10 मतदाताओं के समर्थन के आधार पर किया जाने लगा,

(3) जो व्यक्ति अपने नाम का प्रचार करने या वैलेट पेपर (मतपत्र) पर स्वयं को अंकित कराने हेतु चुनाव में भाग लेते हैं, ऐसे अगंभीर

तथा डमी प्रत्याशियों को हतोत्साहित करने हेतु, लोकसभा तथा विधानसभा का चुनाव लड़ने के लिए जमानत राशि में वृद्धि कर दी गई। लोकसभा के लिए जमानत राशि, सामान्य वर्ग के लिए 500 रु. से बढ़ाकर 10,000 रु तथा अनुसूचित जाति एवं जनजाति के 250 रु. से बढ़ाकर 5,000 रु. कर दी गई।[3] सामान्य वर्ग के लिए इसी प्रकार राज्यों की विधानसभा के लिए जमानत राशि बढ़ाकर 5000 रु. (पहले 250 रु. थी) तथा अनुसूचित जाति एवं जनजाति के लिए 2500 रु. (पहले 125 रु. थी) कर दी गई,

(4) चुनावों में बूथ-कैप्चरिंग तथा हिंसक घटनाएँ रोकने के लिए चुनाव के पूर्व ही सभी लाइसेंसी हथियार निकटवर्ती थानों में जमा कराए जांय,

(5) किसी भी उपचुनाव को 6 माह के भीतर सम्पन्न करा लिया जाय।

वस्तुतः उपरोक्त परिवर्तन यह दर्शाते हैं कि राजनीतिक और संवैधानिक तंत्र चुनाव सुधारों के लिए गंभीर प्रयास करने की दिशा में कदम बढ़ा चुका था। 1990 ई. के बाद राजनीति में अपराधी तत्वों के प्रवेश की बात स्वीकार की जाने लगी थी। **1995 ई. में बोहरा समिति ने राजनीतिज्ञों तथा अपराधी समूहों के बीच निरंतर मजबूत होते सम्बन्धों का एक कच्चा चिट्ठा अपनी रिपोर्ट में प्रस्तुत कर पूरे देश को झकझोर दिया। रिपोर्ट में कहा गया कि,** "बिहार, हरियाणा और उत्तर प्रदेश जैसे कुछ राज्यों में इन गिरोहों को राजनीतिक संरक्षण प्राप्त है। उन्हें किसी एक ही दल के पदाधिकारियों से सुरक्षा नहीं मिलती, उन्हें अनेक दलों का संरक्षण प्राप्त है, परिणामतः चाहे किसी भी दल की सरकार हो, अपराधियों का हित एवं जीवन पूरी तरह सुरक्षित और संरक्षित रहता है। अनेक राजनीतिक नेता इन अपराधी गिरोहों तथा निजी सशस्त्र सेनाओं के मुखिया बन बैठे हैं और इन नेताओं की देख रेख में अनेक अपराधी स्थानीय निकायों, राज्य विधानमंडलों तथा संसद तक के लिए चुने जा रहे हैं। अपराधियों तथा नेताओं के पारस्परिक गठजोड़ ने प्रशासन के सुचारु संचालन को कठिन बना दिया है, इससे जनता भयभीत है क्योंकि उसके जानमाल की सुरक्षा संकटापन्न है। फलतः जनता में निराशा की भावना बढ़ रही है और वह स्वयं को तंत्र (राज्य) से कटा हुआ महसूस कर रही है।" **तत्कालीन उपचुनाव आयुक्त कृष्णमूर्ति ने वोहरा समिति के तथ्यों को स्वीकार**

करते हुए कहा कि, 1997 ई. में लोकसभा के 40 सदस्यों तथा पूरे देश के 700 विधायकों पर गंभीर अपराध के आरोप निर्धारित हो चुके हैं। आगे चलकर विधि आयोग के विभिन्न प्रतिवेदनों में यह बात कही गयी कि ऐसे अपराधियों को राजनीति में आने से रोकने के लिए कठोर कानून बनाए जाय। चुनावों में धन के असीमित व्यय को लेकर चिंताएँ बढ़ने लगी थी। सर्वोच्च न्यायालय ने भी अपने निर्णयों में चुनावों में धन तथा बल का दुरुपयोग रोकने का कहा। 02 मई, 2002 ई. को सर्वोच्च न्यायालय ने एक निर्णय में कहा कि प्रत्येक मतदाता को अनु. 19 के अंतर्गत यह 'जानने का अधिकार' है कि उसके सामने जो प्रत्याशी खड़ा है एवं उसका वोट माँग रहा है, उस प्रत्याशी की शैक्षिक योग्यता क्या है? उसके पास कितनी चल-अचल सम्पति है तथा उसका आपराधिक रिकार्ड (यदि कोई हो तो) कैसा है? क्या वह जिस पद के लिए चुनाव लड़ रहा है, उस पद के अनुकूल योग्यता रखता है? न्यायालय ने यह दिशा-निर्देश दिया कि वह चुनाव लड़ने वाले प्रत्याशियों से उपरोक्त बातों पर शपथपत्र द्वारा लिखित विवरण माँगे तथा मतदाताओं के सामने प्रस्तुत करे। 28 जून, 2002 ई. में सर्वोच्च न्यायालय के इस निर्णय के अनुरूप निर्वाचन आयोग ने एक आदेश जारी करके इस प्रकार का शपथपत्र अनिवार्य कर दिया।

सर्वोच्च न्यायालय के इस निर्णय तथा निर्वाचन आयोग के इस आदेश का विरोध करने के लिए सभी राजनीतिक दल एक मंच पर आ गए और उन्होंने एक विधेयक संसद में प्रस्तुत कर इसे रद्द करने का प्रयास किया। जनप्रतिनिधित्व (संशोधन) अधिनियम, 2002 ई. पारित करके माननीय सांसदों ने एक कानून बनाया, जिसमें कहा गया कि, केवल वे ही व्यक्ति जिन्हें किसी अपराध में 2 वर्ष की सजा सुनायी जा चुकी है चुनाव लड़ने के अयोग्य हैं यदि ऊपरी न्यायालय इस सजा का समाप्त करने या कम करने की अपील स्वीकार न करे। कोई भी प्रत्याशी अपने नामांकन के समय अपने बारे में कोई भी सूचना निर्वाचन आयोग को नहीं देगा, वरन् चुनाव जीतने के बाद अपने सदन के पीठासीन अधिकारी को देगा। **इस प्रकार, सर्वोच्च न्यायालय तथा निर्वाचन आयोग के जनता एवं लोकतंत्र के हित में दिए गए निर्णय को व्यवस्थापिका ने बदलकर राजनेताओं का हित सुरक्षित करने का काम किया।**

13 मार्च, 2003 ई. को एक अन्य वाद में निर्णय देते समय सर्वोच्च न्यायालय ने पुनः कहा कि, मतदाताओं को उपरोक्त वर्णित प्रश्नों पर प्रत्याशियों की स्थिति जानने का पूरा अधिकार है और यह अधिकार उन्हें मिलना ही चाहिए। न्यायालय ने कहा कि इस अधिकार के द्वारा ही हम जनता को इस बात के लिए सशक्त बना सकते हैं कि वह अपने मतदान के प्रयोग के द्वारा अपराधियों या अपराधी चरित्र वाले लोगों को राजनीति से दूर करे और एक पूर्ण सहभागी तथा प्रगतिशील लोकतंत्र की आधारशिला रखे।

वास्तव में, यह केवल तंत्र (व्यवस्थापिका, कार्यपालिका तथा न्यायपालिका) का ही दायित्व नहीं है कि अपराधियों को राजनीति से दूर रखे, वरन् यह तो जनता की राजनीतिक चेतना तथा राष्ट्रीय सोच पर निर्भर है तथा स्वयं जनता पर यह गंभीर दायित्व है कि वह इस प्रकार मतदान करे या ऐसे व्यक्तियों को चुनकर भेजे जो वास्तव में योग्य हों, उनमें देशसेवा का भाव हो, जो दूरदर्शी तथा मौलिक सोच वाले हों। प्लेटो ने आज से लगभग ढाई हजार वर्ष पूर्व राजनीति में योग्यतम लोगों को प्रतिष्ठित करने हेतु ही एक सर्वव्यापक शिक्षा प्रणाली तथा समाज का गुण आधारित ढाँचा प्रस्तुत किया था, आज भी योग्य एवं चरित्रवान लोगों को ही राजनीति में आने की आवश्यकता है। इसके लिए जनता की भूमिका राजनीतिक तंत्र की तुलना में अधिक महत्वपूर्ण है। जब तक जनता दलीय प्रतिबद्धताओं तथा जातीय निष्ठा से बाहर आकर योग्यतम प्रत्याशी को वोट नहीं देगी, तबतक राजनीति में अपराधियों का प्रवेश रोकना अकेले तंत्र के वश की बात नहीं होगी। वस्तुतः लोकतंत्र का आधार तभी मजबूत होगा जब इसकी बागडोर विवेकशील लोगों के हाथ में होगी और विवेकशील एवं राष्ट्रीय सोच से परिपूर्ण व्यक्तित्वों का निर्माण शिक्षा-व्यवस्था द्वारा ही संभव है। यदि सभी राजनीतिक दल अपराधी चरित्र के लोगों को अपना प्रत्याशी बनाते हैं तो प्रबुद्ध जनता के पास ऐसे लोगों को राजनीतिक व्यवस्था से बाहर करने का एक हथियार हो सकता है– 'अस्वीकार मत' अर्थात् जनता मतपत्र पर अंकित किसी भी प्रत्याशी को मत न दे, इस मतदान का स्वरूप निषेधात्मक है। ऐसा मतदान राजनीतिक तंत्र की सफाई करने का पक्षपातरहित, सकारात्मक और अहिंसक पहल बन जाता है। इस अस्वीकार मत का प्रयोग हमारी राजनीतिक व्यवस्था में गुणात्मक परिवर्तन लाएगा। पूर्व

उपराष्ट्रपति कृष्णकांत जी ने लिखा है कि, "अस्वीकार मत किसी व्यक्ति विशेष के विरुद्ध नहीं होगा। जब कोई मतदाता सभी उम्मीदवारों को अस्वीकार करेगा तो वह वास्तव में उस व्यवस्था की कार्यप्रणाली से असहमति जताएगा, जो उसे समान रूप से अस्वीकार्य विकल्पों में से किसी एक को चुनने का आदेश देती है। यह व्यवस्था के प्रति मूक विरोध है, लेकिन यह एक ऐसा विरोध है जो व्यवस्था को बदलकर रख देगा। चूँकि जनता ही सम्पूर्ण शक्तियों का स्रोत है तथा उसके अधिकार 'अस्वीकार मत' को प्राप्त करके और भी बढ़ जाएंगे। अस्वीकार मत के प्रयोग में निहित संताप में राजनीतिक व्यवस्था को भी सहभागी बनना पड़ेगा, राजनीतिक दलों तथा व्यवस्था को अपनी पसंद को जन आकांक्षाओं के साँचे में ढालना होगा। ऐसा होने पर जनता में मौजूद, सर्वश्रेष्ठ लोगों को राजनीतिक दल अपने उम्मीदवार के रूप में प्रस्तुत करेंगे और जनता समान रूप से स्वीकार्य उम्मीदवारों में से किसी एक को चुनने का अवसर प्राप्त कर प्रसन्न होगी। सत्ता प्रक्रिया में इस मौलिक रूपान्तरण से लोकतंत्र के कार्य-व्यापार में महसूस की जाने वाली कमियों को पूरा किया जा सकेगा एवं कानून के शासन में आए भटकावों को दूर किया जा सकेगा।"[4]

चुनाव सुधारों के सम्बन्ध में एक पहल निर्वाचित जनप्रतिनिधियों को लोकसभा या विधानसभा का कार्यकाल पूरा होने के पहले ही वापस बुला लेने के सम्बन्ध में है। इस सिद्धान्त के अनुसार, यदि किसी निर्वाचन क्षेत्र की जनता को यह प्रतीत हो कि उसके द्वारा चुना गया प्रतिनिधि अनुत्तरदायित्व का परिचय दे रहा है या जनता ने जिन आशाओं के साथ उसे निर्वाचित किया था, उन आशाओं को वह पूरा करने में रुचि नहीं दिखा रहा है या अक्षम सिद्ध हो रहा है तो जनता ऐसे जनप्रतिनिधियों को वापस बुला सकती है। देखने में तो यह सिद्धान्त जनता के प्रति उत्तरदायी लोकतांत्रिक शासन का प्रतिनिधि बनकर सामने आता है, लेकिन वास्तव में इस प्रकार का अधिकार यदि जनता को मिल जाय तो इससे एक प्रकार की अराजकता फैलने की संभावना पैदा हो जाएगी। इस व्यवस्था से एक ओर तो निर्वाचित प्रतिनिधि स्वयं एक प्रकार के 'मानसिक दबाव' में आ जाएँगे, वे अपना सारा ध्यान विधायी कार्यों में न लगाकर अपने निर्वाचन क्षेत्र की जनता को प्रसन्न करने में ही लगाने लगेंगे। जनता भी हर छोटी-बड़ी बातों पर जनप्रतिनिधियों को ब्लैकमेल कर सकने की स्थिति में होगी तथा वे राजनीतिक दल जो किसी क्षेत्र से

पराजित हो गए थे, वे अपना सम्पूर्ण प्रयास चुने गए सांसद को 'वापिस बुलाने' तथा इस सम्बन्ध में प्रयास करने/षडयंत्र करने में लगाएंगे। ओ. वी. अलगेशन ने लिखा है कि, संसद एवं विधानसभाओं के सदस्यों को वापिस बुलाने के सम्बन्ध में कोई कानूनी उपबन्ध होना चाहिए। इस संबंध में कई सैद्धान्तिक एवं व्यावहारिक बातें उत्पन्न होती हैं। लोकसभा तथा विधानसभाओं का चुनाव एकल सदस्यीय निर्वाचन क्षेत्र द्वारा होता है। प्रश्न यह है कि चुनाव जीत जाने के बाद वह निर्वाचित सदस्य केवल उस क्षेत्र विशेष का प्रतिनिधि होता है या वह देश के सभी लोगों का या राज्य के सभी लोगों का प्रतिनिधि बन जाता है (जब कोई निर्वाचित सदस्य संसद या राज्यों के विधानसभा में विधायी कार्य में भाग लेता है तो उसके सामने केवल अपने निर्वाचन क्षेत्र का हित नहीं होता, वरन् उसके सामने सम्पूर्ण राष्ट्र का हित होता है) तो क्या ऐसी दशा में उसे वापस बुलाने का अधिकार केवल उसके निर्वाचन क्षेत्र के लोगों को देना उचित होगा? इस बारे में अलग-अलग विचार हैं। एक मत के अनुसार प्रत्याशी को अपने निर्वाचन क्षेत्र के स्थानीय हितों को आगे बढ़ाने या पूरा करने की दृष्टि से चुना जाता है, यह दृष्टिकोण उस समय प्रचलित था जिस समय एक राष्ट्र और एक लोग (अर्थात् राष्ट्रीय एकता) तथा प्रतिनिधिक लोकतंत्र में संगठित राजनीतिक दलों की बातें जड़े नहीं जमा सकी थीं। एक अन्य नवीन विचार के अनुसार, चुने जाने के बाद कोई व्यक्ति सारे प्रान्त एवं सम्पूर्ण राष्ट्र का प्रतिनिधि है और अपने राजनीतिक दल के सिद्धान्त, नीतियों एवं कार्यक्रमों के अनुसार सम्पूर्ण राष्ट्र व राज्य के कल्याण या सामान्य हितों को बढ़ाना उसका प्रमुख दायित्व है।[5] **आज जिस प्रकार क्षेत्रवाद की भावनाएँ जनता में बढ़ रही हैं, संभव है कि, 'वापस बुलाने के अधिकार' का प्रयोग/दुरुपयोग उस स्थिति में किया जाय, जब कोई सांसद या विधायक राष्ट्रहित को क्षेत्रीय हितों की तुलना में बड़ा मानते हुए विधायी कार्य करे। एक संभावना यह भी बनती है कि, मान लीजिए कोई सांसद विदेश मंत्री जैसे एक महत्वपूर्ण पद पर कार्य कर रहा है, उसकी दूरदृष्टि एवं कूटनीतिक सोच से भारतीय विदेश नीति महत्वपूर्ण उपलब्धियाँ प्राप्त कर रही है, लेकिन वह सांसद अपनी अति व्यस्तता के कारण अपने निर्वाचन क्षेत्र के विकास कार्यों पर उतना ध्यान नहीं दे पा रहा है, जितना जनता चाहती है। ऐसी दशा में यदि जनता उससे असंतुष्ट होकर 'वापस बुलाने' के अधिकार का प्रयोग करती है तो देश न**

केवल एक तेज-तर्रार विदेश मंत्री को खो देगा, बल्कि इसका कुप्रभाव अन्य मंत्रियों के मनोबल पर भी पड़ेगा। संभव है जनता (ध्यान रहे भारत का अधिकांश जनता अशिक्षित है और राष्ट्रीय हितों की तुलना में स्थानीय या क्षेत्रीय हितों को महत्वपूर्ण मानती है) इस अधिकार का प्रयोग कर राष्ट्रीय हितों को ही क्षति पहुँचा दे। यदि प्रतिनिधियों को वापस बुलाने का अधिकार जनता को दिया जाता है तो यह प्रश्न भी उठेगा कि क्या वापस बुलाए गए प्रतिनिधि को दुबारा चुनाव लड़ने का अधिकार होगा या नहीं होगा? एक संभावना यह भी है कि, किसी चुने गए सांसद को कुछ ही समय के बाद वापस बुला लिया जाय और फिर जो चुनाव हो, उसमें जीते हुए सांसद को भी जनता कुछ समय बाद कतिपय आधारों पर वापस बुला ले और एक बार पुनः चुनाव कराना पड़े। यह प्रक्रिया लोकसभा के एक कार्यकाल (5 वर्ष) में कई बार दुहरायी जाय, और यदि वास्तव में ऐसा होता है तो समूची लोकसभा के पंगु हो जाने तथा किसी भी प्रकार के विकास कार्य के ठप्प हो जाने का 'नया खतरा' उठ खड़ा होगा। एक प्रश्न और है कि, भारत में जो लोग पहली बार किसी सांसद के चुनावों में मत नहीं दिए हैं, क्या वे लोग उस सांसद को 'वापस बुलाने' के प्रश्न पर होने वाले मतदान में भाग लेने के अधिकारी होंगे? या केवल वे लोग ही वापस बुलाने के मतदान में भाग लेंगे जिन्होंने मत देकर उस सांसद का निर्वाचन किया था। इन सारे प्रश्नों पर एक व्यापक बहस एवं कानून की आवश्कता होगी। चुनाव आयोग भी हमेशा किसी न किसी लोकसभा के चुनाव (प्रतिनिधियों के वापस बुलाने के लिए होने वाले चुनावों) में ही व्यस्त रहेगा। इसलिए भारत में वापस बुलाने के अधिकार की सार्थकता कम और विवादास्पद भूमिका अधिक होगी।

चुनाव सुधारों से सम्बन्धित एक परम्परागत माँग यह रही है कि राजनीतिक दलों को राज्य वित्तीय सहायता उपलब्ध कराए। लेकिन इस सहायता का स्वरूप क्या हो इस पर विवाद है। कुछ लोग राजनीतिक दलों को सीधे धन उपलब्ध कराना चाहते हैं तो कुछ का मत है कि, सरकार प्रचार सामग्री उपलब्ध कराए क्योंकि धन का दुरुपयोग हो सकता है तथा उसकी ऑडिट भी राजनीति का शिकार हो सकती है। राजनीतिक दलों को कितना धन उपलब्ध कराया जाय, इस पर भी अलग-अलग विचार हैं। एक सुझाव यह दिया गया है कि, पिछले आम चुनावों में जिस किसी भी

राजनीतिक दल ने जितने प्रतिशत मत प्राप्त किया है, उसके हिसाब से उसे राजकीय धन, निर्वाचन सहायता के रूप में दिया जाय, लेकिन इससे तो केवल राष्ट्रीय एवं क्षेत्रीय राजनीतिक दलों के उम्मीदवारों को ही लाभ मिलेगा, निर्दलीय उम्मीदवार राजकीय सहायता की परिधि से ही बाहर हो जाएँगे और लोकतंत्र में इस प्रकार की असमानता (राजनीतिक दलों के उम्मीदवार तथा निर्दलीय उम्मीदवारों के बीच) स्वीकार नहीं की जा सकती, इससे तो निर्दलीय प्रत्याशियों के मनोबल तथा उनके प्रति सामाजिक दृष्टिकोण भी बुरी तरह प्रभावित होगा। **यदि राज्य, राजनीतिक दलों को आर्थिक सहायता देगा तो क्या इसका प्रभाव उस दल के 'स्वतंत्र चिंतन', गरिमा तथा नैतिकता पर नहीं पड़ेगा? यह भी संभावना है कि, प्रत्येक राजनीतिक दल अधिकाधिक राजकीय सहायता पाने की लालसा में सरकार की आलोचना बंद कर दे या उसकी नीतियों (भले ही वह जन विरोधी नीतियाँ हों) की ओर से आँखें मूँद ले या तटस्थ हो जांय। सभी राजनीतिक दलों को न्यायसंगत एवं उचित राजकीय सहायता मिली या नहीं, इसकी निगरानी कौन करेगा? वे राजनीतिक दल जो सत्ता में शामिल नहीं हैं, वे सरकार की इस बात के लिए बराबर आलोचना कर सकते हैं कि विपक्ष में होने के कारण सरकार उन्हें धन देनें में आनाकानी कर रही है या उन्हें पर्याप्त राजकीय सहायता नहीं मिल पा रही है। इस बात की संभावना से भी इनकार नहीं किया जा सकता कि, राजनीतिक दलों को राजकीय धन मिलने से उनकी लोकतांत्रिक भूमिका के समाप्त होने का खतरा भी पैदा हो सकता है, वे उसी प्रकार सरकारी तंत्र के वैचारिक-मानसिक गुलाम बन जाएँगे जैसे सरकारों द्वारा पोषित प्रेस सरकार की नीतियों की चाहकर भी आलोचना नहीं कर पाता। इससे हमारे लोकतंत्र में भटकाव आ जाएगा।**

आज छोटे-छोटे दलों के गठबंधन बन रहे हैं और राष्ट्रीय दल भी उनके साथ जुड़कर सरकार बना रहे हैं। गठबंधन सरकारों को स्थिर करने के उद्देश्य से गठबंधनों को दो वर्गों में बाँट देना चाहिए–चुनावपूर्व गठबंधन तथा चुनाव बाद गठबंधन। चुनाव के पूर्व यदि दो या अधिक राजनीतिक दलों में गठबंधन हो जाता है तो उन्हें एक राजनीतिक दल के रूप में चुनाव आयोग स्वीकार करे और भविष्य में उस गठबंधन के टूटने की दशा में उस गठबंधन पर वे सारे नियम लागू किए जाएँ जो किसी एक राजनीतिक दल के विभाजन पर लागू होते हैं, इससे बार-बार टूटने वाले तथा राजनीतिक

तंत्र को अस्थिर करने वाले गठबंधनों पर रोक लगेगी। चुनाव के बाद होने वाले गठबंधन में प्राय: राजनीतिक दल या तो सरकार में शामिल हो जाते हैं या सरकार को बाहर से समर्थन देते हैं। गठबंधन सरकार को स्थिर करने की दृष्टि से एक परिवर्तन यह करने की आवश्यकता है कि, सरकार को बाहर से समर्थन दिया जाना बंद करा दिया जाय, क्योंकि प्राय: यह देखा गया है कि, जो भी राजनीतिक दल सरकार को बाहर से समर्थन देते है। वह एक तरफ तो सिद्धान्तों की दुहाई देता है और कहता है कि वह जनता के ऊपर चुनावों का बोझ दुबारा नहीं डालना चाहता है और दूसरी तरफ वह सरकार को बराबर अस्थिर करने का प्रयास भी करता है, जैसे सरकार की आलोचना करना, संसद में सरकार के किसी प्रस्ताव या विधेयक के विरोध में मतदान करना या वाक आउट कर जाना आदि। इससे जनता यह समझ नहीं पाती कि, सरकार को बाहर से समर्थन देने वाला राजनीतिक दल वास्तव में सरकार के साथ है या विपक्ष की भूमिका में है।

चुनाव सुधारों से संबंधित उपरोक्त विश्लेषण के उपरांत इस निष्कर्ष पर पहुँचा जा सकता है कि, चुनाव सुधारों की पहल राजनीतिक-संवैधानिक तंत्र के साथ-साथ नागरिकों के स्तर पर भी की जानी चाहिए। इसके लिए सर्वाधिक आवश्यक है कि, जनता चाहे वह किसी भी दल के साथ हो, अपने प्रिय राजनीतिक दल के भीतर लोकतंत्र को लागू करे, इसके लिए जनता तथा चुनाव आयोग दोनों को पहल करनी होगी। चुनावों में हिंसा न होने पाए, इसके लिए व्यापक सुरक्षा के प्रबंध करने होगें, चुनाव बूथों पर क्लोज टी. वी. सर्किट कैमरे लगाए जांए और जो भी व्यक्ति चुनावी हिंसा में लिप्त पाए जाएँ, उनके ऊपर एक निश्चित समय का राजनीतिक प्रतिबंध (यह समय सीमा हिंसा तथा अपराध की गंभीरता के आधार पर न्यायालय तय करे) लगा दिया जाय, जिससे न तो वे चुनाव लड़ सकें और न ही चुनाव में मतदान कर सकें। वस्तुत: जो व्यक्ति चुनाव में हिंसा फैलाता है उसके बारे में यह मान लेना चाहिए कि उसके मन में लोकतंत्र के प्रति सम्मान नहीं है, रुचि नहीं है, क्योंकि वह अपने विरोधी को सहन नहीं कर सकता और उसे पराजित करने की तुलना में उसके दमन में विश्वास रखता है। अपराधियों के चुनाव लड़ने पर तत्काल प्रभाव से रोक लगा देना चाहिए, जिस व्यक्ति को भी दो वर्ष तक के कारावास की सजा हो जाय, उसे निश्चित रूप से चुनाव लड़ने से रोक दिया जाय। जो भी व्यक्ति चुनाव लड़ना चाहता हो, उसकी आर्थिक स्थिति, शैक्षिक योग्यता तथा जीवन परिचय सभी मतदाताओं के सामने अवश्य रखा जाय। साथ ही राजनीतिक

चरित्र वाले लोगों के सम्पत्ति की ऑडिट भी वार्षिक रूप से नियमित करायी जाय, जिससे कि राजनीति धन कमाने का साधन न होकर एक जनसेवा का व्यवसाय बन जाय। प्रत्येक सांसद तथा विधायक को प्रतिवर्ष अपनी सम्पत्ति का लेखा-जोखा सार्वजनिक रूप से प्रस्तुत करने के लिए कहा जाया। फोटोयुक्त मतदाता पहचान-पत्र अनिवार्य बना दिया जाय तथा फर्जी मतदान करने वालों को दण्ड दिया जाय। चुनाव से जुड़ी हुई याचिकाओं का त्वरित निपटारा किया जाय, संभव हो तो इसके लिए अलग से न्यायालय बनाया जाय। मतदान का प्रतिशत बढ़ाने का प्रयास किया जाय। सबसे आवश्यक यह है कि, जनता में राजनीतिक चेतना का स्तर उन्नत किया जाय, जिससे वह जाति, भाषा, धर्म, प्रान्त आदि के आधार पर मतदान न करके योग्यतम प्रत्याशी के पक्ष में मतदान करे, इसके लिए शिक्षा तथा राष्ट्रीय हित के प्रति चिन्ता व चिन्तन के प्रसार की आवश्यकता होगी। प्रेस तथा इलेक्ट्रानिक मीडिया गैर सरकारी संगठन इसमें महत्वपूर्ण शिक्षक व मार्गदर्शक की भूमिका निभा सकते हैं।[6] जब तक जनता स्वयं को क्षुद्र स्वार्थों एवं प्रवृत्तियों से ऊपर नहीं उठाती, तब तक कोई भी चुनाव सुधार परिपूर्ण नहीं हो सकता, क्योंकि जनता की सोच तथा चरित्र ही राजनीतिज्ञों तथा राज्य का चरित्र निर्धारित करता है। जनता को अपना भविष्य एवं अस्तित्व स्वयं निर्धारित करने का अधिकार और कर्तव्य दोनो ही है।

सन्दर्भ

1. टी. एन. शेषन बनाम भारत संघ, 1995, एस. सी. सी. 612।
2. ग्रैनविल ऑस्टिन, वहीं, पृ. 45–47
3. इसका त्वरित परिणाम भी सामने आया। 1996 ई. में हुए लोकसभा चुनावों में जहाँ स्वतंत्र उम्मीदवारों की संख्या 10696 थी (जिसमें से 99 प्रतिशत की जमानत जब्त हो गयी) तथा 1999 के लोकसभा चुनावों में ऐसे स्वतंत्र उम्मीदवारों की संख्या केवल 1936 रह गयी।
4. श्री कृष्णकांत जी का लेख, 'कानून का शासन, अस्वीकार मत और पूर्ण बहुमत व्यवस्था, पॉलिटिक्स इंडिया, अक्टूबर 1998, नई दिल्ली।
5. श्री ओ. वी अलगेशन का लेख, श्यामलाल शकधर, वहीं पृ. 440।
6. 2009 ई. के लोकसभा चुनावों में जनता को राजनीतिक रूप से जाग्रत कर, उन्हें अपने नागरिक कर्त्तव्यों/अधिकारों के प्रति सजग बनाकर, मतदान करने के लिए प्रेरित करने में अनेक टी. वी. चैनलों ने, अखबारों ने (जागरण, अमर उजाला आदि) तथा कारपोरेट जगत के संगठनों (जागो रे डॉट काम आदि) ने महत्वपूर्ण भूमिका निभाई थी।

17

समाज के कुछ वर्गों (अनुसूचित जातियों, जनजातियों, पिछडे वर्ग तथा ऐंग्लो इण्डियन) के लिए विशिष्ट संवैधानिक प्रावधान

संविधान की प्रस्तावना में वर्णित सामाजिक-आर्थिक न्याय तथा मौलिक अधिकारों की सार्वजनिक प्रकृति इस बात का प्रमाण है कि, भारतीय संविधान निर्माता व्यक्ति की गरिमा को समाज में प्रतिष्ठित करने हेतु कृतसंकल्प थे। उन्होंने भारतीय समाज की परम्परागत व कृत्रिम विषमताओं को जड़ से समाप्त करने का जैसे बीड़ा ही उठा लिया था, वे समाज के निम्नतम स्तर पर जीवन बिता रहे कुछ वर्गों के अधिकारों के बारे में विशेष रूप से चिन्तित व चैतन्य थे, इसीलिए संविधान के भाग 16 में समाज के अनुसूचित जातियों, जनजातियों, पिछड़े वर्गों तथा ऐंग्लो इण्डियन समुदाय के लोगों के लिए उन्होने पृथक और व्यापक प्रावधानों की चर्चा की है। **संविधान में इन प्रावधानों को रखने का कारण यह था कि इस वर्ग के लोग भी हमारी लोकतांत्रिक राजनीतिक व्यवस्था में हिस्सा लेकर स्वयं को समाज के विकास की मुख्य धारा से जोड़ सके।**

ये संवैधानिक प्रावधान इस प्रकार हैं:

अनुसूचित जातियाँ (अनु. 341)

संविधान में अनुसूचित जाति की कोई परिभाषा नहीं दी गई है लेकिन राष्ट्रपति को इन जातियों को सूची में शामिल करने की शक्ति दी गई है। अनु. 341 के अनुसार, राष्ट्रपति राज्यों में राज्यपाल से परामर्श करने के बाद तथा केन्द्र शासित प्रदेश में (स्वयं के विवेकानुसार) लोक अधिसूचना द्वारा, उन जातियों या उसके किसी भाग के नामों की घोषणा कर सकेगा, जिन्हें

उस राज्य या संघ राज्यक्षेत्र के सम्बन्ध में अनुसूचित जातियाँ समझा जाएगा (अनु. 341(1))।

संसद कानून बनाकर किसी भी जाति या उसके किसी भी भाग को उपरोक्त खण्ड (1) के अधीन निकाली गई अधिसूचना में वर्णित अनुसूचित जातियों की सूची में शामिल कर सकेगी, या उसमें से बाहर निकाल सकेगी, किन्तु जैसा ऊपर कहा गया है, उसके सिवाय उक्त खंड के अधीन निकाली गई अधिसूचना में, कोई भी परिवर्तन, राष्ट्रपति किसी पश्चातवर्ती अधिसूचना द्वारा नहीं कर सकेगा (अनु. 341(2)), **अर्थात् राष्ट्रपति द्वारा जारी अधिसूचनाओं (किसी जाति को अनुसूचित जाति में शामिल करने का आदेश) को संसद अनुमोदित करेगी क्योंकि संसद जनप्रतिनिधि निकाय है। राष्ट्रपति अधिसूचना द्वारा किसी जाति को अनुसूचित जाति का दर्ज़ा तो दे सकता है लेकिन अधिसूचना द्वारा वह किसी जाति को अनुसूचित जाति की सूची से बाहर नहीं कर सकता, यह कार्य तो केवल संसद ही करेगी।**

अनुसूचित जनजातियाँ (अनु. 342)

अनुसूचित जाति के ही समान अनुसूचित जनजातियों की भी कोई परिभाषा संविधान में नहीं की गई है। अनु. 342(1) में लिखा है कि, राष्ट्रपति राज्यों में राज्यपाल से परामर्श करने के पश्चात् तथा केन्द्र शासित प्रदेश में स्वयं के विवेकानुसार लोक अधिसूचना द्वारा उन जनजातियों या उसके किसी भाग के नामों की घोषणा कर सकेगा जिन्हें उस राज्य या संघ राज्य क्षेत्र के संदर्भ में अनुसूचित जनजातियाँ समझा जाएगा।

राष्ट्रपति द्वारा जारी अधिसूचना संसद में प्रस्तुत की जाएगी। संसद कानून बनाकर किसी भी जनजाति को या उसके किसी भाग को उपरोक्त खंड (1) के अधीन निकाली गई अधिसूचना में वर्णित अनुसूचित जातियों की सूची में शामिल कर सकेगी या उसमें से निकाल सकेगी, किन्तु जैसा कि ऊपर कहा गया है, उसके सिवाय, उक्त खंड के अधीन निकाली गयी अधिसूचना में बाद में किसी अधिसूचना के द्वारा राष्ट्रपति कोई परिवर्तन नहीं कर सकेगा (अनु. 342(2))।

इस प्रकार स्पष्ट है कि अनुसूचित जातियों तथा जनजातियों के

नामों की घोषणा तथा सूची से इनके नामों को बाहर करने की प्रक्रिया एक जैसी ही है।

अनुसूचित जातियों, जनजातियों के बारे में अन्य संवैधानिक प्रावधान

संविधान के अनु. 338(1) के अनुसार, अनुसूचित जातियों तथा जनजातियों के लिए एक आयोग होगा। **इस प्रकार का कोई आयोग 1990 ई. तक नहीं बना था। 65 वें संविधान संशोधन द्वारा 1990 ई. में अनुसूचित जाति एवं जनजाति आयोग बनाया गया इस आयोग में एक अध्यक्ष, एक उपाध्यक्ष और 5 अन्य सदस्य हैं। इस संख्या को संसद घटा-बढ़ा सकती है। आयोग के सदस्यों की सेवा-शर्तें तथा अवधि राष्ट्रपति द्वारा निर्धारित होंगी (अनु. 338 (2))। आयोग अपनी कार्य-प्रक्रिया का निर्धारण स्वयं करेगा। अनु. 338 (5) के अनुसार आयोग का निम्नलिखित कार्य होगा–**

(क) अनुसूचित जातियों और जनजातियों के लिए उपबंधित सुरक्षा के उपायों से संबंधित सभी विषयों की जाँच करना तथा इन उपायों के क्रियान्वयन की समीक्षा करना,

(ख) अनुसूचित जातियों एवं जनजातियों के अधिकारों के हनन से संबंधित शिकायतों की जाँच करना,

(ग) अनुसूचित जातियों एवं जनजातियों के सामाजिक-आर्थिक विकास की योजनाओं के निर्माण में भाग लेना तथा इन योजनाओं के क्रियान्वयन की प्रगति की समीक्षा करना,

(घ) इनकी सुरक्षा के उपायों के क्रियान्वयन के बारे में समय-समय पर या वार्षिक प्रतिवेदन राष्ट्रपति को देना,

(ङ.) इन प्रतिवेदनों में ऐसे उपाय सुझाना, जिससे अनुसूचित जातियों एवं जनजातियों की सुरक्षा, विकास, अधिकारों के संरक्षण तथा इनसे जुड़ी योजनाओं की क्रियान्विति संघ व राज्य द्वारा ठीक ढंग से हो सके,

(च) अनुसूचित जातियों एवं जनजातियों के संरक्षण, कल्याण, प्रगति एवं उत्थान के बारे में ऐसे कार्यों का निर्वहन करना, जो राष्ट्रपति द्वारा बताए जाएं।

अनु. 338 (6) के अनुसार, राष्ट्रपति आयोग द्वारा दिए गए प्रतिवेदनों को तथा उनपर की जा चुकी या की जाने वाली प्रस्तावित कार्रवाई को

स्पष्ट करने वाले ज्ञापन सहित संसद के प्रत्येक सदन के सामने रखेंगे। यदि कोई प्रतिवेदन या किसी प्रतिवेदन का कोई भाग किसी इकाई राज्य से संबंधित है, तो उस प्रतिवेदन की एक प्रति उस राज्य के राज्यपाल को भेजी जाएगी और राज्यपाल उस प्रतिवेदन के अनुसार की गई या की जाने वाली प्रस्तावित कार्रवाई को स्पष्ट करने वाले ज्ञापन सहित राज्य के विधानमंडल के समक्ष रखवाएगा **(अनु. 338(7))।**

अनु. 338(8) के अनुसार, आयोग जब अनुसूचित जातियों एवं जनजातियों के सुरक्षा के उपायों और अधिकारों से वंचित करने की मामलों की जाँच करता है (अनु. 338 (5)(क)) या जब आयोग इस वर्ग से जुड़ी योजनाओं की समीक्षा करता है (अनु. 338 (5)(ख)), तो उस समय आयोग को सिविल न्यायालय की सभी शक्तियाँ प्राप्त होंगी, जैसे

(क) भारत के किसी भी भाग से किसी व्यक्ति को उपस्थित रहने हेतु सम्मान करना अथवा आयोग के सामने कोई भी बात कहने के पूर्व उस व्यक्ति को शपथ दिलाना तथा उसके वक्तव्य का परीक्षण करना,

(ख) किसी भी दस्तावेज को मँगाना,

(ग) शपथपत्रों पर साक्ष्य प्राप्त करना,

(घ) किसी न्यायालय या कार्यालय से लोक अभिलेख या उसकी प्रतिलिपि प्राप्त करना,

(ड.) साक्षियों तथा साक्ष्यों के परीक्षणार्थ कमीशन जारी करना,

(च) ऐसे किसी अन्य विषय का परीक्षण करना, जिसे राष्ट्रपति द्वारा विनिश्चित किया गया हो।

संघ और राज्य सरकार का यह कर्त्तव्य होगा कि, अनुसूचित जातियों तथा जनजातियों को प्रभावित करने वाले नीति विषयक मामलों में आयोग से परामर्श करे **(अनु. 338(9))।**

अनु. 338 (10) के अनुसार, इस अनुच्छेद में अनुसूचित जातियों तथा जनजातियों के प्रति निर्देश का यह अर्थ लगाया जाएगा कि इसके अन्तर्गत अन्य पिछड़े वर्ग तथा ऐंग्लो इण्डियन के प्रति निर्देश भी है।

अनु. 330 के अनुसार, लोकसभा में (क) अनुसूचित जातियों के लिए, (ख) असोम के जनजाति क्षेत्रों की अनुसूचित जनजातियों को छोड़कर

अन्य जनजातियों के लिए तथा, (ग) असोम के स्वशासी जिलों की अनुसूचित जनजातियों के लिए स्थानों का आरक्षण होगा।

इसी प्रकार, अनु. 332 के अनुसार, प्रत्येक राज्य की विधानसभा में अनुसूचित जातियों तथा असोम के जनजाति क्षेत्रों की अनुसूचित जनजातियों को छोड़कर अन्य अनुसूचित जनजातियों के लिए स्थान आरक्षित होंगे।

असोम राज्य की विधानसभा में स्वशासी जिलों के लिए भी स्थान आरक्षित होंगे (अनु. 332) (2))–

किसी राज्य की विधानसभाओं में अनुसूचित जातियों या जनजातियों के लिए आरक्षित स्थानों का निर्धारण उस राज्य की जनसंख्या में इन जातियों या जनजातियों की आनुपातिक स्थिति के अनुसार होगा (अनु. 332(3))।

अनु. 334 एक महत्वपूर्ण संवैधानिक प्रावधान करता है, जिसके अनुसार,

(क) लोकसभा में और राज्यों की विधानसभाओं में अनुसूचित जातियों और जनजातियों के लिए आरक्षण सम्बन्धी प्रावधान और

(ख) लोकसभा में और राज्यों की विधानसभाओं में मनोनयन द्वारा आंग्ल-भारतीय (ऐंग्लो इण्डियन) समुदाय के प्रतिनिधित्व सम्बन्धी प्रावधान,

इस संविधान के आरंभ से 75 वर्ष (75 वर्ष का यह प्रावधान वर्तमान समय में लागू है, जबकि मूल संविधान में यह 10 वर्ष ही था) की अवधि समाप्त होने पर प्रभावी नहीं होंगे। परंतु 75 वें वर्ष लोकसभा या विधानसभा के तत्कालीन प्रतिरूप को तबतक नहीं बदला जाएगा या आरक्षणविहीन नहीं किया जा सकेगा, जबतक कि तत्कालीन लोकसभा या विधानसभा का विघटन नहीं हो जाता है।

व्यवस्थापिकाओं में अनुसूचित जातियों एवं जनजातियों के लिए आरक्षण का प्रावधान करके संविधान निर्माताओं ने समाज के निचले स्तर पर जीवन जीने वालों को भी राजनीतिक न्याय प्रदान किया है। उनका विचार था कि, अभी ये लोग सामाजिक, आर्थिक एवं मानसिक रूप से अपने अधि कारों को लेकर सशक्त नहीं हो सके हैं अत: उन्हें सत्ता में सहभागी बनाकर नीति-निर्धारण एवं निर्णय-निर्माण के स्तर पर लोकतांत्रिक समाज की मुख्य धारा में शामिल करने का प्रयास किया जाय, जिससे ये भी गरिमामय जीवन जीते हुए स्वयं को भारत और भारतीयता के सरोकारों से जोड़ सके।

संविधान निर्माताओं के अनुसार आरक्षण इन वर्गों के सशक्तीकरण का एक साधन है, न कि स्वयं में साध्य। संविधान निर्माता आरक्षण के इस प्रावधान को केवल 10 वर्ष के लिए ही लागू किए थे। उनका विश्वास था कि, 10 वर्ष के भीतर यह सुसुप्त वर्ग अपने अधिकारों के प्रति सशक्त व जाग्रत हो जाएगा और समाज में सामान्य वर्ग के साथ एक समान धरातल पर खड़ा होकर राजनीतिक प्रतिस्पर्द्धा करने के लायक बन जाएगा। इस भावना को साथ लेकर शुरू हुआ आरक्षण, संविधान लागू होने के 10 वर्ष के भीतर समाप्त हो जाना चाहिए था, लेकिन 8वें संविधान संशोधन अधिनियम-(1959) द्वारा इस आरक्षण की अवधि को अगले 10 वर्ष के लिए बढ़ा दिया गया। पुनः 23वें संविधान संशोधन अधिनियम (1969) द्वारा इस अवधि को 10 वर्ष के लिए और बढ़ा दिया गया। 45वें संविधान संशोधन अधिनियम (1980) द्वारा इस अवधि को 10 वर्ष के लिए पुनः बढ़ा दिया गया। 62वें संविधान संशोधन द्वारा इस अधिनियम आरक्षण को 10 वर्ष पुनः बढ़ाया गया और 79वें संविधान संशोधन अधिनियम (2000 ई.) द्वारा इस अवधि का अगले 10 वर्ष हेतु बढ़ा दिया गया है। जब भी कभी आरक्षण वाले इस प्रावधान को आगे बढ़ाने वाला विधेयक संसद में प्रस्तुत किया गया तो हमेशा यह तर्क दिया जाता रहा कि अनुसूचित जातियों, जनजातियों के लिए पर्याप्त संवैधानिक प्रावधान होने के बावजूद भी उनके लिए अभी बहुत कुछ किया जाना बाकी है, इसलिए आरक्षण को आगे बढ़ाने की आवश्यकता है। संविधान निर्माताओं ने आरक्षण को 'दवा' के रूप में प्रयोग किया था तथा सोचा था कि 10 वर्ष के भीतर ईमानदारी पूर्वक प्रतिबद्धता, से आरक्षण की मूल भावना में निहित लक्ष्य को प्राप्त कर लिया जाएगा, लेकिन पश्चातवर्ती सरकारों ने इस आरक्षण को अपनी राजनीति से जोड़ लिया, जिसका परिणाम यह हुआ कि, आरक्षण किसी-न-किसी बहाने लगातार चल रहा है। सर्वोच्च न्यायालय ने भी अपने अनेक निर्णयों में कहा है कि आरक्षण एक बीमार समाज का परिचायक है और इसे समाप्त होना चाहिए, लेकिन राजनीतिक दल अपने वोट-बैंक के चक्कर में तथा सत्ता में बने रहने या सत्ता में आने के लिए आरक्षण को उछालते रहे हैं। यह संविधान की मूल भावना का उल्लंघन है तथा संविधान निर्माताओं के सपनों को चूर करने के सदृश है।

संविधान निर्माताओं ने आरक्षण को योग्यता व दक्षता के साथ मिलाकर देखा था। इस सन्दर्भ में अनु. 335 महत्वपूर्ण है, जिसके अनुसार, संघ या किसी राज्य के कार्यकलाप से सम्बंधित सेवाओं एवं पदों

के लिए नियुक्तियाँ करने में अनुसूचित जातियों एवं जनजातियों के सदस्यों के दावों का, प्रशासन की दक्षता बनाए रखने की संगति के अनुसार ध्यान रखा जाएगा। **आरक्षण देकर अपना वोट-बैंक मजबूत करने की होड़ में सरकारों ने संविधान के इस प्रावधान की ही अनदेखी कर दी है। पदोन्नति में आरक्षण देकर तथा क्रीमी लेयर को समाप्त करके सरकारों ने संविधान की भावना के साथ कपट किया है। आरक्षण की प्रासंगिकता और आवश्यकता को अबतक की उपलब्धियों के साथ जोड़कर देखा जाना चाहिए। आरक्षण सामाजिक न्याय, आर्थिक न्याय तथा राजनीतिक न्याय का एक साधन है, ऐसा नहीं होना चाहिए कि आरक्षण से समाज सीधे-सीधे दो भिन्न-भिन्न वर्गों में बँटा हुआ दृष्टिगोचर हो, एक आरक्षण प्राप्त वर्ग तथा दो, आरक्षण विहीन वर्ग।**

ऐंग्लो इण्डियन (आंग्ल भारतीय) समुदाय के लिए विशेष उपबन्ध

वे यूरोपीय, जो भारत के स्वतंत्र होने के बाद भी पुनः यूरोप वापस नहीं गए, भारत में ही बस गए, एक प्रकार से उनका भारतीयकरण हो गया, उन यूरोपीय लोगों को ऐंग्लो-इण्डियन कहा जाता है। इनमें डच, पुर्तगाली, फ्रांसीसी, अंग्रेज तथा कुछ स्पेनिश लोग हैं। **अनु. 366 (2) में आंग्ल भारतीय समुदाय की परिभाषा इस प्रकार है**-कोई ऐसा व्यक्ति, जिसका पिता या पितृ परम्परा में कोई अन्य पुरुष जनक यूरोपीय मूल में जन्मा है या जन्मा था, किन्तु जो भारत के राज्यक्षेत्र के अधिवासी हैं और जो ऐसे राज्य क्षेत्र में ऐसे माता-पिता से जन्मा है या जन्मा था, जो भारत में साधारणतः निवासी रहे हैं और उनका लक्ष्य केवल अस्थायी अधिवास न रहा हो। **इसे चाहे संविधान निर्माताओं की सहिष्णुता कही जाय या संविधान-निर्मात्री सभा के कुछ अत्यंत प्रभावशाली नेताओं के यूरोपियन राजनीतिज्ञों के साथ मित्रतापूर्ण संबंध-जिसके कारण संविधान-निमात्री सभा नैतिक दबाव में आ गयी-, लेकिन संविधान निर्माताओं नें मुट्ठी भर ऐग्लों-इण्डियन लोगों के लिए संविधान में प्रावधान करके यह बता दिया कि, भावी भारतीय संविधान, भारत में रहने वाले जन-गण का संविधान है, समाज के सभी वर्गों के लिए उसमें पर्याप्त प्रावधान हैं। विश्व में इस बात के उदाहरण बहुत कम मिलेंगे, जहाँ उन लोगों के लिए भी संविधान में अधिकारों की व्यवस्था की गई हो जिन्होंने इस देश का शोषण किया हो, या उस देश पर अनाधिकृत रूप से या बलपूर्वक शासन किया हो। लेकिन भारत तो 'वसुधैव कुटुम्बकम' का**

पोषक है, हमने 'अतिथि देवो भव' का उद्घोष किया है, भारत की सहिष्णुता इसीलिए पूज्यनीय, वंदनीय एवं नमनीय है।

अनु. 331 के अनुसार, अनु. 81 में किसी बात के होते हुए भी, यदि राष्ट्रपति की राय है कि लोकसभा में आंग्ल-भारतीय समुदाय का प्रतिनिधित्व पर्याप्त नहीं है तो वह लोकसभा में उस समुदाय के अधिकतम दो सदस्य (अर्थात् न्यूनतम एक) मनोनीत कर सकता है।

अनु. 333 के अनुसार, अनु. 170 में किसी बात के होते हुए भी यदि किसी राज्य के राज्यपाल की राय है कि उस राज्य की विधानसभा में आंग्ल-भारतीय समुदाय का प्रतिनिधित्व पर्याप्त नहीं है और वह आवश्यक है, तो वह उस विधानसभा में आंग्ल भारतीय समुदाय का एक सदस्य मनोनीत कर सकता है।

लोकसभा तथा राज्यों की विधानसभाओं में क्रमशः राष्ट्रपति या राज्यपाल द्वारा आंग्ल भारतीय सदस्यों का मनोनयन संविधान संशोधन (79वें) द्वारा 2010 ई. तक बढ़ा दिया गया है, लेकिन संविधान-निर्माताओं की ऐसी मंशा कदापि नहीं थी।

अनु. 336 में कुछ सेवाओं में (रेल, डाक-तार, सीमा-शुल्क) में आंग्ल-भारतीयों की नियुक्ति तथा उन सेवाओं में इनके लिए आरक्षण का प्रावधान संविधान निर्माताओं ने किया था तथा अनु. 337 में आंग्ल भारतीय समुदाय के लाभ के लिए शैक्षिक अनुदान देने का विशेष उपबन्ध किया गया था। ये सभी प्रावधान **संविधान लागू होने के 10 वर्ष बाद तक के लिए थे, जिसे सरकारों ने आगे नहीं बढ़ाया, फलतः अब ये सारे प्रावधान (अनु. 336 तथा अनु. 337) समाप्त हो चुके हैं।**

पिछड़े वर्ग की दशाओं के अन्वेषण के लिए आयोग (अनु. 340)–

अनु. 340 के अनुसार, राष्ट्रपति भारत के राज्यक्षेत्र के भीतर सामाजिक व शैक्षिक दृष्टि से पिछड़े वर्गों की दशाओं के **(अर्थात् पिछड़ा वर्ग में शामिल होने का एकमात्र अधिकार है सामाजिक एंव शैक्षिक दृष्टि से समाज में पीछे रहना)** और उनके द्वारा झेली जा रही समस्याओं को दूर करने तथा उनकी दशा सुधारने के लिए संघ या राज्य द्वारा जो उपाय किए जाने चाहिए तथा इन उपायों के लिए आवश्यक अनुदानों तथा तत्सम्बन्धी शर्तों के बारे में सिफारिश करने के लिए, आदेश द्वारा एक आयोग नियुक्त कर सकेगा, जो ऐसे व्यक्तियों से मिलकर बनेगा, जो वह ठीक समझे।

आयोग के सदस्यों की संख्या कार्य-प्रक्रिया का निर्धारण राष्ट्रपति अपने आदेश में करेगा।

अनु. 340 (2) के अनुसार, यह आयोग राष्ट्रपति द्वारा निर्देशित विषयों का अन्वेषण करके अपनी सिफारिशों का प्रतिवेदन राष्ट्रपति को देगा। इस सिफारिश युक्त प्रतिवेदन की एक प्रति राष्ट्रपति संसद के दोनों सदनों के समक्ष रखवाएगा तथा साथ ही प्रतिवेदन के साथ एक ज्ञापन भी होगा, जिसमें बताया जाएगा कि आयोग की सिफारिशों पर क्या कार्रवाई की जाएगी, **(अनु. 340(3))।**

पिछड़ी जातियों के कल्याणार्थ सिफारिशें करने के लिए सर्वप्रथम 1953 ई. में गाँधीवादी विचारक काका कालेलकर की अध्यक्षता में पिछड़ी जाति आयोग का गठन किया गया। 30 मार्च, 1955 ई. को इस आयोग ने अपनी रिपोर्ट दे दी। आयोग ने लगभग 2400 जातियों को पिछड़ी जाति के रूप में चिन्हित किया। **आयोग ने सभी स्त्रियों को पिछड़ी जाति के रूप में देखा** और सरकारी सेवाओं में इनके लिए आरक्षण की सिफारिश की। लेकिन आयोग के निर्णयों को लेकर इसके सदस्यों में ही मतभेद थे। आयोग के 3 सदस्य इसी बात से असहमत थे कि जातीयता पिछड़ेपन का कारण है। स्वयं काका कालेलकर, इस रिपोर्ट से पूर्ण संतुष्ट नहीं थे। परिणामत: आयोग की रिपोर्ट को वह सम्मान नहीं मिला जो उसे मिलना चाहिए था। बाद में राज्यों ने अपने-अपने आयोग नियुक्त करके और उनसे मिलने वाले प्रतिवेदनों के आधार पर पिछड़े वर्ग के लिए आरक्षण का प्रावधान लागू किया।

बाद में इन्दिरा साहनी और मण्डल मामलें में उच्चतम न्यायालय ने जो निर्णय दिया, उसका पालन करते हुए भारत सरकार ने केन्द्र में एक स्थायी निकाय के रूप में 'राष्ट्रीय पिछड़ा वर्ग आयोग' का गठन किया। संसदीय अधिनियम द्वारा स्थापित इस आयोग में 5 सदस्य हैं- एक अध्यक्ष तथा चार अन्य सदस्य। इस आयोग को सिविल न्यायालय के समान कार्य करने की शक्तियाँ प्राप्त हैं, जैसे भारत के किसी भी भाग से किसी व्यक्ति को गवाही देने के लिए बुलाना, उसकी बात का परीक्षण करना, शपथ दिलाना, किसी भी न्यायालय या कार्यालय से अभिलेख माँगना, साक्ष्य प्राप्त करना आदि। आयोग पिछड़ा वर्ग में शामिल होने के आधारों एवं अनुरोधों की जाँच करेगा, उनके उत्पीड़न की शिकायतों की जाँच करेगा तथा अपनी रिपोर्ट केन्द्र सरकार को देगा। आयोग की सलाह सामान्यतया केन्द्र सरकार पर आबद्धकर है।

19

राजभाषा

भाषा केवल विचारों, मूल्यों एवं संवेदनाओं की वाहिका ही नहीं होती, वरन् यह किसी राष्ट्र की संस्कृति, सभ्यता व संस्कारों के निर्माण का महत्वपूर्ण साधन भी होती है। किसी भी भाषा के निर्माण में अनेक युगों की प्रेरणा व प्रवृत्तियों का योगदान होता है। भाषा संचार–माध्यम के साथ-साथ व्यक्तित्व-निर्माण में भी सहायक है। हिन्दी साहित्य में भाषा को 'बहता हुआ नीर' कहकर समादृत किया गया है। राष्ट्र की पहचान इस बात से होती है कि उसनें अपनी भाषा को किस सीमा तक मजबूत, व्यापक एवं समृद्ध बनाया है। संविधान निर्माता इन सभी बातों से परिचित थे।

भारतीय संविधान के भाग 17 में राजभाषा से सम्बन्धित व्यापक प्रावधानों का वर्णन है।

संघ की राजभाषा

अनु. 343 (1) के अनुसार, संघ की राजभाषा हिन्दी और लिपि देवनागरी होगी। संघ के शासकीय प्रयोजनों के लिए प्रयोग होने वाले अंकों का रूप भारतीय अंकों का अन्तर्राष्ट्रीय रूप (0, 1, 2, 3, 4,...) होगा। चूँकि एक लंबे समय तक अंग्रेजों ने अपनी भाषा के साथ शासन किया था, अतः संविधान निर्माता इस व्यावहारिक समस्या से अवगत थे कि यदि एक झटके में अंग्रेजी की जगह हिन्दी लाया जाएगा, तो प्रशासनिक समस्या पैदा होगी, अतः उन्होंने संविधान लागू होने के 15 वर्ष की अवधि तक संघ के उन सभी शासकीय प्रयोजनों के लिए अंग्रेजी भाषा का प्रयोग पूर्ववत जारी रखने का प्रावधान किया, जिनमें अंग्रेजी का प्रयोग होता था, परंतु राष्ट्रपति इस अवधि के भीतर (15 वर्ष के भीतर) अंग्रेजी भाषा की जगह हिन्दी तथा अंकों के अन्तर्राष्ट्रीय रूप की जगह भारतीय

रूप को आदेश द्वारा प्रयोग किया जाना शुरु कर सकेंगे (**अनु. 343 (2)**)। संसद 15 वर्ष की अवधि के बाद विधि द्वारा (क) अंग्रेजी भाषा का, या (ख) अंकों के देवनागरी रूप का, ऐसे प्रयोजनों के लिए प्रयोग करने या न करने के सम्बन्ध में विधि बना सकेगी (**अनु. 343 (3)**)।

अर्थात् संविधान निर्माता केवल 15 वर्ष तक ही अंग्रेजी को लागू करना चाहते थे, उसके बाद वे संसदीय विधान द्वारा हिन्दी (देवनागरी लिपि) को राजभाषा के रूप में देखना चाहते थे। वे 15 वर्ष के पूर्व भी हिन्दी को राजभाषा के रूप में व्यवहृत करने को राष्ट्रपति के विवेक के ऊपर छोड़ दिए थे।

राजभाषा आयोग तथा संसद की राजभाषा समिति

संविधान ने राष्ट्रपति और संसद को राजभाषा से सम्बन्धित कुछ महत्वपूर्ण अधिकार दिए हैं।

अनु. 344 के अनुसार, राष्ट्रपति इस संविधान के प्रारंभ के 5 वर्ष की समाप्ति पर और तत्पश्चात् ऐसे प्रारंभ से 10 वर्ष की समाप्ति पर, आदेश द्वारा एक आयोग गठित करेगा, जो एक अध्यक्ष तथा 8 वीं अनुसूची में शामिल विभिन्न भाषाओं (सम्प्रति, कुल 22 भाषाएँ हैं) का प्रतिनिधित्व करने वाले ऐसे अन्य सदस्यों से मिलकर बनेगा, जिनको राष्ट्रपति नियुक्त करे। राष्ट्रपति ही इस आयोग की प्रक्रिया का निर्धारण करेगा। आयोग का निम्नलिखित कार्य होगा–

(क) वह राष्ट्रपति को संघ के शासकीय कार्यों के लिए हिन्दी भाषा के अधिकाधिक प्रयोग के बारे में सिफारिश करे, अर्थात् बताए कि कैसे हिन्दी भाषा के प्रयोग को बढ़ावा दिया जा सकता है,

(ख) संघ के सभी या किन्हीं शासकीय कार्यों में प्रयोग होने वाली अंग्रेजी भाषा पर प्रतिबंध लगाने सम्बंधी सिफारिश करना,

(ग) अनु. 348 (उच्च तथा उच्चतम न्यायालय एवं संसद तथा राज्य विधानमंडल की भाषा) में उल्लिखित सभी या किन्हीं कार्यों के लिए प्रयोग की जाने वाली भाषा का निर्धारण करने संबंधी सिफारिश करना,

(घ) संघ के सभी या किन्हीं कार्यों के लिए अंकों के स्वरूप के निर्धारण की सिफारिश करना,

(ड.) संघ की राजभाषा तथा संघ एवं किसी राज्य के बीच तथा एक राज्य व दूसरे राज्य के बीच पत्र आदि की भाषा व उनके प्रयोग के सम्बन्ध में, एवं राष्ट्रपति द्वारा आयोग को निर्देशित किए गए किसी अन्य विषय के बारे में सिफारिश करना।

आयोग उपरोक्त कार्यों को करने या तत्सम्बन्धी सिफारिशें करने में भारत की औद्योगिक, सांस्कृतिक एवं वैज्ञानिक उन्नति का और लोक सेवाओं के सम्बन्ध में अहिन्दी भाषी क्षेत्रों के व्यक्तियों के न्यायसंगत दावों एवं हितों का पूरा ध्यान रखेगा।

राष्ट्रपति के अतिरिक्त संसद को भी राजभाषा से सम्बन्धित कतिपय महत्वपूर्ण अधिकार हैं

अनु. 344 (4) के अनुसार, संसद द्वारा एक समिति गठित की जाएगी जो 30 सदस्यों से मिलकर बनेगी जिसमें लोकसभा के 20 तथा राज्यसभा के 10 सदस्य होंगे, जो अपने-अपने सदनों के सदस्यों द्वारा आनुपातिक प्रतिनिधित्व की एकल संक्रमणीय मत पद्धति द्वारा निर्वाचित किए जाएंगे। यह समिति उपरोक्त वर्णित राजभाषा आयोग की सिफारिशों का अध्ययन कर राष्ट्रपति को अपनी राय देगी और राष्ट्रपति उस राय के अनुसार आदेश निर्देश जारी कर सकेगा।

1955 ई. में तत्कालीन भारत के राष्ट्रपति डा. राजेन्द्र प्रसाद जी ने बी. जी. खेर की अध्यक्षता में एक राजभाषा आयोग का गठन किया जिसकी रिपोर्ट 1956 ई. में आयी। 1957 ई. में इस रिपोर्ट को संसद के सामने रखा गया और संयुक्त संसदीय समिति ने उस रिपोर्ट के अध्ययनोंपरांत अपनी सिफारिशें दी थी।

प्रत्येक राज्य की राजभाषा

भारत एक बहुसांस्कृतिक एवं बहुभाषायी समाज है अतः संविधान निर्माताओं ने प्रत्येक राज्य की राजभाषा के निर्धारण का अधिकार राज्यों को दे दिया है। संघीय व्यवस्था में भाषा आदि राज्य सरकार के पास रहने से वह स्थानीय निवासियों के बीच पारस्परिक संवाद-संचार के बेहतर विकल्प का निर्धारण कर सकती है। अनु. 345 के अनुसार, किसी राज्य का विधानमंडल कानून द्वारा उस राज्य में प्रयोग होने वाली भाषाओं में से किसी एक या अधिक भाषाओं को या हिन्दी को उस राज्य

के सभी या किन्हीं शासकीय कार्यों के लिए प्रयोग की जाने वाली भाषा या भाषाओं के रूप में स्वीकार कर सकेगा, परंतु जब तक राज्य विधानमण्डल ऐसा नहीं करता है, तब तक राज्य के भीतर उन शासकीय प्रयोजनों के लिए अंग्रेजी भाषा का प्रयोग वैसे ही किया जाता रहेगा जैसे कि संविधान लागू हाने के पूर्व किया जा रहा था।

यदि किसी राज्य की जनसंख्या का बड़ा भाग या पर्याप्त भाग (**इस 'पर्याप्त या बड़ा भाग' की परिभाषा संविधान में नहीं दी गयी है, लेकिन यह माना जाना चाहिए कि यह उस राज्य की जनसंख्या का एक बड़ा भाग हो, भले ही वह बहुसंख्यक न हो**) यह चाहे कि उसके द्वारा बोली जाने वाली भाषा को उस राज्य सरकार द्वारा मान्यता दी जाय तो राष्ट्रपति यह निदेश दे सकेगा कि ऐसी भाषा को भी उस राज्य में सर्वत्र या उसके किसी भाग में शासकीय मान्यता दी जाय **(अनु. 347)। वस्तुतः यह प्रावधान इसलिए किया गया है कि यदि राज्य विधानमंडल राज्य की जनसंख्या के किसी पर्याप्त भाग द्वारा बोली जाने वाली भाषा को शासकीय मान्यता नहीं दे रहा हो तो राष्ट्रपति अपने आदेश द्वारा उस भाषा को शासकीय मान्यता दिला सके। ऐसा उपबंध राज्य में रहने वाले अल्पसंख्यकों के भाषायी हितों को ध्यान में रखते हुए किया गया है।**

एक राज्य और किसी अन्य राज्य के बीच तथा किसी राज्य और संघ के बीच पत्र-व्यवहार की भाषा वही रहेगी, जो संघ के शासकीय कार्यों के लिए उस समय स्वीकृत हो, लेकिन यदि दो या दो अधिक राज्य आपस में करार करके अपनी पारस्परिक पत्र-व्यवहार की भाषा हिन्दी (केवल हिन्दी, अन्य कोई भाषा नहीं) करना चाहें तो ऐसा कर सकते हैं **(अनु. 346)।** तात्पर्य यह है कि, राज्यों द्वारा हिन्दी तथा तत्समय संघ के शासकीय कार्यो हेतु स्वीकृत भाषा (जो प्रायः अंग्रेजी ही होती है) के अतिरिक्त किसी भी अन्य भाषा को पारस्परिक पत्र-व्यवहार का माध्यम नहीं बनाया जा सकता है।

उच्चतम तथा उच्च न्यायालयों में और संसद तथा विधानमंडलों में अधिनियमों एवं विधेयकों आदि की भाषा (अनु. 348)

अनु. 348 (1) के अनुसार, जब तक संसद कानून द्वारा कोई अन्य प्रावधान न करे, तब तक,

(क) उच्चतम तथा उच्च न्यायालयों में सभी कार्यवाहियाँ अंग्रेजी में होंगी,

(ख) (1) संसद तथा राज्यों के विधानमंडलों के किसी भी सदन में प्रस्तुत होने वाले सभी विधेयकों या किसी पूर्ववर्ती कानून में किए जाने वाले सभी संशोधनों के प्राधिकृत पाठ अंग्रेजी में होंगे,

(2) संसद तथा राज्य विधानमंडलों द्वारा पारित सभी अधिनियमों के और राष्ट्रपति या किसी राज्य के राज्यपाल द्वारा जारी सभी अध्यादेशों के प्राधिकृत पाठ अंग्रेजी में होंगे,

(3) संसद या राज्य विधानमंडलों द्वारा बनाई गयी किसी विधि के सम्बन्ध में निकाले गए या बनाए गए सभी आदेशों, नियमों, विनियमों एवं उपविधियों के प्राधिकृत पाठ अंग्रेजी में होंगे।

अनु. 348 (1) के प्रयोजनों के लिए अंग्रेजी भाषा से भिन्न किसी भाषा का प्रयोग प्रारंभ करने के लिए प्रस्तुत किया जाने वाला कोई विधेयक राष्ट्रपति की पूर्व स्वीकृति/अनुमति से ही संसद में प्रस्तुत किया जाएगा। ऐसे किसी विधेयक को प्रस्तुत किए जाने की अनुमति राष्ट्रपति, राजभाषा आयोग तथा संसद की राजभाषा समिति के प्रतिवेदन पर विचार करने के पश्चात् ही देगा (अनु. 349)।

किसी भी राज्य का राज्यपाल राष्ट्रपति की पूर्व सहमति से अपने राज्य के उच्च न्यायालय की कार्यवाहियों में, हिन्दी भाषा का या उस राज्य में शासकीय कार्यों में प्रयोग होने वाली किसी अन्य भाषा का प्रयोग करने की अनुमति दे सकेगा **(अनु. 348(2)**, लेकिन यह भाषा उस उच्च न्यायालय के किसी निर्णय, आदेश या डिक्री पर लागू नहीं होगी अर्थात् **उच्च न्यायालय की भाषा अंग्रेजी तब तक रहेगी जब तक कि, संसद कानून न बनाए, और संसद भी कानून बनाने के पूर्व भारत के राष्ट्रपति की अनुमति लेगी और राष्ट्रपति ऐसी अनुमति देते समय राजभाषा आयोग तथा संसद की राजभाषा समिति की सिफारिशों को ध्यान में रखेगा।**

यदि राज्यपाल के अध्यादेश या राज्य विधानमंडल में प्रस्तुत या पारित होने वाले विधेयकों या विधानमंडल द्वारा बनाए गए किसी विधि के सम्बन्ध में निकाले गए आदेश, नियमों आदि के लिए अंग्रेजी भाषा से भिन्न किसी

भाषा का प्रयोग किया गया है तो राज्यपाल के प्राधिकार से प्रकाशित अंग्रेजी भाषा में उसका अनुवाद ही उसका प्राधिकृत पाठ समझा जाएगा **(अनु. 348 (3))।**

हिन्दी के अतिरिक्त अन्य भाषाओं के विकास हेतु कतिपय संवैधानिक प्रावधान–

संविधान सभा केवल हिन्दी भाषा के विकास के बारे में ही चिन्तित नहीं थी, वरन् वह भारत की अन्य भाषाओं के अस्तित्व, भविष्य एवं प्रगति के बारे में भी प्रतिबद्ध थी।

प्रत्येक व्यक्ति अपने कष्ट के निवारण के लिए संघ या राज्य के किसी भी अधिकारी को संघ में या राज्य में प्रयोग होने वाली किसी भी भाषा में आवेदन कर सकता है **(अनु. 350)।** कोई भी अधिकारी केवल भाषा के आधार पर किसी व्यक्ति के आवेदन को सुनने से इनकार नहीं कर सकता है।

प्रत्येक राज्य एक स्थानीय प्राधिकारी की नियुक्ति कर भाषायी अल्पसंख्यक वर्ग के बालकों को शिक्षा के प्राथमिक स्तर पर मातृभाषा में शिक्षा देने की व्यवस्था करने का प्रयास करेगा। इस व्यवस्था के सम्बन्ध में राष्ट्रपति किसी भी राज्य को यथोचित निर्देश दे सकता है **(अनु. 350 (क))।**

भारत के विभिन्न भागों में रहने वाले भाषाई-अल्पसंख्यक वर्गों के लिए राष्ट्रपति, एक विशेष अधिकारी की नियुक्ति करेगा, जिसका कर्त्तव्य होगा कि वह इस संविधान में भाषाई अल्पसंख्यकों की रक्षा के लिए वर्णित सभी विषयों का अन्वेषण करे और उनके सम्बन्ध में राष्ट्रपति को समय-समय पर प्रतिवेदन दे। राष्ट्रपति ऐसे सभी प्रतिवेदनों को संसद के प्रत्येक सदन में रखवाएगा और संबंधित राज्यों को भी भेजेगा **(अनु. 350 (ख))।**

भाषाई अल्पसंख्यकों की कोई परिभाषा संविधान में नहीं दी गई है तथापि यह माना जाना चाहिए कि राज्य में बोली व समझी जाने वाली मुख्य भाषा के बाद उन सभी भाषाओं को जिन्हें अन्य राज्यों में तो शासकीय मान्यता मिली है किन्तु उस राज्य में अत्यंत छोटे जनसंख्या-समूह द्वारा प्रयोग में लायी जाती है, प्रयोग करने वाले भाषाई अल्पसंख्यक की श्रेणी में आएंगे।

हिन्दी भाषा के विकास के लिए निर्देश

संघ का यह कर्तव्य होगा कि, वह हिन्दी भाषा का प्रसार बढ़ाए, उसका विकास करे जिससे कि वह भारत की सामासिक संस्कृति के सभी तत्वों की अभिव्यक्ति का माध्यम बन सके और उसकी प्रकृति में हस्तक्षेप किए बिना हिन्दुस्तानी में और 8वीं अनुसूची में वर्णित किसी अन्य भाषाओं में प्रयुक्त रूप, शैली और पदों को ग्रहण करते हुए जहाँ आवश्यक या वांछनीय हो, वहाँ उसके शब्द भंडार के लिए मुख्यतः संस्कृत से और गौणतः अन्य भाषाओं से शब्द ग्रहण करते हुए उसकी समृद्धि सुनिश्चित करे **(अनु. 351)**।

हिन्दी को राष्ट्रभाषा के रूप में प्रतिष्ठित करने हेतु किए गए प्रयास, संघर्ष और समाधान

संविधान में हिन्दी के अभ्युत्थान एवं प्रगति के लिए इतने सारे प्रावधान करने के बावजूद भी हिन्दी को जन-मन एवं तंत्र (राजनीतिक और संवैधानिक व्यवस्था) के कामकाज के स्तर पर आज तक सम्मानित रूप से प्रतिष्ठित नहीं किया जा सका है। आज हिन्दी को अपना अस्तित्व बचाए रखने तथा भविष्य सुरक्षित करने के लिए भारत में ही संघर्ष करना पड़ रहा है। यह संघर्ष दो स्तरों पर चल रहा है-राजभाषा के स्तर पर और राष्ट्रभाषा के स्तर पर। व्यवहार में राजभाषा के स्तर पर हिन्दी को इसलिए संघर्ष करना पड़ रहा है क्योंकि अंग्रेजी पढ़े लिखे लोग भाषा एवं विचारों के स्तर पर अंग्रेजी के गुलाम हैं और वे हिन्दी को 'दोयम दर्जे की भाषा' समझते हैं। राष्ट्रभाषा के स्तर पर हिन्दी को इसलिए संघर्ष करना पड़ रहा है क्योंकि हिन्दी को राजनीतिज्ञों ने अन्य भारतीय भाषाओं के प्रतिद्वन्दी के रूप में कुछ इस प्रकार प्रस्तुत एवं प्रचारित किया कि हिन्दी को आज हर प्रदेश/प्रान्त की भाषा के शत्रु के रूप में देखा जा रहा है। इन सबका सम्मिलित परिणाम यह हुआ कि हिन्दी न तो राष्ट्रभाषा बन सकी और न ही राजभाषा। हिन्दी की दुर्दशा और उपेक्षा का ही परिणाम है कि हमें अपने देश में 'हिन्दी दिवस' मनाना पड़ रहा है, जिससे कि प्रत्येक भारतीय जनमानस में हिन्दी के प्रति भाषायी संवेदनशीलता पैदा की जा सके, लेकिन भाषाई संवेदनशीलता पैदा करने का यह प्रयास केवल औपचारिक समारोहों में घड़ियाली आँसू बहाने तक ही सीमित हो गया है। स्वतंत्रता के 63 वर्ष के बाद भी हम हिन्दी को उसके वास्तविक स्थान पर प्रतिष्ठित नहीं कर सके हैं। 1815 ई.

में जब जर्मनी स्वतंत्र हुआ तो विस्मार्क ने यह आदेश जारी किया कि, एक वर्ष के भीतर सभी राजकीय कर्मचारी अपना-अपना कार्य जर्मन भाषा में करना शुरू कर दें, जिन्हें जर्मन भाषा नहीं आती है वे उसे सीख लें, और जो एक वर्ष बाद भी जर्मन भाषा में काम नहीं करेगा, उन्हें नौकरी से बरखास्त कर दिया जाएगा। इस कारण वहाँ सभी निवासियों ने जर्मन भाषा सीख ली और जर्मन ही वहाँ की राजभाषा तथा राष्ट्रभाषा बन गई। इसी प्रकार महात्मा गाँधी ने भी कहा था कि, "यदि एक दिन के लिए भी मैं तानाशाह बनता हूँ तो सबसे पहले विदेशी भाषा (अंग्रेजी) में शिक्षा दिया जाना बन्द करा देता, सारे अध्यापकों को स्वदेशी भाषाएँ अपनाने को मजबूर कर देता, जो आनाकानी करते, उन्हें बरखास्त कर देता।" वास्तव में, स्वतंत्र देश की राजभाषा उसके अपने देश में बोली जाने वाली भाषा ही होनी चाहिए, कोई विदेशी भाषा नहीं; लेकिन भारत एकमात्र अपवाद है।

1835 ई. में मैकाले ने अंग्रेजी को भारत में प्रतिष्ठित करने के लिए तर्क (कुतर्क) दिया था कि, सभी लोग इस बात से सहमत हैं कि भारत में लोग जो बोलियाँ बोलते हैं, उनमें साहित्यिक और वैज्ञानिक जानकारी का अभाव है तथा वे इतनी दरिद्र एवं अनगढ़ हैं कि जब तक उन्हें किसी और दिशा से समृद्ध न किया जाय उनमें किसी महत्वपूर्ण ग्रन्थ का अनुवाद भी नहीं किया जा सकता....भारतीयों का बौद्धिक विकास किसी ऐसी भाषा के द्वारा ही संभव है जो उनमें नहीं बोली जाती है।" आगे चलकर महात्मा गाँधी ने अपने एक वक्तव्य में मैकाले के इस तर्क का उत्तर दिया कि, "हमारी मातृभाषा में चाहे कितनी ही कमियाँ क्यों न हों, मैं इससे उसी तरह चिपका रहूँगा जिस प्रकार बच्चा अपनी माँ की छाती से। यह (मातृभाषा) मुझे जीवनदायी दूध देती है। अगर अंग्रेजी उस जगह को हड़पना चाहती है जिसकी वह हकदार नहीं है तो मैं उससे सख्त नफरत करुँगा-वह कुछ लोगों के सीखने की वस्तु हो सकती है, लाखों-करोड़ों के लिए नहीं।" वास्तव में गाँधीजी भाषा की स्वतन्त्रता को स्वराज्य का एक अनिवार्य अंग मानते थे। इस सम्बन्ध में गणेश शंकर विद्यार्थी जी का एक प्रसिद्ध कथन द्रष्टव्य है कि, "मुझे देश की आजादी और भाषा की आजादी में किसी एक को चुनना पड़े तो मैं निःसंकोच भाषा की आजादी चुनुँगा, क्योंकि मैं फायदे में रहूँगा। देश की आजादी के बावजूद भाषा की गुलामी रह सकती है, लेकिन यदि भाषा आजाद हुई तो देश गुलाम नहीं रह सकता।" निस्संदेह

रूप से भारतीय भाषाओं की आजादी पर ही देश और इसकी संस्कृति का भविष्य निर्भर करता है।

स्वतंत्र भारत में हिन्दी भाषा के उत्थान के लिए प्रयास प्रारंभ कर दिये गए। इसी क्रम में तत्कालीन राष्ट्रपति डा. राजेन्द्र प्रसाद ने 1955 ई. में, 21 सदस्यीय राजभाषा आयोग (एक संवैधानिक संस्था) की नियुक्ति की। इस आयोग ने हिन्दी का राजभाषा के रूप में प्रयोग बढ़ाने हेतु निम्नलिखित सुझाव दिए थे–

(1) हिन्दी भारतवर्ष में सर्वाधिक बोली एवं समझी जाने वाली भाषा होने के कारण व्यक्तियों के बीच विचार-विनिमय का सर्वाधिक सुचारु माध्यम है,

(2) सार्वजनिक क्षेत्र में विदेशी भाषा (अंग्रेजी) का व्यवहार ठीक नहीं है,

(3) प्रत्येक भारतीय विद्यार्थी को 14 वर्ष की आयु पूरा होने तक हिन्दी सिखा देना चाहिए,

(4) संसद तथा विधानमंडलों में काम-काज हिन्दी और प्रादेशिक भाषाओं में होना चाहिए,

(5) भारत की सभी भाषाओं के बीच एक सम्बन्ध सूत्र जोड़ने का प्रयास किया जाना चाहिए,

(6) प्रशासनिक कर्मचारियों को निश्चित अवधि के भीतर हिन्दी का कार्यसाधक ज्ञान (अर्थात् हिन्दी भाषा में काम करने हेतु जितना ज्ञान आवश्यक है) प्राप्त हो जाना चाहिए, जो ऐसा न करे, उसे दंडित किया जाना चाहिए। उत्साही कर्मचारियों को पुरस्कृत कर हिन्दी के पक्ष में वातावरण तैयार किया जाय।

इस आयोग द्वारा प्रस्तुत प्रतिवेदन (रिपोर्ट) पर विचार करने हेतु संसद के दोनों सदनों से मिलकर बनने वाली राजभाषा समिति का गठन किया गया, जिसने विचारोपरांत हिन्दी के सम्बन्ध में कुछ सुझाव दिए जो इस प्रकार हैं-

(1) जब तक हिन्दी इस योग्य नहीं हो जाती (अर्थात् समिति का विचार था कि, हिन्दी अयोग्य है, उसमें अभिव्यक्ति करने की क्षमता का अभाव है)[1], तब तक संसद और राज्यों के विधानमण्डलों में विधि निर्माण का कार्य अंग्रेजी में ही प्राधिकृत रूप से चलता रहे। उच्च न्यायालयों के

निर्णयों, अभिलेखों एवं आदेशों को अंग्रेजी में ही होना चाहिए। केंद्रीय सेवाओं में परीक्षा के माध्यम के रूप में अंग्रेजी को ही चलने देना चाहिए,

(2) जब तक कर्मचारी और अधिकारी हिन्दी का ज्ञान प्राप्त न कर लें, वे अंग्रेजी में कार्य करते रहें।

इन उपरोक्त वर्णित सुझावों का तात्पर्य यह था कि, अंग्रेजी को सरकारी काम काज की भाषा (राजभाषा) बनाए रखा जाय।

उपरोक्त वर्णित राजभाषा आयोग तथा संसदीय समिति की सिफारिशों पर विचार करने के उपरान्त 1960 ई. में राष्ट्रपति ने एक आदेश जारी किया, उसमें निम्नलिखित प्रावधान थे-

(1) अंग्रेजी को अखिल भारतीय सेवाओं में भर्ती का माध्यम बनाए रखा जाय और कुछ समय बाद (समय सीमा निर्धारित नहीं की गयी, जो कि भंयकर भूल थी)[2] हिन्दी और अन्य प्रादेशिक भाषाओं का प्रयोग शुरू कर दिया जाएगा,

(2) 45 वर्ष से कम आयु के कर्मचारियों को हिन्दी में काम करने के लिए प्रशिक्षण केन्द्रों में भेजा जाय,

(3) सभी प्रशासनिक कार्यवाहियों एवं पत्रों का हिन्दी में अनुवाद किया जाय,

(4) कानून सम्बन्धी साहित्य का हिन्दी में प्रकाशन किया जाय तथा इसके लिए एक विधायी आयोग की स्थापना की जाय–

मूल संविधान में यह आश्वासन दिया गया था कि, 15 वर्ष बाद (अर्थात् 1965 ई. से) सभी राजकीय कार्यवाहियाँ (पत्राचार आदि) हिन्दी में होंगी, परन्तु दुर्भाग्यवश हिन्दी के प्रति भारत के विभिन्न प्रान्तों में प्रतिक्रिया शुरू हो गयी और इस भाषायी प्रतिक्रिया एवं इससे जुड़े राजनीतिक दबाव के कारण 1963 में एक कानून बनाकर निम्नलिखित प्रावधान कर दिया गया–

(1) 26 जनवरी, 1965 ई. के बाद भी हिन्दी के अतिरिक्त अंग्रेजी भाषा संघ के उन सभी राजकीय प्रयोजनों के लिए प्रयोग में लाई जाती रहेगी जिनके लिए उसका प्रयोग होता रहा है,

(2) प्रशासनिक और राजकीय कार्यवाहियों से सम्बन्धित आदेश-निर्देश तथा पत्रावलियाँ भेजते समय तब तक अंग्रेजी एवं हिन्दी रूपान्तरण भेजा

जाएगा जबतक अधिकारी-कर्मचारी हिन्दी में काम करने का तरीका पूरी तरह सीख न लें,

(3) संघ के संकल्पों, अधिसूचनाओं, प्रेस विज्ञप्तियों, विज्ञापनों, करारों, संविदाओं, प्रशासनिक प्रतिवेदनों आदि दस्तावेजों को हिन्दी और अंग्रेजी दोनों भाषाओं में लिखना और जारी करना अनिवार्य होगा,

(4) उपरोक्त प्रगति की समीक्षा के लिए संसद की एक राजभाषा समिति बनाई जाएगी, जिसमें कुल 30 सदस्य (20 लोकसभा तथा 10 राज्यसभा) होंगे,

(5) किसी भी अधिनियम आदि का हिन्दी में प्राधिकृत पाठ तभी समझा जाएगा जब वह राष्ट्रपति द्वारा अपने अधिकार से राजपत्र में प्रकाशित किया जाय,

(6) राज्यों के विधानमंडलों द्वारा पारित अधिनियमों के हिन्दी पाठ या अनुवाद उनके प्राधिकृत पाठ माने जाएंगे,

(7) उच्च न्यायालयों के निर्णयों में हिन्दी या किसी राजभाषा (जो उस प्रांत में चलती है) का वैकल्पिक प्रयोग किया जा सकेगा,

(8) केन्द्रीय सरकार भाषा सम्बन्धी कानूनी लक्ष्यों को प्राप्त करने के लिए राजपत्र में अधिसूचना द्वारा नियम बना सकती है,

(9) उपरोक्त वर्णित प्रावधान नंबर (6) और (7) जम्मू कश्मीर में लागू नहीं होंगे।

इन प्रावधानों में बाद में राजनीतिक दबाव एवं वोटों की राजनीति के चलते यह संशोधन कर दिया गया कि, जब तक अहिन्दी भाषी राज्य अंग्रेजी को समाप्त करने का संकल्प पारित नहीं करते, तब तक अंग्रेजी का प्रयोग चलता रहेगा।

वस्तुतः ऊपर वर्णित प्रावधान भारत को निरंतर भाषायी पराधीनता की ओर ले जाने में महत्वपूर्ण भूमिका निभा रहे हैं। हिन्दी का विरोध दक्षिण भारतीय राज्यों में अधिक है। वे अंग्रेजी को हिन्दी से अधिक वरीयता देते हैं। यदि वे अपने-अपने प्रान्तों की भाषाओं को वरीयता देते तो उनके तर्क समझ में भी आ सकते थे, लेकिन वे अंग्रेजी का समर्थन करते हैं। उनके द्वारा प्रस्तुत तर्क और विवाद दोनों ही उनके भाषायी पराधीनता का प्रमाण है। हिन्दी प्रदेशों में भी राजकीय उच्चाधिकारी हिन्दी की तुलना में अंग्रेजी को

अधिक पसन्द करते हैं तथा पत्राचार में प्रायः हिन्दी की जगह अंग्रेजी का ही प्रयोग करते हैं। **यह कितनी विचित्र बात है कि, अंग्रेजों ने अपना सरकारी कामकाज चलाने के लिए हिन्दी भाषा का ज्ञान अपने अधिकारियों-कर्मचारियों को देना आवश्यक समझा, जिससे कि जनता से जनता की भाषा में बात किया जा सके और इसके लिए अंग्रेजों ने कलकत्ता में फोर्ट विलियम कालेज की स्थापना की और आज जब भारतीयों पर शासन भारतीय लोग ही कर रहे हैं तो उन्होंने जनता से संवाद स्थापित करने हेतु तथा पारस्परिक (अधिकारियों के बीच) संवाद के लिए हिन्दी की जगह अंग्रेजी भाषा को स्वीकार कर लिया है। ऐसी विडम्बना विश्व के किसी भी अन्य देश में नहीं मिलेगी।** 1956 ई. में भारत में भाषायी आधार पर प्रान्तों का विभाजन किया गया और फिर भाषायी (क्षेत्रीय भाषा सम्बन्धी) चेतना ने राष्ट्रीय सांस्कृतिक चेतना को नष्ट करने का काम शुरू कर दिया। इसका प्रभाव यह हुआ कि हिन्दी राष्ट्रीय भाषा के रूप में प्रतिष्ठित नहीं हो पायी, इस सम्बन्ध में महत्वपूर्ण प्रश्न यह उठता है कि, यदि हिन्दी को राष्ट्रभाषा न माना जाय तो फिर कौन-सी भाषा पूरे देश में संवाद स्थापित करने के लिए माध्यम का कार्य करेगी या संवाद का माध्यम बनने में समर्थ है? इस प्रश्न का सर्वविदित उत्तर 'हिन्दी' ही है। इस सर्वविदित उत्तर के बाद भी यदि हिन्दी को वांछित सम्मान नहीं मिल रहा है तो फिर कब मिलेगा? इस प्रश्न पर खुले मन से विचार करने की आवश्यकता है। ऐसा नहीं होना चाहिए कि, इस प्रश्न पर राष्ट्रीयता बनाम् प्रान्तीयता के दृष्टिकोण से विचार करने के बाद उत्तर दिया जाय। वास्तव में राष्ट्रभाषा हमारे राष्ट्रीय सम्मान एवं राष्ट्रीय चेतना का प्रतीक है, इससे जुड़े विवाद समाप्त करने की जिम्मेदारी सभी भारतीयों पर है।

हिन्दी के उन्नयन के सम्बन्ध में साहित्यकार शंभुनाथ जी का विचार निश्चित ही उद्वेलित करने वाला है। आपने लिखा है कि, "राष्ट्रीय आंदोलन के दिनों में भाषायी बुनियादवाद (लैंग्वेज फन्डामेन्टलिज्म) पृष्ठभूमि में जा चुका था- हिन्दी को राजस्थानी, मैथिली, भोजपुरी, अवधी, ब्रज, बुन्देलखण्डी आदि भाषाएँ मिलकर अपनी-अपनी शक्ति दे रही थीं। किसी दुर्गा की तरह सजी हुई थी हिन्दी। चन्द्रबरदायी, खुसरो, विद्यापति, मीरा, कबीर, तुलसी,

सूर आदि की काव्य भाषाओं को सभी ने हिन्दी की परम्परा में ही देखा था। जब हम लोगों ने इन्हें पढ़ना शुरू किया तो कभी भी यह नहीं सोचते थे कि वे हिन्दी के कवि नहीं थे। न तब अलग मैथिली की बढ़ी-चढ़ी आवाज थी, न पृथक भोजपुरी की। न अलग राजस्थानी की। न अलग छत्तीसगढ़ी और बुंदेलखंडी की। अपने को जोड़कर ये सभी भाषाएँ 'नई चाल में' ढल चुकी थीं, जो थी हिन्दी। हिन्दी भाषा उस समय सामंती संकीर्णता एवं साम्राज्यवाद के प्रत्युत्तर में एक साझा आधुनिक निर्माण थी।"[3]

"निस्संदेह, स्थानीय सहभाषाओं और संस्कृतियों को उन्नति के अवसर मिलने ही चाहिए, लेकिन यह भी देखना होगा कि, सामाजिक भिन्नतावाद को स्वार्थवश बढ़ावा देने के लिए ही तो कहीं भाषिक-सांस्कृतिक भिन्नता और संरक्षण की आवाज नहीं उठ रही है। सामाजिक भिन्नतावाद ने ही विभिन्न भाषाओं के बीच दूरी बढ़ा दी है।"[4] आज वास्तव में, हर भाषा अपनी पृथक पहचान स्थापित करने के लिए ही हिन्दी से पृथकतावादी स्वर में बात कर रही है, "भाषाई पृथकतावादी कहते हैं कि हिन्दी उनकी मातृभाषा नहीं है उनकी मातृभाषा है मैथिली, राजस्थानी, भोजपुरी, ब्रज, बुंदेलखण्डी आदि। यह सामाजिक भिन्नतावाद सिर्फ हिन्दी के लिए नहीं, वरन् सम्पूर्ण देश के लिए खतरा है। यदि हिन्दी प्रदेश के लोगों की मातृभाषाएँ ये सभी हैं तो फिर हिन्दी किसकी मातृभाषा है? वास्तव में, उपर्युक्त सभी भाषाएँ हिन्दी की माँ है। माँ अपने संतान की विरोधी नहीं हो सकती। फिर भी कुछ कुंठित एवं महत्वाकांक्षी नेता माँ को उसकी संतान से लड़ाना चाहते हैं।"[5]

शम्भुनाथ जी का मत है कि, हिन्दी प्रदेश में हिन्दी भाषा के प्रति संवेदनशीलता का विकास और हिन्दी नवजागरण का काम अभी बहुत कुछ बाकी है। आर्थिक पिछड़ेपन, सामाजिक गतिशीलता का अभाव और जातीय चेतना के नवनिर्माण के विभिन्न अवरोधों के कारण हिन्दी प्रदेशों में हिन्दी अभी बहुत ही पिछड़ी हुई है। गलती यह हुई है कि हिन्दी के साहित्यिक विकास को ही हिन्दी का विकास मान लिया गया है। शंभुनाथ जी ने कुछ चिन्तनीय प्रश्नों को उठाकर चेतावनी देते हुए कहा है कि, हिन्दी से जुड़ी बिडम्बनाओं को यदि दूर नहीं किया गया तो 25 वर्ष बाद हिन्दी की दशा ग्रीक तथा संस्कृत की भाँति हो जाएगी, उसमें सिर्फ काव्य लिखा जाएगा।

हिन्दी न अभिजनों एवं अमीरों की भाषा रहेगी और न ही गरीबों से सम्पर्क की भाषा। हिन्दी की जगह ले लेगी अंग्रेजी या हिन्दी की सहभाषाएँ-बोलियाँ। यदि आनेवाले दिनों में हमारे ही घरों में खड़ी बोली हिन्दी नहीं बोली जाएगी, तब वह वस्तुतः कहाँ बोली जाएगी?

वेद प्रताप वैदिक जी ने अपने एक लेख में लिखा है कि, "राष्ट्रभाषा के साथ जैसा छल-कपट भारत में होता है, वैसा दुनिया में किसी भी देश में किसी भी भाषा के साथ नहीं होता। उसका ओहदा महारानी का है और काम वह नौकरानी का करती है। दुर्योधन के दरबार में उसे द्रोपदी की तरह घसीटा जाता है और भारत के बड़े से बड़े योद्धा, जनवादी कॉमरेडों, लोहियावादी नेतागण, संघी संचालकगण, भाजपा के हिन्दीवीरों, गाँधी की माला जपने वाले कांग्रेसियों और सर्वोदयी लोगों, दयानंद के शिष्यों सभी के मुँह पर ताले पड़े रहते हैं। वे बगलें झाँकते रहते हैं और खीसे निपोरते हैं। हिन्दी दिवस पर हिन्दी की आरती उतारते हैं और तिलक अंग्रेजी के माथे पर कर देते हैं। संयुक्त राष्ट्र संघ में हिन्दी हमारी नाक होती है और स्वराष्ट्र में उसी नाक को हम अंग्रेजी के बूटों पर रगड़ते रहते हैं।"[6] आप के अनुसार भारत में हिन्दी बनाम क्षेत्रीय भाषाओं के द्वन्द का रूपक प्रस्तुत कर जैसा राजनीतिक पाखंड किया जा रहा है, वैसा कहीं भी नहीं किया जाता। संविधान के प्रावधानों का भी यहाँ अद्वितीय उल्लंघन होता है। संविधान में हिन्दी को राजभाषा बनाया गया और कहा गया कि धीरे-धीरे अंग्रेजी को हटाया जाय। संविधान लागू हुए 50 वर्ष (अब 60 वर्ष) हो गए, और इन वर्षों में हिन्दी के लिए क्या किया गया? प्रयत्न यह हुआ कि, अंग्रेजी को जमाया जाय! हटने की बजाय धीरे-धीरे वह जम गई। ऐसी जम गई कि राष्ट्रपति, प्रधानमंत्री और उपराष्ट्रपति की भी हिम्मत नहीं कि वे उसे छेड़ सकें। आपने लिखा है कि, "वैश्वीकरण और कम्प्यूटर के युग में हिन्दी एवं अन्य भारतीय भाषाओं का पलड़ा हल्का होता जा रहा है-यह तर्क भी निराधार है।.....सौ से अधिक देश हैं जहाँ आपको कुछ-न-कुछ हिन्दी बोलने वाले मिल जाएँगे। आज हिन्दी की वेबसाइट और पोर्टल खुल चुके हैं। यदि भारत के प्रतिभाशाली नौजवान कम्प्यूटर विद्या को परदेशी भाषा में इतना आगे बढ़ा सकते हैं तो स्वदेशी भाषाओं में तो पता नहीं कि उसे कहाँ तक ले जा सकते हैं। भारत में कम्प्यूटर के फैलते हुए बाजार ने एक नया तर्क

उभारा है कि कम्प्यूटर भाषा का गुलाम नहीं है जो भाषा उसे बुलाती है वह उसी में चला जाता है अगर वह अंग्रेजी से चिपका रहेगा तो अंग्रेजी की तरह वह भी मुठ्ठी भर लोगों तक सीमित रह जाएगा। यदि उसे सम्पूर्ण भारत में फैलना है तो उसे भारतीय भाषाओं के महापथ पर चलना ही होगा। 21वीं सदी में हिन्दी ही अंग्रेजी को विश्वमंच पर टक्कर देगी। हिन्दी के पीछे संस्कृत का अपार शब्दकोष है, करोड़ों लोंगों का यह व्यवहारकोश है और सैकड़ों वर्षों का अनवरत अभ्यास है। आज हिन्दी अपने दमखम से आगे बढ़ रही है। वह सरकारों तथा नेताओं की मोहताज नहीं है। वे अपना कर्त्तव्य निभाएँ तो अच्छी बात है, न निभाएँ तो न सही, लेकिन हर हिन्दी भाषी यदि कटिबद्ध रहे तो हिन्दी भाषा 21 वीं सदी की विश्वभाषा बनेगी। हिन्दी वालों को हतोत्साहित होने की आवश्यकता नहीं है। हिन्दी का सूर्य विश्व के आकाश पर चमकने ही वाला है।[7] हिन्दी भाषियों के प्रयास से ही हम हिन्दी को 'राष्ट्रीय आत्मा' के प्रतिविम्ब के रूप में प्रस्तुत कर सकेंगे।

सन्दर्भ

1. कोष्ठक में दिए गए शब्द इस पुस्तक के लेखक द्वारा जोड़े गए हैं, मूल प्रतिवेदन में नहीं है।
2. कोष्ठक में दिए गए शब्द लेखक के अपने विचार हैं।
3. शंभुनाथ, 'संस्कृति की उत्तरकथा', वाणी प्रकाशन, नई दिल्ली, 2000 पृ. 227
4. शंभुनाथ, वहीं, पृ. 227
5. शंभुनाथ, वहीं, पृ. 227
6. वेद प्रताप वैदिक 'वर्तमान भारत', राजकमल प्रकाशन, नई दिल्ली, 2002, पृ. 166
7. वेदप्रताप वैदिक, वहीं, पृ. 169; 170

19

आपातकालीन प्रावधान

सामाजिक, आर्थिक एवं राजनीतिक परिस्थितियों में परिवर्तन होने के साथ-साथ संवैधानिक प्रावधानों में भी परिवर्तन करते रहने की क्षमता किसी भी देश के चैतन्य, प्रबुद्ध तथा प्रगतिशील जनमानस की प्रथम पहचान है। भारतीय संविधान की यह विशेषता है कि, उसमें उन सभी विषयों का समावेश है जिनकी अनुभवजन्य आवश्यकताएँ सर्वविदित हैं। कोई भी संविधान सामान्यकालीन दशाओं के लिए ही बनाया जाता हैं, लेकिन इस बात की संभावना भी बराबर बनी रहती है कि कभी-कभी असामान्य, विनाशकारी तथा विखंडनकारी शक्तियाँ सर उठाकर सम्पूर्ण संवैधानिक व्यवस्था को संकटापन्न कर सकती हैं। ऐसी अप्रत्याशित और अचानक उठ खड़ी होने वाली परिस्थितियों के लिए जब तक कोई उपयुक्त वैधानिक एवं संवैधानिक व्यवस्था न हो, तब तक उन परिस्थितियों से निबटने के लिए कोई भी राजनीतिक तंत्र अत्यंत कठिनाई का अनुभव करेगा। इसलिए भारतीय संविधान के भाग 18 में आपात-उपबंध शीर्षक से एक पूरा भाग ही जोड़ा गया है।

भारतीय संविधान निर्मात्री सभा में इस बात पर कुछ सदस्यों को आपत्ति थी कि, आपातकालीन स्थितियों से निबटने के लिए कार्यपालिका को ऐसी शक्तियाँ दी जा रही हैं जिससे कि वह तानाशाह बन सकती है। ऐसी निर्बाध शक्तियाँ लोकतंत्र के मूल्यों के विरुद्ध हैं एवं नागरिकों के मूल अधिकारों की अवहेलना करने वाली हैं। प्रारूप समिति की ओर से इन प्रश्नों का उत्तर देते हुए श्री. टी. टी. कृष्णमाचारी ने कहा कि, "यह देखना आवश्यक है कि, सरकार के पास आपात स्थिति का सामना करने के लिए पर्याप्त शक्तियाँ हैं...यह आपात प्रावधान (जिसमें संभावना है, कि वह अलोकतांत्रिक है) केवल एक उद्देश्य से है कि संविधान बनाने के हमारे प्रयास व्यर्थ न हो जाय और भविष्य में जो लोग सत्ता में आएँ उनको संविधान की सुरक्षा के लिए पर्याप्त शक्तियाँ

प्राप्त हों। मैं सभा से अनुरोध करता हूँ कि, इस अध्याय को संविधान की सुरक्षा के लिए सेफ्टी वाल्व की भाँति समझा जाना चाहिए।...... अतः इन आपात उपबंधों को एक आवश्यक बुराई की भाँति सहना होगा....।"

वस्तुत: संविधान निर्माता संविधान के प्रावधानों को जड़ बनाने की तुलना में देश की सुरक्षा को अधिक महत्व देते हुए आपातकालीन दशाओं में परिस्थितियों के अनुसार संवैधानिक परिवर्तन करने के पक्षधर थे, जो कि उचित व प्रांसगिक भी है **आपातकालीन प्रावधानों को हमने जर्मनी के वीमर संविधान के अनुसरण पर बनाया है।**

संविधान के भाग 18 में 3 प्रकार के आपातकालीन प्रावधान वर्णित हैं-

(1) युद्ध, बाह्य आक्रमण और सशस्त्र विद्रोह के आधार पर आपातकालीन उद्घोषणा (अनु. 352),

(2) किसी इकाई राज्य में संवैधानिक तंत्र की विफलता की दशा में राष्ट्रपति शासन (अनु. 356),

(3) वित्तीय/आर्थिक संकट की दशा में - वित्तीय आपात काल (अनु. 360)।

(1) युद्ध, बाह्य आक्रमण और सशस्त्र विद्रोह के आधार पर आपातकालीन उद्घोषणा (अनु. 352)–

यदि राष्ट्रपति को यह विश्वास हो जाय कि, युद्ध, बाह्य आक्रमण या सशस्त्र विद्रोह के कारण सम्पूर्ण भारत या उसके किसी भाग विशेष की सुरक्षा संकट में पड़ गयी है तो वह उद्घोषणा द्वारा सम्पूर्ण भारत या उसके उस भाग विशेष में (जहाँ सुरक्षा संकटापन्न है और जिस स्थान को उद्घोषणा में विनिर्दिष्ट किया जाय) आपातकाल की घोषणा कर सकता है।

यह आवश्यक नहीं है कि, युद्ध या बाह्य आक्रमण या सशस्त्र विद्रोह के वास्तविक या यथार्थ रूप से उपस्थित होने पर ही आपातकाल की घोषणा की जाय। राष्ट्रपति इस प्रकार के भावी संकट के उत्पन्न होने की आशंका पर भी आपातकाल की उद्घोषणा पूरे भारत में या उसके भाग विशेष में कर सकते हैं।

युद्ध का तात्पर्य दो अर्थों से है, भारत ने किसी राष्ट्र के ऊपर आक्रमण करके युद्ध घोषित कर दिया हो या किसी अन्य देश ने भारत पर आक्रमण

करके युद्ध शुरू कर दिया हो। दोनों ही दशाओं में भारत सरकार को औपचारिक रूप से यह उद्‌घोषणा करनी होगी कि 'युद्ध' शुरू हो गया है। 'बाह्य आक्रमण' तब तक युद्ध की श्रेणी में नहीं आएगा, जब तक कि औपचारिक रूप से सरकार 'युद्ध' की घोषणा न करे। 'बाह्य आक्रमण' में उन संगठित एवं आतंकवादी गुटों की कार्रवाई भी आ जाएगी जो यदा-कदा सीमापार से घुसपैठ करते रहते हैं, ये प्रायः विदेशी एवं 'गैर राज्य अभिकर्ता' की तरह आक्रमण करते हैं। **करगिल की लड़ाई को 'बाह्य आक्रमण' कहा जा सकता है, लेकिन वह घोषित रूप से पाकिस्तान के विरुद्ध 'युद्ध' नहीं था, क्योंकि भारत सरकार ने उसे 'युद्ध' की कोटि में रखने की घोषणा नहीं की थी। 'सशस्त्र विद्रोह' का तात्पर्य भारतीय सीमा के भीतर उन असंतुष्ट गुटों द्वारा चलाए जा रहे हिंसक आंदोलन से है, जिनके कारण कभी भी देश की सुरक्षा संकट में पड़ सकती है। उल्फा द्वारा असम में या कश्मीर के भीतर काम कर रहे विभिन्न चरमपंथी गुट या नक्सलवादी गुट आदि की कार्यवाहियाँ 'सशस्त्र विद्रोह' के अर्न्तगत आती है।**

भारत के राष्ट्रपति को मंत्रिमंडल के परामर्श पर काम करना होता है, लेकिन आपातकाल की उद्‌घोषणा राष्ट्रपति केवल परामर्श के आधार पर नहीं कर सकता। आपातकाल लगाने की उद्‌घोषणा राष्ट्रपति तभी करेगा जब मंत्रिमंडल (प्रधानमंत्री और मंत्रिमंडल स्तर के अन्य मंत्रियों का समूह) ने राष्ट्रपति को लिखित रूप से आपातकाल लगाने को कहा है **(अनु. 352(3))।**

अनु. 352 द्वारा राष्ट्रपति को प्रदत्त शक्ति के अंतर्गत युद्ध, या बाह्य आक्रमण या सशस्त्र विद्रोह के आधार पर अलग-अलग प्रकार की उद्‌घोषणाएं करने की शक्ति है (अनु. 352(9))। **दिसम्बर 1971 ई. में पाकिस्तान के भारत पर आक्रमण करने की दशा में राष्ट्रपति ने 'बाह्य आक्रमण' के आधार पर आपातकाल लागू किया था, 1971 में बांग्लादेश का उदय तथा शिमला समझौता के बाद स्थितियाँ शान्त हो गई, लेकिन, आपातकाल की उद्‌घोषणा जारी रही, यह 1977 तक जारी रही। इसी बीच 25 जून, 1975 ई. को इंदिरा गाँधी ने 'आंतरिक अशांति' के आधार पर (उस समय 'सशस्त्र विद्रोह' की जगह 'आंतरिक अशांति' शब्द था) राष्ट्रपति से आपातकाल लगाने को कहा, और आपात काल लागू हो गया। इस प्रकार, 25 जून, 1975 से मार्च 1977 ई. तक**

भारत में दो प्रकार के आपात काल, अनु. 352 के अन्तर्गत लागू रहे-

(1) बाह्य आक्रमण के कारण 1971 में लगाया गया आपातकाल और

(2) आंतरिक अशांति के नाम पर 1975 ई. में लगाया गया आपातकाल

अर्थात् राष्ट्रपति अलग-अलग आधारों पर एक ही समय में आपातकाल की दो भिन्न उद्घोषणाएँ कर सकता है (अनु. 352(4))।

अनु. 352(1) में प्रयुक्त शब्दावली 'राष्ट्रपति का समाधान' यह संकेत करती है कि, आपातकाल की उद्घोषणा उसके विवेक पर निर्भर है। लेकिन वह केवल स्वविवेक पर ऐसा नहीं कर सकता, उसे मंत्रिमंडल की लिखित स्वीकृति आवश्यक है और मंत्रिमण्डल भी संसद की मन:स्थिति का अनुमान लगाकर ही ऐसा निर्णय लेगा, क्योंकि आपातकाल (अनु. 352) लगाने के एक माह के भीतर संसद की स्वीकृति लेनी होगी (आपातकाल का संसद के दोनों सदनों में पृथक-पृथक अनुमोदन अनिवार्य है)। इस प्रकार भारत में आपातकाल लगाने के लिए राष्ट्रपति, मंत्रिमंडल तथा संसद-तीनों की पारस्परिक स्वीकृति/सहमति अनिवार्य है। यह लोकतंत्र की सुरक्षा एवं नागरिक अधिकारों के संरक्षण के प्रति हमारी संवैधानिक प्रतिबद्धता का जीवंत उदाहरण है। आपातकाल अत्यंत गंभीर दशाओं में ही (युद्ध या बाह्य आक्रमण या सशस्त्र विद्रोह) लागू किया जाना चाहिए। ऐसी दशाएँ जिससे देश व संविधान ही खतरे में पड़ जांय।

भारत में आपातकाल सम्बन्धी प्रावधानों का क्रियान्वयन (अनु. 352)

अनु. 352 के अधीन आपातकाल की प्रथम उद्घोषणा तत्कालीन राष्ट्रपति डा. राजेन्द्र प्रसाद ने चीन के आक्रमण को देखते हुए (अर्थात् बाह्य आक्रमण' के आधार पर) की थी, जो 26 अक्टूबर, 1962 को लागू हुई। इसके बाद संसद ने भारत रक्षा अधिनियम बनाकर अपने द्वारा बनाए गए विभिन्न आपातकालीन प्रावधानों को स्वीकार किया। इस आपातकाल को 10 जनवरी, 1968 ई. को हटा लिया गया।

अनु. 352 के अधीन दूसरी बार उद्घोषणा भारत-पाक युद्ध की संभावना को देखते हुए ('बाह्य आक्रमण' के आधार पर) 03 दिसंबर 1971 ई. को की गई। अभी यह उद्घोषणा लागू ही थी कि 25 जून, 1975 ई. को 'आंतरिक अशांति' के आधार पर देश में आपातकाल लागू कर दिया गया।

यह स्थिति ऐसी थी कि आपातकाल का दुहराव हो गया, लेकिन दोनों ही आपातकाल दो भिन्न-भिन्न आधारों पर लगाए गए थे। इन दोनों आपातकालों को एक साथ मार्च 1977 ई. में हटा लिया गया। **इस प्रकार, अब तक कुल 3 बार आपातकाल लगाया जा चुका है, दो बार 'बाह्य आक्रमण' के आधार पर (1962 तथा 1971 ई.) तथा एक बार 'आंतरिक अशांति' के आधार पर (1975 ई.)। 44वें संविधान संशोधन द्वारा संविधान में संशोधन करके 'आंतरिक अशांति' शब्द की जगह 'सशस्त्र विद्रोह' शब्द जोड़ दिया गया है।**

आपातकाल की उद्घोषणा का संसद द्वारा अनुमोदन अनिवार्य

अनु. 352 के अधीन राष्ट्रपति द्वारा की गयी उद्घोषणा को संसद के प्रत्येक सदन में एक माह के भीतर रखा जाएगा और यदि संसद के दोनों सदनों ने अलग-अलग संकल्प द्वारा आपातकाल लगाने की कार्यवाही का अनुमोदन नहीं किया तो एक माह की समाप्ति पर आपातकाल स्वयमेव हट जाएगा और यदि घोषणा का संसद के दोनों सदनों द्वारा अनुमोदन कर दिया जाता है तो यह उद्घोषणा अगले 6 माह तक **(संसद के दूसरे सदन द्वारा अनुमोदन की तिथि से अगले 6 माह तक)** लागू रहेगी, यदि इसे 6 माह के भीतर राष्ट्रपति द्वारा स्वयं हटा नहीं लिया गया है।

यदि आपातकाल की उद्घोषणा करने के समय 1 माह के भीतर लोकसभा का विघटन हो जाय और नए चुनाव की आवश्यकता पड़ जाय, तो ऐसी दशा में आपातकाल का अनुमोदन एक मास की भीतर राज्यसभा द्वारा किया जाएगा। यदि राज्यसभा एक माह के भीतर आपातकाल की उद्घोषणा का अनुमादेन कर देगी तो आपातकाल, अनुमोदन की तिथि से अगले 6 माह तक जारी रहेगा और यदि अनुमोदन नहीं करती है तो आपातकाल अपनी उद्घोषणा की तिथि से एक माह के बाद स्वयमेव समाप्त हो जाएगा। यदि राज्यसभा ने अनुमोदन करके अगले 6 माह तक आपातकाल जारी रखने का प्रावधान स्वीकार कर लिया और विघटित लोकसभा का चुनावोपरांत गठन हो गया तो ऐसी दशा में पुनर्गठित लोकसभा अपनी प्रथम बैठक के 30 दिनों के भीतर आपातकाल का अनुमोदन करेगी, यदि वह अनुमोदन कर देगी तो उसके अनुमोदन करने की तिथि से अगले 6

माह तक (अब राज्य सभा के पिछले अनुमोदन की तिथि से 6 माह तक नहीं, वरन् नवगठित लोकसभा, के अनुमादन से अगले 6 माह तक) आपातकाल जारी रहेगा और यदि नवगठित लोकसभा आपातकाल का अनुमोदन नहीं करती है तो राज्य सभा द्वारा अगले 6 माह तक के लिए अनुमोदित होने वाले संकल्प के बाद भी आपातकाल समाप्त हो जाएगा। लोकसभा जनप्रतिनिधियों का सदन है अत: उसके विचारों को यहाँ महत्ता दी गई है।

आपातकाल का अनुमोदन संसद के दोनों सदनों द्वारा किया जाएगा। ऐसा संकल्प संसद के प्रत्येक सदन द्वारा अपने सदन की सदस्य संख्या के बहुमत तथा उपस्थित एवं मतदान में भाग लेने वाले सदस्यों में से कम-से-कम, दो तिहाई बहुमत द्वारा ही पारित किया जाएगा **(अनु. 352(6))।**

1975 ई. में जब तत्कालीन प्रधानमंत्री श्रीमती इंदिरा गाँधी ने 'आंतरिक अशांति' के नाम पर आपातकाल लगाकर अपनी राजनीतिक महात्वाकांक्षाओं को पूरा करने के लिए विपक्ष के नेताओं को कारागार में डाल दिया उन्हें घर में नजरबंद कर दिया, तब इस आपातकाल को लोकतंत्र का शत्रु कहा गया तथा कार्यपालिका की आपातकालीन शक्तियों पर विधायी नियंत्रण की माँग उठायी जाने लगी। 1977 ई. **जनता पार्टी के सत्ता में आने के बाद आपातकाल लागू करने सम्बन्धी प्रावधानों में कुछ परिवर्तन किया गया।** 'आंतरिक अशांति' की जगह 'सशस्त्र विद्रोह' शब्दावली रखी गयी तथा लोकसभा को आपातकाल की उद्घोषणा वापस लेने के लिए पहल करने का अधिकार दिया गया। यह परिवर्तन 44 वें संविधान संशोधन द्वारा किया गया। इस संशोधन द्वारा यह परिवर्तन भी किया गया कि, आपातकाल पूरे भारत में एक साथ लगने के साथ ही, यदि आवश्यकता पड़े तो भारत के किसी भाग विशेष में भी लगाया जा सकता है। अर्थात् मान लीजिए कि केवल पूर्वोत्तर भारत के राज्यों में सशस्त्र विद्रोह हुआ है तो फिर केरल, तमिलनाडु आदि में आपातकाल लगाने को कोई औचित्य नहीं है, जब तक कि पूर्वोत्तर की हिंसा से केरल आदि को कोई खतरा न हो।

राष्ट्रपति मंत्रिमंडल के परामर्श मात्र से कभी भी आपातकाल की उद्घोषणा वापस लेकर उसे समाप्त कर सकता है। आपातकाल को समाप्त करने या वापस लेने के लिए मंत्रिमंडल के परामर्श की ही आवश्यकता है, जबकि आपातकाल लागू करने हेतु मंत्रिमंडल की लिखित स्वीकृति आवश्यक

है। लोकसभा के सदस्य भी अपने सामान्य बहुमत से संकल्प पारित कर राष्ट्रपति से आपातकाल समाप्त करने के लिए कह सकते हैं और यदि ऐसा संकल्प पारित हुआ तो राष्ट्रपति आपातकाल की उद्घोषणा वापस ले लेगा। इसके लिए प्रावधान इस प्रकार हैं-

यदि लोकसभा के सदस्य आपातकाल को समाप्त करने की उद्घोषणा करने वाले संकल्प को पारित करने के लिए सदन की बैठक बुलाने की माँग करें तो उन्हें लोकसभा की कुल सदस्य संख्या के $\frac{1}{10}$ सदस्यों के हस्ताक्षर वाले प्रपत्र को,

(क) यदि सदन का सत्र चल रहा है तो लोकसभा के अध्यक्ष को,

(ख) यदि सदन का सत्र नहीं चल रहा है तो राष्ट्रपति को, प्रस्तुत करना होगा, जिसे प्राप्त होने के 14 दिन के भीतर सदन का एक विशेष सत्र बुलाया जाएगा और यदि इस विशेष सत्र में लोकसभा अपने सामान्य बहुमत से प्रस्ताव पारित कर देती है कि आपातकाल हटाया जाना चाहिए, तो राष्ट्रपति आपातकाल वापस लेने का आदेश जारी कर देगा।

आपातकाल (अनु. 352) की उद्घोषणा का प्रभाव–

आपातकाल एक ऐसी परिस्थिति है जो अप्रत्याशित है, इसमें संविधान एवं लोकतंत्र को बचाने के लिए और देश की सुरक्षा हेतु केंद्र/संघ को ऐसे अनेक अधिकार मिल जाते हैं जो सामान्य दशाओं में केन्द्र के पास हो ही नहीं सकते, इससे राज्यों के अधिकारों में कटौती हो जाती है। आपातकाल की उद्घोषणा का प्रभाव इस प्रकार है-

(1) सामान्य स्थितियों में केंद्र केवल अपने द्वारा बनायी गयी विधियों के अनुपालन के सम्बन्ध में तथा अपनी कार्यपालिका शक्ति के प्रयोग में ही राज्यों को निर्देश दे सकता है (अनु. 256, 257), लेकिन आपातकाल लागू होने के बाद संघ की कार्यपालिका शक्ति का विस्तार किसी भी इकाई राज्य को इस बारे में निर्देश देने तक विस्तृत हो जाएगा कि वह अपनी कार्यपालिका शक्ति का प्रयोग किस प्रकार करे **अर्थात् इकाई राज्यों को मिली हुई सम्पूर्ण कार्यपालिका शक्ति का क्रियान्वयन केन्द्र स्वयं निर्देश देते हुए करा सकता है। इसमें राज्य की सरकार तो बनी रहेगी लेकिन उसके ऊपर सम्पूर्ण कार्यपालिका नियंत्रण केन्द्र का होगा (अनु. 353(क)),**

(2) (क) अनु. 352 के अन्तर्गत आपातकाल लागू होने के साथ ही केन्द्र की विधायी शक्ति का विस्तार भी सम्पूर्ण इकाई राज्यों पर हो जाता है और संसद को उन विषयों पर भी कानून बनाने का अधिकार मिल जाता है जो सामान्य दशाओं में राज्यसूची में शामिल रहती हैं। संघ राज्य सूची के विषयों पर कानून बनाकर उनके क्रियान्वयन का दायित्व संघ के अधिकारियों या प्राधिकारियों को सौंप सकता है। अनु. 352 के लागू होने से राज्यों की विधानसभाओं का निलंबन नहीं होता, केवल उसकी विधायी शक्तियाँ संसद के अधीन हो जाएंगी, जिससे कि संसद इस आपातकाल से निबटने के लिए कानून बना सके (अनु. 352(ख),

(ख) यदि आपातकाल की घोषणा (अनु. 352) सम्पूर्ण भारत में एक साथ न की जाकर भारत के किसी एक प्रदेश या कुछ प्रदेशों में या किसी एक प्रदेश के कुछ भागों मे की जाय तो भी केन्द्र की कार्यपालिका शक्ति का विस्तार तथा संसद की राज्य सूची के विषयों पर कानून बनाने की शक्ति का विस्तार (उपरोक्त वर्णित 1 तथा 2, क) ऐसे राज्यों पर भी होगा जहाँ भले ही आपातकाल की उद्घोषणा न हुई हो, लेकिन यदि केन्द्र को लगता है कि उसके निकटवर्ती प्रदेश/प्रदेशों में आपातकालीन स्थितियाँ होने से उस राज्य की सुरक्षा भी प्रभावित हो सकती है, तो केंद्र उस राज्य को भी आवश्यक कार्यपालिका आदेश एवं विधायी निर्देश दे सकता है, भले ही वहाँ प्रत्यक्षत: आपातकाल लागू न हो (अनु. 353 (ख) का परन्तुक), जैसे मान लीजिए कि बिहार व उत्तर प्रदेश में आपातकाल (अनु. 352) लागू हो, लेकिन बिहार के पड़ोसी राज्य झारखण्ड तथा उ. प्र. के पड़ोसी राज्य उत्तरांचल भी उन दशाओं के प्रभाव में है या प्रभाव में आ सकते हैं, जिनके कारण बिहार व उ. प्र. में आपातकाल लागू करना पड़ा है तो भले ही झारखंड व उत्तरांचल में आपातकाल घोषित नहीं किया गया है, लेकिन राष्ट्रपति यहाँ की दशाओं को ध्यान में रखकर, इन राज्यों की सुरक्षा के लिए इन राज्यों को कतिपय कार्यपालिका आदेश तथा विधायी निर्देश दे सकता है; इन राज्यों में राज्यपाल को अपनी कार्यपालिका शक्तियों के प्रयोग के सम्बन्ध में निर्देश दिए जा सकते हैं।

(ग) अनु, 352 के अधीन आपातकाल लागू होने के बाद यदि लोकसभा या राज्यों में विधानसभा का कार्यकाल (उन राज्यों में जहाँ आपातकाल लागू

है या जिनके बारे में राष्ट्रपति को यह विश्वास हो जाय कि पड़ोसी राज्यों में आपातकाल जिन दशाओं में लगाया गया है, वैसी ही दशा किसी अन्य राज्य में भी है, फलतः उस राज्य की सुरक्षा भी प्रभावित हो रही है) पूरा हो रहा हो तो संसद कानून बनाकर लोकसभा तथा विधानसभाओं के कार्यकाल में वृद्धि कर सकती है। यह वृद्धि एक बार कानून बनाकर अधिकतम 1 वर्ष (1 वर्ष से कम भी वृद्धि की जा सकती है, यदि संसद को लगता है कि आपातकाल शीघ्र ही समाप्त हो जाएगा) के लिए ही की जा सकती है, लेकिन यदि आपातकाल 1 वर्ष से अधिक समय तक लगा रहे तो संसद प्रस्ताव पारित कर संसद तथा विधानसभाओं का कार्यकाल एक-एक वर्ष के लिए बढ़ाती रह सकती है। परंतु आपातकाल की उद्घोषणा के समाप्त हो जाने के बाद किसी भी परिस्थिति में लोकसभा तथा विधानसभा की अवधि 6 माह से आगे नहीं बढ़ेगी, अर्थात् आपातकाल समाप्त हो जाने के 6 माह के भीतर ही लोकसभा तथा सम्बंधित राज्यों की विधानसभाओं का (जिनका 5 वर्ष का कार्यकाल पूरा हो गया है) चुनाव कराना आवश्यक होगा **(अनु. 83 तथा 172)।**

(3) अनु. 352 के अधीन आपातकाल की उद्घोषणा लागू हो जाय तो राष्ट्रपति को यह अधिकार है कि, वह आदेश द्वारा एक निश्चित समय तक (प्रायः आपातकाल लागू रहने की तिथि तक या उस वित्तीय वर्ष की समाप्ति तक, जब आपातकाल लागू रहा हो, वित्तीय वर्ष का तात्पर्य है-1 अप्रैल से 31 मार्च तक की अवधि) केन्द्र व राज्यों के बीच राजस्वों का वितरण करने वाले संवैधानिक प्रावधानों को स्थगित कर दे या उनमें परिवर्तन करने के बाद उसे लागू करने की व्यवस्था करे। राष्ट्रपति द्वारा किए गए इन राजस्व वितरण सम्बन्धी परिवर्तनों को संसद के प्रत्येक सदन में रखा जाएगा और उन सदनों की स्वीकृति के बाद ही यह परिवर्तन लागू होंगे **(अनु. 354)।**

(4) अनु. 352 के अधीन आपातकाल की उद्घोषणा होने पर न केवल केन्द्र व राज्यों के बीच कार्यपालिका, विधायी एवं वित्तीय सम्बन्धों में परिवर्तन होता है, वरन् नागरिकों के मूलाधिकार भी प्रभावित होते हैं। आपातकाल (अनु. 352) का नागरिकों के मूलाधिकारों पर पड़ने वाले प्रभावों का वर्णन इस प्रकार है-

(क) जब युद्ध या बाह्य आक्रमण के आधार पर (सशस्त्र विद्रोह के

आधार पर नहीं) अनु. 352 के अधीन आपातकाल की उद्घोषणा की जाती है। तो जैसे ही अनु. 352 लागू होता है अर्थात् आपातकाल लगता है, अनु. 358 स्वतः ही लागू हो जाता है (इसको लागू होने के लिए राष्ट्रपति के किसी पृथक आदेश की आवश्यकता नहीं होती) और नागरिकों को अनु. 19 के द्वारा प्राप्त स्वतंत्रताएँ (जो 6 हैं) तुरंत ही स्थगित हो जाती हैं **(अनु. 358(1))**, अर्थात् अनु. 358 का क्रियान्वयन केवल ऐसे ही आपात तक सीमित है जो अनु. 352 के अधीन युद्ध या बाह्य आक्रमण के आधार पर लगाया गया हो, सशस्त्र विद्रोह के आधार पर नहीं। अनु. 358 के लागू होने के कारण अनु. 19 द्वारा नागरिकों को मिली 6 स्वतंत्रताएं पूरे भारत में स्थगित की जा सकती हैं, या उन राज्यों में भी स्थगित की जा सकती हैं जहाँ आपातकाल लागू न किया गया हो। यह राष्ट्रपति के विवेक पर निर्भर है। भले ही आपातकाल पूरे भारत में लगा हो या भारत के किसी भाग विशेष में। ये स्वतंत्रताएँ तब तक स्थगित रहेंगी जब तक कि, अनु. 352 (युद्ध या बाह्य आक्रमण के आधार पर लगाया गया आपातकाल) लागू रहेगा, जैसे ही आपातकाल (अनु. 352) हटेगा, अनु. 358 भी हट जाएगा और नागरिकों को मिली 6 स्वतंत्रताएं स्वयमेव प्राप्त हो जाएंगी।

अनु. 358 के सम्बन्ध में एक और तथ्य महत्वपूर्ण है कि, अनु. 358 के अन्तर्गत आपातकाल की अवधि में किए गए राज्य के कार्यों को आपातकाल की समाप्ति के बाद न्यायालय में चुनौती नहीं दी जा सकती।

(ख) अनु. 358 द्वारा अनु. 19 को निलंबित किया जाता है, लेकिन यदि राष्ट्रपति को लगता है कि, आपातकाल में (चाहे युद्ध, बाह्य आक्रमण या सशस्त्र विद्रोह के आधार पर आपातकाल लगाया गया हो) नागरिकों के अन्य मौलिक अधिकारों को भी स्थगित करने की आवश्यकता है तो वह इसके लिए अनु. 359 द्वारा प्राप्त अधिकारों से यह घोषणा कर सकेगा कि, अनु. 20 तथा 21 को छोड़कर भाग 3 द्वारा प्रदत्त किन-किन अधिकारों को निलंबित किया जा रहा है। राष्ट्रपति पहले से किसी न्यायालय में चले आ रहे मूल अधिकारों को लागू करने से संबंधित मुकदमे में सुनवाई को भी निलंबित कर सकता है, जब तक कि आपातकाल लागू है। आपातकाल में नागरिकों को न्यायालय में जाकर भी अपने मूल अधिकारों को लागू कराने का अधिकार नहीं होता, केवल अनु. 20 तथा 21 के प्रवर्तन के लिए ही वे न्यायालय (उच्च तथा सर्वोच्च न्यायालय) की शरण ले सकते हैं क्योंकि

ये दोनों अधिकार आपातकाल में भी छीनें नहीं जा सकते। जीवन की रक्षा का अधिकार प्रदान करना राज्य का सबसे बड़ा दायित्व है, जिससे राज्य आपातकाल में भी वंचित नहीं कर सकता।

(ग) यदि राष्ट्रपति अनु. 352 में वर्णित 'सशस्त्र विद्रोह' के आधार पर आपातकाल लागू करता है तो उसे अनु. 359 के अधीन आदेश द्वारा यह बताना होगा कि अनु. 20 तथा 21 को छोड़कर नागरिकों के किन-किन मूलाधिकारों को निलंबित किया जा रहा है। इसमें अनु. 19 भी शामिल है। जब 'सशस्त्र विद्रोह' के आधार पर आपातकाल (अनु. 352) लागू होगा तब अनु. 358 लागू नहीं होगा क्योंकि अनु. 358 का क्रियान्वयन केवल ऐसे ही आपात तक सीमित है जो युद्ध या बाह्य आक्रमण के आधार पर लागू किया जाय।

(घ) अनु. 352 में वर्णित किसी भी आधार पर (युद्ध या बाह्य आक्रमण या सशस्त्र विद्रोह) यदि आपातकाल भारत के किसी भाग में लागू है तो भी यदि राष्ट्रपति को यह विश्वास हो जाय कि आपातकाल से ग्रस्त राज्यों में व्याप्त गतिविधियों के कारण भारत के किसी अन्य राज्य/राज्यों की सुरक्षा खतरे में है तो वह उस राज्य के लिए भी (भले ही वहाँ आपातकाल लागू न हो) विधि बना सकेगा या कोई आदेश जारी कर सकेगा, लेकिन इस प्रकार की विधियाँ तभी बनेंगी या आदेश तभी जारी होंगे, जब यह स्पष्ट उल्लेख हो कि उक्त विधि या आदेश आपातकालीन परिस्थितियों से निबटने के लिए है, ऐसा उल्लेख न होने पर उक्त विधि या आदेश अवैध करार दिया जाएगा **(अनु. 359(3))।**

अनु. 352- एक समीक्षात्मक विश्लेषण

भारतीय संविधान में वर्णित आपातकालीन प्रावधान वास्तव में अप्रत्याशित एवं आकस्मिक दशाओं से निबटने तथा उनपर विजय प्राप्त करने के लिए किए गए हैं, लेकिन इन प्रावधानों की आलोचना भी होती रही है। आलोचकों का मत है कि, आपातकाल के नाम पर कार्यपालिका को असाधारण संवैधानिक अधिकार दे देना ठीक नहीं है। संसद में सत्तारूढ़ दल का बहुमत होता है और वह इसका प्रयोग आपातकाल को अनवरत बनाए रखने के लिए भी कर सकता है। संसद आपातकाल की उद्घोषणा का अनुमोदन केवल अपने विशेष बहुमत से करती है न कि विशेष बहुमत और आधे राज्यों के

अनुसमर्थन से, जबकि आपातकाल से हमारी संघीय व्यवस्था एवं केन्द्र-राज्य सम्बन्ध पूरी तरह बदल जाते हैं। संसद के पास आपातकाल का अनुमोदन करने के लिए तो अधिकार है लेकिन आपातकाल को समाप्त करने के लिए उसे अत्यंत सीमित अधिकार है और वह भी प्रभावी नहीं है, क्योंकि लोकसभा में बहुमत सत्तारूढ़ दल का होता है और लोकसभा के सदस्य पार्टी व्हिप का उल्लंघन नहीं कर सकते। आपातकाल की उद्घोषणा के बाद सदैव ही भारत रक्षा अधिनियम तथा भारत रक्षा नियम बनाए जाते हैं जिनके बाद संघ की कार्यपालिका को असामान्य व असीमित शक्तियाँ प्राप्त हो जाती हैं। आपातकाल में नागरिकों के मूलाधिकार निलंबित हो जाते हैं तथा साथ ही न्यायपालिका के द्वारा उन अधिकारों को क्रियान्वित कराने का अधिकार भी निलंबित रहता है। आपातकाल में बनाए गए प्रावधान संविधान के मूल आदर्शों तथा संविधान की प्रस्तावना में निहित आदर्शों को केवल शब्द मात्र बना देते हैं क्योंकि आपातकाल में कार्यपालिका इन संवैधानिक आदर्शों को प्राप्त करने के नैतिक व संवैधानिक बंधनों से भी मुक्त हो जाती है। सर्वोच्च न्यायालय के भूतपूर्व न्यायाधीश श्री पी. बी. गजेन्द्रगडकर ने चेतावनी दी थी कि, "निर्बाध शक्तियों के निरंतर प्रयोग से अन्ततः उन आधारभूत मूल्यों को खतरा पैदा हो सकता है जिनपर देश का लोकतांत्रिक जीवन निर्भर है।" चीन के आक्रमण के कारण 1962 ई. में लागू आपातकाल 1968 ई. में हटाया गया, इसी प्रकार 1971 ई. में लागू आपातकाल 1977 ई. तक चला, इतनी लम्बी अवधि तक कार्यपालिका द्वारा निरंकुश शक्तियों का प्रयोग किसी भी लोकतांत्रिक देश में नहीं होना चाहिए। **आपातकालीन शक्तियों से वास्तविक खतरा तब उत्पन्न होता है जब नागरिक व्यवस्थापिका, कार्यपालिका तथा न्यायपालिका - तीनों से ही कोई उपचार प्राप्त नहीं कर पाते। आपातकाल यदि लंबे समय तक जारी रहेगा तो एक तरफ आपातकाल की गंभीरता समाप्त हो जाएगी[3] तथा दूसरी ओर नागरिकों को मूलाधिकारों से वंचित रखने से उनका संसदीय प्रणाली एवं प्रजातांत्रिक मूल्यों से विश्वास ही उठ जाएगा।**

संविधान सभा के एक सदस्य ने आपातकाल के सम्बन्ध में एक भय का उल्लेख किया है। उनके अनुसार, आपातकाल सम्बन्धी अधिकारों का प्रयोग संसद की स्वीकृति या अनुमोदन के बिना भी एक माह (उन्होनें दो माह की बात की है क्योंकि उस समय यह अवधि दो माह ही थी, परंतु

अब एक माह है) तक किया जा सकता है। इसके पश्चात् संसद की स्वीकृति के बिना वे स्वयमेव रद्द हो जाते हैं। परंतु संविधान ने राष्ट्रपति को एक और अधिकार दे रखा है। कल्पना कीजिए कि आपातकाल की उद्घोषणा की 1 माह की अवधि समाप्त होने के पूर्व यदि संसद उसे अपनी स्वीकृति नहीं देती तो सामान्यतया उस घोषणा का प्रभाव 1 माह की अवधि समाप्त होते ही रद्द हो जाता है, परंतु राष्ट्रपति इसी प्रकार की नई घोषणा पुनः कर सकता है जो फिर 1 माह की अवधि तक लागू रहेगी और यदि राष्ट्रपति यह समझते हैं कि आपातकाल की घोषणा का जारी रहना आवश्यक है और संसद इसके लिए तैयार नहीं है तो राष्ट्रपति को (यदि वह ऐसा चाहे तो) यह अधिकार है कि, प्रत्येक एक माह की अवधि समाप्त होने के तुरंत बाद इसी प्रकार की नई घोषणा द्वारा आपातकाल को वह निरंतर आगे बढ़ाता रहे। इस प्रकार बिना संसद के अनुमोदन के भी अपातकाल लंबे समय तक जारी रह सकता है।[1] **यह इसके संभावित दुरुपयोग का एक ऐसा तरीका है जो कोई भी राष्ट्रपति अल्प बहुमत प्राप्त मंत्रिमंडल के साथ मिलकर कर सकता है।**

जे. आर. सीवाच ने भी अनु. 352 के दुरुपयोग के सम्बन्ध में कतिपय संभावनाएँ व्यक्त की हैं, जो ध्यातव्य हैं-

अनु. 352 में 'सशस्त्र विद्रोह' शब्द को परिभाषित नहीं किया गया है।[2] विद्रोह की प्रकृति तथा विद्रोह के क्षेत्र का विस्तार आदि स्पष्ट नहीं किया गया है। इससे कार्यपालिका की शक्तियाँ बढ़ जाती हैं। वह किसी भी विद्रोह या संगठित कार्यवाही को 'सशस्त्र विद्रोह' कहकर आपातकाल लागू करा सकती है और यह भी हो सकता है कि वह किसी बहुत बड़ी कार्रवाई को भी विद्रोह न मानें। इसके अतिरिक्त देश के किसी छोटे से भाग में सशस्त्र विद्रोह होने पर भी सारे देश में आपातकाल की उद्घोषणा लागू कर दी जाय। **कार्यपालिका किसे सशस्त्र विद्रोह मानेगी और किसे नहीं मानेगी-यह उसका अपना निर्णय है, जिसे न्यायपालिका में चुनौती नहीं दी जा सकती है।** सीवाच के अनुसार, मंत्रिमंडल की लिखित सलाह का उपबंध बहुत अच्छा है, परन्तु वह भी आपातकालीन शक्तियों के दुरुपयोग को रोकने के लिए प्रभावी नहीं है। यदि मंत्रिमंडल में कमजोर मंत्री होंगे या प्रधानमंत्री अत्यंत शक्तिशाली या प्रभावशाली व्यक्तित्व के हैं तो वे मंत्री आपातकाल लगाने या न लगाने का निर्णय करते समय प्रधानमंत्री द्वारा ही

निर्देशित होने लगेंगे, वे उसके इशारों पर नाचेंगे।[4] आपातकाल लगाने का परामर्श मंत्रिमंडल देता है लेकिन मंत्रिमण्डल में प्रधानमंत्री सर्वोपरि है अतः उसकी इच्छा की अनदेखी नहीं की जा सकती और कोई मंत्री ऐसा साहस भी नहीं कर सकता। यथार्थ में, मंत्रिमंडल से परामर्श का अर्थ प्रधानमंत्री का स्वयं का निर्णय ही होता है। राष्ट्रपति के पास इस बात का परीक्षण करने का कोई मापदंड नहीं है कि आपातकाल लगाने का लिखित परामर्श देते समय प्रधानमंत्री ने अन्य मंत्रियों के साथ कोई परामर्श किया या नहीं, क्या वास्तव में अन्य मंत्रियों ने अपने विचारों से प्रधानमंत्री को अवगत कराया था? या अगले लोकसभा चुनाव में टिकट न देने जैसा भय दिखाकर तो मंत्रियों की कही स्वीकृति प्राप्त नहीं कर ली गयी है? **यह प्रश्न 1975 ई. में उठ खड़ा हुआ था जब तत्कालीन प्रधानमंत्री श्रीमती इंदिरा गाँधी ने मंत्रिमंडल से विचार विमर्श किए बिना राष्ट्रपति से आपातकाल लगाने को कहा तथा राष्ट्रपति ने आपातकाल की उद्घोषणा कर दी।** मंत्रिमंडल के अनेक सदस्यों को दूसरे दिन समाचर पत्रों से ज्ञात हुआ कि, देश में आपातकाल लागू कर दिया गया है। किसी भी मंत्री ने इंदिरा गाँधी से यह पूछने का साहस (दुस्साहस) नहीं किया कि उन्होनें राष्ट्रपति को आपातकाल लगाने का परामर्श देने के पूर्व मंत्रिमंडल के अन्य सदस्यों से बातचीत क्यों नहीं की? मोहन धारिया के मंत्री पद से बरखास्त होने के बाद मंत्रिमंडल के अन्य सभी सदस्य अपनी स्थिति एवं मंत्री पद को लेकर सदैव सशंकित रहते थे, अतः उन्होंने इदिरा गाँधी से कुछ नहीं पूछा। सीवाच का मत है कि, ऐसे भयभीत मंत्री आपातकाल लगाने या न लगाने के प्रश्न पर प्रधानमंत्री की ओर ही देखेंगे, स्वयं कुछ नहीं कह सकते। अतः मंत्रिमंडल की लिखित सलाह का प्रावधान (जो वास्तव में प्रधानमंत्री की वैयक्तिक सलाह में परिवर्तित हो गया है) भी आपातकालीन शक्तियों के दुरुपयोग को रोकने के सम्बन्ध में व्यर्थ सिद्ध हुआ है।

जे. आर. सीवाच ने लिखा है कि, अनु. 352 का यह उपबन्ध भी कि, आपातकाल की उद्घोषणा की स्वीकृति संसद के प्रत्येक सदन के विशेष बहुमत द्वारा की जानी चाहिए- बहुत प्रभावशाली नियत्रंण नहीं है। यदि उपस्थित एवं मतदान में भाग लेने वाले सदस्यों के दो-तिहाई बहुमत के स्थान पर, सदन की कुल सदस्य संख्या के दो-तिहाई बहुमत की स्वीकृति की व्यवस्था की गई होती तो वह संभवतः अधिक प्रभावशाली नियंत्रण

सिद्ध होती। उपस्थित तथा मतदान में भाग लेने वाले सदस्यों के दो-तिहाई बहुमत की स्वीकृति, विपक्ष के सदस्यों को गिरफ्तार करने के पश्चात् आसानी से प्राप्त की जा सकती है। उदाहरण के लिए, यदि लोकसभा में सत्तारूढ़ दल के 273 तथा विपक्ष के 272 सदस्य हों तो विपक्ष के 136 सदस्यों को गिरफ्तार करने के बाद सत्तारूढ़ दल आसानी से उपस्थित एवं मतदान में भाग लेने वाले सदस्यों के दो-तिहाई बहुमत का समर्थन प्राप्त कर सकता है। इसी प्रकार यदि राज्यसभा में सत्तारूढ़ दल के 124 तथा विपक्ष के 120 सदस्य हों तो विपक्ष के 60 सदस्यों को गिरफ्तार करने के बाद, उपस्थित व मतदान में भाग लेने वाले सदस्यों का दो-तिहाई बहुमत आसानी से जुटाया जा सकता है। **1934 ई. में हिटलर ने जर्मनी में ऐसा ही किया था,** वहाँ पर संविधान संशोधन करने के लिए उपस्थित तथा मतदान में भाग लेने वाले सदस्यों के दो-तिहाई बहुमत की आवश्यकता थी। हिटलर ने कम्यूनिस्ट तथा सोशलिस्ट दलों के सदस्यों को संसद से निकालकर, शेष सदस्यों को मिलाकर दो-तिहाई बहुमत द्वारा संविधान का संशोधन कर दिया था। भारत में भी इस प्रकार की संभावना को रद्द नहीं किया जा सकता है, क्योंकि आतंरिक आपातकाल की उद्घोषणा होने के तुरंत बाद 25 जून, 1975 ई. को संसद के 39 सदस्यों को गिरफ्तार करने के पश्चात् आपातकालीन उद्घोषणा को संसद के पटल पर स्वीकृति के लिए रखा गया था। भविष्य में उपस्थित एवं मतदान में भाग लेने वाले सदस्यों के दो-तिहाई बहुमत की स्वीकृति के लिए इससे भी अधिक सांसदों को गिरफ्तार किया जा सकता है। वास्तव में, आपातकाल लगाने की उद्घोषणा को संसद की स्वीकृति प्रत्येक सदन के कुल सदस्यों की संख्या के दो-तिहाई बहुमत से प्राप्त करने का प्रावधान किया जाना चाहिए।[5]

राष्ट्रपति भी आपातकालीन शक्तियों के दुरुपयोग की संभावना को देखते हुए कतिपय निर्णय ले सकता है। जब उसे आपातकाल लगाने की उद्घोषणा जारी करने को मंत्रिमंडल कहे और राष्ट्रपति को लगता है कि आपातकालीन शक्तियों का दुरुपयोग किया जाएगा, तो उसे एक बार अपने विवेक का प्रयोग करते हुए इसे पुनर्विचार के लिए वापस कर देना चाहिए। राष्ट्रपति चाहे तो अपने व्यक्तिगत विचारों से भी प्रधानमंत्री/मंत्रिमंडल को अवगत करा सकता है, लेकिन यदि मंत्रिमंडल पुनर्विचार के उपरांत भी राष्ट्रपति को आपातकाल लगाने को कहता है तो उसे उद्घोषणा जारी कर

देना होगा। राष्ट्रपति यदि चाहे तो आपातकाल लगाने के पूर्व उच्चतम न्यायालय से परामर्श भी माँग सकता है, क्योंकि यह तथ्य का प्रश्न है, जो देश की जनता के अधिकारों तथा संप्रभुता व सुरक्षा से जुड़ा हुआ है। इस प्रकार, राष्ट्रपति के स्तर पर आपातकाल के दुरुपयोग को रोकने हेतु प्रयास किया जा सकता है।

सर्वोच्च न्यायालय भी इस दिशा में कदम उठा सकता है यदि लोकसभा का कार्यकाल पूरा हो चुका है तथा कोई सरकार केवल आपातकाल इसलिए लगाना चाहती है कि एक-एक वर्ष तक लोकसभा की अवधि बढ़ायी जाती रहे तथा वह शासन पर नियंत्रण बनाए रखे एवं सत्ता में बनी रहे तो इस प्रकार की सरकार को (जो तथ्यतः असंवैधानिक एवं विधितः संवैधानिक है) उसके कर्त्तव्यों, दायित्वों के अनुपालन तथा अधिकारों के प्रयोग की याद दिलाते हुए सर्वोच्च न्यायालय उसे संविधान की मूल भावना के साथ न्याय करने का आदेश दे सकता है, क्योंकि संविधान के शब्दों की तुलना में, संविधान की मूल भावना अधिक महत्वपूर्ण तथा अनुपालन योग्य होती है। **आपातकालीन दशाओं में भी देश में 'कानून का शासन' ही बना रहे तथा कार्यपालिका एवं व्यवस्थापिका दोनों ही संविधानेतर संस्था का रूप धारण न कर ले और व्यक्ति की गरिमा सुनिश्चित बनी रहे - इन सबकी देखरेख करना सर्वोच्च न्यायालय का प्रथम दायित्व है, क्योंकि वह संविधान तथा जनता के मूल अधिकारों, दोनों का संरक्षक है। सर्वोच्च न्यायालय को यह अधिकार मिलना चाहिए कि, वह एक संवैधानिक पीठ बनाकर सरकार के आपातकाल लगाने या उसे जारी रखने के तर्कों को सुनने की बाद ही आपातकाल बढ़ाने सम्बन्धी निर्णय दे।**

इन उपायों के अतिरिक्त जागरूक जनमत तथा निष्पक्ष प्रेस भी आपातकालीन शक्तियों/प्रावधानों के दुरुपयोग को रोकने हेतु सशक्त एवं सार्थक भूमिका निभा सकते हैं। 1975 ई. में आपातकाल लगाने का जो देशव्यापी विरोध हुआ था, वह इस बात का प्रमाण है कि देश की जनता लोकतंत्र को बचाने के लिए आगे आ सकती है।

इकाई राज्यों की सुरक्षा करने का संघ का कर्त्तव्य (अनु. 355)

भारतीय संघ के इकाई राज्य अपनी सुरक्षा हेतु केन्द्र पर निर्भर हैं। संघ का यह कर्तव्य होगा कि बाह्य आक्रमण एवं आन्तरिक अशांति से प्रत्येक

राज्य की सुरक्षा करे और प्रत्येक राज्य की सरकार का संविधान के उपबंधों के अनुसार चलाया जाना सुनिश्चित करे। **इसका तात्पर्य यह है कि, यदि किसी इकाई राज्य की सरकार संविधान के उपबंधों के अनुसार नहीं चल रही है या खुलेआम संविधान के प्रति अनास्था प्रदर्शित कर रही है तो केन्द्र सरकार को उसे ऐसा करने से रोकने का अधिकार है। इस संदर्भ में केन्द्र सरकार उक्त राज्य-सरकार को चेतावनी स्वरूप कुछ निर्देश भी दे सकती है (अनु. 365 के अंतर्गत) और उन निर्देशों को न मानने की दशा में वहाँ राष्ट्रपति शासन (अनु. 356) लागू किया जा सकता है।**

अनु. 355 के बारे में एक विवाद प्रायः उठता रहा है कि केन्द्र सरकार किसी इकाई-राज्य की आंतरिक सुरक्षा करने हेतु कदम कैसे उठाए? क्या केन्द्र सरकार को आंतरिक अंशाति से ग्रस्त किसी इकाई राज्य द्वारा सुरक्षा हेतु मदद माँगने की प्रतिक्षा करनी चाहिए? या स्वयं अपने विवेक से किसी राज्य में अर्द्धसैनिक बल या सैन्य बलों को भेजकर उस राज्य की आंतरिक अंशाति से रक्षा का कर्त्तव्य निभाना चाहिए।

ऐतिहासिक अनुभव यही बताता है कि, इकाई-राज्य कानून व्यवस्था को राज्य सूची का विषय मानते हुए उसमें केन्द्र के किसी भी हस्तक्षेप का विरोध करते हैं। केन्द्र भी सुरक्षा बलों को भेजने में, राज्यों को वास्तविक मदद पहुँचाने की मंशा का कम तथा स्वेच्छाचार का प्रयोग अधिक करता रहा है। अतीत में ऐसे अनेक उदाहरण हैं जब केन्द्र नें किसी राज्य में कम सैन्य बल भेजा तो कहीं आवश्यकता से अधिक सैन्य बल भेजकर अंसतोष पैदा किया है। कुछेक बार तो सैन्य बल न भेजकर केन्द्र ने राज्यों से कहा कि, उनकी अपनी पुलिस ही इन घटनाओं से निबटे। इस प्रकार के उदाहरण 1990 ई. के पूर्व प्रायः मिलते रहे हैं। वर्ष 2007 के अंतिम माह में नंदीग्राम और सिंगूर (पश्चिम बंगाल) में बनाए जा रहे 'विशेष आर्थिक जोन' (Special econmic zone-SEZs) को लेकर व्यापक व संगठित हिंसा हुई और केन्द्र सरकार काफी समय तक हाथ पर हाथ धरे इसलिए बैठी रही कि उसे आंशका थी कि, यदि उसने पश्चिम बंगाल में सैन्य बलों को जबरदस्ती भेजा, तो वामपंथी दलों द्वारा समर्थन वापस लेने से मनमोहन सिंह के नेतृत्व वाली कांग्रेस सरकार गिर जाएगी। यदि केन्द्र, अनु. 355 का अनुपालन राजनीतिक लाभ-हानि के तराजू पर रखकर करेगा, तो संविधान की भावना आहत होगी तथा संविधान के प्रावधान केवल शब्द बनकर ही रह जाएंगे।

अनु. 355 का अनुपालन तथा उसके अन्तर्गत की जाने वाली कार्रवाई के प्रत्येक पहलू पर विचार करने के उपरांत ही कदम आगे बढ़ाना चाहिए, क्योंकि यह प्रावधान हमें. 365 तथा बाद में अनु. 356 के क्रियान्वयन की ओर ले जा सकता है। केन्द्र को अपना कर्त्तव्य निभाते हुए राज्यों की सुरक्षा को सर्वोच्च प्राथमिकता देनी चाहिए, लेकिन राज्यों का पक्ष भी सुना जाना चाहिए। यदि राज्यों की भावना की अनदेखी की जाएगी तो हमारी संघीय व्यवस्था तथा लोकतंत्र दोनों ही आहत होंगे।

राज्यों में संवैधानिक तंत्र के विफल हो जाने की दशा में उपबंध (अनु. 356)–

अनु. 355 में केन्द्र को राज्यों में संवैधानिक शासन की देखरेख करने वाले संरक्षक की स्थिति प्रदान की गयी है। केन्द्र को अनु. 356 में यह अधिकार भी दिया गया है कि राज्यों में संवैधानिक तंत्र विफल हो जाने पर कदम उठाए।

अनु. 356(1) के अनुसार, यदि राष्ट्रपति का, किसी राज्य के राज्यपाल से प्रतिवेदन मिलने पर या 'अन्यथा' यह समाधान हो जाए कि, ऐसी स्थिति उत्पन्न हो गई है जिससे उस राज्य का शासन इस संविधान के उपबंधों के अनुसार नहीं चलाया जा सकता है तो राष्ट्रपति उस राज्य की कार्यपालिका के (अर्थात् राज्यपाल एवं मंत्रिमंडल के) या किसी निकाय या अन्य प्राधिकारी (इसका तात्पर्य राज्य विधानमंडल के अधिनियमों द्वारा स्थापित संस्थाओं से है) के सभी या कोई कृत्य अपने हाथ में ले लेगा, केवल उच्च न्यायालय की शक्तियाँ यथावत रहेंगी। राष्ट्रपति को यह घोषणा करने का अधिकार है कि, राज्य विधानमंडल की शक्तियाँ संसद द्वारा या उसके प्राधिकार के अधीन (सरल शब्दों में कहें तो उसकी देखरेख के अधीन) प्रयोग की जाएंगी। अनु. 356 का क्रियान्वयन राष्ट्रपति के 'समाधान' पर निर्भर है। वह या तो राज्यपाल से मिली रिपोर्ट के आधार पर निर्णय ले या मीडिया से मिल रहे राज्य सम्बन्धी समाचारों के आधार पर ('अन्यथा' शब्द का यही अर्थ है)। चूँकि **इस मामले में (अनु. 356) राष्ट्रपति को महत्वपूर्ण अधिकार है कि वह यह निर्णय करे कि राज्य की कार्यपालिका तथा विधायी शक्तियाँ किसे दी जाए- इसलिए अनु. 356 के लागू होने को,**

सामान्य भाषा में 'राष्ट्रपति शासन' कहते हैं।

पिछले वर्षों में सर्वोच्च न्यायालय, उच्च न्यायालयों तथा कभी-कभी अधीनस्थ न्यायालयों द्वारा भी किसी राज्य में कानून-व्यवस्था की बिगड़ती हुई स्थिति को देखते हुए अनु. 356 के लगाने जैसी दशाएं होने की बात कही गई है। बिहार में लालू-राबड़ी शासन को लेकर न्यायाधीशों ने कई बार ऐसी टिप्पणियाँ की हैं। प्रश्न उठता है कि क्या न्यायालयों को इस प्रकार की राय व्यक्त करने का अधिकार है? क्या न्यायालयों की राय को आधार बनाकर किसी राज्य में राष्ट्रपति शासन लगाया जा सकता है? यह प्रश्न इसलिए भी उठ रहा है क्योंकि, 'अन्यथा' (अनु. 356 (1) में आया शब्द) शब्द की परिभाषा अत्यंत व्यापक हो सकती है और यह संविधान में नहीं दी गई है। वस्तुतः अनु. 356 को लेकर वैसे ही काफी वाद-विवाद रहा है, किसी भी प्रकार का नया विवाद अराजकता को पैदा करेगा, लेकिन यह भी ध्यान देने की बात है कि, इकाई राज्यों में संवैधानिक सरकार बनी रहे, या राज्यों का शासन संविधान के उपबंधों के अनुसार ही चले, यह देखना केंद्र का कर्त्तव्य है तो वहीं सर्वोच्च न्यायालय का भी संविधान का संरक्षक एवं संविधान के प्रावधानों का व्याख्याता होने के कारण यह दायित्व है कि सम्पूर्ण देश में संविधान का अनुपालन वह सुनिश्चित कराए। इस बिन्दु पर सर्वोच्च न्यायालय तथा केन्द्र सरकार दोनों के ही कार्यों में समानता है। किसी प्रकार की पारस्परिक असहमति दोनों की गरिमा को धुँधला करेगी। ऐसा नहीं होना चाहिए कि, केन्द्र सरकार द्वारा लगाए गए अनु. 356 को सर्वोच्च न्यायालय अमान्य कर दे और सर्वोच्च न्यायालय द्वारा बार-बार कहे जाने के बावजूद भी (कि उक्त राज्य सरकार संविधान के उपबंधो के अनुसार नहीं चल रही है या पूरी राज्य सरकार ही सर्वोच्च न्यायालय की लगातार अवमानना की दोषी है) केन्द्र सरकार अनु. 356 का प्रयोग ही न करे।

अनु. 356 द्वारा किसी राज्य में संवैधानिक तंत्र की विफलता की उद्घोषणा को यदि राष्ट्रपति ने वापस नहीं लिया है तो वह उद्घोषणा दो मास के भीतर संसद के प्रत्येक सदन में रखी जाएगी और दो मास के बीतने पर उद्घोषणा लागू नहीं रह जाएगी, यदि दोनों सदनों नें दो मास के भीतर उस उद्घोषणा को संकल्प द्वारा अनुमोदित नहीं कर दिया है। संसद

के अनुमोदन के बिना यह उद्घोषणा अधिकतम दो मास तक रह सकती है। अनुमोदन करने के बाद यह उद्घोषणा अपने उद्घोषणा की तिथि से अगले 6 माह तक रहेगी।

यदि अनु. 356 की उद्घोषणा होने के दो मास के भीतर ही लोकसभा का विघटन हो जाय तथा उद्घोषणा का अनुमोदन लोकसभा में नहीं हुआ हो या लोकसभा का विघटन हो जाए और नए आम चुनावों की घोषणा होने के बाद किसी राज्य में अनु. 356 लगाने की आवश्यकता पड़ जाय, तो ऐसी दशाओं में राज्यसभा अनु. 356 की उद्घोषणा का अनुमोदन करेगी और जब पुनः नयी लोकसभा चुनकर आ जाएगी तो अपनी प्रथम बैठक के एक माह (30 दिन) के भीतर उसे राष्ट्रपति शासन की उद्घोषणा का अनुमोदन करना होगा। यदि उद्घोषणा का अनुमोदन हो गया तो अगले 6 माह तक उस राज्य में राष्ट्रपति शासन जारी रहेगा और यदि अनुमोदन नहीं हुआ तो उस राज्य में राष्ट्रपति शासन नयी लोकसभा के गठन के पश्चात् होने वाली प्रथम बैठक के 30 दिन पूरा होने पर समाप्त हो जाएगा **(अनु. 356(3))।**

राष्ट्रपति द्वारा जारी उद्घोषणा कभी भी वापस ली जा सकती है। संसद के दोनों सदनों द्वारा अनुमोदित उद्घोषणा, यदि राष्ट्रपति द्वारा वापस नहीं ली जाती है तो ऐसी उद्घोषणा अपने जारी होने की तिथि से 6 माह की समाप्ति तक लागू रहेगी यदि ऐसी चली आ रही उद्घोषणा को अनुमोदित करते हुए उसे जारी रखने का संकल्प दोनों सदनों द्वारा दो माह के भीतर पारित कर दिया गया हो। ऐसी उद्घोषणा को संसद द्वारा 6 माह और पुनः 6 माह अर्थात् एक वर्ष से आगे की अवधि के लिए तभी बढ़ाया जाएगा जब–

(क) अनु. 352 के अधीन आपातकाल की उद्घोषणा सम्पूर्ण भारत में अथवा उस इकाई राज्य में अथवा उस इकाई राज्य के किसी भाग में लागू हो जहाँ अनु. 356 को लागू करने की अवधि का विस्तार करना है, और

(ख) निर्वाचन आयोग यह प्रमाणित कर दे कि उस राज्य में राष्ट्रपति शासन (अनु. 356) इसलिए आवश्यक है कि राज्य विधानसभा का साधारण निर्वाचन कराने में कठिनाइयाँ हैं **(अनु. 356 (5)।**

लेकिन किसी भी दशा में अनु. 356 की अवधि किसी भी राज्य में अनवरत 3 वर्ष से आगे (अपनी प्रथम उद्घोषणा की तिथि से अगले 3 वर्ष तक) कदापि नहीं बढ़ायी जा सकती है (59वें संविधान संशोधन द्वारा स्थापित)।

राष्ट्रपति शासन की दशा में राज्य की विधायी शक्तियों का प्रयोग (अनु. 357)

जब किसी राज्य में अनु. 356 की उद्घोषणा की जाती है और संसद के दोनों सदनों के अनुमोदन के उपरांत वहाँ विधानसभा भंग कर दी जाती है तो राज्य विधानमंडल की विधि निर्माण की शक्ति राष्ट्रपति के पास चली जाती है। वह इस शक्ति को किसी अन्य प्राधिकारी को तभी प्रत्यायोजित कर सकेगा, जब संसद इसकी स्वीकृति दे दे।

राष्ट्रपति को यह अधिकार है कि, जब लोकसभा सत्र में नहीं है तब राज्य की संचित निधि में से व्यय के लिए, संसद की स्वीकृति मिलने तक ऐसे व्यय को स्वीकार कर सके बाद में व्यय की स्वीकृति का संसद अनुमोदन करेगी।

राष्ट्रपति शासन के दौरान राष्ट्रपति या संसद द्वारा बनाए गए या किसी अन्य प्राधिकारी द्वारा, राष्ट्रपति द्वारा प्रत्योजित किए जाने के कारण बनाए गए कानूनों का वही प्रभाव होगा जो राज्य विधानमंडल द्वारा बनाए गए तद्विषयक कानूनों का होता है। इन कानूनों में संशोधन या तो संसद या तो इन्हें बनाने वाली संस्थाएं कर सकेंगी या राष्ट्रपति शासन समाप्त होने के बाद सक्षम विधानमंडल द्वारा इसमें कोई संशोधन किया सकेगा **(अनु. 357 (2))।**

अनु. 356-एक अवलोकन

भारतीय शासन व्यवस्था का स्वरूप संघात्मक होने के बावजूद भी केन्द्र के पास इतनी अधिक शक्तियाँ हैं कि केन्द्रीय व्यवस्थापिका (संसद) को न केवल राज्यों की सीमाओं में परिवर्तन करने का अधिकार है, वरन् विशेष दशाओं में केन्द्र को राज्यों की सरकारें निंलबित एवं बरखास्त करने का भी अधिकार है। राज्य सरकार के न रहने की दशा में हमारी संघात्मक व्यवस्था 'एकात्मक' प्रतीत होने लगती है। राज्य सरकार को हटाकर राष्ट्रपति शासन लगाने का प्रावधान (अनु. 356) न केवल संविधान निर्माण के दौरान वरन् संविधान लागू होने के बाद भी विवादों का केन्द्रबिन्दु रहा है। संविधान सभा के अनेक सदस्यों ने इस प्रावधान पर यह कहते हुए आपत्ति की थी कि, इससे राज्यों की स्वतंत्रता व स्वायत्तता खतरे में पड़ जाएगी और केन्द्र मनमानी करने लगेगा एच.वी.कामथ ने भावावेश भरे वक्तव्य में संविधान सभा को सम्बोधित करते हुए कहा कि, "जिस प्रकार हिटलर ने

सारी शक्तियों को हड़प लिया उसी प्रकार केन्द्र सरकार भी आपातकाल के नाम पर राज्यों की भी सभी शक्तियों को स्वयं में केन्द्रित कर लेना चाहती है...ईश्वर सदस्यों को सदबुद्धि दें कि वे इस प्रकार के अनुच्छेदों को संविधान में शामिल न होनें दें।" हृदयलाल कुंजरु ने कहा कि यदि कोई राज्य सरकार संवैधानिक गलती करती है तो उसे दंडित करने का अधिकार उसे चुनने वाले मतदाताओं को दे देना चाहिए, न कि केन्द्र सरकार को, क्योंकि राज्य की सरकार मतदाताओं को दे देना चाहिए, न कि केन्द्र सरकार को, क्योंकि राज्य की सरकार अपने मतदाताओं के प्रति ही उत्तरदायी है, न कि केन्द्र सरकार के प्रति अत: अनु. 356 का प्रावधान अलोकतांत्रिक है।

संविधान सभा में अय्यर नें इस प्रावधान के समर्थन में बोलते हुए कहा था कि, जो लोग इस अनुच्छेद का विरोध कर रहे हैं तो उसे आवश्यकता से अधिक भयंकर बता रहे हैं। उन्होनें कहा कि राष्ट्रपति किसी भी राज्य में आपातकाल तभी लगाएगा जब मंत्रिमंडल उसे ऐसा करने के लिए कह और मंत्रिमंडल यह जानता है कि आपातकाल का अनुमोदन उसे संसद से कराना होगा और संसद में उस राज्य के सदस्य भी होंगे जहाँ आपातकाल लगाया गया है। यदि आपातकाल अनुचित एवं अतार्किक है तो संसद कभी भी इसकी स्वीकृति नहीं देगी। उनके अनुसार संसद, सबकी कार्यपालिका द्वारा राज्यों में अनावश्यक रूप से लगाए गए आपातकाल का निरीक्षण करेगी– ऐसे में इसका दुरूपयोग नहीं हो सकता। अपने वक्तव्य के शुरू में उन्होंने आगे कहा कि इसका विरोध करने वाले सदस्य केवल इस अनुच्छेद के संभावित दुरुपयोग से भयभीत हैं, इसके प्रयोग (सद्प्रयोग) में निहित संभावित अच्छाइयों (राज्य की सरकार को संविधान के प्रावधानों के अनुसार काम करने के लिए अनुशासित बनाए रखना) को आँख से ओझल कर रहे हैं। डा. अम्बेडकर ने इस प्रावधान के सम्बन्ध में उठने वाली चिन्ताओं को एक आदर्शात्मक वाक्य बोलकर समाप्त करने का प्रयास किया, लेकिन स्वतंत्रता के बाद केन्द्र सरकारों के व्यवहार ने इस वाक्य को व्यर्थ ही सिद्ध किया है। **डा. अम्बेडकर ने कहा था कि,**

"....हम यह आशा करते हैं कि, इन अनुच्छेदों के प्रयोग की आवश्यकता नहीं होगी और ये संविधान की पुस्तकों में ही बने रहेंगे। यदि इन्हें कभी लागू किया जाता है तो यह आशा करता हूँ कि राष्ट्रपति किसी प्रांत के प्रशासन को निलंबित करने के पूर्व सभी उचित सावधानी बरतेंगे।"[5]

जिन प्रावधानों के बारे में यह कल्पना की गयी थी कि इनका प्रयोग शायद ही कभी होगा, उनका प्रयोग अबतक लगभग 110 से अधिक बार हो चुका है। अधिकतर मामलों में इस अनुच्छेद के क्रियान्वयन की आवश्यकता इसलिए पड़ी क्योंकि इकाई-राज्यों में सरकार का गठन करना असंभव था, लेकिन कुछेक मामलों में सरकार के गठन का प्रयास किए बिना ही केन्द्र सरकार ने अपने राजनीतिक लाभ के लिए राज्यों में राष्ट्रपति शासन लगाया है। **राष्ट्रपति शासन, सर्वप्रथम 1951 ई. में पंजाब में लगाया गया था।** 1952 ई. में पेप्सू (PEPSU—पटियाला ऐन्ड ईस्ट पंजाब स्टेट्स यूनियन) में लागू किया गया[6]

राष्ट्रपति शासन लगाने को लेकर दो बड़ी घटनाएं 1977 तथा 1980 ई. में हुई हैं। दोनों में ही अतिवादी राजनीतिक सोच का परिचय दिया गया। 1977 ई. में 9 राज्यों (उत्तर प्रदेश, बिहार, राजस्थान, मध्यप्रदेश, बंगाल, पंजाब, हरियाणा,.....) में कांग्रेसी सरकारों को यह कहते हुए जनता पार्टी सरकार (जो 1977 में हुए लोकसभा चुनावों में जीतकर केन्द्र में प्रथम बार गैर कांग्रेसी सरकार बनाने में सफल हुई थी) ने बरखास्त कर दिया और यह तर्क दिया कि इन राज्यों में कांग्रेस का एक भी सांसद चुनाव नहीं जीत सका है[7], जबकि इन राज्यों में कांग्रेस की सरकारें हैं, अतः यह माना जाना चाहिए कि, इन राज्यों की कांग्रेसी सरकारों ने जनता का विश्वास खो दिया है और जनता के विश्वास को खो देने के दशा में उन्हें पद छोड़कर नए चुनाव कराने चाहिए। केन्द्र सरकार के इस निर्णय के विरूद्ध राजस्थान राज्य ने एक याचिका सर्वोच्च न्यायालय ने दायर की।[8]

इस वाद में सर्वोच्च न्यायालय के 7 न्यायाधीशों की विशेष पीठ ने निर्णय देते हुए कहा कि, अनु. 356 के अन्तगर्त राष्ट्रपति शासन लगाने हेतु यह आवश्यक नहीं है कि, राष्ट्रपति केवल राज्यपाल की रिपोर्ट के अनुसार ही कार्य करे या उसके रिपोर्ट की प्रतिक्षा करे, यदि केन्द्र सरकार किसी अन्य कारण या आधार से संतुष्ट हो जाए कि राज्य को संविधान के उपबन्धों के अनुसार नहीं चलाया जा रहा है या नहीं चलाया जा सकता तो वह राष्ट्रपति से किसी राज्य सरकार को बरखास्त करने को कह सकता है। उस समय न्यायालय ने इस तर्क को मानने से इनकार कर दिया कि, अनु.

356 के अंतर्गत कोई कार्रवाई संसद के दोनों सदनों के अनुमोदन के बाद ही की जा सकती है। न्यायाधीशों के अनुसार, अनु. 356 में इस प्रकार की किसी सीमा का उल्लेख नहीं है, लेकिन न्यायाधीश गुप्ता और भगवती ने माना कि, यदि राष्ट्रपति ने दुर्भावनावश या किसी राजनीतिक प्रतिबद्धता या द्वेषवश यह निर्णय लिया है कि सरकार संविधान के प्रावधानों के अनुसार नहीं चल रही है तो न्यायालय इस द्वेष या दुर्भावना का परीक्षण कर सकता है। ऐसे मामलों में लगाया गया राष्ट्रपति शासन 'राष्ट्रपति के समाधान' पर आधारित नहीं कहा जा सकता है। तत्कालीन मुख्य न्यायाधीश चन्द्रचूड ने परामर्श दिया कि, सभी राजनीतिक दलों को मिलकर अनु. 356 के सन्दर्भ में एक स्वस्थ एवं संविधानसम्मत परम्परा स्थापित करनी चाहिए, जिससे कि अनु. 356 के स्वेच्छाचारी प्रयोग से बचा जा सके। ऐसी परम्पराएं केन्द्र सरकार द्वारा स्थापित की जाए, न कि न्यायालय द्वारा, क्योंकि अनु. 356 का प्रयोग केन्द्र सरकार ही करती है।

1977 ई. में बनी जनता पार्टी सरकार का आन्तरिक कलह के कारण 1980 में पतन हो गया, परिणामतः देश में लोकसभा के चुनाव कराए गए जिसमें कांग्रेस पार्टी को पूर्ण बहुमत प्राप्त हुआ। कांग्रेस पार्टी ने भी नौ राज्यों में (उत्तर प्रदेश, बिहार, राजस्थान, मध्य प्रदेश, पंजाब, उड़ीसा, गुजरात, महाराष्ट्र तथा तमिलनाडु) में जनता पार्टी सरकारों को यह कहते हुए बरखास्त कर दिया कि, वे जनता का प्रतिनिधित्व नहीं कर रही हैं, क्योंकि उन 9 राज्यों में कांग्रेस पार्टी के प्रत्याशियों (सांसदो) को जनता ने मत देकर विजयी बनाया है। वस्तुतः यह बरखास्तगी एक प्रकार से बदला लेने की कार्रवाई थी।

इन घटनाओं/कार्रवाहियों नें अनु. 356 को एक संवैधानिकता के आवरण में ढ़के हुए राजनीतिक हथियार के रूप में स्थापित कर दिया, जिसका प्रयोग केन्द्र सरकार राष्ट्रपति के साथ मिलकर इकाई राज्यों को दंडित करने में या अनायास परेशान या पीड़ित करने के लिए कर सकती है। 1980 के बाद देश में केन्द्र–राज्य सम्बन्धों को अनु. 356 के विशेष सन्दर्भ में परिभाषित करनें की माँग उठ़ने लगी। 1983 ई. में केन्द्र-राज्य सम्बन्धों के अध्ययन हेतु गठित सरकारिया आयोग ने 1987 ई. में प्रेषित अपने प्रतिवेदन में अनु. 356 के बारे में निम्नलिखित बातें कही थी–

1. अनु. 356 के अन्तर्गत राष्ट्रपति शासन की घोषणा करने के पूर्व इकाई राज्य को 'अंतिम चेतावनी' दी जानी चाहिए। इसे केवल उन्ही राज्यों में लागू करना चाहिए जहाँ इसे लागू न करने के गंभीर परिणाम होंगे। अनु. 356 का प्रयोग केन्द्र सरकार को 'अंतिम विकल्प' के रूप में ही करना चाहिए,

2. अनु. 356 में समुचित संशोधन करके यह प्रावधान किया जाना चाहिए कि इसका अनुमोदन एक निश्चित समय सीमा के भीतर संसद के दोनों सदनों द्वारा कराया जाए,

3. राज्यपाल द्वारा अनु. 356 के प्रयोग के सन्दर्भ में राष्ट्रपति को भेजी गई रिपोर्ट को संसद के दोनों सदनों में रखा जाए जिससे कि संसद यह जान सके कि, किस आधार पर राष्ट्रपति शासन लगाया गया है,

अनु. 356 और न्यायिक पुनरावलोकन

अनु. 356 के अन्तर्गत किसी राज्य में राष्ट्रपति शासन लगाने की शक्ति न्यायिक पुनरावलोकन के दायरे में आती है या नहीं- यह वाद-विवाद का विषय रहा है। इस संदर्भ में संघीय कार्यपालिका तथा सर्वोच्च न्यायालय के विचार मेल नहीं खाते। केन्द्र अपने अधिकार की बात करता रहा तो न्यायालय इकाई राज्यों के संवैधानिक स्वायत्तता की। 1992 ई. में अयोध्या कांड के बाद जब कुछ राज्य सरकारों को (मध्य प्रदेश, राजस्थान तथा हिमांचल प्रदेश) धर्मनिरपेक्षता के अनुपालन में असफल रहने के कारण बरखास्त किया गया था तो **एस. आर. बोम्मई बनाम् भारत संघ (1994) के बाद में सर्वोच्च न्यायालय की 9 सदस्यीय पीठ ने कहा था कि,** अनु. 356 के अन्तर्गत राष्ट्रपति शासन लगाने तथा विधानसभा भंग करने की राष्ट्रपति की शक्ति का सर्वोच्च न्यायालय पुनरीक्षण कर सकता है। वह उन कारणों का परीक्षण कर सकता है जिसके कारण किसी राज्य सरकार को बरखास्त कर विधानसभा भंग की गयी है। यदि जाँच में सर्वोच्च न्यायालय यह पाता है कि राज्य सरकार को गलत आधार पर पर्याप्त संवैधानिक आधारों के अभाव में केवल द्वेषवश बरखास्त किया गया है तो सर्वोच्च न्यायालय उस सरकार को प्रतिष्ठित कर विधानसभा को जीवित कर सकता है, अर्थात् सरकार के अनु. 356 लगाने की जाँच कर सकता है। इस वाद में न्यायालय ने कहा कि, राष्ट्रपति शासन लागू होने के साथ ही विधानसभा को भंग नहीं

किया जा सकता। इस सम्बन्ध में दिशा-निर्देश देते हुए माननीय सर्वोच्च न्यायालय ने कहा कि, राष्ट्रपति शासन की उद्घोषणा करके विधानसभा को निलंबित किया जा सकता है, लेकिन उसे तबतक भंग नहीं किया जा सकता जबतक कि संसद के दोनों सदनों का अनुमोदन न मिल जाए। न्यायालय ने कहा कि, संविधान के मूलभूत ढाँचे के उल्लंघन के आधार पर किसी भी राज्य सरकार को बरखास्त करके वहाँ अनु. 356 के अधीन राष्ट्रपति शासन लगाया जा सकता है क्योंकि मूलभूत ढाँचे का अनुपालन न करने की दशा में यह माना जाएगा कि यह सरकार संविधान के प्रति वचनबद्ध नहीं है। न्यायालय ने यह भी कहा कि, किसी राजनीतिक दल का भारी बहुमत से केन्द्र में सत्तारूढ़ होना किसी राज्य में विपक्षी दल की सरकार को बरखास्त करने का कारण नहीं हो सकता।

बोम्मई वाद के इस निर्णय के संदर्भ में यदि अनु. 356 का प्रयोग किया जाए तो बेहतर विकल्प सिद्ध होगा।

आर्थिक/वित्तीय आपात के बारे में प्रावधान (अनु. 360)

अनु. 360 (1) के अनुसार, यदि राष्ट्रपति का यह समाधान हो जाए कि ऐसी स्थिति उत्पन्न हो गयी है जिससे कि, भारत या उसके राज्यक्षेत्र के किसी भाग का वित्तीय स्थायित्व या आर्थिक साख संकट में है तो वह उद्घोषणा द्वारा इस आशय (वित्तीय आपातकाल) की घोषणा कर सकेगा।

यह उद्घोषणा संसद के प्रत्येक सदन के समक्ष दो माह के भीतर रखी जाएगी, यदि उस अवधि की समाप्ति के पूर्व संसद के दोनों सदन उसे अनुमोदित नहीं कर देते तो दो माह पूरा होने के बाद यह उद्घोषणा लागू नहीं रह जाएगी और यदि उद्घोषणा का अनुमोदन संसद के दोनों सदनों द्वारा कर दिया जाता है तो उद्घोषणा दो माह के आगे तबतक जारी रहेगी, जबतक कि इसे राष्ट्रपति द्वारा स्वयं न हटाया जाए। **वित्तीय आपातकाल एक बार संसद का अनुमोदन प्राप्त कर लेने के बाद कब हटाया जाएगा-इसका निर्धारण केवल राष्ट्रपति ही करेगा (अनु. 360(2))।** वित्तीय आपातकाल न तो संसद द्वारा 6-6 माह के लिए बढ़ाया जाएगा और न ही संसद वित्तीय आपातकाल समाप्त करने हेतु राष्ट्रपति पर किसी प्रकार का दबाब ही डाल सकती है, जैसा कि अनु. 352 के संदर्भ में है।

यदि राष्ट्रपति द्वारा वित्तीय आपातकाल की उद्घोषणा के दो माह के

भीतर ही लोकसभा का विघटन हो जाए या वित्तीय आपातकाल की उद्घोषणा, उस समय की जाए जब लोकसभा विघटित कर आम चुनाव कराने के आदेश जारी कर दिए गए हों तो उस दशा में वित्तीय आपातकाल की उद्घोषणा का अनुमोदन राज्यसभा द्वारा किया जाएगा, और सामान्य निर्वाचन के बाद नई लोकसभा को वित्तीय आपातकाल की उद्घोषणा का 30 दिन के भीतर अनुमोदन करना होगा, अन्यथा वित्तीय आपातकाल समाप्त हो जाएगा **(अनु. 360(2))**।

वित्तीय आपातकाल की उद्घोषणा का प्रभाव

वित्तीय आपातकाल लागू रहने के दौरान संघ की कार्यपालिका शक्ति का विस्तार हो जाता है, और वह किसी राज्य को वित्तीय मामलों में आवश्यक दिशा-निर्देश (राष्ट्रपति के द्वारा) भेज सकता है, जिसका पालन अनिवार्य होगा। इन दिशा निर्देशों के अन्तगर्त

(1) किसी राज्य के कार्यकलाप के सम्बन्ध में सेवा करने वाले सभी या किसी वर्ग के व्यक्तियों के वेतन और भत्तों में कमी की जा सकती है,

(2) धन विधेयकों या वित्त विधेयकों या इनसे जुड़े हुए अन्य किसी भी विधेयक को राज्य विधानमंडल द्वारा पाारित किए जाने के पश्चात् राष्ट्रपति के विचार हेतु आरक्षित किया जा सकता है,

(3) वित्तीय आपात के दौरान राष्ट्रपति संघ के अधीन सेवारत व्यक्तियों, जिनमें उच्च तथा उच्चतम न्यायालयों के न्यायाधीश भी शामिल हैं, के वेतन और भत्तों में कमी करने का निर्देश जारी कर सकता है।

भारत में वित्तीय आपातकाल की उद्घोषणा अबतक कभी नहीं की गई है।

संघ द्वारा दिए गए निदेशों का अनुपालन करने में या उनको प्रभावी बनाने में असफल रहने का प्रभाव (अनु. 365) - राज्यों में राष्ट्रपति शासन (अनु. 356) लगाने का एक और आधार

अनु. 365 के अनुसार, यदि संघ अपनी कार्यपालिका शक्ति का प्रयोग करते हुए इकाई राज्यों को कोई निर्देश दे और कोई राज्य उन निर्देशों का पालन न करे या पालन प्रभावी ढंग से न करे या पालन करने में असमर्थ रहे तो वहाँ राष्ट्रपति के लिए यह मानना विधिपूर्ण होगा कि, ऐसी स्थिति उत्पन्न हो गयी है कि, जिससे उस राज्य का शासन इस संविधान के उपबंधो के अनुसार नहीं चलाया जा सकता। जब राष्ट्रपति इस प्रकार का

निष्कर्ष निकाल लेगा, तो वह इसी आधार पर अनु. 356 का क्रियान्वयन भी उस राज्य में कर सकता है। तात्पर्य यह है कि संघ द्वारा दिए गए निर्देशों का अनुपालन इकाई-राज्यों के लिए अनिवार्य है। इस प्रकार के कुछ निर्देशों के उदाहरण इस प्रकार हैं–

केन्द्र किसी भी अन्तर्राष्ट्रीय संधियों या समझौतों को स्वीकार करने के बाद यदि आवश्यक हो तो किसी राज्य को इस सम्बन्ध में आवश्यक निर्देश जारी कर सकता है **(अनु. 253)**,

संघ, अनुसूचित जनजातियों के कल्याण के लिए राज्य को तत्सम्बन्धी नियमों-कानूनों के प्रभावी ढंग से क्रियान्वयन के बारे में निर्देश दे सकता है **(अनु. 339(2))** आदि।

ध्यातव्य रहे कि संविधान में संघ द्वारा दिए गए निर्देशों का अनुपालन न करने की दशा में केन्द्र सरकार इकाई राज्य की सरकार को पदच्युत कर वहाँ राष्ट्रपति शासन लगा सकती है, लेकिन संविधान में अनेक स्थानों पर संघ सरकार को भी आवश्यक निर्देश दिए गए हैं, जिनका पालन संघ की इच्छा पर निर्भर है, उसके लिए न्यायालय भी उसे बाध्य नहीं कर सकता। संघ सरकार से पालन हेतु अपेक्षित निर्देशों के उदाहरण इस प्रकार हैं–

नीति निदेशक तत्वों का सम्पूर्ण भाग (अनु. 36-51),

हिन्दी भाषा के विकास के लिए निर्देश (अनु. 351) आदि।

यदि संघ सरकार संविधान-निर्माताओं की आकांक्षाओं के अनुसार दिए गए संवैधानिक निर्देशों का पालन स्वेच्छा से नहीं करती है तो ऐसे संवैधानिक प्रावधानों का औचित्य एवं प्रासंगिकता ही संकटापन्न हो जाएगी और साथ ही संघ भी राज्यों से निर्देशों का पालन किस नैतिक शक्ति से करवाएगा जब वह स्वयं निर्देशों का पालन नहीं कर रहा है। ऐसी दशा में इकाई राज्यों द्वारा इन केन्द्रीय निर्देशों को भले ही दबाव या भय से क्रियान्वित किया जाए, लेकिन उनकी स्वयं की इच्छा समाप्त हो जाएगी। संघात्मक शासन में संवैधानिक अनुशासन सबसे बड़ी आवश्यकता होती है, जिसका पालन यदि स्वेच्छा एवं नैतिकता के स्थान पर दबाव या भय द्वारा किया जाएगा तो संघवाद के भविष्य पर ही प्रश्नचिन्ह लग जाएगा।

सन्दर्भ

A. 1971 ई. में आपातकाल लगाया गया था जो बाह्य आक्रमण के आधार पर था, यह 1977 तक चला, लेकिन 1975, ई आते-आते आपातकाल लंबे समय तक चलने के कारण अपनी तीव्रता खोने लगा था, लोग आपातकाल के अभ्यस्त हो चले थे, इसी बीच 1975 ई. में विपक्षी दलों के व्यापक विरोध शुरू हो गया, जिसे दबाने हेतु पुनः आंतरिक अशांति के नाम पर पुनः आपातकाल (अनु. 352) लगाना पड़ा। यह लंबे समय का दुष्परिणाम था।

1. श्यामलाल शकधर कृत, 'संविधान और संसद', वहीं पृष्ठ 312
2. जे. आर. सीवाच, वहीं, पृ. 104
3. जे. आर. सीवाच, वहीं, पृ. 104
4. जे. आर. सीवाच, वहीं, पृ. 104
5. संविधान निमात्री सभा, वाद-विवाद, खंड 9, पृ. 177
6. ग्रेनविल ऑस्टिन, वहीं पृ 216
6. इन 9 में से सिर्फ एक राज्य में एक कांग्रेसी सांसद चुना गया था।
7. राजस्थान राज्य बनाम भारत संघ, ए. आई. आर. 1977, एस.सी 1361।

20

संविधान का संशोधन (अनु. 368)

संविधान किसी भी देश का एक ऐसा प्रलेख होता है जिसमें नागरिकों की आकांक्षाओं को ध्वनि मिलने के साथ-साथ नागरिकों के पारस्परिक संबंधों, नागरिकों का राज्य के साथ सम्बन्धों और शासन के विभिन्न अंगों के बीच सम्बन्धों का विशद विवेचन होता है। किसी भी सुव्यवस्थित राज्य का मार्ग संविधान से होकर ही जाता है। जेलीनेक ने इसीलिए लिखा है कि संविधान के बिना कोई राज्य जीवित नहीं रह सकता, ठीक वैसे ही जैसे, कोई व्यक्ति बिना कपड़े के नहीं रह सकता। संविधान शासन के निरंकुश कार्यों को सीमित करता है, जनता के अधिकारों व स्वतंत्रताओं की रक्षा करता है तथा प्रभुसत्ता के कार्यक्षेत्र का निर्धारण करता है चाहे संविधान लिखित हो या अलिखित या परम्पराओं पर आधारित प्रकृति का हो, उसके प्रति सम्मान एवं आस्था की निरन्तरता भावी पीढ़ियों में भी बनी रहे, यह अति आवश्यक है। लोकतांत्रिक स्थिरता, संवैधानिक निरन्तरता और परिवर्तनशील सामाजिक-राजनीतिक परिस्थितियों के साथ साम्य व संतुलन ही संविधान की गरिमा और उसके प्रति जनसम्मान का आधार है। संविधान का एक धर्म होता है कि वह बदलती हुई परिस्थितियों में, उभरती हुई जनआकांक्षाओं के साथ स्वयं को समायोजित कर ले अन्यथा उसे उपेक्षा एवं अनादर सहना होगा। संविधान का अस्तित्व, भविष्य, प्रासंगिकता एवं उपयोगिता का आधार उसकी संशोधन करने की शक्ति एवं क्षमता होती है। यदि संविधान में संशोधन की प्रणाली या प्रक्रिया न रहे तो समय के साथ समाज आगे बढ़ जाएगा और संविधान के प्रावधान पीछे छूट जाएंगे, फलतः संविधान अप्रासंगिक हो जाएगा। समय के साथ-साथ मानव समाज वृद्धि एवं विकास की ओर अग्रसर होते हैं और यदि उनके यहाँ अपने आन्तरिक विकास की आवश्यकताओं को देखते हुए संवैधानिक परिवर्तन की व्यवस्था न हो तो संविधान गतिरोध व गिरावट के शिकार हो जाते हैं।[1] अतः लिखित संविधान का प्रमुख व

महत्वपूर्ण लक्षण या भाग संशोधन प्रणाली ही होती है। संविधान सभा में पं. नेहरू ने कहा था कि, "यह हो सकता है कि जिस संविधान को यह सदन बना रहा है वह स्वतंत्र भारत को संतुष्ट न कर सके। यह सदन आने वाली पीढ़ी या जनता को इस प्रकार बाँध नहीं सकता, जो कि किसी कार्य के लिए सम्यक रूप से हमारे उत्तराधिकारी होंगे।[2] उन्होनें पुनः कहा कि, "जब नया सदन संविधान के प्रावधानों के अनुसार निर्वाचित होता है, चाहे उसका नाम जो भी हो और भारत का प्रत्येक नागरिक मत देने का अधिकार रखता है, तब जिस सदन का जन्म होगा वह निश्चित रूप से भारतीय जनता के प्रत्येक वर्ग का पूर्ण प्रतिनिधित्व करेगा। इस प्रकार सम्यक रूप से निर्वाचित सदन को जैसा वह चाहे, परिवर्तन करने का सरल अवसर होना चाहिए।"[3]

प्रत्येक युग और पीढ़ियां अपने सभी मामलों में निर्णय लेने के लिए उसी प्रकार स्वतंत्र होनी चाहिए जिस प्रकार पिछला युग और पीढियां रही हैं। मृत्यु के बाद भी अपने लिखे हुए शब्दों से अपना शासन चलाते रहने के मिथ्या दंभ एवं विचार से बढ़कर धृष्टतापूर्ण क्रूरता दूसरी नहीं हो सकती। दिवंगतों को जीवितों के ऊपर शासन करने का अधिकार व कर्त्तव्य नहीं हो सकता। इस प्रकार संविधान में संशोधन के प्रावधान की उपस्थिति निर्विवाद है।

भारतीय संविधान के भाग 20 का एकमात्र अनुच्छेद, अनु. 368 भारतीय संविधान में संशोधन की प्रक्रिया सुनिश्चित करता है।

अनु. 368 (1) के अनुसार, इस संविधान में किसी बात के होते हुए भी संसद अपनी संविधायी शक्ति का प्रयोग करते हुए इस संविधान के किसी उपबंध का परिवर्तन परिवर्द्धन एवं निरसन के रूप में संशोधन इस अनुच्छेद में वर्णित प्रक्रिया के अनुसार करेगी।

इससे स्पष्ट है कि 'संशोधन' का संविधान के परिप्रेक्ष्य में 3 अर्थ निकलता है-परिवर्तन, परिवर्द्धन एवं निरसन। 'परिवर्द्धन' का तात्पर्य है कि समय की माँग को देखते हुए संविधान में कतिपय नए प्रावधानों को जोड़ देना। 'परिवर्तन' का तात्पर्य है, संविधान के किसी या कुछ भाग को हटाकर नए प्रावधानों का समावेश करना और 'निरसन' का अर्थ है संविधान के किसी उपबंध को (प्रगति के मार्ग में बाधक होने या अप्रासंगिक होने के कारण) निकाल देना। इस प्रकार, भारतीय संसद को संविधान के किसी प्रावधान को हटाने का, संविधान में कोई नया प्रावधान जोड़ने का और

किसी पुराने प्रावधान के स्थान पर नए प्रावधान लाने का अधिकार है। इस प्रकार का कोई भी काम संविधान का संशोधन माना जाएगा। संविधान का संशोधन करने की प्रक्रिया क्या होगी, इसका प्रावधान अनु. 368(2) में वर्णित है, जिसके अनुसार,

संविधान का संशोधन करने वाले विधेयक को संसद के किसी भी सदन (या तो लोकसभा या राज्यसभा) में पहले प्रस्तुत किया जा सकता है। संसद के दोनों सदन अलग-अलग अपनी कुल सदस्य संख्या के बहुमत तथा उपस्थित व मतदान करने वाले सदस्यों के दो-तिहाई बहुमत से संविधान संशोधन विधेयक को पारित करेंगे और तब फिर यह विधेयक राष्ट्रपति के समक्ष प्रस्तुत किया जाएगा, जो विधेयक को अपनी अनुमति देगा और उसके बाद संविधान तद्नुरूप संशोधित हो जाएगा **(अनु. 368(2))।**

परन्तु निम्नलिखित संशोधन प्रावधानों से सम्बद्ध विधेयक को राष्ट्रपति के समक्ष, अनुमति (हस्ताक्षर) के लिए प्रस्तुत किए जाने के पूर्व कम-से-कम आधे राज्यों के विधानमंडलों का संकल्प द्वारा पारित अनुसमर्थन भी आवश्यक होगा। ये प्रावधान इस प्रकार हैं

(क) अनु. 54 (राष्ट्रपति का निर्वाचक मंडल), अनु. 55 (राष्ट्रपति के निर्वाचन की रीति), अनु. 73 (केन्द्र की कार्यपालिका शक्ति का विस्तार), अनु. 162 (राज्यों की कार्यपालिका शक्ति का विस्तार) या अनु. 241 (संघ राज्य क्षेत्रों के लिए उच्च न्यायालय),

(ख) संविधान के भाग 5 का अध्याय 4 (संघ की न्यायपालिका अर्थात् उच्चतम न्यायालय से सम्बंधित कोई विषय), भाग 6 का अध्याय 5 (राज्यों के उच्च न्यायालय से संम्बधित कोई विषय) भाग 11 का अध्याय 1 (संघ और इकाई राज्यों के बीच विधायी शक्तियों का वितरण),

(ग) सातवीं अनुसूची की किसी सूची में (संघ, राज्य या समवर्ती सूची से सम्बद्ध कोई विषय),

(घ) संसद में राज्यों का प्रतिनिधित्व,

(ड.) स्वयं अनु. 368 के किसी प्रावधान में कोई संशोधन

संविधान के अनेक प्रावधानों में संसद को सामान्य विधि निर्माण प्रक्रिया द्वारा संशोधन करने का अधिकार है। ऐसे संशोधनों को अनु. 368 में वर्णित प्रक्रिया (दो-तिहाई बहुमत) की आवश्यकता नहीं होगी और न ही उसे

'संविधान का संशोधन' माना जाएगा। इस प्रकार के संवैधानिक प्रावधानों में परिवर्तन संसद के दोनों सदनों द्वारा अलग-अलग अपने बहुमत से किया जा सकेगा। **इस प्रकार के परिवर्तन निम्नलिखित प्रावधान या अनुच्छेदों में किए जा सकते हैं**

संघ में नए राज्यों का प्रवेश या नए राज्यों का निर्माण, वर्तमान राज्यों के क्षेत्रों, नाम या सीमाओं में परिवर्तन या पुनर्गठन (अनु. 2, 3, 4), नागरिकता से सम्बंधित प्रावधान (अनु. 11), संसदीय विशेषाधिकारों से सम्बंधित प्रावधान (अनु. 105 (3)), उच्चतम न्यायालय के न्यायाधीशों की संख्या (अनु. 124(1)), राज्यों में विधानपरिषदों के सृजन एवं उत्सादन से सम्बंधित प्रावधान (अनु. 169), अनुसूचित जाति एवं जनजाति से सम्बद्ध प्रावधान (5वीं अनुसूची का भाग घ), अनु. 59 (3), मंत्रियों के वेतन भत्ते (अनु. 75(6)), राज्यसभा के सभापति व उपसभापति और लोकसभा के अध्यक्ष व उपाध्यक्ष के वेतन-भत्ते (अनु. 97), सर्वोच्च न्यायालय के न्यायाधीशों के विशेषाधिकार, छुट्टी, पेंशन एवं अनुपस्थिति के सम्बन्ध में नियम (अनु. 125(2)), नियंत्रक महालेखापरीक्षक के वेतन, भत्ते एवं सेवा-शर्तें (अनु. 148(3)), राज्यपाल की उपलब्धियाँ, भत्ते एवं विशेषाधिकार सम्बंधी नियम (अनु. 158(3)), उच्च न्यायालय के न्यायाधीशों का वेतन (अनु. 221(2)), अनुसूची 2 में वर्णित अन्य महत्वपूर्ण संवैधानिक पदाधिकारियों के वेतन भत्ते, इसके अतिरिक्त निम्नलिखित अनुच्छेद भी इसी श्रेणी में आते हैं- अनुच्छेद 10, 53(3), 65(3), 73(2), 97, 98(3), 106, 120(2), 135, 142(1), 146(2), 148(3), 149, 171(2), 186, 187(3), 189(3), 194(3), 195, 210(2), 221(2), 225, 229(2), 239(1), 241(3), 283(1)(2), 285 (2), 287, 300(1), 313, 345 एवं 373।

इस प्रकार हम देखते हैं कि, भारतीय संविधान में तीन प्रकार से संशोधन किए जा सकते हैं

(A) सामान्य बहुमत से (जिसे अनु. 368 के अन्तर्गत 'संविधान का संशोधन' ही नहीं माना जाएगा),

(B) संसद के प्रत्येक सदन के बहुमत तथा उपस्थित एवं मतदान करने वाले सदस्यों के दो-तिहाई बहुमत से और

(C) संसद के प्रत्येक सदन के बहुमत तथा उपस्थित एवं मतदान करने वाले सदस्यों के दो-तिहाई बहुमत और आधे राज्यों के विधानमंडलों द्वारा पारित अनुसमर्थन संकल्प द्वारा।

यदि हम उपरोक्त 'C' को छोड दे तो कह सकते हैं कि भारतीय संविधान की संशोधन प्रणाली नम्य अर्थात् लचीली है। संघात्मक शासन और लिखित संविधान होने के बावजूद भी संशोधन प्रणाली के नम्य/सरल रहने पर **जवाहर लाल नेहरू ने कहा था कि,** "हम चाहते हैं कि संविधान को यथाशक्ति ठोस व स्थायी बनाएं किन्तु संविधान शास्वत नहीं होता, उसमें कुछ नम्यता होनी चाहिए। यदि संविधान को अनम्य व अपरिवर्तनशील बना दिया जाय तो देश की प्रगति अवरुद्ध हो जाएगी और एक सजीव, क्रियाशील एवं सावयव राष्ट्र की गति व हित में बाधा पड़ेगी। जो भी हो हमें कुछ अन्य बड़े राष्ट्रों जैसा संविधान नहीं बनाना चाहिए जो इतना कठोर हो कि उसे आसानी से बदलती हुई परिस्थितियों के अनुकूल ढ़ाला न जा सके।"[4]

संविधान संशोधन के लिए सुगम प्रक्रिया अपनाने का राजनीतिक महत्व भी था। वह यह था कि, यदि राजनीतिक प्रणाली में संशोधन की माँग जनता करती है और वह माँग विशाल रूप धारण कर लेती है तो परिवर्तन करना संभव होना चाहिए।[5] ऐसा न हो कि जनता की माँग आन्दोलन का रूप धारण कर ले और संविधान इतना अनम्य/कठोर हो कि उसे चाहकर भी तत्काल संशोधित नहीं किया जा सके।

इन परिस्थितियों को ध्यान में रखते हुए प्रारूप समिति ने ही फुल्टन के फार्मूले (कनाडा के सम्बन्ध में जब ब्रिटिश नार्थ अमेरिका ऐक्ट पारित किया गया तब डी. फुल्टन द्वारा निर्धारित प्रक्रिया के अनुसार, पूरे ऐक्ट को 5 श्रेणियों में बाँटा गया था और प्रत्येक श्रेणी में संशोधन करने की प्रक्रिया भिन्न-भिन्न थी)[6] पर चलते हुए संविधान के विभिन्न अनुच्छेदों में संशोधन करने की भिन्न-भिन्न प्रक्रिया लागू की सामान्य बहुमत, दो-तिहाई बहुमत और दो तिहाई बहुमत एवं आधे राज्यों का अनुसमर्थन। डा. भीमराव अम्बेडकर ने संविधान सभा में संशोधन के प्रावधान को प्रस्तुत करते हुए कहा था कि, "जो संविधान से असंतुष्ट हैं उन्हें बस दो-तिहाई बहुमत प्राप्त करना होगा। यदि वे वयस्क मताधिकार के आधार पर निर्वाचित संसद में दो-तिहाई बहुमत भी नहीं पा सकते हैं, तो यह समझा जाना चाहिए कि, संविधान के प्रति असंतोष में

(अर्थात् संविधान में संशोधन करने के प्रश्न पर) जनता उनके साथ नहीं है।"[7]

भारतीय संविधान की संशोधन-व्यवस्था से जो स्पष्ट संकेत मिलता है उसके अनुसार, संविधान-संशोधन की निम्नलिखित विशेषताएं द्रष्टव्य हैं

(1) संविधान में संशोधन करने की शक्ति एक निश्चित प्रक्रिया के अधीन संघीय व्यवस्थापिका (संसद) में निहित है और संवैधानिक-सम्मेलन बुलाने जैसी कोई व्यवस्था नहीं है,

(2) राज्य विधानमंडल संविधान संशोधन के लिए कोई विधेयक या प्रस्ताव प्रारंभ नहीं कर सकते, संशोधन की पहल करने का अधिकार केवल संसद को ही है,

(3) अनु. 368 के उपबंधों के अधीन रहते हुए संसद संविधान संशोधन विधेयक को उसी प्रकार पारित करती है जैसे कि कोई सामान्य विधेयक। **सामान्य एवं संविधान संशोधन विधेयक में दो अंतर हैं। एक-** सामान्य विधेयकों के सदंर्भ में संसद के दोनों सदनों में मतभेद की स्थिति में दोनों सदनों की संयुक्त बैठक (अनु. 108) आहूत की जा सकती है, लेकिन संशोधन के विधेयक पर दोनों सदनों में असहमति होने की दशा में संयुक्त बैठक नहीं बुलायी जा सकती क्योंकि संविधान संशोधन विधेयक दोनों सदनों द्वारा पृथक-पृथक पारित होना चाहिए। **दो** सामान्य विधेयकों को राष्ट्रपति संसद को पुनर्विचार के लिए वापस कर सकता है, लेकिन संसद के दोनो सदनों द्वारा सम्यक रूप से पारित संविधान संशोधन विधेयक को राष्ट्रपति संसद को पुनर्विचार के लिए वापस नहीं लौटा सकता,

(4) संविधान संशोधन विधेयक संसद के किसी भी सदन में प्रस्तुत किया जा सकता है, इसे प्रस्तुत करने के पूर्व राष्ट्रपति की अनुमति की आवश्यकता नहीं होती,

(5) अमेरिका में जहाँ संविधान संशोधन के लिए तीन–चौथाई राज्यों के विधानमंडलों के अनुसमर्थन की आवश्यकता होती है, वहीं भारत में मात्र आधे राज्यों की स्वीकृति अपेक्षित है।

अनु. 368 की प्रक्रिया के सम्बन्ध में अभी भी कुछ ऐसे प्रश्न हैं जिसके कारण स्थिति अभी तक अस्पष्ट बनी हुई है।

संविधान के सर्वाधिक महत्वपूर्ण भाग 'संशोधन प्रणाली' पर संविधान सभा ने अन्त में विचार किया था और अत्यंत शीघ्रतापूर्वक सदन ने इसे निपटा दिया था।[8] सदस्यों की जल्दबाजी के कारण इसमें अनेक कमियां रह गयी जिनकी ओर **प्रो. के. वी. राव ने संकेत करते हुए यह कहा कि, न्यायपालिका को इन्हें दूर करना होगा, जैसे-**

(1) संविधान संशोधन के सन्दर्भ में राज्यों की इच्छा जानने की पद्धति कौन सी है? भारतीय संविधान में अमेरिका की भाँति इकाई राज्यों को अपनी इच्छा व्यक्त करने के सम्बन्ध में एक निश्चित अवधि का प्रावधान नहीं है। एक प्रश्न यह भी है कि, क्या संशोधन प्रस्ताव सभी राज्यों के विधानमंडलों को भेजा जाएगा या केवल आधे राज्यों को भेजना पर्याप्त होगा? स्मरणीय है कि, तृतीय संविधान संशोधन आधे राज्यों द्वारा स्वीकृत होने पर ही पारित घोषित कर दिया गया था, जबकि कुछ राज्यों के विधानमंडलों में अभी उस पर विचार ही चल रहा था। तत्कालीन मैसूर सरकार ने इस पर आपत्ति भी की थी। यह प्रश्न इस दृष्टि से भी महत्वपूर्ण है कि, अमेरिकी राज्यों के विधानमंडल की भाँति भारतीय राज्यों के विधानमंडल स्थाई नहीं है। वे कभी भी स्थगित या विघटित हो सकते हैं। इस बात की संभावना से इनकार नहीं किया जा सकता है कि, विपक्षी दलों द्वारा शासित राज्यों की विधानसभाएं भंग करके केंद्र किसी संविधान संशोधन को अपने समर्थक राज्यों द्वारा पारित कराने का प्रयास करे। यह भी संभव है कि केन्द्र सरकार केवल अपने समर्थक राज्यों को ही संविधान संशोधन का प्रस्ताव भेजे और उन्हीं राज्यों के विधानमंडलों से प्रस्ताव पारित करा ले, अन्य राज्यों को संविधान संशोधन प्रस्ताव भेजा ही न जाय। यह भी संभव है कि, राज्य व्यवस्थापिका के उच्च सदन (विधान परिषद) द्वारा अस्वीकृत होने पर भी उस संशोधन प्रस्ताव को विधान सभा की स्वीकृति मिल जाने पर उसे पूरे विधानमंडल द्वारा पारित मान लिया जाए, अर्थात् राज्य विधानमंडल के दोनों सदनों में संविधान संशोधन के प्रश्न पर असहमति की दशा में क्या होगा, क्या विधानसभा की स्वीकृति या अस्वीकृति ही महत्वपूर्ण होगी या विधानपरिषद की इच्छा का भी सम्मान किया जाएगा? संविधान में यह भी स्पष्ट नहीं है कि विधानमंडल का अर्थ द्विसदनीय (विधानसभा एवं विधानपरिषद) से है या ऐसे राज्य जहाँ केवल विधानसभा ही अस्तित्व में है, उसे भी यह अधिकार होगा।

(2) भारतीय संविधान में न तो केन्द्र को यह निर्देश है कि कितने समय सीमा के भीतर संविधान संशोधन विधेयक पारित होना चाहिए और न ही राज्यों को यह निर्देश है कि, उन्हें कितने समय के भीतर अपने विधानमंडल द्वारा संविधान संशोधन विधेयक का अनुमोदन कराना अनिवार्य है। संविधान संशोधन विधेयक प्रस्तुत होने तथा उस पर कारवाई आरंभ होने के बाद यदि सामाजिक राजनीतिक परिस्थितियाँ अचानक बदल जाय तो क्या ऐसी दशा में किसी प्रारंभ हो चुके संविधान संशोधन विधेयक को केन्द्र सरकार वापस ले सकती है?

(3) क्या कोई राज्य एक बार किसी संविधान संशोधन के बारे में व्यक्त अपने विचार को बदल सकता है? अमेरिका में यह प्रावधान है कि, राज्यों द्वारा एक बार व्यक्त विचार बदला नहीं जा सकता, लेकिन यदि राज्य ने संविधान संशोधन प्रस्ताव को स्वीकार नहीं किया है तो वह पुनः स्वीकार कर सकता है।[8]

संविधान के प्रथम संशोधन के बाद ही यह प्रश्न उठाया गया कि क्या वैकल्पिक संसद, जो एकसदनीय है, इसे पूर्ण संशोधन निकाय माना जाय? क्योंकि संविधान द्वारा संशोधन शक्ति एक ऐसे निकाय को सौंपी गई है जिसके दो सदन हैं। यद्यपि न्यायाधीशों ने उस संसद के स्वरूप को व्यापक मानते हुए प्रथम संशोधन को मान्यता प्रदान कर दी, लेकिन यह प्रश्न पूर्ण विधिक सन्तुष्टि प्राप्त नहीं कर सका।

संविधान संशोधन की सीमाएं और उसका औचित्य

संविधान संशोधन को लेकर जो भी बौद्धिक संवाद तथा विधिक वाद-विवाद उपस्थित हुए, उनमें यह प्रश्न बार-बार उठता रहा है कि, संसद की संशोधन शक्ति की सीमाएं एवं परिधि क्या हैं? यह प्रश्न इस बात पर निर्भर करता है कि, हम 'संशोधन' शब्द का क्या अर्थ लेते हैं? मौलिक अधिकारों तथा संविधान संशोधन को लेकर जो वाद (मुकद्दमें) न्यायालय में संविधान लागू होने के बाद, दो दशकों के बीच आए, उनमें यह तर्क दिया गया कि, संसद की संविधान संशोधन की शक्ति के दायरे में सम्पूर्ण संविधान का पूरी तरह निराकरण करके उसके स्थान पर बिलकुल नया संविधान बनाने की शक्ति निहित है। **न्यायमूर्ति हंसराज खन्ना का विचार है कि,** संविधान के संशोधन का आशय यह है कि, पुराने संविधान का

मूल स्वरूप कायम रहे तथा उसमें परिस्थितिजन्य कुछ परिवर्तन किया जाए। संशोधन की शक्ति के अंतर्गत संविधान में बड़े-से-बड़े महत्वपूर्ण परित्वर्तन करने तथा युग की दशाओं एवं आवश्यकताओं को देखते हुए व्यवस्था में अपेक्षित परिवर्तन करने की अनुमति है, किन्तु संविधान की बुनियाद को या आधारभूत सांस्थानिक स्वरूप को हाथ लगाने की अनुमति नहीं है। अनु. 368 का ऐसा अर्थ नहीं लगाया जा सकता जिससे कि वह स्वयं संविधान को ही समाप्त करने का साधन बन जाए। **क्राफोर्ड नें 'द कान्स्ट्रक्शन ऑफ स्टैच्यूट्स' में लिखा है कि,** जब किसी कानून को पूर्णत: या अंशत: यथापूर्व रखते हुए उसमें कोई चीज घटा या बढ़ा दी जाए, या उसमें कोई परिवर्तन या फेरबदल कर दिया जाए, जिसका उद्देश्य उसे और भी पूर्ण, त्रुटिहीन या प्रभावशाली बनाना हो तो उसे उस कानून के 'संशोधन' की संज्ञा दी जाती है, लेकिन यह बात ध्यान में रखनी चाहिए कि, किसी भी कानून में संशोधन करना तथा उसे रद्द करना एक ही बात नहीं है। इस प्रसंग में **सूदरलैण्ड का कहना है कि,** किसी वर्तमान कानून की व्याप्ति या उसके प्रभाव में उसके उपबंधों को बढ़ाकर, घटाकर या बदलकर किए गए वे सभी परिवर्तन 'संशोधन' हैं, जिनके फलस्वरूप उस कानून का अस्तित्व पूरी तरह समाप्त नहीं होता, फिर चाहे ये संशोधन, निराकरण या पुनरीक्षण आदि इस सीमित उद्देश्य के लिए कोई अधिनियम लाकर किए गए हो या एक सर्वथा स्वतंत्र व मौलिक अधिनियम के जरिए किए गए हों।[10]

संसद की संशोधन शक्ति की सीमाओं के निर्धारण को केशवानंद भारती वाद[11] में मुख्य विषय बनाया गया। एक तरफ संसदीय सर्वोच्चता की स्थापना के लिए असीमित, अनियंत्रित एवं व्यापक संशोधन शक्ति का दावा था और दूसरी ओर, संविधान के व्याख्याता एवं संरक्षक के रूप में सर्वोच्च न्यायालय के सामनें यह प्रश्न था कि क्या संसद की संशोधन शक्ति न्यायिक पुनरावलोकन से परे होगी? 24 अप्रैल, 1973 को सर्वोच्च न्यायालय की उस समय तक की सबसे बड़ी पीठ[12] ने, अधिकतम समय की सुनवाई[13], अधिकतम विद्वान अधिवक्ताओं[14] के तर्कों एवं साक्ष्यों[15] के बाद अधिकतम निर्णय संख्या[16] और अधिकतम विस्तृत रूप में[17] 7 : 6 के बहुमत से केशवानंद वाद में निर्णय देते हुए कहा कि, अनु. 368 में वर्णित संशोधन शक्ति अत्यंत व्यापक है तथा संसद संविधान में संशोधन करने के

लिए सक्षम है, वह मूल अधिकारों में भी कोई संशोधन कर सकती है, किन्तु संसद कोई ऐसा संशोधन नहीं कर सकती जो संविधान की मूल संरचना को अथवा उसके मूलभूत तत्वों को अथवा उसके बुनियादी ढ़ाँचे को ही विनष्ट करता हो।

इस वाद में माननीय सर्वोच्च न्यायालय ने कहा कि, संसद के सदस्य पद ग्रहण करते समय संविधान के प्रतिरक्षण, परिरक्षण तथा संरक्षण की शपथ लेते हैं और संविधान में 'संशोधन' करने के लिए सक्षम है, लेकिन 'संशोधन' शब्द का प्रयोग संविधान की निरन्तरता को भंग करने के क्रम में नहीं किया जा सकता। **इस वाद में न्यायाधीश खन्ना ने कहा था कि,** "संविधान सार्वजनिक जीवन को व्यवस्थित रखने का साधन है, भूतकाल में उसकी जड़े हैं, वर्तमान में उसके बने रहने का प्रतिबिम्ब है और उसे एक अज्ञात व अनिश्चित भविष्य के लिए ही बनाया गया है।"[18]

संशोधन की असीम शक्ति का दावा इस तर्क के आधार पर किया जाता है कि, संसद जनता की इच्छाओं की लोकतांत्रिक अभिव्यक्ति है और यह जनता की सर्वोच्च अभिव्यक्ति है। जनप्रतिनिधियों की शक्ति को सीमित मानना, वस्तुतः जनता की शक्ति को सीमित मानना है। **सम्पत्ति के अधिकार पर संविधान निर्मात्री सभा में बोलते हुए पं. नेहरू ने कहा था कि, "कोई सर्वोच्च न्यायालय अथवा कोई न्यायपालिका संसद की संप्रभु इच्छा को स्वयं के विचाराधीन नहीं बना सकती। संसद सम्पूर्ण देश की इच्छा का प्रतीक है....सम्पूर्ण संविधान संसद की कृति है। न्यायाधीशों का कार्य यह देखना है कि, कुछ ऐसा न कर दिया जाए जो संविधान के प्रतिकूल हो अथवा देश के कल्याण के प्रतिकूल हो अथवा व्यापक अर्थों में समाज के हितों के प्रतिकूल हो।"** पं. नेहरू ने यह भी स्पष्ट किया कि न्यायालय को सार्वजनिक कल्याण के संदर्भ में अधिनियमों पर पुनर्विचार करना है। यह बात समझ में नहीं आती कि, सार्वजनिक कल्याण की व्याख्याता संसद है या न्यायपालिका। यदि दो संस्थाएं सार्वजनिक कल्याण की व्याख्या कर रही हैं तो यह संभव है कि, कभी ऐसा समय आए कि दोनों की व्याख्याएं एक-दूसरे से भिन्न हो जांय। **पं. नेहरू के अनुसार, ऐसी दशा में संसद सर्वोच्च है और सामाजिक सुधारों को क्रियान्वित करने के लिए संसद द्वारा उठाए गए कदमों में न्यायाधीशों का हस्तक्षेप नहीं होना चाहिए। यदि हस्तक्षेप किया गया तो पं. नेहरू**

ने चेतावनी दी थी कि, या तो संविधान को बदला जा सकता है या न्यायपालिका में ऐसे न्यायाधीशों को नियुक्त किया जा सकता है जो सरकार के मनोनुकूल हो। बाद में आगे चलकर जब उनकी बेटी इंदिरा गाँधी प्रधानमंत्री बनी तो उन्होंने सर्वोच्च न्यायालय के मुख्य न्यायाधीश के पद पर ए. एन. रे को बैठाया तथा उनसे वरिष्ठ न्यायाधीश शैलेट, हेगड़े तथा ग्रोवर के वरिष्ठता की उपेक्षा कर दी, और उन्होनें भी वही तर्क दिया जो पं. नेहरु ने दिया था।

यह बात स्वीकार नहीं की जा सकती कि, एकमात्र संसद ही जनता की इच्छाओं को प्रतिविम्बित करती है, क्योंकि प्रतिनिधि तो एक निर्धारित समय के लिए चुने जाते हैं, लेकिन संशोधन संविधान का स्थायी अंग बन जाता है। इसलिए एक निश्चित अवधि के लिए निर्वाचित प्रतिनिधियों को संविधान में मूलभूत परिवर्तन करने का अधिकार नहीं दिया जाना चाहिए। संविधान में संशोधन का आकार और अधिकार एक निश्चित सीमा के बाहर नहीं होना चाहिए। यह सीमाएं वर्तमान राजनीतिक सभ्यता व संस्कृति की उपलब्धि है और प्रत्येक देश का शासन इन सीमाओं का अतिक्रमण करने से बचने का प्रयास करता है। यह सत्य है कि, संसद जनइच्छाओं का प्रतीक व प्रतिनिधि है लेकिन इस उच्च स्थिति के बाद भी उसकी अपनी मर्यादाएं व सीमाएं बनी हुई हैं। वह जनइच्छा के नाम पर मनमाने निर्णय लेकर संविधान संशोधन नहीं कर सकती। जैसे **संसद यह कभी नहीं कह सकती कि, यदि देश की जनता माँग करे कि देश में लोकतांत्रिक शासन की जगह तानाशाही लायी जाए, तो संसद को तानाशाही लाने का कानून बना देना चाहिए अथवा यदि देश की जनता बहुमत के नाम पर माँग करे कि देश को दो टुकड़ों में बाँट देना चाहिए, तो क्या संसद ऐसा कानून बना सकती है? कभी नहीं। वस्तुतः राजनीतिक जीवन में सामान्य जन की मानसिकता पर बहुत सारे दबाव दिखाई देते हैं। इसलिए यह संभव है कि जनता अपने निर्णय से अपनी स्वतंत्रता एवं अपने गणतांत्रिक-लोकतांत्रिक ढ़ाँचे को ही समाप्त करने की माँग शुरु कर दे। इस प्रकार के जननिर्णयों तथा उनके प्रभाव में आकर बनाए गए कानूनों को यदि न्यायपालिका अवैध घोषित कर दे तो क्या इसे न्यायपालिका का विधायिका के कार्यों में हस्तक्षेप माना**

जाएगा? संविधान में संशोधन करने की शक्ति एवं क्षमता के दुरुपयोग की संभावनाएं काल्पनिक नहीं हैं। 39 वें संविधान संशोधन का प्रावधान (जिसमें कहा गया था कि राष्ट्रपति, उपराष्ट्रपति, प्रधानमंत्री तथा लोकसभाध्यक्ष के निर्वाचन को चुनौती देने वाली कोई याचिका स्वीकार नहीं की जाएगी (अर्थात् इन पदों पर यदि कोई व्यक्ति गलत तरीके से चुनाव जीतकर भी पहुँच जाए तो इनका निर्वाचन रद्द नहीं कराया जा सकता क्योंकि कोई न्यायिक उपचार उनके विरुद्ध नहीं मिलेगा) तथा 42वें संविधान संशोधन में छिपी महात्वाकांक्षाएं इस संभावना को बल प्रदान करती हैं। वस्तुतः भारतीय राजनीति के चरित्र को देखते हुए संसद की संशोधन शक्ति को असीमित मानना आत्मघाती एवं विनाशकारी होगा।

संविधान के मौलिक ढाँचे का सिद्धान्त

संविधान के दुरुपयोग की चर्चा इसलिए की गयी कि यह सुनिश्चित किया जा सके कि संशोधन शक्ति पर सीमाएं होनी चाहिए। चूँकि संविधान निर्माताओं ने संशोधन शक्ति पर कोई स्पष्ट परिसीमा नहीं लगायी, इससे कार्यपालिका एवं व्यवस्थापिका ने यह मान लिया कि, संशोधन शक्ति पर कोई सीमा ही नहीं है। इससे व्यक्तियों के मूल अधिकार, लोकतांत्रिक मानदंड तथा संवैधानिक मूल्य खतरे में पड़ गए, परंतु यह खतरा जड़ जमाए, उसके पूर्व ही सर्वोच्च न्यायालय ने (जिसे संविधान निर्माताओं ने संविधान का व्याख्याता एवं संरक्षक माना है) केशवानंद भारती वाद में, संविधान संशोधन पर सीमा के रूप में 'संविधान की मौलिक संरचना' का सिद्धान्त देकर न केवल एक वैधानिक तथ्य का प्रतिपादन किया, बल्कि एक राजनीतिक मापदंड या कसौटी भी दे दिया। एक अल्प राजनीतिक चेतना वाले समाज में न्यायालय द्वारा निर्धारित मापदंड ही वहाँ की कार्यपालिका एवं व्यवस्थापिका को सीमाओं में रख सकता है। यद्यपि मौलिक संरचना को अस्पष्ट, स्थैतिक, गतिहीन या असंशोध्य बताकर उसकी आलोचना की जाती है किन्तु व्यावहारिक राजनीतिक अनुभव यह बताता है कि, मौलिक संरचना की अवधारणा वह धुरी है जो हमारे राजनीतिक व संवैधानिक जीवन को स्थिरता प्रदान करती है और साथ ही यह अवधारणा एक ऐसा केन्द्र है जो हमारे सामाजिक एवं आर्थिक प्रगति के अधिनियमों का निरंतर संदर्भ बनी रह सकती है। प्रगतिशील एवं समयानुकूल अधिनियमों का यह उद्देश्य नहीं

होता कि वे उपलब्ध संवैधानिक-राजनीतिक आदर्शों/मूल्यों को नष्ट करते रहें। कुल मिलाकर मौलिक संरचना के उपकरण न तो सामाजिक अधिनियमों के प्रतिकूल हैं और न ही सभ्य, स्वतंत्र एवं उन्नत राजनीतिक समाज में इनकी अवहेलना की जा सकती है।

संसद की संशोधन शक्ति की क्षमता पर मौलिक संरचना का सिद्धान्त एक प्रभावी एवं स्पष्ट सीमा आरोपित करता है। वस्तुत: इस सीमा का निर्धारण परिस्थितिजन्य निर्णय था। तत्कालीन कार्यपालिका (श्रीमती गाँधी के नेतृत्व में), व्यवस्थापिका में अपने बहुमत का प्रयोग अविवेकपूर्ण ढ़ंग से संविधान में मनमाने संशोधन करने में कर रही थी, इन संशोधनों का जनहित से कोई सम्बन्ध नहीं था। ऐसी दशा में सर्वोच्च न्यायालय ने संशोधनों की गति रोककर संविधान की गरिमा को सुरक्षित रखने का सफल व सार्थक प्रयास किया। **संसद की संशोधन शक्ति का सीमांकन सर्वोच्च न्यायालय की एक विशिष्ट उपलब्धि है। संविधान की मूल संरचना या मौलिक ढ़ाँचे का तात्पर्य उन आधारभूत संवैधानिक मूल्यों से है, जिनकी प्राप्ति के लिए ही हमने संविधान का निर्माण किया है। वे मूल्य हमारे संवैधानिक यात्रा के लक्ष्य हैं, इस लक्ष्य तक पहुँचना ही हमारी राजनीतिक व्यवस्था का अभिष्ट है। यदि ये मूल्य रूपी लक्ष्य समाप्त हो जाएंगे, तब हमारी लोकतांत्रिक यात्रा पथ से भटक जाएगी और जब लोकतंत्र ही भटक जाएगा तो मूल अधिकार व्यक्ति की गरिमा आदि बातें थोथी व निरर्थक हो जाएंगी। यह स्थिति अराजकता की होगी। सर्वोच्च न्यायालय किसी भी कानून या संविधान संशोधन का संवैधानिक पुनरीक्षण कर सकता है और यदि वह संविधान की मौलिक संरचना के प्रतिकूल है तो उसे रद्द घोषित कर सकता है।**

संविधान निर्माताओं नें सर्वोच्च न्यायालय की शक्तियों को सीमित रखना चाहा था, किन्तु संसद की शक्तियों पर वे किसी प्रकार की कोई सीमा आरोपित नहीं करना चाहते थे। इसलिए अमेरिकी संविधान में निहित 'विधि की उचित प्रक्रिया' के स्थान पर उन्होंने जापान के संविधान में वर्णित 'विधि द्वारा स्थापित प्रक्रिया' शब्दावली को ग्रहण किया। लगभग दो दशकों तक सर्वोच्च न्यायालय नें इस व्यवस्था को स्वीकार किया, किन्तु सर्वोच्च न्यायालय के ऊपर संविधान की रक्षा का दायित्व भी है। इस दायित्व के उचित निर्वहन तथा तत्कालीन राजनीतिक परिस्थितियों की दिशा को देखते

हुए सर्वोच्च न्यायालय ने संविधान संशोधन की असीमित शक्ति में निहित संसदीय सर्वोच्चता के तर्क को अस्वीकार कर दिया। **कहा जा सकता है कि, सर्वोच्च न्यायालय ने संविधान की मौलिक संरचना के सिद्धांत के सहारे संसदीय वर्चस्व के भ्रमजाल को तोड़ दिया। इस सिद्धान्त ने सर्वोच्च न्यायालय को वह शक्ति प्रदान की जो अमेरिका के सर्वोच्च न्यायालय के पास भी नहीं है और वह शक्ति है, संविधान संशोधन का पुनरीक्षण करते हुए उसे वैध या अवैध ठहराना। संविधान संशोधन की सीमा के रूप में मौलिक संरचना का सिद्धांत इतना महत्वपूर्ण बन गया है कि, इसके अभाव में जनता, और देश को लोकप्रतिनिधियों के अनुचित एवं असंवैधानिक कार्यों से बचाना कठिन हो जाता।**

संसद की संशोधन शक्ति पर मर्यादा की आवश्यकता को संसद ने 39वें संशोधन द्वारा सर्वोच्च न्यायालय को काफी सीमा तक महसूस करा दिया था। 'एलेक्शन केश[19] के निर्णय को महात्वाकांक्षी राजनेता एवं संसदीय सम्प्रभुता के समर्थक सांसद एक चुनौती के रूप में स्वीकार किए। धीरे–धीरे यह प्रयास होने लगा कि, संसद को एक–एक करके सम्पूर्ण बन्धनों तथा सीमाओं से मुक्त करा दिया जाए। 42वाँ संशोधन, जो एक लघु संविधान कहा जा सकता है, सत्ताधारी दल के इस प्रयास का सुन्दर व स्पष्ट उदाहरण है। इसके द्वारा अनु. 368 (4) में यह प्रावधान जोड़ा गया कि संसद द्वारा पारित संविधान संशोधन विधेयक (यदि वह समुचित बहुमत से पारित न हुआ तो भी या हमारे संघात्मक ढ़ाँचे को प्रभावित करने वाला विधेयक आधे राज्यों के विधानमंडलों को नहीं भेजा जाता है तो भी) राष्ट्रपति के पास भेजे जाने पर उसे अपनी अनिवार्य सहमति देनी पड़ेगी और न्यायालय ऐसे किसी विधेयक की संवैधानिकता पर विचार नहीं कर सकते। इस प्रकार संसद को संविधान संशोधन सम्बन्धी प्रक्रियात्मक बन्धनों से भी मुक्त कर दिया गया। 29 अक्टूबर को उपरोक्त आशय का एक संविधान संशोधन विधेयक लोकसभा में प्रस्तुत किया गया और 2 नवंबर, 1976 को पारित करा लिया गया। राज्यसभा में प्रेषित होने पर, 14 नवंबर, 1976 को तत्कालीन विधिमंत्री श्री एच. आर. गोखले ने इस संशोधन विधेयक के उद्देश्यों की ओर इशारा करते हुए कहा कि, "विधेयक न केवल संविधान के संशोधन की सर्वोपरिता को स्थापित करता है, वरन् किसी भी शंका से

परे यह स्पष्ट करता है कि, संविधान संशोधनों की वैधानिकता को सुनिश्चित करना न्यायालय का कार्य नहीं है। संसद द्वारा किए गए संविधान संशोधन पर विचार करने की शक्ति किसी भी न्यायालय को नहीं होगी और संविधान संशोधन किसी भी प्रकार के न्यायिक पुनरावलोकन से परे होगा।"

उपरोक्त विचार केवल इसलिए रखे गए हैं कि, जिससे यह सिद्ध हो सके कि, जबतक जनता एवं संसद न्यायपालिका एवं संविधान के उपर अपना प्रभुत्व कायम रखने की कोशिश करती रहेगी, मौलिक संरचना का सिद्धान्त अपरिहार्य सीमा के रूप में अपनी शास्वत उपयोगिता व प्रासंगिकता से निखार पाता रहेगा।

आज हम देख सकते हैं कि भारत का सर्वोच्च न्यायालय 'कानून की उचित प्रक्रिया' की ओर कदम बढ़ा चुका है। जनहित याचिकाएं इसी के एक कड़ी के रूप में देखी जा सकती हैं। लोकप्रियता की राजनीति जब सत्ता में बनें रहने का सूत्र या माध्यम बन गयी तो ऐसे में सर्वोच्च न्यायालय ने उस पर विचारपूर्वक एक विवेकसम्मत सीमा लगा दी। संविधान संशोधन की शक्ति एवं इसके दुरुपयोग के बारे में न्यायपालिका की चिन्ता को भली-भाँति समझा जा सकता है।

मौलिक संरचना सिद्धान्त की समीक्षात्मक आलोचना

न्यायपालिका द्वारा प्रस्तुत मौलिक संरचना सिद्धान्त एक ऐसा लिट्मस टेस्ट है जिससे होकर ही कोई संविधान संशोधन वैधता प्राप्त कर सकता है। यह सिद्धांत सर्वोच्च न्यायालय को संविधान निर्मात्री संस्था के रूप में प्रतिष्ठित कर देता है। यह निरंतर बनी रहने वाली स्थायी संविधान निर्माण की प्रक्रिया है जिसे सर्वोच्च न्यायालय मौलिक संरचना सिद्धान्त के बहाने चला रही है। **आलोचकों ने इसे 'न्यायपालिका द्वारा शासन करने की प्रवृत्ति' का श्रीगणेश बताया। न्यायपालिका को तो किसी भी अर्थ में जनता का प्रतिनिधि नहीं कहा जा सकता है।** वस्तुत: न्यायपालिका की कोई धारणा जनादेश पर आधारित नहीं होती, वह तो न्यायाधीशों की व्यक्तिगत मान्यताएं और उनके गंभीर संवैधानिक चिंतन से उत्पन्न होती है। परंतु यह कहाँ तक उचित व लोकतांत्रिक है कि इन व्यक्तिगत धारणाओं को संविधान पर आरोपित करते हुए जनप्रतिनिधियों के विचारों की अनदेखी की जाए?

मौलिक संरचना के तत्व स्पष्ट व सम्पूर्ण रूप से घोषित न होने के

कारण न्यायपालिका को असीमित अधिकार मिल गया है, कि वह जब, जैसे चाहे संविधान की व्याख्या कर सकती है। जब संविधान में कार्यपालिका एवं व्यवस्थापिका की सीमाएं वर्णित हैं तो न्यायपालिका का यह असीम अधिकार संविधान में वर्णित तीनों अंगो के पारस्परिक सन्तुलन के प्रतिकूल है। **व्यवस्थापिका की उत्श्रृंखला से संविधान को बचाने के लिए ही न्यायपालिका को मौलिक संरचना सिद्धांत प्रतिपादित करने की आवश्यकता पड़ी थी, लेकिन जब न्यायपालिका ही उत्श्रृंखलता का शिकार हो जाए तो क्या उपाय है? यह न्यायपालिका की निरंकुशता का जीवंत प्रतीक बनता प्रतीत हो रहा है और लोकतंत्र में कोई भी संवैधानिक संस्थान निरंकुश व्यवहार करके जनता की उपेक्षा एवं जनाक्रोश का शिकार बन जाएगा।**

आलोचकों के अनुसार, मौलिक संरचना सिद्धान्त ने एक प्रकार के अनिश्चय को भी जन्म दिया है। संसद यह जान नहीं पाती कि, उसका अधिकार क्षेत्र क्या है? ऐसी दशा में संसद निरंतर न्यायपालिका का मुँह देखती रहेगी, पर क्या न्यायपालिका भी जानती है कि मौलिक संरचना सिद्धांत न्यायपालिका के अधिकारों को कहाँ तक विस्तृत कर सकता है? अर्थात् न्यायपालिका की सीमाएं क्या है? जितना भ्रम संसद को है, उतना ही अनिश्चय न्यायपालिका के मन में भी है। यह स्थितियाँ सुखद नहीं है। **उदाहरण के लिए-** सर्वोच्च न्यायालय ने अपने निर्णयों में 'शक्ति पृथक्करण' तथा 'संसदीय शासन' दोनों को ही भारतीय संविधान की मौलिक संरचना घोषित कर रखा है। लेकिन यदि ध्यान से देखें तो ज्ञात होगा कि किसी भी संवैधानिक व्यवस्था में ये दोनों साथ-साथ चल ही नहीं सकते। क्योंकि शक्ति पृथक्करण (अर्थात् व्यवस्थापिका, कार्यपालिका तथा न्यायपालिका, तीनों की शक्तियों एवं अधिकार क्षेत्र का पृथक-पृथक एवं स्वतंत्र होना) अध्यक्षात्मक शासन प्रणाली की मुख्य विशेषता है और संसदीय शासन में कार्यपालिका एवं व्यवस्थापिका परस्पर अन्तंर्सम्बन्धित होती हैं। भारत के सम्बन्ध में संसदीय शासन की बात की जाती है और यहाँ अमेरिका की भाँति शक्ति पृथक्करण संभव नहीं है, लेकिन सर्वोच्च न्यायालय ने दोनों को एक साथ संभव मानते हुए दोनों को ही मौलिक संरचना घोषित कर दिया है, कैसे? भारत के संदर्भ में व्यवस्थापिका एवं कार्यपालिका, न्यायपालिका

से हो पृथक रह सकते हैं (ऐसा संविधान के अनु. 50 में वर्णित है) किन्तु आपस में नहीं। यदि ऐसा हुआ तो वह संसदीय प्रणाली नहीं रह जाएगी। **अब प्रश्न उठता है कि हम सर्वोच्च न्यायालय (जो संविधान का संरक्षक एवं व्याख्याता है) की बात मानें या अपने संविधान की?**

संविधान के मौलिक तत्व कौन से हैं? इसका निर्धारण कौन करे? किसकी व्याख्या उचित मानी जाए? यदि न्यायालय मौलिक संरचना के तत्वों का निर्धारण कर सकती है तो सर्वोच्च जनप्रतिनिधि निकाय/संस्था होने के कारण संसद इन तत्वों का निर्धारण क्यों नहीं कर सकती? संसद की संवैधानिक व्याख्या को क्यों स्वीकार नहीं किया जाए?

किसी भी जनतांत्रिक समाज में जनता के प्रतिनिधि ही लोक नीतियों के निर्णायक होते हैं क्योंकि वे चुनकर आते हैं, न्यायाधीश निर्वाचित नहीं होते। वे जनप्रतिनिधियों की भाँति अपने कार्यों (निर्णयों) के लिए उत्तरदायी भी नहीं होते। **इसके बावजूद भी यह देखा गया है कि न्यायालय के निर्णय के प्रकाश में कानून व संविधान में संशोधन तक किए गए हैं, जैसे शिक्षा के अधिकार को सर्वोच्च न्यायालय नें अपने अनेक निर्णयों में[20] मूल अधिकार के परिप्रेक्ष्य में परिभाषित किया है और इसे 'जीवन के अधिकार' के साथ जोड़कर देख है, क्योंकि शिक्षा ही किसी बच्चे को उसके राष्ट्र एवं संस्कृति से जोड़ने में मदद करती है और अशिक्षित व्यक्ति का जीवन गरिमामय नहीं हो सकता क्योंकि वह अपने अधिकारों कर्त्तव्यों तथा सामाजिक सरोकारों से अनभिज्ञ हो जाएगा। फलतः 86वाँ संविधान संशोधन (2002 ई.) करके संविधान ने अनु. 21 'A' जोड़कर यह व्यवस्था संसद ने की कि, '6-14 वर्ष की आयु के बच्चों को अनिवार्य व निशुल्क शिक्षा प्राप्त करना उनका मूलाधिकार होगा।"**

सर्वोच्च न्यायालय ने अपने निर्णयों में कई बार इस बात की आवश्यकता बताई कि, जोड़-तोड़ द्वारा सरकार बनाने की प्रवृत्ति ठीक नहीं है, इससे सरकारें अस्थिर होती हैं और वे उत्तम ढ़ंग से काम नहीं कर पाती। यदि मंत्रिमंडल की सदस्य संख्या सीमित व सुनिश्चित हो तो इससे दल-बदल तथा राजनीतिक सौदेबाजी रोकने में मदद मिलेगी। इसे ध्यान में रखकर ही

91वाँ संविधान संशोधन विधेयक पारित किया गया, जिसके अनुसार, केंन्द्र व राज्यों में क्रमश: प्रधानमंत्री व मुख्यमंत्री सहित मंत्रियों की कुल संख्या निचले सदन में सदस्यों की कुल संख्या के 15% से अधिक नहीं होनी चाहिए। छोटे राज्यों में, जहाँ विधायकों की संख्या कम है, मंत्रियों की अधिकतम संख्या 12 होगी। यह कानून जम्मू-कश्मीर में लागू नहीं होगा। दिल्ली के मामले में, विधानसभा की सदस्य संख्या 70 होने के बावजूद राष्ट्रीय, क्षेत्र, दिल्ली अधिनियम, 1993 के अन्तर्गत मंत्रियों की अधिकतम संख्या 7 ही हो सकती है।

इसी प्रकार, यूनियन ऑफ इंडिया बनाम एसोशियसन फॉर डेमोक्रेटिक रिफॉर्म (2002) तथा पीपुल्स यूनियन फॉर सिविल लिबर्टीज बनाम भारत संघ (2003) के वाद में सर्वोच्च न्यायालय का जो निर्णय आया उसके अनुरूप ही जनप्रतिनिधित्व अधिनियम (1951) में संशोधन करके यह अनिवार्य कर दिया गया कि, चुनाव लड़ने वाले उम्मीदवारों को अपने आपराधिक रिकार्ड, चल-अचल सम्पति, बकायों, शैक्षिक योग्यता आदि के बारे में पूरी जानकारी देनी होगी।

एस. पी. गुप्ता बनाम द यूनियन ऑफ इण्डिया (1982) तथा बाम्बे इन्वायरमेन्टल ऐक्शन ग्रुप और अन्य बनाम पुणे कैन्टोन्मेन्ट बोर्ड आदि के मामलों में सर्वोच्च न्यायालय द्वारा दिए गए निर्णय के अनुरूप ही संसद ने सूचना के अधिकार विधेयक (2005 ई.) को पारित कर यह कानून बनाया कि, किसी व्यक्ति के जीवन व स्वतंत्रता से जुड़े मुद्दों पर 48 घंटों के भीतर सूचना सुलभ करानी होगी। ऐसा कानून सूचना अधिकारी हेतु बाध्यकारी है। कोई भी सूचना 30 दिन से अधिक समय के लिए टाली नहीं जा सकती। इस विधेयक में गलत या झूठी सूचना देने पर या समय से सूचना न देने पर दंड की व्यवस्था है।

अब तक वायु प्रदूषण, जल प्रदूषण तथा ध्वनि प्रदूषण पर जितने भी कानून बने हैं, उनमें से अधिकांश सर्वोच्च न्यायालय द्वारा दिए गए निर्णयों के अनुपालन हेतु बनाए गए हैं।

उपरोक्त उदाहरण तो कुछ नमूने मात्र हैं, जहाँ न्यायपालिका ने निर्णय दिया और संसद ने उन निर्णयों के आलोक में कानूनों का

निर्माण किया, कहीं हम न्यायिक विधायन (न्यायिक निर्णयों के प्रकाश में कानूनों का निर्माण) के युग में तो प्रवेश नहीं कर रहे हैं? एस. के. त्रिपाठी का यह मत है कि, "सर्वोच्च न्यायालय ने जनहित याचिकाओं के माध्यम से अपनी सीमाओं का काफी विस्तार कर लिया है, यह एक प्रकार से न्यायालय द्वारा सम्पूर्ण देश के प्रशासन को चलाने का कार्यपालिकाई अन्दाज है।"[21] **ऑर्कीबाल्ड कॉक्स ने अपनी पुस्तक 'द रोल ऑफ सुप्रीम कोर्ट इन अमेरिकन गवर्नमेन्ट ऐण्ड द वैरन कोर्ट कान्स्टीट्यूशनल डिसीजन ऐज ऐन इस्ट्रूमेन्ट ऑफ रिफार्म" में कुछ अतिमहत्वपूर्ण एवं मूलभूत प्रश्न न्यायपालिका एवं कार्यपालिका के बीच द्वन्द के बारे में उठाए हैं। यद्यपि ये प्रश्न अमेरिकी सरकार के बारे में है, लेकिन इन प्रश्नों का परिप्रेक्ष्य एवं प्रासंगिकता भारत के बारे में भी विचारणीय है।**

कॉक्स लिखते हैं कि, क्या न्यायपालिका के कार्य की सीमाओं का विस्तार उसकी 'वैधता' को प्रभावित नहीं करेगा? क्या इससे वह जन आस्था के केन्द्र से पद्च्युत नहीं हो जाएगी? न्यायपालिका के इस कार्यपालिकाई अन्दाज को क्या व्यवस्थापिका सीमा में बाँधनें का प्रयास नहीं करेगी?

न्यायपालिका की इस उभरती प्रवृत्ति पर जॉन बेल ने भी 3 कारणों से आपत्ति की है-[22]

(1) न्यायिक प्रक्रिया एवं विधायी प्रक्रिया में अन्तर है। विधायी प्रक्रिया में निर्णय निर्माता कानून बनाने के पूर्व व्यापक जाँच करते हैं, वे समाज के विभिन्न हितों एंव विचारों को सुनते हैं, जबकि न्यायाधीश किसी एक विशेष वाद के परिप्रेक्ष्य में निर्णय देते हैं, न कि विभिन्न बाह्य स्रोतों से मिली सूचनाओं एवं तर्कों को आधार बनाते हैं,

(2) लोकतंत्र मे कानून निर्माण का उचित मंच निर्वाचित प्रतिनिधियों की संस्था (अर्थात् संसद) ही हो सकती है क्योंकि यह जनता द्वारा निर्वाचित एवं उसके प्रति उत्तरदायी होती है। न्यायपालिका भविष्य में बनने वाले कानूनों की प्रकृति व स्वरूप के बारे में मानकों का निर्धारण कर सकती है लेकिन वह जनाकांक्षाओं का निर्धारण व उसका प्रतिनिधित्व कदापि नहीं कर सकती। न्यायाधीशगण अपनी शक्तियों के सन्दर्भ में 'अनिर्वाचित

अभिजन' होते हैं, इसलिए कानून निर्माण में उनकी भूमिका सर्वोच्च एवं अन्तिम नहीं हो सकती,

(3) न्यायाधीश किसी मुकद्दमें/वाद का निर्णय देते समय कानून की व्याख्या करते हैं और उसे समयानुसार नवीन अर्थ देते हैं और ये सारे कार्य न केवल अतीत में बनाए गए कानूनों को परखनें की कसौटी प्रदान करते हैं, बल्कि भविष्य के कानूनों का निर्देशन करते हैं, जो कि गलत है, क्योंकि इन मामलों में अंतिम शक्ति संसद के पास होनी चाहिए, न कि न्यायपालिका के पास।

आज न्यायपालिका के बढ़ते दावे और दायरे के बीच संविधान सभा में डा. अम्बेडकर के ये शब्द महत्वपूर्ण मार्गदर्शन करते हैं "हम एक राज्य के भीतर न्यायपालिका का राज्य स्थापित नहीं करना चाहते हैं लेकिन हम न्यायपालिका को कार्यपालिका के भय या पक्षपात से मुक्त करके पूरी स्वतंत्रता देना चाहते हैं....इसके बावजूद भी न्यायिक स्वतंत्रता का सिद्धांत इतना ऊपर नहीं उठा देना चाहिए कि न्यायपालिका एक उच्च व्यवस्थापिका या कार्यपालिका में बदल जाए। न्यायपालिका का कार्य सिर्फ संविधान की व्याख्या करना या सम्बंधित पक्षों के अधिकारों के सम्बन्ध में न्यायिक निर्णय देना ही है।"[23] इस सम्बन्ध में **जवाहर लाल नेहरु ने भी संविधान सभा में कहा था कि,** संसद, जो सम्पूर्ण समुदाय की इच्छाओं का प्रतिनिधित्व कर रही है, कोई भी न्यायालय या सर्वोच्च न्यायालय उसकी सर्वोच्च सत्ता या इच्छा के ऊपर अपने निर्णय नहीं थोप सकता। यदि व्यवस्थापिका कोई गलती करती है तो उसे संकेत किया जा सकता है लेकिन जहाँ तक समुदाय के भविष्य का प्रश्न है कोई भी न्यायालय संसदीय निर्णय के ऊपर नहीं हो सकता और संविधान भी संसद की ही कृति है। इसके बावजूद भी हम सभी उच्च न्यायालयों तथा सर्वोच्च न्यायालय का सम्मान करते हैं.... बुद्धिमान लोगों की भाँति सर्वोच्च न्यायालय को यह देखना चाहिए कि भावावेश के क्षण में, उत्तेजना के क्षण में, जनता के प्रतिनिधि भी गलत रास्ते पर न चले जांय, क्योंकि वे जा सकते हैं। न्यायालयों के एकांतिक वातावरण में उन्हें यह ध्यान रखना चाहिए कि ऐसा कोई काम न हो जाए जो संविधान के विरुद्ध हो। इसलिए यदि ऐसी घटना हो जाए जो संविधान के विरुद्ध हो या देश के हित में न हो या व्यापक अर्थों में जनसमुदाय के

प्रतिकूल हो। तो उन्हें इस तथ्य की ओर ध्यान आकृष्ट करना चाहिए, मगर यह स्पष्ट है कि, कोई न्यायालय या कोई न्याय-व्यवस्था एक तीसरे सदन के रूप में काम नहीं कर सकती, इसलिए यह महत्वपूर्ण है कि न्यायपालिका इस सीमा के भीतर ही काम करे।"[24]

संविधान निर्माताओं के उपरोक्त वक्तव्यों के आधार पर प्रसिद्ध विधिवेत्ता श्री ऐलक्जेन्ड्रोविच ने भारतीय न्यायपालिका की स्थिति एवं भूमिका पर निम्न सटीक टिप्पणी की है "भारतीय सर्वोच्च न्यायालय की संकल्पना एक अतिरिक्त विधि-निर्माता निकाय के रूप में नहीं की गई है, अपितु एक ऐसे निकाय के रूप में की गयी है जिसका कार्य मात्र अभिव्यक्त विधि (स्थापित विधि अर्थात् संसद द्वारा बनाई गई विधि) को लागू करना है।"[25]

न्यायपालिका की अप्रत्याशित रूप से उभरती हुई शक्तियों की उपरोक्त सशक्त आलोचनाओं के बाद भी इस बात से इनकार नहीं किया जा सकता कि, न्यायपालिका को निरन्तर परिवर्तित होती सामाजिक आवश्यकताओं एवं सामाजिक मूल्यों के परिप्रेक्ष्य में संविधान के प्रावधानों की प्रगतिशील एवं सकारात्मक व्याख्या करनी चाहिए। यह दायित्व संसद का भी है कि वह कानूनों व संवैधानिक प्रावधानों को समयानुकूल अर्थ प्रदान करती रहे, चूँकि संसद में कानूनों का निर्माण एवं संवैधानिक परिवर्तनों का सूत्रपात कार्यपालिका (मंत्रिमंडल) द्वारा होता है, अतः उस पर भी समान दायित्व है। इस प्रकार व्यवस्थापिका, कार्यपालिका तथा न्यायपालिका तीनों ही समान रूप से संविधान के प्रति इस दायित्व से बँधे हैं कोई भी कम या अधिक जिम्मेदार नहीं है। यदि संविधान समयानुकूल नहीं रह जाता या वह असम्मान का शिकार हो जाता है तो इसका दायित्व भी शासन के इन्हीं तीनों अंगों पर समान रूप से होगा। केवल किसी एक अंग पर नहीं।

भारत में शासन का कोई भी अंग हो या हम भारत के लोग हम सभी लोकतंत्र के अधीन है और भारतीय लोकतंत्र का प्राण है- 'विधि द्वारा स्थापित प्रक्रिया। यदि यह प्रक्रिया उचित एवं न्यायपूर्ण नहीं हुई तो हमारी लोकतांत्रिक संस्थाओं के अस्तित्व एवं भविष्य पर प्रश्नचिन्ह लग जाएगा। इंदिरा गाँधी के कार्यकाल में जिस प्रकार संविधान के प्रावधानों में मनमाने संशोधन किए गए (मुख्य रूप से 39, 40, 41 तथा 42वाँ संविधान

संशोधन) और मनमोहन सिंह सरकार के कार्यकाल (2006–07 ई.) में 'लाभ के पद' मामलें में संसद ने अपने 58 सांसदों को बचाने के लिए जो कानून बनाया है, क्या हम उसे भी 'विधि द्वारा स्थापित प्रक्रिया' की 'मूल भावना' के अनुसार बनाए गए कानून ही कहेंगे? यदि 'विधि' वही है जो संसद में बहुमत प्राप्त दल बनाम है, तो ध्यान रखना चाहिए कि बहुमत सदैव न्यायपूर्ण नहीं होता, कभी-कभी इसके निर्णय स्वार्थ और तात्कालिक राजनीतिक लाभ से भी प्रेरित होते हैं। शाहबानों प्रकरण में न्यायालय के निर्णय को बहुमत दल ने बदल दिया। यदि विधि द्वारा स्थापित प्रक्रिया के नाम पर मनमाने निर्णय लिए जाएंगे तो संसद (देश की सर्वोच्च पंचायत) की गरिमा धूल धूसरित हो जाएगी और साथ ही लोकतंत्र भी अपनी प्रासंगिकता खो देगा। यदि हम लोकतंत्र को बचाने में असफल रहे तो ऐसी दशा में न्यायपालिका की स्वतंत्रता की बात नहीं की जा सकती। यद्यपि संविधान निर्माताओं ने सर्वोच्च न्यायालय को संविधान के संरक्षक की भूमिका सौंपी है लेकिन अकेले न्यायपालिका ही सबकुछ नहीं कर सकती, क्योंकि उसके निर्णय कार्यपालिका द्वारा ही लागू किए जाते हैं।

सर्वोच्च न्यायालय की शक्तियों में विधायी और संवैधानिक अधिकार अन्तर्निहित रूप से शामिल हैं। इन शक्तियों का प्रयोग करके न्यायालय ने मूलाधिकार तथा प्राकृतिक न्याय के क्षितिज का काफी विस्तार किया है और इस प्रक्रिया में उसने अनेक ऐसे सिद्धांत प्रस्तुत किए या निर्णय दिए जो संविधान के एक प्रतिष्ठित और महत्वपूर्ण भाग बन गए। मौलिक संरचना सिद्धांत इसी प्रकार की एक व्यवस्था है। **न्यायाधीश पी. एन. भगवती इसे 'संविधान की सकारात्मक व्याख्या का उत्तरदायित्व' मानते हैं। वे न्यायाधीशों की 3 भूमिकाएं या कर्त्तव्य मानते हैं,**

(1) न्यायाधीशों की प्रशासनिक शक्तियाँ तथा इसके अन्तर्गत मिले अधिकारों का क्रियान्वयन करना,

(2) न्यायालय द्वारा यह देखना कि, राज्य, कानून निर्माण सम्बन्धी शक्तियों का कहीं दुरुपयोग तो नहीं कर रहा है या अपनी सीमा से आगे जाकर तो विधायन नहीं कर रहा है, क्योंकि संघात्मक राज्य में शक्तियों का विभाजन होता है और इस परिप्रेक्ष्य में सर्वोच्च न्यायालय को संरक्षक की स्थिति प्राप्त है और,

(3) न्यायालय द्वारा संविधान के उपबंधों की प्रगतिशील व सकारात्मक व्याख्या करते हुए संविधान को समयानुकूल बनाए रखना।

वस्तुत: न्यायालय केवल संविधान की तथ्यसम्मत व्याख्या ही नहीं करता, बल्कि पूरे संविधान को एक आंगिक-प्रपत्र के रूप में देखता है, जो जनता की आशाओं एवं अपेक्षाओं की प्रतिमूर्ति है। न्यायाधीश पी. एन. भगवती के अनुसार, यद्यपि संविधान निर्माताओं नें 'विधि की उचित प्रक्रिया' का अमेरिकी सिद्धान्त भारत में लागू नहीं किया है तथापि वर्तमान समय में संवैधानिक मूल्यों की रक्षा के लिए यह अपरिहार्य है। **मेनका गाँधी वाद में अनु. 21 की व्याख्या करते हुए न्यायाधीश भगवती ने सकारात्मक अधिकारों की लम्बी श्रृंखला प्रस्तुत की है। ये सकारात्मक अधिकार व्यक्ति की गरिमा तथा मानवीय मूल्यों/आदर्शों से जुड़े हुए हैं, जिनसे न्यायाधीशगण बच नहीं सकते। ऐसे वाद में न केवल कानूनों का निर्माण (न्यायिक विधायन) होता है, बल्कि संवैधानिक प्रावधान भी एक नया सन्दर्भ प्राप्त करते हैं। ऐसा करते समय न्यायाधीशों की भूमिका भी 'ज्यूडीशियल स्टेट्समैन' की भाँति हो जाती है। उन्हें समाज की आकांक्षाओं, जनता की आवश्यकताओं और समय की गति व दिशा को ध्यान में रखना होता है। ऐसा करते समय वे संविधान द्वारा निर्धारित स्वतंत्रता की सीमाओं को व्यापक तथा समयानुकूल बनाते हैं। आज न्यायालय 'युगधर्म' निभाते हुए मौलिक अधिकारों तथा निदेशक तत्वों पर साथ-साथ विचार करने लगा है जिससे संविधान के भाग 3 (मौलिक अधिकार) को एक नवीन दिशा मिल गई है। आज न्यायालय भी यह मानने लगा है कि, मूलाधिकारों तथा मानवाधिकारों का अनुपालन सुनिश्चित कराना तथा समान से विषमताओं का उन्मूलन करना उसका भी दायित्व है, क्योंकि वह भी शासन/व्यवस्था का एक अंग है। यह प्रवृत्तियाँ सामयिक, सकारात्मक एवं स्वच्छंद विधायिका पर एक नियंत्रण हैं।**

संसद की शक्ति हो या संविधान की गरिमा अथवा सर्वोच्च न्यायालय का दायित्व बोध-सभी जनहित के दायरे से बँधे हुए हैं। भारतीय संविधान की कल्याणकारी अवधारणा में व्यक्ति की गरिमा एवं राष्ट्र की अखंडता प्रचुर महत्व प्राप्त कर चुका है। इन दशाओं में यह स्वीकार किया जा चुका है कि, लिखित संविधान होने के कारण संसद की संविधान संशोधन शक्ति

अनियंत्रित एवं असीमित नहीं है, क्योंकि सर्वोच्च न्यायालय नें 'संसद की संविधान संशोधन की सीमित शक्ति' को संविधान का मौलिक ढ़ाँचा माना है। आज संसद की संशोधन शक्ति को सीमित दायरे में बाँधकर भारतीय न्यायपालिका अपने न्यायिक निर्वचनों/व्याख्याओं के माध्यम से 'कानून की उचित प्रक्रिया' की ओर परिवर्तनोन्मुख है।

सन्दर्भ

1. एच. आर. खन्ना कृत, 'ज्यूडीशियल रिव्यू आर कन्फ्रन्टेशन', अनुवादक आदर्श मंडया, राधाकृष्ण प्रकाशन, नई दिल्ली, 1997, पृ. 13-14

2. संविधान सभा वाद-विवाद, जिल्द 2, पृ. 322-323, टिप्पणी-2, 22 जनवरी, 1947 को पं. नेहरु का वक्तव्य।

3. वही. जिल्द 7. पृ. 322-323, 8 नवंबर, 1948।

4. संविधान निर्मात्री सभा वाद-विवाद, खण्ड 11, पृ. 972-981।

5. डी. डी. बसु, पृ. 148।

6. डा. जे. आर. सीवाच, 'भारत की राजनीतिक व्यवस्था,' हरियाणा साहित्य अकादमी, चण्डीगढ़, 1992, पृ. 368।

7. संविधान निर्मात्री सभा वाद-विवाद, 25 नवंबर, 1946, पृ. 225-226।

8. प्रो. के. वी. राव., 'पार्लियामेन्ट्री डेमोक्रेसी इन इंडिया', द वर्ल्ड प्रेस, कलकत्ता 1964, पृ. 298-300।

9. चान्सलर बनाम वाइस, (1939), 307, यू. एस. 474, प्रो. के. वी. राव,

10. जस्टिस हंसराज खन्ना, वहीं पृ. 22

11. केशवानंद भारती श्री पदगालवरू और कुछ अन्य बनाम केरल राज्य और कुछ अन्य, 1973,

12. इस पीठ में 13 न्यायाधीश थे। सबसे बड़ी पीठ इस दृष्टि से कि उस समय सर्वोच्च न्यायालय में कुल 14 न्यायाधीशों थे, अत: यह सबसे बड़ी पीठ (13) थी।

13. इस वाद की सुनवाई 68 दिन तक हुई। वादी के अधिवक्ता एन. ए. पालखीवाला ने 33 दिन तक अपने तर्क प्रस्तुत किए, केरल राज्य के अधिवक्ता एच.एम. सीरवई ने 22 दिन, अटार्नी जनरल नीरेन डे ने 10 दिन, मुख्य कानूनी सलाहकार लालनारायण सिन्हा ने डेढ़ दिन तथा बीच में आने वाले अन्य अधिवक्ताओं ने डेढ़ दिन तक बहस में भाग लिया। इस बाद को सनुवाई के लिए 11 अगस्त, 1972 को स्वीकार किया गया, 31 अक्टूबर 1972 को सुनवाई प्रारंभ हुए

तथा 23 मार्च 1973 (इस बीच 68 दिन तक) को बहस समाप्त हुई।

14. इसमें विभिन्न पक्षों के कुल 91 अधिवक्ताओं नें भाग लिया था।
15. नार्दर्न इण्डिया पत्रिका (24 मार्च 1973 का अंक) के अनुसार इस वाद में प्रस्तुत साक्ष्यों को इकट्ठा करनें पर एक ट्रक का भार बन जाएगा।
16. इसमें 11 न्यायाधीशों द्वारा अलग-अलग निर्णय सुनाए गए।
17. यह निर्णय ए. आई. आर. में 596 पृष्ठ तथा उच्चतम न्यायालय निर्णय पत्रिका में 1019 पृष्ठों में लिपिबद्ध है।
18. केशवानन्द भारती वाद टिप्पणी 16, पृ. 1195-96।
19. राजनारायण द्वारा इंदिरा गाँधी के लोकसभा चुनाव जीतने को चुनौती देने वाली याचिका 'एलेक्शन केस' के नाम से प्रसिद्ध है। इस वाद में इलाहाबाद उच्च न्यायालय ने इंदिरा गाँधी के निर्वाचन को रद्द घोषित कर दिया था, वह भी उस समय जब वह प्रधानमंत्री थीं। बाद में श्रीमती गाँधी ने इस निर्णय को सर्वोच्च न्यायालय में चुनौती दी, लेकिन वहाँ सुनवाई प्रारंभ होनें के पूर्व ही उन्होनें संविधान में 39वाँ संशोधन करके इस मुकद्दमें के भावी निर्णय को बदलने के चेष्टा (कुचेष्टा) की।
20. मद्रास हाइड्रो प्रोजेक्ट बनाम जम्मू कश्मीर, ए. आई. आर. 1984, एस. सी. 177।
21. एस. के. त्रिपाठ, "पब्लिक इन्ट्रेष्ट लिटिगेशन इन इण्डिया - ए क्रिटिक, एन. एम. त्रिपाठी पब्लिकेशन, बम्बई, 1985, पृ. 16
22. जॉन बेल कृत 'पॉलिसी आरगूमेन्टस इन ज्यूडिशियल डिसीजन,' कलैरेण्डन प्रेस, ऑक्सफोर्ड, 1983, पृ. 3
23. संविधान निर्मात्री सभा वाद-विवाद, खंड 11, पृ. 837
24. संविधान निर्मात्री सभा वाद-विवाद, खण्ड 9, पृ. 1195-96
25. सी. एच. एलेक्जेन्ड्रोविच,, 'कान्स्टीट्यूशनल डेवलपमेन्ट इन इंडिया', प्रष्ठ 213।

21

संविधान का संक्षिप्त नाम, हिन्दी में प्राधिकृत पाठ और स्वतंत्रता के पूर्व के कानूनों का निरसन

अनु. 393 (संक्षिप्त नाम)

इस संविधान के निर्माण के बाद भारत की संविधान निमात्री सभा ने संविधान का संक्षिप्त नामकरण किया और इसका नाम 'भारत का संविधान' रखा है।

संविधान का प्रारंभ (अनु. 394)

संविधान की प्रस्तावना में वह तिथि उल्लिखित है जब से भारत का संविधान भारतीय नागरिकों के ऊपर लागू कर दिया गया है। वह तिथि है, 26 नवंबर, 1949 ई.। इस दिन से हमारे संविधान का प्रारंभ हो जाता है। संविधान सभा ने एकाएक संविधान की सभी धाराओं (अनुच्छेदों) को एक साथ लागू या क्रियान्वित नहीं किया, वरन् संविधान की कुछ धाराओं को ही 26 नवंबर, 1949 से लागू किया और शेष प्रावधानों (धाराओं या अनुच्छेदों) का क्रियान्वयन 26 जनवरी, 1950 से प्रारंभ हुआ। इस दिन हमारा संविधान सम्पूर्ण प्रावधानों के साथ भारतीय जन-मन पर लागू हो गया हमने इसी दिन स्वयं को राजतंत्र (ब्रिटिश पराधीनता) से पूरी तरह मुक्त कर 'गणतंत्र' में बदल दिया इसलिए हम इसे 'गणतंत्र दिवस' के रूप में मनाते हैं। अनु. 394 में उन अनुच्छेदों का वर्णन है जो 26 नवंबर, 1949 ई. को लागू हो गए, वे अनुच्छेद इस प्रकार हैं अनु. 5, 6, 7, 8, 9, 60, 324, 366, 367, 379, 380, 388, 391, 392, 393, और अनु. 394। इसके अतिरिक्त शेष प्रावधान 26 जनवरी, 1950 ई. से लागू हुए

हिन्दी भाषा में संविधान का प्राधिकृत पाठ (अनु. 394 क)

राष्ट्रपति को यह दायित्व सौंपा गया है कि वह भारतीय संविधान का हिन्दी भाषा में प्राधिकृत पाठ (अनुवाद), उचित भाषा, शैली और शब्दावली के साथ उपलब्ध कराए। वस्तुतः मूल भारतीय संविधान, जिसे संविधान निमात्री सभा ने बनाया था, वह अंग्रेजी भाषा में था और इसी अंग्रेजी भाषा के मूल संविधान पर संविधान निर्मात्री सभा के सदस्यों ने हस्ताक्षर किए थे, इसलिए संविधान का उचित हिन्दी अनुवाद प्रकाशित करानें का दायित्व राष्ट्रपति को सौंपा गया है। इस प्रकार राष्ट्रपति द्वारा प्रकाशित इस संविधान और इसके संशोधन के अनुवाद का वहीं अर्थ लगाया जाएगा जो उसके मूल (मूल अंग्रेजी संविधान) का है और यदि ऐसे अनुवाद के किसी भाग का इस प्रकार अर्थ लगाने में कोई कठिनाई होती है, तो राष्ट्रपति उसका पुनरीक्षण कराएगा। राष्ट्रपति द्वारा इस अनुच्छेद से प्राप्त प्राधिकार के अन्तर्गत प्रकाशित कराए गए संविधान के हिन्दी अनुवाद को हिन्दी भाषा में प्राधिकृत पाठ समझा जाएगा।

निरसन (स्वतंत्रता पूर्व के कानूनों का) (अनु. 395)

भारत स्वतंत्रता अधिनियम, 1947 और भारत शासन अधिनियम, 1935 का इस अनुच्छेद (अनु. 395) द्वारा निरसन किया जाता है अर्थात् वे अब लागू नहीं होंगे।

संविधान जब लागू हुआ तो केवल 8 अनुसूचियाँ और 395 अनुच्छेद थे जबकि वर्तमान समय में भारतीय संविधान 395 अनुच्छेदों एवं 12 अनुसूचियों के साथ कुल 22 भागों में बँटा हुआ है।